本书获闽南师范大学学术著作出版基金资助

民营企业员工感恩问题研究

Research on Gratitude of Employees in Private Enterprises

曾海洋◎著

经济管理出版社
ECONOMY & MANAGEMENT PUBLISHING HOUSE

图书在版编目（CIP）数据

民营企业员工感恩问题研究/曾海洋著. —北京：经济管理出版社，2016.12
ISBN 978-7-5096-4697-7

Ⅰ. ①民…　Ⅱ. ①曾…　Ⅲ. ①民营企业—职工培训—研究—中国　Ⅳ. ①F279.245

中国版本图书馆 CIP 数据核字（2016）第 262456 号

组稿编辑：侯春霞
责任编辑：侯春霞
责任印制：黄章平
责任校对：雨　千

出版发行：经济管理出版社
（北京市海淀区北蜂窝 8 号中雅大厦 A 座 11 层 100038）
网　　址：www. E-mp. com. cn
电　　话：(010) 51915602
印　　刷：北京九州迅驰传媒文化有限公司
经　　销：新华书店
开　　本：720mm×1000mm/16
印　　张：15.75
字　　数：265 千字
版　　次：2016 年 12 月第 1 版　2016 年 12 月第 1 次印刷
书　　号：ISBN 978-7-5096-4697-7
定　　价：49.00 元

联系地址：北京阜外月坛北小街 2 号
电话：(010) 68022974　　邮编：100836

序

当前我国民营企业劳动关系不太令人满意——员工频繁跳槽，组织忠诚度很低，工作主动性和积极性较低，在付出与回报问题上与企业斤斤计较，对企业缺乏感恩之心。本书研究员工的感恩情感问题，着重探究引起感恩的认知机制以及感恩情感的原因和结果。本书提出了较为系统的民营企业员工感恩机制，构建了完整的感恩与其他变量之间的关系模型。本书将研究组织支持、家长式领导和伦理型领导等引发员工感恩情感的前因变量，探讨员工个体的归因风格、心理契约以及与上司的关系类型等对员工感恩情感的影响，并研究组织承诺、工作投入、组织公民行为和工作幸福感等感恩情感的结果变量。本书还将就企业如何对员工进行感恩教育以及如何通过加强组织支持提升员工感恩问题提出相应的管理对策和建议。

本书研究成果将有助于企业管理者深入了解员工感恩情感的运行机制，有助于管理者充分认识到组织支持是触发员工感恩的主要原因，同时还需要做好组织公平，认真履行对员工的承诺，改变领导方式。同时，本书还将为企业对员工如何进行感恩教育和培训提出具体措施，对提升员工的感恩情感具有很强的实践指导作用，有助于民营企业形成良好的感恩文化氛围，将感恩力变成一种生产力，并通过感恩提升员工的主观幸福感，构建一种和谐积极的组织文化，不断提升企业的整体竞争力。

本书深入研究民营企业员工感恩情感的运行机制，厘清各变量之间的关系，包括前因变量、后果变量以及中介和调节变量等相互之间的关系。本书发现，企业支持需要通过心理契约、心理所有权等中介变量才能触发员工感恩情感的发生，同时员工感恩情感还受到员工个体的归因风格、与上司的关系类型以及组织公平等因素的影响。研究还发现，感恩情感能显著预测员工的组织承诺、工作投入以及组织公民行为等，也能显著预测员工的工作幸福感。其中，家长式领导以及员工与上司的关系类型对员工感恩情感的影响的研究，具有浓厚的中国情境特点及较强的学术价值。这些研究发现将目前该领域的研究进度向前推进了一步，对个体感恩心理、感恩行为以及其他组织行为学理论的研究进行了新的尝试。本书研究设计规范合理，问卷调查科学严谨，采用 SPSS 和 AMOS 等统计软件进行数据分析，内容撰写规范、条理清晰、逻辑性强，对于从事同类主题研究的人员在研究方法上具有一定的参考价值。

本书采用社会交换理论和积极心理学的最新理论成果研究员工感恩问题，并采用科学的符合学术规范的定量研究方法进行实证研究，弥补了以前只是纯粹的质性研究的缺陷。感恩心理与情感可以将员工的很多组织心理和组织行为联系起来，是进一步了解员工组织行为的一把钥匙。另外，中国民营企业具有浓厚的关系管理、人情管理以及家长式领导的特点，感恩心理和行为是十分重要的组织行为之一，研究这一课题带有浓厚的中国情境特点，很有现实意义。

本书撰写的过程中得到了许多人的关心和帮助。2015 年下半年笔者在北京科技大学经管学院访学期间，张剑教授就该书的研究结构以及部分内容的研究逻辑、学术前沿问题等提出了富有建设性的意见和建议。张剑教授研究团队中的宋亚辉、张娜、杨志国、叶岚、巩振兴、Gul、张莹、李精精、王斯奇、肖夏、陈亮鹏、王婷婷、郑展、赵煜嘉、陈思等诸位老师和同学，也给予了笔者很大的支持和帮助。在此，对张剑教授以及她的研究团队表示深深的谢意！此外，福建农林大学管理学院李中斌教授多年来一直关心我院人力资源专业建设，在合作开展学术研究、课题申报以及教材编纂等工作中给予笔者很多帮助，在此表示衷心感谢！

感谢漳州市人力资源学会许文松会长与陈俊杰、梁振东副会长，以及吴锦清、许坤玲、兰金丰、傅秋芬、林毅敏、陈鑫峰、张少卿、钟旺根、刘健等全体成员。感谢福建海山集团洪坤山总经理、梦娇兰公司吴炎汉经理、康之味公司林艺斌经理以及其他企业界同仁，在本书撰写过程中他们为个案访谈和调查问卷的发放与收集提供了大力支持。

感谢闽南师范大学商学院各位领导和同事。感谢商学院人力资源管理专业的许少波、潘瑶、高磊、邱娟、王佳佳、朱瑞榕、刘琼雪、周剑平、郭巧璇、郑碧娇、黄文琳等同学在本书撰写过程中给予的支持。感谢闽南师范大学学术专著出版基金对本研究项目的资助，以及感谢经济管理出版社各位编辑老师的关照和辛勤工作。

最后，还要感谢家人多年来的关心和支持，他们的无私奉献为笔者专心从事研究提供了有力的保障。正是由于他们的鼓励和全力支持，此书历经几年的准备、撰写和修改并最终得以付梓。此书是笔者学术研究的阶段性成果，希望今后更加努力，争取在人力资源管理研究领域做出自己应有的贡献。

目 录

第一章　感恩研究概述

第一节　感恩的定义

一、词源上的分析

感恩图报是中华民族的传统美德。“投我以桃，报之以李”、“知恩图报”、“受人滴水之恩，当以涌泉相报”、“施人慎勿念，受施慎勿忘”等众所周知的古语，都体现着知恩图报的精神。

我国的除夕和春节，源于夏商时期的年终“腊祭”活动，属于农事祭祀类活动。这两个节日都带有“感恩”与“祈福”的意思。《说文》载：“年，谷熟也。”除夕，农历一年中最后一天。在这一天，人们打扫屋子、贴春联、吃团圆饭、守岁等。在除夕，人们都不忘敬神拜祖，上坟送年食。春节，除了包含一年劳作的休息和人们期盼今年丰收的寓意之外，也有对往年丰收的感激与回报之意。这两个节日一是庆祝丰收和祈求收获，二是崇祖敬宗，都带有感恩的意味。

在中国，感恩与孝道密不可分，如父母去世当儿子的要遵行“三年之丧”这个古老的礼制，孔子说：“子生三年，然后免于父母之怀。夫三年之丧，天下之通丧也”（《论语·阳货》）。按照冯友兰的解释是，儿子的一生，至少头三年完全依赖父母，因此父母死后他应当以同样长的时间服丧，表示感恩。

关于感恩的规则，《诗经》曰：“投我以木桃，报之以琼瑶”，这说明感恩是一种社会交换行为，强调双方的互惠，有来有往。《菜根谭》提出“施恩，勿施于不报之人”，就是说对于没有回报行为的人（或者屡次不回报者），施恩人应该对其停止帮助行为。但是施恩人又不能刻意和明确表示要求受惠者给予回报，否则帮助他人的动机值得怀疑，诚如《战国策》所言："人之有德于我也，不可忘也；吾有德于他，不可不忘也。"《菜根谭》里主张："施恩者，内不见己，外不见人，则斗粟可当万钟之惠。利物者，计己之施，责人之报，虽百镒难成一文之功。"

施恩要想达到比较好的效果，一般需要遵循"恩宜自薄而厚，威须先严后宽"的基本原则，即对他人实施帮助，给予恩惠，可以逐渐加大恩惠的程度，这样受惠者的感受越来越好。另外，感恩的运行规则需要区别不同的对象，施恩者与受惠者的关系可以分为亲人、熟人和陌生人，这三种类型中双方的感恩规则是略有区别的。《菜根谭》里说"父慈子孝，兄友弟恭，纵做到极处，俱是合当如此，着不得一丝感激的念头。如施者任德，受者怀恩，便是路人，便成市道矣"，意思是说对待十分亲近的有血缘关系的人，给予帮助和恩惠就是一种应当行为，无须表示感激，至少口头上不需要表示出感激之情，否则就会拉远彼此的距离，变成一种市场交易行为，形同陌生人了。

《辞源》解释"感恩"为"感怀恩惠"。《辞海》认为，感恩是在得到帮助之后对他人产生的一种感激和爱戴之情。《现代汉语词典》将"感恩"定义为"对别人所给予的恩惠表示感激"。《现代汉语规范词典》将"感恩"定义为"感激别人对自己的恩德"。

在中国，从词源分析来看，"感恩"一词最早出现于《三国志·吴志·朱桓传》："桓分部良吏，隐亲医药，食粥相继，士民感恩之。"另外一种说法是，"感恩"一词最早出现在《三国志·吴志·骆统传》第五十七卷："（骆统）常劝（孙）权以尊贤接士，勤求损益。飨赐之日，可人人别进，问其燥湿，加以密意，诱谕使言，察其志趣，令皆感恩戴义，怀欲报之心。权纳用焉。"其中的"感恩戴义"就是指使这些人都感恩戴德，怀着报答之心。

《说文解字》对"感"的解释为"使人心动"。清代段玉裁《说文解字注》中对"感"的解释为，动人心也。许（许慎）书有"感"无"憾"。《左传》、《汉书》中"憾"多作"感"。盖"憾"浅于怨怒，才有动于心而已。《说文解字》对"恩"的解释为"厚惠"。段玉裁在《说文解字注》中对"恩"的解释为"惠也"。

《康熙字典》对"感"的解释如下：《广韵》动也。《增韵》格也，触也。《易·咸卦》里说："天地感而万物化生，圣人感人心而天下和平。"《诗·召南》："无感（撼）我帨兮"。《左传·昭十一年》："唯蔡於感。"咸有感义，故感字从咸。"楚子在申，召蔡灵侯。灵侯将往，蔡大夫曰：'王贪而无信，唯蔡於感。今币重而言甘，诱我也，不如无往。'"《康熙字典》对"恩"的解释如下：《说文》惠也。如《赵一·穷鸟赋》写道："鸟也虽顽，犹识旧恩。内以书心，外以告天。"

《古汉语字典》对"感"的解释如下：①感动。"帝感其诚，命夸娥氏二子负二山"（《愚公移山》）。②感触；感慨。"后之览者，亦将有感于斯文"（《兰亭集序》）。③感叹。"感斯人言，是夕始觉有迁谪意"（《琵琶行》）。④感伤。"感时花溅泪，恨别鸟惊心"（《春望》）。⑤感觉；感受。"感而后应，迫而后动"（《庄子·刻意》）。⑥感激；感谢。"是用感嘉贶，写出心中诚"（张华《答何劭》）。《古汉语字典》对"恩"的解释如下：①恩惠；恩德。"诏书特下，拜臣郎中。寻蒙国恩，除臣洗马"（李密《陈情表》）；《出师表》："臣不胜受恩感激。"②恩宠；宠爱。"得幸于武宗，恃恩自恣"（《乐工罗程》）。③恩情；情谊。"吾已失恩义，会不相从许"（《孔雀东南飞》）。

牛津大学出版社发行的《牛津简明英语词典》对"gratitude"的解释是："being thankful; readiness to show appreciation for and to return kindness"，即"感谢的；乐于把得到好处的感激呈现出来且回馈他人"。感恩（gratitude）一词起源于拉丁文的 gratia，意味着好感，而 gratus 意味着愉快。所有来自这个拉丁文的派生词的释义中都有类似这样的关键词：善行，慷慨，礼物，给予和接受的美德，或者以不求回报的方式做事。

二、感恩的内涵

罗马斯多葛学派哲学家塞尼卡（Seneca）在《论利益》一文中指出，弄清楚恩惠的提供者和接受者的意图，是感恩的关键。施恩者不是为了帮助而是为了控制接受者，那接受者就不会产生感激心理。如果接受者只是出于义务才做出反应，也不是真正的感恩。塞尼卡还区分了市场交易中交换债务和感激的不同。亚当·斯密在《道德情操论》一书中指出："推动我们做出回报的最迅速和最直接的情感，就是感恩。"康德认为感恩是"一种荣誉之债"。恩惠接受者会欠下债，甚至永远无法偿清，因为施恩者在前，接受者只是回报了补偿物而已。

William McDougall（1929）认为，感恩是一种第二位的、混合的情绪，它包括敬畏、羡慕、尊敬、妒忌、憎恨、烦躁不安等。在他看来，感恩是"微弱的情绪和负性的自我体验"的混合物。韦纳（Weiner，1985）认为，作为一种情绪，感恩是一种归因依赖型状态，这种状态由两个步骤的认知过程形成：第一，认识到一个人已经得到了一种积极的结果；第二，认识到这种积极结果是由一种外在的因素造成的。Garham（1987）认为感恩是回报他人的帮助以求得内心平衡的一种冲动。

Lazarus（1994）认为，感恩是一种“移情情绪”，它根植于移情于他人的能力，与感恩相联系的核心相关主题是对利他礼物的识别和欣赏。Harned（1997）认为，感恩是一种对待给予者的态度，一种对待礼物的态度，决定合理地使用礼物，从而有效地利用它，以便与给予者的意图取得一致。所以感恩的基础是不应得的观念。感恩者认识到他（她）什么也没有做，不应得到那样的礼物或恩惠，它是无偿给予的。Curmpler 和 Emmons（2000）也认为，感恩是对自己无偿所得的一种情感上的回应，这种回应表现了一个人在成为利他行为的获利者时所表现出的一种感激之情。

从广义上来说，感恩是指个体对自然、社会、他人给予恩惠产生的一种情感体验；从狭义上来说，感恩是指个体对他人帮助产生的感激之情，它是一种人际情感，强调人际间的感恩。从要感谢的对象来看，可以包括人（个体、群体）和物（生物、非生物），还可以包括事件等。

三、学术界从不同视角对感恩的定义

两个世纪以来，理论家们已经对感恩的心理本质进行了理论探讨，学者大多从认知、情感、行为和道德四个角度来界定感恩，他们认为感恩是个体对他人、社会和自然给予的恩惠在内心的认可，并意欲回报的一种认识、情怀和行为。感恩包括三个层次：一是认知层次，认识和了解自身所获得的恩惠和方便，并在内心产生认可；二是情感层次，在认知的基础上，衍生出一种愉悦、温暖和幸福的情感，从而转化为自觉的感恩意识和回报冲动；三是实践层次，将感恩意识和回报冲动转化成为报恩乃至施恩的行为，并形成习惯，即回报恩情、乐善好施、甘于奉献。当代关于感恩的理论主要有认知情绪理论、情绪情感理论、行为观点和美德观点等。

1. 认知情绪理论

认知情绪理论认为，感恩是个体对收到的恩惠和帮助结果的积极认知，并且这种积极结果并非个体所预期的，而是由于他人施惠行为所带来的（Heider，

1958；Weiner，1985；Solomon，1977）。最早提出这个看法的是亚当·斯密。他认为，感恩是一种积极情感，这种情感可以推动我们回报曾经给我们提供帮助的人。海德、韦纳等完善了该理论，海德同意亚当·斯密提出的个体对帮助自己的人做出回报的观点，同时还提出，个体从有意帮助他们的人那里得到帮助时，就会体验到感激心情。

Komter（2004）等认为，用感恩可以解释人们是如何对大自然的恩赐做出反应的，人们是如何通过交换物品和服务来构建和维持社会联系的。伯特茨和米勒德（Bertocci 和 Millard，1963）和社会心理学家海德（Heider，1958）都认为，愿意承认在自己的经历中价值的不应得的增量就是感恩。当人们收到来自他人的恩惠，并且在他们看来这是给予者有意帮助他们的时候，他们可以体验到感激心情。海德指出，恩惠的意图的可识别性，是决定一个人在收到一种恩惠之后是否体验到感激心情的最重要因素。

2. 情绪情感理论

罗森伯格提出，根据具体性、暂时稳定性、意识普遍性和情绪对其他心理系统的影响，可以把情感体验的一般形式描述为包含情感特质、心境和情绪的多层次结构。感恩情感一般表现为特质性感恩情感和状态性感恩情感两个层次，特质性感恩情感是情感（Gratitude Feeling），状态性感恩情感是情绪（Gratitude Emotion）。

（1）特质观点。这种观点认为感恩是一种情感特质，是个体用感激情绪了解或回应因他人的恩惠或帮助而使自己获得的积极经验或结果（McCullough 和 Emmons，2002）。McCullough 等（2002）把感恩倾向分为四个层面：①感恩强度。在面对相同的积极事件时，有感恩倾向的人比不太有感恩倾向的人能体验到更大更强烈的感恩感觉。②感恩频度。有感恩倾向的人在同等时间范围内体验到更多的感恩情感，这些感恩体验甚至可以被最普通的善意与礼貌表达引起。③感恩广度。有感恩倾向的人对社会、工作、健康、家庭以及生活等各个方面都能产生感恩。感恩倾向不明显的人只能对发生在特定情境下的某些方面产生感恩体验。④感恩密度。指当个人面对一个积极结果时会对多少人感到感谢。具有感恩倾向的人可能列举出父母、朋友、家人和教师等之外许多其他一些人，感恩倾向不明显者则只对某些特别的人产生感恩之情。

感恩的资源拓建理论认为，不同性质的情绪或情感对资源的拓建效果是不一样的。消极的情感通常和特定的行为倾向相联系，其作用是将资源迅速地调动并聚焦于某一特定行为。而积极情感却不相同，当人们体验到积极情感时，瞬间的思想和行为系统将突破一定的限制，与更广泛的心理资源和行为倾向相联系，产生更多、更丰富的思想和行为倾向。

（2）情绪观点。这种观点认为感恩是一种情绪，其核心是受惠者在受到恩惠之后产生的一种愉快情绪。他们认为感恩是个体受到恩惠后产生的一种即时的情绪体验，如感激和愉快等感受。

另外，英国心理学家把感恩看作是一种温顺的情感和消极自我感觉的混合物。通过消极的自我感觉，感恩情绪给接受者带来了一定的自我感知到的自卑。感恩的这种消极的自我感觉成分，在许多情况下不是完全让人愉快的，一个自豪的人不会轻松地去经历这种情绪。有学者指出，其实可以不让受助者面临这样的道德困境。美国心理学研究者 Ross Buck 把感恩区分为两种：互换式的感恩（The Gratitude of Exchange）和爱心式的感恩（The Gratitude of Caring）。在以互换为动机的感恩中，有研究表明与感恩相关的情绪词汇是内疚、羞愧、羡慕、妒忌和藐视。这样的感恩成为了一种对给予者的债务。虽然也会产生对给予者的回报和感激，但对于感恩者来说，这更像一种羞辱，而不是积极的情绪体验。在爱心式的感恩中，给予者与感恩者互换的是爱与被爱。爱与被爱对于人类来说都是很珍贵的，它们组成了一种深厚和强烈的社会情感。爱还意味着给予，给予别人的越多，你收获的也越多。正如人们常说的："赠人玫瑰，手有余香。"

3. 行为观点

这种观点认为感恩是一种行为反应，感恩水平高的个体有更多的亲社会行为（Lynn，2009）。文崇一先生对中国人的感恩行为即报恩进行了详细的论述。他在《中国人的富贵与命运》一文中指出："报是中国人的另一种行为模式，不是命定，也不是机会，而是交换行为，一种被动性的交换行为。所谓交换行为，就是一种有意的行为上的互动，或者说，彼此的行动有利益关系存在。受礼就必须还礼，是这种交换行为的延续或扩大，以至相当普遍的程度。……从以前到现在，报一直是一种可预期的行为，有来就有往；否则，交换就要中断或终止，单方面的付出无法长久继续下去，这就是我们这个社会公认的行为法则之一。"他列举了五种交换关系：以德报德，以怨报怨，以德报怨，以怨报德，恩怨均不报。报恩的基本原则就是来而不往非礼也。报恩带有很强的伦理观念，报恩强调了礼。

报恩被社会承认，且为社会赞扬和鼓励。中国人主张以德报德，以直报怨，反对以德报怨和以怨报德。

4. 美德观点

这种观点认为感恩是一种美德，是一种推动个体关心他人和传递支持性社会联系的道德情绪（McCullough 和 Kilpatrick，2001）。感恩作为人类最重要的美德之一，历来为哲学家、神学家所重视。哲学家 Cicero 曾说过，感恩不仅是最大的美德，而且是其他美德之源。佛教、基督教、犹太教和伊斯兰教等宗教教派都把感恩作为其宗教活动的核心，几乎所有的宗教仪式都关注感恩的表达。感恩的道德情感理论认为，感恩不仅是人类的道德记忆，也是一种推动个体关心他人，传递支持性社会联系的道德情感。感恩不仅源于亲社会行为，并且能够激发和维持个体的亲社会行为，为个体持续的道德行为提供心理能量，并抑制其做出破坏人际关系的行为。

道德情感理论把感恩说成是一种道德情感，不是说感恩的情绪和表达本身是道德的，而是说感恩来自于并且能够激发人的道德行为。感恩是对他人道德行为的情绪反应，即对于所受到的恩惠，在受惠者内心中形成的对施惠者的感激之情。McCullough 等（2001）认为感恩有三种特殊的道德功能：道德晴雨表功能、道德动机功能、道德强化物功能。当受惠者感受到施恩者的善意，心中便会产生感恩情绪（道德晴雨表），这个感恩情绪成为他的内在动机，促使他对施恩者表现出亲社会行为（道德动机），而施恩者在接收到受惠者的感恩表达或回报行动时，这一系列感恩行为成为一种加固剂，强化施恩者下一次表现善行的可能性（道德强化物）。

周元明等（2007）认为感恩是人的道德素质中的基础素质，是人的情感世界中的原始情感。王玉川等（2007）指出感恩是一种美好的情感，是一种道德良性互动的润滑剂和催化剂。白霞等（2006）认为感恩是一种积极情绪，是受惠者在受到施惠者的恩惠后内心产生的一种冲动，能促使受惠者对已收到的恩惠做出回报，同时，感恩也是一种道德情感，即感恩来自人类的良知良心并且能够激发道德行为。

第二节　感恩的测量和干预措施

一、状态性感恩情感的测量

感恩情感可以分为特质性感恩情感与状态性感恩情感，目前的测量量表主要集中于特质性感恩情感方面。状态性感恩情感即感恩情绪属于短期的情感表达，相对比较易变，测量起来有一定难度，因此测量量表比较少见。McCullough 等编制的感恩形容词评定量表（Gratitude Adjective Checklist，GAC）是目前唯一关于状态感恩测量的研究工具。GAC 评定量表要求被试根据自己当时的情绪体验在“感恩的”（Grateful）、“心怀感谢的”（Thankful）、“感激的”（Appreciative）三个形容词上做出判断，并以此来评估自己的感恩情绪。该量表具有较好的信度，内部一致性系数在 0.87~0.89。

二、特质性感恩情感的测量

国外有关特质感恩的测量工具主要有三个：单维感恩量表（GQ-6）、多维感恩量表（GRAT，三个维度）以及多维感激量表（Appreciation Scale，AS，八个维度）。国内特质性感恩情感量表主要有马云献和扈岩（2004）编制的大学生感戴量表、黄学超（2008）编制的大学生感恩量表，以及赵国祥和陈欣（2006）编制的初中生感戴维度量表等。

单维度感恩量表 GQ-6 问卷由 McCullough 等编制，采用李克特 7 点计分法，共 6 个题项，从感恩的强度、频度、广度和密度四个方面对被试在感恩倾向方面进行测量，该量表具有良好的信度和效度。马云献等在 GQ-6 量表四个层面不变的基础上增加了一些新项目，将其发展成为拥有 14 个项目的感恩量表。我国台湾学者把 GQ-6 翻译成中文应用到台湾大学生被试中，结果表明 GQ-6 中的第 6 个项目不具有很好的模型拟合，5 个项目的 GQ-6 要比 6 个项目的 GQ-6 有更好的心理测量学特性。

Watkins 和 Adler 等认为感恩情感包含多个维度的内容，为此他们编制了多维感恩量表（GRAT），该量表包含了对社会的感激、对简单快乐事物的感激（非社会资源的感激）、剥夺感的缺失（充实感）三个维度。国内孙文刚等对 GRAT 量表做了修订，编制了中文版的多维感恩量表。

Adler 和 Fagley 编制了八个维度的感激量表，具体维度包括拥有、敬畏、仪式或惯例、现有时光、自我/社会比较、感恩、丧失/不幸、人际关系，该问卷的内部一致性系数为 0. 94，信度较高，也具有较好的效度。

三、感恩的干预措施

感恩情感是一种积极情感，能够提升个体自身的主观幸福感，同时也影响其许多其他组织行为，如组织承诺、工作满意度、亲社会行为等。关于如何提升个体感恩情感的问题，迄今为止使用较多的是“细数恩惠”（Counting Blessing）和“感恩拜访”（Gratitude Visit）等干预方法。

（一）感恩记录

所谓感恩记录的方法，就是要求个体定期（一般采用写周记的方式）记录值得自己表示感谢的事件，以此来提升个体的感恩能力和感恩水平。Emmons 和 Mc Cullough（2003）实施的列举恩惠（Count Blessing）的干预措施，就是典型的感恩记录方法。列举恩惠的感恩干预具体包括三个实验，前两个实验以大学生为被试，第三个实验以肌肉神经疾病成人为被试。实验 1 对被试进行为期 10 周的干预，其中实验组要求被试每周记录 5 件感恩事件，另外两个控制组分别为每周记录 5 件争论事件以及记录 5 件有影响的事件。实验 2 对大学生进行为期 2 周的干预，其中实验组要求每天记录 5 件感恩事件，另外两个控制组分别为每天记录 5 件争论事件以及向下社会比较的事件（一般能使被试产生愉悦感和自豪感）。对两项实验的研究结果显示，与控制组比较，感恩记录组被试均表现出更高的感恩水平、生活满意度和积极情感，也表现出更少的消极情感和头痛等躯体症状。实验 3 是对肌肉神经疾病成人进行为期 3 周的干预，实验组被试要求每周记录 5 件感恩事件，控制组被试为不处理。结果表明，相对于控制组被试，感恩记录组被试的感恩水平得到了显著增加。

Froh 等（2008）采用列举恩惠的干预方法，以青少年儿童为被试进行实验，也得到了相同的结果。实验要求被试每天列举（无论是书面还是口头的方式）值得感恩的事情来引发和提高其感恩体验，结果发现，实验组的被试在后测和随后三个星期的追踪调查中均表现出了较高的感恩水平以及生活满意度和主观幸福感。

国内研究人员也进行了类似的感恩干预实验，如石国兴和祝伟娜（2008）以班级为实验单位，采用列举恩惠和班级辅导相结合的团体干预方式进行实验。实验结果显示，这种既有个体干预又有团体干预的组合干预方式，能促进被试显著提高感恩水平、整体生活满意度和正性情感。

（二）感恩沉思

感恩沉思与感恩记录方式的原理基本一致，都是要唤醒感恩本能。略有区别的是，感恩沉思需要让被试沉思的不仅仅是值得感恩的事件，还包括其他的积极生活经历。而且感恩沉思一般只是干预一次，并且干预时间大都只有几分钟。Watkins 等（2003）运用感恩沉思方法对大学生进行了 5 分钟的感恩干预，要求大学生被试记录与沉思他们在最近假期里所感恩的活动和事件，控制组的大学生被试则记录他们暑假想做但没能做成的事情。经过对比研究发现，感恩沉思组的大学生被试呈现出更多的积极情感。

（三）感恩拜访

感恩拜访是一种通过让个体写信并邮寄给施恩者，或者当面将感谢信朗读给施恩者的方式，来提高个体的感恩能力和感恩水平的干预方法。Seligman（2002）通过“感恩之旅”的方式实行感恩干预，鼓励个体给给予自己帮助的人写一封感谢信，然后亲自登门拜访，并且当面读出感谢信。这种感恩之旅的体验方式，不仅能够帮助个体回忆起自己得到的帮助，并且还用自己的实际行动去回报施恩者，在这个过程中锻炼了感恩能力，进一步加强了双方的感恩情感。Seligman 等（2005）对成人样本进行为期一周的干预，实验组要求被试在一周之内写一封早期的感恩事件以及感恩原因的信件，并且寄送给施恩者，控制组则为书写记录早期的记忆。研究结果表明，经过感恩干预后，与控制组相比实验组均报告了更多的感恩情感和幸福感。其后 Watkins 等（2003）和 Kashdan 等（2009）也分别进行了类似的干预实验，得到了同样的结论，即感恩拜访有助于个体增加感恩情感。

国内研究人员张睿（2009）采用感恩拜访日记方案进行了提升小学生主观幸福感的研究。该实验要求小学生被试观察、感谢他人对自己的帮助，然后当面向他人表示道谢，并记录感恩的人、事以及自己的感受。这种方法是一种将感恩记录和感恩拜访有机结合的干预方法。实验结果表明，实验组成员在正向情绪、自我愉悦、生活满足、人际和谐以及主观幸福感方面都有显著提升。

（四）感恩干预的其他策略

前面介绍的几种感恩干预策略都是通过引发个体的感恩情绪体验，积累更多的感恩经验的途径来提升感恩能力和情感，但是并没有在日常生活中通过感恩干预来加强个体对消极事件进行适应性处理的能力。Toussaint 等（2008）在对门诊患者的研究中发现，感恩受到信念和其他情感的调节。因此，他们认为可以通过改变或者改善认知来调节感恩情感。

个体在接受他人的恩惠后会对施恩者的帮助行为进行认知评价，这种评价会决定接受者的感恩情感是否激发以及激发的强度。情绪的极性和强度往往会受到个体认知评价的影响，因此人们可以通过改变对事件或者情境的认知理解来对个体的情绪进行调节。感恩是一种复杂的人际情绪，其水平受到施恩者的动机、施恩者所付出的代价、这种恩惠对于受惠者的意义或重要性的影响。如果个体没有理解到他人帮助自己的良好动机，没有觉察到他人为了帮助自己所付出的巨大代价，没有感知到这种他人的帮助对于自己的重要性，那么必然会严重降低个体的感恩情感甚至根本不会激发出感恩情感。因此，让个体从改变认知方面来提升感恩能力，成为一个十分重要的感恩干预方式。认知的改变或者改善，主要可以从感恩认知的敏感性、对他人动机的判断、他人帮助自己所付出的代价以及分析他人的帮助对于自己究竟有多么重要来获得，这些都是认知重评干预策略的重要内容。

第三节　基本研究框架

本研究的主要目的是探讨民营企业员工感恩的一般规律。之所以以我国民营企业的员工作为研究对象，是因为民营企业的性质不同于国有企业和其他所有者企业，民营企业的企业主与员工之间的关系是十分典型的雇佣关系，而且相对而言关系更为简单，不像国有企业员工与上司的关系。从本研究整体设计而言，我们将重点探讨感恩情感本身的特征和内容，同时探讨感恩情感的前因变量和结果变量，将其构成一个完整的体系。

感恩情感的前因变量主要包括：组织支持、家长式领导、伦理型领导、归因风格、员工与上司关系类型、心理契约、心理所有权等。

具体而言，本研究首先需要探讨基于心理契约中介作用的施恩行为对感恩心理的影响。分析民营企业的施恩行为包括哪些内容，这些施恩行为有些是通过上司的行为体现，有些是模糊的作为集体组织的举措等。这些举措与行为，通过员工的自身体验和评价形成心理契约履行和兑现的感觉与判断，进而影响员工的感恩情感，即一旦员工认识到企业能够很好地履行对员工的承诺，那么员工的心理契约履约程度感觉较好，并进而增强员工对企业的感激之情。

其次，本研究需要探讨组织支持对员工感恩情感的影响，组织支持是员工形成感恩情感极为重要的前因变量，根据社会交换理论，员工在得到组织的支持与关爱之后会产生一种感激之情并进而形成回报组织的冲动与行为。在这个主效应中，我们还要考察心理所有权的中介作用，即组织支持员工能够使员工感觉到组织的尊重与自己具有一定的话语权及获得了一些收益，这样就会增加员工的心理所有权，增加自己的主人翁感觉和意识，进而对组织产生更强的感恩情感。另外，在这个主效应之中，我们还要考察组织公平是否起到了调节作用。

再次，考虑到上下级关系在感恩情感机制中居于十分重要的地位，我们需要研究领导风格以及上下级关系类型对于员工感恩情感的影响。在领导风格方面，我们准备重点考察家长式领导与伦理型领导对员工感恩情感的影响。家长式领导风格是我国民营企业中比较普遍的领导方式，而伦理型领导风格在当下企业里显得越来越重要，所以选择这两种领导风格进行研究。

最后，我们还将探讨员工本身的归因风格对自身感恩情感形成的影响。归因风格是个体认知机制中十分重要的环节，关系到个体对许多问题的原因追溯与认定的问题，对其认知事物并且产生情感和态度具有很大影响。归因风格主要考察个体在感谢对象时的特征，如归因于内（自己）还是归因于外，从而严重影响个体的感恩情感。

关于感恩情感的结果变量，本研究准备重点探讨组织承诺、工作投入、亲社会行为、主管幸福感、组织公民行为以及反生产行为等。

首先，感恩情感作为一种情感，必然会对员工的后续行为产生影响，也会对其他态度和情感产生连带影响。这些影响有些是直接产生的，有些是通过其他中介变量间接产生影响。如员工感恩情感可能会影响他/她的组织承诺度的高低，一般而言感恩情感越强烈，组织承诺就会越高，他们会通过提高组织承诺来实现其回报组织的目的。其次，员工感恩情感可能会直接影响到员工的工作投入水平。作为雇员，感谢组织的最佳方式之一就是更加努力地投入工作，通过工作热情、责任心以及创新来回报组织。再次，员工感恩情感也会影响其组织公民行为以及反生产行为等个体行为。感恩情感可能会正向影响员工的组织公民行为，即感恩情感越强，越会做出更多有利于企业的组织公民行为。感恩情感也会负向影响反生产行为，一般来说，感恩情感越强的员工，他们反生产行为的发生率会更低，即便发生也会表现出更轻的程度。最后，感恩情感可能会通过影响个体的亲社会行为的中介作用，进而影响主观幸福感。感恩的个体倾向于做出更多的亲社会行为，他们从亲社会行为中也能体会到一种友善与价值，进而自己也能获得较高的主观幸福感。综合以上研究设计，我们勾画出一个基本研究框架，如图 1–1 所示。

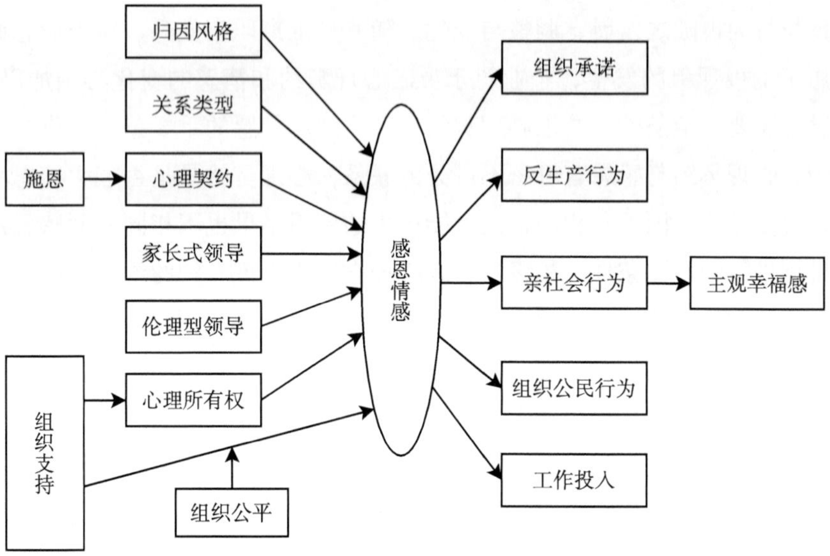

图 1–1　基本研究框架

第二章　企业施恩对员工感恩心理的影响：心理契约的中介作用

第一节　引　言

随着全球经济化发展，我国企业雇佣机制和用人机制发生了巨大变化，员工的心理与行为也随之发展、调整与变化。随着员工离职率变高、对企业忠诚度降低等用工消极现象的发生，企业对于员工心理契约和情感的变化必须加以重视。员工感恩需要一定条件，员工心理契约是产生感恩情感的重要条件。作为社会交换行为，心理契约与感恩有着密不可分的联系，心理契约是是否产生感恩心理的前提，各个维度、因素不相同，则可能产生的感恩结果也不相同。而感恩是心理契约继续进行的重要条件，积极的感恩心理有助于心理契约的维持和提升。心理契约在国外的研究情况已经相当成熟，并且在大部分企业领域内运用得很好。国内限于各方面的因素，心理契约尚处于研究发展阶段，不过还是有优秀的学者得出了自己的结论，并且运用在中国国情中。本研究从心理契约入手，定量研究它在报恩与员工感恩之间的中介变量作用，发现心理契约对企业的后续发展有着重要作用和影响。大量研究表明，员工的感恩行为能改善企业运行绩效。本研究就是着重于研究员工心理契约的调整变化对感恩的影响。希望通过对相关理论知识和研究数据的理解分析，在实践中为民营企业提供参考，更好地改善劳资间的合作关系，使经济发展得更好。

近年来，我国企业的雇拥机制和用人机制发生了巨大变化，给许多组织带来了较大压力，很多管理者认为当代员工不懂得感恩，且离职率高，工作缺少主动性，都是基于工作合同的交易关系，组织与员工间变得十分功利化，员工对企业忠诚度低，缺少组织公民行为。前一段时间，全国企业界感恩教育活动进行得如火如荼，各种培训师的培训课程使员工声泪俱下，看似十分感人，但效果并不理想，原因何在？难道员工真的不懂得感恩吗？在企业管理活动中，政府的管理制约作用相对薄弱，劳动法以及制度的不完善，使得个别人有机可乘，强制力不足。所以，劳资双方都采取了防守的方式。如何将对自己的损失降到最低，成了劳资双方的不二选择。双方逐渐退缩到交易型关系，而且交易周期从各方面开始缩短，工资发放周期从一个月减至每天结算工资。企业由于不能扣押员工的任何证件，便采取扣押员工定期薪酬的方式来控制员工，因而频繁跳槽的员工付出免费的劳动力，这种现象十分普遍。在这种关系之下，员工几乎没有组织公民行为，把自己当作公司的局外人、纯粹的打工者，敷衍对付每天的工作。双方充满对立和不信任，屡屡受伤的劳资双方很难再有感恩的冲动，感恩成为十分稀缺的东西。

员工感恩需要一些基本条件。劳资双方的契约是否履行就是重要的条件。除文本契约劳动合同外，另一个重要契约就是心理契约，本研究主要探讨心理契约对于感恩情感激发的重要作用以及激发的机制，并进一步提出相应的管理对策，以期实现劳资双方高水平相互感恩状态。本研究针对当前就业与用工形式，提出企业面临的离职率高、忠诚度低的问题，并从心理契约这一角度入手，研究心理契约对感恩情感激发的作用，以及企业在劳资双方的单次或多次博弈关系中解决这一系列问题的方法。

第二节　文献综述与研究假设

一、施恩与感恩

（一）感恩

感恩（Gratitude）一词来源于拉丁词语“gratia”，意思是恩惠、令人愉快的。所有源自这个拉丁词语的词都与“仁慈、慷慨、礼物、给予和接受的美等”有关

(Pruyser，1976)，不同学者分别从哲学角度、人类学角度、社会学角度和心理学角度来定义感恩。

亚当·斯密从哲学的角度把感恩定义为“那种推动我们去报答的最迅捷和最直接的情感”。他认为感恩是人类最基本的社会情绪之一。康德（Kant）把感恩定义为“称赞一个人，因为他已经给了我们仁慈”。人类学家Komter（2004）通过理解“礼物的精神”来解释感恩，他们认为用感恩可以解释人们是如何对大自然的恩赐做出反应的，人们是如何通过交换物品和服务来构建与维持社会联系的。

社会学家伯特茨和米勒德（Bertocci和Millard，1963）与社会心理学家海德（Heider，1958）都认为，愿意承认在自己的经历中价值的不应得的增量就是感恩。当人们收到来自他人的恩惠，并且在他们看来这是给予者有意帮助他们的时候，他们可以体验到感激心情。海德指出，恩惠意图的可识别性是决定一个人在收到一种恩惠之后是否体验到感激心情的最重要因素。

韦纳（Weiner，1985）从心理学角度认为感恩是一种情绪，是一种归因依赖型状态。这种状态由两个步骤的认知过程形成：第一，认识到一个人已经得到了一种积极的结果；第二，认识到这种积极结果是由一种外在的因素造成的。

感恩从狭义上讲是指感恩情感，广义上讲还可以包括感恩行为。感恩是一种积极心理状态，有利于提升个人的主观幸福感，同时对组织而言能够提高成员的工作绩效，降低离职率，促进组织团结互助与组织和谐等。

（二）施恩

感恩心理来自于某种施恩，施恩就是给予某种恩惠，是某一主体对另一主体实施的给予行为。施与的恩惠，可以是物质方面的也可以是精神方面的。就企业而言，企业的施恩包括对员工提供的薪酬福利待遇、良好的工作环境、各种培训机会、晋升机会、领导以及同事的支持与关心、良好的人际关系和企业氛围等。

根据社会交换理论，感恩是一种互惠的社会交换行为。受惠者会产生感激之情，并引发其产生回报冲动，有恩必报、知恩图报成为一种基本的社会心理机制和道德情操。

H2-1：企业施恩对员工的感恩产生显著的正向影响。

二、心理契约与感恩

（一）心理契约概念及其发展

1. 心理契约的概念及其理论基础

Levinson（1962）将心理契约描述为“未书面化的契约”，是组织与雇员相互期望的总和。它被用来强调产生于双方关系之间的一种内在的、未曾表述的期望。Kotter（1973）认为心理契约是存在于个体与其组织之间的一种内隐契约，它将双方关系中一方希望付出的代价以及从另一方得到的回报具体化。

心理契约的理论基础包括社会交换理论和公平理论等。契约本质上源于社会群体之间的交换关系，需要在交换行为中明确各自的权利和义务。社会交换理论（Social Exchange Theory）是霍斯曼等借用经济学概念来解释社会行为有赖于相互强化而得以持续发展的一种心理学理论（周晓红，1997）。古尔纳德（A.Gouldner，1960）也指出，在社会关系中的双方为了获得利益就需要对已获得的好处进行回报。亚当斯（J.Adams，1965）、沃尔斯特（E.Walster，1978）等较早研究了公平问题并提出了公平理论（Justice Theory）。公平理论指出，交换双方很多时候不是追求“绝对”的利益平等，而是追求一种投入与产出比的相对平等。由于亚当斯从比较的角度研究公平问题，所以他的公平理论又被称为社会比较理论。组织成员通过衡量自己的付出与收益来判断自己是否得到了公正的待遇，还利用其他成员当作参照物进行比较，并由此判断自己是否受到公平对待，这同样也是判断心理契约履约水平的心理机制。

2. 心理契约概念的发展过程

（1）概念提出阶段（20 世纪 60 年代初~1989 年）。组织心理学家 Argyris（1960）首先在其《理解组织行为》一书中用“心理的工作契约”来说明工人与工头的关系。Levison 等（1962）在《工人、管理和心理健康》一书中明确提出“心理契约是组织与员工之间隐含的、未公开说明的相互期望的总和”。Schein（1965）在其《组织心理学》一书中把心理契约界定为“任何时刻都存在于个体和组织之间的一系列没有明文规定的期望”，并且强调了心理契约在组织建设中的地位。Kotter（1973）进一步考察了 Schein 的假设，并进行了心理契约方面的定量研究。他发现雇主与雇员之间的期望越是匹配，则员工越可能报告说对工作更满意，而且生产效率更高，离职率更低。Kotter（1973）认为心理契约是存在于个体与其组织之间的一种内隐契约，它将双方关系中一方希望付出的代价以及从另一方得到的回报具体化。

（2）概念发展阶段（1989~1995 年）。Rousseau（1989）在这一阶段做出了开创性工作，她的论文《组织中心理和隐含的契约》标志着当代研究人员在心理契约的研究上前进了一大步。Rousseau（1995）在《组织中的心理契约》一书中提出“心理契约是个体所持有的其与交易另一方关于互惠性交换协议的具体条款和条款的信念”，之后进一步将心理契约具体界定为：在组织与员工互动关系的情境中，员工个体对于相互之间责任与义务的直觉和信念系统。

（3）当代研究阶段（1995 年之后）。在这一时期大量关于心理契约的文献纷纷涌现出来，不少管理学以及心理学的刊物均为这一课题安排专刊发表论文。关于心理契约主要沿着两条主线展开：心理契约的内容构成和动态发展过程。这一时期对于心理契约的概念界定主要有两种：①Morrison 和 Robinson 于 1997 年发表相关论文称“心理契约是员工对于自己和组织之间互惠责任的理解和信念，这种理解的基础是此员工感知到来自组织的承诺，但组织的代理人未必认可这些责任和义务”；②Herroit 和 Pemberton 于 1996 年将心理契约界定为“在雇佣关系中，组织与个人对于隐含在关系中的责任的感知”。我国学者曹威麟、陈文江等（2007）认为，心理契约是当事双方不通过某种显然的形式直接明了地进行意思表达，而通过各种心理暗示的方式，在双方相互感知并认可各自期望的基础上形成的一套隐性权利义务关系的协议。

（二）心理契约的结构

1. 单维结构说

Macneil（1985）最早提出组织中的心理契约包括两种主要成分：交易型成分和关系型成分。不同心理契约之间的差异主要基于两种成分所占比例的不同。并且他还指出，交易型成分和关系型成分是一个连续体的两个极端，在心理契约中交易型成分越大，则关系型成分越小。

2. 二维结构说

Robinson、Kraatz 和 Rousseau（1994）对心理契约的内容进行了验证研究，他们通过对组织责任和员工责任进行因素分析，发现了两个明显的因子：交易因子和关系因子。交易因子在组织责任中的内容有：晋升，高薪，绩效工资；在员工责任中的内容包括：辞职提前打招呼，不支持竞争对手，保护企业机密，至少在公司中工作两年。关系因子在组织责任中的内容包括：培训，职业发展，对个人问题的支持；在员工责任中的内容包括：加班，忠诚，自觉做非要求的任务。

Tsui 等（1997）通过对雇佣关系的研究，将“雇主的责任”划分为两类：物质成分和精神成分。物质成分包括提供薪水、福利、基本工作条件等；精神成分包括公平，尊重，提供个人发展空间等。Kickul 和 Lester（2001，2002）通过对以往心理契约雇主责任的分析发现，所有心理契约的内容都涉及两个基本的允诺：一是与工作完成有关的，二是与工作性质有关的。并通过对 246 名在职 MBA 学员 11 项雇主责任的因素分析，提出了外在契约（Extrinsic Contract）和内在契约（Intrinsic Contract）的划分。外在契约涉及雇主所做的与员工工作完成有关的允诺，如灵活的工作时间、安全的工作环境、有竞争力的工资和奖金。内在契约涉及雇主所做的与员工工作性质有关的承诺，如工作自我选择、自主决策、自我控制、从事挑战性工作、提供组织支持、参与决策、有发展机会等。陈加洲（2001）对中国企业员工与组织之间的心理契约结构进行了研究，发现心理契约中的组织责任和员工责任均由现实责任和发展责任两个维度组成。

3. 三维结构说

Rousseau 和 Tijorimala（1996）通过以美国注册护士为研究对象的实证研究，提出心理契约由三个维度构成：交易维度、关系维度和团队成员维度。交易维度指组织为员工提供经济和物质利益，员工承担基本的工作要求。关系维度指员工与组织关注双方广泛的、长久的、开放的联系，契约双方彼此沟通关怀，互相信任保持忠诚。团队成员维度指彼此为双方发展和成功承担责任。

Dabos G.和 D.Rousseau（2004）及 Hui、Lee 和 Rousseau（2004）认为心理契约包括三个维度：交易维度、关系维度和平衡维度。Coyleshapiro 和 Kessler（2000）通过采用因子分析法对英国 703 名管理者和 6953 名普通员工进行调查研究，针对组织责任的内容，提取出三个心理契约因子：交易维度、关系维度和培训维度。Lee 和 Tinsley 对中国香港和美国工作团队的研究也认为员工心理契约由关系因素、交易因素和团队成员因素三个维度构成。

李原发现中国企业员工的心理契约由三个维度构成：规范性责任、人际型责任和发展型责任。朱晓妹和王重鸣（2005）以我国知识型员工为研究对象，将组织责任划分为物质激励、环境支持和发展机会三个维度，将员工责任划分为规范遵循、组织认同、创业导向三个维度。

（三）心理契约的组合类型

1. 交易型、关系型、变动型和平衡型

Rousseau（1995）根据心理契约的期限和绩效要求确切性维度，对心理契约进行组合，得到了四种类型，如图 2-1 所示。

	没有具体明确的绩效要求	有具体明确的绩效要求
短期的	变动型： （如机构精简期间或组织合并、重组期间雇员的心理契约） 1. 模糊的和不确定的契约条款 2. 高离职或易终止 3. 不稳定	交易型： （如圣诞节期间商店临时雇员的心理契约） 1. 明确的和确定的契约条款 2. 易离职或高离职 3. 低成员承诺 4. 自由达成新契约 5. 完全用不着学习 6. 高的整合或认同
长期的	关系型： （如家族企业成员的心理契约） 1. 高团队承诺 2. 高情感承诺 3. 高的整合或认同 4. 稳定	平衡型： （如高卷入度团队成员的心理契约） 1. 高团队承诺 2. 高的整合或认同 3. 正进行开发活动 4. 相互支持 5. 有动力

图 2-1　心理契约类型

2. Shore 和 Barksdale 的心理契约类型划分

Shore 和 Barksdale（1998）根据雇员和雇主的责任高低进行组合，得到了四种心理契约的类型：高雇员—高雇主责任；高雇员—低雇主责任；低雇员—高雇主责任；低雇员—低雇主责任，并在研究中得到了证实。

3. 其他类型划分

徐淑英等（1997）对雇佣关系进行了分类，以组织和雇员向对方投入程度的高低进行分类组合，形成四种关系类型：准交易契约型、相互投入型、组织投资不足型和组织过度投资型。前两种都是双方投入均衡型，后两种是失衡型，一方投入明显高于另一方。

（四）心理契约的特点

1. 主观性

心理契约是个体的一种心理认知，带有个人主观性，即使契约条款是客观的、书面的，人们对它的理解和解释则是主观的过程。另外，与正式契约不同，心理契约在形成之初并没有明确界定其中的具体内容。

2. 动态性

心理契约关注员工与组织的相互责任，在已有承诺的基础上，双方都对彼此间的关系进行了投资，并期望得到积极的付出。但是随着时间推移以及组织和成员的发展变化，心理契约也会随之发生改变，与文本契约相比具有很强的动态性。当员工感觉到组织提供的内容超出了被认可的范畴（超过或没兑现），则会出现两种可能性：要么重新修订心理契约，形成内容与过去有所不同的新契约；要么终止已有心理契约。说明心理契约的内容不是固定不变的，而是会发生调整和改变的。

心理契约的动态性还表现在员工在组织的不同阶段存在不同的心理契约内容。Rosseau（2001）从员工角度提出了心理契约形成阶段的一般模型，该模型将心理契约划分为四个阶段：①雇佣前：个体和组织双方都不是很了解，心理期望等都带有很大的想象成分。各自的期望也不知道是否存在交集，信任度也比较低。②雇佣时：此阶段雇佣双方就相互的权利义务及利益关系进行了深入的沟通，从而使雇佣双方对各自的承诺有了进一步的相互了解。③早期的社会化阶段：此时个体与组织的心理契约处于正式完善阶段，也是员工心理契约真正形成的阶段，许多信息和事实都能进一步检验员工的心理契约。在此阶段新员工如果发现工作性质或工作量超出自己的能力，或是与上司关系不和，对组织的信任度就大为降低，不满意度提升，离职倾向就会得到强化。④晚期经验阶段：在此阶段员工心理契约趋于稳定，但是也会存在明显的波动期，一是员工在职两三年面临升迁与否时，二是工作五六年后对职业前途产生厌倦时。

另外，动态性也体现在心理契约的内容可以随形势的发展变化而不断变更。研究人员探讨了近年来在全球竞争和组织变革的大背景下，心理契约在内容上发生的巨大变化。过去在心理契约中非常重要的内容，如工作安全性、连续性和对组织的忠诚等，正逐渐消失或退居次要地位。在新型心理契约中，员工对灵活性、公平性、变革创新以及不断尝试的要求越来越高（Herriot 和 Pemberton，1996；Anderson，1998）。

3. 互惠性

从根本上说心理契约是一种隐含交易，即一方提供某种东西与另一方提供的某种东西进行交换。在组织中心理契约的核心内容是“组织承担的责任与义务”和“员工承担的责任与义务”之间的互利互惠的交换关系。交换内容不只限于物质财富的交换，还包括心理财富和社会情感方面的交换，并秉持公平原则。

4. 效能性

Schein（1980）指出，“虽然它并没有写明，心理契约却是组织中行为的强有力的决定因素”。①心理契约能减少雇佣双方的不安全感。组织和员工意识到只要双方履行了各自的责任，就会实现各自的期望，这样的信任关系建立起来以后，双方都会感到心里踏实。②规范组织成员的行为。组织成员以自己对组织所负的责任来衡量自己对待组织的每一种行为，以其作为调节自己行为的标准。诸多研究证明，心理契约的破裂和违背有许多不利的影响，如员工对组织失去信任，责任感和工作满意度降低，忠诚度下降，更倾向于离职。在极端的情况下，员工还会通过消极怠工、偷窃和攻击行为对组织进行报复（Greenberg，1990）。

（五）心理契约破坏

心理契约破坏（Psychological Contract Breach）是员工对于组织未能充分履行心理契约中所承诺责任的主观感知。有学者认为心理契约破坏与心理契约违背的概念存在一定的差异。如 Morrison 和 Robinson 指出，心理契约破坏是员工“对于组织未能履行心理契约中与员工贡献相称的一种或多种责任的主观感知”，是员工对组织履行心理契约状况的认知性评价（Cognitive Assessment）；而心理契约违背是指员工因组织违背心理契约而产生的一种短期的、相对激烈的情绪或情感反应（Emotional or Affective Reaction），如失望、愤怒、悲痛等。

究竟是什么原因导致了员工心理契约的破坏，Rousseau、Morrison 和 Robinson 等认为组织有意违约、无力兑现和契约双方对承诺或责任的理解不一致是造成心理契约破坏的三大主要原因。

心理契约破坏对员工工作态度及行为会造成很大的影响。研究表明，员工在心理契约得到有效兑现的情况下，会表现出更高的工作满意度、留职意愿和组织信任感。心理契约破坏会对员工的工作态度及行为产生重大的负面影响。Bunderson 以非营利性卫生保健机构的 283 名专业工作人员为对象进行研究，发现员工心理契约的形成受到管理意识形态及专业性质的影响。当员工感知到组织未履行管理性角色的职责时，会表现出较高的工作不满意感和离职意愿；当员工感知到组织未履行专业性角色的职责时，则表现出较低水平的组织承诺和工作绩效。

Robinson、Kraata 和 Rousseau（1994）研究发现 MBA 毕业生的心理契约遭到破坏之后，他们心理契约中的交易成分得到加强，而关系成分减弱，同时，个体对组织的情感投入减少，更多关注于经济利益。Conway 和 Briner（1996）采用日记法（Daily Diary）研究了心理契约破坏、过度承诺（Exceeded Promises）与员工的情感反应之间的关系。研究发现，心理契约破坏和组织的过度承诺是组织中比较普遍的现象，会对员工产生一些负面反应。此外，心理契约破坏会减少员工对组织的信任感、工作满意度、组织承诺、组织公民行为和工作绩效。还有研究者发现，心理契约破坏能够促使员工产生玩世不恭（Cynicism）的态度。

（六）组织中的心理契约

王京安等（2013）认为个体文化特征会对心理契约的构建产生影响。通过分析个体是具有个人主义还是集体主义文化取向，他们研究发现个体主义者理解组织信息趋向于交易型契约，集体主义者趋向于关系型契约；个体主义价值观将激励个体缔结交易型心理契约，而集体主义价值观将影响个体建立关系型心理契约。张士菊等（2012）研究了性别、不同职业生涯阶段以及学历等因素对个体心理契约方面所造成的差异。分析结果表明，男性员工更重视组织交易责任和组织发展责任，女性员工更重视组织关系责任；处于职业生涯不同阶段的员工其心理契约存在差异；学历越低，员工的组织发展责任和组织交易责任越低，初中学历的员工最低，大学专科和本科及以上学历的员工不存在显著差异。

朱晓妹等（2006）研究发现，员工心理契约中组织责任和员工责任的各个维度对离职倾向、任务绩效和组织公民行为等组织效果变量有显著的预测作用。周莉等（2014）以员工心理契约为自变量，以离职倾向为因变量，研究了心理契约对员工离职意向的影响。研究结果发现，心理契约对离职意向存在负向影响，心理契约对离职意向有显著的预测能力。余高雅（2015）通过对新生代员工的研究发现，心理契约与离职倾向存在显著的负相关关系，心理契约中的物质激励、发展机会、环境支持三个维度均与离职倾向显著负相关。

关于心理契约破坏的原因以及心理契约破坏对员工态度和组织行为的影响，许多学者也开展了研究。袁勇志等（2010）通过对中国 342 名员工的实证研究，发现组织支持感（POS）和领导成员交换关系（LMX）对心理契约违背都具有显著的负向影响。同时，这个研究也揭示了组织政治知觉调节领导成员交换关系/组织支持感与心理契约违背的作用关系。对于心理契约破坏带来的负面影响，储小平等（2009）通过对我国家族企业员工的实证研究，发现组织层面的心理契约破坏与领导—部属交换以及他们对员工组织公民行为、工作绩效的评价显著负相关；而员工层面的心理契约破坏与其工作满意度、组织承诺显著负相关，与离职意向显著正相关。

心理契约履约水平的高低，能够直接触发并进而提升感恩情感。员工如果感知到组织没有遵守和兑现承诺，未给予员工约定好的条件和保障，不但不会产生感恩情感，还会产生不满和怨恨情绪。如果企业给予员工的超过了员工的心理契约水平，就会触发其产生感恩情感，而且感恩情感的强度与企业超额给予员工的福利待遇的程度成正比。因此，心理契约的遵守和兑现的程度能显著影响员工的感恩情感。

H2-2：心理契约对员工感恩心理具有显著的正向影响。

三、企业施恩与员工心理契约

企业给予员工的支持和福利待遇的高低，是员工判断企业是否遵守和兑现承诺的重要依据。企业施恩越多，员工对企业履行契约的满意度越高。员工心理契约包括员工认为企业应该履行的承诺，既包括物质方面的也包括精神方面的，既包括工作支持方面的也包括生活照顾方面的，甚至还包括组织氛围方面的要求。企业如果能从以上这些方面给予员工更多、更全面以及更加符合员工个体需求的支持，则员工的心理契约履约满意度就会更高；反之，员工就会形成心理契约违背的感知，对企业的评价就会降低，进而影响员工满意度、工作绩效并引发反生产行为等负面行为。

H2-3：企业施恩对员工心理契约具有显著的正向影响。

四、心理契约在企业施恩与员工感恩之间的中介作用

根据社会交换理论等观点，企业施恩与员工感恩之间有着必然的因果关系，施恩是引发员工感恩的前因变量。但是员工对于企业给予的恩惠，需要经过他的心理感知和评价，然后才会对恩惠产生感激之情，而心理契约就是十分重要的感知和评价环节。从员工视角看，心理契约主要包括员工期望的组织应该承担的责任。如果企业对员工的付出能够达到员工心理契约的水平，员工就会感知到企业很好地履行了对员工的承诺，满意度就得到了保障。如果企业的付出能够超过员工的心理契约水平，那就会促使员工产生对企业的感激之情。

综合上述分析我们提出假设如下：

H2-4：心理契约在企业施恩与员工感恩心理之间具有显著的中介效应。

本研究的研究模型如图 2-2 所示。

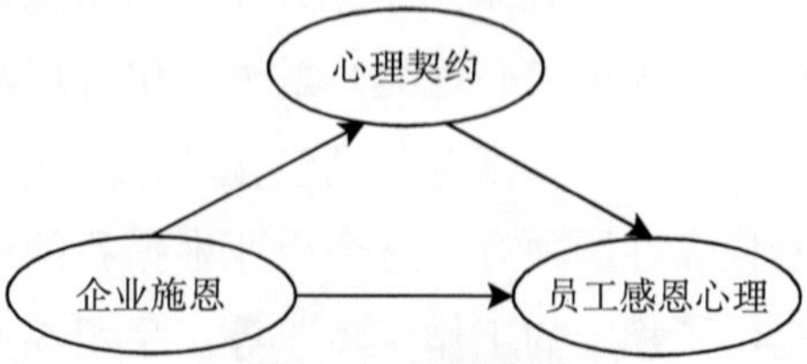

图 2-2 研究模型

第三节 研究设计

一、程序与样本

本研究的样本主要为不同企业的高层管理人员、专业技术人员和业务人员。调查问卷发放通过纸质问卷和电子问卷两个渠道，共发放问卷 140 份，收回 107 份，回收率 76.4%。问卷回收后剔除无效问卷，得到有效问卷 100 份，有效回收率为 71.4%。样本的人口统计特征数据如表 2-1 所示。

表 2-1 样本统计特征（N=100）

项目	分类	样本数	百分比（%）	项目	分类	样本数	百分比（%）
性别	男	51	51	学历	高中及以下	16	16
	女	49	49		中专	17	17
年龄	20 岁以下	3	3		大专	25	25
	20~30 岁	75	75		本科	40	40
	31~40 岁	17	17		研究生	2	2
	40 岁以上	5	5	工作年限	1 年以内	31	31
薪资状况	1000 元以下	1	1		1~3 年	40	40
	1000~3000 元	53	53		4~6 年	18	18
	3001~5000 元	38	38		6 年以上	11	11
	5000 元以上	8	8				

二、变量测量

（一）心理契约

在心理契约量表方面，本研究采用李原开发的《员工心理契约调查问卷》中的“组织对员工的责任”作为员工心理契约量表，包含规范责任维度、人际责任维度和发展责任维度三个维度，各维度分别包含 5、9、7 个题项，共 21 个题项。例如，规范责任维度的代表性题项有“这个企业根据我的工作业绩发放工资和奖金”、“这个企业为我提供了稳定的工作保障”等。采用 5 点计分法，从“非常不符合”到“非常符合”分别对应 1~5 分，得分越高表示心理契约的履行越好。

本量表在信度方面，组织对员工承担的责任部分的规范责任维度、人际责任维度以及发展责任维度的克朗巴哈系数分别为 0.712、0.909、0.849，总系数达到了 0.934。在效度方面，量表的内部一致性系数较高，包含的因子结构分类清楚，不会相互重叠，而且内部各题项在同一个因子下的负荷也较高，组织责任部分都在 0.45 以上，员工责任部分均在 0.37 以上，具有较好的结构效度。

（二）施恩与感恩

对于施恩与感恩的测量，本研究采用了敖霜开发的《企业员工感恩心理现状调查问卷》，该问卷的克朗巴哈总体系数为 0.903，说明此问卷具有良好的内部一致性，其信度较高。问卷在正式测试之前采用专家判断法对其内容效度进行评定，结果良好。企业施恩分量表包含 4 个维度，21 个题项。员工感恩行为倾向分量表共 3 个维度，19 个题项。

第四节　数据分析与结果

本研究通过使用 SPSS 17.0 软件，对调查问卷的数据进行效度检验、因子分析、信度检验、维度构建、描述性分析和回归分析。

一、效度分析

1. 心理契约量表的效度检验

心理契约问卷调查数据分析包含三个维度，即人际维度、规范维度、发展维度。剔除因子负荷较小的 5 个题项，剩下 16 个题项。采用统计软件对问卷进行效度分析，得到分析数据如表 2-2 所示。KMO 数值为 0.926，Bartlett's 球度检验结果 $P < 0.001$，达到显著水平。三个因子分类清楚，同一个维度内部的聚合度较高，说明量表数据具有较高的效度（见表 2-3）。

表 2-2　量表 KMO 值与 Bartlett's 球度检验

取样足够度的 Kaiser-Meyer-Olkin 度量		0.926
Bartlett's 球度检验	近似卡方分布	2246.117
	自由度 df	465
	显著性 Sig.	0.000

表 2-3　"组织责任"部分的探索性因子分析结果（N = 100）

变量	成分 1	成分 2	成分 3
发展维度 7	0.816		
发展维度 6	0.785		
发展维度 4	0.785		
发展维度 11	0.757		
发展维度 1	0.753		
发展维度 12	0.749		
发展维度 9	0.732		
人际维度 7		0.751	
人际维度 8		0.731	
人际维度 6		0.730	
人际维度 9		0.714	
人际维度 2		0.709	
人际维度 4		0.687	
规范维度 1			0.802
规范维度 2			0.801
规范维度 4			0.767

2. 企业施恩量表的效度检验

采用统计软件对调查数据进行分析，删除因子负荷较低的 4 个题项，并对剩下的 17 个题项进行效度检验，具体数据如表 2-4 和表 2-5 所示。KMO 数值为

0.923，Bartlett's 球度检验结果为 0.001，P<0.001，达到显著水平。而且 17 个题项分别归属于企业发展、企业关怀、薪酬福利和自我实现四个维度，各维度之间区分度较高，维度内部聚合度较高，说明该数据具有较高的效度（见表 2-5）。

表 2-4　量表 KMO 值与 Bartlett's 球度检验

取样足够度的 Kaiser-Meyer-Olkin 度量		0.923
Bartlett's 球度检验	近似卡方分布	1081.557
	自由度 df	136
	显著性 Sig.	0.000

表 2-5　企业施恩样本数据的探索性因子分析结果（N = 100）

变量	成分 1	成分 2	成分 3	成分 4
薪酬福利 2	0.772			
薪酬福利 3	0.755			
薪酬福利 1	0.668			
企业发展 4		0.770		
企业发展 1		0.707		
企业发展 2		0.706		
企业发展 3		0.673		
自我实现 3			0.805	
自我实现 4			0.804	
自我实现 2			0.749	
自我实现 1			0.734	
企业关怀 6				0.767
企业关怀 1				0.734
企业关怀 4				0.702
企业关怀 5				0.694
企业关怀 8				0.658
企业关怀 7				0.632

3. 员工感恩行为倾向的效度检验

员工感恩行为倾向量表共有 19 个题项，通过因子分析删去因子负荷较低的 4 个题项，剩下 15 个题项。这 15 个题项属于企业认同、敬业进取和遵守规范三个维度。进行效度检验，得出数据如下：KMO 数值为 0.919，Bartlett's 球度检验结果为 0.001，P<0.001，达到显著水平（见表 2-6）。

表 2-6　量表 KMO 值与 Bartlett's 球度检验

取样足够度的 Kaiser-Meyer-Olkin 度量		0.919
Bartlett's 球度检验	近似卡方分布	1043.404
	自由度 df	105
	显著性 Sig.	0.000

表 2-7 为员工感恩行为倾向样本数据的探索性因子分析结果。

表 2-7　员工感恩行为倾向样本数据的探索性因子分析结果（N = 100）

变量	成分 1	成分 2	成分 3
企业认同 1	0.847		
企业认同 2	0.814		
企业认同 3	0.790		
企业认同 5	0.777		
企业认同 4	0.768		
企业认同 6	0.705		
敬业进取 8		0.790	
敬业进取 6		0.747	
敬业进取 4		0.709	
敬业进取 3		0.699	
敬业进取 2		0.686	
敬业进取 9		0.686	
遵守规范 1			0.812
遵守规范 3			0.801
遵守规范 2			0.782

二、信度分析

采用统计软件对各量表数据的信度进行分析，得出信度系数克朗巴哈 α 系数如表 2-8 所示，各信度系数均在 0.94 以上，说明各量表具有较高的信度。

表 2-8　各量表信度系数

变量	题项	Cronbach's α
心理契约	16	0.959
企业施恩	17	0.940
员工感恩行为倾向	15	0.941

三、相关性分析

通过分析得到各个量表的均值、标准差和相关系数如表 2-9 所示。心理契约与企业施恩的相关系数为 0.6，达到了显著水平；心理契约与员工感恩行为倾向的相关系数为 0.511，达到了显著水平；企业施恩与员工感恩行为倾向的相关系数为 0.565，达到了显著水平。由此可知，本研究的几个假设得到了初步验证，但还需要通过回归分析做进一步的检验。

表 2-9 各变量的相关系数

	均值	标准差	1	2
心理契约	4.08	0.48		
企业施恩	4.05	0.60	0.600**	
员工感恩行为倾向	4.32	0.52	0.511**	0.565**

注：** 表示在 0.01 水平（双侧）上显著相关。

四、回归分析

第一步，运用 SPSS 17.0 统计软件进行分析，首先对变量数据进行去中心化处理，然后进行因变量“员工感恩行为倾向”与自变量“企业施恩”的回归分析，得到回归系数如表 2-10 所示，可以看出因变量与自变量的回归系数为 0.557，$P < 0.001$，回归显著。

表 2-10 员工感恩行为倾向与企业施恩的回归系数

模型	非标准化系数		标准系数	t	Sig.
	B	标准误差	试用版		
（常量）	−0.263	0.314		−0.837	0.404
性别	0.069	0.088	0.066	0.789	0.432
年龄	0.127	0.089	0.143	1.435	0.155
最高学历	0.041	0.044	0.084	0.943	0.348
工作地域	−0.126	0.060	−0.179	−2.112	0.037
在本单位的工作年限	0.079	0.060	0.142	1.307	0.195
薪资范围	−0.087	0.074	−0.109	−1.165	0.247
企业施恩	0.489	0.071	0.557	6.846	0.000

第二步，以“心理契约”为因变量、“企业施恩”为自变量进行回归分析，回归系数如表 2–11 所示，可以看出心理契约与企业施恩的回归系数为 0.593，P < 0.001，回归显著。

表 2–11　心理契约与企业施恩的回归系数

模型	非标准化系数		标准系数	t	Sig.
	B	标准误差	试用版		
（常量）	0.072	0.300		0.240	0.811
性别	–0.033	0.084	–0.034	–0.392	0.696
年龄	0.055	0.085	0.068	0.653	0.516
最高学历	–0.027	0.042	–0.061	–0.656	0.513
工作地域	–0.081	0.057	–0.125	–1.411	0.162
在本单位的工作年限	–0.052	0.058	–0.101	–0.892	0.375
薪资范围	0.067	0.071	0.091	0.937	0.351
企业施恩	0.477	0.068	0.593	6.989	0.000

第三步，以“员工感恩行为倾向”为因变量，“企业施恩”为自变量，“心理契约”为中介变量进行回归分析，得到回归系数如表 2–12 所示。

表 2–12　心理契约为中介变量的回归系数

模型	非标准化系数		标准系数	t	Sig.
	B	标准误差	试用版		
（常量）	–0.283	0.305		–0.929	0.355
性别	0.079	0.085	0.075	0.920	0.360
年龄	0.112	0.086	0.125	1.299	0.197
最高学历	0.049	0.043	0.100	1.150	0.253
工作地域	–0.104	0.059	–0.147	–1.774	0.079
在本单位的工作年限	0.093	0.059	0.168	1.585	0.117
薪资范围	–0.105	0.072	–0.132	–1.450	0.150
企业施恩	0.357	0.086	0.407	4.163	0.000
心理契约：中介变量	0.277	0.106	0.254	2.620	0.010

从表 2–12 可以看出，在加入中介变量之后，员工感恩行为倾向与心理契约的回归系数为 0.254，P < 0.05，回归显著；感恩行为倾向与企业施恩之间的标准回归系数从第一步的 0.557 减少到了 0.407，且依然显著，由此可知，心理契约在主效应的两个变量之间起到了部分中介作用。包含中介变量在内的三个变量的

回归方程为：

$$y = 0.357x + 0.277m - 0.283$$

中介效应占总效应的比例为：$ab/c = 0.254 \times 0.593/0.557 = 0.2704$，即心理契约在主效应企业施恩与员工感恩行为倾向之间起到了 27.04%的中介作用。

第五节　结论与讨论

一、研究结论

本研究采用问卷调查方法，通过软件分析探讨了心理契约在企业施恩行为和员工感恩行为之间的中介作用，得出以下主要结论：

（1）企业施恩对员工感恩行为倾向具有显著的正向影响。企业施恩是引发员工感恩情感的前提条件，企业给予员工的薪酬福利待遇和关怀，为员工提供的发展空间以及对员工实现其自我价值提供的平台和支持都能显著影响员工的感恩行为倾向。

（2）企业施恩对员工心理契约具有显著的正向影响。企业给予员工的支持和关怀以及为员工发展提供的平台和机遇，能够显著影响员工心理契约的评价和满意度。如果企业给予员工的东西已经超过了员工对于企业承诺的预期，就会产生比较明显的感恩情感，进而影响到员工做出积极的工作行为。

（3）心理契约对员工的感恩行为倾向具有显著的正向影响。Rousseau 将心理契约划分为四种类型，其中平衡型与合作型是比较理想的劳资合作关系。双方各自履行了自己的承诺与义务，尤其是合作型心理契约双方还能产生较为强烈的感恩心理，双方履行承诺的程度越高，产生感恩情感的水平就越高。

（4）心理契约在企业施恩与员工感恩行为倾向之间具有部分中介效应。也就是说，员工是否对企业的施恩行为产生感恩情感，是经由员工的心理契约的中介作用来传导的，心理契约起到了桥梁作用。企业必须要在做好施恩的同时充分考虑员工的心理契约问题，否则就会导致传导出现问题，或者使企业的施恩大打折扣，不会起到应有的效果。

二、对策与建议

（1）企业的施恩要得到保障和不断提升。企业施恩是员工产生感恩的前提条件，因此企业首先需要保障员工的权益，给予员工工作和生活方面的支持与关怀。其次，要给予员工一个良好的发展平台，不断提供提升机会，以便使员工实现自我价值。企业应正常发放工资，不拖延发放时间。不克扣员工工资，以绩效考核为发放工资的依据，足额发放。再次，在工作上给予员工指导和必要的物质支持，搭建良好的平台，不断提高工作绩效。企业为员工提供各种培训机会，不断提升员工的能力，引导员工实行职业生涯规划和管理，提供良好的职业发展通道。最后，在生活上关心员工的情感和困难，实施家庭工作平衡计划和 EAP 计划等，切实解决员工困难，为员工构建一个公平、互助和友善的组织氛围。

（2）管理好员工的心理契约。心理契约作为心理感知而非口头或实体合同条款，虽然没有在劳动合同中明确体现具体内容，但是心理契约的违背与破裂会给组织带来许多消极影响：员工对企业的诚信表示怀疑，信任感和员工的满意度降低，工作积极性和工作效率较低，员工离职率高，对企业的忠诚度低。企业需要认真履行文本契约和心理契约，以长期收益为导向，保障员工的合法权益，而不是肆意挥霍员工对于企业的信任。

企业管理者需要了解员工对心理契约的认知规律。严格意义上说，必须是企业与员工相互认可的契约才是有效的，不可能只是任何一方的一厢情愿。但是现实当中，员工的心理契约很可能就是自己的一种心理认知，带有很强的个人判断。这样一来，员工的心理契约与企业的心理契约都有自己的版本，内容不完全一样。这种契约内容上的偏差是之后员工心理契约违背的重要原因之一。因此，企业管理者需要就心理契约的内容进行反复的交流与沟通，让员工了解企业的现状和承诺的内容，也需要了解员工的心理需求，这样使得双方在形成心理契约时能够掌握对方尽量多的信息，不至于变成盲目的乐观和一厢情愿。心理契约是不断变动的契约，随着时间的变化，企业和员工各自的情况及工作内容等也会发生变化，都需要及时调整各自的心理契约，这也要求企业应动态管理员工的心理契约，不能一成不变。

履行心理契约时对于兑现对象的价值，企业和员工双方也可能产生不同的认知。为此，劳资双方要及时交流，双方都要有知情权，员工需要让企业了解自己为了企业所做出的贡献，企业也要让员工了解企业为员工做出了什么样的努力。合理沟通才能消除误解，获得对方的信任，增加彼此对于心理契约履行的认同度和满意度。

第三章　组织支持感与员工感恩之间的关系：心理所有权的中介作用

目前，企业员工组织忠诚度较低，经常跳槽，工作主动性不够，工作投入较低。对于自己的付出斤斤计较，对于企业的付出则视而不见。产生这种情况的主要原因之一就是员工的感恩情感较弱，感恩能力较低。感恩缺失的员工的工作动机、工作积极性以及组织忠诚度必然会不尽如人意。

企业管理者怎样才能激发员工对企业产生感恩情感？企业为员工做了些什么以及员工怎么看待企业为员工所做的一切是员工感恩企业的前提条件。组织支持就是激发员工产生感恩情感的主要前因变量。员工感受到来自组织的支持和关怀，能够引发其产生感恩情感，并进而激发员工的工作热情，提高组织归属感和组织认同感。

目前，国内外有关组织支持与员工感恩关系的研究比较少。关于组织支持感和感恩的研究，大多集中于各自的前因变量、结果变量，而研究组织支持感和感恩两者关系以及这种主效应的中介变量及调节变量的成果相对较少。组织不断给予员工各方面的支持，员工的心理所有权必然会随之增强，感觉自己已经是组织的成员之一，主人翁意识提升，进而会产生感激和回报企业的想法，因而心理所有权在组织支持感和员工感恩之间起到了一定的桥梁作用。因此，本研究探讨心理所有权在组织支持感与员工感恩之间的中介效应，并对企业更好地激发员工的感恩情感，进而促使其做出回报组织的积极行为提供一些意见和建议。

第一节 文献综述与研究假设

一、组织支持感与感恩

1. 组织支持感的定义

组织支持感（Perceived Organizational Support，POS）是指个体关于组织重视其在组织中的贡献以及组织关注其幸福感的全面的看法。凌文辁等（2006）将组织支持感定义为员工知觉到的组织对他们的工作支持、利益关心和价值认同。

2. 测量

Eisenberger 等（1986）开发的组织支持感测量工具，主要测量组织重视员工的贡献和关注员工的幸福感，一共包括 36 个条目，研究结果及因子分析显示它的因子载荷很高，被归为单维度量表。McMillin（1997）提出包括情感性支持和工具性支持在内的二维量表，满足了员工在亲密、关怀等情感方面的需求和员工在实现自主权、发挥影响力和拥有自尊等方面的需求。近年来，我国学者凌文辁等（2006）也提出了针对中国情境的包含工作支持、价值认同和利益关心三个维度的组织支持感三维度结构。

3. 影响

Rhoades 等（2001）通过对组织支持感进行整合研究发现，根据互惠原则，组织支持感会使员工产生一种关心组织利益的责任感。这种组织与员工之间的积极交换所产生的责任感能提高员工对其所在组织的情感上的承诺（Foa 和 Foa，1980）。组织支持感对员工的工作状态所产生的影响如表 3-1 所示。

4. 感恩的定义

感恩是个体对外界给予的恩惠产生认知并激发一种积极情绪。广义上讲感恩包括感恩认知、感恩情感和感恩行为，狭义上讲感恩就是指感恩情感。

5. 测量

McCullough 等（2002）编制的感恩问卷只有 6 个题项，分别从强度、频度、广度和密度四个方面来测量感恩。Wktkins 等（2003）编制的“感恩、怨愤及感

表 3–1　组织支持感对员工的工作状态所产生的影响

工作相关情绪	研究证明，组织支持感会影响员工对工作的一般情感反应，其中包括工作满意度和积极情绪；组织支持感通过满足员工的情感需要，增加获得认可和在需要时就能得到来自组织的帮助的可能，来提高员工的效能感和价值感，促进积极情绪的产生
工作投入	工作投入是指员工对所从事的工作的认可和兴趣程度（Cropanzano 等，1997）；高的组织支持感激发了员工的胜任感，可以有效地增强其工作兴趣，增加工作投入
降低紧张	组织支持感可以使员工在面对高难度工作时感觉到组织会在物质和精神上帮助自己，从而降低其紧张感及面对刺激时的不良反应
留在组织中的愿望	Witt 的研究认为，员工的组织支持感越强，则其留在组织中的愿望也越强烈

激测验”量表一共有 44 个题项，由富足感、简单的感激及对他人的感激三个维度构成。此外，根据 McCullough 等的感恩特质层面理论，马云献和扈岩（2004）也研究编制了大学生感戴量表，该量表包括深度、频度、广度和密度四个维度，共 14 个题项。

6. 感恩情感产生的原因

感恩的认知情绪理论认为，感恩情绪是个体对引起感恩的事件判断的结果。Weiner（1985）提出感恩是一种归因型情绪，其产生的原因是个体将自己获得的支持、帮助等归因为他人的行动或努力。受益者在受到来自某方面的益处后会对其进行评价，只有当感受到的益处符合其心目中的“恩惠”标准时，才会导致受益者产生感恩情绪。结合 Tesser 等的研究结果可知，受益者接受帮助后会对施恩者做出的帮助行为进行评价，包括：①施恩者的动机；②施恩者为此付出的代价；③这一份恩惠对于受益者的实际意义。而这些认知与评价结合在一起后，可称为“利益—认知评价体系”。这种“利益—认知评价”会影响受益者感恩心理的形成。

Avolio（2005）的研究表明，组织支持会促进员工产生积极的生理和心理结果，激发与促进员工整体心理的发展。组织给予员工的客观的物质支持与精神支持等通过员工的心理认知引发员工产生组织支持感，并通过员工的评价和判断产生一种对组织的感激之情。

基于上述分析本章提出如下假设：

H3–1：组织支持感对员工感恩具有显著的正向影响。

二、组织支持感与心理所有权

1. 心理所有权的定义

心理所有权（Psychological Ownership）概念从法律视角中的事物的所有权衍生而来，并由 Jon L. Pierce、Rubenfeld 和 Morgan 基于“占有心理学”理论而提出，是指个体感觉到目标物是“我的”或“我们的”的一种心理状态。心理所有权指的是人们对客体（物质形态或非物质形态）所产生的占有感（Pierce、Kostova 和 Dirks，2003）。Stephen 等（2003）认为工作群体中的心理所有权是一种共享的组织占有感，它体现在所有权信念和所有权行为中。Dyne 等（2004）在前人研究的基础上把心理所有权定义为“员工对特定对象具有所有权的过程中所体验的心理现象”，并提出了“基于组织的心理所有权”这一概念。Parker 等（1997）给出了另一个心理所有权的概念：对特定目标的责任感。

2. 测量

Pierce（1991）针对心理所有权概念中的“占有”属性，设计开发出了单维度的心理所有权量表，包括 7 个题项。随着研究理论的进一步丰富，学者们开发出了心理所有权多维度量表。

Avey（2009）开发了促进性心理所有权（包含自我效能、自我身份、归属感、责任感四个维度共 12 个题项）和防御性心理所有权（包含 4 个题项）两个类别的测量量表。促进性维度包括促进发展和提高的内容；防御性维度则与稳定、安全及可预见性密切关联。防御性的心理所有权包括 Brown 等提出的领地感，是个体感到拥有的目标可能会受到外部实体影响时产生的防御心理。陈浩等（2012）修订了 Avey 等编制的心理所有权问卷，得出了中国人的心理所有权结构，包括两个类别四个维度：促进性心理所有权（包括自我效能、责任、身份归属三个维度）与防御性心理所有权。

熊佳（2007）通过探索性因子分析和验证性因子分析得出组织心理所有权由知情权、参与管理权、受益权和被关怀权四个维度构成。王丹（2008）研究发现私营企业员工工作心理所有权由四个维度构成：参与管理、工作胜任、上级关怀、价值体现。

3. 心理所有权产生的根源

心理所有权的产生是有原因的。根据 Pierce 等（2001）的研究，拥有空间、自我效能感和自我识别这三个基本需求的满足是心理所有权产生的根源。控制目标、密切了解、投入自我是导致心理所有权出现的三个重要根源。控制目标，就是对目标的控制能够产生对它的拥有感，同时被控制的目标更易被视为延伸自我的一部分。密切了解，就是当个体密切了解目标，自我与目标的融合就会发生，进而形成对目标的拥有感。投入自我，即当个体对目标投入越多的时间、注意力、精力和努力，其自我就会更紧密地与目标相融合，发展出更强的心理所有权。心理所有权产生的根源如表 3-2 所示。

表 3-2 心理所有权产生的根源

拥有空间	人的基本需要之一是拥有空间，拥有属于自己的空间使人具有归属感，更有安全感。Weil（2000）曾说，"拥有一个空间是人类灵魂的重要需要"，"如果没有这样的空间，灵魂会感到孤独和失落"。人类文明发展告诉我们，归属感是人的必然的需要。所有权的心理体验恰好能满足人们心理上的空间需要。从心理所有权中感到安心、自在，有了类似于家的概念，满足了人的归属感。
自我效能感	效能感是对自己胜任能力的一种认知。一旦对目标物具有了控制的欲望，将导致其对目标物产生"占有"的动机，即所有感。所有感能够使个体产生效能感，并形成积极评判。拥有对目标物的心理所有权，意味着个体从心理层面上得到了控制目标物的合法权利（Beggan，1991；Furby，1978a，1978b，1980；White，1959）。个体通过对目标物的这种控制产生自我效能感。
自我识别	人有清晰地界定"自我"的需要。James（2000）指出，"一个人的'自我概念'是指能称为'他的'一系列的事物的总和，不仅包括他的身体和气力"；人们对"自我"的界定除了"我本身"还有"我的所有物"，包括各种实体的物质所有权和非实体的控制权、人际关系等。人们用所有权和所有权在心理上的感知来识别自我。

关于哪些因素能够影响心理所有权，国外主要集中于工作类前因变量的研究。如 Pierce 等（2004）验证了工作自主性、参与决策制定与心理所有权存在正相关关系，技术常规性与心理所有权存在负相关关系，并且控制在工作环境结构与心理所有权之间起中介作用。O'Driscoll 等（2006）的研究表明工作环境结构影响心理所有权。Mayhew 等（2007）的研究揭示了工作自主性能够影响心理所有权。Brown 等（2014）研究证实了工作复杂性是基于工作的心理所有权的前因变量。

关于影响心理所有权的因素，国内主要从组织因素和个体因素两方面进行研究。组织类因素主要包括组织变革、领导方式、组织支持感等方面。如储小平等（2010）的研究认为，在变革过程中，组织通过鼓励发起变革计划、沟通变革信息和促进员工参与，能增强员工的心理所有权和积极变革的感知。李锐等（2012）研究了权威领导和集体主义倾向及二者的交互作用与员工心理所有权的关系。周浩等（2012）研究发现，变革型领导通过组织心理所有权的中介效应影响下属进谏上司、进谏同事。杨连杰（2013）的研究发现，组织支持感及其三个维度和心理所有权之间存在显著的相关关系。关于影响心理所有权的个体类因素，主要包括人口统计学特征和员工的个体特征变量。如储小平等（2005）通过实证研究得出职务级别越高，心理所有权强度越强。马丽波等（2007）研究发现，企业家人力资本作为自变量与心理所有权显著正相关。董广振（2010）通过实证研究表明，员工年龄、婚姻状况和工作职位对心理所有权水平有显著影响。杨连杰（2013）通过对餐饮行业的研究发现随着员工学历程度的提高，心理所有权逐渐减弱。

已有研究对组织支持感与心理所有权之间的关系展开了讨论。陈浩等（2012）针对组织支持感与员工创新行为之间关系的研究发现，基于工作的心理所有权在两者的关系中具有中介作用。

Eisenberger 等（2001）认为较高的组织支持感有利于员工对组织产生积极的情感纽带，即产生较高的情感承诺。具有较高情感承诺的员工对组织具有归属感和组织认同，他们愿意追求组织目标，期待留在组织内（Meyer 和 Allen，1991；Mowdav、Porter 和 Steers，1982）。较高的组织支持感能够满足员工的社会情感需求，增强员工与组织在情感上的“亲密联系”（Armeli，1998），从而增加对组织的“情感依赖”与“责任感”（Shore 等，1993）。此外，当员工感知到较高的组织支持时，则会认为自己被组织所尊重、认可，满足了员工“被称赞”、“被认可”的需求，从而提升自我效能感。

Cropanzano 等（1997）在讨论工作支持与工作满意度的关系时，提出较高的组织支持感会促使员工产生“主人翁”精神，增加自我身份的认同。因此，基于上面的论述提出如下假设：

H3-2：组织支持感对心理所有权具有显著的正向影响。

三、心理所有权与感恩

国内外许多学者的研究表明，心理所有权会对员工的工作满意度、组织承诺、组织公民行为等工作态度和行为产生影响。Pierce 等（1991）、Vandewalle 等（1995）以及 Van Dyne（1999）分别证实了心理所有权与角色外行为如组织公民行为等相关。Mayhew 等（2007）的研究证实了心理所有权能够预测工作满意度和组织承诺等工作态度，但是心理所有权与角色内行为及角色外行为之间没有显著关系。Wagner 等（2008）研究发现心理所有权与员工留职意向存在正相关关系，发现心理所有权与情感承诺、规范承诺存在正相关关系，而与持续承诺不相关。

我国学者吕福新等（2007）、陈浩（2012）以及黄海艳等（2009）证明了本土企业员工心理所有权与组织公民行为密切相关。李锐等（2012）探讨了心理所有权对员工沉默行为的影响。袁凌（2012）研究发现，心理所有权对知识型员工的忠诚度有显著的正向影响；工作满意度在心理所有权与知识型员工的忠诚度之间起中介作用。李利玲（2013）验证了 80 后知识型员工心理所有权与工作投入和组织认同显著相关。方园（2014）证实了心理所有权对工作绩效有积极影响。

另外，一些学者也研究了心理所有权在特定情况下可能会造成某些负面影响。Pierce 等（1991）认为，对特定对象拥有心理所有权的个体可能抵制对心理所有权对象的共享，力图保持其对对象的排他性控制，不利于团队精神和合作；在被迫离开自己拥有心理所有权的对象时可能采取破坏行为，防止他人控制、熟悉或迷恋自己拥有心理所有权的对象；在见证了心理所有权对象遭遇剧烈变化之后会体验到失落、挫败和压力。我国学者储小平等（2005）研究发现心理所有权与职业经理职务侵占有关，经理人在行使控制权的过程中对企业的投入、熟悉和控制会产生心理所有权，在期望收益得不到满足时，经理人就会产生侵占动机。朱沆（2015）研究表明，家族涉入管理与双方的工作关系亲密度、经理的心理所有权之间均存在显著的因果关系，而关系亲密度完全中介了家族涉入管理对经理心理所有权的负面影响。

一些学者认为，员工对组织产生的心理所有权使员工将组织视作自我的一部分，对组织产生责任感和其他积极情感，感恩情感就是其中之一，进而使员工产生对组织有利的行为（VandeWalle、Van Dyne 和 Kostova，1995；Pierce 等，2001；吕福新和顾姗姗，2007）。心理所有权使员工感觉自己拥有了组织的某些资源和掌握了处置权等，使自己有主人翁的感觉。心理所有权能够为员工带来“家”的安全感。这种占有和拥有的感觉，使员工认识到与企业主和组织的支持密不可分，自然会对企业主与组织产生感激之情，在员工个人实施决策时会优先（至少兼顾）考虑组织的利益。

基于上面的论述，本研究提出如下假设：

H3-3：心理所有权对员工感恩具有显著的正向影响。

四、心理所有权的中介作用

以往研究显示，组织支持感会影响员工的一般情感反应，包括工作满意感和积极情绪。感恩情感就是员工的一种极为重要的积极情绪。同时，根据上述分析可以知道，组织给予员工良好的福利待遇、工作支持和发展平台，让员工感觉自己占有和拥有企业的某些东西，有利于员工产生心理所有权并形成一定的主人翁态度。而心理所有权会让员工对自己拥有的东西感到满足和幸福，通过归因等认知方式对组织产生一种感恩情感，并想通过工作投入以及组织公民行为等努力回报组织。

基于上面的论述，本研究提出如下假设：

H3-4：心理所有权在组织支持感与员工感恩的关系中起中介作用。

H3-4a：心理所有权在工作支持与员工感恩的关系中起中介作用。

H3-4b：心理所有权在价值认同与员工感恩的关系中起中介作用。

H3-4c：心理所有权在利益关心与员工感恩的关系中起中介作用。

第二节　研究设计

一、变量测量

1. 测量工具

第一部分，组织支持感。该变量的测量采用凌文辁等开发的组织支持感量表，包括工作支持、价值认同和利益关心三个维度共 16 个题项。其中，工作支持维度包括 7 个题项；价值认同维度包括 4 个题项；利益关心维度包括 5 个题项。采用李克特五点计分法，从“非常不同意”到“非常同意”分为五个程度，得分越高说明组织支持感越强。

第二部分，心理所有权。该变量的测量采用 Van Dyne L.和 Pirece J. L.开发的心理所有权量表。该量表为单维度量表，共包括 7 个题项，采用李克特五点计分法，从 1~5 分别代表对该题项所述内容“非常不同意”到“非常同意”的程度差异，得分越高说明心理所有权水平越高。

第三部分，感恩情感。对于员工感恩情感，本书采用敖霜的企业员工感恩情感体验量表来测量。该量表包含感恩频度、感恩广度、感恩强度三个维度，共 15 个题项。采用李克特五点计分方式，从 1~5 分别代表对该题项所述内容“非常不同意”到“非常同意”的程度差异，得分越高说明感恩情感越强。

2. 控制变量

本书控制可能会对组织支持感、心理所有权以及感恩情感变量产生影响的个人特征变量，具体包括性别、年龄、文化程度、在本单位的工作年限、薪资范围以及工作职务。

3. 测量方法

本研究首先运用 SPSS 17.0 对样本进行描述性统计分析，然后对各变量及其维度进行效度和信度检验，其次运用 SPSS17.0 对变量进行相关性分析，最后进行中介效应检验，验证提出的假设是否成立。

二、研究对象

本研究以我国企业员工为研究样本，采用纸质问卷和电子问卷相结合的方式，研究样本涵盖全国 18 个省市，主要集中在福建、北京、山西、湖南、广东等省市，分别占 68.44%、5.33%、4.92%、4.92%、4.1%等。本研究共发放调查问卷 300 份，回收 244 份，回收率为 81.3%，有效问卷有 239 份，有效率为 79.7%。样本的人口统计学特征如表 3-3 所示。

表 3-3　样本人口统计学特征（N=239）

项目	分类	样本数	百分比（%）	项目	分类	样本数	百分比（%）
性别	男	97	40.6	薪资范围	1000 元以下	13	5.4
					1000~3000 元	94	39.3
	女	142	59.4		3001~5000 元	70	29.3
					5000 元以上	62	25.9
年龄	20 岁及以下	11	4.6	工作年限	1 年以下	91	38.1
	20~25 岁	111	46.4		1~2 年	76	31.8
	26~30 岁	77	32.2		3~5 年	37	15.5
	31~40 岁	24	10.0		5 年以上	35	14.6
	40 岁以上	16	6.7				

续表

项目	分类	样本数	百分比（%）	项目	分类	样本数	百分比（%）
文化程度	高中以下	8	3.3	职务等级	普通员工	158	66.1
	高中及中专	27	11.3		基层管理者	42	17.6
	大专	54	22.6		中层管理者	29	12.1
	本科	138	57.7		高层管理者	10	4.2
	研究生及以上	12	5.0				

第三节　数据分析与结果

一、效度分析

本研究采用 SPSS 17.0 统计软件进行探索性因子分析，对三个变量进行 Bartlett's 球度检验和 KMO 检验，检验结果显示（见表 3-4），球度检验显著，三个变量的 KMO 值分别为 0.897、0.882、0.863，均大于 0.8，所以问卷数据具有较好的效度。进一步对量表做探索性因子分析，表 3-5 显示组织支持感问卷包括三个维度，剔除因子负荷较低题项，其中工作支持维度有 5 个题项，价值认同维度有 2 个题项，利益关心维度有 4 个题项。表 3-6 显示心理所有权量表共 7 个题项，经检验题项 D7 因子负荷较低，予以剔除。从表 3-7 可以得知，感恩情感量表包含三个维度，剔除因子负荷较低题项，其中感恩强度 3 个题项，感恩频度 2 个题项，感恩广度 4 个题项。

表 3-4　Bartlett's 球度检验和 KMO 检验数据

研究变量	Bartlett's 球度检验			KMO 检验
	Approx.Chi-Suqare	df	Sig.	
组织支持感	1598.732	120	0.000	0.897
心理所有权	660.121	21	0.000	0.882
感恩情感体验	1982.017	105	0.000	0.863

表 3-5　组织支持感因子分析旋转成分矩阵（N=239）

维度	成分		
	1	2	3
工作支持 A6	0.757		
工作支持 A5	0.737		
工作支持 A1	0.728		
工作支持 A4	0.647		
工作支持 A7	0.613		
价值认同 B3		0.883	
价值认同 B2		0.839	
利益关心 C4			0.852
利益关心 C5			0.733
利益关心 C1			0.711
利益关心 C3			0.646

表 3-6　心理所有权因子分析旋转成分矩阵（N = 239）

维度	成分
	1
心理所有权 D6	0.806
心理所有权 D1	0.794
心理所有权 D3	0.787
心理所有权 D2	0.783
心理所有权 D5	0.768
心理所有权 D4	0.747

表 3-7　感恩情感体验因子分析旋转成分矩阵（N = 239）

维度	成分		
	1	2	3
感恩强度 E6	0.839		
感恩强度 E3	0.770		
感恩强度 E4	0.734		
感恩频度 F2		0.895	
感恩频度 F1		0.893	
感恩广度 G3			0.868
感恩广度 G1			0.818
感恩广度 G2			0.812
感恩广度 G5			0.720

二、信度分析

从表 3–8 得知，组织支持感量表的整体信度系数为 0.872，心理所有权量表的整体信度系数为 0.872，感恩量表的整体信度系数为 0.830，各量表 Cronbach's α 系数均大于 0.83，各维度 Cronbach's α 系数除了一项低于 0.8 外，其他均超过了 0.8，说明调查问卷具有较高的信度。

表 3–8　各量表及维度的信度分析

研究变量	维度	题项个数	Cronbach's Alpha	
组织支持感	工作支持	5	0.796	0.872
	价值认同	2	0.840	
	利益关心	4	0.853	
心理所有权	心理所有权	6	0.872	
感恩情感体验	感恩强度	3	0.859	0.830
	感恩频度	2	0.885	
	感恩广度	4	0.851	

三、相关性分析

通过对组织支持感、心理所有权、感恩情感三个变量进行相关性分析，得到了相互之间的 Pearson 相关系数，具体数据如表 3–9 所示。从中我们可以看出：

（1）自变量组织支持感与因变量感恩情感体验显著正相关（$r = 0.522$，$P < 0.01$）；自变量组织支持感的三个维度工作支持、价值认同、利益关心均与因变量感恩情感体验显著正相关（r 分别为 0.460、0.298、0.503，$P<0.01$）。基本验证了本研究的假设 H1。

（2）自变量组织支持感与中介变量心理所有权显著正相关（$r = 0.632$，$P < 0.01$）；自变量组织支持感的三个维度工作支持、价值认同、利益关心均与中介变量心理所有权显著正相关（r 分别为 0.537、0.365、0.619，$P<0.01$）。基本验证了本研究的假设 H2。

（3）心理所有权与感恩情感体验显著正相关（$r = 0.516$，$P < 0.01$）。基本验证了本研究的假设 H3。

因此，我们可以判断，组织支持感、心理所有权、感恩情感体验三个变量之间两两相关，且组织支持感各维度与心理所有权、感恩情感体验之间两两相关。

表 3–9 各变量之间的 Pearson 相关矩阵及描述性统计

	M	SD	1	2	3	4	5
1. 工作支持	3.445	0.5817					
2. 价值认同	3.531	0.8301	0.361**				
3. 利益关心	3.075	0.8024	0.600**	0.391**			
4. 组织支持感	3.350	0.5869	0.774**	0.769**	0.838**		
5. 心理所有权	3.257	0.6884	0.537**	0.365**	0.619**	0.632**	
6. 感恩情感体验	3.214	0.5830	0.460**	0.298**	0.503**	0.522**	0.51**

注：** 表示在 0.01 水平（双侧）上显著相关。

四、回归分析

根据前面的相关分析结果，在性别、年龄、文化程度、工作年限、职位等级、薪资福利等控制变量的前提下，对自变量、中介变量及因变量进行相应的回归分析。结果如表 3–10 所示。

表 3–10 组织支持感、心理所有权和感恩情感体验的回归分析结果

变量	感恩情感体验模型一		心理所有权模型二		感恩情感体验模型三	
	B	β	B	β	B	β
常量：	1.866		1.014		1.602	
性别	–0.100	–0.084	–0.075	–0.054	–0.080	–0.068
年龄	–0.052	–0.085	–0.012	–0.017	–0.049	–0.080
文化程度	–0.040	–0.061	0.001	0.001	–0.040	–0.061
工作年限	0.039	0.071	–0.035	–0.054	0.048	0.088
薪资范围	–0.016	–0.024	–0.038	–0.050	–0.006	–0.009
职务等级	0.043	0.064	0.039	0.048	0.033	0.049
自变量：组织支持感	0.502	0.505***	0.750	0.639***	0.307	0.309***
中介变量：心理所有权					0.260	0.307***
R^2	0.289		0.408		0.345	
调整 R^2	0.268		0.390		0.322	
ΔR^2	0.221***		0.353***		0.056***	
F	13.430***		22.775***		15.145***	

注：*** 表示在 0.001 水平下显著。

1. 组织支持感与员工感恩的关系检验

组织支持感与员工感恩情感的回归分析结果如表 3–10 模型一所示，组织支持感进入回归模型后，R^2 的取值为 0.289，调整 R^2 为 0.268，说明假设的拟合优度 R^2 对方程的解释较好。且 $F = 13.430$，并且显著（在 0.001 水平下），说明 R^2 更改显著。检验结果显示，自变量组织支持感的回归系数为 0.505，并且显著（$P < 0.001$），说明组织支持感对员工感恩有显著的正向影响，即 H3-1 成立。回归方程为：

感恩情感体验 = 1.866 + 0.502 × 组织支持感

2. 组织支持感与心理所有权的关系检验

组织支持感与心理所有权的回归分析结果如表 3-10 模型二所示，R^2 的取值为 0.408，调整 R^2 为 0.390，说明假设的拟合优度 R^2 对方程的解释较好。$F = 22.775$，并且显著（在 0.001 水平下），说明 R^2 更改显著。组织支持感的回归系数为 0.639，并且显著（$P < 0.001$），说明组织支持感对心理所有权有显著正向影响，因此 H3-2 成立。回归方程为：

心理所有权 = 1.014 + 0.750 × 组织支持感

3. 心理所有权与员工感恩的关系检验

心理所有权与员工感恩情感的回归分析结果如表 3-10 模型三所示，R^2 的取值为 0.345，调整 R^2 为 0.322，说明假设的拟合优度 R^2 对方程的解释较好。$F = 15.145$，并且显著（在 0.001 水平下），说明 R^2 更改显著。心理所有权的回归系数为 0.307，并且显著（$P < 0.001$），说明心理所有权对员工感恩有显著正向影响，即 H3-3 成立。

4. 心理所有权的中介效应检验

将心理所有权当作中介变量纳入模型分析，从表 3-10 模型三数据可以看出，心理所有权对感恩情感体验依然存在显著影响，而组织支持感对员工感恩情感体验影响的显著性降低（$0.309 < 0.505$），因此心理所有权在组织支持感与员工感恩关系中起到了部分中介作用，H3-4 得到验证。心理所有权作为中介变量的回归方程如下：

感恩情感体验 = 1.602 + 0.307 × 组织支持感 + 0.260 × 心理所有权

心理所有权中介效应占总效应的比例为：$a \times b/c = 0.750 \times 0.260/0.502 = 38.8\%$

5. 心理所有权在组织支持感各维度与感恩情感体验之间的中介作用检验

为了进一步分析变量之间的关系，本研究将组织支持感的三个维度，即工作支持、价值认同、利益关心作为自变量，心理所有权作为中介变量，感恩情感体验作为因变量，进行多元回归分析。

表 3-11 组织支持感各维度、心理所有权和感恩情感体验的回归分析数据

因变量		感恩情感体验模型一		心理所有权模型二		感恩情感体验模型三	
		B	β	B	β	B	β
常量：		1.777		0.911		1.562	
性别		-0.092	-0.078	-0.060	-0.043	-0.078	-0.066
年龄		-0.030	-0.049	0.026	0.037	-0.036	-0.059
文化程度		-0.036	-0.054	0.008	0.010	-0.038	-0.057
工作年限		0.028	0.051	-0.054	-0.083	0.041	0.074
薪资范围		-0.013	-0.020	-0.027	-0.036	-0.006	-0.010
职务等级		0.030	0.044	0.017	0.021	0.026	0.038
自变量	工作支持	0.229	0.229**	0.302	0.255***	0.158	0.157*
	价值认同	0.066	0.094	0.095	0.115*	0.044	0.062
	利益关心	0.227	0.312***	0.366	0.427***	0.140	0.193*
中介变量：心理所有权						0.236	0.279***
R^2		0.310		0.443		0.353	
调整 R^2		0.283		0.421		0.325	
ΔR^2		0.241***		0.387***		0.043***	
F		11.429***		20.222***		12.451***	

注：* 表示在 0.05 水平下显著，** 表示在 0.01 水平下显著，*** 表示在 0.001 水平下显著。

如表 3-11 模型一可以看出，R^2 的取值为 0.310，调整 R^2 为 0.283，说明假设的拟合优度 R^2 对方程的解释较好。F=11.429，并且显著（在 0.001 水平下），故此检验可行。检验结果显示，组织支持感中的工作支持（β=0.229，P<0.01）和利益关心（β=0.312，P<0.001）对员工感恩有显著的正向影响，但价值认同（β=0.094，P=0.065，回归系数不显著），说明价值认同对员工感恩情感体验没有显著的影响。

从表 3-11 模型二可以看出，F=20.222，并且显著（在 0.001 水平下），组织支持感的三个维度工作支持（β=0.255，P<0.001）、价值认同（β=0.115，P<0.05）和利益关心（β=0.427，P<0.001）对心理所有权均有显著影响。

从表 3-11 模型三可以看出，当将中介变量心理所有权纳入主效应关系中分析，调整 R^2 从 0.283 上升到 0.325，心理所有权对感恩情感体验仍存在显著影响，而工作支持和利益关心对感恩情感体验影响的标准化回归系数 β 显著降低（0.157<0.229，0.193<0.312），因此可以判断，心理所有权在工作支持与员工感恩、利益关心与员工感恩关系中起到部分中介作用，即假设 H4a、H4c 得到了验证。回归方程如下：

感恩情感体验 = 1.562 + 0.158 × 工作支持 + 0.140×利益关心 + 0.236 × 心理所有权

第四节　结论与讨论

一、研究结论

本研究采用实证研究的方法对组织支持感、心理所有权、员工感恩情感之间的关系进行了分析，综合上述分析可以得出以下几个主要结论：

1. 组织支持感对员工感恩情感具有显著的正向影响

组织支持的形式多种多样，既包括物质的也包括精神的，而且这些支持满足了员工的不同需求。本研究结果表明，更高的组织支持感会给员工带来更高的感恩情感体验。组织给予了员工工作上乃至生活上超过契约的好处，使员工产生更高的组织支持感，员工有了得到恩惠的感受并产生感恩心理。

2. 组织支持感对心理所有权具有显著的正向影响

从结果效应来看，组织支持感有助于员工产生积极的情感与态度，包括使员工产生对组织的责任感（Shore 等，1993）、归属感（Eisenberger，2002）等。组织支持使员工拥有和占有了组织更多的资源，享有了更多的决定权和自主性，也更有将组织当作家看待的感觉，这必然会使员工心理所有权增加。对组织的责任感、归属感等回报组织的情感的产生有助于激发员工对组织产生所有感，进而促使员工形成对组织的心理所有权。本研究通过对组织支持感与心理所有权的相关性研究，进一步证实了这种假设。

3. 心理所有权对员工感恩情感具有显著的正向影响

员工对组织产生的心理所有权会使员工将组织视作自我的一部分，对自己从组织中获得并拥有的东西产生满意感，对组织给予自己的种种条件表示感激，并表现出对组织有利的行为。本研究结果表明，在组织中感恩作为具有中国文化特色的一种人际交互情感，受到心理所有权的影响，组织中高心理所有权带来高的感恩情感体验，因此心理所有权对员工感恩心理具有显著的正向影响。

4. 心理所有权在组织支持感与员工感恩情感之间起中介作用

从员工感恩的影响因素来看，员工之所以感恩，必然存在一定的前提条件和原因，本研究发现组织支持感能够显著影响员工的感恩情感。组织支持感还会影响员工的心理所有权，员工因为对组织的心理所有权感觉到自己占有和享用组织给予的种种条件与好处，从而产生对企业的感激之情，因此心理所有权在主效应中起到了桥梁作用。

二、理论意义

国内外关于组织支持感和感恩情感的研究大都是独立进行的，专门研究组织支持感与员工感恩关系的成果目前尚不多见，而将心理所有权当作中介变量纳入组织支持感对员工感恩影响的主效应关系的研究更是具有一定的创新性。本研究专门探究心理所有权在组织支持感与员工感恩之间的中介作用，进一步丰富了组织支持感与员工感恩关系的相关研究成果，对于员工感恩情感和感恩行为的研究具有重要的理论价值，有利于推动积极心理学的理论研究。

三、现实意义

本研究重点探讨组织支持感通过心理所有权的中介作用影响员工感恩情感，厘清了员工感恩情感产生的机理和逻辑关系。具有高感恩情感的员工，必然具有回报组织的想法，并通过具体的积极工作行为来回报组织，这对于提高员工工作绩效，提高工作满意度、组织忠诚度，以及建立和谐的企业文化氛围与和谐的雇佣关系都具有十分积极的作用。

四、管理建议

1. 企业应当关注员工的价值观

企业应当从价值观方面进行宣传与沟通，尽力让员工了解企业的价值观、经营理念和经营哲学以及做事风格，在招聘环节做到将认同企业价值观的员工招聘进来，将不认同企业价值观的候选人排除在外。另外，对现有员工要进行员工价值观与企业价值观的匹配，达到志同道合的良好状态。企业要用强大的有吸引力和说服力的企业价值观去调动员工的积极性，激发员工的内在动机，并对员工认同企业价值观的行为表示肯定和奖励。

2. 企业要从工作方面给予员工更多支持

企业对员工的支持极为关键的内容就是从工作上支持员工。工作方面的支持包括为员工提供更好、更安全的工作条件，更好的工作设备，更好的工作团队和工作平台，提供更多的表现员工才能的机会。上司要充分信任下属，做到合理授权，并及时给予员工工作上的指导。更加合理地设计工作流程，建立更加完备的工种制度，绩效考核更加公平和公开。企业应该有计划地对员工进行各类培训，不断提升其职业能力。只有让员工从工作上实现价值，并从工作中找到乐趣，员工才会真正体会到来自组织的支持。

3. 企业要关注员工利益

企业在获得利润的同时，也要充分考虑不断提升员工的工资福利待遇。企业要严格执行劳动合同的约定，保持薪酬水平不低于同行业水平，实施更加丰富多样的福利措施。企业应设计出符合不同员工个性需求的多样化福利措施，特别是要重视新生代员工的个性化需求。企业应该增加对员工的人文关怀，从情感方面给予员工更多关爱。企业可以聘请心理咨询师，帮助员工缓解各种压力，疏导心理问题。对员工的职业生涯规划与管理给予更多关心，为员工提供职业发展指导，并为员工提供规范有序的职业发展通道。积极推行 EAP 计划，帮助员工实现工作与生活的平衡，解决员工家庭成员面临的困难和问题。员工在感受到来自组织的关怀时，会产生更强的感恩情感。

4. 应重视心理所有权的桥梁作用

本研究验证了心理所有权是组织支持感与感恩情感的中介变量。员工对组织的所有感使员工对组织产生家的感觉，员工会将组织与自身的利益视为一体。在中国“家”文化背景下，心理所有权的形成和增强能促进员工进一步提升感恩情感。管理者需要充分重视员工心理所有权的产生机制和规律，不断提升员工的心理所有权，促使员工产生更多的感恩情感，进而引发员工产生更多的积极回报行为。管理者要在工作过程中合理授权，给员工更多的自主权，让员工参与企业的生产经营活动，实施参与式管理，发挥民主管理的作用，鼓励员工建言献策，给予员工更多的知情权、参与权和话语权，让员工感觉到自己是企业的主人翁，从而必然会促使员工对企业产生更多的感激、回报和组织忠诚。

第四章 组织支持对员工感恩的影响：组织公平的调节作用[①]

当下许多企业主和管理人员都有这种感觉，就是企业给予员工的条件越来越好，但是员工似乎不懂得感恩，员工对企业感情淡薄，组织承诺很低，动不动就辞职，工作投入不够，缺乏责任心和组织公民行为等。

此种情况的出现，一方面，可能是组织支持与员工感恩之间出现了某些问题。员工感恩企业，必然的前提是企业要给予员工恩惠。组织支持就是企业恩惠的主要内容之一，包括工作支持、生活支持与情感支持等。当前我国社会经济条件和社会观念正经历巨大嬗变，员工尤其是新生代员工的观念发生了很大变化。他们的需求结构发生了变化，薪酬待遇方面的重要性下降了，工作支持、情感（精神）支持的需要相对提高了，员工个性化的需求更多了。显然当下企业对员工的支持并没有能够满足员工新的需求，必然会导致员工感恩的程度不高。

另一方面，可能由于其他因素没有做好，弱化了组织支持对员工感恩的正面影响作用。本研究着重探讨组织公平对组织支持与员工感恩关系的影响作用。中国传统文化十分重视公平，"不患寡而患不均"的观念根深蒂固，深深影响了中国员工的思想观念。王新艳研究发现，中国员工的总体组织公平感很低，其中程序公平最低；按要素重要性排序，我国员工最看重的是互动公平，往下依次是程序公平和分配公平。当下我国民营企业尤其是家族企业普遍存在不公平现象，"圈内人"与"圈外人"的区别明显存在。与企业主没有亲戚关系和熟人关系的"圈外人"大都感觉到自己没有被公平对待。员工没有得到公正的评价和待遇，受到了歧视，对企业产生不满甚至怨恨，最终必然会降低其感恩情感。

---

① 该部分内容已经发表于《技术经济与管理研究》2016年第3期。

作者简介：曾海洋，1971年生，男，湖南衡阳人，副教授，博士，研究方向为人力资源管理；张剑，1967年生，女，新疆乌鲁木齐人，北京科技大学东凌经济管理学院教授，博士生导师，研究方向为组织行为学、人力资源管理。

虽然国内外对于组织支持与员工积极行为之间关系的研究很多，但是专门研究组织支持影响员工感恩问题的尚不多见。此外，将组织公平作为调节变量纳入主效应中研究，更是可以丰富组织支持对员工感恩影响的研究。在我国当前新的用工条件下，员工观念和追求目标正逐步发生变化，研究组织公平如何影响组织支持与员工感恩之间的关系具有很强的现实意义。

第一节 理论综述与研究假设

一、组织支持与感恩情感

1986 年美国社会心理学家 Eisenberger 根据社会交换理论和互惠原则提出了组织支持理论（Organizational Support Theory）。组织支持指组织对组织内的成员形成某种整体的支持，包括组织是否重视成员的贡献以及关心他们的福利。

在组织支持理论中，Eisenberger 提出了组织支持感（Perceived Organization Support）的概念，并将其定义为员工对于组织是否重视自己的贡献和关注自己的幸福感的全面看法。关于组织支持应该包含哪些内容，Eisenberger（1997）提出了由 36 个条目构成的单维度结构，主要体现了组织对员工的尊重和亲密。McFarlin 认为，除了 Eisenberger 主张的内容之外，组织支持还应该包括设备、工具、信息等工具性支持。Rousseau 和 Tijoriwala（1997）提出组织支持包括情感性支持和工具性支持两个维度。Stamper 和 Muse（2007）认为组织支持可以划分为“与关系相关的因素”和“与工作相关的因素”。国内学者凌文辁先是提出了工作支持和生活支持两个维度，其后又提出了工作支持、价值认同和利益关心三个维度。宝贡敏等（2011）提出组织制度支持、同事支持和主管支持三个维度。

感恩是指个体对他人给予的好处表示感激并产生回报行为。感恩是社会群体在社会交换中的一种互惠行为，是对他人施恩行为做出的一种情感反应，这种情感会促使受惠者回报施恩者或者其他人。Lazarus 认为感恩是一种“同理情绪”，它起源于能够对他人产生同理心的能力，反映了人们对利他主义的认可和欣赏。

Rosenberg 将感恩情感划分为心境、情绪和情感特质三种类型。McCullough

(2002) 将感恩分为特质性感恩情感和状态性感恩情感。他认为，状态性感恩情感是一种容易受到情境影响的情绪，具有短时性和易变性；而特质性感恩情感是指个体的感恩阀阈值相对更低，倾向于更容易、更频繁、更强烈地体验到感恩情绪，相对感恩情绪而言具有更大的稳定性。感恩系统的内容十分丰富，既包括施恩者与受惠者的关系，也包括动机分析、价值判断、条件分析，还包括由施恩行为、感恩心理和感恩行为组成的感恩流程等。

国内外学者通过大量研究发现，组织支持能显著影响员工的心理和行为。Hochwarter 等（2003）以及 Muller 等（2003）研究发现，组织支持与组织承诺正相关。Eisenberger 等（1990）以及 Muse 和 Stamper（2007）研究发现，组织支持与工作满意度正相关。Randall 等（1999）以及 Chong 等（2001）研究发现，组织支持与工作绩效正相关。Shore 等（1993）发现组织支持与组织公民行为正相关。综合而言，组织支持的这些结果变量都是积极的员工心理和行为，体现了员工在接受组织的各种支持之后产生了感恩情感，并通过努力工作、激发组织公民行为以及组织忠诚来积极回报组织。为此，本研究提出如下假设：

H4-1：组织支持对员工感恩具有显著的正向影响。

二、组织公平与感恩情感

组织公平的范围限定于一个组织之内，属于整个社会公平的一部分，并且受整个社会公平现状的影响。组织公平是指一个组织在制度的制定、实施，以及最后的分配结果上能够公平对待每一位成员。

美国心理学家亚当斯（J.S. Adams）1965 年提出公平理论（Equity Theory），该理论主要研究薪酬分配是否合理与公平，以及这种分配对员工工作积极性如何产生影响。亚当斯通过比较的方法来研究公平，因此他的公平理论又被称作社会比较理论。美国社会学家霍曼斯（Homans）（1961）首次提出分配公平（Distributive Justice）的概念，主要是指报酬数量分配方面的公平性。1975 年 Thibaut 和 Walker 提出了程序公平（Procedural Justice）的概念，是指组织采用公平的管理程序与方法进行管理。没有公平的管理制度与管理程序，后续的分配公平就不可能得到保障。Bies 和 Moag 提出了互动公平（Interactional Justice）的概念，意指在执行程序时关系人是否能够得到对方的公平对待。随后 Greenberg（1990）进一步将互动公平细分为人际公平和信息公平。

组织公平是客观的，但是它需要通过员工的感受来体现，因此学者提出了组织公平感的概念。组织公平感（Perceived Organizational Justice）是个体对组织决策过程与决策结果是否公平的认知和感受，是一种心理活动。组织公平感是从员工的角度通过自评的方式获得，相比于客观的组织支持能更加直接影响员工的心理和行为。

有关组织公平感各维度与组织效果变量之间关系的解释模型主要包括分配优势模型、两因素模型和代理人—系统模型三种。这些模型的观点可以归纳为：组织支持能够影响员工的薪酬满意度、工作满意度、组织公民行为、组织承诺以及对上司的评价等。其中，薪酬满意度、工作满意度、上司的言行是影响员工感恩情感的主要原因，组织承诺和组织公平行为则是重要的感恩回报行为。

根据上述分析，本研究提出如下假设：

H4-2：组织公平对员工感恩具有显著的正向影响。

三、组织公平的调节效应

通过前述分析，我们得知组织支持能正向影响员工感恩。在员工看来，组织对自己的支持就是组织给予自己的一种好处与恩惠，通过感恩认知和评价，员工会产生感恩情感，继而会通过组织承诺、工作绩效、团队协作、组织公民行为等来回报组织。这是员工与组织之间的一种良性的社会交换行为，属于互惠行为。此外，组织在对员工给予支持的过程中，组织越公平，员工越感到自己得到了公正对待，得到了组织的尊重，在同样的组织支持条件下能够激发员工更多、更强的感恩心理与行为。反之，组织不公平，受到歧视的员工就会感到自己虽然也得到了组织的支持，但是同事获得的支持更多，心理会产生不公与怨恨，自然就会降低内心感恩心理的强度，后续的组织承诺与工作绩效等回报行为必定也会受到影响。

综合以上分析，本研究提出如下假设：

H4-3：组织公平在组织支持影响员工感恩的关系中起调节作用。

通过以上综合分析，构建本研究的研究模型如图 4-1 所示。

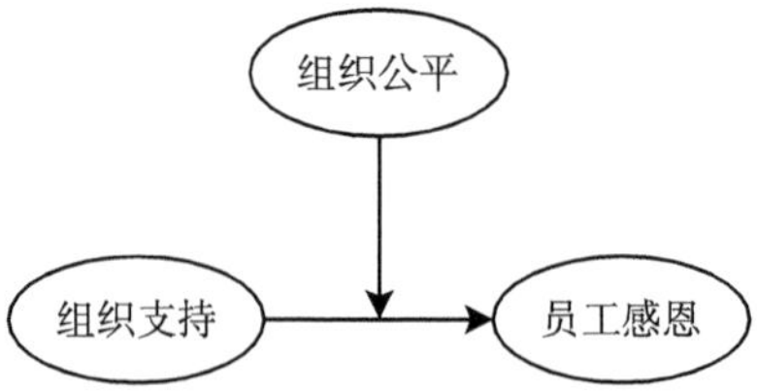

图 4-1 研究模型

第二节 研究方法与程序

一、研究样本

本研究选取问卷调查的方法，主要以福建省和广东省部分中小企业员工为调查样本，共发放 400 份问卷，回收问卷 347 份，其中有效问卷 303 份，有效回收率为 75.75%。具体的样本特征如表 4-1 所示。

二、变量测量

1. 组织支持

本研究采用 Eisenberger（1986）开发的组织支持感量表来测量组织支持。该量表使用单一维度，采用李克特 5 点计分法，共 12 个题项。该变量的 Cronbach's α 系数为 0.93。研究过程中，本书通过对其进行信度与效度检验，删除了 3 个题项，剩下 9 个题项。使用 SPSS 17.0 软件对样本数据进行信度分析，该量表克朗巴哈系数 α 值为 0.93，说明具有较高的信度。

2. 组织公平

组织公平包括程序公平和分配公平，程序公平选自 Moorman 和 Nieoff 的组织公平问卷，包括"领导做决定时不带有任何偏见"等 7 个题项；分配公平选自 Price 和 Mueller 的组织公平问卷，包括"考虑到我的努力程度，公司给我的回报是公平的"等 7 个题项。程序公平和分配公平两个维度均采用李克特 5 点计分法。通过对样本数据的信度分析，该量表克朗巴哈系数 α 值为 0.94，具有较高的信度。

样本统计特征如表 4–1 所示。

表 4–1　样本统计特征（N = 303）

项目	分类	样本数	百分比（%）	项目	分类	样本数	百分比（%）
性别	男	150	49.5	月工资	2000 元及以下	15	5.0
	女	153	50.5		2000~3000 元	171	56.4
年龄	25 岁以下	81	26.7		3001~4000 元	69	22.8
	25~34 岁	174	57.4		4000 元以上	48	15.8
	35~44 岁	30	9.9	职位	普通员工	147	48.5
	45~54 岁	15	5.0		基层管理者	96	31.7
	55 岁及以上	3	1.0		中层管理者	45	14.9
在本单位工作年限	1 年以下	81	26.0		高层管理者	15	5.0
	1~2 年	90	29.7	文化程度	初中及以下	15	5.0
	3~5 年	66	21.8		高中/中专	48	15.8
	6~10 年	42	13.9		大专	123	40.6
	10 年以上	24	7.9		本科	117	38.6

3. 感恩

本量表选自张萍编制的感恩情感量表，该量表参考了 McCullough 等国外学者的量表，包含感恩敏感性、感恩强度和感恩持续性三个维度，共 13 个题项，采用李克特 6 点计分法。通过对调查样本的信度分析，该量表克朗巴哈系数 α 值为 0.94，具有较高的信度。

第三节　数据分析与结果

一、验证性因子分析

因为本研究采用的三个量表都是成熟量表，所以无须做探索性因子分析，只需进行验证性因子分析。我们采用 AMOS 17.0 对各个量表进行验证性因子分析，详细结果如表 4–2 所示。从表 4–2 可以得知，三个量表的拟合度都比较理想，对于卡方与自由度的比值，组织支持感小于 3，感恩和组织公平感两个略高于 3，基本符合要求；RMSEA 均小于 0.08；GFI、NFI、TLI 以及 CFI 等指标值都高于 0.9，拟合度较好。

表 4-2 三个量表的验证性因子分析结果（N=303）

量表	CMIN/DF	GFI	AGFI	NFI	IFI	TLI	CFI	RMSEA
组织支持感	1.96（27.4/14）	0.98	0.94	0.99	0.99	0.98	0.99	0.06
感恩	3.31（178.9/54）	0.92	0.87	0.97	0.98	0.96	0.98	0.08
组织公平感	3.36（201.3/60）	0.92	0.86	0.95	0.96	0.94	0.96	0.08

为了判断变量之间的结构效度，我们进行了构念区分性的验证性因子分析，指标数据如表 4-3 所示。通过对比分析三因子模型、双因子模型和单因子模型，发现三因子模型与分析数据的拟合度最佳，其中 CMIN/DF=2.93，GFI=0.94，AGFI=0.88，NFI=0.96，TLI=0.96，CFI=0.97，RMSEA=0.08，明显优于双因子模型和单因子模型等竞争模型，说明本研究的三个量表组成的研究模型比较合理。

表 4-3 构念区分性的验证性因子分析（N=303）

	CMIN/DF	GFI	AGFI	NFI	IFI	TLI	CFI	RMSEA
三因子模型	2.93（158.4/54）	0.94	0.88	0.96	0.97	0.96	0.97	0.08
双因子模型 a	5.40（302.5/56）	0.90	0.82	0.92	0.94	0.90	0.94	0.12
双因子模型 b	5.94（332.6/56）	0.87	0.75	0.92	0.93	0.89	0.93	0.13
单因子模型	6.35（361.8/57）	0.88	0.78	0.91	0.92	0.88	0.92	0.13

注：三因子模型：组织支持感，组织公平感，感恩；双因子模型 a：组织支持感，组织公平感+感恩；双因子模型 b：组织支持感+组织公平感，感恩；单因子模型：组织支持感+组织公平感+感恩。

二、相关性分析

本研究对组织支持感、感恩两个变量以及组织公平两个维度的均值和标准差进行了计算，并对所有变量维度进行了相关分析，如表 4-4 所示。由表 4-4 可以看出，组织支持感、感恩与程序公平、分配公平之间均显著相关，H4-1、H4-2 和 H4-3 得到了初步验证，但还需通过回归分析做进一步验证。

表 4-4 各变量的均值、标准差和相关系数

	均值	标准差	1	2	3	4
1. 组织支持	4.035	0.597				
2. 感恩	4.768	0.794	0.862**			

续表

	均值	标准差	1	2	3	4
3. 组织公平	4.167	0.620	0.795**	0.904**		
4. 程序公平	4.173	0.623	0.785**	0.901**	0.985**	
5. 分配公平	4.164	0.627	0.796**	0.898**	0.997**	0.976**

注：** 表示在 0.01 水平（双侧）上显著相关。

三、调节效应分析

本研究的自变量组织支持感和调节变量组织公平感都是连续变量，首先对组织支持感和组织公平感的两个维度做中心化处理，其次使用 SPSS 17.0 统计软件进行层次回归分析。

1. 组织公平对组织支持与员工感恩的调节效应分析

从表 4–5 模型 2 可知，因变量感恩与自变量组织支持的回归显著（β=0.862，P<0.001）。由此可以得知，组织支持对员工感恩有显著的正向影响，H4–1 得到了证实。

从表 4–5 模型 3 可以看出，在纳入调节变量组织公平之后，因变量感恩与自变量组织支持的回归依然显著（β=0.400，P<0.001），与调节变量组织公平回归显著（β=0.602，P<0.001），说明组织公平对员工感恩有显著影响，H4–2 得到了证实。

从表 4–5 模型 4 可以看出，在纳入组织支持和组织公平乘积项之后，因变量感恩与自变量和调节变量依然显著，且与组织支持和组织公平的乘积项回归显著（β=–0.091，P<0.001），几个模型的 F 更改均显著，可以得知组织公平在组织支持影响员工感恩的关系中起到了调节作用，H4–3 得到了证实。

2. 程序公平对组织支持与员工感恩的调节效应分析

从表 4–5 模型 5 可以看出，纳入调节变量程序公平之后，因变量感恩与自变量组织支持的回归系数依然显著（β=0.403，P<0.001），与调节变量程序公平回归显著（β=0.601，P<0.001）。由此可知，程序公平对员工感恩具有显著的正向影响。

从表 4–5 模型 6 可以得知，纳入自变量和调节变量的乘积项之后，因变量感恩与自变量组织支持回归显著，与调节变量程序公平回归显著，并且与自变量和调节变量的乘积项回归也显著（β=–0.089，P<0.001），几个模型的 F 更改均显著，由此可以得知程序公平在组织支持影响员工感恩的关系中起到了调节作用。

3. 分配公平对组织支持与员工感恩的调节效应分析

从表 4–5 模型 7 可以看出，纳入调节变量分配公平之后，因变量感恩与自变量组织支持的回归系数依然显著（β=0.409，P<0.001），与调节变量分配公平回归显著（β=0.588，P<0.001）。由此可知，分配公平对员工感恩具有显著的正向影响。

从表 4–5 模型 8 可以得知，纳入自变量和调节变量的乘积项之后，因变量感恩与自变量组织支持回归显著，与调节变量分配公平回归显著，且与自变量和调节变量的乘积项回归显著（β=–0.089，P<0.01），几个模型的 F 更改均显著，由此可以得知分配公平在组织支持影响员工感恩的关系中起到了调节作用。

通过以上调节效应分析，发现组织公平以及它的两个维度程序公平和分配公平均在组织支持影响员工感恩的关系中起到了调节作用。为了直观体现出组织公平以及两个维度的调节效应，我们分别画出了调节作用图。从图 4–2 可以看出，两条线都是往右上角倾斜，因此可以判断组织公平正向调节了组织支持与员工感恩的关系；低组织公平（虚线）的斜率大于高组织公平（实线）的斜率，说明低组织公平对于主效应关系的调节作用更加明显。从图 4–3 和图 4–4 可以看出，程序公平和分配公平两个维度表现了与组织公平基本类似的调节效应。

表 4–5　调节作用的回归分析数据

	模型 1	模型 2	模型 3	模型 4	模型 5	模型 6	模型 7	模型 8
性别	–0.059	–0.096***	–0.101	–0.102	–0.110***	–0.112***	–0.102***	–0.103***
年龄	–0.294***	–0.030	0.007	0.023	–0.014	0.001	0.003	0.019
文化程度	0.111	0.000	–0.047	–0.047	–0.055***	–0.056***	–0.045**	–0.045**
月工资	0.126	0.003	0.000	–0.007	0.000	–0.008	0.003	–0.004
职位	0.025	–0.040	–0.024	–0.021	–0.009	–0.006	–0.026	–0.024
在本单位的工作时间	0.081	–0.001	–0.010	–0.011	0.011	0.011	–0.006	–0.006
自变量： 组织支持感		0.862***	0.400***	0.369***	0.403***	0.374***	0.409***	0.380***
调节变量： 程序公平			0.602***	0.580***	0.601***			
组织支持感×程序公平				–0.091***				
调节变量： 分配公平						0.581***	0.588***	0.564***
组织支持感×分配公平						–0.089***		–0.089**
R^2	0.100	0.755	0.885	0.890	0.889	0.894	0.879	0.883
调整的 R^2	0.082	0.750	0.882	0.887	0.886	0.891	0.875	0.880

续表

	模型 1	模型 2	模型 3	模型 4	模型 5	模型 6	模型 7	模型 8
R^2 更改	0.100	0.656	0.130	0.005	0.133	0.005	0.123	0.005
F 更改	5.47	790.89	330.94	13.16	352.89	13.83	298.77	11.75
Sig. F 更改	0.000	0.000	0.000	0.000	0.000	0.000	0.000	0.001

注：* 表示 P < 0.05，** 表示 P < 0.01，*** 表示 P < 0.001；因变量：感恩。

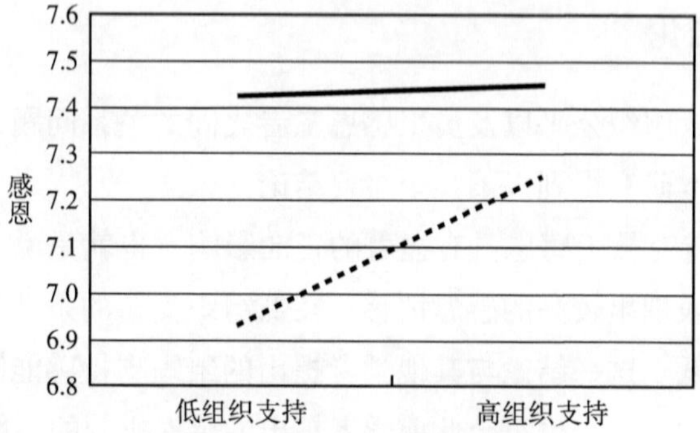

图 4-2　组织公平的调节作用

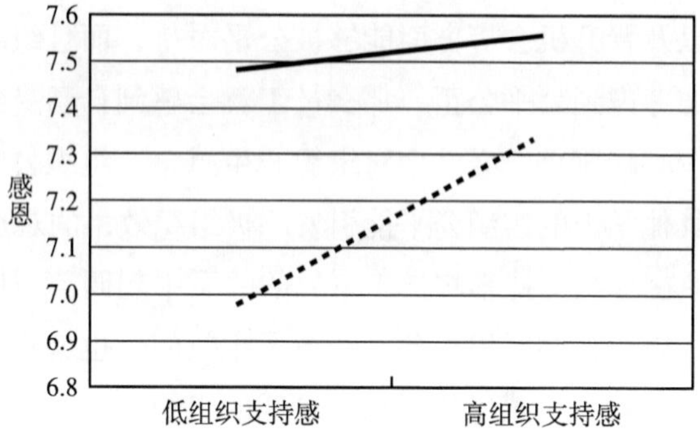

图 4-3　程序公平的调节作用

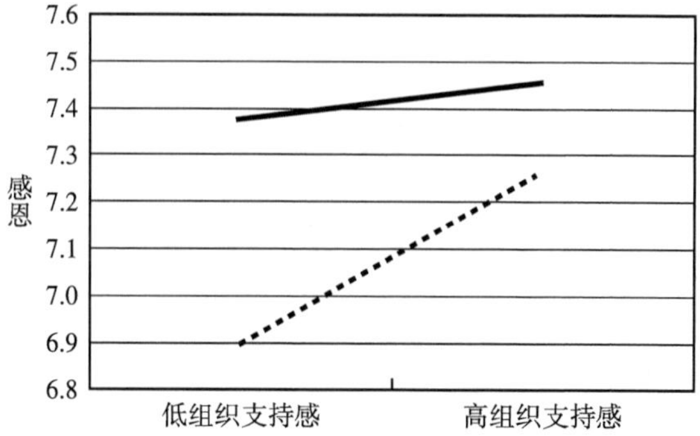

图 4-4　分配公平的调节作用

第四节 结论与讨论

一、研究结论

就组织支持、组织公平以及员工感恩三者之间的关系问题，通过文献研究和样本数据分析，本研究得到以下几个主要结论：

（1）组织支持对员工感恩具有显著的正向影响。也就是说，在高组织支持的条件下，员工会表现出较高的感恩情感；在低组织支持的条件下，员工表现出的感恩情感相对较低。这一结论与其他学者提出的组织支持感能够带来积极的员工组织行为的观点相一致，也符合此前学者提出的感恩机制的一般规律。

（2）组织公平对员工感恩具有显著的正向影响。如果员工在工作资源、薪酬福利、培训学习以及晋升机会等方面能够被公平对待，而且组织能够在程序、分配和人际互动方面考虑到公平公正，那么员工就会感到自己受到了公正评价和公平对待，得到了应有的尊重，必然会对组织心生感念。组织公平能正向影响员工感恩的结论，与其他学者的组织公平能引发积极组织效果的观点基本一致。

（3）组织公平在组织支持影响员工感恩的关系中起调节作用。组织公平正向影响员工感恩是主效应，同时组织公平调节了主效应，也就是说，较高的组织公平能够增强组织支持对员工感恩的影响，较低的组织公平则能弱化组织支持对员工感恩的影响。包括程序公平和分配公平的组织公平变量成了能够调节主效应的重要变量，进一步丰富了组织支持影响员工感恩的影响机制。

本研究拓展了组织支持对员工感恩的影响机制的研究，具有一定的理论价值。在我国的企业中，员工普遍具有“不患寡而患不均”的思想观念，对组织公平问题甚为敏感，尤其是新生代员工更加重视自己是否被公平对待，因此本研究对于企业如何通过做好组织公平来增强员工的感恩心理与行为具有很强的现实意义。

二、管理建议

高的组织支持可以提高员工的感恩情感，怀有感恩之心的员工必定会尽力回报组织。因此，企业要多花精力与心思，从物质上与情感上支持员工，并不断提高支持力度。

在工作方面，组织要为员工搭建良好的平台，使员工能够依托平台实现自己的才干。领导要信任下属并善于和敢于授权，让下属充分发挥积极主动性，同时也要注意在适当时机给予下属必要的指导。领导要善于激励员工，鼓励创新，宽容失败。单位要建设学习型组织，为员工提供各种培训和学习的机会，使员工能不断成长，并为员工设立明确的职业发展通道。另外，组织要为员工提供良好的工作所需的资源，并不断改善劳动条件。打造良好的组织文化，让员工有很强的归属感、价值方向和精神动力。在生活方面，组织要为员工提供良好的食宿条件和娱乐健身条件，实施员工帮助计划（EAP），帮助解决员工以及家属的实际困难，妥善处理好工作生活平衡问题。

因为组织公平在组织支持与感恩之间起到了正向调节作用，所以组织和管理人员要尽力维护和提高组织公平，做到公平对待每一位员工。

一方面，要做到程序公平，如绩效评价标准、方法与过程要公平。员工发现不公时有权和有渠道进行申诉，组织必须进行解释与回应。在上下级互动中要注意公平对待，上级不能以权压人，下级要据实报告相关情况，不能知情不报。整个组织要做到办事透明、信息公开，要保障员工的知情权。

另一方面，组织还要考虑分配公平。鼓励部门之间以及个人之间存在合理差距，鼓励竞争，但是还要考虑最后分配结果的差距大小，有必要采取措施实施合理的调整。薪酬福利待遇、培训机会、晋升机会以及各种荣誉等分配既要基于效率也要做到相对平衡。组织内部的不同部门、不同系列、不同层级与不同代际之间的分配，也要做到效率优先兼顾公平。过度的苦乐不均必然会影响员工的积极心态，并最终损害组织整体效率。

三、研究局限与展望

由于本研究采用的是横截面研究方法，基本上是在同一时间段发放调查问卷，因此调查数据很难真正反映变量之间的因果关系，希望未来能采用纵向研究方法弥补这一缺陷。另外，组织支持以及组织公平都采用自陈式量表进行测量，可能会带有被试的主观性，将来可以采用以客观指标作为评价条目的量表进行测量，以避免自陈式量表主观评价所造成的某些弊端。

在未来的研究中，可以根据企业性质的不同将国有企业和民营企业的员工进行对比研究；将不同年龄段的员工进行对比研究；将与企业主或者主要高管关系密切的“圈内人”和关系一般的“圈外人”进行对比研究。希望未来能将上下级交换关系及心理契约等变量纳入研究框架，进一步丰富和完善现有研究。

第五章　企业员工归因风格与感恩情感的关系研究

感恩是个体对他人、社会和自然给予自己的恩惠和方便在心里产生认可并希望回馈的一种认识、情怀和行为。根据社会交换理论和互惠理论，个人在接受他人、社会馈赠和支持之后，应当对他人心存感激并努力回报。著名心理学家马斯洛认为，体验和表达感激的能力是情感健康的一个重要方面，而忘恩负义是情感病态的明显标志。中华民族是一个崇尚感恩的民族，“投我以桃，报之以李”、“饮水思源”、“滴水之恩，涌泉相报”等都是关于感恩的经典成语。然而，在发展市场经济的背景下，社会上出现了许多情感冷漠、不懂感恩甚至忘恩负义的现象。

目前，一些企业也存在员工感恩状况不能令人满意的情况。对此，企业方面存在问题，企业管理者没有认真思考员工到底需要什么，企业要如何做才能满足其需要等问题，企业管理者往往以施恩者自居，单方面一味地强调员工应该感恩企业。员工认为企业给予自己的是理所应当，甚至认为没有达到劳动合同约定条件和心理预期，根本不可能对企业产生感恩情感。企业与员工之间关于感恩的认知差异造成了雇佣双方对是否构成感恩产生很大差异，特别是管理层的一厢情愿，其自我感觉良好。

感恩作为一种人际互动的心理过程，不仅是一种特质或状态，更是施者与受者的一种双向认知过程，绝不是一方的一厢情愿。以往研究者大多从“礼物”的客观内容方面探讨施恩对于感恩情感的影响，较少关注受者对于感恩的认知规律。本研究从一个新的视角——归因风格的角度来研究个体对于“礼物”的原因追溯心理机制，旨在探索归因风格是否以及如何对感恩情感产生影响，并希望借此为更加深入地了解个体感恩情感的形成机制，以及为企业更加有效地管理员工的感恩情感提供管理建议。

第一节 相关文献综述

一、感恩情感的理论综述

1. 感恩的定义

感恩是个体内心因体验到他人的帮助而产生的感激等情感，是一种感恩情感（Gratitude Affection）。本研究将感恩定义为一种情感，区别于“认知”或“行为”，因此“感恩”是与“识恩”、“报恩”、“施恩”并列的一个概念，属于狭义的概念。另外，我们也认为感恩是一种道德情感，是指个体对他人帮助产生的感激之情，是一个人道德水平高低的衡量指标之一。

2. 感恩定义的几种观点

（1）感恩的认知情绪理论。认知情绪理论认为，情绪是认知系统的产物，即特定的认知是引起个体情绪反应的原因。并在此理论框架下考察感恩，认为感恩可看作是敬慕和喜悦的混合产物。当受惠者欣赏施惠者的行为时，产生敬慕之情，当受惠者认识到施惠者的行为对自己有益时，则会感到喜悦，从而产生感恩之情。

（2）感恩的道德情感理论。该理论认为感恩不仅是人类的道德记忆，也是一种推动个体关心他人、传递支持性社会联系的道德情感（McCullough 和 Tsang，2004）。感恩不仅源于亲社会行为，并且能够激发和维持个体的亲社会行为，为个体持续的道德行为提供心理能量，并抑制其做出破坏人际关系的行为。感恩具有道德晴雨表、道德原动力和道德强化物三大功能。道德晴雨表就是受惠者能够感知到他人的帮助，并表现出感激之情。道德原动力是指受惠者在受到他人帮助之后能够产生帮助他人的欲望和动力。道德强化物是指受惠者对于施恩者的感激和回报能够反过来进一步肯定和强化施恩者的帮助行为，激发其后续做出更多的帮助他人的行为。

（3）感恩的资源拓建理论。该理论认为，不同性质的情绪或情感对资源的拓建效果是不一样的。消极的情感通常和特定的行为倾向相联系，个体调动的资源比较有限，不能很好地应对解决某种问题的需要。而当人们体验到积极情感时，瞬间的思想和行为系统将突破一定的限制，与更广泛的心理资源和行为倾向相联系，并能调动和很好地利用这些资源做出有效行为并解决问题。

3. 感恩的相关研究

（1）感恩与其他情绪。大量研究表明，感恩与幸福、乐观、希望、宽容、亏欠感等积极心理体验存在显著的正相关。Emmons 和 McCullough（2003）的研究表明，感恩能够使人们更加关注生活中的积极面，提升对生活中积极经验和情景的享受，因而更易从周围的环境中提取尽可能高的满足感和乐趣，认为感恩与主观幸福感正相关。Cohen（2006）的研究表明，当某些个体承受了太多的恩惠而无法做出回报时，或者辜负了人们的好意时，伴随感恩还会产生内疚感和亏欠感。

（2）感恩与亲社会行为。McCullough 等的研究证明，有规律地体验感恩的被试比不体验感恩的被试更热衷于亲社会行为。感恩的个体能够更加积极地看待人际关系，人际信任度更高，能够友善待人，攻击性很小，更愿意帮助他人。

（3）感恩与身心健康。Laird 等（2004）的研究发现，在风湿性关节炎患者中，习惯于感恩的个体较少体验到焦虑、抑郁等情绪，对疾病的康复抱有更大的期望。Wood、Joseph、Lloyd 和 Atkins（2009）研究表明，感恩可以通过促进睡眠的数量和质量来增进身体健康。

4. 感恩的测量

（1）状态性感恩情感的测量。目前，针对状态性感恩情感（即感恩情绪）的测量工具很少。通过文献的梳理发现，感恩形容词评定量表（GAC）是目前唯一关于状态性感恩情感测量的研究工具。GAC 量表由感谢的（Grateful）、感激的（Thankful）、欣赏的（Appreciative）三个形容词构成。在测量中要求被试根据自己当前的主观体验从“1=低”到“6=高”评估自己的感恩情绪。该量表具有较好的信度，内部一致性系数在 0.87~0.89。

（2）特质性感恩情感的测量。国外有关特质性感恩情感的测量工具主要有单维感恩量表（GQ-6）、多维感恩量表（GRAT）、多维感激测量（AS）三个量表。国内关于特质性感恩情感的测量量表主要有马云献和扈岩（2004）编制的大学生感戴量表、赵国祥和陈欣（2006）编制的初中生感戴维度量表，以及黄学超（2008）编制的大学生感恩量表等。

二、归因风格的理论综述

1. 归因的定义

归因（Attribution）即归结行为的原因，指根据有关的外部信息或线索对人的内心状态或外部行为表现推测原因的过程。归因是人们对事件发生的内在原因的探求，包括怎样认识、理解、推测和解释事件。人们归因的目的在于预测、评价行为，进而对环境加以控制。

McCabe 和 Dutton（1993）认为归因是指人们如何解释自己和他人行为的原因，是人对影响或解释其行为的因素做出结论的一种认知过程。张进辅等（2000）认为归因就是人们对自己或他人的所作所为进行分析，指出其性质或推论其原因的过程，也就是对人的行为过程或自己行为的原因加以解释和推测。

Heider 强调，当一件事情出现积极或消极的结果时，人们会自然而然地寻找其原因，因此，归因常常被定义为对积极或消极结果的原因确定。此后，Kelley 和 Weiner 对 Heider 的归因理论做了进一步补充和完善。Kelley 定义了人们进行归因时所依据的信息种类：一贯性信息、一致性信息和特异性信息。Weiner 关注归因的结果并提出三个相应维度：原因的部位、稳定性、可控性。

Kelley 提出的三维归因理论认为，人们在进行因果归属时需从三个范畴去着手，即客观刺激物、行动人、所处关系或情境，推动了归因理论的发展。Heider（1958）提出一般人在归因过程中存在内在性情（人格、态度或个性）归因与外在情境归因两种向度。Weiner 在 Heider 内外归因分类的基础上提出了成败行为的归因理论。他认为，能力、努力、任务难度和运气是人们在解释成功或失败时的主要原因，并将这种主要原因分成控制点、稳定性、可控性三个维度。

张爱卿（2003）认为，归因、情感、期望与行为之间存在紧密的联系。韦纳对它的解释是：个人知觉到的成败原因影响个体对未来的预期，并引发特殊的情感，后继行为受个人情感和预期结果的影响。

胡湛（2009）提出了完全归因的基本要素：

（1）行为人：实施行为的人。在对组织行为进行归因分析时，被归因的事件结果的行为人是组织，而不是个体。

（2）归因者：进行结果归因的人。归因是归因者从事件结果来推断其原因的认知过程，所以归因者直接影响归因结果。

（3）时空环境：行为所发生的时间和空间背景。由于任何人或组织都存在于确定的时空环境之中，时空环境的特征将直接影响其行为，所以把握时空环境的特征对归因认知极为重要。政治、经济（生产力）、文化和信息化水平，是时空环境的基本组成元素。

（4）心智环境：人或组织的认知因素和个性心理特征。不同的心智环境有不同的心理和行为倾向性，所以进行归因就必须分析行为人的心智环境。同样，也要分析归因者的心智环境，才能更客观地看待归因的结果。

（5）认知环：即由“结果—原因—认知—行为”四个元素所形成的环。

2. 归因理论

从 Heider 首次提出归因理论至今，归因理论的研究得到了蓬勃的发展。对归因理论研究做出突出贡献的学者包括 Heider、Jones、Davis、Seligman、Kelly、Rotter 和 Weiner 等。

（1）Heider 的朴素心理学归因理论。被誉为“归因理论之父”的 Heider（1958）最先将归因问题理论化，其归因理论是后来归因研究的基础。Heider 认为人们在日常生活中会不自觉地按照事物的因果关系分析产生行为后果的各种原因，认为行为总是由多种原因共同决定的，而这些原因又主要分为内部原因和外部原因。人们只要弄清根本原因是内在的还是外在的，就能有效地控制个体的行为。

（2）Jones 和 Davis 的相应推断理论。Jones 和 Davis（1965）充实和发展了 Heider 的理论，提出了相应推断理论。该理论认为，人们在对他人的行为做出归因时，很少考虑到外部客观情境因素，而是较多地关注自身内在主观因素。

（3）Seligman 的习得无助归因理论。习得无助概念由动物学理论家 Seligman 提出。Seligman（1975）认为，决定一个人经历不可控制的消极事件的重要原因，可能是动机缺失的性质和程度。同时他还提出了不相依归因的三维度：稳定性、部位、整体性，其中整体性是指不相依的归因具有普遍性和跨情境性。

（4）Kelley 的协变理论。Kelley（1973）认为归因由三方面信息确定：一是大众性，即行为是否与大众相同；二是一贯性，即行为是否始终保持一致；三是区别性，即行为是否区别于其他刺激引起的行为或结果。该理论认为，原因可以分为个人、环境和刺激对象三种，人们最终做出何种归因取决于上述三种信息的组合，而每种信息又包括高和低两种情况。

（5）Rotter 的控制点理论。Rotter（1967）认为自我信念决定人的归因风格，外控型人格倾向于将行为结果归因于诸如运气、机遇、命运等外部客观因素；内控型人格倾向于将行为结果归因于诸如努力、能力等内部主观因素。与外控者相比，内控者更注重自我对事件的主观控制能力，是良好社会适应的表现。

（6）Weiner 的动机和情绪归因理论。Weiner（1971）认为人们在解释成功或失败时知觉的四种主要原因包括能力、努力、任务难度和运气。而成败的原因又分为原因源、稳定性和控制性三个维度：原因源方面分为内部维度和外部维度；稳定性方面分为稳定维度和不稳定维度；可控性方面分为可控维度和不可控维度。同时 Weiner 认为，个体把成功或失败归因于何种因素，对其情感和今后工作的积极性有重要的影响。

另外，国内的一些学者也对归因风格进行了理论探讨。刘永芳（1995）对“原因”和“理由”在归因风格活动中的使用进行了研究。之后刘永芳（1997）又提出了归因活动中的“背景假设效应”理论。该理论认为，导致观察者和活动者之间归因偏差的主要原因是背景事件的不同。当归因问题不明确，不能明确知道该采用哪种背景事件的时候，因归因者选择的背景事件不同，所做出的归因也不同。孙煜明和雨田（2001）探讨了策略原因在归因模式中的作用，认为策略原因代表稳定性的中间水平，而能力和努力分别代表高和低的稳定特性，策略原因有时比努力更能促进行为。蔡国庆（2007）研究发现，大学生的归因风格对就业的情绪、动机以及期望有显著的影响。

3. 归因风格的研究进展

刘永芳（1998）认为归因风格就是一个人所具有的独特的归因认知方式以及由此所产生的特有的归因倾向。近年来，关于归因风格的研究很多都集中在应用领域。Dooley（1995）、Skitka 和 Tetlock（1993）以及 Kluegel（1990）等通过大量的实验研究证实归因的可控性影响个体的利他行为和攻击性。Edwards 等（1998）认为，不确定性高的归因风格可能与大五人格因素中的高神经质有关。Eugena（2000）通过能力归因发现，人际交往失败与抑郁症状之间存在显著相关。Cuihua Shen（2002）研究了在跨文化交流中的归因风格、动机和能力的关系，发现归因风格影响人们的动机和知觉能力。

4. 归因风格的测量

归因风格主要包括两种：积极的归因风格和消极的归因风格（有些学者称为乐观的归因风格和悲观的归因风格）。积极的归因风格将坏事情归因于外部的、不稳定的、具体的原因，将好事情归因于内部的、稳定的、整体的原因；消极的归因风格则反之。王晓均（2012）指出，当代归因取向研究是从更宏观的角度来考察人们在归因时的认知取向，如社会归因取向、个人归因取向、积极归因取向、消极归因取向等。很显然，这些归因取向维度比传统的归因类型具有更宏观的研究价值，也具有和社会事件结合更紧密的应用价值。

（1）自陈式问卷。自陈式问卷就是由被试自己填写的标准化的调查问卷，问卷给被试呈现一系列假设的积极或者消极的事件结果，要求被试对每一事件的结果给出一个原因解释，并从控制源、稳定性和全面性三个维度去评价导致这一积极或消极事件的原因，最后通过综合评定，计算出一个总分数代表个体的乐观或悲观的归因风格类型。彼得森和塞里格曼等（Peterson 和 Seligman 等，1982）编制的归因风格问卷就是此类最有代表性的。卡斯洛（Kaslow）等编制的儿童归因风格问卷也属于这种类型。英国学者 Furnham（1992）开发了第一个“职业归因问卷”（Occupational Attributional Style Questionnaire，OASQ-a）。Kent 和 Martinko（1995）编制了“组织归因风格问卷”（Organizational Attributional Style Questionnaire，OASQ-b）。美国学者 Ashforth（2006）又开发了新的归因问卷“工作归因风格问卷”（Work Attributional Style Questionnaire，WASQ）。

（2）语句解释的内容分析。彼得森等（Peterson、Seligman 和 Vaillant，1988）开发了一种被称为“语句解释的内容分析”的技术，用来评定一个人的归因风格。测量包括两个步骤：首先，被试通读一些相同的书面材料，每当出现涉及材料作者的消极事件和原因解释时，就将该事件及其原因的解释拷贝到一张索引卡上，给它一个代码。其次，像 ASQ 一样，要求 3~4 个独立评判者在 7 点评分量尺上对每个原因的部位、稳定性和普遍性做出评定。经过大量研究表明，该程序的两个步骤具有较高的可靠性。

三、归因风格与感恩的关系

国内外研究者发现，归因风格与员工的绩效（Seligman 和 Schulman，2006）、离职率（Seligman 和 Schulman，2006；Proudfoot、Corr、Guest 和 Gray，2001）、工作满意度（Silvester、Patterson 和 Ferguson，2003）、工作动机（Xenikou，2005）等众多核心变量都存在密切的关系。

何毅钦（2011）研究发现，东西方的归因风格因为文化差异而有所不同。在个人主义文化下，西方人倾向于个体归因；在集体文化下，中国人则更倾向于在情境中解释行为。中国人倾向于把成功和失败都归因于外部、不可控因素，并且较少出现自我服务归因偏差。这些归因方式有利于组织内部的和谐，但是成功的外归因不利于成功经验的分享，失败的外归因可能存在责任逃避现象。王萍（2013）针对中国员工的归因风格进行了研究，对努力归因、能力归因、情境归因和运气归因的现状进行了调查和分析。研究证实，员工的努力、能力归因倾向要比情境、运气归因倾向显著；不同性别的员工在情境归因上有显著差异；不同职务的员工在能力归因上有显著差异。王聪颖（2015）研究发现，新生代知识型员工通过把工作期望和现实工作状况进行比较判断后产生积极或消极的情绪，接着又会对工作态度产生一系列的影响，进而产生离职行为。

杜林志（2008）研究发现，具有“孝亲敬祖”和“宿命自保”文化取向的人，成功外归因的倾向显著地高于成功内归因的倾向。具有“男性优越”、“权威守成”、“宿命自保”文化取向的人，失败不可控外归因的倾向显著地高于失败内归因的倾向。才国伟（2013）研究证实，归因和工作自主权对工作满意度具有显著的影响。一个人越是倾向于父母社会地位、家庭经济收入、运气等外部归因，其工作满意度越低，但是努力、天赋、学历等方面的内部归因，对工作满意度的正向作用并不显著。归因对于公平判断的影响主要表现为：个体在公正认知上的不同是建立在归因差异基础上的；个体公正感的变化是随着归因的变化而变化的；当个体被要求描述和解释他们的公正感受时，他们总是寻找归因信息并按那样的信息来解释原因。

张爱卿和刘华山（2003）指出，与管理者相比，员工更倾向于将失败或低绩效行为归因于外在、不可控的因素。归因与领导成员关系质量之间可能存在一个相互作用的影响机制。郑建君（2009）指出，领导领域中的归因研究对于把握领导过程、组织绩效评估以及领导成员关系等问题均具有重要的理论与实际意义，开辟了从领导视角进行归因研究的新领域。

感恩情感的产生是有原因的，需要对原因进行追溯分析和确认，也就是归因。同样的事件或者结果，不同归因风格的人有不同的对原因的认知和判断。因此，可以说归因风格带有很大的个体心理特点和主观色彩。研究发现，受惠者倾向于把他们的感戴归因于别人的内在动机而不是职责或社会规范等外在因素。具有感戴倾向的人倾向于把他们的积极结果归因于他人的努力，而不具有感戴倾向的人似乎更倾向于把他们的成功和好运归因于他们自己的努力或者积极的人格特征，却把心理困难归因于外部因素。这意味着，感戴的产生与积极的归因方式有密切的关系。

以往大多数研究者都是从静态角度探讨感恩的内涵和机制，但对于感恩情感的产生机制还有待于进一步深入研究。本研究准备从归因风格的角度来分析归因风格如何影响个体对于感恩情感的形成的作用。Weinstein（2010）用三个编制的剧本来探究受惠者对施惠者帮助的归因，受惠者将帮助行为归因为施惠者出于主动帮助（自主归因）或是被动帮助（受控归因）。结果表明，相较于出于受控动机的施惠者，受惠者对自主帮助者体验到更多的感激之情；自主或是受控帮助能显著影响受助者的态度、幸福感及同帮助者的亲密度；自主帮助的动机能够很好地预测受惠者对于帮助产生的感恩以及其他积极的反应。

综合上述分析，本书提出以下假设：

H5-1：整体归因风格与感恩情感特质各维度之间有显著的正相关关系。

H5-2：归因风格与感恩情感特质及其各维度之间有显著的正相关关系。

H5-3：归因风格对感恩情感特质具有显著的预测作用。

第二节　研究方法

一、变量测量

1. 归因风格问卷（ASQ）

本研究采用彼得森和塞利格曼等编制的归因风格问卷，问卷由涉及个人的12件不同的假想情境事件组成，其中包括6件积极事件和6件消极事件。针对每个情境，都设计了四个问题，所要测量的是原因部位、原因稳定性以及原因普遍性三个不同的维度，要求被试想象这些事件如果发生在自己身上如何进行打分。该量表已经翻译成中文，以中国被试为对象进行信度、效度分析，得到该问卷积极事件的内在一致性系数 α 为0.82，消极事件的内在一致性系数 α 为0.802。该问卷共有两种计分方式：第一种方式为按照部位、稳定性和普遍性三个维度分别计分；第二种方式是计算整份问卷的总分，按照总分的高低来区分积极归因风格和消极归因风格。在做研究分析时，我们习惯通过计算维度之间的关系来考察变量之间的关系，但以往很多学者认为使用第一种计分方法所得数据的信度和效度的可靠性很低，所以在后文的相关性分析和回归分析中，本研究分别对整体归因风格与感恩情感以及归因风格各维度与感恩情感之间的关系进行分析。

2. 感恩情感问卷

该问卷采用张萍编制的感恩情感量表，包括感恩敏感性、感恩强度、感恩持续性三个因子，共 13 个题项。每个题项设定“完全不符合、基本不符合、有点不符合、有点符合、基本符合和完全符合”6 级选项，依次给予“1、2、3、4、5、6”的记分，其中共有 4 个题项为反向计分。各因子得分为各因子所含题项得分之和除以题项数，问卷总分为各因子得分之和除以因子数。得分越高，表示被调查者的感恩情感水平越高。经检验，该问卷具有良好的信度和效度，其中问卷的内部一致性系数为 0.829，重测信度系数为 0.84。

3. 控制变量

本书对可能影响主要变量之间效应关系的其他变量进行了控制，控制变量主要包括性别、婚姻状况、职位、在本单位的工作年限、年龄以及学历。

二、测量方法

本研究采用 SPSS 17.0 统计软件进行数据统计分析。具体使用的数据统计方法说明如下：

1. 描述性统计分析

关于调查样本的描述性统计分析，本研究主要对性别、婚姻状况、职位、在本单位的工作年限、年龄、学历进行描述性统计分析，以了解调查样本的人口学统计特征。

2. 相关分析

应用 Pearson 相关分析，获得整体归因风格与感恩情感特质各维度之间、归因风格与感恩情感特质及其各维度之间的相关系数，检验变量之间是否存在相关关系。

3. 回归分析

本研究的目的在于深入了解企业员工归因风格和感恩情感之间的逻辑关系以及归因风格各维度与感恩情感之间的逻辑关系，判断二者之间是否存在因果关系。

三、研究对象

本研究以企业员工为研究对象，按照便利取样原则，在福建省漳州市 11 家企业中发放调查问卷 150 份，回收问卷 123 分，回收率为 82%，剔除无效问卷 23 份后，有效问卷 100 份，问卷的有效回收率为 66.7%。

第三节　数据分析

一、样本人口统计特征

从表 5-1 中可以看出，性别比例方面比较平均，男女各占 51%和 49%；婚姻状况方面，未婚员工占多数，比已婚员工多 10%；职位情况方面，各层级所占比例相差很大，一般员工占大多数，比例高达 61%，随着职位的上升比例逐渐减小，高层管理者所占比例最小为 2%，这可能对数据的可靠性造成一定影响；被调查员工在其所在单位的工作年限在各项分布上较平均；年龄分布方面，比较不平均，25 岁及以下所占比例为 41%，随年龄增长，所占比例依次递减；研究被试的学历情况呈正态分布，数据集中在高中（中专）、大专和本科上，其中大专人数最多，占总人数的 48%，而研究生在被调查人群中未出现。

表 5-1　样本的人口统计特征（N=100）

被试特征	分类	人数	百分比（%）	被试特征	分类	人数	百分比（%）
性别	男	51	51.0	婚姻状况	已婚	45	45.0
	女	49	49.0		未婚	55	55.0
职位	一般员工	61	61.0	年龄	25 岁及以下	41	41.0
	基层管理者	27	27.0		26~35 岁	39	39.0
	中层管理者	10	10.0		36~45 岁	15	15.0

续表

被试特征	分类	人数	百分比（%）	被试特征	分类	人数	百分比（%）
职位	高层管理者	2	2.0	年龄	46 岁及以上	5	5.0
在本单位工作年限	1 年以下	28	28.0	学历	初中及以下	6	6.0
	1~2 年	26	26.0		高中（中专）	24	24.0
					大专	48	48.0
	3~4 年	10	10.0		本科	22	22.0
	4 年以上	36	36.0		研究生	0	0

二、探索性因子分析

1. 数据探索性因子分析结果

本书中的探索性因子分析主要是分析各量表的旋转成分矩阵，以剔除不符合题项。分析结果表明，归因风格量表中有 6 个题项、感恩情感量表中有 1 个题项因子负荷较低，故将其剔除。表 5-2 为样本数据探索性因子最终分析结果。归因风格量表包括部位、稳定性和普遍性三个因子，共 12 个题项。感恩情感量表包括感恩敏感性、感恩强度、感恩持续性三个因子，共 12 个题项。

表 5-2 研究变量探索性因子分析结果（N=100）

变量及维度	因子载荷					
	1	2	3	4	5	6
部位 22	0.784					
部位 10	0.755					
部位 34	0.728					
部位 46	0.687					
稳定性 11		0.790				
稳定性 47		0.639				
普遍性 40			0.893			
普遍性 48			0.871			
普遍性 12			0.830			
普遍性 24			0.825			
普遍性 36			0.800			
普遍性 4			0.636			
感恩敏感性 10				0.840		
感恩敏感性 12				0.827		
感恩敏感性 7				0.812		

续表

变量及维度	因子载荷					
	1	2	3	4	5	6
感恩敏感性 13				0.769		
感恩敏感性 5				0.716		
感恩敏感性 1				0.574		
感恩强度 11					0.933	
感恩强度 9					0.898	
感恩强度 6					0.848	
感恩强度 3					0.825	
感恩持续性 2						0.798
感恩持续性 4						0.700

2. 检验数据合适性

对剔除因子负荷较低的题项后的各量表进行 KMO 检验和 Bartlett's 球度检验，结果如表 5-3 所示，各变量的 KMO 值在 0.801~0.847，说明变量数据具有较高的内部一致性，量表效度良好。

表 5-3　KMO 检验和 Bartlett's 球度检验（N=100）

研究变量		归因风格	感恩情感
取样足够度的 Kaiser-Meyer-Olkin 度量		0.847	0.801
Bartlett's 球度检验	近似卡方	842.564	834.623
	自由度 df	66	66
	显著性 Sig.	0.000	0.000

三、信度分析

本研究在剔除了不符合题项后，对三个变量的维度进行了信度分析，变量及其维度信度的 Cronbach's α 系数如表 5-4 所示，可以看出所有变量维度的信度系数均高于 0.80，具有较高的信度。

表 5-4　各变量和维度的信度分析数据（N = 100）

变量及维度		题项	Cronbach's α	整体 α 系数
归因风格	部位	4	0.886	0.911
	稳定性	2	0.811	
	普遍性	6	0.940	

续表

变量及维度		题项	Cronbach's α	整体 α 系数
感恩情感	感恩敏感性	6	0.883	0.907
	感恩强度	4	0.915	
	感恩持续性	2	0.844	

四、相关性分析

1. 整体归因风格与感恩情感各维度之间的相关性分析

对整体归因风格和感恩情感特质各维度的均值、标准差及相关系数进行统计分析，得到分析数据如表 5–5 所示。可以看出，整体归因风格与感恩情感各维度之间均显著正相关：整体归因风格与感恩敏感性显著正相关（r=0.471，P<0.01）；整体归因风格与感恩强度显著正相关（r=0.197，P<0.01）；整体归因风格与感恩持续性显著正相关（r=0.289，P<0.01），本研究假设 H5–1 得到了初步验证。

表 5–5 整体归因风格和感恩情感各维度的均值、标准差和相关系数（N = 100）

变量	均值	标准差	1	2	3
1. 整体归因风格	3.564	0.747			
2. 感恩敏感性	3.487	0.758	0.471**		
3. 感恩强度	4.064	0.639	0.197**	0.117**	
4. 感恩持续性	3.719	0.629	0.289**	0.340**	0.428**

注：* 表示在 0.05 水平（双侧）上显著相关；** 表示在 0.01 水平（双侧）上显著相关。

2. 归因风格各维度与感恩情感各维度之间的相关性分析

对归因风格各维度与感恩情感特质各维度的均值、标准差及相关系数进行数据分析，结果如表 5–6 所示。从中可以看出，归因风格的三个维度与感恩情感特质的三个维度中，各个维度两两之间都达到显著相关（P<0.01），本研究 H5–2 得到了初步验证。

表 5–6 归因风格和感恩情感各维度的均值、标准差和相关系数（N=100）

变量及维度	均值	标准差	1	2	3	4	5
1. 部位	3.422	0.777					
2. 稳定性	3.365	0.751	0.42**				
3. 普遍性	3.725	0.702	0.39**	0.50**			

续表

变量及维度	均值	标准差	1	2	3	4	5
4. 感恩敏感性	3.487	0.758	0.45**	0.49**	0.46**		
5. 感恩强度	4.064	0.639	0.31**	0.23**	0.07**	0.12**	
6. 感恩持续性	3.719	0.629	0.43**	0.29**	0.29**	0.340**	0.43**

注：* 表示在 0.05 水平（双侧）上显著相关；** 表示在 0.01 水平（双侧）上显著相关。

五、回归分析

以上的相关分析可以说明各因素之间是否存在关系以及关系的紧密程度，但是相关分析仅仅只是初步探讨变量之间的关系，无法验证一个变量对另一个变量的预测作用，因此，本研究运用回归分析研究归因风格对感恩情感的预测作用。

1. 整体归因风格对感恩情感特质的回归分析

回归分析结果如表 5–7 所示，可知整体归因风格对感恩情感特质的非标准化回归系数为 0.612，在 0.001 的水平上显著，能够解释整体感恩情感特质 37.5%的变异量。得到的非标准化回归方程为：感恩情感=0.612×整体归因风格。

表 5–7　感恩情感与整体归因风格回归分析结果

因变量	自变量	R^2	F 值	B	β	T 值
感恩情感特质	整体归因风格	0.375	139.849***	0.612	0.623	11.826***

注：*** 表示在 $p < 0.001$ 水平（双侧）上显著。

2. 归因风格各维度对感恩情感的回归分析

利用统计软件对归因风格的三个维度（部位维度、稳定性维度和普遍性维度）与感恩情感各维度进行回归分析，得到回归系数如表 5–8 所示。

表 5–8　归因风格各维度对感恩情感特质的回归分析结果

因变量各维度	自变量各维度	非标准化系数 B	标准系数 β	R^2	调整 R^2	F
感恩敏感性	（常量）	1.340		0.326	0.315	29.699***
	部位	0.267	0.272**			
	稳定性	0.224	0.212*			
	普遍性	0.155	0.167*			
感恩强度	（常量）	5.114		0.212	0.207	41.662***
	部位	0.286	0.272**			
	稳定性	0.172	0.166*			
	普遍性	0.112	0.123*			

续表

因变量各维度	自变量各维度	非标准化系数 B	标准系数 β	R^2	调整 R^2	F
感恩持续性	（常量）	1.299		0.384	0.393	35.768***
	部位	0.382	0.225**			
	稳定性	0.276	0.262**			
	普遍性	0.129	0.130*			

注：* 表示在 0.05 水平上显著；** 表示在 0.01 水平上显著；*** 表示在 0.001 水平上显著。

从表 5-8 可以看出，各标准化回归系数 β 在 0.05 水平上显著，证明回归方程通过了显著性检验，说明归因风格各维度能够对感恩情感各维度产生显著影响，H5-3 得到了验证。具体而言，归因风格的部位维度影响最大，稳定性维度次之，普遍性维度最小，回归方程如下：

感恩敏感性 = 1.340 + 0.267 × 部位 + 0.224 × 稳定性 + 0.155 × 普遍性

感恩强度 = 5.114 + 0.286 × 部位 + 0.172 × 稳定性 + 0.112 × 普遍性

感恩持续性 = 1.299 + 0.382 × 部位 + 0.276 × 稳定性 + 0.129 × 普遍性

第四节　研究结论与讨论

一、研究结论

本研究目的在于探讨企业员工归因风格与感恩情感之间的关系，通过实证研究可以得到以下几个主要结论：

归因风格可以分为乐观归因风格和悲观归因风格两类。乐观归因风格者倾向于把积极事情的结果归结于内部的、稳定的且普遍的原因；悲观归因风格者倾向于把积极事情的结果归结于外部的、不稳定的且特殊的原因。乐观归因者归因于内部者，行事会积极主动，注重发挥自己的主动性；悲观归因者则更加重视所处的条件及与他人的关系，注意力放在外部。

企业员工的归因风格能显著影响感恩情感。乐观归因风格者倾向于将成功的原因主要归于自身，在事情成功之后主要归功于自己而不是他人，因此对他人的帮助表现出相对较低的感恩情感。悲观归因风格者一般将成功归于外部因素，因而当事情成功之后会将功劳更多地归功于他人的帮助，从而产生更高的感恩水平。

另外，员工对于施恩者的帮助行为如何归因也会影响员工的感恩情感。如果员工认为施恩者具有不良动机，如想得到某种回报，获得某种优越感，甚至想借此控制他人，则感恩情感就会大打折扣，甚至不会产生感恩情感，更加严重的会对施恩者产生厌恶情绪。如果员工认识到施恩者是真心想帮助自己，则会产生感恩情感。

受惠者对于施恩者的帮助行为归因为施恩者的内部动机还是外部压力，会影响受惠者的感恩情感。如果受惠者认为恩惠是发自施恩者的内部动机，而不是外部动机，如迫于某种外部压力或者为了树立自己的形象而做出帮助行为等，则会更加感激施恩者。

如果受惠者认为引发企业帮助行为的原因是稳定的，不是偶然的、易变的，那么员工也会产生更多的感激之情。企业可控性的原因触发了企业或者管理者的行为，员工也能获得更高的感恩情感。

二、管理建议

企业给予员工福利待遇与各种支持和帮助，员工是否产生感恩情感以及产生多大程度的感恩情感，与员工的归因风格有很大的关系。因此，企业需要组织员工进行归因训练，使员工形成正确的归因模式。企业要让员工对自己所取得的成绩和得到的福利待遇进行正确归因，客观分析哪些是员工自己努力的结果，哪些归功于企业的关心和支持。如果员工将成就都归功于企业和管理者，则会忽略员工的主动性和积极进取心，不利于日后员工发挥自己的主动性。如果员工都归功于自身，则会造成员工过于突出自己的作用，忽略团队和企业的作用，不利于员工形成感恩心态和团队意识，容易造成员工过于自负并表现出更多的冷漠。

同时，企业主和管理者同样也要形成正确的归因风格。民企老板不能处处以施恩者自居，要求员工对自己感恩戴德，一旦有人要离职就认为是对自己的忘恩负义。企业主和管理者不仅要将企业取得的成绩归因于企业主和管理层的贡献，也要承认各级员工的贡献。企业主和管理者需要客观正确地归因，合理评价和承认员工的贡献，并对员工表示感恩，在企业中形成一种管理者与员工互相感恩的良好氛围。

三、研究局限与展望

1. 研究局限

（1）问卷法本身的局限性。本研究采用的归因风格问卷（ASQ）结构相对复杂，造成了部分被试在作答时不能完全理解题意，影响了选择的准确度。另外，此问卷过于强调测量乐观归因还是悲观归因，对于其他归因内容重视不够，影响了量表的有效性。

（2）抽样方法的局限性。由于时间和个人能力的限制，本研究在问卷调查过程中，所选取的地区和数量都具有一定的局限性，同时，采用了便利随机抽样法来选择研究对象，而该方法可能会影响所获数据的代表性。因此，以后的实证研究应尽可能采用更为科学严谨的抽样方法，并拓宽调研区域和群体。

（3）构建模型的局限。由于时间和精力有限，本研究没有进一步探讨在归因风格和感恩情感的关系中是否还存在其他变量，研究模型过于简化，不能真实地反映归因风格和感恩情感的运行机制。

2. 研究展望

在后续研究中，研究者可进一步探讨在归因风格和感恩情感之间是否存在其他调节变量，进一步充实该研究。可以进一步探讨人格、性别等如何影响个体的归因风格，组织氛围如何影响归因风格，上下级关系如何影响员工的归因风格。还可以研究归因风格对于员工心理契约合约与违约的影响机制，以及如何进一步影响员工的感恩情感。对于组织可以采用什么方式方法对员工进行归因训练以纠正员工的归因偏向，实现正确归因，未来也可以做进一步的探索和研究。

第六章　员工与上司的关系类型对员工感恩的影响

我国企业普遍存在着员工不懂感恩、频繁离职、流失率高、工作不积极主动、缺乏热情、工作满意度低、上下属关系不和谐等现象。其中，很重要的原因便是员工的感恩机制出现了问题。员工对于企业以及他人的帮助要产生感恩情感，需要一套完整的心理机制来实现。本研究重点探讨员工与上司以及企业主的不同关系类型对员工感恩情感形成的影响机制和一般规律。施恩者与接受者的关系不同，感恩机制便会不同。关系类型的不同会影响接受者触发感恩的临界点的高低，也会影响接受者的感恩程度以及回报的方式等。

关系是了解中国社会结构以及人们行为规范的核心概念。自古以来，中国社会便极为重视人与人之间的关系。关系在中国人的商业活动、企业管理与组织行为中扮演着十分重要的角色（Xin 和 Pearce，1996），而上下级关系无疑是组织人际关系中最为关键的部分（Wei 等，2010）。

员工与直接上司（自己的主管）的关系，以及员工与企业主的关系，是相对比较重要的员工与上级的关系类型，对于员工感恩情感的产生有十分重要的作用。本研究重点分析这两种关系类型对于员工感恩的影响，并为企业改善员工感恩机制和改善企业感恩氛围提供一些建议。

第一节　概念及其相关文献

一、感恩的理论概述

1. 感恩的概念

William McDougall（1929）认为，感恩是一种第二位的、混合的情绪，它包括敬畏、羡慕、尊敬、妒忌、憎恨、烦躁不安等。在他看来，感恩是“微弱的情绪和负性的自我体验”的混合物。

Lazarus（1994）认为，感恩是一种“移情情绪”，它根植于移情于他人的能力，与感恩相联系的核心主题个体是对利他礼物的识别和欣赏。

Harned（1997）认为，感恩是一种对待给予者的态度，一种对待礼物的态度，决定合理地使用礼物，从而有效地利用它，以便与给予者的意图取得一致。所以感恩的基础是“不应得”的观念。感恩者认识到他（她）什么也没有做，不应得到那样的礼物或恩惠，它是无偿给予的。

赵国祥、梁勤儒等（2006）从认知、情感、行为三个角度来界定感恩，他们认为感恩是个体对他人、社会和自然给予的恩惠在内心的认可，并意欲回报的一种认知、情怀和行为。感恩包括三个层次：一是认知层次，认识和了解自身所获得的恩惠和方便，并在内心产生认可；二是情感层次，在认知的基础上，衍生出一种愉悦、温暖和幸福的情感，从而转化为自觉的感恩意识和回报冲动；三是实践层次，将感恩意识和回报冲动转化成为报恩乃至向他人施恩的行为。

2. 感恩的理论观点

（1）认知观点，即感恩是个体对受到的恩惠和帮助的积极认知，并且这种积极结果并非个体所预期的，而是由于他人施惠行为所带来的（Heider，1958；Weiner，1985；Solomon，1977）。

（2）美德观点，即感恩是一种美德，是一种推动个体关心他人和传递支持性社会联系的道德情绪（McCullough、Kilpatrick、Emmons 和 Larson，2001）。

（3）特质观点，即感恩是一种情感特质，是个体用感激情绪认知或回应他人的恩惠（McCullough 和 Emmons，2002）。

（4）情绪观点，即感恩是一种情绪（相对而言是短暂的），其核心是受惠者在接受到恩惠之后产生的一种愉快情绪。持这种观点的代表人物是 Emmons 和 McCullough（2003）。他们认为感恩是个体受到恩惠后产生的一种即时的情绪体验，如感激和愉快等感受。

（5）行为观点，即感恩是一种行为反应，认为感恩水平高的个体有更多的感激行为、回报行为以及其他亲生活行为（Lynn，2009）。

（6）综合性观点，即感恩是对他人、社会和自然给予自己的恩惠和方便在心里产生认可，并意欲回馈的一种认知、情怀和行为（陶志琼，2004）。

二、关系的理论概述

1. 关系的概念

要了解关系的概念，我们首先需要了解什么是关系契约，以及它和正式契约的联系与区别。Macneil（1998）认为，契约可以被理解为人与人之间的交换关系（Exchange Relations），任何交换都包含两类特性：交易性（Transactional）和关系性（Relational）。对比正式契约，关系契约具有诸多优点：契约参与方比法院更容易监控对方采取的行动；与法庭的有利行动与不利行动的两极判断不同，契约参与方的判断更加细微；契约方可以根据法律不易观察的一些现象做出判断，如某些特别事件，并且关系契约可以随时间变化而调整。

Law 等（2000）认为关系包含了工作之外的私人交往、情感互动与责任认知。此种关系主要通过与工作无关的社会互动（如吃饭、送礼、帮忙等）发展而来，却会影响工作中的互动。朴雨淳（2006）认为关系一般是指基于互惠互利的社会关系，这是一种通过获取资源的相互责任、持续的合作与互惠来维系合作伙伴的特殊类型的社会关系。

Wong 和 Leung（2001）认为关系作为中国文化内涵中的传统概念，通常被定义为包含信任、互惠、依赖和适应的特殊人际网络。Chen X.P.和 Chen C.C.（2004）认为关系是一种中国本土的构造物，是两个个体之间的一种非正式的、特殊的联系，这两个个体因要遵循关系的社会规范这种潜在的心理约定而联系在一起，如保持长期的关系、相互的承诺、忠诚和职责。

黄光国（2000）等从哲学和价值取向的视角把关系视为儒家文化本质的一种

表现——关系是了解中国人社会行为规范及方式的核心概念，是华人社会商业行为及道德秩序实践的结果，而这种商业行为及社会道德秩序实践又源于中国传统的儒家文化脉络。在高权力距离与集体主义取向的中国，关系反映了社会互依和社会交往规范，体现了冲突化解的模式与商业实践的普遍规则。周丽芳（2006）认为，从“差序格局”的特殊主义观点来看，关系指的应该是基于特定标准而形成的人际关系，而非泛指所有人与人之间的互动关系。

庄贵军（2012）认为对于关系的概念可以做进一步的细分与探讨，他分别从关系状态、关系行为、关系规范以及关系导向等方面对关系的定义给予分析。关系状态（Guanxi States）指一个人与另一个人的远近亲疏，也称为关系质量或关系水平。根据远近亲疏，两个人之间的关系有好坏之分，如关系好不好、铁不铁，感情深不深。关系行为（Guanxi Behaviors）指人们用于发展、维持或利用人际关系的行为和努力，如“拉关系”或“找关系”。关系规范（Guanxi Norms）是指导人们进行交往和互动的行为规则，如人情法则、面子以及礼和礼节等。关系导向（Guanxi Orientation）指人们对人际关系的基本认识和信念，如对关系重要性和目的性的认识和态度。

2. 关系的要素

周文霞（2013）通过对文献的分析发现，关系具有以下基本要素：①虽然关系也可以指代多人关系，但是其基本单位是两人关系。②两人之间要具有某种共同的非正式的联系（如同乡、同学），正式的工作联系是不算的。③关系的双方遵循以（人情）交换为基础的回报原则，也就是古人所说的“礼尚往来”。④关系中既有情感性成分，又有工具性成分。不过，归根到底，关系的本性是工具性的。⑤关系的双方具有一些彼此默认的非官方的心理契约，这些契约就是维持和发展关系的基础。

3. 关系的特征

关系的要素决定了关系的特征，一般而言，关系具有私人性、无形性、动态传递性、互惠性以及长期性五个特征。①私人性。人与人之间的二元关系是关系网络的基本单位，权利与义务关系皆在两个人之间发生。②无形性。关系建立在隐含的心理契约和承诺基础之上，利用关系进行的利益交换都是通过暗示、旁敲侧击的方式完成的。③动态传递性。关系牵涉到一个动态的社会交往过程，可以是两者直接联系也可以通过第三方转移、传递。④互惠性。根据社会交换理论，关系的维系要基于双方的互惠，双方都能从中得到好处，不管是物质的还是情感的利益。基于关系的交换并不总是完全等价的，它往往有利于弱势的一方。⑤长期性。关系的建立、维护以及存续都需要经历较长的时间，也不可能在短时间内消失。

4. 关系的相关理论

（1）差序格局理论。费孝通教授在 1947 年提出了“差序格局”的概念。他认为中国的社会结构在本质上与西方社会是不同的。西方的社会中团体界限分明，关系是一样的，其团体中的等级或关系是规定好的。而中国的社会格局则不同，“每一家以自己的地位为中心，周围划出一个圈子，这个圈子的大小要依着中心势力的厚薄而定。”传统中国人非常讲究社会关系中的差序格局，他们常常用不一样的标准来对待和自己关系不同的人（费孝通，1948；Hsu，1953；Nakamura，1964）。如果拜托者向掌握社会资源的支配者要求给予对其有利的资源，那么资源支配者首先考虑的问题是对方和自己之间的社会关系、关系密切的程度。对于关系不同的人，交往的标准也不一样。在华人企业中，领导和下属的关系也可以用差序格局来解释，双方的关系不同，交往的原则和方式也不一样。

（2）金耀基的“人情”研究。“人情”与“面子”是中国人人际交往的具体内容。按照金耀基的看法，人情“应该是指人与人之间的关系，亦即人与人的相处之道”。儒家认为伦理关系即为情谊关系，关系交错连接起来便构成了和谐的社会秩序。人情最重礼尚往来，所谓“来而不往非礼也”，因此可以认为，中国的人际关系其实是一种社会交换行为，即所谓的“报”。但是并非所有的关系都是交换行为或者要求回报的。在充当人伦角色的时候，人际关系是“尽义务”。在此基础上，金耀基进一步将交换行为区分为两种：一种是经济性的交换行为，另一种是社会性的交换行为。在经济性的交换行为中，人情因素被屏蔽，主要以金钱作为媒介，这种交换容易计算和清算；但是在社会性的交换行为中，人情占据主要位置，对等的人情回报成为经济价值以外的考量。因此，可以说人情作为中国人际关系运作的方式之一，必然要求个人清楚地界定双方关系的类型和性质。

（3）黄光国的“人情与面子”理论模型。黄光国（1988）整合了人情、面子、关系、报等概念，提出了一个著名的“人情与面子”理论模型。他认为，中国人在进行资源配置的时候，通常会将自己与其他人的关系大致分为情感性关系、工具性关系、混合性关系三种类型，并根据不同的社会交换法则与对方交往。所谓情感性关系，指的是家庭成员之间的关系，尽管这种关系同样可以获取相应的资源，但是情感成分居多。在中国传统的家庭中，人际互动遵循的是“各尽所能，各取所需”的需求法则。所谓工具性的关系，是指个人为了达到某些目的，而与他人进行交往，其中只含有少许的情感成分，因此关系各方坚持的是公平法则。所谓混合性的关系，指的是个人在家庭范围之外所建立的各种关系，是最可能以人情和面子来影响他人的人际关系范畴。一般而言，这类关系可能包括亲戚、邻居、师生、同学、同事及同乡等不同的角色关系，这些角色关系构成了一张张纵横交错的关系网。混合性关系遵循人情法则，由于难以估算关系代价和预期回报，因此面对混合性关系的人际互动时个体经常会面临“人情困境”。

（4）杨中芳的“情感性关系”、“义务关系”与“工具关系”。杨中芳教授（1999）指出，中国人的人际关系按照关系生成的方式可以被分解为既定成分和交往成分两种。既定成分是指两人在某个时点通过交往所建立的社会既定联系，这种联系可以是先天的（如父子关系），也可以是后天建立的（如师生关系），而每个既定成分都有相应的行为义务，因此这种既定成分和 Jacob（1979）所提出的“关系基础”有些类似。交往成分则是双方在互动过程中所得到的经验，这种交往成分可以进一步被划分为情感成分和工具成分两种。前者为交往过程中双方自发的，基于情感交流层面的亲密程度；后者则是指在工具层面的满意程度，即以利益交换和责任履行作为关系基础的义务。

（5）中国人关系取向的现象与原因。左斌（2002）认为关系取向是人们以关系作为核心线索和依据对人对己进行界定，并依据这种关系界定做出行为反应的一种心理倾向和行为风格。关系取向既是个体的一种心理定势，又是一种人际行为模式。与典型的西方人相比，中国人具有明显的关系取向。传统农业社会是一个熟人社会，血缘与地缘中都包含了熟人特点，也就带有了浓厚的关系色彩。熟人社会的人际关系是一种建立在亲缘、地缘基础上的自由稀薄的人际关系，以习俗型信任为特征。

边燕杰（2010）认为，关系主义的本质特征是伦理本位、关系导向。一个行动个体如果生活在伦理本位、关系导向的文化中，那么他的基本行为准则就是“划圈子”。最外围是熟与不熟的圈子，熟人之中是亲与不亲的圈子，核心圈是既熟又亲、再加上义、利高度一致而达到的信任。也就是说，与个人主义、集体主义文化中的权、责、利相对应，关系主义文化中的行为规则是熟、亲、信。罗家德（2009）认为中国人的圈子有以下几个特质：①它是一个自我中心社会网，主要是强连带，由拟似家人及熟人所组成。②它有差序格局结构，所以有“亲信”、“班底”这样的内核，也有以熟人为主的外围。③人情交换使得这个外围保持了较高的弹性，使圈子可以保持不封闭及有限的交换。④它的边界是模糊的，可大可小；关系是弹性的，可进可退。

5. 组织中的关系

刘林青（2016）认为组织中的关系对于组织内部以及组织外部都会产生影响。关系对组织内部的影响主要包括：①组织行为，包括管理下属、组织管理中的信任、组织承诺、离职动机、参与性管理、程序公正、互惠等不同维度；②人力资源管理，包括工作安排、晋升、职业发展等维度。关系对组织外部的影响包括：①供应链管理，包括供应商管理、营销渠道管理、信任；②组织运营或伦理，包括投资决策、知识转移、创业过程、商业伦理等方面。

马力（2007）研究发现，领导与下属关系的亲疏有别可能在组织中带来不公平的结果。与领导关系好的下属可能与领导互相给予偏高的评价。王震（2011）研究证实，领导—成员交换关系差异化是一个团队水平的概念，是指在一个工作团队中，团队领导与不同成员的交换关系（LMX）在质量上的差异性。这种差异既表现为类型差异，也表现为程度差异。李太（2013）研究发现，领导—下属关系作为角色规范对下属迎合行为有正向影响。汪林（2010）研究发现，与高层领导的关系和经理人谏言显著正相关，组织自尊与内部人身份认知在两者之间起完全中介作用。王忠军等（2011）研究发现，下属在工作之余对主管的私人关系投入不仅能直接获得主管的工具性资源回报与情感性资源回报，还能通过领导—成员交换（LMX）间接地获得主管的工具性与情感性资源回报，而在工作群体内基于私人关系进行人力资源管理决策的特征对主管与下属之间的关系互动与关系质量也存在一定程度的影响。

潘安成（2015）通过跟踪调研了一家科技公司的项目团队，发现在团队成员之间的日常互动中，关系人情化能促进关系社会化活动。其中，关系社会化过程有利于组织内部的信息性知识转移；同时，关系人情化既能促进信息性知识向技能性知识的演进与转化，又能利于技能性知识向原理性知识的演进与转化。研究表明，在情理文化下，关系人情化推进关系社会化构成了日常组织行为，并在人际互动过程中促进了组织知识演化。

三、中国企业中的“关系”

刘小浪（2016）认为，一方面，关系在中国企业组织情境下携带了“偏私”、“防范”、“拉关系”等浓厚的负向情感色彩，这在西方人力资源管理实践中极少出现。华人企业基于关系的差异化人力资源管理，影响着员工选拔、晋升、奖惩。如重视“亲信”，强调员工忠诚、信任、任人唯亲等浓厚的基于关系的管理模式在华人企业中盛行。在组织正式结构设计中，自己处于组织结构的核心；在职位设计上，他们拥有更多的工作职责弹性；在资源分配上，也能获得较高的奖励和较多的资源。同时，对于信任基础薄弱的重要人员，又表现出严格的防范措施和给予福利、利益等关系建构策略。另一方面，中国员工希望自身能够跻身“关系群”，被管理层“区分”或“差异化”对待。

Chen 等（2006）的研究发现，涵盖情感依附、维护主管、个人生活互动三维度的上下级关系构念对结果变量（组织承诺、离职意愿、程序公正）的预测效果比其他关系构念更好。谢俊（2013）研究表明，上下级关系对经理人反馈寻求行为具有显著的正向影响。华人组织中的领导将依据关系对员工进行分类，与领导有着良好关系的员工将获得更多的奖金和晋升机会，并展示出更好的工作表现。Law 等（2008）认为，有别于西方领导—部属交换（Leader-Member Exchange）这一强调工作角色内互惠的概念，中国的上下级关系包含了工作之外的私人交往、情感互动和责任认知。

中国社会是一个以“关系取向”为特色的社会。儒家文化中的“伦”便是指代关系。君臣有义、父子有亲、夫妻有别、长幼有序、朋友有信即基本的人际关系。人是关系的载体，社会的行为规范均取决于人们特有的关系角色。

关系是理解中国社会结构和中国人心理行为的核心概念（彭泗清，1999）。无论是企业的组织结构，还是其规章制度都是镶嵌在中国的社会文化之中，它的运转机制是无法独立于中国社会而存在的。要想探究明白华人组织企业内部运行机制，就不可忽略中国“关系”的文化情境。由关系来透视企业组织是学者研究中国企业的最佳路径。在高权力距离与集体主义取向的中国，关系反映了社会互依和社会交往规范，体现了商业实践的普遍规则（黄国光，2000）。

在中国的组织中，上下级关系指的是领导与下属之间的私人关系（Cheung

等，2009）。包含了工作之外的私人交往、情感互动与责任认知（Law 等，2000）。上下级关系主要通过私下的行为活动，如聚餐、照顾、经济帮助形成的。但是它同时也影响员工在企业的工作活动。员工在工作生活方面都会受到领导的影响，对员工而言上下级关系是至关重要的。员工为了与上级建立一个良好的工作关系，在工作职责范围外会对上级进行时间、金钱、情感的投入。上级在工作上则会对员工给予相应的照顾，如资源的优先配置、工作方面的指导等。在高权力距离的中国企业中，下属只有通过与上级较强的关系联结，才会取得丰富的资源。

根据以上文献分析，我们提出研究假设如下：

H6-1：不同性别、年龄、学历以及职位的员工在感恩情感上存在显著差异。

H6-2：与直接上司不同关系类型的员工，其与上司的关系（LMX）存在显著差异，员工的感恩情感也存在显著差异。

H6-3：与老板和大股东不同关系类型的员工，其与老板和大股东的关系（LMX）存在显著差异，员工的感恩情感也存在显著差异。

第二节　研究设计与方法

一、研究目的

本研究旨在通过探讨关系类型对感恩机制的影响作用，以企业员工为研究对象，对员工的感恩情感等问题进行问卷调查。从各个维度将企业员工关系分为不同类型，探讨不同关系类型中员工的感恩认知和感恩情感的特点和差异，针对我国正在从熟人社会向生人社会转型的实际情况，为企业经营管理提供一些建议，希望企业构建一种普世主义而非特殊主义的感恩机制来提高组织绩效和实现组织和谐。

二、变量测量

1. 特质性感恩情感

感恩情感采用张萍编制的感恩情感问卷，包含感恩敏感性、感恩强度、感恩持续性三个维度。感恩敏感性包括 6 个题项，感恩强度包括 4 个题项，感恩持续性包括 3 个题项。所有题项都采用李克特 6 点计分方法，属于自评的方式，从 1~6 分别代表完全不符合、基本不符合、有点不符合、有点符合、基本符合、完全符合。其中，感恩强度采用反向计分方式，即得分越高表示被试的感恩强度越低。该问卷进行多次反复的检测，具有良好的信度和效度。本次调查数据分析得到特质性感恩情感克朗巴哈 α 系数为 0.837，具有较高的信度。

2. 领导—成员交换关系（LMX）

对于领导—成员交换关系（LMX）的测量采用的是 Liden R. C. 和 Maslyn J. M.在 1998 年采用关键事件访谈技术开发出的量表。此量表有情感、忠诚、贡献和专业尊敬四个维度。情感（Affect）是指领导与下属之间双方共同建立起来的，非工作和专业知识方面的，主要基于双方相互吸引的情感体验。忠诚（Loyalty）是指领导与下属之间一方对另一方的个人品质或者目标公开表示支持的程度。贡献（Contribution）是指领导与下属之间对双方在共同目标方面所付出努力的质量和数量方面的知觉程度。专业尊敬（Professional Respect）是指领导与下属之间双方对彼此在工作领域中所拥有的声誉的知觉程度。每个维度均包含 4 个题项，采用李克特 5 点计分方式，从 1~5 分别代表完全不符合、比较不符合、不确定、比较符合以及完全符合。该量表经过大量运用以及验证，具有较高的信度和效度。本次调查数据分析得到领导—成员交换关系变量（LMX）的克朗巴哈 α 系数为 0.897，具有较高的信度。

三、研究样本

研究样本主要选择福建省闽南地区的漳州、厦门和泉州的企业员工，采用直接向员工发放纸质调查问卷的方式，由员工填写完整之后直接收回，或者由企业管理人员代为回收。为了不干扰员工的真实填写意图，回收问卷时让员工将填写的问卷装入信封密封，其他人看不到问卷填写的具体内容。本次问卷调查共发放 140 份问卷，回收 132 份问卷，回收率为 94.3%，剔除 12 份无效问卷，共计获得有效问卷 120 份，有效回收率为 85.7%。

四、数据处理工具

调查问卷的数据使用 SPSS 17.0 等统计软件进行统计分析，具体包括描述性统计分析、效度分析、信度分析、相关分析、独立样本T检验以及单因素方差分析。

第三节 数据分析与结果

一、样本特征描述性统计分析

从表6-1可以看出，在性别方面女性占68.3%，男性占31.7%；在年龄比例上21~25岁和26~30岁的员工占比例较多，分别为45.8%和26.7%，反映出年轻员工的比例很高；在工龄上，1年以下的所占比例最大，为32.5%，企业员工进出的流动率较高；在学历上，本科所占比例最大，为41.7%，说明高学历者占很大比例；在职位上，一般员工所占比例最大，为56.7%；从员工与上级的关系类型看，与直接上司有亲戚关系的占6.7%，是熟人关系的占19.2%；员工与老板或者大股东有亲戚关系的占8.3%，比例不低，与老板或者大股东是熟人关系的占12.5%，说明调查企业的家族企业特征比较明显。

表6-1 样本的人口统计特征（N = 120）

项目	类别	人数	百分比（%）	项目	类别	人数	百分比（%）
性别	男	38	31.7	职位	一般员工	68	56.7
	女	82	68.3		基层管理者	29	24.2
年龄	20岁以下	3	2.5		中层管理者	18	15.0
	21~25岁	55	45.8		高层管理者	5	4.2
	26~30岁	32	26.7	与直接上司的关系	亲戚关系（包括血亲和姻亲）	8	6.7
	31~40岁	23	19.2		熟人关系（同学、朋友、老乡等）	23	19.2
	40岁以上	7	5.8		生人关系	89	74.1
工龄	1年以下	39	32.5				
	1~2年（含2年）	34	28.3				
	3~5年（含5年）	24	20.0				
	6~10年	13	10.8				
	10年及以上	10	8.3				

续表

项目	类别	人数	百分比（%）	项目	类别	人数	百分比（%）
学历	高中以下	7	5.8	与老板或者大股东的关系	亲戚关系	10	8.3
	高中（中专）	16	13.3		熟人关系	15	12.5
	专科	43	35.8		生人关系	95	79.2
	本科	50	41.7				
	硕士及以上	4	3.3				

二、效度分析

通过 Bartlett's 球度检验和 KMO（Kaiser-Meyer-Olkin）检验判断观测数据是否适合做因子分析。从表 6-2 可以看出，特质性感恩情感和领导—成员交换关系的 KMO 值都大于 0.7，且得到的 Bartlett's 球度检验显著（P<0.001），说明调查问卷的数据适合做因子分析。

表 6-2 Bartlett's 球度检验、KMO 检验和方差解释率

研究变量	Bartlett's 球度检验			KMO 检验	累积方差解释率（%）
	近似卡方	df	Sig.		
特质性感恩情感	562.680	78	0.000	0.833	60.183
领导—成员交换关系（LMX）	911.033	120	0.000	0.856	66.424

接下来对各量表进行探索性因子分析，主要是通过主成分分析法来确定因子个数，选取因子数的标准之一就是应使累积解释方差达到 60%以上，表 6-3 和表 6-4 是因子分析的数据。

表 6-3 特质性感恩情感的因子载荷

	旋转成分矩阵		
	1	2	3
A10 感恩敏感性	0.850	-0.040	0.010
A12 感恩敏感性	0.779	0.119	0.053
A13 感恩敏感性	0.757	0.202	-0.019
A5 感恩敏感性	0.675	0.207	0.288
A7 感恩敏感性	0.648	0.199	0.370
A1 感恩敏感性	0.612	0.217	0.439

续表

	旋转成分矩阵		
	1	2	3
A3 感恩强度	0.009	0.808	0.251
A11 感恩强度	0.085	0.784	0.119
A6 感恩强度	0.202	0.691	−0.205
A9 感恩强度	0.210	0.686	0.065
A2 感恩持续性	0.219	0.346	0.721
A4 感恩持续性	0.418	0.029	0.622
A8 感恩持续性	−0.037	−0.066	0.618

从表 6–3 可以得知，特质性感恩情感的各题项因子载荷均超过了 0.5，各题项表义清楚，维度内部具有较高的一致性，维度之间区别明显。最后确定感恩情感量表包含感恩敏感性、感恩强度和感恩持续性 3 个因子，其中感恩敏感性包含 6 个题项，感恩强度包含 4 个题项，感恩持续性包含 3 个题项。

表 6–4　领导—成员交换关系（LMX）的因子载荷

	旋转成分矩阵			
	1	2	3	4
B12 贡献	0.812	0.248	0.159	0.048
B11 贡献	0.790	0.288	0.202	0.138
B9 贡献	0.783	0.151	0.114	0.301
B10 贡献	0.694	0.282	0.317	−0.016
B6 忠诚	0.125	0.819	0.209	0.127
B7 忠诚	0.228	0.726	0.042	0.144
B8 忠诚	0.227	0.686	0.089	0.160
B5 忠诚	0.329	0.657	0.188	0.207
B4 情感	0.061	0.182	0.824	0.015
B2 情感	0.169	0.124	0.797	0.255
B3 情感	0.296	0.100	0.676	0.342
B1 情感	0.364	0.086	0.627	0.169
B15 专业尊敬	0.156	0.229	0.145	0.805
B14 专业尊敬	0.026	0.344	0.101	0.724
B13 专业尊敬	0.200	−0.030	0.084	0.701
B16 专业尊进	0.004	0.171	0.308	0.661

由表 6-4 可以得知，领导—成员交换关系（LMX）的各题项因子载荷均超过了 0.5，各题项表义清楚，维度内部具有较高的一致性，维度之间区别明显。最后确定领导—成员交换关系量表（LMX）包含贡献、忠诚、情感以及专业尊敬 4 个因子，每个因子均包含 4 个题项。

三、相关性分析

运用统计软件对特质性感恩情感量表和领导—成员交换关系（LMX）量表各个维度进行相关性分析，分析结果如表 6-5 所示。可以看出特质性感恩情感量表的三个维度和领导—成员交换关系（LMX）量表的四个维度中，两两之间都达到了显著性相关（P 都小于 0.05）。

表 6-5　特质性感恩情感与领导—成员交换关系（LMX）各维度相关分析

变量及维度		1	2	3	4	5	6
特质性感恩情感	1. 感恩敏感性						
	2. 感恩持续性	0.478**					
	3. 感恩强度	0.357**	0.281**				
LMX	4. 情感	0.544**	0.360**	0.338**			
	5. 忠诚	0.351**	0.181*	0.279**	0.436**		
	6. 贡献	0.384**	0.175	0.279**	0.522**	0.564**	
	7. 专业尊敬	0.410**	0.279**	0.345**	0.471**	0.452**	0.374**

注：* 表示在 0.05 水平（双侧）上显著相关；** 表示在 0.01 水平（双侧）上显著相关。

四、变量差异性分析

1. 基于性别的感恩人口统计学差异分析

由表 6-6 得出，在性别指标上，员工的特质性感恩情感和感恩敏感性维度的得分达到了显著性差异（P 值均小于 0.5）。女性的感恩水平比男性高，从原因上分析：一是女性员工更重视保持与他人的亲密关系，在生活中获得的帮助也比男性多；二是男性会对感恩体验采取一种隐藏或者回避的态度。

表 6-6　基于性别的独立样本 T 检验

	性别	N	标准差	Sig.（双侧）
感恩敏感性	男	38	0.56533	0.010
	女	82	0.64485	

续表

	性别	N	标准差	Sig.（双侧）
感恩持续性	男	38	0.49119	0.360
	女	82	0.56905	
感恩强度	男	38	0.70575	0.085
	女	82	0.84076	
特质性感恩情感	男	38	0.42311	0.012
	女	82	0.52617	

2. 基于年龄的感恩人口统计学差异分析

调查样本的年龄划分为以下五个区间：20 岁及以下，21~25 岁，26~30 岁，31~40 岁，40 岁以上。由表 6-7 可以得知，不同年龄的员工在特质性感恩情感和感恩强度维度的得分表现出了显著性差异，说明年龄变化是影响员工感恩强度的一个重要因素。从原因上分析，可能是由于随着年龄的逐渐增长，社会阅历不断丰富，心智逐渐成熟，人们会更加珍惜身边的事物，对他人的助人行为有更高的敏感度，容易识别出他人给予自己的帮助，更加懂得感恩。

表 6-7　基于年龄的单因素方差分析

	方差来源	平方和	df	均方	F	显著性
感恩敏感性	组间	3.577	4	0.894	2.309	0.062
	组内	44.544	115	0.387		
	总数	48.121	119			
感恩持续性	组间	1.656	4	0.414	1.410	0.235
	组内	33.752	115	0.293		
	总数	35.407	119			
感恩强度	组间	6.237	4	1.559	2.512	0.045
	组内	71.386	115	0.621		
	总数	77.623	119			
特质性感恩情感	组间	2.660	4	0.665	2.755	0.031
	组内	27.758	115	0.241		
	总数	30.418	119			

3. 基于工龄的感恩人口统计学差异分析

由表 6-8 得出，工龄在员工特质性感恩情感和各个维度上的得分差异均没有达到显著性水平，说明不同工龄的员工在感恩情感方面没有显著差异。

表 6-8　基于工龄的单因素方差分析

	方差来源	平方和	df	均方	F	显著性
感恩敏感性	组间	2.010	4	0.502	1.253	0.293
	组内	46.111	115	0.401		
	总数	48.121	119			
感恩持续性	组间	0.309	4	0.077	0.253	0.907
	组内	35.099	115	0.305		
	总数	35.407	119			
感恩强度	组间	2.328	4	0.582	0.889	0.473
	组内	75.295	115	0.655		
	总数	77.623	119			
特质性感恩情感	组间	0.338	4	0.084	0.323	0.862
	组内	30.080	115	0.262		
	总数	30.418	119			

4. 基于学历的感恩人口统计学差异分析

由表 6-9 得出，不同的学历在员工特质性感恩情感和感恩敏感性维度以及感恩持续性维度的得分达到显著性差异。专科学历的员工感恩情感高于本科学历的员工，可能的原因是高学历员工倾向于把成功更多地归于自身的能力，而且其对于企业的待遇要求等标准也高于专科学历的员工，激发其感恩的条件相对提高了。

表 6-9　基于学历的单因素方差分析

	方差来源	平方和	df	均方	F	显著性
感恩敏感性	组间	4.290	4	1.072	2.814	0.029
	组内	43.832	115	0.381		
	总数	48.121	119			
感恩持续性	组间	2.944	4	0.736	2.607	0.039
	组内	32.464	115	0.282		
	总数	35.407	119			
感恩强度	组间	2.522	4	0.631	0.966	0.429
	组内	75.101	115	0.653		
	总数	77.623	119			
特质性感恩情感	组间	2.556	4	0.639	2.638	0.037
	组内	27.862	115	0.242		
	总数	30.418	119			

5. 基于职位的感恩人口统计学差异分析

由表 6–10 可以得出，职位在总体特质性感恩情感、感恩敏感性和感恩强度上存在显著性差异。进行多重比较后发现，高层管理者的感恩情感高于一般员工。分析其原因，可能是由于高层管理者被企业委以重任，参与企业的管理，具有一定的管理和决策权，占有了更多的企业资源，也比普通员工享受到了更好的福利待遇等。

表 6–10　基于职位的单因素方差分析

	方差来源	平方和	df	均方	F	显著性
感恩敏感性	组间	3.325	3	1.108	2.870	0.039
	组内	44.796	116	0.386		
	总数	48.121	119			
感恩持续性	组间	1.115	3	0.372	1.257	0.293
	组内	34.293	116	0.296		
	总数	35.407	119			
感恩强度	组间	5.123	3	1.708	2.732	0.047
	组内	72.500	116	0.625		
	总数	77.623	119			
特质性感恩情感	组间	2.703	3	0.901	3.771	0.013
	组内	27.715	116	0.239		
	总数	30.418	119			

6. 基于员工与直接上司关系类型的特质性感恩情感水平的统计性差异分析

从表 6–11 可以看出，员工与直接上司的关系类型在 LMX 水平上存在显著差异。员工与直接上司的关系类型在上下级关系中的情感维度、专业尊敬维度的得分上均存在显著差异，这反映出员工与上司的不同关系导致了员工与上级的关系出现差异。在进行多重比较的检验之后，发现与直接上司属于熟人关系的员工在情感维度、专业尊敬维度上的评分高于亲人关系和生人关系类型的员工。

表 6–11　基于员工与直接上司关系类型的 LMX 水平的单因素方差分析

	方差来源	平方和	df	均方	F	显著性
情感	组间	2.544	2	1.272	3.733	0.027
	组内	39.868	117	0.341		
	总数	42.412	119			
忠诚	组间	1.525	2	0.763	2.097	0.127
	组内	42.550	117	0.364		

续表

	方差来源	平方和	df	均方	F	显著性
忠诚	总数	44.075	119		2.097	0.127
贡献	组间	1.348	2	0.674	1.328	0.269
	组内	59.389	117	0.508		
	总数	60.737	119			
专业尊敬	组间	1.989	2	0.995	3.910	0.023
	组内	29.759	117	0.254		
	总数	31.748	119			
LMX	组间	1.616	2	0.808	3.749	0.026
	组内	25.211	117	0.215		
	总数	26.827	119			

由表 6–12 可以得出，员工与直接上司的关系类型在特质性感恩情感上达到了显著性差异。从维度上看，员工与直接上司的关系类型在感恩敏感性、感恩强度上达到了显著性差异。从均值来看，与上司属于熟人关系的员工感恩情感水平最高，亲人关系类型的员工得分排在第二位，生人关系类型员工感恩情感水平最低。

表 6–12　基于员工与直接上司关系类型的特质性感恩情感水平的单因素方差分析

	方差来源	平方和	df	均方	F	显著性
感恩敏感性	组间	4.316	3	1.116	2.770	0.037
	组内	43.524	116	0.387		
	总数	47.840	119			
感恩持续性	组间	1.123	3	0.384	1.265	0.282
	组内	35.196	116	0.289		
	总数	36.319	119			
感恩强度	组间	5.021	3	1.749	2.744	0.036
	组内	74.527	116	0.645		
	总数	79.548	119			
特质性感恩情感	组间	2.693	3	0.917	3.768	0.012
	组内	28.627	116	0.249		
	总数	31.320	119			

7. 基于员工与老板和大股东关系类型的特质性感恩情感水平的统计性差异分析

由表 6–13 可以得出，与老板和大股东不同关系类型的员工在领导—成员交换关系（LMX）和 LMX 的情感维度、专业尊敬维度上均达到了显著性差异。在进行多重比较的检验之后，发现与老板和企业大股东属于熟人关系的员工在情感维度、专业尊敬维度上的评分高于亲人关系和生人关系类型的员工。

表 6–13　基于员工与老板和大股东关系类型的 LMX 水平的单因素方差分析

	方差来源	平方和	df	均方	F	显著性
情感	组间	3.256	2	1.628	4.864	0.009
	组内	39.156	117	0.355		
	总数	42.412	119			
忠诚	组间	0.094	2	0.047	0.125	0.882
	组内	43.981	117	0.376		
	总数	44.075	119			
贡献	组间	2.042	2	1.021	2.035	0.135
	组内	58.695	117	0.502		
	总数	60.737	119			
专业尊敬	组间	2.502	2	1.251	5.005	0.008
	组内	29.246	117	0.250		
	总数	31.748	119			
LMX	组间	1.380	2	0.690	3.172	0.046
	组内	25.447	117	0.217		
	总数	26.827	119			

由表 6–14 可以得出，员工与老板和大股东关系类型在特质性感恩情感以及感恩敏感性、感恩强度两个维度的得分上均存在显著性差异。从均值看，与老板和大股东属于熟人关系的员工感恩情感水平最高，亲人关系的员工得分位列其次，生人关系的员工感恩情感水平最低。

表 6–14　基于员工与老板和大股东关系类型的特质性感恩情感水平的单因素方差分析

	方差来源	平方和	df	均方	F	显著性
感恩敏感性	组间	4.337	3	1.125	2.781	0.036
	组内	43.426	116	0.346		
	总数	47.763	119			
感恩持续性	组间	1.107	3	0.375	1.357	0.274
	组内	34.174	116	0.287		
	总数	35.281	119			
感恩强度	组间	5.147	3	1.674	2.654	0.035
	组内	75.443	116	0.632		
	总数	80.590	119			

续表

	方差来源	平方和	df	均方	F	显著性
特质性感恩情感	组间	2.693	3	0.907	3.782	0.017
	组内	27.636	116	0.251		
	总数	30.329	119			

五、六种典型关系的感恩情感差异分析

本研究将员工与上级的关系划分为三种类型：亲人关系、熟人关系以及生人关系。针对这三种典型关系，员工的感恩情感会表现出不同特点，具体情况如表 6–15 所示。

表 6–15　三种典型关系类型的感恩情况

关系类型	感恩认知触发点	情感/工具性回报	用多少量回报	延时回报长短	是否受权力影响	受嫉妒竞争影响程度
亲人关系	高	情感性	灵活	长	是	弱
熟人关系	中	混合性	多报	中	是	强
生人关系	低	工具性	对等报	短	是	中

1. 权力视角的员工感恩特点

感恩双方存在平级关系和上下级关系，此两类关系双方的感恩机制存在差异。上下级关系权力不对等，导致员工感恩的认知与平级同事的感恩机制存在差异。上级对下属的帮助和支持，可能会被下属看作工作上的正常支持，是一种应得，故而员工很难产生感恩情感。而上级对下级的努力回报，也会被上级认为是下级本应尽到的义务和责任，也不会对下属积极回报上司的行为产生感激之情。因而在上下级关系中，确定上级的帮助是属于正常的工作支持还是超额的帮助和支持是下属员工感恩的主要判断标准。

2. 身份视角的员工感恩特点

感恩认知特别是对于超得的认知，达到“超得”临界点存在很大差异。临界点最高的是血缘关系，其次是熟人关系，最低是生人关系。对生人而言达到了感恩的程度，但对熟人可能还不构成触发感恩阈值的条件。对熟人触发感恩的，不一定能触发有血缘关系的人感恩。从报恩行为看，双方如果属于血缘关系，受恩者的回报最为灵活，可以多报，也可以少报；回报稳定性高，可以延时很长时间

之后再回报。双方如果是熟人关系，一般超报情况较多，较为稳定，可以延迟较长时间再进行回报。如果是生人关系，受惠者一般按照契约交换实行等额回报，允许较短的延时回报。

3. 三种典型关系的员工感恩情况分析

亲人关系型是指员工与上司是亲人关系，进一步细分可能会存在三种情况：一是员工是上级的晚辈，员工会将上司的施恩看作长辈对晚辈的一种关爱，感恩临界点最高。二是员工与上司是平辈，员工可能将上司的施恩当作兄弟姐妹的情谊看待。三是员工是上级是长辈，员工则可能将上级的恩惠看作晚辈对长辈的尊敬和孝敬，弱化了感恩认知。从感恩回报行为来看，亲人关系类型的回报以感情型回报为主，可以延后很长时间再回报。

熟人关系类型的上下级，双方都会视对方为圈内人。这种熟人关系会干扰员工对上司施恩的认知，员工的感恩触发点临界值较高。从感恩回报看，员工对于上司的回报既带有情感性交换，又带有工具性交换，属于一种混合性的回报类型。由于二者权力不对等，上级资源更多，员工回报量可多可少，也能允许一定时间的延后回报。

对于生人关系的上下级关系类型，双方一般都按照正常契约对待，员工的感恩触发临界点最低，超过普通标准的好处和帮助就会引发接受者产生恩情情感。由于上下级权力不对等，回报方式也有差异，但回报量一般与恩惠相当，延后回报时间间隔在三种类型中最短。

第四节　结论与讨论

一、研究结论

（1）不同性别、年龄、学历以及职位的员工在感恩情感上存在显著差异，且女性的感恩水平高于男性。这一结论与其他学者的观点基本一致。如有学者认为，感恩本身是一种情绪，与男性相比，女性是以人际关系为导向的（Maccoby，1990），移情能力强，对人际关系比较敏感（Reis，1986）；除此之外，女性在遇到问题时更倾向于向他人求助，获得的帮助比较多，因而感恩水平也就比男性高。对于他人的帮助，女性要比男性更加愿意接受，这些差异会引起男女两性对感恩的不同判断，使得女性要比男性具有更多的感恩体验（李维，2006）。

不同学历的企业员工的感恩情感水平存在显著性差异。可能由于高学历员工把在工作上获得的成功归因于自己，而低学历员工则更倾向于把自己在事业上的成功归为上司以及企业的支持。学历高的员工往往对企业的要求较高，不容易感到满足。而低学历的员工往往由于自身条件所限，对企业的要求也比较低，对于企业和上司给予的帮助往往比较容易产生感恩之情。另外，职位也是导致员工感恩情感水平存在高低差异的因素，其中管理人员的感恩情感明显高于普通员工，原因在于管理人员具有一定的话语权并且享受了企业更多的资源和福利待遇。研究表明，不同工龄的员工其感恩情感水平没有显著差异。

（2）与直接上司不同关系类型的员工，其与上司的关系（LMX）存在显著差异，员工的感恩情感也存在显著差异。与上司属于熟人关系的员工感恩情感水平最高，亲人关系类型的员工得分居其次，生人关系类型的员工感恩情感水平最低。

（3）与老板和大股东不同关系类型的员工，其与老板和大股东的关系（LMX）存在显著差异，员工的感恩情感也存在显著差异。与老板和大股东属于熟人关系的员工感恩情感水平最高，亲人关系的员工位列其次，生人关系的员工感恩情感水平最低。

二、管理建议

由于工业化的影响，当前我们国家经历着巨大的社会转型，正从农业社会过渡到工业社会（Agraria-Industria），从社区转变到社会（Community-Society），从特殊主义转变到普遍主义（Particularism-Universalism），从身份转变到契约（Status-Contract）。随着社会流动性的增加，人们由原来熟悉的社区进入一个大都是陌生人的社会。王忠军研究发现，在现代组织中具有关系基础的对偶双方或网络成员的比例相当低，即组织成员之间“沾亲带故”的现象并不普遍。同样，Farh 等（1998）研究发现，在全部 560 组主管与下属配对样本中没有发现师生关系，过去曾是上下级关系的仅占 0.04%，而同学、亲戚、同姓、同乡、同事、邻里关系出现的频次均在 2.10%~3.40%。因此，在员工管理中我们必须改变原有的某些方式，特殊主义原则不再适用于陌生人，必须转而使用契约原则、一视同仁的普遍主义原则。要求我们打破特殊主义，提倡普遍主义，以比较公平的原则对待员工。

从整体上看，企业要不断加大对员工的支持和关爱，要把员工看作内部顾客，以内部顾客的满意度为导向，提高企业员工的组织承诺、满意度，以实现内部关系管理的有效性。企业应通过各种管理措施提高员工的职业成功和福利待遇，企业管理者需在制度的范围内保证企业员工得到公平的对待，而不是根据与自己的关系远近来处理与员工的关系。通过这些能够使员工感谢企业的支持并形成感恩情感，对企业的信任程度、感情归属程度、心理契约程度不断提升。应在企业建立一种感恩的组织氛围，组织成员相互帮助、相互感恩，增强组织和谐和提升组织绩效。

此外，我们也可以对不同的员工进行合理的多元化管理，根据不同关系类型采取不同的管理方式，灵活运用关系治理与契约治理方式。管理者要了解不同性别、年龄、学历以及职位的成员在企业中的感恩情感会存在显著性差异。女性比男性员工更加懂得感恩，年轻的新生代员工可能感恩水平要低于其他员工，高学历者感恩水平低于其他员工，高职位者表现了更高的感恩水平。企业可以采取各种措施进行感恩提升教育，以改善这种感恩认知的偏差，实现员工的正确感恩认知和感恩行为。

在企业中虽然基于身份关系（包括与企业主和管理者是亲人关系和熟人关系）的组织成员人数不多，但是在民营企业中这类人往往占据重要岗位，举足轻重，管理好这些成员意义重大。企业主、大股东和管理者需要根据员工与自己的不同关系类型，采取合理的有差异的措施实施管理并妥善处理双方的关系。对于与自己是亲人关系的下属，管理者需要知道触发他们感恩的临界点很高，很难让他们感觉到恩惠的认知，但是不等于事实上他们没有得到应有的帮助，因此管理者需要理性看待。作为下属的员工也要认识到这种规律，需要不断提升自己的感恩意识，利用一些机会表达对上司的感激，并采取行动支持和配合上司的工作。对于上下级属于熟人关系的，员工要认识到上司对自己的帮助有些是上级的正常工作支持，但是有些超过了正常的契约条件，形成了某种超得，不能完全归于熟人关系的照顾，而是上司的超额付出，员工应该表示一定的感激之情，并对上司的工作给予更多配合与支持。对于生人关系的员工，上级的帮助很容易让其产生感激之情，但是上司需要知道真实的支持和帮助是有限的，需要理性对待，不能形成错觉，要不断改善自己的工作作风，加大对生人关系的员工的支持力度。这些类型的员工数量一般占了企业的大多数，处理好与他们的关系，对于企业而言具有举足轻重的作用。

第七章　家长式领导对下属感恩的影响

感恩情感是个体对于他人给予恩惠和帮助表现出的一种感激之情。感恩情感的产生有一套内在的机制，包括感恩认知和感恩情感的表达等方面的内容。如果进一步延伸，感恩还包括感恩回报行为以及亲社会行为等。感恩认知在感恩情感形成过程中具有十分重要的作用，它受多种因素的影响。本研究重点探讨上级领导方式对下属感恩情感的影响。

领导风格有很多类型，本研究从中国社会背景之下十分普遍的家长式领导风格角度探讨其对下属感恩的影响，并帮助管理者们正确看待和运用家长式领导方式，充分发挥家长式领导的优点，避免缺点，实现传统家长式领导的现代转型与合理运用，提高员工的感恩意识，提高工作绩效，改善组织氛围。

第一节　文献综述与研究假设

一、家长式领导

1. 家长式领导理论的提出

西方国家的领导理论从 20 世纪 30 年代到现在一直都是学术界的研究焦点，尤其是变革型领导理论更是引起广大学者的青睐。但是，领导理论一直根植在社会文化中，不同的文化背景必然会产生不一样的领导理论。由于东西方不同的社会文化，西方社会所适用的领导理论在东方社会不一定适用。20 世纪 70 年代以后，亚洲一些国家的经济迅速发展，很多学者开始关注东方领导理论，发现在华人的文化背景下的确存在着一种明显具有自身特色的领导理论。

美国学者 Silin 在 1976 年对中国台湾的一家私营企业进行个案研究时，发现华人企业的领导风格与西方国家的领导风格截然不同。他将华人领导风格总结为德行领导、教诲式领导、中央集权、与下属保持距离、隐藏真实意图和采取控制策略六种特征。下属则相应会对领导表现出敬畏、服从和依赖。

Redding（1990）基于 Silin 的研究，对中国香港、中国台湾、菲律宾、新加坡等国家和地区 72 家华人创办的家族企业的领导方式和经济文化进行研究，指出华人的经济文化具有异于西方的特质，并将其称为中国式资本主义（Chinese Capitalism），其中父权家族主义（Paternalism）是一个重要的特征。他发现华人创办的家族企业的领导者表现出的领导风格是独特的，该领导风格具有以下七个特征：①在心态上，下属一定依赖领导者；②偏私性的忠诚使下属愿意服从；③领导者要会明察下属的观点，据此来修正自己的一些专断行为；④当权威被大家认定时，不能置之不理或视而不见；⑤没有严格的制度与清晰的权威时，领导者的意图就不能够明确地表达出来；⑥等级层次分明，权力差距大；⑦领导者是楷模和良师。Redding 基于对华人领导风格的研究提出了“仁慈领导”这一概念。

Westwood（1992）认为在华人企业中，应用“首脑”这一词来与西方领导概念进行区分，并提出了家长式首脑领导模式。在研究中，他发现东方的文化具有高集权性、高权力距离的特点，一方面领导者想维护自己的权威，使自己的权威不被挑战；另一方面领导者对下属表现自己的仁慈，让下属顺从自己，领导者扮演着类似父亲一样的角色。Westwood 还提出了华人企业的领导者具有领导者意图不明、教诲式领导、维持支配权、重视声誉、讲究权术、削弱冲突、个别照顾与徇私、共谈理想、社会权力差距大九种特征。

我国学者凌文辁（1987）等根据日本三隅二不二提出的 PM 理论，结合中国特有的文化提出了 CPM 理论，该理论中的 C 指的是个人品德（Character），P 指的是工作绩效（Performance），M 指的是组织维系（Maintenance）。对于 CPM 理论，凌文辁认为领导者个人品德有利于组织绩效提高和组织成员关系的维系，领导者道德品质良好在员工中能起到良好的模范表率作用，员工内在的工作动机更加容易得到激发，组织绩效得以提高，也可以在一定程度上削弱组织中存在的不公平感，化解部分组织冲突，维系组织人际关系的和谐。

20 世纪 80 年代末，中国台湾学者郑伯壎采用案例研究方法对台湾一个家族企业进行了长期研究，主要是对其领导作风和管理模式进行研究。通过大量访谈和观察，他发现了家长式领导行为的很多典型行为范例。根据所调查结果，郑伯壎（1995）提出家长式领导二元理论，他认为家长式领导有施恩领导行为和立威领导行为两种类型。郑伯壎指出领导者的领导行为类型不同，下属会有不一样的行为反应，同时他指出家长式领导有人治主义色彩，即领导者在对待下属时并不都是一视同仁，有着外人和自己人的区别。一般情况下，领导者对外人表现较多的立威和较少的施恩，而对自己人则相反。

庄仲仁和郑伯埙（1981）对军队基层的领导行为进行研究时发现，领导的一个重要因素是领导者个人的品德。在此基础上，郑伯埙与樊景立（2000）对家长式领导二元理论进行了修正，将施恩维度下的以身作则、工作示范、公正无私三个子维度划分出来，形成了一个新的维度——德行领导维度，构建了家长式领导的三元理论模式，即仁慈领导、德行领导和威权领导。家长式领导的几个维度分别对下属的反应带来了不同的影响，具体情况如表 7-1 所示。

表 7-1　家长式领导与下属反应的对应关系

领导行为	下属反应
仁慈领导： • 个别照顾 • 维护面子	感恩图报： • 感恩 • 图报
德行领导： • 公私分明 • 以身作则	认同效法： • 认同 • 效法
威权领导： • 专权作风 • 贬抑部属能力 • 形象整饰 • 教诲行为	敬畏顺从： • 顺从行为 • 服从行为 • 敬畏行为 • 羞愧行为

2. 家长式领导的内涵

家长式领导风格要求领导者关注下属的工作和工作以外的生活，力图提升下属的福利待遇（Pasa 等，2001）。领导者要把保护下属作为自己的一项义务和责任，以此来赢得他们的忠诚和信任（James 等，1996）。因此，家长式领导者在对待下属的过程中应如同其家长那样，一方面给予其业务上的指导，另一方面在生活上给予其关心和爱护（Gelfand 等，2007）。Aycan 结合独裁式（Authoritarian）管理和权威式（Authoritative）管理这两种常见的管理方式，将家长式领导区分为开发型领导、仁慈型领导、独裁型领导和权威型领导四种相互独立的类型。

郑伯埙、周丽芳和樊景立（2000）等将家长式领导定义为："一种在人治的环境中，显现出严明的纪律与权威、父亲般的仁慈及道德廉洁性的领导方式。"他们提出了根植于华人文化背景、适用于华人组织社团的家长式领导理论，认为它体现了一种将父亲般的仁慈和森严的纪律与权威融合在一起的领导风格。郑伯壎等指出，家长式领导除了立威与施恩两个维度外，还应该包括德行维度，并提出了家长式领导三元理论，即家长式领导包括仁慈领导、德行领导以及威权领导三个维度。

仁慈领导（Benevolent Leadership）是指领导者对下属及其家人做个别、全面而长久关怀的领导行为，包含个别照顾和体谅宽容两类施恩行为。在个别照顾方面，不仅表现为工作上的宽大为怀，也会帮助解决下属的私人问题，如帮助下属处理家庭与私人问题、提供急难救助；在体谅宽容方面，当下属碰到难题、工作表现不佳时，领导者会及时给予鼓励、指导。

德行领导（Moral Leadership）是指领导者展现较高的个人操守和道德品质，强调领导者克己奉公、不徇私（尤指不滥用权力、牟取私利或侵占他人的利益），主要包括正直尽责、不占便宜和无私典范等树德行为。

威权领导（Authoritarian Leadership）意指领导者强调个人权威及对下属的绝对控制，要求下属毫无保留地服从自己，主要涵盖"威服"、"专权"、"隐匿"、"严峻"和"教诲"等立威行为。

3. 组织中家长式领导的影响

（1）对员工行为的影响。樊景立与郑伯埙（2001）以中国大陆及台湾地区员工为样本展开研究，发现家长式领导与领导效能有密切关系，并对领导效能有较好的预测力。吴慧君（2004）研究发现，仁慈与德行领导下的组织承诺高于威权领导下的组织承诺，且仁慈与德行领导下的工作满意度最高。常蕾与时勘（2010）研究证实，家长式领导中的仁慈领导和威权领导两个维度对员工工作投入有显著的预测作用。邓志华（2013）研究发现，家长式领导对工作满意感、组织公民行为存在显著的正向影响，对工作场所偏离行为有显著的负向影响。并且，工作满意感是家长式领导与组织公民行为关系中的部分中介变量，是家长式领导与工作场所偏离行为关系中的完全中介变量。龙立荣等（2014）研究发现，仁慈领导对员工工作疏离感有显著的负向影响，德行领导对员工工作疏离感的影响不显著，威权领导对员工工作疏离感有显著的正向影响；组织支持感在仁慈领导与员工工作疏离感之间起完全中介作用，在威权领导与员工工作疏离感之间起部分中介作用。

周浩（2007）研究了家长式领导与组织公正感的关系，结果表明，仁慈领导对组织公正感各维度有显著的积极影响；德行领导对组织公正感各维度有显著的积极影响；威权领导对领导公正有显著的消极影响；在分配公正、程序公正上，德行与威权领导有显著的负交互效应；在领导公正、领导解释上，仁慈与威权领导有显著的负交互效应。

刘善仕（2004）通过实证研究探讨了员工价值观不同，对家长式领导的接受程度的影响，并认为，家长式领导模式要有效，必须考虑员工的价值观状况和员工对组织和领导的依赖程度。

家长式领导风格对员工的建言行为能够产生显著影响。仁慈领导强调个别关怀，为下属提供帮助、辅导和激励，领导的所有努力都是围绕着用自己有限的资源换取下属更多的资源，倾向于与更多的下属建立更紧密的联系。社会交换理论认为，由于一种无形的、未明定的互惠责任的存在，当一方施惠于另一方，受惠的一方将会感觉有责任在未来的某个时间里回报施惠者，且不论是以何种形式体现（Blau，1964）。正是这种回报心理或互惠知觉，下属为表达对领导者的互惠责任与支持，更愿意表现主动积极的行为以回报领导者，如积极地提出涉及组织利益的想法向上级示好。

务凯（2016）研究发现，家长式领导对员工的建言行为有显著的影响。德行领导通过领导—成员交换的部分中介效应影响员工的抑制性建言行为；德行领导通过领导—成员交换的完全中介效应影响员工的促进性建言行为。周浩（2014）研究发现，主管的仁慈领导、德行领导对下属的进谏行为具有积极影响，威权领导对下属的进谏行为则具有消极影响；主管的仁慈、德行、威权领导通过主管—下属关系的中介作用影响下属的进谏行为。段锦云（2012）研究发现，家长式领导中的德行领导维度对员工建言行为具有正面影响，威权领导则具有负面影响，且德行和威权领导对建言行为具有交互影响，而其影响机制部分地通过心理安全感发生。

（2）对组织学习与创新的影响。于海波（2009）研究发现，仁慈领导对组织学习的六个维度都有显著的积极影响；除开发式学习外，德行领导对组织学习的其他六个维度都有显著的积极影响；威权领导对团体学习、组织层学习、组织间学习和利用式学习四个维度都有显著的积极影响；仁慈领导和威权领导对开发式学习和利用式学习都有显著的交互作用，德行领导和威权领导对利用式学习有显著的交互作用。

常涛（2016）研究发现，仁慈领导、德行领导对团队创造力有正向影响，威权领导无显著影响；仁慈与德行领导、仁慈与威权领导分别对团队创造力有显著的正交互效应；德行与威权领导则有显著的负交互效应。王双龙（2013）研究发现，家长式的威权领导和仁慈领导对个人创新行为分别具有负向和正向的影响，同时家长式领导还会通过创新自我效能感间接地影响个体的创新行为表现；中国传统性对于家长式领导与个人创新行为之间的关系具有调节作用。林春培（2014）研究发现，在创新采纳过程中，威权领导和德行领导对管理创新无明显影响，而仁慈领导对管理创新的采纳有促进作用；在创新实施过程中，威权领导和德行领导负向调节管理创新的效能输出，而仁慈领导正向调节管理创新的效能输出。傅晓（2012）研究发现，威权领导对利用式创新有负向直接影响；威权领导能正向调节利用式创新与新产品绩效的关系；仁慈领导对探索式创新和利用式创新均有正向直接影响；仁慈领导能负向调节探索式创新与新产品绩效的关系，还能正向调节利用式创新与新产品绩效的关系。陈璐（2013）研究发现，CEO 的家长式领导行为对团队成员创造力具有显著的正向影响，团队成员的心理授权在其中起完全中介作用。

（3）对团队绩效的影响。张新安（2009）研究发现，团队领导者的威权行为对于团队绩效没有显著的影响，而仁慈行为和德行行为对于团队绩效具有积极的影响。团队领导者的仁慈行为和德行行为能够促进团队中的合作型冲突处理方式，并经此改善团队的绩效表现。陈璐（2012）研究发现，仁慈领导和德行领导对团队有效性有显著的积极影响，威权领导对团队有效性有显著的消极影响；团队凝聚力起到了部分中介的作用，威权领导通过降低团队凝聚力对团队有效性产生负面影响。高昂（2014）基于一家大型国有企业 139 个团队的数据调研结果发现，威权领导行为对团队绩效存在负向影响；仁慈及德行领导行为对团队绩效存在正向影响；团队效能中介家长式领导的影响机制，当领导者展现出较强的才能时，威权领导行为对团队绩效有积极的正向影响。

二、感恩理论

1. 国外关于感恩的定义

感恩（Gratitude）一词源于拉丁字根“gratia”，意思是令人愉快的、恩惠。《牛津英语大字典》对于感恩的定义是：感谢的情境或特性，是对回报仁慈这一倾向的欣赏。

国外对感恩的研究应该追溯到200年前，最早认为感恩是直接促使回报他人的一种品质的是Smith（1790）。Garham和Weiner认为，感恩是回报他人的帮助以求得内心平衡的一种冲动。McCulluogh发现感恩倾向高的人在同情、信仰、宽容、精神超脱性、社会赞许性行为方面的得分也很高，而且感恩倾向和大五人格中的神经质、宜人性高度相关。Curmpler和Emmons也认为，感恩是对自己无偿所得的一种情感上的回应，这种回应表现了一个人在成为利他行为的获利者时所表现出的一种感激之情（2000）。McCullough、Emmons和Tsang（2003）指出高感恩频率的人，因能经常性地感觉生命中的各种事件、环境与人物都对自己很好而对生活的满意度也高。感恩让人与人之间的内聚力得到提高，若社会的感恩丰富，那么社会的稳定就会得以促进。McCulloug等（2001，2002）认为感恩不仅是一种情绪的反应，更涉及利社会行为实践与认知评价。在其研究中，他们提出了感恩具有三种道德情感的功能：一种是道德计量器，指接受他人所给予的利益后做出的情绪回应；另一种是道德动机，受惠者能以善意来回应他人的给予并积极做出助人行为；还有一种是道德强化功能，因接受者的积极反应使施惠者愿意再次施善，反过来进一步强化了施惠者帮助他人的动机。Watkins（2003）强调感恩能够带给人们正向记忆，通过感恩能够激发人们内心的良善动力，愿意珍惜已拥有的机会与恩典，并且致力于帮助他人。Burns等（2008）、Algoe、Haidt和Gable（2008）、Fredrickson（2004）、Joiner和Fredrickson（2002）的研究表明，因感恩激发的利社会行为对人际关系建立是有利的，并能够形成因应资源，有利于个体后继幸福感的发展。

2. 国内关于感恩的定义

“感恩”一词最早出自《三国志·吴志·朱桓传》：“桓分部良吏，隐亲医药，食粥相继，士民感恩之”，并在晋代文豪潘岳《关中》诗“观遂虎奋，感恩输力”中出现，亦取“感恩戴德”之意。感恩图报是中华民族的传统美德。“施人慎勿念，受施慎勿忘”、“知恩图报”、“投我以桃，报之以李”、“受人滴水之恩，当以涌泉相报”等众所周知的古语都体现着知恩图报的精神。

《辞海》认为，感恩是在个体得到帮助之后对他人产生的一种感激和爱戴之情。《现代汉语词典》认为，感恩就是对别人所给的帮助表示感激。《说文》曰：“恩，惠也。从心，因声。”恩就是恩惠，与仇怨相对。《现代汉语规范词典》认为，感恩就是个体感激别人对自己的恩德。《说文解字》对感恩有这样的解释：感，动人心也，从心咸声。恩，惠也，从心因声。

赵国祥、梁勤儒等（2006）从认知、情感、行为三个角度来界定感恩，他们认为感恩是个体对他人、社会和自然给予的恩惠在内心的认可，并意欲回报的一种认识、情怀和行为。感恩包括三个层次：一是认知层次，认识和了解自身所获得的恩惠和方便，并在内心产生认可；二是情感层次，在认知的基础上，衍生出一种愉悦、温暖和幸福的情感，从而转化为自觉的感恩意识和回报冲动；三是实践层次，将感恩意识和回报冲动转化成为报恩乃至施恩的行为，并形成习惯；周元明（2007）、陈荣华（2006）都认为感恩是人的道德素质中的基础素质，是人的情感世界中的原始情感。王玉川（2007）指出感恩是一种美好的情感，是道德良性互动的一种润滑剂和催化剂。白霞（2006）认为感恩是一种积极情绪，是受惠者在受到施惠者的恩惠后内心产生的一种冲动，能促使受惠者对已收到的恩惠做出回报；同时，感恩也是一种道德情感，即感恩来自人类的良知良心并且能够激发道德行为。

三、研究假设

家长式领导中的仁慈领导与德行领导侧重于“关系导向”，注重如何与下属建立良好的人际关系，得到下属的爱戴，在处理与下属的关系时，相对和较多地运用情感性方式，比较少使用工具性途径。家长式领导中的威权领导侧重于“任务导向”，主要是关注每个任务的完成情况和如何保证工作能够被完成，领导在处理与下属的关系时，相对而言更多地使用工具性手段，较少使用情感性方式。因此可以看出，仁慈领导、德行领导可能促进员工感恩的产生，而威权领导可能抑制员工感恩的产生。领导者实施仁慈领导，关心下属及其家人，对待下属如家人般关怀和帮助，根据社会交换理论，下属则会知恩图报，更加努力地工作来感激领导。也就是说，当领导关爱下属，为下属提供良好的工作环境和资源以完成目标，帮助下属赢得尊重，有助于提升下属的自我效能感，提高员工的工作投入程度，同时促进下属对组织和领导的认同，产生归属感，从而乐于向他人表明自我组织身份，极大地增强员工的主人翁意识，提高他们的心理所有权体验。领导者之所以要表现出仁慈行为，主动关心下属的工作生活情况，就在于"报"的思想是中国社会人际关系的基础。领导者希望自己的仁慈行为能够唤醒下属心目中对于"仁君"的理想，基于"报"的驱动力，使他们表现出感恩、忠诚以及顺从等行为。

家长式领导的每个维度将会影响上下级的关系质量与水平，可能会形成不同程度的领导—成员交换关系质量（LMX），进而对员工感恩产生不同的影响。卢俊诚研究发现，仁慈领导对领导—成员交换关系质量（LMX）产生正向的影响，而威权领导对 LMX 具备显著的负向影响。林恭胜认为，德行领导对上下级的 LMX 产生显著的正向影响。Chou、Cheng 和 Jen（2005）研究发现，仁慈领导、德行领导对员工组织公民行为有显著的正向影响。

基于以上的分析，本书提出如下研究假设：

H7-1：家长式领导对员工感恩具有显著影响。

H7-1a：仁慈领导对员工感恩具有正向影响。

H7-1b：德行领导对员工感恩具有正向影响。

H7-1c：威权领导对员工感恩具有负向影响。

第二节 研究方法

一、研究样本

本研究选择福建省闽南地区（包括厦门、漳州和泉州三个地级市）的企业员工作为研究对象，采用纸质问卷和电子问卷两种方式，由企业人力资源部工作人员代为发放与回收，纸质问卷回收时每份问卷都由作答者亲自装进信封密封，以防被他人了解。本次共发放调查问卷 250 份，回收 240 份，回收率为 96.0%，其中有效问卷为 200 份，有效回收率为 80.0%。具体样本统计特征如表 7-2 所示。

表 7-2 样本人口统计特征（N = 200）

项目	分类	样本数	百分比（%）	项目	分类	样本数	百分比（%）
性别	男	93	46.5	在本单位工作时间	1~2 年	93	46.5
	女	107	53.5		3~4 年	51	25.5
文化程度	中专及以下	29	14.5		5~8 年	33	16.5
	专科	71	35.5		8 年以上	23	11.5
	本科	94	47.0	企业性质	国有企业	37	18.5
	研究生	6	3.0		民营企业	116	58.0
职位	基层员工	126	63.0		中外合资企业	16	8.0
					外商独资企业	12	6.0
	中层管理者	59	29.5		政府/事业单位	10	5.0
	高层管理者	15	7.5		其他	9	4.5

二、变量测量

1. 家长式领导风格

对于家长式领导风格，本研究采用郑伯埙、周丽芳和樊景立（2000）根据 20 家中国台湾企业的数据所编制的包含仁慈领导、德行领导和威权领导三维度的家长式领导量表（Paternalistic Leadership Scale，PLS）进行测量，由下属对直接上级的家长式领导行为进行评价和打分。该量表共有 33 个题项，其中仁慈领导分量表 11 个题项、德行领导分量表 9 个题项、威权领导分量表 13 个题项。该量表在中国台湾地区企业与教育组织中的应用表明，三个分量表均有不错的内容效度、内部一致性信度以及建构效度。大陆学者刘善仕、凌文辁、张新安、顾峰、李超平、杨百寅和陈璐等的研究结果证明家长式领导在中国大陆地区普遍存在。郑国祥等对该量表在大陆的适用性进行了验证，结果表明量表中的德行领导、仁慈领导、威权领导三个维度的内部一致性信度系数分别为 0.96、0.90、0.87，高于推荐值 0.70。该量表采用李克特 5 点计分方法，按照非常不同意、比较不同意、不确定、比较同意、非常同意的等级分别赋予 1、2、3、4、5 分，得分越高表示上级的家长式领导行为越强。

2. 感恩情感

本研究采用张萍（2012）编制的特质性感恩情感量表来测量员工的感恩情感，量表包括感恩敏感性、感恩强度和感恩持续性三个维度共 13 个题项，感恩敏感性包括 6 个题项，感恩强度包括 3 个题项，感恩持续性包括 4 个题项。本量表具有良好的信度和效度，内部一致性系数为 0.829。本量表采用李克特 6 点计分方法，按照完全不符合、基本不符合、有点不符合、有点符合、基本符合、完全符合的不同等级分别赋予 1、2、3、4、5、6 分，得分越高表示员工的感恩情感越强；反之则表示员工的感恩情感越弱。

第三节 数据分析与结果

一、效度分析

本研究采用 SPSS 17.0 软件进行因子分析，剔除不符合题项，并进行 KMO 检验和 Bartlett's 球度检验，对问卷的效度进行了分析。经检验，家长式领导量表的 KMO 值均大于 0.6，Bartlett's 球度检验显著，具体数据如表 7-3 所示，可知问卷具有较好的效度。

表 7-3 家长式领导风格效度分析

KMO 检验和 Bartlett's 球度检验		
取样足够度的 Kaiser-Meyer-Olkin 度量		0.892
Bartlett's 球度检验	近似卡方	2193.707
	自由度 df	253
	显著性 Sig.	0.000

表 7-4 是家长式领导的旋转因子分析矩阵，可以看出，家长式领导包括仁慈领导、德行领导和威权领导三个维度，其中仁慈领导包含 8 个题项（剔除了 3 个题项），德行领导包含 7 个题项（剔除了 2 个题项），威权领导包含 8 个题项（剔除了 5 个题项），维度内部各题项聚合度较高，维度之间具有一定的区分度，结构效度良好。

同样对感恩情感量表的样本数据进行检验，表 7-5 数据显示 KMO 值均大于 0.6，Bartlett's 球度检验显著，问卷具有一定的效度，适合做因子分析。

表 7-4　家长式领导风格因子分析

旋转成分矩阵[a]

	成分		
	1	2	3
仁慈领导 5	0.842		
仁慈领导 6	0.825		
仁慈领导 2	0.768		
仁慈领导 4	0.706		
仁慈领导 1	0.700		
仁慈领导 3	0.644		
仁慈领导 7	0.548		
仁慈领导 8	0.539		
德行领导 1		0.692	
德行领导 9		0.673	
德行领导 4		0.665	
德行领导 3		0.651	
德行领导 6		0.640	
德行领导 2		0.583	
德行领导 5		0.563	
威权领导 3			0.692
威权领导 6			0.660
威权领导 1			0.657
威权领导 4			0.655
威权领导 7			0.638
威权领导 2			0.616
威权领导 11			0.603
威权领导 12			0.524

提取方法：主成分分析法。
旋转法：具有 Kaiser 标准化的正交旋转法。
a. 旋转在 6 次迭代后收敛。

表 7-5　感恩情感效度分析

KMO 检验和 Bartlett's 球度检验		
取样足够度的 Kaiser-Meyer-Olkin 度量		0.943
Bartlett's 球度检验	近似卡方	5405.211
	自由度 df	78
	显著性 Sig.	0.000

采用统计软件进行因子分析，得到表 7-6 的分析数据结果。本研究采用张萍（2012）编制的特质性感恩情感量表来测量员工的感恩情感，量表包括感恩敏感性、感恩强度和感恩持续性三个维度，感恩敏感性包括 6 个题项，感恩强度包括 4 个题项，感恩持续性包括 3 个题项，没有需要剔除的题项。

表 7-6 感恩情感因子分析

旋转成分矩阵[a]

	成分		
	1	2	3
敏感性 6	0.810		
敏感性 5	0.803		
敏感性 2	0.793		
敏感性 4	0.791		
敏感性 3	0.782		
敏感性 1	0.755		
强度 1		0.926	
强度 2		0.924	
强度 3		0.924	
强度 4		0.924	
持续性 2			0.818
持续性 3			0.786
持续性 1			0.780

提取方法：主成分分析法。
旋转法：具有 Kaiser 标准化的正交旋转法。
a. 旋转在 5 次迭代后收敛。

二、信度分析

利用统计软件对删除部分题项之后的各变量进行信度分析，采用 Cronbach's α 系数作为检验各量表及其维度内部一致性的系数，用来评价其测量结果的一致性、稳定性及可靠性。从表 7-7 可以看出，各变量维度的信度最低为 0.814，最高为 0.999，而且家长式领导量表的整体信度为 0.761，感恩情感量表的整体信度为 0.964，均具有较高的信度。

三、相关性分析

通过软件分析得到变量的均值、标准差和相关系数，如表 7-8 所示。数据显

表 7–7　各变量的信度分析数据

变量及维度		题项	Cronbach's α	整体 α 系数
家长式领导	仁慈领导	8	0.883	0.761
	德行领导	7	0.861	
	威权领导	8	0.814	
感恩情感	感恩敏感性	6	0.948	0.964
	感恩强度	4	0.999	
	感恩持续性	3	0.963	

示，家长式领导风格中的仁慈领导与感恩各维度显著正相关（r>0，P<0.01）；德行领导与感恩各维度显著正相关（r>0，P<0.01）；威权领导与感恩各维度显著负相关（r<0，P<0.01）。各量表和各维度之间都两两相关，本研究的各个假设得到了初步验证，但还需要进一步做回归分析来证实。

表 7–8　各变量及维度之间的相关分析

	均值	标准差	1	2	3	4	5
1. 仁慈领导	4.53	0.89					
2. 德行领导	4.62	1.05	0.577**				
3. 威权领导	4.07	0.93	−0.234**	−0.550**			
4. 感恩敏感性	4.87	0.91	0.488**	0.632**	−0.489**		
5. 感恩强度	4.23	1.41	0.419**	0.419**	−0.356**	0.629**	
6. 感恩持续性	4.95	0.94	0.408**	0.511**	−0.530**	0.800**	0.630**

注：** 表示在 0.01 水平（双侧）上显著相关。

四、回归分析

为了进一步检验变量之间的因果关系，本研究将家长式领导的三个因子即仁慈领导、德行领导、威权领导作为自变量，将感恩的三个因子即感恩敏感性、感恩强度、感恩持续性作为因变量进行回归分析。

1. 家长式领导对感恩敏感性的回归分析

从表 7–9 可以得知，仁慈领导与感恩敏感性的标准回归系数 β=0.213，P<0.01，回归显著；德行领导与感恩敏感性的标准回归系数 β=0.384，P<0.001，回归显著；威权领导与感恩敏感性的标准回归系数 β=−0.228，P<0.001，回归显著。因此，可以判断家长式领导的仁慈领导、德行领导、威权领导对感恩敏感性具有显著的预测作用，并可得到回归方程如下：

感恩敏感性 = 2.745 + 0.267 × 仁慈领导 + 0.528 × 德行领导 − 0.359 × 威权领导

通过以上回归方程的自变量系数可以看出，仁慈领导和德行领导都是正向影响感恩敏感性，而威权领导则是负向影响感恩敏感性。从影响大小来看，德行领导对感恩敏感性影响最大，威权领导对感恩敏感性影响次之，仁慈领导对感恩敏感性影响最小。

表 7–9 感恩敏感性与家长式领导的回归分析系数

模型		非标准化系数		标准系数	t	Sig.
		B	标准误差	β		
家长式领导	（常量）	2.745	0.538		5.106	0.000
	仁慈领导	0.267	0.081	0.213	3.287	0.001
	德行领导	0.528	0.104	0.384	5.087	0.000
	威权领导	−0.359	0.100	−0.228	−3.591	0.000

因变量：感恩敏感性。

2. 家长式领导对感恩强度的回归分析

从表 7–10 可以得知，仁慈领导与感恩强度的标准回归系数 β=0.292，P<0.001，回归显著；德行领导与感恩强度的标准回归系数 β=0.132，回归不显著，不进入回归方程；威权领导与感恩强度的标准回归系数 β=−0.215，P<0.01，回归显著。因此，可以判断家长式领导的仁慈领导、威权领导对感恩强度具有显著的预测作用，并可得到回归方程如下：

感恩强度 = 2.945 + 0.471 × 仁慈领导 − 0.435 × 威权领导

通过以上回归方程的自变量系数可以看出，仁慈领导是正向影响感恩强度，而威权领导是负向影响感恩强度。从影响大小来看，仁慈领导对感恩强度的影响大于威权领导对感恩强度的影响。

表 7–10 感恩强度与家长式领导的回归分析系数

模型		非标准化系数		标准系数	t	Sig.
		B	标准误差	β		
家长式领导	（常量）	2.945	0.812		3.629	0.000
	仁慈领导	0.471	0.123	0.292	3.839	0.000
	德行领导	0.234	0.157	0.132	1.495	0.137
	威权领导	−0.435	0.151	−0.215	−2.885	0.004

因变量：感恩强度。

3. 家长式领导对感恩持续性的回归分析

从表 7-11 可以得知，仁慈领导与感恩持续性的标准回归系数 β=0.217，P<0.01，回归显著；德行领导与感恩持续性的标准回归系数 β=0.175，P<0.05，回归显著；威权领导与感恩持续性的标准回归系数 β=-0.383，P<0.001，回归显著。因此，可以判断家长式领导的仁慈领导、德行领导、威权领导对感恩持续性具有显著的预测作用，并可得到回归方程如下：

感恩持续性 = 3.997 + 0.374 × 仁慈领导 + 0.331 × 德行领导 - 0.827 × 威权领导

通过以上回归方程的自变量系数可以看出，仁慈领导和德行领导都是正向影响感恩持续性，而威权领导是负向影响感恩持续性。从影响大小来看，威权领导对感恩持续性影响最大，仁慈领导对感恩持续性影响次之，德行领导对感恩持续性影响最小。

表 7-11　感恩持续性与家长式领导的回归分析系数

模型		非标准化系数		标准系数	t	Sig.
		B	标准误差	β		
家长式领导	（常量）	3.997	0.789		5.069	0.000
	仁慈领导	0.374	0.119	0.217	3.134	0.002
	德行领导	0.331	0.152	0.175	2.170	0.031
	威权领导	-0.827	0.146	-0.383	-5.648	0.000

因变量：感恩持续性。

第四节　结论与讨论

一、研究结论

1. 家长式领导的仁慈领导对感恩具有显著的正向影响

家长式领导的仁慈领导对员工感恩具有显著的正向影响，这一结论与黄光国的研究发现基本一致。黄先生从“人情与面子”的视角探讨人际交往关系，他认为“人情法则”是设立在“报之规范”的基础上，具体来说，就是“受者”接受了“施者”的“人情”，便觉得欠了对方“人情”，一旦有机会就会设法“回报”。“施者”在给予“受者”人情时，也能想象到对方终将会回报。“投我以桃，报之以李”、“礼尚往来”讲的就是这个事理。与西方管理者所推崇的“等价交换”的“公平法则”相比，对“报之规范”的“人情法则”的信心，成为中国组织管理者实施“仁慈领导”的强大动力。仁慈领导以员工为中心，关心下属的福利和幸福。根据互惠的原则，员工会更关心组织效率和自己身边的人，表现出良好的感恩情感。本研究的这一结论，同样也能从儒家伦理规范中得到佐证，如儒家强调“君仁臣忠，父慈子孝”，即领导对下属仁慈，那么下属也就会对上级感恩、尊重、服从。

2. 家长式领导的德行领导对感恩具有部分的正向影响

“德才兼备”是衡量领导者的重要标准之一，如果一个领导者缺乏道德修养，做出了败德行为，就得不到下属的信任与尊重，也会失去应有的威信。德行领导包含两层意思：一是领导者按照伦理标准对企业和下属进行管理；二是领导自身要成为道德榜样，率先垂范。如果领导在工作中能实施伦理型领导，自己能够大公无私，秉公办事，言行举止合德，那么下属就会在具有伦理规范的组织中工作，得到领导公正的对待，不会受到因为领导败德而给自己带来的伤害，大家都在一种愉快、健康、和谐的组织中工作，员工的个人尊严、个人价值都会得到承认，从而员工会对领导表示感激之情。

3. 家长式领导的威权领导对感恩具有显著的负向影响

威权领导体现为领导者在工作中表现出一种专权作风，不愿意征求下属的意见，喜欢独断专行。贬抑下属的能力，不尊重下属的贡献和建议。对于下属表现不好进行斥责，而不是帮助分析问题和解决问题。而且十分重视自己的个人形象，甚至采取扭曲事实的做法来维护自己的形象。对于威权领导，员工的满意度会大大降低，感觉个人的意见没有得到尊重，个人的价值没有得到认可。对于领导的独断做法，也会感受到自己的尊严受到了伤害，工作积极性大大降低，组织忠诚度较低。员工的感恩情感很难被激发出来，感恩水平与威权领导的程度成反比，形成一种负相关关系。

二、研究意义

员工的组织行为必然会受到上司领导行为的影响，本研究着重探讨了家长式领导风格对员工感恩情感的影响，发现家长式领导的三个维度对员工感恩情感产生了不同的影响，其中仁慈领导和德行领导能正向影响员工感恩，而威权领导负向影响员工感恩。这一发现对于领导方式影响员工感恩情况的相关理论做出了新的贡献，丰富了已有的感恩理论研究成果，同时也进一步丰富了家长式领导的研究成果，为组织行为理论以及员工关系理论的研究开拓了新的研究主题。

在实践方面，本研究发现也能为家长式领导方式盛行的中国企业的领导者提供一些管理启示，能够帮助其进一步认识家长式领导对于员工感恩的影响机制和影响程度大小的区别，不断加强自己的仁慈领导和德行领导风格，减少威权领导的成分，对于提升员工感恩情感、改善上下级关系、提高员工绩效意义重大。

三、管理建议

家长式领导是中国各类组织中普遍存在的领导风格，它对下属感恩具有很强的影响作用，领导者应给予足够的重视。管理者应该认识到家长式领导的三个不同维度分别对下属感恩具有不同的影响效应。仁慈领导对下属感恩有着显著的正向影响，德行领导对下属感恩有着部分正向影响，而威权领导对下属感恩有着显著的负向影响。因此，在具体的管理实践中，领导者应该不断加强自己的仁慈领导和德行领导，严格遵守道德规范，依照管理伦理行使管理权，对于他人的败德行为予以严厉惩处，对于自己则严格自律，处处符合伦理规范，树立遵守伦理规范的典范。领导也要表现出对员工的仁慈，关爱下属，包括关心员工的家庭困难，对员工表现出一种类似于长辈对晚辈的关爱。对于员工犯了错误，需要教诲和帮助，而不是一味指责与惩罚，对于错误应客观分析，宽容失败，鼓励员工自己改正错误，体现出某种宽容。

家长式领导内涵中包括了恩威并施的领导风格，威权领导的维度就反映了这种领导策略。但是在现在企业中，员工的情感要求不同于过去，要求自己受到民主、公平对待，自尊要求更高，人格尊严摆在十分突出的位置。因而建议管理者在实施家长式领导时，要尽量减少威权领导的程度，或者将过去生硬的威权变通为更为灵活的威信，让员工发自内心地佩服领导，而不是靠权力去震慑和命令员工。领导者需要通过自己的领导能力、奉献精神、人格魅力赢得下属的尊重和树立在组织中的威信。

第八章　感恩与组织承诺

21 世纪是知识经济时代，掌握知识的人才日益成为各类组织的战略性资源。如何在激烈的人才争夺战中保留住核心员工，是每一位管理者最关心的问题之一。员工的留任与其组织承诺有关。高组织承诺的员工是组织具有持续竞争优势的重要保障，因此，提升员工组织承诺对企业而言具有十分重要的战略意义。

组织承诺是一种驱动力，它能使员工表现出与一个或多个目标相关的一系列行动。组织承诺有别于以交换为基础的动机，也有别于与目标相关的态度，但是它同样会影响员工的行为。对员工而言，自己承诺于工作、承诺于组织代表了一种积极的关系，增加了对工作潜在意义的认知和认同。对组织而言，员工对组织做出了一定的承诺，会影响到员工的许多组织行为，如旷工、缺勤、工作满意度、工作投入、工作绩效、领导—成员关系等。高组织承诺的员工队伍能提高组织的竞争力。

高组织承诺的员工队伍是企业持续竞争优势的来源之一，提升员工组织承诺具有重要的理论和现实意义。员工对企业做出自己的承诺必然会有一定的先决条件，本研究着重从感恩情感的角度来探讨组织承诺的前因变量。感恩是个体对他人或者组织给予的恩惠表示感激的心理状态。这种积极的情感状态往往能够激发其产生积极的回报行为。因此，本研究将组织承诺作为员工感恩组织的一种积极态度和行动来探讨，希望能够为提高企业员工的组织承诺，为员工体现出更高的工作绩效，以及增加组织忠诚度提供某些建议。

第一节 文献综述与假设

一、组织承诺的概念及国内外研究现状

1. 组织承诺的概念

国内外学者对于组织承诺的研究始于20世纪60年代。组织承诺（Organizational Commitment，OC），亦译为“组织归属感”、“组织忠诚”等，最早由美国社会学家贝克尔（Becker，1960）基于其“单边投入理论”（Side-Bet Theory）而提出，用于反映个体认同并参与一个组织的态度，解释员工为什么要留在某企业。贝克尔（1960）将组织承诺定义为随着员工对组织时间、精力、感情等付出的增加，而希望继续留在组织中的一种心理现象，是促使员工持续其职业行为的心理契约。组织承诺越高，说明员工对组织的认同感和归属感越强，就越愿意留任；反之，组织承诺越低，则说明员工对组织的认同感和归属感越弱，相应地就越容易离职跳槽。大量实证研究已证实，组织承诺是预测企业员工离职倾向的良好指标。而Porter、Mowday和Steers（1974）定义组织承诺为个体认同和涉入特定组织的相对程度。其内容包括：认同组织的目标和价值；愿意为组织付出；维持组织成员身份的强烈愿望等。Buchanan（1974）认为组织承诺是个人对所属组织目标和价值观的认同、个人对组织的认同以及与组织联系的紧密程度。O'Reilly和Chatman（1986）将组织承诺定义为员工与组织之间的心理契约，这种心理契约形成的基础有：员工对组织的顺应和认同，以及员工将组织目标内化为自己的发展目标。Weiner（1982）认为，组织承诺是指为了满足组织的利益，个体不断地被灌输和强调组织奉行的观念或规范的结果，是个体对组织目标和价值观的接受和内化。

国内学者马计斌和张晓蕊（2007）对“Organizational Commitment”进行了重新定义，将其翻译为“员工托付”，认为员工托付隐含了员工对于是否继续留在该组织的决定，反映了员工对其所在组织的依赖和归属心理，体现了组织对员工的心理束缚力。王重鸣（2000）将组织承诺定义为个人对组织的一种责任和义

务，源于对组织目标的认同，由此衍生出一定的态度和行为倾向。而凌文辁、张治灿和方俐洛（2001）认为组织承诺是员工对组织的一种态度，可以用来解释员工为什么要留在某企业，因此也是检验职工对企业忠诚程度的一种指标。刘小平（2004）指出组织承诺是员工对企业在思想上、感情上和心理上的认同和投入，同时愿意承担作为企业的一员所涉及的各项责任和义务。鲁汉玲（2005）将组织承诺定义为成员对特定组织及目标的认同，并希望维持组织成员身份的一种心理现象。

2. 组织承诺的维度

Becker（1960）、Buchanan（1974）、Porter（1974）等提出了组织承诺的单维度结构。1990 年阿伦和梅耶对以往的各种组织承诺量表进行了一次综合性研究，提出了组织承诺的三个维度：感情承诺、继续承诺、规范承诺。感情承诺（Affective Commitment）指组织成员被卷入组织、参与组织社会交往的程度。它是个体对一个实体的情感，是一种肯定性的心理倾向。继续承诺（Continuance Commitment）是员工为了不失去已有的位置和多年投入所换来的福利待遇而不得不继续留在该组织内的一种承诺。它是建立在经济原则基础上的、具有浓厚交易色彩的承诺。规范承诺（Normative Commitment）是指由于受长期社会影响形成的社会责任而留在组织内的承诺。

Blau 和 Gary（2001）将组织承诺综合为四个维度：情感承诺、规范承诺、成本承诺和选择承诺。凌文辁等（2001）针对中国企业现状，编制了“中国员工组织承诺问卷”，发现中国员工组织承诺的结构模型中包含五个因子：情感承诺、理想承诺、规范承诺、经济承诺和机会承诺。

3. 影响组织承诺的因素

（1）个体特征变量。虽然研究结果不尽相同，然而可以肯定的是，作为前因变量之一，个体特征对于组织承诺具有重要影响。Allen 和 Meyer（1990）、Sheldon（1971）、Hrebiniak（1974）、Steers（1977）等发现年龄与组织承诺正相关。Koch 和 Steers（1978）、Sullivan（1982）、Mowday（1982）等认为教育程度与组织承诺呈负相关。崔勋（2003）研究发现，员工的性别、年龄、学历、婚姻状况、户口等人口学特征变量和职位、连续工龄、离职次数、晋升概率、晋升次数等职务相关变量对员工的组织承诺有显著影响。陈瑾（2013）研究发现，集体主义倾向越强的员工对组织的情感承诺和规范承诺越强，对组织的持续承诺越弱。

（2）工作特征变量。Weiner 和 Vardi（1980）、Martin 和 O'Laughlin（1984）以及 Kushman（1992）发现组织承诺与工作满足正相关。影响组织承诺的工作因素包括工作的挑战性、工作态度、工作满意度、工作中的人际关系、工作投入、职业工种、职位的明确程度、目标难度等。Vroom 的早期研究提出，员工对自己所从事的工作有较高的工作热情，就能够投入大量精力于工作中，组织承诺也高；反之，对工作缺乏激情，抱着得过且过的态度，组织承诺也较低。Mathieu 和 Zajac（1978）通过元分析发现，除了组织特征变量和个人变量外，工作满意度、工作压力等是影响组织承诺的重要因素。Meyer 和 Allen 等（1990）研究发现，工作满意度、工作的挑战性、工作本身的特性、工作中的人际关系是影响感情承诺的主要因素。Sale 和 Hosck（1982）通过因素分析提出，工作投入程度高的员工对他们所做的工作有强烈的认同感，具有较高的组织承诺。

（3）组织特征变量。Shore 和 Wayne（1993）实证研究发现，员工感知到来自组织的支持越大，则情感承诺越高。Masao Mao（1994）研究发现，组织气氛、管理行为、组织经历和任务明确性也对组织承诺有影响。同时，强势组织文化与组织承诺显著相关，组织文化一致性越高，则成员的组织承诺也越高，共同信守组织规范可以提高组织成员的组织承诺水平（O'Reilly，1983；Martin 和 Power，1983）。

Eisenberger（1996）认为，成员感受到的来自组织的关心、支持与认同是形成组织承诺的极为关键的因素。Qgilvie、Ganerterner 和 Nollen（1997）研究发现，绩效评估、晋升政策、薪资和福利等具体的人力资源管理实践与员工的情感承诺显著相关。Arthur 和 Huselid（2001）通过实证研究得出。员工的情感承诺会随着人力资源管理战略在员工身上的投资而增加；承诺型的人力资源管理实践会产生高水平的员工情感承诺。Chris Perry（2001）通过实证研究发现，领导支持会产生高水平的员工组织承诺。Sandy J. Wayne（2004）提出，员工感知到来自组织的支持越大，情感承诺越高。对于影响组织承诺的组织因素，国内学者也进行了一些研究，如张勉等（2007）研究发现，组织的分配公平性与情感承诺和规范承诺显著相关，其他学者的研究也发现，组织支持与组织承诺具有高相关。

王颖（2007）研究发现，反映工作环境的变量主要通过工作满意度对组织承诺产生影响；反映组织环境的变量主要通过组织支持对组织承诺产生影响。邓丽明（2013）研究发现，在我国当前情境下，企业伦理比企业慈善更能显著地影响员工对组织的情感依赖和工作忠诚，企业履行符合社会道德规范的伦理责任，可以提高员工对企业价值观和目标的认同，使员工愿意为实现组织目标而努力。李成彦（2010）研究发现，参与性的组织文化能显著影响组织承诺。上下级沟通是组织文化与组织承诺的中介变量。樊耘等（2012）研究发现，组织文化的激励性与公平性越强，员工情感承诺越强；组织文化的激励性与公平性通过组织的人力资源管理实践对员工的情感承诺产生正向影响。

刘小平（2011）研究发现，组织信任在风险认知与情感承诺、规范承诺之间起中介作用，领导的变革型领导行为对下属的风险认知、组织信任、情感承诺、规范承诺都会产生显著影响。陈永霞等（2006）研究发现，变革型领导与员工组织承诺是正的相关关系，并且心理授权在两者之间起完全中介作用。王辉（2005）研究发现，领导—部属交换对员工的工作绩效有显著的正向影响，领导—部属交换对员工的组织承诺和组织公民行为也有显著的正向影响。高翔（2016）研究发现，大领导班底和非正式领导班底比边缘人的 LMX 和组织承诺高；员工的 LMX 越高，其组织承诺就越高；LMX 在员工社会网络结构位置与组织承诺的关系中起完全中介作用。

游浚（2014）研究发现，不安全感通过心理授权（包括工作意义和影响力两个维度）的中介作用对组织承诺产生显著影响。胡三嫚（2007）研究发现，组织政治知觉对情感承诺和规范承诺都具有显著的负向预测作用，但数量性工作不安全感正向调节着组织政治知觉对情感承诺和规范承诺的消极影响，而质量性工作不安全感则负向调节着组织政治知觉对情感承诺的消极影响。

宋利（2005）研究发现，心理契约、员工对企业的信任与员工组织承诺之间存在着正相关关系，企业应借助心理契约机制，强化企业与员工之间的心理契约约束，努力发展关系型心理契约，增强员工对企业的诚实性信任，提升员工的情感承诺。张生太（2011）研究发现，组织承诺在人际维度破裂、发展维度破裂与员工绩效的关系中起部分中介作用，在规范维度破裂与员工绩效的关系中起完全中介作用。常亚平（2010）研究发现，组织承诺是文化匹配影响工作绩效的中介变量。万利（2014）研究发现，组织承诺在工作—生活平衡与离职倾向之间起着完全中介作用。

郑晓涛（2008）研究发现，员工建议网的网络特性（包括网络约束和网络跨度）正向影响员工对组织的情感承诺，而建议网的强联系数量和朋友网的网络特性对员工情感承诺的影响并不显著；员工朋友网的强联系数量对员工的持续承诺有显著影响，而朋友网的网络跨度、网络约束和建议网的网络特性对员工持续承诺的影响并不显著。

关于知识型员工的组织承诺，雷巧玲（2007）研究发现，意义、能力与知识型员工的感情承诺正相关，与知识型员工的继续承诺负相关；自我决策及影响力既对知识型员工的感情承诺有利，同时也对继续承诺有利。所静等（2013）研究发现，随着时间的推移，知识型员工的情感承诺显著增强，其中内在薪酬和外在薪酬均起到显著的调节作用；规范承诺随时间推移显著减弱，外在薪酬在其中起到显著调节作用；工作年限对持续承诺没有显著的影响。

二、感恩的定义及国内外研究现状

1. 感恩的定义

除了宗教对感恩有不同的理解外，哲学家、人类学家、社会学家和心理学家也从不同角度对感恩进行了界定。有的把感恩看成是“给予的仁慈”、“礼物的精神”，有的把感恩看成是一种“社会联系”；而部分心理学家认为，感恩是对受到恩惠的积极认知，另外一些心理学家则认为感恩是一种情绪，其核心是受惠者在收到恩惠之后产生的愉快情绪。

2. 感恩的理论

当代主要的感恩理论有认知情绪理论、情感体验理论、拓宽建构理论和道德情感理论。

认知情绪理论是将特定的认知视为引起人们对社会行为（或事件）的情绪反应的原因，并在此理论框架下考察感恩。海德认为，当人们认为有人有意帮助他们，并且已经从他人那儿得到好处时，人们才体会到感恩。他还认为，某人在受到恩惠之后是否能够体验到感激心情，恩惠的意图性是最重要的决定因素。韦纳指出，感恩是一种原因依赖型情绪，它产生于受惠者把自己的积极状况归因于他人的行动或努力。Ortony、Clore 和 Collins 认为，情绪是认知系统的一种产物，这种认知系统由一系列标准和态度组成，影响着人们对身边所发生事件的理解。他们认为，感恩可看作是敬慕和喜悦的混合产物。当受惠者赞赏施惠者的行为时，即产生敬慕之情；当受惠者认识到施惠者的行为对其个人有好处时，就表现出喜悦，从而产生感激之情。

情感体验理论从三种层次水平考察感恩：情感特质、心境和情绪。感恩作为一种情感特质，它是“指向某种情绪反应的稳定倾向”，“它为某种特殊情绪状态的发生设置阈限”。也就是说，情感特质降低了一个人在体验某种情绪状态时的阈限值。感恩作为一种情绪，它是“一个人对其生活环境中有意义的情境做出反应的敏锐的、强烈的和典型的心理生理变化”。感恩作为一种心境，与情绪相比是微妙的，且不易被意识知觉到。在更多时候，感恩被知觉为一种情绪而不是心境。

拓宽建构理论用“暂时的思想行为脚本的相对宽度”这种新术语来解释传统的行为倾向模型，认为消极情绪起着一种缩小个体的暂时思想行为脚本的作用，相反，积极情绪能够拓宽个体的暂时思想行为脚本。拓宽建构理论还能够建构个体资源，包括身体资源、知识资源和社会资源。这些建构起来的个人资源，可以在随后的其他情境以及其他情绪状态下随时调用。

道德情感理论认为，感恩是对他人道德行为的情绪反应。把感恩说成是一种道德情感，不是说感恩的情绪和表达本身是道德的，而是说，感恩来自于并且能够激发道德行为。麦卡洛等认为，感恩有三种特殊的道德功能：道德晴雨表功能；道德动机功能；道德强化物功能。感恩作为道德晴雨表，意思是说感恩是一种情感读表，它对一个人社会关系中的一种特殊类型的变化很敏感。感恩作为道德动机，能够促使受惠者做出亲社会行为。感恩作为道德强化物，是指受惠者在对施惠者表达感激之情时，可使施惠者在将来做出更多的善意举动。

3. 感恩的相关研究

戈登（B. Gordon）对土生土长的日本人的感恩言语行为进行研究，得出了两个结论：一是女性明显比男性更多地使用礼貌的表达语来表达自己的感激心情；二是表达感恩用得最多的词语是“谢谢”，其他的感恩表达语“承蒙您多方关照”、“真是帮大忙了”、“高兴”等在各种具体场合都有所体现。说明日本人通常使用一些限制的表达语、形容词以及其他的强化语来表达感激心情。

感恩与人格的相关研究表明，感恩的人在宜人性上得分较高，在自我陶醉上得分较低。Saucier 和 Goldberg 发现，感恩与宜人性高度相关，与开放性低相关。感恩可能是一种有用的维持积极人际关系的机制。在宜人性中得分高的人，具有更良好的社会关系，并且人际冲突较少，适应性更强。宜人性与感恩呈正相关，其他特质可能抑制感恩，忘恩负义的人常常对他人的恩惠报以憎恨、敌意或者冷淡，忘恩负义者往往拥有自我陶醉的人格特质。自我陶醉包括过分强调自我的重要性、骄傲、轻浮、对欲望的贪婪和权利。自我陶醉者相信他们有特殊的权利，他们只是索求和自私，而无视美德的存在。自我陶醉者也自视比他人强，在接受他人的帮助之后不愿意表达感恩。

感恩是一种重要的心理机制，这种机制被认为是互惠利他行为的基础。感恩体验和由它激发的行为，建立和加强了社会联系和友谊，并且它鼓励人们去关注从他人那里得到的恩惠，使他们体验到了他人的爱和关心。因而，感恩可以建立友谊和其他社会联系。在需要社会支持的时候，这些社会联系能够很容易得到，因此它们是社会资源。像其他积极情绪一样，感恩拓宽了认知的范围，从而使灵活的具有创造力的思想成为可能。它也使人应对压力和困境变得更容易。

4. 国内感恩研究现状

在中国传统社会，感恩主要以孝的表现形式散见于四书五经、古代诗词、名人家训中，知恩图报、忠与孝等是其主要内容。马云献和扈岩（2004）根据McCullough提出的有关感恩倾向的层面理论，结合对大学生的访谈结果编制而成的大学生感戴倾向量表，是近年来国内研究运用较多的一份量表。该量表由14个项目组成，采用的是李克特5点计分法，1=完全不同意，5=完全同意，包括感戴深度、感戴广度、感戴频率、感戴密度和感戴总分，其中包括4道反向计分题。该量表内容结构良好，有较好的信效度，符合心理测量的要求。赵国祥和陈欣（2006）编制的初中生感戴量表，包括人物取向、事物取向和道义取向三个维度，共18个题项，采用李克特5点计分法，1=非常不符合，5=非常符合。该量表具有较好的信度和效度。

从以上文献可以看出，具有较强感恩情感的组织成员会有较强烈的回报组织的冲动，进而激发回报组织的积极行为。其中最为重要的就是对组织的承诺提升了，无论是情感方面、经济方面，还是工作方面都会增加对组织的责任和付出，更加依赖和信任组织。基于以上分析，本研究提出以下假设：

H8-1：员工的感恩情感对员工的组织承诺具有显著影响。

为了深入验证假设，我们进一步从组织承诺的五个维度分别开展研究，并提出以下几个更为具体的假设：

H8-1a：员工的感恩情感对员工的组织感情承诺具有显著影响。

H8-1b：员工的感恩情感对员工的组织规范承诺具有显著影响。

H8-1c：员工的感恩情感对员工的组织理想承诺具有显著影响。

H8-1d：员工的感恩情感对员工的组织经济承诺具有显著影响。

H8-1e：员工的感恩情感对员工的组织机会承诺具有显著影响。

第二节 研究方法与数据分析

一、研究方法

1. 研究样本

本研究的被试是福建省闽南地区厦门、泉州和漳州三个地级市民营企业的员工。本次调查采用纸质版和电子版两种问卷发放形式。纸质版调查问卷采用现场发放和回收的方式，员工填写好的问卷都用信封封装，以保证员工按照自己的真实想法填写问卷。电子版问卷以邮件形式发放，由企业人力资源部门的工作人员转发调查问卷，员工填写好之后直接发送到研究人员的电子邮箱。本研究共发放调查问卷 350 份，回收 328 份，回收率为 93.7%，剔除不合格问卷 39 份，得到有效问卷 289 份，有效回收率为 82.6%。

2. 变量测量

（1）组织承诺。对于组织承诺的测量，本研究采用凌文辁、张治灿和方俐洛（2000）开发的《中国企业员工组织承诺问卷》，该量表通过实证检验发现具有较好的信度和效度，在国内得到了广泛的应用。该量表由感情承诺、规范承诺、理想承诺、经济承诺和机会承诺五个维度构成，每个维度均包括 5 个题项。通过对本次调查问卷进行信度分析，感情承诺、规范承诺、理想承诺、经济承诺和机会承诺五个维度的克朗巴哈 α 系数分别是 0.701、0.754、0.788、0.753 和 0.757，组织承诺量表整体的克朗巴哈 α 系数为 0.887，具有较好的信度。

（2）感恩情感。对于员工感恩情感的测量，本研究采用张萍（2012）编制的感恩情感量表。本量表包括感恩敏感性、感恩强度和感恩持续性三个维度，共 13 个题项，采用李克特 6 点计分法，得分越高表示感恩情感越高。通过对本次调查问卷进行信度分析，感恩敏感性、感恩强度和感恩持续性三个维度的克朗巴

哈 α 系数分别是 0.876、0.776 和 0.761，感恩量表整体的克朗巴哈 α 系数为 0.734，具有较好的信度。

二、数据分析结果

1. 描述性分析

从表 8-1 可以看出，男性占 43.9%，女性占 56.1%。文化程度上，高中及以下占 65.7%，专科占 20.4%，本科占 9.0%，研究生占 4.8%，高中及以下学历员工的比例占到大多数。从职位上看，一般员工占 58.5%，中层管理者占 37.7%，高层管理者占 3.8%，一般员工所占比例最高。在本企业的工作时间分布比较均匀，3~4 年的比例最高，8 年以上的比例位居第二，说明员工的流动率比较低。

表 8-1　样本人口统计特征（N = 289）

项目	内容	人数	百分比（%）
性别	男	127	43.9
	女	162	56.1
文化程度	高中及以下	190	65.7
	专科	59	20.4
	本科	26	9.0
	研究生	14	4.8
职位	一般员工	169	58.5
	中层管理者	109	37.7
	高层管理者	11	3.8
在本企业的工作时间	1~2 年	57	19.7
	3~4 年	96	33.2
	5~8 年	59	20.4
	8 年以上	77	26.6

2. 信度分析

从表 8-2 可以看出，组织承诺变量的克朗巴哈 α 系数为 0.887，感恩情感变量的克朗巴哈 α 系数为 0.734，两个变量各个维度的克朗巴哈 α 系数均大于 0.7，因而可以判断问卷具有较高的信度。

3. 效度分析

从表 8-3 可以看出，组织承诺变量的 KMO 值为 0.903，Bartlett's 球度检验达到了显著性水平，说明量表具有一定的结构效度，样本数据适合做因子分析。

表 8-2 量表及维度的信度系数

	变量与维度	Cronbach's Alpha	题项数	总体信度
组织承诺	感情承诺	0.701	5	0.887
	规范承诺	0.754	5	
	理想承诺	0.788	5	
	经济承诺	0.753	5	
	机会承诺	0.757	5	
感恩情感	感恩敏感性	0.876	6	0.734
	感恩强度	0.776	4	
	感恩持续性	0.761	3	

表 8-3 组织承诺量表效度分析

取样足够度的 Kaiser-Meyer-Olkin 度量		0.903
Bartlett's 球度检验	近似卡方	2930.95
	自由度 df	300
	显著性 Sig.	0.000

从表 8-4 可以看出，感恩情感变量的 KMO 值为 0.905，Bartlett's 球度检验达到了显著性水平，说明量表具有一定的结构效度，样本数据适合做因子分析。接下来对两个变量的样本数据做探索性因子分析。

表 8-4 感恩情感量表效度分析

取样足够度的 Kaiser-Meyer-Olkin 度量		0.905
Bartlett's 球度检验	近似卡方	1691.76
	自由度 df	78
	显著性 Sig.	0.000

表 8-5 是组织承诺的旋转因子分析矩阵，可以看出，组织承诺包括感情承诺、规范承诺、理想承诺、经济承诺和机会承诺五个维度，每个维度均包括 5 个题项，没有需要剔除的题项，维度内部各题项聚合度较高，维度之间具有一定的区分度，结构效度良好。

表 8-6 是感恩情感的旋转因子分析矩阵，可以看出，感恩情感量表包括感恩敏感性、感恩强度、感恩持续性三个维度，感恩敏感性包括 6 个题项，感恩强度包括 4 个题项，感恩持续性包括 3 个题项，没有需要剔除的题项，维度内部各题项聚合度较高，维度之间具有一定的区分度，结构效度良好。

表 8–5　组织承诺探索性因子分析结果

	成分				
	1	2	3	4	5
感情承诺 5	0.834				
感情承诺 3	0.816				
感情承诺 2	0.756				
感情承诺 4	0.712				
感情承诺 1	0.703				
规范承诺 3		0.846			
规范承诺 4		0.824			
规范承诺 2		0.807			
规范承诺 1		0.766			
规范承诺 5		0.754			
理想承诺 4			0.792		
理想承诺 3			0.776		
理想承诺 1			0.765		
理想承诺 2			0.695		
理想承诺 5			0.688		
经济承诺 3				0.698	
经济承诺 2				0.686	
经济承诺 1				0.677	
经济承诺 4				0.659	
经济承诺 5				0.648	
机会承诺 2					0.823
机会承诺 1					0.817
机会承诺 4					0.796
机会承诺 3					0.781
机会承诺 5					0.674

表 8–6　感恩情感探索性因子分析结果

	成分		
	1	2	3
敏感性 5	0.843		
敏感性 6	0.827		
敏感性 2	0.795		
敏感性 3	0.793		
敏感性 4	0.779		
敏感性 1	0.764		
强度 1		0.897	

续表

	成分		
	1	2	3
强度 3		0.886	
强度 2		0.857	
强度 4		0.842	
持续性 3			0.827
持续性 2			0.796
持续性 1			0.785

4. 相关性分析

从表 8–7 可以看出，组织承诺各维度与感恩情感各维度两两之间基本上都显著相关，个别维度之间不存在显著相关性，具体相关关系如表 8–8 所示。

表 8–7　变量及维度均值、标准差与相关系数

变量及维度		均值	标准差	1	2	3	4	5	6	7
组织承诺	1. 感情承诺	3.25	0.752							
	2. 规范承诺	3.32	0.774	0.74**						
	3. 理想承诺	3.26	0.790	0.69**	0.75**					
	4. 经济承诺	3.08	0.700	0.38**	0.36**	0.35**				
	5. 机会承诺	3.03	0.744	0.28**	0.20**	0.20**	0.75**			
感恩情感	6. 感恩敏感性	4.57	0.809	0.43**	0.53**	0.39**	0.18**	0.05		
	7. 感恩强度	3.25	0.969	0.04	–0.06	0.04	0.46**	0.49**	–0.29**	
	8. 感恩持续性	4.59	0.837	0.38**	0.45**	0.35**	0.16**	0.05	0.79**	–0.23**

注：** 表示在 0.01 水平上（双侧）显著相关。

表 8–8　企业员工感恩与组织承诺变量及维度的相关关系

	感情承诺	规范承诺	理想承诺	经济承诺	机会承诺
感恩敏感性	正相关	正相关	正相关	正相关	—
感恩强度	—	—	—	正相关	正相关
感恩持续性	正相关	正相关	正相关	正相关	—

5. 回归分析

为了进一步验证变量之间的因果关系，还需要对变量进行回归分析。以下是采用 SPSS17.0 软件对感恩情感和组织承诺各维度进行回归分析的详细数据，如表 8–9~表 8–13 所示。

从表 8-9 可以看出，组织感情承诺与感恩持续性回归不显著（P=0.271）；组织感情承诺与感恩敏感性回归显著（P<0.001），说明感恩敏感性能显著预测组织感情承诺。员工的感恩特质越敏感，对组织的感情承诺就会越高。可以得到回归方程：组织感情承诺 = 0.355 × 感恩敏感性 − 5.042。

表 8-9 组织感情承诺与感恩敏感性、持续性的回归分析

模型		非标准化系数		标准系数	t	Sig.
		B	标准误差	试用版		
1	（常量）	-5.042	0.053		0.000	0.999
	敏感性	0.355	0.087	0.364	4.090	0.000
	持续性	0.096	0.087	0.088	1.102	0.271

a. 因变量：组织感情承诺。

从表 8-10 可以看出，组织规范承诺与感恩持续性回归不显著（P=0.355）；组织规范承诺与感恩敏感性回归显著（P<0.001），说明感恩敏感性能显著预测组织规范承诺。员工的感恩特质越敏感，对组织的规范承诺就会越高。可以得到回归方程：组织规范承诺=1.106+0.469×感恩敏感性。

表 8-10 组织规范承诺与感恩敏感性、持续性的回归分析

模型		非标准化系数		标准系数	t	Sig.
		B	标准误差	试用版		
1	（常量）	1.106	0.050		0.000	1.000
	敏感性	0.469	0.082	0.458	5.744	0.000
	持续性	0.076	0.082	0.065	0.927	0.355

a. 因变量：组织规范承诺。

从表 8-11 可以看出，组织理想承诺与感恩持续性回归不显著（P=0.219）；组织理想承诺与感恩敏感性回归显著（P<0.01），说明感恩敏感性能显著预测组织理想承诺。员工的感恩特质越敏感，对组织的理想承诺就会越高。可以得到回归方程：组织理想承诺=5.303+0.305×感恩敏感性。

从表 8-12 可以看出，组织经济承诺与感恩持续性回归不显著（P=0.727）；组织经济承诺与感恩敏感性回归显著（P<0.001），说明感恩敏感性能显著预测组织经济承诺；组织经济承诺与感恩强度回归显著（P<0.001），说明感恩强度能显著预测组织经济承诺。员工的感恩特质越敏感和越强烈，对组织的经济承诺就会

表 8-11　组织理想承诺与感恩敏感性、持续性的回归分析

模型		非标准化系数		标准系数	t	Sig.
		B	标准误差	试用版		
1	（常量）	5.303	0.054		0.001	0.999
	敏感性	0.305	0.089	0.317	3.444	0.001
	持续性	0.109	0.087	0.103	1.231	0.219

a. 因变量：组织理想承诺。

越高。可以得到回归方程：组织经济承诺=0.321×感恩敏感性+0.557×感恩强度-9.004。

表 8-12　组织经济承诺与感恩情感各维度的回归分析

模型		非标准化系数		标准系数	t	Sig.
		B	标准误差	试用版		
1	（常量）	-9.004	0.049		0.000	1.000
	敏感性	0.321	0.081	0.354	3.961	0.000
	持续性	0.028	0.080	0.038	0.349	0.727
	强度	0.557	0.051	0.541	10.910	0.000

a. 因变量：组织经济承诺。

从表 8-13 可以看出，组织机会承诺与感恩强度回归显著（P<0.001），说明感恩强度能显著预测组织机会承诺。员工的感恩强度越强，对组织的机会承诺就会越高。可以得到回归方程：组织机会承诺=1.258+0.485×感恩强度。

表 8-13　组织机会承诺与感恩强度的回归分析

模型		非标准化系数		标准系数	t	Sig.
		B	标准误差	试用版		
1	（常量）	1.258	0.052		0.000	1.000
	强度	0.485	0.052	0.492	9.393	0.000

a. 因变量：组织机会承诺。

第三节　结论与管理建议

一、主要结论与管理建议

1. 企业员工的感恩敏感性能显著正向影响组织感情承诺

企业员工越能敏锐感觉到来自组织和他人的帮助和恩惠，越具有更高的感恩情感，那么员工对于企业的感情承诺也会越高，对组织越有感情，会更加热爱组织，更愿意为企业的生存和发展做出贡献，不会轻易离职跳槽。

建议企业管理者如果要想保留住核心员工，降低离职率，不应该在员工提出辞职申请或者已经有意向离开公司的时候才做出挽留措施。一方面，管理者应该给予员工足够的指导、关心和支援，让员工更好更放心地工作。公司内部也可无上下级之分，下属也可对上司直呼其名，营造一种上下平等、随意亲切的气氛，并让员工意识到自己和上司都是公司里平等而且重要的成员，只是分工不同而已，这样员工就能全心全意地投入工作，为公司也为自己谋求更大的利益。另一方面，企业应该对员工实施感恩教育，提高他们的感恩敏感性，让他们能够更加敏锐地感受到企业给予他们的支持与帮助，这样才能提高员工对于组织的感情承诺，从而对企业产生感情依赖、感情归属，热爱企业。

2. 企业员工的感恩敏感性能显著正向影响组织规范承诺

企业员工的感恩敏感性越高，对于企业的规范承诺也会随之越高，对企业的态度和行为均会以社会规范、职业道德为准绳，遵守企业规章制度，对组织和工作有责任感，会尽自己应尽的责任和义务。

建议企业通过感恩教育和培训不断提升员工的感恩敏感性，使员工对于他人的帮助比较容易怀有感激之情，从而使员工个人能够自觉遵守社会规范、职业道德，遵守企业规章制度，在工作中时时考虑自己的行为是否对企业产生不利影响。

3. 企业员工的感恩敏感性能显著正向影响组织理想承诺

企业员工的感恩敏感性越高，对于企业的理想承诺也会越高，会更重视个人的成长，更关注个人的专长在该企业能否得到发挥，希望企业能提供良好的工作条件、学习机会及晋升机会，努力帮助企业实现战略目标和价值观念。

建议企业严格把好招聘关，尽量将感恩敏感性较低的候选人排除在外，或者企业通过感恩教育提升员工的感恩敏感性。通过宣传使员工认同公司的理念、价值观、使命和战略目标。企业应鼓励员工个人充分发挥其能力，并在发挥员工价值的同时实现组织的战略目标和核心价值观。

4. 企业员工的感恩敏感性和感恩强度能显著正向影响组织经济承诺

企业员工的敏感性越高、感恩强度越强，员工对于企业的组织经济承诺相对也会更高，会更加努力工作，减少浪费和无效率，积极增加企业的利润和市场占有率等，并且为了不给企业造成经济损失，不会轻易离开公司。

建议企业不断提高对员工的支持力度，同时增强员工的感恩敏感性和感恩强度，做好绩效考核制度，鼓励员工为企业的经营管理和业绩做出自己应有的贡献。

5. 企业员工的感恩强度能显著正向影响组织机会承诺

企业员工的感恩强度越强，对于企业的组织机会承诺也会越高。在体验积极事件时，能够体验到更强烈感激之情的员工，即便他们的技术水平较高或者外部有其他更满意的企业和工作机会，他们也不会另找工作，从而表现出更多的承诺。

建议企业提高对员工的关心和支持，从而不断提高员工对企业的感恩情感，使员工具有较高的组织忠诚度，不会因为受到外界的利益诱惑而轻易离职。

二、研究局限

1. 问卷法本身的局限性

问卷调查法具有一定的局限性：首先，当被调查者缺乏合作的诚意或为了迎合主流意识不做实事求是的回答时，调查的结果就不真实；其次，本研究要分析的是企业员工感恩情感与组织承诺的关系，感恩情感是一种被试者主观的感受和心理过程，而不是一种客观存在的事实，企业对员工的客观支持和帮助与员工的内心感知存在一定的差异。

2. 抽样方法的局限性

由于时间和个人能力的限制，本研究在问卷调查过程中，所选取的企业和数量都具有一定的局限性，同时，采用了便利随机抽样法来选择研究对象，而该方法可能会影响所获数据的代表性。因此，以后的实证研究应尽可能采用更为科学严谨的抽样方法并拓宽调研区域和群体。

三、研究展望

由于笔者研究水平和条件有限，本研究对企业员工感恩情感与组织承诺关系的研究选取了一些前人研究过的比较成熟的量表，但是还存在一些不足和未涉及的问题。

本研究的样本仅限于福建省范围内部分地区的企业，覆盖区域较小，今后的实证研究可以扩大样本量和样本范围，以便得出更为准确的结论。本研究最后结论中也只证明了感恩敏感性和感恩强度两个维度对于组织承诺的影响，而感恩持续性维度对于组织承诺各维度的影响不明显，因此研究的企业员工感恩情感与组织承诺的关系较不全面，希望今后的研究中能够就“感恩情感维度对于组织承诺的影响”课题进行细分与研究。

受到构建模型因素的局限，本研究在展开对企业员工感恩情感与组织承诺关系的研究时，忽略了某些个性特征的影响，简化了模型。这样的模型存在缺陷，不能全面地反映真实的情况，在以后的学习研究中，如果条件允许，应该把忽略的个性特征也纳入构建模型中。

第九章　感恩对主观幸福感的影响：亲社会行为的中介作用

现在随着我国经济的发展，企业员工工资水平不断提高，物质财富不断丰富，工作条件也在不断改善，但是员工的幸福指数并没有同步提高。企业员工的主观幸福感受到很多因素的影响，其中重要的因素之一就是员工的感恩能力。国外研究成果表明，高感恩者的健康水平更高，并体验着更强烈而持久的幸福感。

同时，感恩能够促使个体做出对施惠者、他人及社会的亲社会行为。亲社会行为是指人们在共同的社会生活中表现出来的一些有益的行为，如帮助、分享、合作、安慰、同情、关心、谦让等。感恩能促使人们以善意回应他人的善举，也能够防止个体做出破坏人际关系的行为，因此高感恩倾向的个体往往会表现出更多的亲社会行为。Graham（1988）研究表明，感恩促使受惠者对施惠者做出回报，因此被视作一种亲社会情感。Bartlett 和 DeSteno（2006）通过实验证明了感恩对亲社会行为的作用。

亲社会行为虽然是一种付出行为，但往往是“送人玫瑰，手有余香”，往往是一种双赢的行为，受惠者得到了好处，给予者也获得了一种幸福感。亲社会行为可以促进关系的亲密发展，可以促进人际信任，并进一步使主观幸福感得到提升，这也得到一些实证研究的支持（Bartlett 和 DeSteno，2006；Grant 和 Gino，2010）。因此，可以看出，亲社会行为在员工的感恩与主观幸福感之间起到了中介作用。

本章主要研究感恩如何通过亲社会行为的中介作用影响主观幸福感，深入了解亲社会行为在感恩与主观幸福感之间的桥梁作用。本研究成果有利于企业不断提高和改善员工的主观幸福感，让员工成为一个快乐而幸福的工作人，让企业成为一个幸福的大家庭和工作平台。

第一节 文献分析和假设

一、感恩与主观幸福感

1. 感恩

感恩（Gratitude）一词源于拉丁字根“gratia”，意思是恩惠、令人愉快。所有源自这个词语的词都与“仁慈、慷慨、礼物、给予和接受的美等”有关。

在我国，感恩一词最早出自《三国志·吴志·朱桓传》，书中记载“桓分部良吏，隐亲医药，食粥相继，士民感恩之”。晋代文豪潘岳《关中》诗“观遂虎奋，感恩输力”中的“感恩”取“感恩戴德”之意。感恩图报是中华民族的传统美德。“施人慎勿念，受施慎勿忘”、“知恩图报”、“投我以桃，报之以李”、“受人滴水之恩，当以涌泉相报”等众所周知的古语，都体现着知恩图报的精神。

Rosenberg（1998）将情感特质界定为“指向某种情绪反应的稳定倾向”，“它为某种特殊情绪状态的发生设置阈限”。也就是说，情感特质降低了个体在体验感恩情绪状态时的阈限值。如“感恩特质”可能降低人在体验感恩情绪时的阈限（McCullough，2002），即具有感恩特质的个体总是倾向于在各种情境中更加容易、更加频繁、更加强烈地体验到感恩情绪。当这种感恩情感特质在特定个体身上经常出现、渐趋稳定，并且已经镶嵌到一个人的个性结构中时，称为特质性感恩情感。它是指个体倾向于以感恩情绪来回应他人帮助的一种稳定的情感体验，具有跨情境性。特质感恩是一种稳定、积极的人格特质，是个体在认识到施恩者所给予自己的恩惠或者帮助的基础上产生的一种感激并且力图有所回报的情感特质。具有特质感恩的个体有以下四种表现：他们在生活中具有满足感；他们易于对帮助过自己以及使自己幸福的人给予赞赏和感激；他们倾向于赞赏一些简单的快乐；他们认可体验感激和表达感激的重要性。

2. 主观幸福感

（1）主观幸福感的概念。主观幸福感是一种主观精神层面的体验，指个体主观上对自己已有的生活状态和期望的生活状态相符的一种肯定的态度和感受，是个体根据自己的标准对生活质量进行综合评价后的一种积极体验。心理学界目前明确了主观幸福感的测量指标有三个：较高水平的生活满意度，有积极体验，较低水平的消极体验。心理学领域的有关研究指出，真正影响主观幸福感的主要因素是积极体验和消极体验的频度，尤其是积极体验的频度，而不是积极体验和消极体验的强度。不管强度如何，经常有积极体验的个体更加容易产生主观幸福感。部分学者关于主观幸福感的定义归纳如表 9-1 所示。

表 9-1　主观幸福感的内涵

学者	年份	主观幸福感的内涵	维度	表现特征
Bradburn	1969	积极情绪与消极情绪平衡的结果	积极情绪、消极情绪	精神性为主，暂时体验
Diener	1999	宽泛的现象范畴，包括情感反应、领域生活满意度以及对生活满意度的综合判断	情感反应、领域生活满意度、总体生活满意度	物质性和精神性，暂时体验与持久体验相结合
Gutierrez	2004	积极情绪次数多于消极情绪结果	积极情绪、消极情绪	精神性为主，暂时体验
Brulde	2007	以积极的方式评价自己的生活，对生活满意并喜欢这种生活状态	生活满意	物质性为主，暂时体验与持久体验相结合
Christopher	2008	个体正面或负面的享乐体验	正面情绪、负面情绪	精神性为主，暂时体验
Alexandra	2009	包括幸福感或生活满意度，以及相对存在愉悦情绪或缺乏负面情绪	生活满意、愉悦情绪和负面情绪	物质性和精神性，暂时体验与持久体验相结合

简而言之，主观幸福感就是快乐的主观体验。主观幸福感的哲学背景是快乐论，把幸福定义为个人根据自己的标准对生活进行评价，并由此产生情绪状态，强调快乐的主观，其核心概念与指标就是生活满意、正性情感与负性情感。

（2）主观幸福感的测量。杨红娟（2012）构建了一个完整的企业员工主观幸福感指标体系，该体系包括情绪体验、工作领域满意度、个人生活领域满意度 3 个一级指标、8 个二级指标和 28 个三级指标。主观幸福感回溯式自陈报告测量存在一定的不足，在此基础上研究者发展了关注时间因素的即时测量方法，如经验取样法（ESM）、生态瞬时评定法（EMA）、重现法（DRM）、U 指数（The U-Index）等。

（3）影响主观幸福感的因素。从宏观来看，西方学者认为影响主观幸福感的主要因素有经济因素、人口社会学特征、制度和政策因素、广义环境因素等。随着收入的边际幸福效用递减，其他非收入因素对幸福的影响力逐步增强。健康良好、婚姻稳定、宗教信仰、社会信任和宪政民主有利于增强人们的幸福感。居民的幸福水平会随政府支出规模的变化呈倒 U 型曲线，也会因年龄、性别、种族、教育程度、时间分配、朋友关系和子女个数等方面的不同而呈现出广泛的个体差异。

陈灿锐（2012）研究发现，主观幸福感与外倾性存在正相关，与神经质、精神质存在负相关；主观幸福感与大三人格之间的关系不受主观幸福感结构的影响；主观幸福感与内外倾人格特质的关系受不同年龄群体的调节，而主观幸福感与神经质、精神质的关系则不受影响。李中权（2010）研究发现，重新评价策略的使用在人格特质对主观幸福感的影响中具有重要的中介作用。柯江林（2015）研究发现，事务型心理资本和人际型心理资本对工作投入、主观幸福感有积极作用。此外，心理资本、人际型心理资本对工作投入与主观幸福感存在正向的交互效应。相关研究表明，自我效能感与主观幸福感存在显著的相关关系，一般自我效能感和应对方式是影响主观幸福感的重要变量。积极应对方式与主观幸福感呈正相关，消极应对方式与主观幸福感呈负相关。

Bisconti 和 Bergeman（1999）指出，社会控制在社会支持与主观幸福感之间具有中介作用，感觉控制调节了支持与健康、满意感之间的关系。王大华等（2006）对老年人的研究也发现，接受子女社会支持对老年人主观幸福感没有直接影响，它通过自尊、孤独感和感恩情感间接影响主观幸福感，此外它还通过孤独感对感恩情感的影响进而间接影响主观幸福感。严标宾（2003）对大学生的自尊、自我控制以及抑郁三者对社会支持与主观幸福感关系的中介作用进行了系统的研究。研究发现，自尊、自我控制、抑郁三者都是社会支持影响主观幸福感的中介变量。

任志红等学者认为，具有良好的社会支持的个体会有比较高的主观幸福感、比较高的生活满意度、积极情感和较低的消极情感。因为社会支持可以提供物质或信息的帮助，增加人们的喜悦感、归属感，提高自尊感、自信心。当人们面临应激生活事件时，还可以阻止或缓解应激反应，安定神经内分泌系统，增加健康的行为模式，从而增加正性情感并抑制负性情感，防止降低主观幸福感。邢占军（2008）研究发现，情感支持、工具支持和资讯支持均对主观幸福感具有显著的预测作用，其影响作用大小依次为情感支持、资讯支持、工具支持。

（4）主观幸福感的干预。在幸福感干预的研究中产生了一些有效的干预方法，如表达感恩、感恩日记、发现自己的性格优势、运用性格优势、助人行为、追求目标等（Seligman、Steen、Park 和 Peterson，2005；Lyubomirsky，2009；

Lyubomirsky、Dickerhoof、Boehm 和 Sheldon，2011）。这些干预方法可以大致划分为认知层面、行为层面和意志层面。

在认知层面上，感恩是一项有效的提升主观幸福感的途径（Wood、Froh 和 Geraghty，2010）。认知即认识到积极结果且认为是其他人促成了这些结果。感恩（让被试回忆值得感激的事情）可以提高主观幸福感，并且效果持续三周以上。有学者研究发现，被试接受感恩干预后，生活满意度和积极情绪会有显著提升，而消极情绪会有显著下降（Seligman、Steen、Park 和 Peterson，2005；Watkins、Woodward、Stone 和 Kolts，2003；Froh、Kashdan、Ozimkowski 和 Miller，2009；Sheldo 和 Lyubomirsky，2006）。

在行为层面上，表达善意是一项重要的干预方法，Tkach（2006）研究发现，人类的善心在情绪、幸福感和自我评价上可以产生持久的提升作用。要求被试练习做好事，如帮室友洗碗、帮陌生人开门等，考察主观幸福感的变化。行为上的意向性活动确实能提高主观幸福感；活动的种类和时间安排影响其效果。

意志层面上的活动主要包括追求重要的个人目标、追求有意义的事业等。目标制定过程，以及改变目标的意义水平均可以相应地提升个体的主观幸福感水平（Green，2006）。在一项研究中，研究者教授被试帮助他们达成个人目标的策略。在学期结束时，目标达成能够显著预测幸福感的增加。并且，只有目标适合其兴趣和价值观的被试才能从干预中获益。

张巍（2014）研究发现，记录感恩能够显著提升生活满意度；助人行为能够显著提升生活满意度、积极情绪，且能降低消极情绪；追求目标能显著提升生活满意度和降低消极情绪。这三种干预方法均能有效提高工作场所人员的主观幸福感。

3. 感恩与主观幸福感的关系

感恩与主观幸福感密切相关，这一结论在国外已经得到了很多研究的支持。McCullough 等（2002）以大学生为被试进行研究发现，感恩倾向较高的个体生活满意度更高，生活的态度更乐观、更充满活力，并且更少出现抑郁和嫉妒。Watkins 等（2004）也得到相似的结论，研究发现高感恩倾向的个体体会到更多积极情绪。不仅如此，一些研究发现，在控制了其他变量和影响因素后，如社会期许效应、人格等，感恩与主观幸福感仍存在显著的相关关系（Froh 和 Kashdan 等，2009；Froh 和 Yurkewicz 等，2009；McCullough 等，2002；Wood 和 Maltby

等，2008)。

我国学者也得到了一些类似的结论。罗利（2015）认为感恩能通过“社会支持和抗挫折能力”的中介作用来影响主观幸福感。李倩（2016）通过对武汉某高校受助贫困大学生的调查研究发现，感恩意识对主观幸福感有显著的预测作用。邓衍鹤（2016）研究发现，基于感恩的干预方式能够有效提升暴力型犯罪服刑人员的主观幸福感，降低攻击性，而且干预完全是通过提升感恩水平进而对提高主观幸福感产生作用。

基于上面的论述，提出本研究的第一个假设：

H9-1：感恩能显著影响主观幸福感。

二、感恩与亲社会行为

1. 亲社会行为的概念

亲社会行为（Prosocial Behavior），又被称为积极社会行为，这一概念最早由美国学者 Weisberg（1972）提出，其主要用来反映与侵犯等否定性行为相对立的正面行为。同情、协助、慈善等行为均在亲社会行为这一概念的范畴之内，其根本目的在于使社会和他人都能从中获益。Rosenhan（1978）认为亲社会行为泛指个体做出的助人、慈善捐赠及自我牺牲，并且自己获得回报的可能性微乎其微的行为。迈尔斯（Myers，2005）指出，亲社会行为包括提升自尊与实现自我满足，以及避免内疚与消极心境的成分，从这个意义上说，亲社会行为也可能是自我取向的利他行为（Ego-Altruism）。因此，Krebs 和 Hesteren（1994）将亲社会行为看作是从单纯地指向自我利益变化到单纯地指向他人利益的行为连续体。

Gustavo Carlo（2002）将亲社会行为的生态、个体及社会影响相结合，划分出了六种类型的亲社会行为：公开的亲社会行为、匿名的亲社会行为、利他的亲社会行为、依从的亲社会行为、情绪的亲社会行为以及紧急的亲社会行为。

关于亲社会行为理论的研究发展过程，肖凤秋（2014）概括为进化理论阶段（包括亲缘选择理论、群体选择理论、互惠理论）、认知理论阶段（包括损失—奖赏的激励模型、社会信息加工模型、捐赠的二阶模型等）、生物基础理论阶段（包括生物情感理论、脑机制模型等）。近年来，亲社会行为研究领域出现了一些新的研究视角，其中较有代表性的是亲社会行为神经机制研究、志愿者活动研究、跨群体助人研究，以及群体间助人研究。这些新视角及其相关研究，反映出亲社会行为研究在各个水平以及相关学科间进行整合的趋势，有助于研究者对亲社会行为形成更为全面和深入的理解。

2. 亲社会行为的影响因素

（1）移情和同情。余宏波（2006）研究发现，移情、道德推理和观点采择通过复杂的交互作用共同激发亲社会行为。移情、道德推理和观点采择都属于产生亲社会行为的内因，但亲社会行为的真正引发还需要有外在诱因的呈现。移情不仅是亲社会行为的直接动机源，还常常在其他影响亲社会行为的因素和亲社会行为之间扮演中介的角色。同情心（Empathy）是指对其他需要帮助的人有同情和关心的情感体验，是预测亲社会行为的重要变量（Dovidio、Piliavin、Schroeder 和 Penner，2006）。

张弘（2014）研究认为，对弱者表示同情、对不公正的事情表示愤慨，是人类显著的行为特征，行为经济学把这种行为称作亲社会行为。但从进化论角度看，这些带有利他主义性质的行为为什么能够存在，却是一个有待解释的难题。通过计算机仿真，模拟了狩猎—采集社会原始人类合作劳动的随机演化过程。仿真结果显示，以同情心和正义感为主要表征的人类亲社会行为与合作行为可以实现共生演化。只有依靠“惩恶扬善”的双重机制，人类才能建立起稳定的合作秩序。

（2）社会比较。在社会比较情境中，相对向上比较而言，进行向下社会比较之后的个体有更富足的心理资源和能力去关注他人，体验他人处境，从而产生感同身受的体验。亲社会行为测量改编自 De Wall、Baumeister、Gailliot 和 Maner（2008）的研究，共包含帮助流浪汉、帮助福利院孤儿、为乡村图书馆捐款、为地震灾区捐款四个虚拟情境。被试阅读完情境之后，在 7 点李克特量表上表明自己的帮助意愿，1 代表非常不愿意，7 代表非常愿意（$\alpha = 0.70$）。研究结论是：与向上比较组和控制组相比，向下社会比较会导致更高的一般性亲社会行为；社会比较对亲社会行为的影响由个体对弱势群体的同理心所中介。

寇彧（2012）从社会比较的视角探讨亲社会行为的启动、维持、评价、培养过程。亲社会行为情境的模糊性、助人者之间的相似性以及助人者和求助者之间的相似性都能引发个体的社会比较，进而启动亲社会行为；社会比较后的对比效应和同化效应对亲社会行为具有维持作用；亲社会行为及其结果又强化了个体积极的自我评价。

（3）其他影响因素。丛文君（2014）指出，六种亲社会行为的排列顺序为：利他、紧急、情绪、依从、匿名、公开。这些不同类型的亲社会行为总体与大五人格特质之间存在显著的正相关，但也存在具体类型与不同人格特质的相关。在回归分析中，大五人格中除神经质因子外均是亲社会行为的有效预测变量。伊藤顺子（2009）研究发现，自我控制和自我主张都与亲社会行为存在显著的正相关。周晖（2010）研究发现，自恋和隐性自恋者有差异，但都难以真正与他人产生共情。

雷娟（2015）研究证实，个体的道德自我概念的提高可以促进个体的亲社会行为倾向。道德自我概念是指个体对情境下自身道德品质、道德行为和社会规范的认知及相伴随的情感体验，对个体的道德行为起约束和调节作用，是自我意识中比较重要的组成部分。寇彧（2004）关于中心境与亲社会行为关系的研究认为，积极心境促进亲社会行为，而消极心境则有时促进亲社会行为，有时减少亲社会行为。心境对亲社会行为的影响是通过激发动机发生的直接作用和通过个体的认知判断发生的信息作用来完成的，这两种影响既可以独立起作用，也可以共同起作用。李颖（2012）认为，合作型亲社会行为是亲社会行为的主要类型之一，它的发生包括内部动力（善良动机和心理满足）、外部动力（同伴群体和社会环境）以及效果助力（过程顺利和结果良好）三大因素。社会心理研究表明，亲社会行为还受场景、助人者及被助者的特点的影响。

3. 感恩对亲社会行为的影响

感恩是对他人做出的有益行为所产生的情感，是一种正性的情绪。Graham（1988）研究发现，感恩促使受惠者对施惠者做出回报，因此被视为一种亲社会的情感。感恩是其他所有美德的源泉，与亲社会行为有着密切的关系。Tsang（2006）通过实验研究发现，被试报告在接受他人的帮助之后，更愿意去帮助别人。在医学临床、学校教育和社会方面，人们已经开始尝试通过感恩训练和治疗，来帮助个体主动预防和积极解决已有的心理问题，以此提高个体的生活满意度和主观幸福感。麦卡洛等（2001）提出感恩能促进亲社会行为，对于助人者来说，感恩是一种强化物，在将来可能继续表现出亲社会行为；对于受助者来说，可以激发其在将来做出亲社会行为。Bartlett（2006）的实证研究发现，即使需要花费一些时间或者金钱，感恩情感也能促使个体努力回报助人者。

基于上面的论述，提出本研究的第二个假设：

H9-2：感恩能显著影响亲社会行为。

三、亲社会行为的中介作用

亲社会行为是指人们在共同的社会生活中表现出来的一些有益的行为，能够促进双方关系的亲密发展，可以促进人际信任，并进一步使主观幸福感得到提升，这也得到一些实证研究的支持（Bartlett 和 DeSteno，2006；Grant 和 Gino，2010）。此外，根据道德情感理论的观点，感恩作为一种道德情感，其来源于施惠者的道德行为，也能激发受惠者个体做出道德行为。McCullough 等（2001）具体分析了感恩的三种道德功能：道德晴雨表功能、道德动机功能和道德强化物功能。在人际互动关系中的双方或者多方，其积极的情感表达和行为表达不仅能给接受者带来愉悦的心情，同时也能给给予者带来一定的快乐与幸福感。特别是当受惠者一方能够认知到给予者的用心，并且能够表达感激、愉悦等心理与情感，那么往往能够使给予者产生更加强烈的被鼓励感、满足感和主观幸福感。

基于上面的论述，提出本研究的第三个假设：

H9-3：亲社会行为能显著影响主观幸福感。

感恩能够促使人们以善意回应他人的善举，也能防止个体做出破坏人际关系的行为（McCullough 等，2001）。因此，感恩属于一种亲社会情感，高感恩倾向的人会表现出更多的亲社会行为，如宽恕他人与乐意赞美他人（Deutsch、Roksa 和 Meeske，2003）、信任（Dunnand Schweitzerl，2005）、利他（Weiner 和 Graham，1989）以及给予他人情感支持（Emmons 和 McCullough，2003；Weiner 和 Graham，1989）等。Graham（1988）的研究也表明，受惠后产生感恩情绪的个体在以后的人际互动中更可能表现出亲社会行为。Grant 和 Gino（2010）研究证实，亲社会行为可促进关系的亲密发展，可促进人际信任，并进一步使主观幸福感得到提升。

基于上面的论述，提出本研究的第四个假设：

H9-4：亲社会行为在感恩与主观幸福感之间起中介作用。

综合以上分析，构建本研究的研究模型如图 9-1 所示。

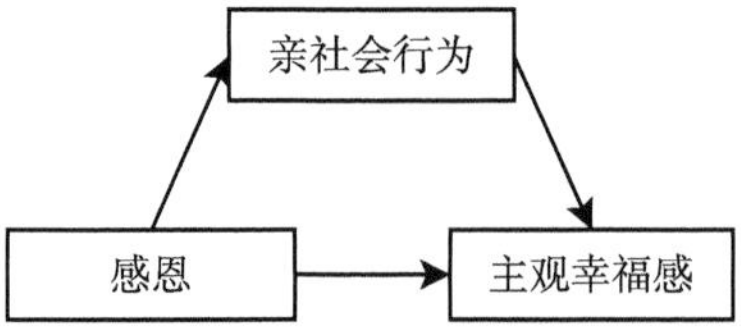

图 9–1 研究模型

第二节 研究方法

一、研究对象

本研究以我国企业员工为调查对象，对象范围的确定建立在方便获取的原则上，研究样本为福建省漳州、福州两个地级市民营企业的员工。本研究共发放调查问卷 185 份，回收 170 份，回收率为 91.9%，其中有效问卷 152 份，有效回收率为 82.2%。样本情况如表 9–2 所示。

表 9–2 样本人口统计特征（N = 152）

项目	分类	样本数	百分比（%）	项目	分类	样本数	百分比（%）
性别	男	64	42.1	工作职务	一般员工	93	61.2
	女	88	57.9		基层管理人员	42	27.6
婚姻	已婚	55	36.2		中层管理人员	16	10.5
	未婚	97	63.8		高层管理人员	1	0.7
年龄	20 岁及以下	10	6.6	公司规模	50 人及以下	31	20.4
	21~25 岁	83	54.6		51~100 人	43	28.3
	26~30 岁	35	23.0		101~200 人	15	9.9
	31~40 岁	16	10.5		201~300 人	11	7.2
	40 岁以上	8	5.3		300 人以上	52	34.2
文化程度	高中以下	10	6.6	在本单位工作年限	1 年以内	63	41.4
	高中/中专	34	22.4		1~2 年	41	27.0
	大专	39	25.7		3~4 年	24	15.8
	本科	67	44.1		5~10 年	10	6.6
	研究生	2	1.3		10 年以上	14	9.2

二、变量测量

1. 特质性感恩

对于感恩情感的测量，本研究采用张萍（2012）编制的感恩情感量表。该量表包括感恩敏感性、感恩强度和感恩持续性三个维度，共 13 个题项。感恩敏感性包括 6 个题项，如“看到生活中的一切美好，我都会心存感激”等；感恩持续性包括 3 个题项，如“经过很长的时间后，我仍然感激那些帮助过我的人”等；感恩强度包括 4 个题项，如“生活受挫时，朋友的支持不能让我产生很强烈的感激”等。该量表采用李克特 6 点计分法。

2. 主观幸福感

对于主观幸福感的测量，本研究采用总体幸福感量表（General Well-Being Schedule）（Fazio，1977）。该量表是为美国国立卫生统计中心制定的一种定式型测量工具，用来评价被试对幸福的陈述，量表共有 33 个题项。本研究采用的是段建华（1996）对该量表的修改版本，运用该量表的前 18 项对被试进行测量，共包括六个维度：对健康的担心（2 个题项）、精力（3 个题项）、对生活的满足和兴趣（2 个题项）、忧郁或愉快的心境（4 个题项）、对情感和行为的控制（3 个题项）、紧张和松弛（4 个题项）。

本量表有 4 道题是 5 点计分，有 10 道题是 6 点计分，有 4 道题（C15、C16、C17、C18）是 11 点计分。为了研究方便，本研究把 11 点计分折算成 5 点计分（1~2 折为 1 分，3~4 折为 2 分，5~7 折为 3 分，8~9 折为 4 分，10~11 折为5 分）。在计分时，按选项进行累积相加，将六个维度的得分平均即得到总体幸福感的分数。

3. 亲社会行为

本研究采用美国心理学家 Carlo 编制的《亲社会倾向量表》来测量被试的亲社会行为。该量表分为六个维度：情绪性（4 个题项）、依从（2 个题项）、利他（5 个题项）、匿名性（5 个题项）、公开性（4 个题项）、紧急性（3 个题项），共 23 个题项，采用李克特 5 点计分法。

4. 控制变量

为了控制个人特征对员工感恩、亲社会行为以及主观幸福感行为的影响，本研究控制了以下变量：性别、婚姻、年龄、文化程度、工作职务、公司规模以及在本单位的工作年限。

第三节　数据分析与结果

一、探索性因子分析

在进行探索性因子分析之前，本研究利用 SPSS 17.0 进行了 Bartlett's 球度检验以及 KMO 检验，具体分析结果如表 9-3 所示。从中可以得知，Bartlett's 球度检验均达到了显著性水平，KMO 检验值均大于 0.9，方差解释率均在 75%以上，符合相关标准要求，适合做探索性因子分析。

表 9-3　Bartlett's 球度检验、KMO 检验和方差解释率

研究变量	Bartlett's 球度检验			KMO 检验	方差解释率
	Approx.Chi-Square	df	Sig.		
感恩	1543.370	78	0.000	0.924	76.120
亲社会行为	2017.662	190	0.000	0.933	75.613
主观幸福感	1463.993	120	0.000	0.902	80.182

1. 感恩探索性因子分析

在探索性因子分析中，采用主成分分析法和方差最大正交旋转法来对数据进行分析处理。感恩量表的探索性因子分析结果如表 9-4 所示。

表 9-4　感恩的因子载荷

旋转成分矩阵			
	成分		
	1	2	3
A13 感恩敏感性	0.810	0.210	0.257
A12 感恩敏感性	0.763	0.379	0.260
A10 感恩敏感性	0.753	0.203	0.333
A5 感恩敏感性	0.701	0.372	0.305
A7 感恩敏感性	0.649	0.366	0.455
A1 感恩敏感性	0.568	0.218	0.502

续表

旋转成分矩阵			
	成分		
	1	2	3
A6 感恩强度	0.285	0.827	0.191
A3 感恩强度	0.305	0.812	0.160
A9 感恩强度	0.289	0.784	0.320
A11 感恩强度	0.176	0.769	0.328
A2 感恩持续性	0.340	0.323	0.772
A8 感恩持续性	0.328	0.252	0.771
A4 感恩持续性	0.384	0.290	0.765

从表 9–4 可以看出，探索性因子分析结果显示感恩情感量表包括三个维度，分别是感恩敏感性（6 个题项）、感恩强度（4 个题项）和感恩持续性（3 个题项）。各个维度内部的题项具有较高的聚合度，维度之间有较高的区分度，说明量表具有较好的效度。

2. 亲社会行为探索性因子分析

从表 9–5 可以看出，剔除了因子载荷比较低的题项 B1、B4、B16，探索性因子分析挖掘出亲社会行为包含六个潜在因子，分别是情绪性（4 个题项）、公开性（3 个题项）、匿名性（5 个题项）、利他（3 个题项）、紧急性（3 个题项）、依从（2 个题项）。删除了因子载荷较低的题项之后，亲社会行为各个维度内部聚合度较高，维度之间区分度较高，说明具有较好的效度。

表 9–5　亲社会行为的因子载荷

旋转成分矩阵						
	成分					
	1	2	3	4	5	6
B20 情绪性	0.758	0.345	0.204	0.052	0.068	0.256
B2 情绪性	0.738	0.128	0.091	0.302	0.257	0.158
B17 情绪性	0.685	0.228	0.269	0.181	0.308	0.132
B21 情绪性	0.665	0.373	0.222	0.180	0.263	0.117
B13 公开性	0.202	0.759	0.168	0.113	0.286	0.177
B5 公开性	0.273	0.727	0.265	0.166	0.182	0.134
B3 公开性	0.331	0.716	−0.030	0.244	0.176	0.172
B8 匿名性	0.154	−0.046	0.730	0.106	0.353	0.184
B19 匿名性	0.121	0.232	0.691	0.410	0.010	0.230

续表

旋转成分矩阵						
	成分					
	1	2	3	4	5	6
B22 匿名性	0.407	0.349	0.568	0.348	−0.011	−0.035
B15 匿名性	0.269	0.273	0.562	0.255	0.224	0.239
B11 匿名性	0.184	0.139	0.535	0.279	0.453	0.222
B12 利他	0.186	0.159	0.297	0.726	0.312	0.096
B10 利他	0.178	0.150	0.205	0.707	0.363	0.234
B23 利他	0.224	0.227	0.272	0.698	0.133	0.183
B6 紧急性	0.208	0.143	0.222	0.349	0.709	0.162
B14 紧急性	0.325	0.341	0.090	0.211	0.684	0.115
B9 紧急性	0.211	0.446	0.256	0.182	0.681	0.111
B7 依从	0.161	0.188	0.209	0.209	0.174	0.829
B18 依从	0.370	0.247	0.285	0.200	0.150	0.673

3. 主观幸福感探索性因子分析

在对主观幸福感量表进行探索性因子分析时，剔除了不符合的题项 C16、C18。分析结果如表 9-6 所示。

表 9-6 主观幸福感的因子载荷

旋转成分矩阵						
	成分					
	1	2	3	4	5	6
C13 对情感和行为的控制	0.831	0.212	0.169	0.148	0.213	0.090
C3 对情感和行为的控制	0.793	0.237	0.216	0.183	0.059	0.049
C7 对情感和行为的控制	0.687	0.178	0.238	0.201	0.291	0.227
C1 忧郁或愉快的心境	0.264	0.804	0.173	0.157	0.192	0.102
C4 忧郁或愉快的心境	0.208	0.740	0.255	0.317	0.104	0.081
C12 忧郁或愉快的心境	0.194	0.739	0.267	0.215	−0.008	0.304
C17 精力	0.137	0.169	0.833	0.145	0.224	0.039
C14 精力	0.199	0.327	0.735	0.195	0.108	0.228
C9 精力	0.423	0.203	0.704	0.094	0.204	0.085
C2 松弛和紧张	0.206	0.157	0.145	0.794	0.309	0.042
C5 松弛和紧张	0.134	0.315	0.070	0.736	0.253	0.179
C8 松弛和紧张	0.262	0.278	0.371	0.675	−0.129	0.288
C6 对生活的满足和兴趣	0.175	0.212	0.279	0.191	0.809	0.182
C11 对生活的满足和兴趣	0.294	0.020	0.173	0.217	0.758	0.253
C15 对健康的担心	0.025	0.119	0.078	0.062	0.334	0.836
C10 对健康的担心	0.273	0.257	0.175	0.293	0.069	0.727

从表 9-6 可以看出，主观幸福感包含六个潜在因子，这 6 个因子分别是对情感和行为的控制（3 个题项）、忧郁或愉快的心境（3 个题项）、精力（3 个题项）、松弛和紧张（3 个题项）、对生活的满足和兴趣（2 个题项）、对健康的担心（2 个题项）。主观幸福感量表各个维度内部聚合度较高，维度之间区分度较高，说明具有较好的效度。

二、信度分析

从表 9-7 可以得知，感恩量表的 Cronbach'α 系数为 0.947，亲社会行为量表的 Cronbach'α 系数为 0.950，主观幸福感量表的 Cronbach'α 系数为 0.929，三个量表各个维度的信度系数也均高于 0.7，说明各量表均具有较高的信度。

表 9-7 量表信度检验结果

研究变量	维度	题项个数	Cronbach's Alpha	整体信度
感恩	感恩敏感性	6	0.918	0.947
	感恩持续性	3	0.883	
	感恩强度	4	0.901	
亲社会行为	公开性	3	0.843	0.950
	情绪性	4	0.879	
	利他	3	0.845	
	紧急性	3	0.870	
	依从	2	0.792	
	匿名性	5	0.850	
主观幸福感	松弛和紧张	3	0.821	0.929
	忧郁或愉快的心境	3	0.855	
	对健康的担心	2	0.719	
	精力	3	0.847	
	情感和行为的控制	3	0.815	
	对生活的满足和兴趣	2	0.843	

三、相关性分析

利用统计软件对感恩、亲社会行为、主观幸福感进行相关性分析，得到 Pearson 相关系数如表 9-8 所示。可以看出，感恩与主观幸福感的相关系数为 0.66，$P<0.01$，二者之间存在显著性相关，由此可以判断本研究 H9-1 得到了初

步验证。感恩与亲社会行为的相关系数为 0.70，P<0.01，二者之间存在显著性相关，由此可以判断本研究 H9-2 得到了初步验证。亲社会行为与主观幸福感的相关系数为 0.68，P<0.01，二者之间存在显著性相关，由此可以判断本研究 H9-3 得到了初步验证。

表 9-8　各变量的均值、标准差和相关系数（N=152）

变量与维度	均值	标准差	1	2
1. 感恩	4.50	0.88		
2. 亲社会行为	3.54	0.67	0.70**	
3. 主观幸福感	4.06	0.72	0.66**	0.68**

注：** 表示在 0.01 水平（双侧）上显著相关。

四、亲社会行为的中介作用

通过回归分析，可以得到量表之间的回归系数如表 9-9 所示。第一步进行主观幸福感与感恩情感的回归分析，得到标准化回归系数 β=0.664，P<0.001，回归显著，可以判断感恩能显著影响主观幸福感，H9-1 得到了验证。

第二步进行亲社会行为与感恩情感的回归分析，我们可以得到标准化回归系数 β=0.700，P<0.001，回归显著，可以判断感恩能显著影响亲社会行为，H9-2 得到了验证。

第三步将中介变量亲社会行为纳入主效应进行中介分析，得知主观幸福感与亲社会行为的回归显著，β=0.377，P<0.001，可以判断亲社会行为能显著影响主观幸福感，H9-3 得到了验证。另外，主观幸福感与感恩情感的回归系数 β=0.411，小于第一步回归系数（0.411<0.664），且依然显著，P<0.01，综合而言，我们可以判断亲社会行为在感恩与主观幸福感之间起到了部分中介作用，H9-4 得到了证实。中介效应占总效应的比例为：0.7×0.411/0.664=43%。

表 9-9　亲社会行为为中介的回归分析数据

	模型 1		模型 2		模型 3	
	B	β	B	β	B	β
（常量）	3.254		3.385		5.269	
年龄	−0.024	−0.013	0.033	0.027	−0.026	−0.020
性别	−0.087	−0.015*	0.094	0.068*	−0.016	−0.028*
婚姻状况	−0.063	−0.027	0.101	0.061	−0.007	−0.006

续表

	模型 1		模型 2		模型 3	
	B	β	B	β	B	β
文化程度	0.052	0.045	0.034	0.047	0.075	0.068
工作年限	0.047	0.059	−0.065	−0.096	0.014	0.024
职位	0.032	0.031	−0.042	−0.041	0.031	0.026
公司规模	0.027	0.023	−0.025	−0.021	0.024	0.022
自变量：感恩情感	0.546	0.664***	0.531	0.700***	0.445	0.411**
中介变量：亲社会行为					0.310	0.377***
R^2	0.011		0.091		0.116	
调整 R^2	0.017		0.059		0.513	
R^2 改变	0.110		0.080		0.025	
F 改变	0.399***		12.616***		4.053***	

注：* 表示 $p < 0.05$、** 表示 $p < 0.01$、*** 表示 $p < 0.001$（双侧检验），n = 152；因变量：主观幸福感。

第四节　结论与讨论

一、基本结论

本研究通过实证方法探索了企业员工的亲社会行为在感恩对主观幸福感的影响中的中介效应。首先，本研究发现感恩能够显著正向影响亲社会行为，这与麦卡洛等（2001）提出的感恩能够促进亲社会行为的结论一致。麦卡洛等（2001）认为，对助人者来说，感恩是一种强化物，在将来可能继续表现出亲社会行为；对受助者来说，可以激发其将来做出亲社会行为。

其次，本研究发现亲社会行为能够促进员工主观幸福感。Bartlett 和 DeSteno（2006）以及 Grant 和 Gino（2010）提出亲社会行为可以促进交往双方关系的亲密发展，可以促进人际信任，并进一步提升主观幸福感。

最后，亲社会行为在感恩对主观幸福感的影响中起到了部分中介作用。员工感恩可以直接影响主观幸福感，还可以通过亲社会行为间接影响主观幸福感。

尽管一些中国学者对感恩与主观幸福感有一定的研究，但对于亲社会行为在其中的中介作用的研究却不多。因此，本研究的理论意义在于，在中国情境下进一步丰富感恩理论；现实意义在于指导企业提高员工主观幸福感，促进企业和谐。

二、管理对策

感恩情感高的员工一般具有更高的主观幸福感，就是平常人们所说的“懂得感恩的人最幸福”，因此建议企业想方设法提高员工的感恩水平。要想提高员工的感恩水平，首先要求企业大力支持员工的工作，为员工提供好的工作平台，为员工发挥自身价值提供各种机会。关心员工的福利待遇以及员工个人和家庭成员的需求，帮助员工实现工作与生活的平衡，并打造一个公平、有序、人性和互助的组织环境。这些措施是对员工实实在在的帮助和支持，必然能够引发员工产生感恩情感。其次，建议企业充分重视员工感恩能力的培训和提升，提高员工的感恩认知能力，提高其感恩敏感性、感恩强度以及感恩持续性。在人员招聘方面，也应该选择那些具有高感恩特质的人员。感恩水平高的员工必然会具有更高的主观幸福感，是成为幸福员工的前提条件。

根据研究结论，亲社会行为在感恩对主观幸福感的影响中起到了部分中介作用。因此，建议企业充分认识到亲社会行为的桥梁作用，以便能够更加充分地发挥感恩对主观幸福感的正向影响。感恩情感高的员工一般能够表现出更多的亲社会行为。企业需要为受惠员工做出亲社会行为提供平台、机制与机会，让员工表现出互帮互助、友善合作的积极行为，营造一种“友善、宽容、互助”的企业文化。一方面，鼓励员工通过语言、感谢信、锦旗等方式积极回馈帮助过自己的人。另一方面，鼓励员工在得到他人帮助之后对所有组织成员甚至社会成员产生积极的亲社会行为，友善待人，乐于助人。通过这些措施既能提升助人者的幸福感和满足感，也能够大大提升员工自己的主观幸福感。

第十章　组织支持对员工组织公民行为的影响：感恩的中介作用[①]

当前我国企业雇佣关系不是那么令人满意。员工组织忠诚度较低，跳槽频繁，即便不跳槽也是在岗位上"做一天和尚撞一天钟"，工作投入较低，存在明显的交易心理，企业给多少钱就干多少活，其他分外之事就不愿意做，组织公民行为很少。考虑到员工的频繁跳槽，企业方面也采取交易型策略，不愿意给员工太多的投入，而是采取不断补充和细化绩效考核体系与加强绩效考核，希望以此来扩展员工的责任范围。这样一来，员工的责任将有可能无限扩大，员工承担了太多责任，这样造成了不好的结果，使得原本属于员工自愿行为的组织公民行为变成了一种"被强迫的组织公民行为"，组织公民行为变味了，最终必将反过来打击员工从事自愿的组织公民行为的积极性。如何解决这一问题成为了学术界和管理者亟待解决的重要课题。

组织公民行为是员工的积极行为之一，对组织而言能起到重要作用，可以弥补岗位职责覆盖不到的工作任务，也能弥补绩效考核不能覆盖和监控的盲区，进而组织公民行为能够产生一种积极的组织氛围，提升员工的满意度和工作幸福感。根据社会交换理论，员工组织公民行为这种积极行为的出现必然有其原因，那就是组织一定给予了员工支持与帮助。徐淑英（1997）等从雇主投资多少的角度出发将员工—组织关系划分为准交易契约型、互相投资型、投资不足型和过度投资型四种类型。他们研究发现，身处不同雇佣关系模式中的员工，其反应模式也表现出不同的特点，在过度投资和相互投资型的关系模式中员工会表现出更好

① 本章内容已经发表于《兰州财经大学学报》2016年第4期。署名作者：曾海洋，生于1971年，男，湖南衡阳人，副教授，博士，研究方向为人力资源管理；李中斌，生于1969年，男，辽宁营口人，福建农林大学管理学院教授，博士生导师，研究方向为人力资源管理。

的工作业绩和更强的组织公民行为。

但是在管理实践中，有时候管理者感觉企业对员工付出了很多，但是员工却并没有表现出那么强的组织公民行为，哪里出了问题？出现这种现象的原因之一，可能是组织支持对员工组织公民行为的影响还需要经过某些中介变量。组织支持是企业给予员工的好处或者恩惠，员工经过心理认知就会产生感恩心理，进而做出组织公民行为等回报行为。因此，本研究将“感恩”这一积极心理纳入组织支持与组织公民行为的关系中进行研究，以进一步丰富和拓展组织支持对组织公民行为的影响机制。加之，中国社会是一个十分重视人情的社会，大家都自觉或不自觉地遵循着礼尚往来的人情游戏规则。从某种角度来讲，这种游戏规则有时具有比法律、制度和市场契约更强的力量。感恩心理与行为就是中国人人情规则里的重要内容之一，将其纳入“组织支持—组织公民行为”关系中进行研究，带有浓厚的“中国风”，希望能为我国管理实践提供某些启示。

第一节 文献回顾与研究假设

一、组织支持与组织公民行为

Eisenberger（1986）结合社会交换概念、报酬原则和组织拟人化思想最早提出组织支持感（Perceived Organizational Support，POS）的概念，并将其定义为员工对于组织重视自己的贡献和关注其幸福感的全面看法。随着对组织支持研究的不断深入，众多学者对其概念进行了完善和补充。Rhoades 等（2002）加入了情境因素后，对组织支持感进行了补充性的界定：“组织支持感是指员工感受到的组织在有利或不利的境况下对待他们是否会有不同，并是否重视他们。”凌文辁等（2001）将组织支持感定义为员工知觉到的组织对他们工作上的支持，对他们利益的关心和对他们价值的认同。

关于组织支持感的维度，Eisenberger（1997）提出了由 36 个条目构成的一个维度，McMillin（1997）以服务性员工为研究对象提出组织支持包括情感性支持和工具性支持两个维度。国内学者凌文辁先后提出工作支持和生活支持两个维度（2001）与工作支持、价值认同和利益关心三个维度（2006）。宝贡敏（2011）提出组织支持感量表包括组织制度支持、同事支持和主管支持三维结构。

从组织支持感的前因变量来看，公平、领导支持、组织奖赏和良好的工作条件这四种主要因素会增强员工的组织支持感。但需要说明的是，组织支持感的形成还依赖于员工个体的心理感知。由于个体存在很大的差异，所以这种个体差异必然会对组织支持感产生影响。宗文（2010）研究发现，组织支持通过作用于人的心理感知影响组织公民行为，组织支持感（POS）与主管支持感（PSS）对组织公民行为都有显著的正向影响。

组织公民行为这一概念最早由 Smith 等（1983）提出，他们认为组织公民行为是未被正常的报酬体系所明确和直接规定的、员工的一种自觉的个体行为，这种行为有助于提高组织功能的有效性。Organ（1988）认为组织公民行为是个体自发性的行为，此行为不会直接或明确地受到正式酬赏系统所肯定，但整体而言，会增进组织功能的发挥。Organ 在书中给出了后来被广为引用的组织公民行为的定义："个体可自由决定是否实施，不被组织正式奖励系统直接或明确地承认，但在总体上能够提高组织机能和效率的行为"，并列出了组织公民行为的利他性、责任心或觉悟、运动员精神和谦恭有礼四个特征（即四个维度）。国内学者杨百寅（2014）提出了"组织主人翁行为"概念，并赋予它比组织公民行为更宽泛的边界。

组织公民行为的理论基础主要包括社会交换理论（Social Exchange Theory）、心理契约理论（Psychological Contract Theory）以及社会认知理论（Social Cognitive Theory）。刘长江（2009）认为组织公民行为是社会困境在组织情境中的一种合作行为，并详细分析了社会动机、社会结构因素和任务结构特征对组织公民行为的影响。其他学者分别从暗示理论（涂红伟，2011）、印象管理动机（魏江茹，2006）、员工是否自愿（张永军等，2010）等角度进一步丰富了组织公民行为的研究。

从组织支持感与组织公民行为的关系来看，George 和 Brie（1992）认为组织支持感有助于角色外行为的出现，包括帮助组织避免风险、提出建设性意见、获得有益于组织的知识和技能等。基于互惠原则，员工一般选择组织公民行为等利组织行为来作为对组织支持的回报，而不是选择提高效率。这是因为提高效率还要受到能力、工作进度和工作设计等因素的影响。因此，组织支持感对组织公民行为有良好的预测性。Eisenberger（1990）研究发现，组织支持程度对员工的组织公民行为产生影响。Shore 和 Wayne（1997）认为，组织支持和组织公民行为存在显著正相关。Wayne（1997）指出，员工感受到的组织支持越多，员工的承诺度越高，那么员工表现出的组织公民行为就越多。在诱因—奉献理论（Barnard，1938；March 和 Simon，1958）的基础上，徐淑英等（1997）将员工—组织关系划分为准交易契约型、互相投资型、投资不足型和过度投资型四种类型。他们研究发现，在过度投资和相互投资型的关系模式中员工会表现出更好的工作业绩和更强的组织公民行为。李京文、万文娟及吴继红等国内学者的研究结果也显示组织支持对组织公民行为存在显著的影响。

影响组织公民行为的因素主要有个体特征、工作任务特征、组织特征以及领导特征等。

（1）个体特征。国外研究发现，仅有部分变量，如职业倾向、独立性需求与组织公民行为（OCB）的某个维度存在显著相关。已有的研究发现，责任感、宜人性与 OCB 中的利他主义行为、组织遵从有密切关系。个体的积极情感与利他主义行为、组织遵从有显著的正相关，消极情绪则与利他主义行为、组织遵从有显著的负相关。国内学者研究发现，个人特征中的“士气”因素，如满意度、公平感，被认为是 OCB 产生的最重要的动机之一，公平感（郭晓薇和李成彦；2005）、工作满意度、职业满意程度（王晓春和孙红超，2005）、组织承诺（苏方国和赵曙明，2005）和 OCB 之间存在显著的相关性。关于人口统计变量在 OCB 中是否存在显著性差异的检验结果并未达成一致（王晓春和孙红超，2005；龙君伟和曹科岩，2006）。国内对个人能力和个人差异与 OCB 之间关系的研究发现，大部分此类变量和 OCB 之间存在显著的相关关系，如职称（龙君伟和曹科岩，2006）、学历（王晓春和孙红超，2005）、胜任特征中的大部分维度（陈连生，2005）、自主性（王晓春和孙红超，2005）、心理契约（王晓春和孙红超，2005）、印象管理与主管评价（郭晓薇和李成彦，2005）与整体 OCB 之间的相关系数都具有统计显著性。

（2）工作任务特征。国外相关研究结果发现，任务反馈、任务常规化和任务内在满足性与 OCB 的所有维度都存在显著的相关关系（Podsakoff 等，2000）。绩效反馈、满意的工作任务与 OCB 显著正相关，而任务程序化和规则化则与 OCB 显著负相关。Organ 等的研究表明，员工的满意度、组织承诺和公平感、知觉到的领导支持对 OCB 有显著的影响。

（3）组织特征。组织特征变量与 OCB 的关系比较复杂。研究表明，组织的正规化、组织僵化、顾问—员工支持（Advisory-Staff Support）、领导权力距离与组织公民行为都存在显著相关；群体凝聚力与 OCB 的各个维度都存在显著正相关，知觉到的组织支持与员工利他主义行为显著正相关。国内学者研究发现，组织支持感（吴志明和武欣，2006；王晓春和孙红超，2005）、组织文化类型（傅永刚和许维维，2005）和团队心理安全（唐翌，2005）与 OCB 之间存在显著的相关关系。在同事支持与 OCB 之间关系的研究上，国内与国外的结果是一致的，即二者之间的相关关系不存在显著性（王晓春和孙红超，2005；Podsakoff，2000）。

（4）领导特征。吴志明等（2006）研究发现，领导与下属的交换活动与 OCB 之间存在非常显著的相关关系，而且这种关系受到下属交换意识的调节。变革型领导和上下级的配对差异对 OCB 的影响也得到了部分证实（李超平等，2006；李靖，2004）。Chen 等的元分析研究表明，核心变革型领导行为（魅力型领导、明确表达前景、提供合适模型、鼓励组织目标的接受、高绩效期望和智力启发）与利他主义行为、礼貌、良心、运动家道德和公民道德显著正相关。Hui 等的研究表明，领导—成员交换（LMX）与利他主义行为、总体 OCB 显著负相关，说明 OCB 在相互的社会交换过程中扮演着重要角色。另外，还有研究表明，员工对领导的信任、组织承诺（情感承诺和继续承诺）与 OCB 的各个维度有着显著的正相关，其中员工对领导的信任与总体 OCB 有密切关系。

基于以上分析，我们提出本研究第一个假设：

H10-1：组织支持对组织公民行为有显著的正向影响。

二、组织支持与感恩

感恩就是个体对他人给予的好处表示感激并产生回报行为。感恩是一种亲社会的情感，是对他人的道德行为做出的一种情感反应，这种情感会促使受惠者以相应的方式回报施惠者或者其他的社会成员。感恩是社会群体在社会交换行为中的一种互惠行为，“知恩图报”、“投桃报李”、“滴水之恩当涌泉相报”等古语对其做了经典的诠释。完整的感恩系统的内容十分丰富，包括人物关系，也包括施恩行为、感恩心理和感恩行为等，还包括动机分析、价值判断、条件分析等。感恩的流程包括：首先，施者对受者的施恩；其次，接受者在心理上产生感恩认知并产生一种感激情绪（这一环节极为关键）；最后，受恩者实施积极的回报行为。

Lazarus（1994）从情绪特质的角度来理解感恩，认为感恩是一种“同理情绪”，它起源于能够对他人产生同理心的能力，反映了人们对利他主义的认可和欣赏。Rosenberg（1988）指出感恩是一种心境、情绪或情感特质。张萍（2012）认为，状态性感恩情感是个体在受到他人帮助后产生的一种即时性情绪体验，它受到个体感恩特质的影响，但只是一种相对而言比较短时的情绪表达，比较容易受到外部条件的影响。产生状态性感恩的基本条件是他人所给予个体的好处与恩惠，对企业而言员工产生感恩心理的重要条件就是组织支持。李超平（2007）认为组织支持能激发员工的积极行为。Avolio（2005）研究表明，组织支持会对个人积极的生理和心理结果产生作用，激发与促进个体整体心理的发展。

基于以上分析，我们提出本研究第二个假设：

H10-2：组织支持对员工感恩有显著的正向影响。

三、感恩在组织支持与组织公民行为之间的中介作用

根据感恩的一般流程，接受者在接受他人恩惠之后经过感恩认知产生一种感激情绪，最后受恩者实施积极的回报行为。感恩回报行为具体包括：向谁报恩的问题（回报施恩者、回报与施恩者有关系的人还是回报其他人），回报性质（是情感性回报还是工具性回报），回报多少的问题（多报、等报还是少报），以及回报及时性的问题（立即回报还是延时回报）等。

感恩的行为可以表现为工作型绩效，如工作的主动性、积极性、责任心，但表现更多的是关系型绩效，如组织公民行为等，因为工作绩效的提高有时还需要技能和团队配合等其他条件，而组织公民行为更多的是一种责任行为和道德行为，基本上人人都有能力去完成。梁果等（2014）研究发现，感恩通过心理所有权这个中介变量正向影响了个体主动性。因为积极的心态、亲社会行为以及回报的冲动，感恩的员工会具有更强的组织公民行为，具体包括认同组织、敬业、协助同事、组织和谐、保护公司资源不受损害等内容。

基于上面的论述，提出本研究第三个假设：

H10-3：感恩对组织公民行为有显著的正向影响。

根据前面的分析，我们可以得知组织支持能显著正向预测员工的组织公民行

为。宗文指出，组织支持对组织公民行为产生的影响并不是直接的，它需要一个心理的过程，需要经过其他变量的桥梁作用才能实现。正是这种心理状态和机制将组织支持与组织公民行为二者联系起来，并组成一个完整的机制（宗文，2010）。这种心理过程比较复杂，不是一种因素在起作用，如袁凌（2007）运用社会交换理论分析发现，组织支持通过员工义务感、社会情绪需求、努力—酬赏期望和员工信任对组织公民行为产生影响。

就本研究主题而言我们推测，首先是组织支持引发员工的组织支持感，其次因组织支持感引发感恩心理，最后触发员工实施组织公民行为。根据研究，组织公平、领导支持、组织奖赏和良好的工作条件等是决定员工组织支持感的主要因素。但是这种客观的“组织支持”，需要依赖员工个体的心理感知才能形成“组织支持感”。主观的“组织支持感”能够触发员工的感恩心理，一旦员工产生感恩心理，就会形成一种积极的心理状态，并最终引发员工的积极主动工作行为以及各种利他行为。组织公民行为就是员工自愿的利他性行为之一，是其职责之外的角色外行为。这说明组织公民行为不是简单的企业与员工的交易型行为，而是员工感恩心理的外在行为表现，体现了员工更多的主人翁精神和温情，是企业里极为重要的组织行为。

综合上述分析，我们提出本研究第四个假设：

H10-4：感恩在组织支持对组织公民行为的影响中起中介作用。

综合以上分析，构建本研究的基本研究模型，如图 10-1 所示。

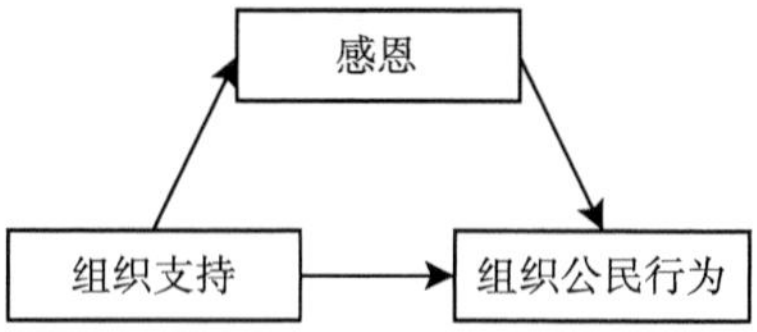

图 10-1　研究模型

第二节　研究方法

一、研究对象

我们选取福建省十几家民营企业的职员作为研究对象。之所以没有选择国有企业职员作为研究对象，是因为考虑到国有企业的性质不同于民营企业，可能员工的感恩机制以及组织公民行为具有其独有的特点。问卷调查采用纸质版和电子版结合的方式发放，问卷的发放采取了研究者自己送达发放回收和邮寄给企业人力资源部代发代收两种主要形式。为了保证调查对象能如实回答问题，我们采取每份问卷都匿名并用信封封装回收的办法。本次调查发放 250 份问卷，回收问卷 222 份，得到 205 份有效问卷，有效回收率为 82%。具体调查样本特征如表 10–1 所示。

表 10–1　样本的人口统计特征（N = 205）

项目	样本特征	频数	百分比（%）	项目	样本特征	频数	百分比（%）
性别	男	86	42.0	婚姻状况	未婚	111	54.1
	女	119	58.0		已婚	94	45.9
年龄	20 岁及以下	7	3.4	在本单位工作年限	1 年以下	62	30.2
	21~25 岁	98	47.8		1~2 年	45	22.0
	26~30 岁	49	23.9		3~5 年	49	23.9
	31~40 岁	42	20.5		5 年以上	49	23.9
	40 岁以上	9	4.4				
文化程度	高中以下	26	12.7	公司规模	50 人及以下	56	27.3
	高中及中专	32	15.6		51~100 人	27	13.2
	大专	57	27.8		101~200 人	29	14.1
	本科	89	43.4		201~300 人	13	6.3
	研究生及以上	1	0.5		300 人以上	80	39.0
工作职位	一般员工	107	52.2				
	基层管理人员	60	29.3				
	中层管理人员	29	14.1				
	高层管理人员	9	4.4				

二、测量工具

对组织支持，我们采用凌文辁（2006）编制的组织支持感量表进行测量。该量表包括三个维度：工作支持、价值认同、利益关心。该量表共 24 个题项，采用李克特 5 点计分法，得分越高，表示组织支持感越高。原量表三个维度的同质性信度（Alpha 值）分别是 0.92、0.89、0.85，间隔两个月后重测信度在 0.79~0.89，说明了该量表具有较好的信度和效度。

对员工感恩的测量，本研究采用张萍编制的特质性感恩情感问卷。该问卷包括感恩敏感性、感恩持续性、感恩强度三个维度。该问卷共有 13 个题项，采用李克特 6 点计分法，感恩强度的 4 个题项为反向计分，其余题项皆为正向计分。该问卷各因子的信度系数 Alpha 值处于 0.634~0.785，说明特质性感恩情感问卷具有较好的内部一致性，效度较好；该问卷的重测信度系数也达到了 0.70 以上，具有较好的信度。

对组织公民行为，本研究采用樊景立（1997）编制的组织公民行为量表进行测量。该量表包括认同组织、协助同事、不生事争利、保护公司资源和敬业精神五个维度，共 20 个题项，各维度的信度系数达到 0.81~0.87，信度较高。量表采用李克特 5 点计分法，其中 14~20 题项为反向计分。

第三节　数据分析与结果

一、概念测量

1. 探索性因子分析

从表 10-2 所列数据可以看出，组织支持感、感恩与组织公民行为的 KMO 值都大于 0.7，且 Bartlett's 球度检验的 P 值小于 0.001，说明三个变量的题项之间相关性较强，可以进一步对变量进行探索性因子分析。

表 10-2 Bartlett's 球度检验、KMO 检验和方差解释率

研究变量	Bartlett's 球度检验			KMO 检验
	Approx. Chi-Suqare	df	Sig.	
组织支持感	7908.208	276	0.000	0.942
感恩	5326.214	78	0.000	0.905
组织公民行为	7076.089	190	0.000	0.791

如表 10-3 所示，组织支持感的探索性因子分析采用主成分提取法提取因子，正交旋转，各条目分别聚合成工作支持、价值认同、利益关心三个因子，且每个条目都落在各自的因子上，因子负荷均大于 0.880。感恩量表探索性因子分析也采用同样的方法，13 个条目分别聚合成感恩敏感性、感恩强度、感恩持续性三个因子，且每个条目都落在各自的因子上，因子负荷均大于 0.918。

表 10-3 组织支持感、感恩的探索性因子分析结果

组织支持感	因子			感恩	因子		
	1	2	3		1	2	3
工作支持 B4	0.926			感恩敏感性 A5	0.941		
工作支持 B9	0.922			感恩敏感性 A10	0.937		
工作支持 B7	0.916			感恩敏感性 A13	0.934		
工作支持 B1	0.907			感恩敏感性 A7	0.931		
工作支持 B5	0.906			感恩敏感性 A12	0.930		
工作支持 B2	0.905			感恩敏感性 A1	0.918		
工作支持 B10	0.902						
工作支持 B3	0.902						
工作支持 B8	0.899						
工作支持 B6	0.895						
价值认同 B13		0.929		感恩强度 A3		0.939	
价值认同 B11		0.929		感恩强度 A6		0.937	
价值认同 B17		0.914		感恩强度 A11		0.920	
价值认同 B14		0.905		感恩强度 A9		0.918	
价值认同 B12		0.901					
价值认同 B16		0.884					
价值认同 B15		0.880					
利益关心 B20			0.918	感恩持续性 A8			0.936
利益关心 B19			0.907	感恩持续性 A4			0.933
利益关心 B21			0.905	感恩持续性 A2			0.920
利益关心 B22			0.904				

续表

组织支持感	因子			感恩	因子		
	1	2	3		1	2	3
利益关心 B24			0.899				
利益关心 B18			0.892				
利益关心 B23			0.884				

如表 10–4 所示，组织公民行为的探索性因子分析采用主成分提取法提取因子，正交旋转。20 个条目分别聚合成认同组织、协助同事、不生事争利、保护公司资源、敬业精神五个因子，且每个条目都落在各自的因子上，因子负荷均大于 0.739。

表 10–4　组织公民行为的探索性因子分析结果

维度	因子				
	1	2	3	4	5
认同组织 C4	0.882				
认同组织 C3	0.868				
认同组织 C2	0.858				
认同组织 C1	0.856				
协助同事 C6		0.908			
协助同事 C5		0.897			
协助同事 C7		0.893			
协助同事 C8		0.879			
不生事争利 C9			0.903		
不生事争利 C11			0.899		
不生事争利 C10			0.783		
不生事争利 C12			0.774		
保护公司资源 C13				0.826	
保护公司资源 C14				0.823	
保护公司资源 C15				0.822	
敬业精神 C17					0.808
敬业精神 C18					0.783
敬业精神 C16					0.782
敬业精神 C19					0.748
敬业精神 C20					0.739

2. 验证性因子分析

我们采用 AMOS 17.0 对各量表进行验证性因子分析，具体数据如下：

通过以上探索性因子分析，我们获得了包括工作支持、价值认同、利益关心三个因子的组织支持感结构模型。经验证性因子分析，发现样本数据能较好地拟合三因子结构，主要检验指标数据为：$\chi^2 = 50.02$，df = 50，GFI = 0.962，CFI = 0.986，NFI = 0.963，RMSEA = 0.054。

通过探索性因子分析，我们获得了包括感恩敏感性、感恩强度、感恩持续性三个因子的感恩结构模型。经验证性因子分析，发现样本数据能较好地拟合三因子结构，主要检验指标数据为：$\chi^2 = 115.30$，df = 48，GFI = 0.923，CFI = 0.951，NFI = 0.934，RMSEA = 0.072。

同样，我们对组织公民行为的五因子结构进行验证性因子分析，获得了较佳的拟合度，主要检验数据为：$\chi^2 = 57.08$，df = 19，GFI = 0.953，CFI = 0.933，NFI = 0.924，RMSEA = 0.074。

从以上数据可以看出，各变量的验证性因子分析结果符合基本要求，具有较好的拟合度，可以开展下一步的分析。

二、信度分析

根据前面的探索性因子分析，确定组织支持感包括三个维度，感恩包括三个维度，组织公民行为包括五个维度，分别对这些维度进行可靠性分析，所有变量的 Cronbach's α 系数均高于 0.951，各变量以及维度均具有较高的信度，具体数据如表 10–5 所示。

表 10–5　各变量及维度的信度分析

<table>
<tr><th>变量</th><th>维度</th><th>题项个数</th><th colspan="2">Cronbach's Alpha</th></tr>
<tr><td rowspan="3">组织支持感</td><td>工作支持</td><td>10</td><td>0.986</td><td rowspan="3">0.961</td></tr>
<tr><td>价值认同</td><td>7</td><td>0.976</td></tr>
<tr><td>利益关心</td><td>7</td><td>0.974</td></tr>
<tr><td rowspan="3">感恩</td><td>感恩敏感性</td><td>6</td><td>0.989</td><td rowspan="3">0.951</td></tr>
<tr><td>感恩持续性</td><td>3</td><td>0.986</td></tr>
<tr><td>感恩强度</td><td>4</td><td>0.985</td></tr>
<tr><td rowspan="2">组织公民行为</td><td>认同组织</td><td>4</td><td>0.964</td><td rowspan="2">0.951</td></tr>
<tr><td>协助同事</td><td>4</td><td>0.936</td></tr>
</table>

续表

变量	维度	题项个数	Cronbach's Alpha	
组织公民行为	不生事争利	4	0.957	0.951
	保护公司资源	3	0.949	
	敬业精神	5	0.935	

三、相关性分析

从表 10-6 可以看到，组织支持感各维度与组织公民行为的 Pearson 相关系数为 0.633~0.737（P<0.01），表明组织支持感与组织公民行为有显著的相关关系。组织支持感各维度与感恩的相关系数为 0.588~0.682（P<0.01），表明组织支持感与感恩存在显著的相关关系。感恩与组织公民行为的相关系数为 0.786（P<0.01），表明两者之间显著相关。综合而言，我们可以证实组织支持感、感恩和组织公民行为三个变量之间均具有显著的相关关系。

表 10-6　变量的均值、标准差和相关性系数

变量及维度	均值	标准差	1	2	3	4
1. 工作支持	3.515	1.123				
2. 价值认同	3.432	1.075	0.409**			
3. 利益关心	3.670	1.044	0.405**	0.318**		
4. 感恩	3.833	1.069	0.682**	0.588**	0.591**	
5. 组织公民行为	3.541	0.833	0.737**	0.678**	0.633**	0.786**

注：** 表示 P < 0.01。

四、回归分析

依照 Baron 和 Kenny（1986）的观点，一个变量在其他两个变量之间存在中介效应需要具备三个条件：一是自变量能显著影响因变量；二是自变量能显著影响中介变量；三是引入中介变量形成三变量模型之后，中介变量对因变量的预测效果显著，且自变量对因变量的预测作用消失或者显著下降。

对变量数据进行中心化处理之后，我们进行了变量之间的回归分析，回归系数如表 10-7 所示。组织公民行为与工作支持感各维度之间的标准回归系数分别为 0.738、0.672 和 0.632，均达到了显著水平（P<0.001），因此 H10-1 得到了证实，即组织支持对员工组织公民行为有显著的正向影响。感恩与工作支持之间的

标准回归系数分别为 0.693、0.594 和 0.585，均达到了显著水平（P<0.001），因此 H10-2 得到了证实。引入中介变量感恩做回归分析，模型 3 的数据显示感恩能显著预测组织公民行为，标准化系数为 0.642，且达到了显著水平（P<0.001），以此可以判断 H10-3 得到了证实。组织公民行为与组织支持感各维度的回归系数分别为 0.370、0.311 和 0.256，都达到了显著性水平（P<0.001），而且分别都小于模型 1 的标准化回归系数，由此可以判断感恩在组织支持感与组织公民行为之间起到了部分中介作用，即 H10-4 得到了证实。

表 10-7 回归分析结果

	模型 1		模型 2		模型 3	
	B	β	B	β	B	β
（常量）	-0.050		0.395		-0.210	
年龄		0.142		0.114		0.080
性别		0.031		0.074		-0.008
婚姻状况		0.037		-0.088		0.081
文化程度		-0.047		-0.106		0.008
工作年限		-0.154		-0.187		-0.052
工作职位		-0.039		0.006		-0.043
公司规模		-0.008		-0.005		-0.003
自变量：组织支持感						
因子 1：工作支持	0.546	0.738***	0.660	0.693***	0.274	0.370***
因子 2：价值认同	0.520	0.672***	0.591	0.594***	0.241	0.311***
因子 3：利益关心	0.503	0.632***	0.599	0.585***	0.204	0.256***
中介变量：感恩					0.499	0.642***

注：因变量：组织公民行为；*** 表示 P < 0.001（双侧检验），n = 205。

第四节 结论与讨论

一、研究结论

本研究在已有的组织支持感影响员工组织公民行为的基础上，加入感恩这一变量，构建了感恩起中介作用的组织支持影响组织公民行为的新模型，通过调查数据的分析，我们得到了以下结论：

（1）组织支持感对组织公民行为具有显著的正向影响。这一结论与 Eisenberger 和吴继红等的观点相一致。根据互惠原则，若组织对员工提供支持，会形成员工内心的正向情绪，从而产生回报组织的态度或行为。这有助于员工与组织之间正向关系的建立，创造出员工对组织互惠的责任，从而进一步表现出对组织的正面态度，并展现出有利于组织的行为。

（2）组织支持感对员工感恩具有显著的正向影响。组织支持的形式多种多样，既包括物质上的也包括精神上的。员工接受到组织给予的客观支持后会获得组织支持感，根据社会交换理论和积极心理学理论，员工会产生感恩心理。尤其当组织支持超过了企业与员工的文本契约和心理契约的水平之后，更能够激发员工的感恩心理。

（3）感恩对组织公民行为具有显著的正向影响。感恩心理是一种积极心理状态，只要具备一定条件个体都会实施回报行为。回报的对象包括施恩者、与施恩者有关系的人或者其他社会成员。这一点与其他学者发现的大五人格中的积极情绪与组织公民行为成正相关的结论基本一致。

（4）感恩在组织支持感对组织公民行为的影响中起部分中介作用。在纳入感恩这一中介变量之后，组织支持感对员工组织公民行为的影响依然显著，但是回归系数明显减少，可以得知感恩起到了部分中介作用。这与宗文等提出的组织支持需要通过中介变量影响组织公民行为的观点基本一致。

二、管理建议

本研究的结论对于管理实践有一定的启发，希望管理者清醒地认识到感恩在组织支持与员工组织公民行为之间起到了部分中介作用，必须要重视感恩心理这一环节。

第一，作为企业必须要对员工给予支持和帮助，为员工提供工作方面、生活方面和精神方面的支持，这是员工产生组织公民行为的首要原因。首先，企业必须要从工作上给予员工充分的支持，具体包括提供好的工作平台和合适的机会、提供物质方面的支持、上司及时给予工作指导等。其次，企业要将组织价值观与员工价值观协同起来，打造企业价值观时既要考虑企业的需要，也要考虑员工的价值观，不能一厢情愿。企业在招聘时需要评价应聘者的价值观与企业的价值观是否契合。最后，企业要关心员工的利益，如薪酬福利方面的保障、安全的工作条件、员工的培训和发展以及满足员工精神方面的需求等。

第二，企业和管理者要注意感恩的中介作用，充分发挥感恩的桥梁作用，否则组织支持的传导作用就会大打折扣，减弱组织支持对员工积极行为产生的本应有的激励效果。首先要注意以组织支持到组织支持感的环节，其次要注意从组织支持感到形成感恩心理的环节。企业和管理者还需要明白不同个体的感恩能力存在很大差异，同样的组织支持，不同的员工产生的感恩程度会有不同，因此建议企业要进行对职员适当的感恩教育，提升员工的感恩能力。提升感恩能力的方法很多，如例数恩惠、移情法、体验法、归因训练以及树立典型等。

三、研究不足与展望

由于组织支持感、感恩和组织公民行为三个变量都是由同一个人填写，因此本研究在调查数据上很有可能存在同源方差问题。未来的研究在不同量表的数据上应当由不同的人填写，以此避免数据同源所带来的弊端。另外，本研究运用横截面研究方法探索变量之间的因果关系，明显减弱了逻辑说服力，因为从时间顺序上讲因果关系是原因在先结果在后，组织支持影响感恩，再通过感恩心理去影响组织公民行为。未来的研究中，我们可以采用纵向研究方法或者结合实验研究来弥补这一缺陷。

主观的“组织支持感”与客观的“组织支持”可能会存在一些出入，未来可以从管理者视角与员工视角对比分析这种差异，并从认知特点、信息沟通等方面探究原因，以进一步认识从客观“组织支持”到员工“组织支持感”的机制。

未来笔者希望进一步拓展研究模型中的感恩环节，如对不同人口统计学特征在感恩方面进行方差分析，尤其重点研究不同感恩特质的人在接受组织支持时形成感恩心理的过程中的差异，还可以研究人情对感恩的影响。此外，希望进一步探究心理契约、心理所有权、上下级关系以及归因风格等变量在组织支持与组织公民行为关系中的作用，以使现有的研究变得更为丰富和更有说服力。

第十一章 伦理型领导对员工反生产行为的影响：感恩的中介作用

当下，一些企业存在比较严重的员工反生产行为，如上班迟到早退，磨洋工，不遵守生产制度，虚报工作业绩，拿回扣，盗窃公司财物，在人际关系方面造谣、辱骂甚至人身攻击。员工反生产行为给企业带来了很大的负面影响，不仅造成了公司财物损失，也破坏了组织的活力和和谐。员工反生产行为的产生，虽然也有员工个体方面的因素，然而更重要的是情境因素。情境因素包括很多，如任务压力、工作环境条件、领导风格等。关于领导风格如何影响员工行为的学术成果已经有很多。中国的组织中历来十分重视领导的伦理道德，对领导的标准是德才兼备，德行为首，道德的作用不可小觑，因此本研究重点探讨领导的伦理道德对员工反生产行为的影响。领导的管理行为如果缺乏伦理道德，必然会给员工带来某些伤害，招致员工的反感与报复。员工要么报复上司，要么转移攻击同事或者客户等。另外，上梁不正下梁歪，领导缺乏伦理道德，员工可能会模仿上司，引发反生产行为。相反，伦理型领导则会对员工行为产生正面影响和积极的示范作用。

关于伦理型领导与员工反生产行为的关系，已有部分学者进行了研究。Mayer等（2011）发现伦理型领导通过伦理氛围对员工的反社会行为产生负面影响。Avey、Palanski和Walumbwa（2011）发现伦理型领导与员工自尊心对员工的组织公民行为和反生产行为存在交互影响，即当领导是伦理型领导，员工又是高自尊心个体时，员工表现出的组织公民行为更多、反生产行为更少。张永军（2012）从社会学习和社会交换视角研究发现，领导公平、程序公平在伦理型领导与员工反生产行为之间具有部分中介效应。

伦理型领导是直接影响员工反生产行为，还是要经过某些中介变量最终影响反生产行为，需要做进一步研究。基于社会交换理论，本研究将感恩情感作为中介变量纳入研究框架。感恩情感是个体对他人的施恩行为做出的一种情感反应，这种情感会促使受惠者回报施恩者或者其他人。感恩情感会由此引发许多积极心理与情感，如生活满意度、主观幸福感、对消极情绪的克服以及亲社会倾向等。伦理型领导究竟能否激发员工的感恩情感，以及感恩情感能否产生积极心理和回报欲望，并最终减少员工的反生产行为，值得做进一步的深入研究。

第一节　理论综述与研究假设

一、伦理型领导与反生产行为

1. 伦理型领导

Trevino、Hartman 和 Brown（2000）界定了伦理型领导者（Ethical Leader）的内涵，认为伦理型领导者不仅是具有正直、公平、言行一致等特征的合乎伦理的人，也是合乎伦理的管理者。他们设定伦理准则，经常与下级沟通伦理问题，并对下级的遵守情况进行奖惩。高层管理者的伦理行为影响整个组织的伦理状况，其他各级领导的伦理行为对于各自下属部门的成员产生重要影响。

Enderle（1987）认为伦理型领导（Ethical Leadership）是一种思维方式，旨在明确描述管理决策中的伦理问题，并对决策过程所遵循的伦理原则加以规范。基于社会学习视角，Brown 等（2005）认为伦理型领导是指领导者通过个体行为和人际互动，向下属表明什么是规范的、恰当的行为，并通过双向沟通、强制等方式促使下属遵照执行。

从内容上看，我们认为伦理型领导的言行举止和管理行为应该是廉洁无私、诚实守信、负责实干、关心他人和公平公正。关于伦理型领导具体包含哪些内容，已有文献尚未做全面研究，值得进一步探讨。

Resick 等（2006）在他人已有研究的基础上，提出了包括正直、利他主义、集体主义倾向和激励四个维度在内的伦理型领导测量量表。De Hoogh 等（2007）提出伦理型领导包括公平、分权和角色澄清三个维度。Kalshoven 等（2009）在 De Hoogh 等研究的基础上又提出了以人为本、正直、道德向导和持续性关心四个维度。

2. 反生产行为

Mangione 和 Quinn（1975）第一次提出有关工作场所反生产行为（Counter-productive Work Behavior，CWB）的概念，认为这是一种雇员不作为的表现，一种与雇员创造利润的工作表现相对的破坏资方利益的行为。最早对反生产行为的关注是 Kaplan（1975）对员工越轨行为（Employee Deviance）的研究。反生产行为指员工故意实施的伤害组织和组织利益相关者的行为，其中利益相关者包括投资者、顾客等（Spector 和 Fox，2005）。从定义可知，无意的伤害行为不是反生产行为；只要是故意伤害行为，不管有没有造成实际的损害，都属于反生产行为。

反生产行为从类型来看，根据不同标准可以有很多分类方法。其中，Bennett 和 Robinson（1995）根据行为指向，将反生产行为划分为“组织指向反生产行为”和“人际指向反生产行为”。根据严重程度、发生频率、涉及范围，可以将反生产行为划分轻重等级。从引发原因分析，可以将其划分为由外部过错引起的反生产行为与无外部过错的反生产行为。

3. 反生产行为的影响因素

彭贺（2010）等认为影响反生产行为的因素一般包括组织因素和个体因素。影响反生产行为的组织因素包括工作条件、组织氛围、雇佣状况、工作特征、监督以及同辈群体支持等。具体而言，包括工作完整性、工作的危险程度、工作或任务的自主性等特征。相关研究证实，工作的自主性与组织反生产行为呈显著的相关关系；组织成员感受到的非正式组织的群体规范对其反生产行为也有显著影响；上司的工作支持程度与下属偏离行为呈显著相关关系。此外，组织工作环境中存在的事件通过雇员对这些事件的感知引发雇员的反生产行为，如组织中的工作环境、组织气候、劳资双方的关系等外部因素。有研究表明，组织公平感与组织报复行为显著负相关；而组织对不当行为的监督机制越完善，职员反生产行为的发生概率就越小。

影响反生产行为的个体因素主要包括人格特征、态度、工作满意、情绪等。学者们大量的实证研究发现，个体的责任意识和情绪稳定性能够较好地预测其组织偏离行为，而个体自负与反生产行为发生频率呈显著相关关系；属于外控性和神经质的雇员更容易实施工作场所反生产行为；对暴力行为或不诚实行为持赞成和宽容态度的雇员实施反生产行为的机率更大。有学者研究发现，男性比女性实施反生产行为的可能性更大。根据勒温（Lewin，1936）的场论的“任何行为都是个人差异因素与情景因素交互作用的结果”的观点，可以推论工作场所的反生产行为并非是单方面变量的影响，往往是多个变量综合作用的结果。Skarlicki、Folger和Tesluk（1999）的实证研究显示，在组织内感觉不公平时，负面情绪较高或宜人性较低的雇员更容易实施报复行为。Spector和Storm（1998）的研究也表明，相对于内控型员工，外控型员工在遭遇挫折或失败时实施反生产行为的可能性更大。

4. 反生产行为的引发机制

引发员工反生产行为的情境因素包括不当管理行为、同事的欺负、客户的刁难、过重的工作压力、心理契约违背等，以及不公平对待和被边缘化等。员工个体因素也会影响反生产行为的发生，如神经质、外控、自尊、外部归因风格的人在相同的情景之下更有可能发生反生产行为。彭尼和斯佩克特（Penney L.M.和Spector P.E.，2002）的研究表明，自我优越感等人格特征与反生产行为之间有着显著的相关关系。

根据引发反生产行为的不同原因，不同的学者提出了不同的解释模式。挫折—攻击模型认为，反生产行为这种攻击行为是个体受到了挫折引起的。压力源—情绪模型认为，员工感知到外部压力，产生某种情绪，并引发反生产行为。因果推理模型则主要从归因风格分析反生产行为的发生机制，该模型认为，当个体受到某种伤害或者挫折时，如果个体倾向于内部归因，则行为上更多表现为伤害自己；如果倾向于外部归因，则更容易发生反生产行为。计划行为理论模型突出了行为态度的重要性，认为行为态度和行为控制感决定其行为意向，行为意向再决定其行为，言下之意即反生产行为最终受个体行为态度的影响。从个体控制力特点出发，自我控制模型认为，个体的自我控制力越弱，越容易导致反生产行为。

朱月龙等（2010）发现，组织中的不当管理行为与职场偏差行为相关。迈尔等（Mayer D.M.等，2009）对伦理型领导进行了研究，发现伦理型领导与反生产行为存在负向的相关关系。从内容上分析，伦理型领导廉洁无私，通过示范作用能减少员工侵害财物的行为；领导诚信，必然会减少员工的欺诈行为；领导负责任、工作扎实，会影响员工态度，减少其偷懒行为；领导关爱他人，会减少员工的攻击行为；领导做到公平公开，必然会减少员工造谣以及不满情绪等。

以上是从内容上分析伦理型领导对员工反生产行为的影响，但是究竟它是通过什么方式和途径影响员工行为的呢？首先，伦理型领导为员工树立了榜样，对于下属的言行具有示范作用。根据社会学习理论的观点，下属会通过观察和模仿等方式学习领导的行为。员工学习领导的伦理行为，必然会减少自己的反生产行为。其次，伦理型领导通过瀑布效应（Cascading Effect）层层往下对管理者和员工产生影响。Brown 等（2005）、Ruiz 等（2011）证实伦理型领导对下属的影响具有瀑布效应。

5. 伦理型领导对反生产行为的影响

张永军（2015）认为，根据社会学习理论，个体可以通过观察其他同事被奖励或被处罚的行为，了解行为在组织中被接受的情况，从而调整自己的行为。一方面，员工直接学习和效仿伦理型领导。伦理型领导正直、诚信、言行一致，具有很高的道德素质和伦理意识，内化责任，从事他们认为是道德的事，并在工作中践行自己的伦理准则，从而具有积极的角色典范作用。通过观察和学习伦理型领导的言行举止，员工便不会实施造假、消极怠工和挪用公司资产等不良行为。另一方面，观察同事行为被奖惩的情况来调整自己的行为。伦理型领导设置伦理标准，并要求员工对自己的行为负责。对于规范、适当的伦理行为，伦理型领导通过奖励加以强化，而对于违反伦理规则的非伦理行为，伦理型领导通过严厉的处罚予以制止。通过观察伦理型领导奖罚身边同事行为的情况，出于理性的考量，员工也会减少自己的反生产行为。

领导者通过在组织中树立道德模范，建立和维持道德规范标准，并以身作则展示其伦理型领导行为；通过双向沟通和相关奖惩措施，在组织中承担道德管理者角色，从而影响员工的额外努力和满意度、组织公民行为和绩效等一系列的反应结果。Toor 等（2009）研究发现，伦理型领导行为与员工额外努力意愿、员工对领导者的满意度等显著正相关。Avey 等（2011）认为，伦理型领导行为与员工组织公民行为正相关，与员工偏差行为负相关。基于社会交换理论、社会学习理论和社会认同理论，Walumbwa 等（2011）证实了主管的伦理型领导行为与员工绩效之间的正相关关系，并发现控制程序公正时，LMX、自我效能、组织认同在伦理型领导行为与员工绩效之间的正向关系中发挥了完全中介作用。洪雁（2011）研究发现，从社会学习视角来看，伦理型领导主要通过心理安全和伦理氛围两个重要的中介变量影响团队成员；从社会交换视角来看，伦理型领导主要通过工作特征和领导—部属交换对团队成员产生影响。

Mayer 等（2009）对伦理型领导影响的瀑布效应进行了检验，发现高层伦理型领导通过中层伦理型领导的中介作用对群体反生产行为产生影响。另外，企业还通过制定伦理守则，打造伦理文化和伦理氛围来影响员工。较浓厚的伦理氛围可以通过感染机制形成积极的氛围，大家都会以守德为荣，以败德为耻，对不良行为产生强大的舆论压力。部分企业还成立伦理委员会，对重大道德决策进行审核和监督。此外，伦理型领导还会利用奖惩手段贯彻伦理规范，强化影响效果。

基于以上文献论述，提出如下假设：

H11-1：伦理型领导对员工反生产行为有显著的负向影响。

二、伦理型领导与感恩

感恩（Gratitude）一词来源于拉丁字根“gratia”，该字根的意思是恩惠、令人愉快的。Simmel 等（1950）认为，感恩是一种帮助人们履行他们互惠义务的力量。Trivers（1971）把感恩看作一种进化适应，这种适应使人们对利他行为做出反应。Schwartz（1967）把感恩比作惯性，是一种促使社会联系和保持亲社会方向的力量。

感恩是社会群体在社会交换行为中的一种互惠行为，是指个体对他人给予的好处表示感激并产生回报行为。作为一个完整的系统，感恩的内容十分丰富，既包括施恩者与受惠者的关系，也包括施恩动机分析、价值判断、条件分析，还包括由施恩行为、感恩心理和感恩行为组成的感恩流程等。

感恩情感是对他人施恩行为的一种情感反应，这种情感会促使受惠者回报施恩者或者其他人。Lazarus（1994）认为感恩（情感）是一种“同理情绪”，它起源于能够对他人产生同理心的能力，反映了人们对利他主义的认可和欣赏。

Rosenberg 等（1998）认为感恩可以从特质、心境和情绪三个层次来理解。McCullough（2002）将感恩分为特质性感恩情感和状态性感恩情感。他认为，状态性感恩情感是一种容易受到情境影响的情绪，具有短时性和易变性；而特质性感恩是指个体的感恩阈值相对更低，倾向于更容易、更频繁、更强烈地体验到感恩情绪，具有更大的稳定性。Rosenberg 等（1998）认为感恩特质可以通过强度、频繁度、广度以及密度四个指标得以体现。

管理者实行伦理型领导，特别是关爱下属，对员工而言是一种恩惠。伦理型领导讲究诚信，对待员工一诺千金，员工付出多少就会得到相应的回报。伦理型领导讲求公平和公开，员工能够了解相关信息，能够安心和舒心地在组织中工作。总而言之，下属得到了领导的关爱、尊重与公平对待，必定会庆幸自己能够遇到好领导，自然会产生感激之情。

基于以上文献论述，提出如下假设：

H11-2：伦理型领导对员工感恩有显著的正向影响。

三、感恩与反生产行为

研究表明，感恩情感能引发许多积极心理与情感，如生活满意度、主观幸福感、对消极情绪的克服以及亲社会倾向等。McCullough、Emmons 和 Tsang（2002）研究发现，在同伴评价测验中，感恩的人被评为更有亲社会倾向，感恩的情绪体验有助于促进个体人际关系的和谐。

具有较高生活满意度和主观幸福感的个体，必然会以更加积极和正面的心态看问题，能够正确认知工作中出现的问题以及职场人际关系，能够缓冲和减弱职场负面因素的冲击。Fredrickson（2004）将积极情绪的拓宽建构理论引入感恩研究中，指出感恩作为个体积极情感可以拓展个体思考和行动的广度，建构终生受用的个体资源，能够减少由负面情绪带来的影响。张萍（2012）认为，高感恩特质的个体会弱化负面事件给自己带来的影响，控制自己的负面行为表达，争取寻找积极的途径和办法将问题化解，而不是使用反生产行为这一负面方式去表达自己的情绪和解决问题。员工亲社会行为倾向增强，会促使其在工作中与人为善，并积极地做出有益于他人的行为，这显然有利于减少人际指向的员工反生产行为。

基于以上文献论述，提出如下假设：

H11-3：感恩对员工反生产行为有显著的负向影响。

四、感恩的中介作用

伦理型领导通过领导者自身的示范作用，对员工产生榜样的力量，引发员工按照伦理道德规范行事。另外，伦理型领导通过成立伦理委员会、组织制定道德规程、进行道德处罚等方式引导和规范员工的行为。伦理型领导还通过构建组织伦理文化、营造伦理氛围浸润和感染组织成员，从而控制和减少员工的反生产行为。另外，伦理型领导者做事坚持道德规范，廉洁无私，诚实守信，负责实干，关心他人和公平公正，这些必定会激发员工的感恩情感。员工一旦有了感恩情感，就会表现出更高的满意度、亲社会行为和增强对负面情绪的抵抗力等，并意欲回报领导、组织或者其他人，能促进更多的积极行为，减少诸如反生产行为之类的负面行为。

基于以上分析，本研究提出如下假设：

H11-4：感恩在伦理型领导与员工反生产行为的关系中起中介作用。

综合上述分析，构建基本研究模型，如图 11-1 所示。

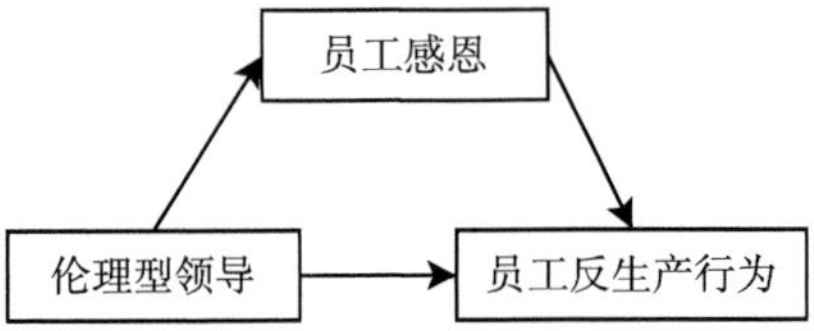

图 11-1　研究模型

第二节　研究方法与程序

一、研究样本

调查对象主要是福建省和广东省民营企业的员工，没有以国有企业、外资企业或者事业单位的员工为样本，这是因为他们的单位性质与民营企业不同，员工与领导和组织的关系也不同于民营企业。本研究采用纸质版和电子版结合的方式发放调查问卷。纸质版问卷邮寄给企业人力资源部工作人员由其代发代收，员工匿名填写并用信封封装回收。本研究共发放问卷 350 份，回收 293 份，其中有效问卷 266 份，有效问卷的回收率为 76%。从性别来看，男性（113，42.5）[①]，女性（153，57.5）。从年龄来看，20 岁及以下（9，3.4），21~25 岁（137，51.5），26~30 岁（38，14.3），31~40 岁（47，17.7），40 岁以上（35，13.2）。从文化程

① 本段中所有括号里前一位数字代表人数，后一位数字代表占总数的百分比。

度来看，高中以下（26，9.8），高中及中专（29，109），大专（67，25.2），本科（133，50.0），研究生（11，4.1）。从职位来看，一般员工（139，52.3），基层管理人员（78，29.3），中层管理人员（34，12.8），高层管理人员（15，5.6）。从司龄来看，1年以下（94，35.3），1~2年（67，25.2），3~5年（50，18.8），5年以上（55，20.7）。从公司规模来看，50人及以下（68，25.6），51~100人（59，22.2），101~200人（43，16.2），201~300人（27，10.2），300人以上（69，25.9）。

二、变量测量

1. 伦理型领导

对于伦理型领导的测量，本研究采用 Brown 等（2005）开发的伦理型领导测量量表（ELS）。该量表为单维度，共10个题项，典型题项如“惩罚违反道德标准的下属”、“做出公平、公正的决策”等。采用李克特6点计分法，得分越高，表示该领导类型越接近伦理型领导。通过对本次调查问卷进行信度分析，得出克朗巴哈 α 系数为 0.93，说明具有较高的信度。

2. 感恩

对于员工感恩情感的测量，本研究采用张萍（2012）编制的感恩情感量表。本量表包括感恩敏感性、感恩强度和感恩持续性三个维度，共13个题项，采用李克特6点计分法，得分越高表示感恩情感越高。通过对调查数据的探索性因子分析，剔除了因子载荷较低和不聚合的两个题项 B5、B7。通过对本次调查问卷进行信度分析，得出感恩敏感性、感恩强度和感恩持续性三个维度的克朗巴哈 α 系数分别是 0.86、0.82 和 0.83，感恩量表整体的克朗巴哈 α 系数为 0.82，具有较好的信度。

3. 反生产行为

对于员工反生产行为的测量，本研究采用了 Robinson 和 Bennett（2002）开发的反生产行为测量量表。该量表包含了组织指向的反生产行为和人际指向的反生产行为两个维度，共19个题项，采用李克特6点计分法。通过信度分析，组织指向的反生产行为和人际指向的反生产行为两个维度的克朗巴哈 α 系数分别是 0.92 和 0.94，量表整体的克朗巴哈 α 系数为 0.95，具有较高的信度。

第三节　数据分析与结果

一、验证性因子分析

本研究采用的都是成熟量表，伦理型领导量表是单因子量表；感恩量表包括感恩敏感性、感恩强度和感恩持续性三个因子；反生产行为量表包括组织指向的反生产行为因子和人际指向的反生产行为因子。我们采用统计软件 AMOS 17.0 对各量表做验证性因子分析，发现三个量表均与样本数据有很好的拟合度，具体数据如表 11-1 所示。

表 11-1　三个量表的验证性因子分析结果（N = 266）

量表	χ^2/df	GFI	AGFI	NFI	IFI	TLI	CFI	RMSEA
伦理型领导	2.25（78.7/35）	0.94	0.91	0.96	0.98	0.97	0.98	0.069
感恩	2.46（100.9/41）	0.94	0.90	0.93	0.96	0.95	0.96	0.074
反生产行为	2.51（82.9/33）	0.95	0.90	0.97	0.98	0.97	0.98	0.076

为了判断三个变量之间的结构效度，我们采用 AMOS 17.0 进行了构念区分性的验证性因子分析，指标数据如表 11-2 所示。通过对比分析三因子模型、双因子模型和单因子模型，发现三因子模型与分析数据的拟合度最佳，其中 χ^2/df = 2.49，GFI = 0.91，AGFI = 0.87，NFI = 0.91，TLI = 0.94，CFI = 0.95，RMSEA = 0.075，明显优于竞争模型的双因子模型和单因子模型，说明本研究采用的由伦理型领导、感恩和反生产行为三个量表组成的研究模型比较合理。

表 11-2　构念区分性验证性因子分析（N=266）

	χ^2/df	GFI	AGFI	NFI	IFI	TLI	CFI	RMSEA
三因子模型	2.49（216.9/87）	0.91	0.87	0.91	0.95	0.94	0.95	0.075
双因子模型 a	4.89（434.9/89）	0.83	0.78	0.83	0.86	0.83	0.86	0.121
双因子模型 b	4.15（368.8/89）	0.86	0.81	0.85	0.88	0.86	0.88	0.109
单因子模型	7.86（707.7/90）	0.76	0.68	0.72	0.74	0.70	0.74	0.161

注：E 代表伦理型领导，G 代表感恩，C 代表反生产行为。三因子模型：E，G，C；双因子模型 a：E+G，C；双因子模型 b：E，G+C；单因子模型：E+G+C。

二、相关性分析

从表 11-3 可以得知，伦理型领导与感恩的三个维度都显著正相关，其中与感恩强度的相关系数略低些。伦理型领导与员工反生产行为显著负相关，r=-0.16（P<0.01）。感恩的三个维度均与反生产行为成负相关关系。为了进一步检验变量之间的因果关系，还需要通过回归分析做进一步的验证。

表 11-3　变量的均值、标准差和相关性系数

变量及维度	均值	标准差	1	2	3	4
1. 伦理型领导	4.18	1.11				
2. 感恩敏感性	4.90	0.92	0.29**			
3. 感恩强度	4.12	1.41	0.01*	0.11*		
4. 感恩持续性	4.99	0.95	0.28**	0.73**	0.21**	
5. 反生产行为	2.09	1.14	-0.16**	-0.29**	-0.40**	-0.36**

注：* 表示 P < 0.05；** 表示 P < 0.01。

三、中介效应分析

我们使用 SPSS 17.0 统计软件对研究变量进行了回归分析，回归系数如表 11-4 所示。第一步做因变量反生产行为与自变量伦理型领导之间的回归分析，模型 1 的标准回归系数 β 为-0.128（P<0.05），达到了显著水平，因此本研究 H11-1 得到了证实。第二步做中介变量感恩与自变量伦理型领导之间的回归分析，模型 2 标准化回归系数为 0.184（P<0.001），达到了显著水平，因此 H11-2 得到了证实。第三步引入中介变量感恩做回归分析，从模型 3 看出，因变量员工反生产行为与中介变量感恩的标准化回归系数为-0.422（P<0.001），达到了显著水平，可知感恩能显著预测员工反生产行为，H11-3 得到了证实；员工反生产行为与伦理型领导的回归系数为-0.051，没有达到显著性水平，由此可以判断感恩在伦理型领导与员工反生产行为的关系中起到了完全中介作用，即 H11-4 得到了证实。

表 11-4　感恩为中介的回归分析数据

	模型 1		模型 2		模型 3	
	B	β	B	β	B	β
（常量）	3.261		3.390		5.271	
年龄	-0.200	-0.202	0.154	0.219*	-0.108	-0.110

续表

	模型 1		模型 2		模型 3	
	B	β	B	β	B	β
性别	−0.492	−0.214**	0.292	0.178**	−0.319	−0.138*
婚姻状况	−0.065	−0.028	0.100	0.060	−0.006	−0.003
文化程度	0.051	0.047	0.037	0.048	0.073	0.067
工作年限	0.157	0.158	−0.070	−0.098	0.116	0.116
职位	0.094	0.073	−0.104	−0.115	0.032	0.025
公司规模	0.047	0.064	−0.046	−0.088	0.020	0.027
自变量：伦理型领导	−0.132	−0.128*	0.134	0.184***	−0.052	−0.051
中介变量：感恩					−0.593	−0.422***
R^2	0.120		0.135		0.274	
调整 R^2	0.093		0.108		0.249	
R^2 改变	0.120		0.135		0.154	
F 改变	4.393***		5.019***		54.231***	

注：* 表示 P < 0.05；** 表示 P < 0.01；*** 表示 P < 0.001（双侧检验），n = 266；因变量：反生产行为。

为了进一步分析感恩各维度在伦理型领导和员工反生产行为之间的中介关系，我们分维度进行了回归分析，回归系数如表 11–5 所示。从表 11–5 模型 5 可以看出，反生产行为与感恩敏感性的回归系数显著，而与自变量伦理型领导的回归不再显著，可以得知感恩敏感性起到了完全中介作用。同样，从模型 7 可以得知，感恩持续性也起到了完全中介作用。从模型 9 可以看出，反生产行为与感恩强度的回归系数显著，与自变量伦理型领导的回归依然显著，可以得知感恩强度起到了部分中介作用。

表 11–5　感恩各维度为中介的回归分析数据

	感恩敏感性			感恩持续性		感恩强度	
	模型 4	模型 5	模型 6	模型 7	模型 8	模型 9	模型 10
	β	β	β	β	β	β	β
控制变量：							
年龄	−0.202	−0.141	0.280**	−0.121	0.267**	−0.191	0.030
性别	−0.214**	−0.195**	0.083	−0.174**	0.131*	−0.153**	0.162*
婚姻状况	−0.028	−0.027	0.005	−0.064	−0.117	0.028	0.150
文化程度	0.047	0.042	−0.021*	0.006	−0.132*	0.105	0.157*
司龄	0.158	0.109	−0.224	0.145	−0.043	0.163*	0.013
职位	0.073	0.084	0.048	0.077	0.010	−0.008	−0.219**

续表

	感恩敏感性			感恩持续性		感恩强度	
	模型 4	模型 5	模型 6	模型 7	模型 8	模型 9	模型 10
	β	β	β	β	β	β	β
公司规模	0.064	0.067	0.013	0.077	0.042	0.001	−0.169**
自变量：							
伦理型领导	−0.128*	−0.076	0.240***	−0.055	0.240***	−0.123*	0.013*
中介变量：							
感恩敏感性	−0.219***						
感恩持续性				−0.306***			
感恩强度						−0.373***	
R^2	0.120		0.146	0.200	0.147	0.241	0.130
调整 R^2	0.093		0.120	0.172	0.120	0.215	0.103
R^2 改变	0.120		0.146	0.080	0.147	0.121	0.130
F 改变	4.39***		5.51***	25.52***	5.52***	40.82***	4.78***

注：* 表示 $P < 0.05$；** 表示 $P < 0.01$；*** 表示 $P < 0.001$（双侧检验），n = 266；因变量：反生产行为。

第四节　结论与讨论

一、研究结论

本研究对伦理型领导、感恩与员工反生产行为的关系进行了研究，得到如下几个主要结论：

（1）伦理型领导对员工反生产行为具有显著的负向影响（即 H11−1 成立）。该结论证实了 Brown 等（2005）的观点，他们认为伦理型领导通过自身合乎伦理的言行及管理伦理影响员工的心态和行为，员工会形成积极的态度，继而自觉减少对企业有害的行为。

（2）伦理型领导对员工感恩具有显著的正向影响（即 H11−2 成立）。感恩是个体对他人给予恩惠的一种情感。伦理型领导对下属讲求伦理道德，关爱、尊重、公平对待员工。这些对员工而言就是一种恩惠，其内心必定会产生感激之情。

（3）感恩对员工反生产行为具有显著的负向影响（即H11–3成立）。这一结论验证了一些学者的观点，如感恩是一种积极向上的正面情绪，能够产生亲社会行为倾向。感恩也是一种道德的催化剂，并能激发符合伦理的行为，减少个体的反生产行为。

（4）感恩在伦理型领导与员工反生产行为的关系中起完全中介作用（即H11–4成立）。感恩敏感性、感恩持续性两个维度均在伦理型领导与反生产行为关系中起到了完全中介作用，感恩强度起到了部分中介作用。伦理型领导对员工而言是一种恩惠，员工得到了领导的关爱、诚信和公平对待，必然会产生感恩情感，并通过感恩情感引发回报期望和各种积极心理与行为，最终弱化和控制其反生产行为。感恩情感在伦理型领导与员工反生产行为之间起到了桥梁作用。

二、管理建议

首先，领导者要注意经常评估与监控员工的反生产行为，包括评估反生产行为的类型、严重程度和后果等，并重点查找引发反生产行为的原因。当发现小的苗头时，管理者就需要分析自己的管理行为是否合乎伦理和得当，改正自己不符合伦理规范的管理行为，避免反生产行为的进一步加剧，避免组织继续走向衰败。

其次，组织应重视和不断改善伦理型领导。领导者工作时的管理伦理与日常生活中的道德表现有时会出现不一致。本研究建议领导者最好保持一致，要注意平时日常生活中的言行举止，因为员工会根据领导非工作时间的个人道德行为去判断领导整体的道德水平。管理者不宜在伦理型领导方面采取双重标准，如对企业内部的人讲道德，对企业外部的人不讲道德，甚至在企业内部对“自己人”讲道德，对其他人则不然。另外，关于道德标准本身，不同代际、不同职位的人的看法会存在差异，作为领导者要具有开放的心态，让不同群体发表他们的看法。

在伦理型领导推行方面，企业应注重对各级管理者进行伦理道德宣传、训练与教导。公司宣传栏应及时发布道德与伦理方面的相关信息，在员工手册中加入道德规范内容，以便在企业内部营造一种伦理型组织氛围。在构建一系列薪酬福利体系时，要将伦理行为与奖惩制度挂钩。同时，各级管理者不要误认为伦理型领导就是一味地仁慈与关爱，不能只有和风细雨的一面，不能对触犯道德规范的员工心慈手软。建议企业成立伦理委员会，制定企业伦理规则，规范伦理决策，并负责处理公司重大伦理问题。对于管理人员的招聘，企业必须要重视对伦理道德的测评和考察，将有不良道德记录者排除在外。

最后，组织应重视感恩教育和打造感恩文化氛围。感恩心理与行为虽然与个人特质有关系，但也与企业的组织氛围关系密切。企业对员工进行感恩教育的方式很多，如列数恩惠、感恩归因训练、重要节日和仪式表达感恩等方式。领导要通过多种方式力争打造一种感恩氛围，使员工受到这种氛围的熏陶和影响，将感恩内化于心，使感恩变成一种习惯。

三、研究不足与展望

首先，本研究调查问卷都由员工填写，测量问卷都来源于同一个体，可能会产生一定程度的数据同源误差问题。在今后的研究中，调查问卷中的反生产行为分量表可以考虑由上司来填写。其次，本研究调查数据是横截面数据，不利于准确反映变量之间的因果关系，今后的研究希望能采用纵向研究方法，以便准确反映变量之间的因果关系，还可以通过访谈法深入了解伦理型领导是如何对员工感恩和反生产行为产生影响的。

关于伦理型领导对员工反生产行为的影响问题，未来可以进一步探讨领导工作场所的道德行为与日常生活的道德行为如何共同影响员工的反生产行为。还可以深入研究领导与员工道德标准的匹配程度、道德违规的惩处以及伦理型领导与威权领导的组合方式如何影响员工反生产行为。此外，伦理型领导对员工感恩情感的影响机制也有待于今后做更加深入的研究。

第十二章　组织支持感对工作投入的影响：特质性感恩的调节作用[①]

当前企业员工的工作投入不够，出工不出力，磨洋工的现象突出，特别是一些计时工资的岗位。具体表现为：工作没有激情与活力，自身潜力得不到激发，能力没有得到充分发挥，工作时显得萎靡不振，厌倦工作并形成拖延的习惯。精力不能集中，容易分心，专注度低，资源不能集中服务于工作。韧性不够，经受不了困难与挫折，容易退缩、动摇甚至放弃。奉献精神不够，关注点只是放在获取而不是工作付出上，凡事斤斤计较，讨价还价，生怕自己多为企业付出一点点。

出现这些现象，既有员工个人的原因，也有工作设计方面的原因，还有企业付出等方面的原因。本研究着重结合员工个体感恩倾向，探讨组织支持对员工工作投入的影响。企业物质上和精神上的支持必然会对员工工作投入产生影响。同时，这种主效应还可能会受到员工自身感恩特质的影响。员工感恩特质包括感恩敏感性、感恩强度以及感恩持久性等内容，个体差异较大，而且感恩有其自身的运行机制和运行规律。因此，了解员工感恩特质如何调节组织支持对员工工作投入的影响，具有一定的理论价值。从管理实践看，当下中国企业特别是民营企业“人情管理”的特点依然十分突出，感恩就是人情游戏规则的重要内容之一，因此本研究具有重要的实践意义。

① 本部分内容已经发表于《企业经济》2016 年第 5 期。

第一节 文献综述与研究假设

一、组织支持感与工作投入

Eisenberger 等（1986）基于社会交换和互惠原则提出了组织支持感（Perceived Organization Support）概念，并将其定义为员工对于组织是否重视他的贡献和关注其幸福感的总体感知。国内学者凌文辁（2006）认为，组织支持感是指员工认为组织对他们的工作是否支持、对他们的利益是否关心以及对他们的价值是否认同的一种综合知觉。从组织支持感的维度上看，凌文辁（2006）提出了工作支持、价值认同和利益关心三个维度，宝贡敏提出了组织制度支持、同事支持和主管支持三个维度。Schaufeli 等（2004）提出了与工作支持关系紧密的工作资源的概念，并列举了七种工作资源：自主权、职业发展机会、上司支持、社会支持、团队凝聚力、金钱奖励以及其他附加利益。这些工作资源有可能存在于组织层面、工作层面、工作任务层面以及人际和社会关系层面。

组织支持感可以从多个角度来考察：①工作支持、生活支持与成长支持。工作支持体现为工作资源的提供、良好的工作条件、充分的授权、良好的沟通、上级的工作指导、同事的鼎力配合等。生活方面的支持主要包括为员工提供良好的吃住娱乐条件，以及实现员工家庭生活的便利等。成长支持是企业对员工的个人成长提供支持，如培训、学历提升以及良好的职业生涯规划和发展通道等。②物质支持与精神支持。精神支持体现为对员工的信任、价值观认同、各种激励以及关爱等。③主管支持、同事支持、下属支持。这主要是从支持的主体进行划分，主管支持特别重要，因为其掌握着资源分配权力，但是同事支持关系到部门内部的团队配合以及平级部门之间的合作，下属支持关系到决策的执行力度和效果问题，同样也十分重要。

Kahn（1990）首次提出工作中个人投入（Personal Engagement）的概念，并将工作投入定义为组织成员控制自我以使自我与工作角色相结合。Kahn（1990）认为，自我与工作角色实际上处于一个动态的、相互转化的过程中，当工作投入较高时，个体会将精力投入到角色行为中去，并通过角色展现自我。他认为工作投入包括生理、认知和情绪三个维度。Maslach 等（1993）将工作倦怠与工作投入看作一个连续体，该连续体包括精力、卷入和效能三个维度。工作投入是一种充满活力、高效工作以及能与他人和谐相处的状态，处于连续体的积极的那一端，而与之相对的工作倦怠处于连续体的消极一端。

Schaufeli（2008）从积极心理学的角度把工作投入定义为一种乐于参与工作，具有活力、奉献和专注特征的心理状态。活力（Vigor）是指在工作中积极主动、精力充沛和适应性强；奉献（Dedication）是指认识到了工作的价值并努力为组织贡献自己的力量；专注（Absorption）是指自身全神贯注地投入到工作当中，并能够长久坚持。Shirom（2003）批判了 Schaufeli 的三因素模型，提出了工作投入的“活力模型”。他认为奉献、专注两因素与其他因素有重叠交叉之嫌，只有活力这一因素是工作投入应有的内涵。

Britt 等（2001）以 Schlenker 的责任三维模型为理论基础，认为工作投入包括责任感（Perceived Responsibility）、承诺（Commitment）和绩效影响知觉（Perceived Influence of Job Performance）三个维度，他们从责任的角度来定义工作投入，认为工作投入意味着承担工作责任，承诺尽力完成任务，而且知道自己所获得的报酬与自己工作绩效的优劣休戚相关。

Lodahl 和 Kejner（1965）构建了工作投入多构面量表，该量表包含两个维度：个人对当前工作的心理认同程度与个人的工作绩效对其自尊的影响程度。Saleh 和 Hosek（1976）所构建的也是一个多构面的四因素量表，其中的四个因素包括：①工作是不是生活兴趣的重心；②个人积极参与工作的程度；③工作绩效对个人自尊的影响程度；④工作绩效和自我绩效的一致性。Kanungo（1982）认为工作投入量表的要素应该包含：①认知和情感状态；②一般工作投入和特定工作投入；③内在激励和工作投入。他主张个人心理对工作的认同度应通过个人需求以及个人对工作满足需求程度的认知来衡量。Kanungo 根据心理认同的信仰和认知状态概念构建了工作投入量表。

关于引发员工工作投入的相关理论，主要包括四种理论模型：①社会交换理论。工作的经济因素和社会情感因素是组织提供的资源，员工根据感知和接受的组织所提供资源的多少，来决定自身工作的投入程度。②工作要求—资源模型。该模型由 Schaufeli（2004）提出，主要观点是工作需求能够预测员工的压力和倦怠等；工作资源则起着内在和外在激励作用，使员工感到工作有意义，主要预测员工的工作满意度和工作投入等积极性结果。③工作—个人匹配模型。个体与工作环境越匹配，其工作投入的程度就越高；相反，工作投入度就越低。④自我决定理论模型。自我决定理论模型是基于自我决定理论（Deci 和 Ryan，1985，1987）的先天心理需要理论而构建的。该模型认为人类具有对自主权、胜任力和归属感等基本心理的需要，个体的工作态度和行为受个体需要的影响。当工作环境满足这三种先天基本需要时，个体便在内在动力的驱动下加大工作投入，并且具有一种持续力。

关于工作投入的影响因素的研究，主要从个体因素和组织因素两个方面展开。有些学者还从家庭因素分析家庭对于个体工作投入的影响。个人特质变量包括个人背景变量（如性别、年龄、受教育程度、婚姻状况、工作年限等）和人格特质变量（如内外控性格、成就动机、工作价值观、高层次需求强度等）两个方面。个体特征因素对工作投入均存在一定的影响，但是不同研究者得到了一些不同的研究结论，很多方面还没有达成共识。

组织因素主要包括工作性质、工作资源、人际关系、领导者支持等。Hackman 和 Lawler（1971）提出了工作的变化性、自主性、完整性与反馈性四个核心概念，就工作特性与工作投入的关系进行了调查，研究发现，员工的工作投入与工作特性呈显著的正相关关系。Rabinowitz 和 Hall（1977）研究发现，具有自主性的工作可以提高员工的工作投入程度。Kiggundo（1983）指出，职务的相互依赖性（即合作性）与工作投入呈正相关关系。Brown（1996）认为工作特性与工作投入正相关。

相关研究显示，明确的绩效指导方针、个体的工作绩效控制感以及个体与工作相匹配等因素均有利于个体保持高水平的工作投入，并且可获取的工作资源、支持和公平感对工作投入也都具有显著的正向预测力。此外，May 等（2004）的研究发现，心理状态变量对相关工作特征因素与工作投入之间的关系具有中介作用：工作丰富性和工作角色适配性、同事间的鼓励和上级支持、工作资源可获得性分别通过心理意义、心理安全、心理可获得性对工作投入产生正面影响，而遵守同事间的规范和参加外部活动则分别通过心理安全和心理可获得性对工作投入产生负面作用。领导风格也属于组织因素，Osborn 和 Hunt（1985）的研究表明，领导风格会对员工的工作态度产生影响。Mohrman 等（1992）同样发现，领导风格与学校员工的工作投入有密切关系。

Eisenberger（1990）认为较高的组织支持感会使员工产生一种回报组织的动力和压力，促使员工增加工作投入和组织承诺，提高工作绩效，并最终为组织实现目标做出更大贡献。Allen（2006）等研究发现，组织支持较高的企业里员工往往有较高的工作投入。Rich 等和 Saks 认为，组织支持感是工作投入重要的预测变量。

凌文轮（2006）等研究发现，上司支持感对员工工作投入具有显著的正向影响。甘怡群和张轶文（2005）研究发现，工作支持对工作投入具有显著的正向预测作用。张姝玥等（2007）以警察为研究样本，探讨工作资源与工作投入的关系，发现上级支持、同事合作以及发展机会对工作投入有显著的正向预测作用。陈维政研究发现，组织气候中的"管理风格"和"人际关系"两个维度对员工的工作投入有影响。李锐（2007）认为，影响工作投入的因素包括个体特征、家庭因素和工作因素。其中，工作因素主要包括工作性质、工作资源、人际关系以及组织公平等。

孙健敏等（2015）认为，基于社会交换理论，组织支持感高的员工会对组织产生更多亏欠感和回报义务感，会通过增加角色外的付出来回报组织。在资源总量有限的前提下，增加工作外角色的投入，势必会相应减少员工对本职工作的投入，因此组织支持感与工作投入之间呈 U 形曲线关系。从工作投入水平看，中等组织支持感的员工最低，低组织支持感的员工略高，高组织支持感的员工最高。

因此，根据以上分析，本研究提出了如下假设：

H12-1：组织支持感对工作投入具有显著的正向影响。

二、特质性感恩与工作投入

感恩是社会交往中的一种互惠行为，是个体对他人给予的好处表示感激并产生回报行为。感恩是对他人的道德行为做出的一种情感反应，这种情感会促使受惠者以某种方式给予回报。感恩也是一种道德情感，具有道德晴雨表、道德动机和道德强化物的功能。道德晴雨表功能是指感恩是一项反映个体道德水平高低的重要指标；道德动机功能反映感恩是促使个体实施道德行为的重要动机和诱因；道德强化物功能是指通过受恩者的感激和回报行为能进一步激发施恩者实施更多的施恩行为。Rosenberg 和 McCunough 等（1998）着重从特质和情感角度来定义，认为感恩可以从特质、心境和情绪三个层次来理解。他们认为感恩特质可以通过强度（Intensity）、频繁度（Frequency）、广度（Span）以及密度（Desity）四个指标得到体现和衡量。

特质性感恩情感是指个体倾向于以感恩情绪来回应他人帮助的一种稳定的情感体验，具有一定的稳定性，已经镶嵌于个性结构当中。McCullough（2002）认为具有“感恩特质”的个体，其体验感恩情绪的阈限比较低，倾向于在各种情境中更容易、更频繁、更强烈地体验到感恩情绪。Lazarus（1994）也从情绪特质的角度来理解感恩，认为感恩是一种“同理情绪”，它起源于能够对他人产生同理心的能力，反映了人们对利他主义的认可和欣赏。赵谢和赵国祥（2006）等认为，感恩不仅包括认知和情感方面，还应该包括行为方面，并分别对概念进行了界定。

感恩的个体肯定会有更强的回报冲动与行为，除了支持承诺、组织公民行为之外，工作投入也是其回报组织的重要行为之一。以下分别考察感恩敏感性、感恩强度、感恩持续性对工作投入所产生的影响。

（1）感恩敏感性：是指个体对感恩刺激的敏感度，如特质感恩高的个体对很小的对象或事件也能产生感激之情，有利于员工敏锐地感受到组织支持，不会对企业给予的帮助和支持视而不见，有利于从组织支持到工作投入的传导过程。

（2）感恩强度：是指个体受到同样的帮助之后产生的感恩情绪的强弱。即当受到别人同样的帮助后，特质感恩高的个体比特质感恩低的个体会产生更强烈的感激之情。同样的组织支持，感恩倾向高的员工能够产生更加强烈的感恩情绪，而感恩情绪的高低会直接影响到回报冲动和回报行为的强弱。

（3）感恩持续性：是指个体感恩情绪持续时间的长短。特质感恩较高的人一旦形成感恩情绪就会持续较长时间而不会轻易消失。感恩的这种特性能够使员工的感恩心理和行为有更长的持续时间，延长员工工作投入的专注性和持续性。

积极心理学认为，感恩是得益者在感受到外部环境的恩惠后，在心中形成认可的意识，并想要回报外部的一种积极的情感特质，这种情感特质能够促使受惠者做出回报行为。白霞（2006）认为感恩是一种积极情绪，是个体在受到他人恩惠之后的意欲回报行为，也是一种良好的道德情感和行为。Kanungo（1982）指出工作投入源于个体的内在和外在需求，以及目前所从事的工作能满足其需求的程度。Bono 和 Froh（2009）研究发现，感恩可以增强个体的成就动机和对目标的追求。以青少年感恩对学习投入的影响为例，他们发现感恩倾向越高的学生，学习的投入程度也越高。

基于以上分析，本研究提出了以下假设：

H12-2：特质性感恩对工作投入具有显著的正向影响。

三、特质性感恩的调节作用

根据上述分析，组织在工作和生活等方面给予员工一定的物质、精神支持，员工通过认知感知到组织给予自己的支持，形成了一种组织支持感。组织支持感会使员工心里产生一种回报组织的欲望和动力，进而促使员工加大工作投入，提高工作业绩。特质性感恩情感对工作投入能产生一定的影响，一般而言，具有更高感恩倾向的人，在得到组织支持后更能够加强其工作投入程度。相反，在同样的组织支持的条件下，低感恩倾向的员工工作投入的程度要低于高感恩倾向的员工。

综合以上分析，本研究提出以下假设：

H12-3：特质性感恩在组织支持感和工作投入的关系中起调节作用，即特质性感恩能加强组织支持感对工作投入的正面影响。

为了更加详细地了解特质性感恩的调节作用，本研究从特质性感恩的三个维度入手分别进行研究。感恩敏感性能够增强员工对企业所给予的帮助的感知，有利于员工形成感恩情感。感恩强度明显可以增强员工的感恩情感的强度，同样的组织支持对高感恩特质的员工能形成更强烈的感恩情感，有利于增强后续的工作投入。感恩持续性则可以使员工一旦拥有感恩情感，就可以延续更长的时间，也很可能会延长员工工作投入的时间。为此，我们做出如下几个假设：

H12-3a：感恩敏感性在组织支持感对工作投入的影响中起调节作用。

H12-3b：感恩强度在组织支持感对工作投入的影响中起调节作用。

H12-3c：感恩持续性在组织支持感对工作投入的影响中起调节作用。

综上所述，构建本研究的研究模型，如图 12-1 所示。

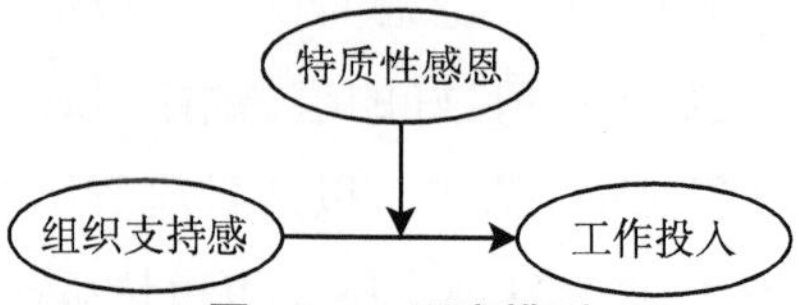

图 12-1　研究模型

第二节　研究方法

一、研究样本

本研究以福建省漳州市、泉州市和广西南宁市的企业员工为调查对象，采用当面发放、回收纸质问卷的方式，以及邮寄纸质问卷的方式获得调查问卷。一共发放 400 份问卷，回收 356 份，其中有效问卷 322 份，有效回收率为 80.5%。具体样本统计特征如表 12–1 所示。

表 12–1　样本统计特征（N = 322）

项目	分类	样本数	百分比（%）	项目	分类	样本数	百分比（%）
性别	男	134	41.6	婚姻状况	已婚	147	45.7
	女	188	58.4		未婚	175	54.3
职位	一般员工	188	58.4	年龄	25 岁及以下	142	44.1
	基层管理者	78	24.2		26~35 岁	124	38.5
	中层管理者	52	16.1		36~45 岁	36	11.2
	高层管理者	4	1.2		46~50 岁	14	4.3
					50 岁以上	6	1.9
在本单位工作年限	1 年以下	120	37.3	学历	初中及以下	20	6.2
	1~2 年	86	26.7		高中（中专）	59	18.3
	3~4 年	62	19.3		大专	74	23.0
	4 年以上	54	16.8		本科	149	46.3
					研究生	20	6.2

二、变量测量

1. 组织支持感

该变量采用凌文辁开发的组织支持感量表进行测量。组织支持感量表共有 24 个题项，包含工作支持、利益关心、价值认同三个维度，其中对工作支持测量的题项有 10 项，对价值认同、利益关心测量的题项各有 7 项。问卷采用李克特 5 点计分法，其中 1 代表“非常不同意”，5 代表“非常同意”。通过使用 SPSS

17.0 软件对调查数据进行分析，得出该量表整体一致性 Cronbach's α 系数值为 0.959，说明具有较高的信度。

2. 工作投入

对于工作投入的测量，本研究采用 Schaufeli 等开发的工作投入量表。该量表有 17 个题项，分别属于活力、奉献、专注三个维度。其中，对活力测量的题项有 5 个，对奉献和专注测量的题项各有 6 个。量表采用李克特 5 点计分法，其中 1 代表"非常不同意"，5 代表"非常同意"。该量表的整体一致性 Cronbach's α 系数值为 0.923，具有较高的信度。

3. 特质性感恩

该变量的测量采用张萍开发的特质性感恩情感问卷，包括感恩敏感性、感恩强度和感恩持续性三个维度。该问卷共 13 个题项，其中感恩敏感性 6 个题项，感恩强度 4 个题项，感恩持续性 3 个题项。问卷采用李克特 6 点计分法，1 代表"完全不符合"，6 代表"完全符合"，其中感恩强度 4 个题项均为反向计分。该量表的整体一致性 Cronbach's α 系数值为 0.841，说明具有较高的信度。

4. 控制变量

根据以往其他研究的结论，为了控制其他变量对组织支持感、特质性感恩和工作投入的影响，本研究将性别、年龄、学历、职位、婚姻状况以及本单位工作年限等设为控制变量。

第三节　数据分析与结果

一、验证性因子分析

由于本研究采用的三个量表都是成熟量表，所以无须进行探索性因子分析，只需进行验证性因子分析。我们采用 AMOS 17.0 对各个量表进行验证性因子分析，详细数据结果如表 12-2 所示。从中可以得知，三个量表的拟合度都比较理想，卡方与自由度的比值都小于 3，渐进残差均方和平方根（RMSEA）均小于 0.08，GFI、NFI、TLI 以及 CFI 等指标值都高于 0.9。

表 12–2　三个量表的验证性因子分析结果（N = 322）

量表	χ^2/df	RMR	GFI	NFI	IFI	TLI	CFI	RMSEA
组织支持感	2.85	0.035	0.94	0.90	0.93	0.93	0.93	0.076
特质性感恩	2.93	0.030	0.92	0.94	0.96	0.95	0.96	0.077
工作投入	2.96	0.027	0.90	0.92	0.95	0.94	0.95	0.078

为了判断变量之间的结构效度，我们进行了构念区分性的验证性因子分析，指标数据如表 12–3 所示。通过对比分析三因子模型、双因子模型和单因子模型，发现三因子模型与分析数据的拟合度最佳，其中 χ^2/df = 1.54，GFI = 0.98，NFI = 0.98，CFI = 0.99，RMSEA = 0.04，明显优于双因子模型和单因子模型等竞争模型，说明本研究的三个量表组成的研究模型比较合理。

表 12–3　构念区分性的验证性因子分析结果（N = 322）

	χ^2/df	RMR	GFI	NFI	IFI	TLI	CFI	RMSEA
三因子模型	1.54	0.01	0.98	0.98	0.99	0.99	0.99	0.04
双因子模型 a	3.38	0.02	0.95	0.96	0.97	0.96	0.97	0.09
双因子模型 b	2.67	0.01	0.96	0.97	0.98	0.97	0.98	0.07
单因子模型	5.16	0.02	0.93	0.93	0.94	0.92	0.94	0.11

注：三因子模型：组织支持感，特质性感恩，工作投入；双因子模型 a：组织支持感+特质性感恩，工作投入；双因子模型 b：组织支持感，特质性感恩+工作投入；单因子模型：组织支持感+特质性感恩+工作投入。

二、相关分析

通过对组织支持感、工作投入与特质性感恩各维度进行相关分析，考察它们之间的相关系数。从表 12–4 的数据得知，组织支持感对工作投入具有显著的正向影响，H12–1 得到了初步验证；特质性感恩对工作投入具有显著的正向影响，H12–2 也得到了初步验证。为了进一步验证假设，还需要进行回归分析。

表 12–4　变量的均值、标准差与相关系数

变量与维度	均值	标准差	1	2	3	4
1. 组织支持感	3.751	0.599				
2. 工作投入	3.739	0.578	0.911**			
3. 感恩敏感性	4.678	0.656	0.754**	0.767**		
4. 感恩强度	4.722	0.872	0.747**	0.719**	0.529**	
5. 感恩持续性	4.764	0.730	0.680**	0.646**	0.562**	0.518**

注：** 表示 $P < 0.01$。

三、回归分析

为了检验变量之间的关系，我们利用 SPSS 17.0 统计软件先将自变量和调节变量做中心化处理，然后进行回归分析，分析数据如表 12-5 所示。

表 12-5 层级回归分析结果

	感恩（总）			感恩敏感性		感恩强度	
	模型 1	模型 2	模型 3	模型 4	模型 5	模型 6	模型 7
性别	−0.053	−0.048	−0.041	−0.051***	−0.045	−0.050	−0.045
婚姻状况	0.004	−0.008	−0.021	0.013	0.000	0.001	−0.005
职位	−0.037	−0.038	−0.036	−0.048	−0.045	−0.035	−0.034
工作年限	−0.038	−0.053	−0.065	−0.055	−0.070***	−0.035	−0.039
年龄	0.034	0.045	0.044	0.058	0.058***	0.033	0.033
学历	−0.044	−0.025	−0.026	−0.058***	−0.060	−0.034	−0.036
组织支持感	0.904***	0.695***	0.651***	0.747***	0.718***	0.855***	0.832***
感恩		0.238***	0.246***				
感恩敏感性				0.208***	0.212***		
感恩强度						0.066*	0.067*
组织支持感×感恩			−0.090***				
组织支持×感恩敏感性					−0.073**		
组织支持×感恩强度							−0.056*
R^2	0.837	0.850	0.856	0.855	0.859	0.938	0.841
调整 R^2	0.833	0.846	0.852	0.851	0.855	0.835	0.837
ΔR^2	0.837	0.013	0.007	0.018	0.004	0.002	0.003
F 更改	230.2***	26.42***	14.22***	38.73***	9.710**	3.54*	5.05*

注：* 代表 $P<0.05$，** 代表 $P<0.01$，*** 代表 $P<0.001$，$n=322$；因变量：工作投入。

首先进行感恩（总）在组织支持感对工作投入影响中的调节作用的回归分析，从表 12-5 中模型 1 的数据可以看出，工作投入与自变量组织支持感的回归作用显著，β 值为 0.904，P 值小于 0.001，H12-1 得到了验证。从模型 2 可以看出，纳入调节变量之后，工作投入与调节变量感恩的回归显著，β 值为 0.238，P 值小于 0.001，H12-2 得到了验证。从模型 3 可以看出，在进一步纳入自变量和感恩的乘积项之后，回归依然显著，β 值为−0.09，P 值小于 0.001。从显著性判断指标 ΔR^2 看，每次更改都达到了显著性水平。总而言之，感恩对主效应的调节作用显著，H12-3 得到了验证。

为了进一步分析感恩的调节效应，我们又按照感恩的三个维度分别进行回归分析。从表 12-5 中模型 4 的数据可以看出，在纳入自变量组织支持感、调节变量感恩敏感性之后两项的回归系数显著，β 值分别为 0.747、0.208，P 值都小于 0.001。从模型 5 可以看出，在进一步纳入自变量和感恩敏感性的乘积之后，回归依然显著，β 值分别为 0.718、0.212、-0.073，前两项 P 值均小于 0.001，后一项 P 值小于 0.01。从显著性判断指标 ΔR^2 看，每次更改都达到了显著性水平。总而言之，感恩敏感性对主效应的调节作用显著，H12-3a 得到了验证。

同样，我们进行感恩强度起调节作用的回归分析，从表 12-5 中模型 6 的数据可以看出，在纳入自变量组织支持感、调节变量感恩强度之后两项的回归系数显著，β 值分别为 0.855、0.066，P 值都小于 0.05。从模型 7 可以看出，在进一步纳入自变量和感恩强度的乘积之后，回归依然显著，β 值分别为 0.832、0.067、-0.056，前一项 P 值小于 0.001，后两项 P 值均小于 0.05。从显著性判断指标 ΔR^2 看，每次更改都达到了显著性水平。总而言之，感恩强度对主效应的调节作用显著，H12-3b 得到了验证。另外，对于感恩持续性的调节效应分析，由于回归不显著，达不到回归的指标要求，所以我们认为感恩持续性维度对主效应的调节作用不明显，H12-3c 没有得到验证，具体回归系数也没有在表 12-5 中列出。

为了更直观地呈现感恩在主效应中所起的调节作用，我们画出了调节效用图，图 12-2~图 12-4 中虚线表示高分组，实线表示低分组。从图 12-2 可以看出，相对而言，高感恩（总）的员工在组织支持对工作投入影响中的调节作用表现得更为平缓，低感恩的员工则表现得更陡峭，说明低感恩组的调节效应更加明显。而且两条线条出现了交叉，说明在超过一个临界点之后，低感恩者会表现出比高感恩者更高的工作投入。这一点对企业管理而言很有启发，就是感恩特质较低的员工一旦在组织支持突破一定程度之后，他们也会爆发出惊人的工作投入。感恩敏感性维度和感恩强度维度的调节作用，与总的感恩的调节作用所表现出的规律十分类似，也出现了交叉变化。略有不同的是，感恩敏感性维度在低组织支持时，高分组和低分组的工作投入表现出更大差异；而感恩强度维度在高组织支持感时，高分组和低分组的工作投入表现出更大差异。

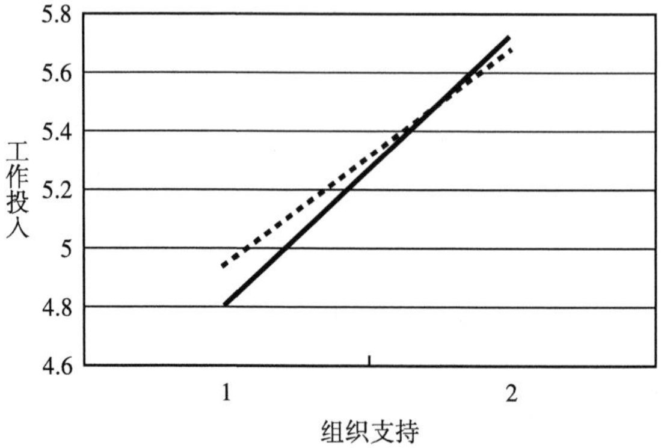

图 12-2　感恩的调节效应

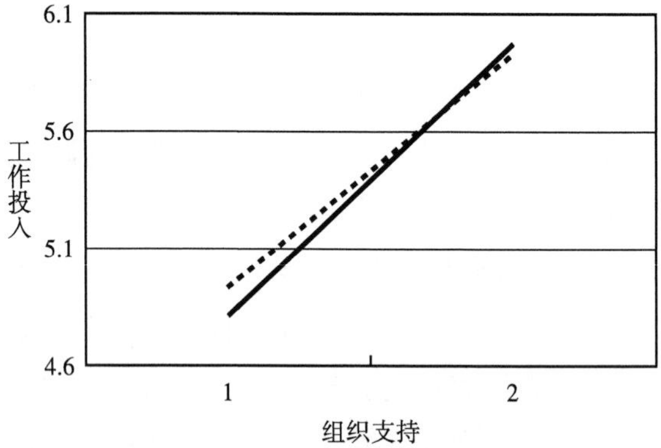

图 12-3　感恩敏感性的调节效应

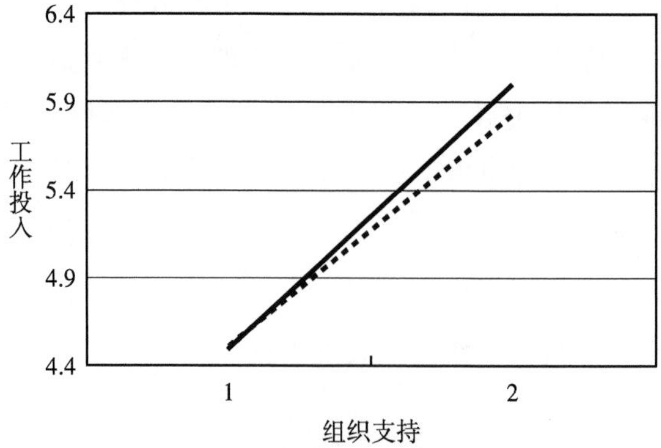

图 12-4　感恩强度的调节效应

第四节　结论与讨论

一、研究结论

第一，组织支持感对工作投入具有显著的正向影响。虽然从相关性分析来看，价值认同和利益关心与工作投入的相关性相对弱一些，但是工作支持、价值认同、利益关心对员工工作投入具有显著的正向影响。总体来说，组织支持感高的员工，其工作投入程度也会高，这与 Eisenberger 和 Allen 等的研究结论基本一致。

第二，特质性感恩对工作投入具有显著的正向影响。员工特质性感恩的高低能够影响其工作投入，当员工的特质性感恩较高时，其工作投入的程度也会较高。

第三，特质性感恩在组织支持感对工作投入的影响中起调节作用。本研究通过回归分析验证了员工的特质性感恩在组织支持感与工作投入的关系中起调节作用，即具有较高特质性感恩的员工，能够增强组织支持感对工作投入的正向影响。通过对感恩敏感性和感恩强度两个维度的回归分析，调节效应同样得到了验证。

二、管理建议

在管理实践中，企业要进一步加大对员工的支持力度，除了给予工作上的支持之外，还要多关心员工的生活以及其他方面的需求。企业还要对员工的价值观给予肯定与认同，最好是企业与员工的价值观达到高度契合，让员工强烈地感知到企业对他们的关怀和尊重，增强他们的组织支持感，进而使他们更加积极地投入工作中去。

建议企业对员工进行感恩教育，提升员工的感恩能力。感恩教育的方式有很多，可以采用列举恩惠、成果归因以及树立典型人物等方式，也可以将中国传统的感恩文化结合到企业员工感恩教育中。企业在招聘环节上要进行感恩特质方面的测评，从源头上把好关，把懂得感恩的人招进企业并使其成为一种优势资源。员工感恩能力得到提升，必然会通过增加工作投入来回报企业。此外，企业要通过各种方式和途径打造一种感恩的组织氛围，如将感恩纳入企业理念、固定几个典型的感恩日期和仪式感恩客户、领导在感恩方面率先垂范等。在一个感恩氛围浓厚的组织，人人都会受到感染，感恩内化为一种自觉的行为规范。

三、研究局限与展望

本研究在取样上有效问卷数量偏少，问卷发放地区集中在福建漳州和广西南宁，外部效度不够，可能会影响到研究结论的普适性，以后可以在其他更多的地区进行调查研究，以检验本研究结论的合理性。为了进一步研究组织支持感、特质性感恩以及工作投入三者的关系，未来可以采用实验方法，通过分组实验，对比分析不同感恩特质的员工在组织支持感与工作投入关系中的不同表现。此外，未来可以在主效应之外加入心理契约、工作激情、工作幸福感等变量进行研究，也可以将主管支持感替代组织支持感展开对比研究，以发现二者的异同。

参考文献

[1] Adams J. Smith. Inequity in Social Exchange [J]. In L. Berkowitz (Ed.) . Advances in Experimental Social Psychology, 1965 (2).

[2] Algoe S., Haidt J. & Gable S. Beyond Reciprocity: Gratitude and Relationships in Everyday Life [J]. Emotion, 2008, 8 (3).

[3] Anderson N., Schalk R. The Psychological Contract in Retrospect and Prospect [J]. Journal of Organizational Behavior, 1998 (19) .

[4] Argyris C. Understanding Organizational Behavior [M] . London: Tavistock Publications, 1960.

[5] Armeli S., Eisenberger R., Fasolo P., Lynch P. Perceived Organizational Support and Police Performance: The Moderating Influence of Social -Emotional Needs [J]. Journal of Applied Psychology, 1998 (83) .

[6] Arnold J. The Psychological Contract: A Concept in Need of Closer Scrutiny? [J]. European Journal of Work and Organizational Psychology, 1996 (15) .

[7] Avey G., James B., Bruce J. A. Psychological Ownership: Theoretical Extensions Measurement and Relation to Work Outcomes [J]. Journal of Organizational Behavior, 2009, 30 (2).

[8] Avolio B. J. Leadership Development in Balance [M] . Born Made. Mahwah, NJ: Lawrence Erlbaum, 2005.

[9] Bartlett M., Y. & De Steno D. Gratitude and Prosocial Behavior: Helping When It Costs You [J]. Psychological Science, 2006, 17 (4).

[10] Becker J. A. & Smenner P. C.The Spontaneous Use of Thank You by Preschoolers as a Function of Sex, Socioeconomic Status, and Listener Status [J]. Language in Society, 1986, 15 (4).

[11] Beggan J. K., On the Social Nature of Nonsocial Perceptions: The Mere Ownership Effect [J]. Journal of Personality and Social Psychology, 1992 (62).

[12] Beggan J. K. Using What You Own to Get What You Need: The Role of Possessions in Satisfying Control Motivation [J]. Journal of Social Behavior and Personality, 1991 (6).

[13] Bies R. J. & Moag J. F. Interactional Justice: Communication Criteria of Fairness [R]. In R. J. Lewicki, B. H. Sheppard, M. H.Bazerman (Eds.). Research on Negotiations in Organizations. Greenwich, CT: JAI Press, 1986.

[14] Bono G., Emmons R. A. & McCullough M. E. Gratitude in Practice and the Practice of Gratitude. In P. A. Linley and S. Joseph (Eds.), Positive Psychology in Practice [M]. NJ: John Wiley & Sons, Inc., 2004.

[15] Bono G. & McCullough M. E.Positive Responses to Benefit and Harm: Bringing Forgiveness and Gratitude into Cognitive Psychotherapy [J]. Journal of Cognitive Psychotherapy: An International Quarterly, 2006, 20 (2).

[16] Bono G. & Froh J. J. Gratitude in School: Benefits to Students and Schools. In R. Gilman, E. S. Huebner and M. J. Furlong (Eds.), Handbook of Positive Psychology in Schools [M]. New York: Routledge, 2009.

[17] Chen L. H., Chen M. Y. & Kee Y. H. Validation of the Gratitude Questionnaire (GQ) in Taiwanese Undergraduate Students [J]. Journal of Happiness Studies, 2008, 10 (6).

[18] Cohen-Charash Y. & Spector, P. E. The Role of Justice in Organizations: A Meta-analysis [J]. Organizational Behavior and Human Decision Processes, 2001 (86).

[19] Colquitt J. A. On the Dimensionality of Organizational Justice: A Construct Validation of a Measure [J]. Journal of Applied Psychology, 2001 (86).

[20] Colquitt J. A., Conlon D. E., Wesson M. J., Porter C. O. Justice at the Millennium: A Meta-Analytic Review of 25 Years of Organizational Justice Research [J]. Journal of Applied Psychology, 2001 (86).

[21] Coyle-Shapiro J. & Kessler I. Consequences of the Psychological Contract for the Employment Relationship: A Large Scale Survey [J]. Journal of Management

Studies, 2000 (37).

[22] Cropanzano R., Howes J.C., Grandey A.A., Toth P.The Relationship of Organizational Politics and Support to Work Behaviors, Attitudes, and Stress [J]. Journal of Organizational Behavior, 1997 (18).

[23] Dabos G. & D. Rousseau. Mutuality and Reciprocity in the Psychological Contracts of Employees and Employers [J]. Journal of Applied Psychology, 2004, 89 (1).

[24] David E. Berlew, Douglas T. Hall. The Socialization of Managers: Effects of Expectations on Performance [J]. An Administrative Science Quarterly, 1996 (9).

[25] DeCremer D. Exploring the Instrumental Versus Non-Instrumental Aspects of Procedural Fairness: The Usefulness of a Person X Situation Approach. In: F. Columbus (Eds.). Advances in Psychology Research [M]. Huntington, N.Y.: Nova Science, 2002.

[26] DeConinck J. B. & Stilwell C.D. Incorporating Organizational Justice, Role States, Pay Satisfaction and Supervisor Satisfaction in a Model of Turnover Intentions [J]. Journal of Business Research, 2004 (57).

[27] Dirks K. T., Cummings L. L. & Pierce J. L. Psychological Ownership in Organizations: Conditions Under Which Individuals Promote and Resist Change. In R. W. Woodman & W. A. Pasmore (Eds.), Research in Organizational Change and Development (Vol. 9) [Z]. Greenwich, CT: JAI Press, 1996.

[28] Eisenberg N. Handbook of Child Psychology: Social, Emotional, and Personality Development [M]. Series ed. W. Damon. New York: Wiley, 1998 (3).

[29] Eisenberger R., Huntington R., Hutehisom S., et al. Perceived Organizational Support [J]. Journal of Applied Psychology, 1986, 71 (2).

[30] Eisenberger R., Armeli S., Rexwinkel B., Lynch P. D. & Rhoades L. Reciprocation of Perceived Organizational Support [J]. Journal of Applied Psychology, 2001 (86).

[31] Eisenberger R. Fasolo, P. Davis, Lamastro V. Effects of Perceived Organizational Support on Employee Diligence, Innovation, and Commitment [J]. Journal of Applied Psychology, 1990, 53 (2).

[32] Emily L. & McCullough M. E. Is Gratitude an Alternative to Materialism? [J]. Journal of Happiness Studies, 2006, 7 (3).

[33] Emmons R. A. & Crumpler C. A. Gratitude as Human Strength: Appraising the Evidence [J]. Journal of Social and Clinical Psychology, 2000, 19 (1).

[34] Emmons R. A. & Shelton C. M. Gratitude and the Science of Positive Psychology. In C. R. Synder and S. J. Lopez (Eds.), Handbook of Positive Psychology [M]. New York: Oxford University Press, 2002.

[35] Emmons R. A. & McCullough M. E. Counting Blessings Versus Burdens: An Experimental Investigation of Gratitude and Subjective Well-Being in Daily Life [J]. Journal of Personality and Social Psychology, 2003 (84).

[36] Emmons R. A. The Psychology of Gratitude: An Introduction. In R. A. Emmons and M. E. McCullough (Eds.), The Psychology of Gratitude [M]. New York: Oxford University Press, 2004.

[37] Emmons R. A. & Kneezel T. T. Giving Thanks: Spiritual and Religious Correlates of Gratitude [J]. Journal of Psychology and Christianity, 2005, 24 (2).

[38] Etzioni. The Socio-Economics of Property [J]. Journal of Social Behavior and Personality, 1991 (6).

[39] Farh J. L., Earley P. C. & Lin S. Impetus for Action: A Cultural Analysis of Justice and Organizational Citizenship Behavior in Chinese Society [J]. Administrative Science Quarterly, 1997 (42).

[40] Festinger L. A Theory of Cognitive Dissonance [M]. Palo Alto, CA: Stanford University Press, 1957.

[41] Foa E. B. & Foa U. G. Resource Theory: Interpersonal Behavior as Exchange. In K. Gergen, M. S. Greenberg & R. WiIlis. Social Exchange: Advances in Theory and Research [M]. New York: Ptenum Press, 1980.

[42] Freeze C., Shalk R. Implication of Difference in Psychological Contracts for Human Resources Management [J]. European Journal of Work and Organizational Psychology, 1996 (5).

[43] Fredrickson B. L. Gratitude, Like Other Positive Emotions, Broadens and Builds. In R. A. Emmons and M. E. McCullough (Eds.), The Psychology of Gratitude

[M]. New York: Oxford University Press, 2004.

[44] Froh J. J., Miller D. N. & Snyder S. Gratitude in Children and Adolescents: Development, Assessment, and School-Based Intervention [J]. School Psychology Forum, 2007 (2).

[45] Froh J. J. & Bono G. The Gratitude of Youth. In S. J. Lopez (Ed.), Positive Psychology: Exploring the Best in People [M]. Westport, CT: Greenwood Publishing Company, 2008.

[46] Froh J. J., Sefick W. J. & Emmons R. A. Counting Blessings in Early Adolescents: An Experimental Study of Gratitude and Subjective Well-Being [J]. Journal of School Psychology, 2008, 46 (2).

[47] Froh J. J., Yurkewicz C. & Kashdan T. B. Gratitude and Subjective Well-Being in Early Adolescence: Examining Gender Differences [J]. Journal of Adolescence, 2009, 32 (3).

[48] Froh J. J., Emmons R. A., Card N. A., Bono G. & Wilson J. A. Gratitude and the Reduced Costs of Materialism in Adolescents [J]. Journal of Happiness Studies, 2011, 12 (2).

[49] Fuller J. B., Hester K. The Effects of Exchange Ideology on the Relationship Between Perceived Organizational Support and Job Performance [J]. The Journal of Social Psychology, 1994 (6).

[50] Furby L., Possession in Humans: An Exploratory Study of Its Meaning and Motivation [J]. Social Behavior and Personality, 1978, 6 (1).

[51] Furby L. The Origins and Early Development of Possessive Behavior [J]. Political Psychology, 1980, 2 (1).

[52] Furby L. Understanding the Psychology of Possession and Ownership: A Personal Memoir and an Appraisal of Our Progress [J]. Journal of Social Behavior and Personality, 1991, 6 (6).

[53] Galvin R. Challenging the Need for Gratitude: Comparisons Between Paid and Unpaid Care for Disabled People [J]. Journal of Sociology, 2004, 40 (2).

[54] Garland H. The Effects of Piece-Rate Underpayment and Over-Payment on Job Performance: A Test of Equity Theory with a New Induction Procedure [J]. Jour-

nal of Applied Social Psychology, 1973 (3).

[55] Greenberg, J. Employee, Theft as a Reaction to Under-Payment Inequity: The Hidden Cost of Pay Cuts [J]. Journal of Applied Psychology, 1990 (6).

[56] Greenberg J. Organizational Justice, "Yesterday, Today, and Tomorrow" [J]. Journal of Management, 1990 (16).

[57] Greenberg J. Organizational Performance Appraisal Procedures: What Makes Them Fair? In: R. J. Lewicki B. H. Sheppard & B. M. H. (Eds.) . Research on Negotiation in Organizations [M]. Greenwich, CT: JAI Press, 1986.

[58] Greenberg J. Using Diaries to Promote Procedural Justice in Performance Appraisals [J]. Social Justice Research, 1987 (1).

[59] Guest D. E. Is the Psychological Contract Worth Taking Seriously [J]. Journal of Organizational Behavior, 1998 (19).

[60] Guest D. E., Conway N. Motivation and the Psychological Contract. Issues in People Management [M]. London: Institute of Personnel Directors, Report No. 21, 1997.

[61] Hay L. L. Gratitude: A Way of Life [M]. Carlsbad, CA: Hay House, 1996.

[62] Herriot P., Pemberton C.A New Deal for Middle Managers [J]. People Management, 1995 (12).

[63] Herriot P. & Pemberton C.Contracting Careers [J]. Human Relations, 1996 (49).

[64] Herriot P., Manning E. G., Kidd J. M. The Content of the Psychological Contract [J]. British Journal of Management, 1997 (8).

[65] Thomas H. D. & Anderson N. Changes in Newcomers' Psychological Contracts During Organizational Socialization: A Study of Recruits Entering the British Army [J]. Journal of Organizational Behavior, 1998 (19).

[66] Hiltrop J. M. The Changing Psychological Contract: The Human Resource Challenge of the 1990s [J]. European Management Journal, 1995 (13).

[67] Hui C., Lee C., Rousseau D. M. Psychological Contract and Organizational Citizenship In China: Investing Generalizability and Instrumentality [J]. Journal

of Applied Psychology, 2004, 89 (2).

[68] Jon L. Pierce, Michael P. O'Driscoll & Anne-Marie Coghlan. Work Environment Structure and Psychological Ownership: The Mediating Effects of Control [J]. The Journal of Social Psychology, 2004, 144 (5).

[69] Judi Mclean Parks, Deborah L. Kidder, Daniel G. Gallagher. Fitting Square Pages into Round Holes: Mapping the Domain of Contingent Work Arrangement onto the Psychological Contract [J]. Journal of Organizational Behavior, 1998 (19).

[70] Kickul J., Lester S. W. Broken Promises: Equity Sensitivity as a Moderator Between Psychological Contract Breach and Employee Attitudes and Behavior [J]. Journal of Business and Psychology, 2001 (16).

[71] Kickul J., Lester S. W., Finkl J. Promise Breaking During Radical Organizational Change: Do Justice Interventions Make a Difference [J]. Journal of Organizational Behavior, 2002 (23).

[72] Kim W. C. & Mauborgne R. A. Procedural Justice, Attitudes, and Subsidiary Top Management Compliance with Multinationals' Corporate Strategic Decisions [J]. Academy of Management Journal, 1993 (36).

[73] Kotter J. P. The Psychological Contract: Managing the Joining up Process [J]. California Management Review, 1973 (15).

[74] Konovsky M. A. & Cropanzano R. Perceived Fairness of Employee Drug Testing as a Predictor of Employee Attitudes and Job Performance [J]. Journal of Applied Psychology, 1991 (76).

[75] Konovsky M. A. & Pugh S. D. Citizenship Behavior and Social Exchange [J]. Academy of Management Journal, 1994 (37).

[76] Korsgaard M. A., Schweiger D. M. & Sapienza H. J. Building Commitment, Attachment, and Trust in Strategic Decision-Making Teams: The Role of Procedural Justice [J]. Academy of Management Journal, 1995 (38).

[77] Korsgaard A. M. & Roberson L. Procedural Justice in Performance Evaluation: The Role of Instrumental and Non-Instrumental Voice in Performance Appraisal Discussions [J]. Journal of Management, 1995 (21).

［78］ Landy F. J.， Barnes-Farrell J. & Cleveland J. N. Perceived Fairness and Accuracy of Performance Evaluation：A Follow-up［J］. Journal of Applied Psychology，1980（65）.

［79］ Lee C.， Tinsley C. H， Chen G. Z. Psychological Normative Contract of Work Group Members in the U.S. and Hong Kong［J］. Psychological Contract In Employment：Cross-National Perspective，2000（1）.

［80］ Lee C. & Tinsley C. H. Psychological Normative Contracts of Work Group Member in the US And Hong Kong［D］. Working Paper，1999.

［81］ Levinson H. Organizational Disgnosis［M］. Cambridge MA：Harvard University Press，1962.

［82］ Levinson H.， Price C. R.， Manden K. J.， Mandle H. J.， Solley C. M. Men，Management and Mental Health［M］. Cambridge：Harvard University Press，1962.

［83］ Lazarus R. S. & Lazarus B. N. Passion and Reason：Making Sense of Our Emotion［M］. New York：Oxford University，1994.

［84］ Leventhal G. S. What Should Be Done with Equity Theory? New Approaches to the Study of Fairness in Social Relationships［M］. New York：Plenum，1980.

［85］ Lind E. A. & Tyler T. R. The Social Psychology of Procedural Justice［M］. New York：Plenum，1988.

［86］ Lind E. A. Thinking Critically About Justice Judgments［J］. Journal of Vocational Behavior，2001（58）.

［87］ Lind E. A.， Kray L. & Thompson L. Primacy Effects in Justice Judgments：Testing Predictions from Fairness Heuristic theory［J］. Organizational Behavior and Human Decision Processes，2001（85）.

［88］ Lamertz. The Social Construction of Fairness：Social Influence and Sense Making in Organizations［J］. Journal of Organizational Behavior，2002（23）.

［89］ Luo Ya Dong. The Independent and Interactive Roles of Procedural，Distributive，and Interactional Justice in Strategic Alliances［J］. Academy of Management Journal，2007，50（3）.

［90］ Mac Neil I. R. Relational Contract：What We Do and Do Not Know［J］.

Wisconsin Law Review, 1985 (10).

[91] McCullough M. E., Kilpatrick S. D., Emmons R. A. & Larson D. B. Is Gratitude a Moral Affect? [J]. Psychological Bulletin, 2001, 127 (2).

[92] McCullough M. E., Emmons R. A. & Tsang J. A. The Grateful Disposition: A Conceptual and Empirical Topography [J]. Journal of Personality and Social Psychology, 2002 (82).

[93] McCullough M. E. & Tsang J. Parent of the Virtues? The Prosocial Contours of Gratitude. In R. A. Emmons and M. E. McCullough (Eds.), The Psychology of Gratitude [M]. New York: Oxford University Press, 2004.

[94] McCullough M. E., Tsang J. & Emmons R. A. Gratitude in Intermediate Affective Terrain: Links of Grateful Moods to Individual Differences and Daily Emotional Experience [J]. Journal of Personality and Social Psychology, 2004, 86 (2).

[95] McCullough E., Root L. M. & Cohen A. D. Writing About the Personal Benefits of a Transgression Facilitates Forgiveness [J]. Journal of Consulting and Clinical Psychology, 2006, 74 (5).

[96] McCullough M. E., Kimeldorf M. B. & Cohen A. D. An Adaptation for Altruism? The Social Causes, Social Effects, and Social Evolution of Gratitude [J]. Current Directions in Psychological Science, 2008, 17 (4).

[97] McFarlin D. B. & Sweeney P. D. Distributive and Procedural Justice as Predictors of Satisfaction with Personal and Organizational Outcomes [J]. Academy of Management Journal, 1992 (35).

[98] McMillian R. Customer Satisfaction and Organizational Support for Service Providers [D]. USA University of Florida, 1997.

[99] Meyer J. P., Al1en N. J. A Three Component Conceptualization of Organizational Commitment [J]. Human Resource Management Review, 1991, 1 (1).

[100] Michael E. McCullough.The Grateful Disposition: A Conceptual and Empirical Topography [J]. Journal of Personality and Social Psychology, 2002 (1).

[101] Michael P. O. Driscoll & Jon L.Pierce.The Psychologyof Ownership—Work Environment Structure, Organizational Commitment, and Citizenship Behaviors [J]. Group & Organization Management, 2006, 31 (3).

[102] Millward L. J., Brewerton P. M. Psychological Contracts: Employee Relations for the Twenty-First Century? [J]. International Review of Industrial and Organizational Psychology, 2000 (15).

[103] Millward L. J., Brewerton P. Contractors and Their Psychological Contract [J]. The British Journal of Management, 1999 (10).

[104] Millward L. J. Hopkins L. J. Psychological Contracts, Organizational and Job Commitment [J]. Journal of Applied Social Psychology, 1998, 28 (16).

[105] Moorman R. H., Niehoff B. P. Justice as a Mediator of the Relationship Between Methods of Monitoring and Organizational Citizenship Behavior [J]. Academy of Management Journal, 1993, 36 (3).

[106] Moorman R. H. The Relationship Between Organizational Justice and Organizational Citizenship Behaviors: Do Fairness Perceptions Influence Employee Citizenship? [J]. Journal of Applied Psychology, 1991 (76).

[107] Moorman R. H., Blakely G. L. & Niehoff B. P. Does Perceived Organizational Support Mediate the Relationship Between Procedural Justice and Organizational Citizenship Behavior? [J]. Academy of Management Journal, 1998 (41).

[108] Morrison E. W., Robinson S. L. When Employees Feel Betrayed: A Model of How Psychological Contracts Violation Develops [J]. Academy of Management Review, 1997 (22).

[109] Morishima M. Renegotiating Psychological Contracts: Japanese Style [J]. Trends in Organizational Behavior, 1996 (3).

[110] Muse L. A., Stamper C. L. Perceived Organizational Support: Evidenceof a Mediated with Work Performance [J]. Journal of Managerial Issues, 2007, 19 (4).

[111] Niehoff B. P. & Moorman R. H. Justice as a Mediator of Relationship Between Methods of Monitoring and Organizational Citizenship Behavior [J]. Academy of Management Journal, 1993 (36).

[112] Parks J. M., Smith F. Organizational Contracting: A "Rational" Exchange? In: Halpern J. R. Debating Rationality: Non-Rational Elements of Organizational Decision Making [M]. New York: ILR Press, 1998.

[113] Parker S. K., Wall T. D. & Jackson P. R. That's Not My Job: Develop-

ing Flexible Employee Work Orientations [J]. Academy of Management Journal, 1997 (40).

[114] Pendleton Andrew, Wilson Nicholas & Wright Mike. Understanding the Psychology of Possession and Ownership: A Personal Memoir and an Appraisal of Our Progress [J]. British Journal of Industrial Relations, 1998, 36 (1).

[115] Pierce J. L., Rubenfeld S. A., Morgan S. Employee Ownership: A Conceptual Model of Process and Effects [J]. Academy of Management Review, 1991 (16).

[116] Pierce J. L., Kosovo T., Dirks K. T. Forthcoming: Towards a Theory of Psychological Ownership in Organizations [J]. Academy of Management Review, 2001 (26).

[117] Pierce J. L., Kosovo T. & Dirks K. T. Forthcoming: The State of Psy chological Ownership: Integrating and Extending a Century of Research [J]. Review of General Psychology, 2003 (7).

[118] Pierce Jon L. & Rodgers Loren. The Psychologyof Ownership and Worker-Owner Productivity [J]. Group & Organization Management, 2004, 29 (5).

[119] Porter L. W., Pearee J. L., Tripoli A. M., Lewisk M. Differential Perceptions of Employers Inducements: Implications for Psychological Contracts [J]. Journal of Organizational Behavior, 1998 (19).

[120] Pritchard R. D., Dunnette M. D. & Jorgenson D. O. Effects of Perceptions of Equity and Inequity on Worker Performance and Satisfaction [J]. Journal of Applied Psychology, 1972 (56).

[121] Robinson S. Kraatz M. Rousseau D. Changing Obligations and Psychological Contract: Longitudinal Study [J]. Academy of Management Journal, 1994 (37).

[122] Robinson S. L., Rousseau D. M. Violating the Psychological Contract: Not the Exception but the Norm [J]. Journal of Organizational Behavior, 1994, 15 (3).

[123] Robinson S. L., Morrison E. W. Psychological Contracts and OCB: The Effect of Unfulfilled Obligations on Civic Virtue Behavior [J]. Journal of Organizational Behavior, 1995, 16 (3).

[124] Robinson S. L. Trust and Breach of the Psychological Contract [J]. Administrative Science Quarterly, 1996, 41 (4).

[125] Rosenberg E. L. Levels of Analysis and the Organization of Affect [J]. Review of General Psychology, 1988 (2).

[126] Rousseau D. M. Psychological and Implied Contracts in Organizations [J]. Employee Responsibilities and Rights Journal, 1989 (2).

[127] Rousseau D. New Hire Perceptions of Their Own and Their Employers Obligations: A Study of Psychological Contracts [J]. Journal of Organizational Behavior, 1990 (11).

[128] Rousseau D. M., Parks J. M. The Contracts of Individuals and Organizations [J]. Research in Organizational Behavior, 1993 (15).

[129] Rousseau D. M. Psychological Contracts in Organizations: Understanding Written and Unwritten Agreements [M]. California: Sage, 1995.

[130] Rousseau D. M. Tijorimala. Perceived Legitimacy & Unilateral Contract Change: It Takes a Good Reason to Change Psychological Contracts [J]. Journal of Applied Psychology, 1999, 84 (4).

[131] Rousseau D. M. & Shperling Z. Pieces of the Action: Ownership and the Changing Employment Relationship [J]. Academy of Management Review, 2003 (28).

[132] Saunders M. N. K. & Thornhill A. Organizational Justice, Trust and the Management of Change [J]. Personnel Review, 2002 (32).

[133] Schein E. H. Organizational Psychology [M]. New Jersey: Prentice-Hall, 1965.

[134] Schalk R., Freese C. New Facets of Commitment in Response to Organizational Change: Research Trends and the Dutch Experience [J]. Trends in Organizational Behavior, 1997 (4).

[135] Shapiro J. C., Kesslerl. Consequences of The Psychological Contract for the Employment Relationship: A Large Scale Survey [J]. Journal of Management Studies, 2000 (17).

[136] Schaubroeck J., May D. R. & Brown F. W. Procedural Justice Explana-

tions and Employee Reactions to Economic Hardship: A Field Experiment [J]. Journal of Applied Psychology, 1994 (79).

[137] Schein E. H. Organizational Psychology [M]. New Jersey: Prentice-Hall, 1980.

[138] Seligman M. E. P. & Csikszentmihalyi M. Positive Psychology: An Introduction [J]. American Psychologist, 2000, 55 (1).

[139] Shore L. M., Wayne S. J. Commitment and Employee Behavior: Comparison of Effective Commitment and Continuance Commitment with Perceived Organizational Support [J]. Journal of Applied Psychology, 1993, 78 (5).

[140] Shore L. M. & Barksdale, K., Examing Degree of Balanced Level of Obligation in the Employment Relationship: A Social Exchange Approach [J]. Journal of Organizational Behavior, 1998 (19).

[141] Simmel G. Faithfulness and Gratitude. In A. E. Komter (Ed.), The Gift: An Interdisciplinary Perspective [M]. Amsterdam: Amsterdam University Press, 1996.

[142] Sparrow P. R. New Organizational Forms, Processes, Jobs and Psychological Contracts: Resolving the Issues. In: Sparrow P. R, Marchington M. Human Resource Management: The New Agenda [M]. London: Pitman, 1998.

[143] Stephen H. Wagner, Christopher P. Parker, and Neil D. Christiansen. Employees That Think and Act Like Owners: Effects of Ownership Beliefs and Behaviors on Organizational Effectiveness [J]. Personnel Psychology, 2003 (56).

[144] Taylor M. S., Tracy K. B., Renard M. K., Harrison J. K., Carroll S. J. Due Process in Performance Appraisal: A Quasi-Experiment in Procedural Justice [J]. Administrative Science Quarterly, 1995 (40).

[145] Thibaut J. W., Walker L. Procedural Justice: A Psychological Analysis [M]. Hillsdale, N. J., Erlbaum, 1975.

[146] Tsang J. Gratitude and Prosocial Behavior: An Experimental Test of Gratitude [J]. Cognition & Emotion, 2006, 20 (1).

[147] Tsang J. The Effects of Helper Intention on Gratitude and Indebtedness [J]. Motivation & Emotion, 2006 (30).

［148］ Tsui A. S., Pearce J. L., Porter L. W. & Tripoli A. M. Alternative Approaches to the Employee Pay off? [J]. Academy of Management Journal, 1997, 40 (5).

［149］ Turnley W. H., Feldman D. C. The Impact of Psychological Contract Violation on Exit, Voice, Loyalty, and Neglect [J]. Human Relations, 1999 (52).

［150］ Turnley W. H., Feldman D. C. Re-Examining the Effects of Psychological Contract Violations as Mediators [J]. Journal of Organizational Behavior, 2000 (21).

［151］ Tyler T. R., Degoey P. & Smith H. Understanding Why the Justice of Group Procedures Matters: A Test of the Psychological Dynamics of the Group-Value Model [J]. Journal of Personality and Social Psychology, 1996 (70).

［152］ Vandewalle D., Van Dyne L., Kostova T. Psychological Ownership: An Empirical Examination of Its Consequences [J]. Group and Organization Management, 1995, 20 (2).

［153］ Van Dyne L., Pierce L. J. Psychological Ownership and Feelings of Possession: Three Field Studies Predicting Employee Attitudes and Organizational Citizenship Behavior [J]. Journal of Organizational Behavior, 2004 (25).

［154］ Wagner Stephen H. & Parker Christopher P. Employees That Think and Act Like Owners: Effects of Ownership Beliefs and Behaviors on Organizational Effectiveness [J]. Personnel Psychology, 2003, 56 (4).

［155］ Walker L., Lind E. A. & Thibaut J. The Relationship Between Procedural Justice and Distributive Justice [J]. Virginia Law Review, 1979 (65).

［156］ Watkins P. C. Gratitude and Subjective Well-Being. In R. A. Emmons and M. E. McCullough (Eds.), The Psychology of Gratitude [M]. New York: Oxford University Press, 2004.

［157］ Watkins P. C., Emmons R. A. & McCullough M. E. The Psychology of Gratitude [M]. New York: Oxford University Press, 2004.

［158］ Watkins P. C., Scheer J., Ovnicek M. & Kolts R. The Debt of Gratitude: Dissociating Gratitude and Indebtedness [J]. Cognition & Emotion, 2006, 20 (2).

［159］ Watkins P. C., Woodward K., Stone T., Kolts R. L. Gratitude and

Happiness: Development of a Measure Gratitude, and Relationships with Subjective Well-Being [J]. Social Behavior and Personality, 2003, 31 (5).

[160] Wood A. M., Joseph S. & Linley P. A. Coping Style as a Psychological Resource of Grateful People [J]. Journal of Social and Clinical Psychology, 2007, 26 (9).

[161] Wood A. M., Joseph S. & Linley P. A. Gratitude: Parent of All Virtues [J]. The Psychologist, 2007, 20 (1).

[162] Wood A. M., Joseph S. & Maltby J. Gratitude Uniquely Predicts Satis-faction with Life: Incremental Validity Above the Domains and Facets of the Five Factor Model [J]. Personality and Individual Differences, 2008, 45 (1).

[163] Wood A. M, Maltby J., Stewart N., Linley P. A. & Joseph S. A Social Cognitive Model of Trait and State Levels of Gratitude [J]. Emotion, 2008, 8 (2).

[164] Wood A. M., Maltby J., Gillett R., Linley P. A. & Joseph S. The Role of Gratitude in the Development of Social Support, Stress, and Depression: Two Longitudinal Studies [J]. Journal of Research in Personality, 2008, 42 (4).

[165] Wood A. M., Maltby J., Stewart N. & Joseph S. Conceptualizing Grati-tude and Appreciation as a Unitary Personality Trait [J]. Personality and Individual Differences, 2008, 44 (3).

[166] Wood A. M., Joseph S. & Maltby J. Gratitude Predicts Psychological Well-Being Above the Big Five Facets [J]. Personality and Individual Differences, 2009, 46 (4).

[167] Wood A. M., Joseph S., Lloyd J. & Atkins S. Gratitude Influences Sleep Through the Mechanism of Pre-Sleep Cognition [J]. Journal of Psychosomatic Re-search, 2009 (66).

[168] Wood A. M, Froh J. J. & Geraghty A. W. A. Gratitude and Well-Being: A Review and Theoretical Integration [J]. Clinical Psychology Review, 2010, 30 (5).

[169] 敖霜. 重庆市企业员工感恩心理的实证研究 [D]. 重庆大学硕士学位论文，2008.

[170] 白霞. “感激”与感恩 [J]. 中国职业技术教育，2006 (17).

[171] 班兰美. 大学生成人依恋与感戴、亲社会行为的关系研究 [D]. 陕西师范大学硕士学位论文，2011.

[172] 宝贡敏，刘枭. 感知组织支持的多维度构思模型研究 [J]. 科研管理，2011 (2).

[173] 鲍盛祥. 职工持股后的心理行为变化——基于心理所有权理论的实证分析 [J]. 管理科学，2005 (3).

[174] [英] 波特·马金，凯瑞·库帕，查尔斯·考克斯. 组织和心理契约——对工作人员的管理 [M]. 王新超译. 北京：北京大学出版社，2000.

[175] 蔡景华. 当代大学生感恩情怀培养探析 [J]. 怀化学院学报，2006 (3).

[176] 曹羽男. 组织情境认知、个人道德标准和员工偏差行为之关系 [D]. 中国台湾科技大学企业管理系研究所硕士学位论文，2006.

[177] 陈昌兴，刘利才. 感恩的动力机制刍议 [J]. 齐齐哈尔大学学报 (哲学社会科学版)，2006 (9).

[178] 陈俊杰. 关系资源与农民的非农化 [M]. 北京：中国社会科学出版社，1998.

[179] 陈浩. 心理所有权如何影响组织公民行为——组织认同与组织承诺作用的比较 [J]. 商业经济与管理，2011 (7).

[180] 陈浩，惠青山. 社会交换视角下的员工创新工作行为——心理所有权的中介作用 [J]. 当代财经，2012 (6).

[181] 陈浩，惠青山，奚菁. Avey 心理所有权问卷的修订及其与相关工作态度的关系 [J]. 广东工业大学学报 (社会科学版)，2012，12 (1).

[182] 陈浩. 心理所有权、组织认同与组织公民行为——中国情景下的实证研究 [J]. 工业工程，2012 (2).

[183] 陈加洲. 员工心理契约的作用模式与管理对策 [M]. 北京：人民出版社，2007.

[184] 陈加洲，方俐洛，凌文辁. 心理契约的内容、维度和类型 [J]. 心理科学进展，2003 (11).

[185] 陈加洲，凌文辁，方俐洛. 组织中的心理契约 [J]. 管理科学学报，2001 (2).

[186] 陈加洲，凌文辁，方俐洛. 企业员工心理契约的结构维度 [J]. 心理学

报，2003（3）.

［187］陈璐，杨百寅，井润田，王国锋. 家长式领导、冲突与高管团队战略决策效果的关系研究［J］. 南开管理评论，2010（5）.

［188］陈璐，井润田，杨百寅. 家长式领导、人际信任与高管团队有效性：一项本土化研究［J］. 战略管理，2010（2）.

［189］陈燕，孙若青. 心理所有权、组织信任与组织公民行为关系研究——以外企员工为例［J］. 当代财经，2010（12）.

［190］仇忠海. 感恩教育——上海市七宝中学的实践活动［M］. 上海：上海社会科学院出版社，2007.

［191］仇忠海. 学校感恩文化的内涵及形成机制［J］. 上海教育科研，2010（6）.

［192］丛文君. 大学生亲社会行为类型的研究［D］. 南京师范大学硕士学位论文，2008.

［193］储小平，刘清兵. 心理所有权理论对职业经理职务侵占行为的一个解释［J］. 管理世界，2005（7）.

［194］储小平，盛琼芳. 组织变革、心理所有权与员工主动离职研究——兼论 Lee 和 Mitchell 的员工离职展开模型［J］. 中山大学学报（社会科学版），2010（3）.

［195］代维祝，张卫，李董平，文超. 压力性生活事件与青少年问题行为：感恩与意向性自我调节的作用［J］. 中国临床心理学杂志，2010（6）.

［196］代文慧. 市场经济条件下的感恩问题研究［D］. 郑州大学硕士学位论文，2013.

［197］丁美玲，童勋. 群体工作满意感与组织公民行为之关系［J］. 南京大学学报，2005（6）.

［198］邓懿萱，何贵兵. 反生产工作行为研究进展［J］. 人类工效学，2009（2）.

［199］邓永超. 高校感恩教育之我见［J］. 煤炭高等教育，2006（3）.

［200］董灿华，沈雪芬. 浙江师范大学学生主观幸福感及其影响因素［J］. 中国学校卫生，2005（7）.

［201］董广振. 心理所有权作用机理与绩效的相关性：对本土企业的解析

[J]. 改革，2010（12）.

[202] 董霞. 感戴与心理健康、主观幸福感的关系研究 [D]. 南京师范大学硕士学位论文，2008.

[203] 董霞，张宁. 大学生感戴与一般人口学特征的关系 [J]. 江南大学学报(教育科学版)，2009（29）.

[204] 董霞，张宁，姜婷娜. 感戴的研究现状及展望 [J]. 中国健康心理学杂志，2008（8）.

[205] 董衍美. 应用书信疗法对职校生的感恩干预研究 [D]. 天津大学硕士学位论文，2010.

[206] 段锦云. 家长式领导对员工建言行为的影响：心理安全感的中介机制 [J]. 管理评论，2012（10）.

[207] 杜学礼. 归因风格及情绪对组织公正感形成的影响 [D]. 华东师范大学硕士学位论文，2009.

[208] 樊景立，郑伯壎. 华人组织的家长式领导：一项文化观点的分析 [J]. 本土心理学研究，2000（13）.

[209] 樊耘，颜静，张旭. 组织公平与人力资源管理关系实践的交互作用机制研究 [J]. 预测，2014（1）.

[210] 范丽群，石金涛，周祖城. 伦理型领导探讨 [J]. 理论探讨，2006（1）.

[211] 方修广. C 公司基于心理契约的知识型员工的激励机制研究 [D]. 复旦大学硕士学位论文，2008.

[212] 费孝通. 乡土中国 [M]. 上海：上海世纪出版集团，2007.

[213] 逄晓霞，邹国庆，宋方熠. 家长式领导风格与高管团队行为整合的关系 [J]. 中国流通经济，2012（5）.

[214] 傅永刚，许维维. 组织公民行为在四种组织文化类型下的差异研究 [J]. 大连理工大学学报（社会科学版），2005（4）.

[215] 傅升，丁宁宁，赵懿清. 企业内的社会交换关系研究：组织支持感与领导支持感 [J]. 科学学与科学技术管理，2010（6）.

[216] 傅晓，李忆，司有和. 家长式领导对创新的影响：一个整合模型 [J]. 南开管理评论，2012（2）.

[217] 甘启颖. 大学生感恩心理和主观幸福感的实证研究 [D]. 陕西师范大

学硕士学位论文，2009.

［218］郭春梅. 高中生感恩教育研究［D］. 山东师范大学硕士学位论文，2008.

［219］郭警修. 论大学新生总体幸福感的形成［D］. 上海师范大学博士学位论文，2005.

［220］郭晓薇. 企业员工组织公民行为影响因素的研究［D］. 华东师范大学博士学位论文，2004.

［221］郭晓薇，李成彦. 印象管理对组织公民行为的预测作用的实证研究［J］. 心理科学，2005（2）.

［222］郭玉锦. 组织承诺及其中的文化思考［J］. 哈尔滨工业大学学报（社会科学版），2001（2）.

［223］韩景南. 组织公民行为动机的研究［D］. 西南交通大学硕士学位论文，2005.

［224］韩丽颖. 特质移情和状态移情及其对助人行为的影响研究［D］. 东北师范大学硕士学位论文，2005.

［225］韩巍，席西民. 关系：中国商业活动的基本模式探讨［J］. 西北大学学报（哲学社会科学版），2001（1）.

［226］韩翼，廖建桥. 组织承诺周期模型的构建及实证研究［J］. 管理学报，2005（4）.

［227］何安明，惠秋平. 基于人口统计学变量的大学生感恩特征研究［J］. 信阳师范学院学报，2007（6）.

［228］何瑛. 主观幸福感概论［J］. 重庆师院学报（哲学社会科学版），1999（4）.

［229］［德］何梦笔. 网络文化与华人社会经济行为方式［M］. 太原：山西经济出版社，1996.

［230］侯小花. 中学生感恩的个体差异及其与亲社会行为的关系研究［D］. 湖南师范大学硕士学位论文，2009.

［231］侯小花，张利燕. 感恩问卷在我国中学生中的适用性研究［J］. 教育测量与评价，2009（2）.

［232］侯玉波. 社会心理学［M］. 北京：北京大学出版社，2000.

［233］惠秋平. 大学生情绪智力、主观幸福感与感恩倾向的关系研究［D］. 信阳师范学院硕士学位论文，2010.

［234］胡洁，姬天舒，冯凤莲. 父母教养方式与大学生总体幸福感的相关研究［J］. 健康心理学，2002（1）.

［235］胡瑜，孙灯勇. 感恩：人格研究的新专题［J］. 华东师范大学学报（教育科学版），2010（4）.

［236］黄海艳，陈松. 心理所有权与员工离职倾向的相关性［J］. 现代管理科学，2009（10）.

［237］黄光国. 中国人的权力游戏［M］. 中国台北：巨流图书公司，1988.

［238］黄学超. 大学生感恩量表的编制及其相关研究［D］. 华南师范大学硕士学位论文，2008.

［239］黄瑶. 大学生感恩现状及其认知影响因素研究［D］. 四川师范大学硕士学位论文，2009.

［240］江丽丽. 初中生感恩品质的现状及其影响因素分析［D］. 华东师范大学硕士学位论文，2010.

［241］蒋平，何成武，阳德华. 青少年感恩意识的缺失及教育策略探微［J］. 内蒙古师范大学学报，2006（4）.

［242］蒋平，阳德华. 城镇青少年弱势群体感恩意识缺失问题研究［J］. 武汉理工大学学报（社会科学版），2006（2）.

［243］金耀基. 从传统到现代［M］. 北京：法律出版社，2010.

［244］鞠芳辉，谢子远，宝贡敏. 西方与本土：变革型、家长型领导行为对民营企业绩效影响的比较研究［J］. 管理世界，2008（5）.

［245］鞠芳辉，万松钱. 家长型领导行为对民营企业绩效及员工工作态度的影响研究［J］. 东北大学学报（社会科学版），2008（4）.

［246］寇彧，王磊. 儿童亲社会行为及其干预研究述评［J］. 心理发展与教育，2003（4）.

［247］寇彧，徐华女. 移情对亲社会行为决策的两种功能［J］. 心理学探新，2005（3）.

［248］黎玉兰，宋凤宁，方艳娇. 感恩：积极心理学研究的新领域［J］. 社会心理科学，2008（2）.

［249］梁勤儒，王燕芳等. 丛飞事件的反思：从学生工作的角度谈高校的感恩教育［J］. 青年教育，2006（2）.

［250］廖飞. 感恩的价值及其培养策略［J］. 湖南师范大学教育科学学报，2009（4）.

［251］卢家楣. 对情感的分类体系的探讨［J］. 心理科学，1986（4）.

［252］卢家楣. 情感教学心理学［M］. 上海：上海教育出版社，2000.

［253］卢家楣. 情感教学心理学原理的实践应用［M］. 上海：上海教育出版社，2005.

［254］卢庭瑞，万文海，冯江平. 心理契约实证研究述评［J］. 管理科学文摘，2007（5）.

［255］鲁铁汉. 大学生感戴现状及其影响因素的关系研究［D］. 陕西师范大学硕士学位论文，2011.

［256］鲁汉玲. 教师组织承诺研究综述［J］. 教育探索，2005（1）.

［257］李财德，姚圣娟，陈万思. 家长式领导、心理授权和组织公民行为关系实证研究［J］. 上海市经济管理干部学院学报，2011（3）.

［258］李丽娜. 汉语感谢言语行为分析及其教学探讨［D］. 暨南大学硕士学位论文，2004.

［259］李霞，尚玉钒. 职业风险、组织公平对离职倾向的影响作用研究［J］. 科学学与科学技术管理，2011（5）.

［260］李晓巍，胡心怡等. 人际关系对归因过程及助人意愿的影响［J］. 中国健康心理学杂志，2006（1）.

［261］李新民，陈密桃. 大学生感恩学习介入方案成效分析：拓延建构理论假设的考验［J］. 课程与教学季刊，2009（2）.

［262］李新春，陈灿. 家族企业的关系治理：一个探索性研究［J］. 中山大学学报（社会科学版），2005（6）.

［263］李艳春. 大学生感悟社会支持和感戴的现状调查及其关系研究［D］. 西南大学硕士学位论文，2011.

［264］李艳春，孙鹏. 大学生感戴和社会支持来源的关系研究［J］. 中国健康心理学杂志，2011（2）.

［265］李志强. 大学生感恩品质现状调查与研究［D］. 西南大学硕士学位论

文，2008.

[266] 李原. 企业员工的心理契约 [M]. 上海：复旦大学出版社，2006.

[267] 李原，郭德俊. 组织中的心理契约 [J]. 心理科学进展，2002 (1).

[268] 李原. 员工心理契约的结构及相关因素研究 [D]. 首都师范大学博士学位论文，2002.

[269] 李原，孙健敏. 雇佣关系中的心理契约：从组织与员工双重视角下考察契约中“组织责任”的认知差异 [J]. 管理世界，2006 (11).

[270] 李燚，魏峰，任胜钢. 组织心理契约违背对管理者行为的影响 [J]. 管理科学学报，2006 (5).

[271] 李锐，凌文辁，柳士顺. 组织心理所有权的前因与后果：基于“人—境互动”的视角 [J]. 心理学报，2012 (4).

[272] 李锐，凌文铨. 工作投入研究的现状 [J]. 心理科学进展，2007 (2).

[273] 李超平，孟慧，时勘. 变革型领导对组织公民行为的影响 [J]. 心理科学，2006 (1).

[274] 李超平. 心理资本：打造人的竞争优势 [M]. 北京：机械工业出版社，2007.

[275] 李超平，孟慧，时勘. 变革型领导、家长式领导、PM 理论与领导有效性关系的比较研究 [J]. 心理科学，2007 (6).

[276] 李靖. 个人特征的异同与组织公民行为评价 [J]. 中国临床心理学杂志，2004 (1).

[277] 李靖. 职业过劳与心理健康、组织公民行为等因素的关系 [J]. 中国临床心理学杂志，2003 (4).

[278] 李颖，罗涤，袁利. 新生代大学生合作型亲社会行为现状调查研究 [J]. 思想教育研究，2011 (9).

[279] 李维. 社会心理学新发展 [M]. 上海：上海教育出版社，2006.

[280] 李聿旻，郑伯埙. 积极、消极德行领导之区辨效度研究. 载中国社会心理学会 2006 年学术研讨会论文集 [C]. 北京：中国社会心理学会，2006.

[281] 乐国安，尹虹艳，王晓庄. 组织承诺研究综述 [J]. 应用心理学，2006 (1).

[282] 林锡栋. 企业员工工作家庭冲突、归因方式及工作倦怠的关系研究

[D]. 华东师范大学硕士学位论文，2008.

[283] 林玲，唐汉瑛，马红宇. 工作场所中的反生产行为及其心理机制 [J]. 心理科学进展，2010 (1).

[284] 林姿葶，郑伯埙. 性别与领导角色孰先孰后？主管—部属性别配对、共事时间及家长式领导 [J]. 中华心理学刊，2007 (4).

[285] 梁果，李锡元，陈思. 领导—部属交换和心理所有权中介作用的感恩对个体主动性的影响 [J]. 管理学报，2014 (7).

[286] 梁渊等. 农村高龄老人主观幸福感及其影响因素研究 [J]. 中国老年学杂志，2004，24 (2).

[287] 凌文辁，张治灿，方俐洛. 中国职工组织承诺研究 [J]. 中国社会科学，2001 (2).

[288] 凌文辁，张治灿，方俐洛. 中国职工组织承诺的结构模型研究 [J]. 管理科学学报，2000 (2).

[289] 凌文辁. 中国文化与华人组织的领导 [J]. 本土心理学研究，2000 (13).

[290] 凌文辁，陈龙，王登. CPM 领导行为评价量表的构建 [J]. 心理学报，1987 (2).

[291] 凌文辁，方俐洛，艾卡儿. 内隐领导理论的中国研究——与美国的研究进行比较 [J]. 心理学报，1991 (3).

[292] 刘国锐. 青少年感恩与其问题行为、学业成就的关系 [D]. 华南师范大学硕士学位论文，2010.

[293] 刘建岭. 感戴研究进展 [J]. 首都师范大学学报（社会科学版），2010 (2).

[294] 刘建岭. 感戴：心理学研究的一个新领域 [D]. 河南大学硕士学位论文，2005.

[295] 刘晓岚. 大学生的感戴与其自我概念、社会支持的关系研究 [D]. 贵州师范大学硕士学位论文，2008.

[296] 刘军，刘小禹，白新文. 员工离职：雇佣关系框架下的追踪研究 [J]. 管理世界，2007 (12).

[297] 刘佳佳. 感恩对独裁者游戏中公平行为的影响研究 [D]. 浙江师范大

学硕士学位论文，2012.

[298] 刘永芳. 归因理论及其应用（修订版）[M]. 上海：上海教育出版社，2010.

[299] 刘永芳. 归因理论与人力资源管理 [M]. 上海：上海教育出版社，2007.

[300] 刘长江，邓诗懿. 基于社会困境视角的组织公民行为研究 [J]. 外国经济与管理，2009（11）.

[301] 刘仁刚，龚耀先. 老年人主观幸福感及其影响因素的研究 [J]. 中国临床心理学杂志，2000（2）.

[302] 刘小平，王重鸣. 不同文化下企业员工组织承诺概念的调查研究 [J]. 科技管理研究，2004（3）.

[303] 刘小平，王重鸣. 中西方文化背景下的组织承诺及其形成 [J]. 外国经济与管理，2002（1）.

[304] 刘善仕，凌文辁. 家长式领导与员工价值取向关系实证研究 [J]. 心理科学，2004（3）.

[305] 龙静. 组织公民行为理论及其应用 [J]. 上海：外国经济与管理，2000（3）.

[306] 龙君伟，曹科岩. 教师组织公民行为与教学效能感的关系研究 [J]. 心理科学，2006（4）.

[307] 罗明亮. 企业绩效管理与员工组织公民行为的关系的研究 [D]. 河南大学硕士学位论文，2005.

[308] 吕福新，顾姗姗. 心理所有权与组织公民行为的相关性分析——基于本土企业的视角和浙江企业的实证分析 [J]. 管理世界，2007（5）.

[309] 马计斌，张晓蕊，岳志春. 关于组织承诺概念的商榷 [J]. 河北工程大学学报，2007（3）.

[310] 马丽. 感恩与主观幸福感：中介效应和调节效应的探讨 [D]. 南京大学硕士学位论文，2011.

[311] [美] 马斯洛. 让我们恢复感恩意识 [J]. 许金声译. 北京成人教育，1999（1）.

[312] 马云献，扈岩. 大学生感戴量表的初步编制 [J]. 中国健康心理学杂志，

2004（5）.

［313］孟昭兰. 情绪心理学［M］. 北京：北京大学出版社，2005.

［314］莫申江，王重鸣. 国外伦理型领导研究前沿探析［J］. 外国经济与管理，2010（2）.

［315］潘静洲，周夏青，周晓雪. 职业归因风格及对员工心理行为的影响［J］. 中国商界，2010（2）.

［316］彭怡，陈红. 基于整合视角的主观幸福感内涵研析与重构［J］. 心理科学进展，2010（7）.

［317］彭泗清. 信任的建立机制：关系运作与法制手段［J］. 社会学研究，1999（2）.

［318］蒲清平，徐爽. 感恩心理及行为的认知机制［J］. 学术论坛，2011（245）.

［319］秦喆. 大学生感恩意识与人格特征、父母养育方式的关系研究［D］. 扬州大学硕士学位论文，2009.

［320］任俊. 积极心理学［M］. 上海：上海教育出版社，2006.

［321］任现品. 略论儒家文化的感恩意识［J］. 孔子研究，2005（1）.

［322］申正付，杨秀木，赵东诚，韩布新，王婷. 大学生感恩品质量表的初步编制［J］. 中国临床心理学杂志，2011（1）.

［323］史文. 大学生感戴现状及其影响因素的研究［D］. 西北大学硕士学位论文，2008.

［324］［美］斯蒂芬·罗宾斯. 组织行为学［M］. 孙健敏，李原译. 北京：中国人民大学出版社，2005.

［325］石国兴，祝伟娜. 初中生感戴和主观幸福感的干预研究［J］. 心理学探新，2008（3）.

［326］石满，丁新华. 军校研究生主观幸福感和人格特征的关系研究［J］. 中国健康心理学杂志，2005（3）.

［327］宋川川. 感恩的心理学理论研究［D］. 信阳师范学院硕士学位论文，2011.

［328］宋新涛. 不同情绪诱发下情绪调节方式对不同心理素质水平军人自主神经反应特点影响研究［D］. 第三军医大学硕士学位论文，2010.

［329］苏方国，赵曙明. 组织承诺、组织公民行为与离职倾向关系研究［J］. 科学学与科学技术管理，2005（8）.

［330］孙健敏，陆欣欣，孙嘉卿. 组织支持感与工作投入的曲线关系及其边界条件［J］. 管理科学，2015（2）.

［331］孙利平，凌文辁，方俐洛. 国外关于伦理领导的研究［J］. 理论探讨，2009（3）.

［332］孙翠香. 初中生主观幸福感与人格特征的关系［J］. 青少年研究，2004（2）.

［333］孙配贞，郑雪，余祖伟. 初中生感戴、自尊与学校生活满意度的关系［J］. 中国临床心理学杂志，2009（7）.

［334］孙配贞，郑雪，余祖伟. 初中生感戴状况与学校生活满意度的关系：应对方式的中介作用［J］. 心理发展与教育，2010（26）.

［335］孙文刚，汪金，韩仁生. 大学生感戴量表（GRAT）的修订［J］. 中国临床心理学杂志，2010（1）.

［336］谭春芳，邱显，清李焰. 初中生幸福感影响因素的研究［J］. 中国心理卫生杂志，2004，18（10）.

［337］汤琪. 研究生感恩心理问卷的初步编制及其与幸福感的关系研究［D］. 沈阳师范大学硕士学位论文，2011.

［338］汤琪，包建. 感恩与幸福感的关系综述［J］. 学术争鸣，2011（1）.

［339］唐洁，孟宪璋. 大中学生主观幸福感的比较研究［J］. 中国临床心理学杂志，2002（4）.

［340］唐翌. 团队心理安全、组织公民行为和团队创新——一个中介传导模型的实证分析［J］. 南开管理评论，2005（6）.

［341］陶志琼. 关于感恩教育的几个问题的探讨［J］. 教育科学，2004（4）.

［342］田辉. 归因理论在企业绩效管理中的应用［J］. 北京市计划劳动管理干部学院学报，2006（2）.

［343］田喜生. 大学生感戴倾向及其与移情能力、助人倾向间的关系研究［D］. 河北师范大学硕士学位论文，2008.

［344］佟月华. 大学生一般自我效能感、应对方式及主观幸福感的相关研究［J］. 中国学校卫生，2004（4）.

［345］涂红伟. 组织公民行为动机研究的整合：暗示理论视角［J］. 生产力研究，2011（4）.

［346］汪玲，席蓉蓉. 初中生创造个性、父母教养方式及其关系的研究［J］. 首都师范大学学报（社会科学版），2000（5）.

［347］汪新艳，廖建桥. 组织公平感对员工绩效的影响［J］. 工业工程与管理，2009（2）.

［348］汪新艳. 中国员工组织公平感结构和现状的实证解析［J］. 管理评论，2009（9）.

［349］魏峰，张文贤. 国外心理契约研究的新进展［J］. 外国经济与管理，2004（2）.

［350］魏峰，李燚，张文贤. 国内外心理契约研究的新进展［J］. 管理科学学报，2005（5）.

［351］魏江茹. 好战士还是好演员：基于印象管理的组织公民行为［J］. 经济管理，2006（15）.

［352］魏晓华. 中国人的报恩心理研究［D］. 南京师范大学硕士学位论文，2008.

［353］［美］韦纳. 动机和情绪的归因理论［M］. 林宗敏译. 福州：福建教育出版社，1989.

［354］文超，张卫，李董平，喻承甫，代维祝. 初中生感恩与学业成就的关系：学习投入的中介作用［J］. 心理发展与教育，2010（6）.

［355］王琛，陈维政. 工作场所反生产行为的形成机制及管理策略研究［J］. 生产力研究，2009，24（20）.

［356］王登峰，崔红. 解读中国人的人格［M］. 北京：社会科学文献出版社，2005.

［357］王定升. 感恩对助人行为的影响［D］. 河南大学硕士学位论文，2008.

［358］王极盛，丁新华. 初中生主观幸福感与应对方式的关系研究［J］. 中国临床心理学杂志，2003（2）.

［359］王建平，喻承甫等. 青少年感恩的影响因素及其机制［J］. 心理发展与教育，2011（3）.

［360］王爽. 青少年的内疚、羞耻、感恩及其发展研究［D］. 西北师范大学

硕士学位论文，2009.

［361］ 吴春明. 关于“感恩”与“孝亲”的思考［J］. 中国德育，2006（1）.

［362］ 吴小林. 中西文化中的感恩意识比较［J］. 湖南科技学院学报，2009（7）.

［363］ 吴志明，武欣. 知识工作团队中组织公民行为对团队有效性的影响作用研究［J］. 科学学与科学技术管理，2005（8）.

［364］ 武欣，吴志明，张德. 组织公民行为研究的新视角［J］. 心理科学进展，2005（2）.

［365］ 吴志明，武欣. 基于社会交换理论的组织公民行为影响因素研究［J］. 人类工效学，2006（2）.

［366］ 吴明霞. 30 年来西方关于主观幸福感的理论发展［J］. 心理学动态，2000（4）.

［367］ 吴丹伟，刘红艳. 大学生的主观幸福感与社会支持的相关研究［J］. 河北科技大学学报（社会科学版），2005（3）.

［368］ 王晓春，孙红超. 中国组织中的 OCB（组织公民行为）实证研究［J］. 经济师，2005（2）.

［369］ 王晓栋. 组织承诺对绩效影响初探［J］. 现代商业，2008（9）.

［370］ 王晓钧，雷晓鸣，连少贤. 归因取向理论建构及实证［J］. 心里学报，2012（4）.

［371］ 王阳. 企业员工的成就动机、归因方式与绩效的关系研究［D］. 吉林大学硕士学位论文，2007.

［372］ 王重鸣.管理心理学［M］. 北京：人民教育出版社，2000.

［373］ 王忠军，龙立荣，刘丽丹. 组织中主管—下属关系的运作机制与效果［J］. 心理学报，2011（7）.

［374］ 夏征农. 辞海［M］. 上海：上海辞书出版社，1999.

［375］ 肖建伟，石国兴. 高中生生活事件与心理健康及主观幸福感的相关研究［J］. 河北师范大学学报（教育科学版），2005（2）.

［376］ 谢倩，刘建芬. 军队护士主观幸福感与社会支持的相关研究［J］. 南方护理学报，2004（2）.

［377］ 谢敬东. 大学生感恩意识的缺失及培养［J］. 思想教育研究，2006（8）.

［378］谢振旺. 大学生感恩特质的量表及实验研究［D］. 福建师范大学硕士学位论文，2010.

［379］徐赛亚. 自尊、归因方式、学习动机、主观幸福感与学业成就的关系研究［D］. 上海师范大学硕士学位论文，2009.

［380］徐芳，张红峰. 中西感恩思想比较［J］. 宁夏党校学报，2007（2）.

［381］徐淑英，张维迎主编. 美国管理学会学报最佳论文集萃［M］. 北京：北京大学出版社，2006.

［382］许淑莲等. 成年人心理幸福感的年龄差异研究［J］. 中国心理卫生杂志，2003（3）.

［383］［英］亚当·斯密. 道德情操论［M］. 蒋自强等译. 北京：商务印书馆，2003.

［384］严标宾，郑雪，邱林. 广州大学生主观幸福感研究［J］. 心理学探新，2001（4）.

［385］严标宾，郑雪，邱林. 中国大陆、香港和美国大学生主观幸福感比较［J］. 心理学探新，2003（2）.

［386］杨百寅，梅哲群. “组织主人翁”还是“组织公民”：基于中国社会文化的员工行为分析视角［J］. 清华大学学报（哲学社会科学版），2014（3）.

［387］杨春江，逯野. 组织公平与员工主动离职行为：工作嵌入与公平敏感性的作用［J］. 管理工程学报，2014（1）.

［388］杨国枢. 中国人的社会取向：社会互动的观点.载杨国枢，余安邦. 中国人的心理与行为［M］. 中国台北：桂冠图书公司，1992.

［389］杨海荣，石国兴. 初中生主观幸福感和心理健康及其相关因素研究［J］. 中国健康心理学杂志，2004（6）.

［390］杨杰，凌文辁，方俐洛. 心理契约破裂与违背刍议［J］. 学术研究，2003（2）.

［391］杨杰，凌文辁，方俐洛. 工作场所中越轨行为的定义、特性与分类体系解析［J］. 心理科学进展，2004（3）.

［392］杨中芳，彭泗清. 中国人的人际信任的概念化：一个人际交往的观点［J］. 社会学研究，1999（2）.

［393］姚艳虹，肖石英. 组织公民行为与员工绩效的相关性分析［J］. 管理学

报，2006（3）.

［394］姚辉. 中国员工职业生涯阶段的心理契约研究［M］. 北京：中国市场出版社，2010.

［395］叶航，陈叶烽，贾拥民. 超越经济人：人类的亲社会行为与社会偏好［M］. 北京：高等教育出版社，2013.

［396］喻承甫，潘怡君. 深圳市小学生感恩倾向及其与学业成就、问题行为的关系［J］. 教育测量与评价，2011（9）.

［397］喻承甫，吴慧婷，刘国锐. 青少年感恩的现状研究［J］. 中国健康心理学杂志，2011（4）.

［398］喻承甫，张卫，李董平，肖婕婷. 感恩及其与幸福感的关系［J］. 心理科学进展，2010（7）.

［399］喻承甫，张卫，曾毅茵，叶婷，李月明，王姝君. 青少年感恩与问题行为的关系：学校联结的中介作用［J］. 心理发展与教育，2011（4）.

［400］喻文德. 加强大学生感恩教育［J］. 当代青年研究，2005（8）.

［401］余鹏，宿淑华，李丽. 大学生归因方式、自我效能感与主观幸福感的关系研究［J］. 中国临床心理学杂志，2005（1）.

［402］余小芳，雷良忻. 民办高校学生主观幸福感与人格、家庭功能关系研究［J］. 中国学校卫生，2004（3）.

［403］于静华. 大学生主观幸福感研究综述［J］. 哈尔滨学院学报，2005（5）.

［404］袁凌，王烨，陈俊. 组织承诺对员工离职行为影响的实证研究［J］. 湖南大学学报（自然科学版），2007（6）.

［405］袁凌，陈俊，肖蓉. 基于社会交换的组织支持对组织公民行为影响过程研究［J］. 财经理论与实践，2007（9）.

［406］袁再臣. 传统文化中的感恩意识及其现代转型［D］. 云南师范大学硕士学位论文，2011.

［407］张爱卿. 归因理论研究的新进展［J］. 教育研究与实验，2003（1）.

［408］张桂权. 感恩意识与感恩教育［J］. 当代教育论坛，2006（1）.

［409］张洪桥. 企业员工归因方式及其与自我控制和责任心的关系研究［D］. 西南大学硕士学位论文，2009.

［410］张建卫，刘玉新. 企业反生产行为：概念与结构解析［J］. 心理科学进

展，2009 (5).

[411] 张建卫. 反生产行为的理论述评 [J]. 学术研究，2008 (12).

[412] 张晶晶，杨立昊. 感恩概念及其脑机制初探 [J]. 长春理工大学学报(社会科学版)，2011 (3).

[413] 张利燕，侯小花. 感恩：概念、测量及其相关研究 [J]. 心理科学，2010 (2).

[414] 张萍. 感恩情感的形成机制及其干预：基于特质和状态的研究视角 [D]. 上海师范大学博士学位论文，2012.

[415] 张睿. 感恩日记方案提升遵义市小学高年级学生主观幸福感的研究 [J]. 贵州师范大学硕士学位论文，2008.

[416] 张睿，兰文杰. 感恩方案提升小学高年级学生主观幸福感的实验研究 [J]. 贵州师范大学学报（自然科学版)，2008 (4).

[417] 张妍，韩黎，孔繁昌，许芳. 积极心理学视角下感恩与幸福感关系研究述评 [J]. 教育导刊，2011 (3).

[418] 张轶文，甘怡群. 中文版 Utrecht 工作投入量表（UWES）的信效度检验 [J]. 中国临床心理学杂志，2005 (3).

[419] 张姝玥，许燕，王芳. 工作要求、工作资源对警察的工作倦怠和工作投入的预测作用 [J]. 中国健康心理学杂志，2007 (1).

[420] 张永军. 伦理型领导对员工反生产行为的影响：基于社会学习与社会交换双重视角 [J]. 商业经济与管理，2012 (12).

[421] 张永军，廖建桥，赵君. 员工组织公民行为的动机研究 [J]. 中国人力资源开发，2010 (9).

[422] 张艳秋. 企业员工组织公民行为结构初探 [D]. 暨南大学硕士学位论文，2003.

[423] 张治灿，方俐洛，凌文辁. 企业职工的组织承诺 [J]. 中国管理科学，1997 (1).

[424] 张雯，郑日昌. 大学生主观幸福感及其影响因素 [J]. 中国心理卫生杂志，2004 (1).

[425] 赵会青. 大学生移情问卷的编制及其与感戴的关系研究 [D]. 河北师范大学硕士学位论文，2010.

［426］赵淑娟. 中学生感恩、社会支持与自我价值感的关系研究［D］. 河南大学硕士学位论文，2010.

［427］赵国祥，陈欣. 初中生感戴维度研究［J］. 心理科学，2006（6）.

［428］郑伯埙，谢佩鸳，周丽芳. 校长领导作风、上下关系品质及教师角色外行为：转型式与家长式领导的效果［J］. 本土心理学研究，2002（17）.

［429］郑伯埙，周丽芳，黄敏萍，樊景立，彭泗清. 家长式领导的三元模式：中国大陆企业组织的证据［J］. 本土心理学（中国台湾），2003（20）.

［430］郑伯壎，周丽芳，樊景立. 家长式领导量表：三元模式的建构与测量［J］. 本土心理学研究，2000（14）.

［431］郑宏志，陈功香. 314 名城市老年居民主观幸福感与社会支持的相关研究［J］. 中国行为医学科学，2005（9）.

［432］郑立新，陶广放. 儿童生活满意度影响因素的研究［J］. 中国临床心理学杂志，2001（2）.

［433］郑裕鸿，范方，喻承甫，罗廷琛. 青少年感恩与创伤后应激障碍症状的关系：社会支持和心理弹性的中介作用［J］. 心理发展与教育，2011（5）.

［434］中国社会科学院语言研究所词典编辑室主编. 现代汉语词典（汉英双语）［M］. 北京：外语教学与研究出版社，2002.

［435］周浩，龙立荣. 变革型领导对下属进谏行为的影响：组织心理所有权与传统性的作用［J］. 心理学报，2012（3）.

［436］周浩，龙立荣. 恩威并施，以德服人——家长式领导研究述评［J］. 心理科学进展，2005（8）.

［437］周玲玲，任磊，张航，贺金波. 感恩与助人倾向的关系研究［J］. 教育教学论坛，2013（21）.

［438］周丽芳. 华人组织中的关系与社会网络［J］. 本土心理学研究，2002（18）.

［439］周晓红. 现代社会心理学［M］. 上海：上海人民出版社，1997.

［440］周元明. 刍议高等学校的感恩教育［J］. 江苏高教，2007（1）.

［441］仲理峰，时勘. 家族企业高层管理者胜任特征模型［J］. 心理学报，2004（1）.

［442］仲理峰. 家族式企业高层管理者胜任特征模型及其影响作用的研究

[D]. 中国科学院研究生院博士学位论文，2002.

[443] 朱桂萍，姚本先. 大学生感恩、主观幸福感及其相关研究 [J]. 皖西学院学报，2009 (5).

[444] 朱莉. 大学生亲社会行为及不同情境下积极人格特质对其的影响 [D]. 河南大学硕士学位论文，2011.

[445] 朱爱琴. 基于博弈分析的组织承诺的构建 [J]. 当代经济（下半月），2007 (3).

[446] 朱爱琴. 组织承诺形成过程及策略分析 [J]. 新疆财经，2008 (5).

[447] 祝伟娜. 初中生感戴与主观幸福感的关系及其干预研究 [D]. 河北师范大学硕士学位论文，2008.

[448] 朱晓妹，王重鸣. 中国背景下知识型员工的心理契约结构研究 [J]. 科学学研究，2005 (1).

[449] 朱月龙，段锦云，凌斌. 虐辱管理概念的界定与影响因素及结果探讨 [J]. 外国经济与管理，2010 (12).

[450] 宗文，李晏墅，陈涛. 组织支持与组织公民行为的机理研究 [J]. 中国工业经济，2010 (7).

中国改革开放史料丛书

经济特区发展

陶一桃　主编

中国工人出版社

“中国改革开放史料丛书”
编委会

总序

铭记改革开放历史
奋进新时代新征程

历史是一面镜子，也是一部教科书。重视历史，研究历史，借鉴历史，是中华几千年文明的一个优良传统。当代中国是历史中国的延续和发展，书写着中国人民和中华民族不懈奋斗的宏伟篇章。历史的无穷魅力在于包含了大量丰富的史料。史料是保存历史、记述历史、再现历史的基本素材和重要依据。重视历史的学习、研究和传承，必须重视史料的收集、整理、汇辑。

改革开放是中国人民和中华民族发展史上一次伟大革命，正是这场伟大革命推动了中国特色社会主义事业的伟大飞跃。1978 年底，中国共产党召开具有重大历史意义的十一届三中全会，开启了改革开放历史新时期。从那时以来，中国共产党带领全国人民以一往无前的进取精神和波澜壮阔的创新实践，谱写了壮丽史诗。改革开放 40 多年来，从农村到城市，从生产到投资、流通、分配、消费，从所有制结构到企业形式，从经济领域到生产关系和上层建筑的某些环节，都进行了系统和全面改革，成功实现了从高度集中的计划经济体制到充满活力的社会主义市场经济体制的伟大历史性转变；对外开放从建立经济特区到沿海、沿江、沿边，从东部到中西部地区，再到加入世界贸易组织，从大规模“引进来”到大踏步“走出去”，成功实现了从封闭半封闭到全方位开放的伟大历史性转变。我们在深化经济体制改革的同时，不断深化政治体制、文化体制、社会体制、生态文明体制改革和其他领域改革，不断推进国家治理体系和治理能力现代化。在改革开放推动下，我国经济和社会发展取得了举世瞩目的辉煌成就，实现了人民生活由温饱不足到小康宽裕的伟大历史性转变。事实雄辩地证明，改革开放是决定当代中国前途命运的关键一招，是当代中国发展进步的动力之源，是大踏步赶上时代前进步伐的重要法宝，为实现中华民族伟大复兴提供了充满新活力的体制保障和快速发展的物质条件，中华民族迎来了从站起来、富起来到强起来的伟大飞跃。

现在，我国在广袤大地上全面建成小康社会，正阔步迈向全面建设社会主义现代化国家的新征程。在庆祝中国共产党成立 100 周年大会上，习近平总书记强调，“以史为鉴，可以知兴替。我们要用历史映照现实、远观未来，从中国共产党的百年奋斗中看清楚过去我们为什么能够成功、弄明白未来我们怎样才能继续成功，从而在新的征程上更加坚定、更加自觉地牢记初心使命、开创美好未来”。改革开放以来的岁月将彪炳于中华民族发展的壮丽史册。40 多年来，中国共产党从理论到实践的伟大创造，探索和积累的宝贵经验是党和人民弥足珍贵的精神财富，对于新时代坚持和发展中国特色社会主义有着极为重要的指导意义，应当倍加珍惜。

2022年，党的二十大召开。“中国改革开放史料丛书”的出版，为了铭记改革开放以来的光辉历史过程，收集、保存、传承40多年的宝贵历史资料，也为了以实际行动落实党中央关于加强改革开放史教育的部署要求，展示改革开放历史的史料价值。

这套丛书共有20卷。分别是：《中国社会主义市场经济体制形成与发展》《计划投资体制改革》《农业农村改革》《对外开放》《行政体制改革》《财政税收体制改革》《价格体制改革》《经济特区发展》《城市改革与发展》《国有企业改革》《金融体制改革》《教育体制改革》《收入分配改革》《科技体制改革》《外贸体制改革》《商品与要素市场改革》《就业体制改革》《社会保障体制改革》《民营经济发展》《改革开放大事记》，力求从不同领域、不同角度，全面、系统、客观记录我国改革开放40多年的历史进程，重点收录具有重要价值的史料，特别是历史文献、重要人物和事件、实物和口述史料，以期在服务全面深化改革开放事业、加强改革开放史研究和教育中提供参考、发挥作用。

这套丛书的各卷主编和参与者大多是相关领域知名的专家学者，也是我国改革开放的亲历者、见证者。丛书集结了他们长期亲历和研究我国改革开放的重要成果，凝聚了他们对改革开放伟大事业的深厚情怀和责任担当。中国工人出版社对这套丛书的出版给予了大力支持，集全社之力，不舍昼夜，为本书如期付梓出版不辞辛劳；中国（海南）改革发展研究院作为30多年如一日勇立改革开放潮头、以建言改革为己任的改革智库，为此书的策划、组织和出版作出了重要贡献，彰显出改革智库记录好、传播好改革开放历史的初心使命。我作为这套丛书的编委会主任，在此向为本套丛书付出艰辛努力的各位编委会成员、作者，对中国工人出版社的领导、编辑表示由衷的敬意和感谢！

这套丛书内容时间跨度大，涉及领域多，涵盖方面广，力图史料全面、翔实、准确，任务艰巨。由于时间较紧，难免有不足之处，恳请读者批评指正。

魏礼群

2024 年 3 月

前言

我和我的团队很荣幸承担了由中国工人出版社与中国（海南）改革发展研究院联合策划的大型历史文献“中国改革开放史料丛书”之《经济特区发展》的编写。在编写的过程中，我们力求真实记录中国经济特区产生、演进的历史过程，客观还原经济特区发展的历史细节与时代脉络，努力把握好经济特区的发展历程与中国改革开放的历史进程之间的契合点和内在逻辑关系，尤其在原始史料与历史事件的采纳与使用上，我们坚持辩证唯物主义与历史唯物主义相结合的基本原则，以实现丛书成为具有权威性的改革开放史研究和教育的基础性资料为宗旨而踏实工作。我们的愿望是：让历史告诉未来，让未来感知历史。

《经济特区发展》的顺利完成，要感谢我的团队全体同人的努力。这既是一个具有相当研究能力的学术团队，又是一个能把“深圳速度”的理念践行于学术创作的特别能战斗的集体。其中的骨干老师或参与国家社科重大项目《中国经济特区发展 1978~2018》的撰写，或一直负责主持编撰《深圳经济特区年谱》。他们既是生活、工作在深圳经济特区的学者，又是经济特区的研究者与思考者；他们见证着中国最成功的经济特区的成长与发展，又投身于这一伟大实践中。

另外，参与本书编写工作的还有我的博士后、博士研究生和硕士研究生。他们都以各自的专业特长和严谨的治学精神，为丛书的顺利完成做出不可或缺的贡献。

伍凤兰教授协助我完成全书的整体框架设计及研究方法的规范。她是我的第一位硕士研究生，也是我的第一位博士研究生。她作为重要成员参与了我领衔的国家社科基金重大项目——《中国经济特区发展 1978~2018》的撰写，现在已经是一位在经济特区研究方向颇有见树的学者。

王保卫老师统筹全书史料部分的撰写，并担负全书的统稿工作。他是《深圳经济特区年谱》和《经济特区研究文献索引》的副主编，在经济特区发展史料掌握方面具有相当深厚的理论积累。

王崇、倪坤共同负责第一部分历程篇的撰写。王崇、倪坤都是我的博士后合作者。王崇已经出站，现在中山大学任教。参与本书历程篇撰写的还有深圳大学理论经济学的博士、硕士研究生，他们是刘成、刘承君、曾顺平和郭子睿。

王昱人负责第二部分史料的汇总工作，她是我的港澳博士生，具有良好的学术研究素养和出色的外语水平。参与这部分工作的还有深圳大学理论经济学的博士、硕士研究生徐卓怡、张冰涛、翟羽帆、王海峰。其中张冰涛是深圳大学理论经济学经济思想史方向的硕博连读生。

连晗羽负责包含大事记、索引及参考文献的整理工作。她是我的博士研究生，在英国利物浦大学获管理学和电脑科学双学士学位、斯特灵大学获金融和银行专业硕士学位，有着良好的教育背景与独立研究能力。参与这部分工作的还有我的硕士研究生郭子睿。

最后，还要感谢中国工人出版社与中国（海南）改革发展研究院对本书的宏观指导与定位，从而使本书既能很好地成为丛书的一个有机组成部分，又具有较高的历史站位。

我认为，一个民族能向后看多远，就能向前走多远。同时，无论今天我们走多远，都不能忘记我们曾经是从哪里出发的。这或许正是历史研究的价值与魅力吧！

陶一桃

2024 年 1 月 10 日

目录

第一部分
历程篇

第二部分
史料篇

CHINA'S REFORM AND OPENING UP

第一部分

历程篇

总　论
深圳奇迹与中国共产党的改革智慧

▼

在中国共产党百年发展历史中，改革开放无疑具有独特的意义。如果说始于 1978 年的改革开放彰显了中国共产党人自我革命的勇气，那么，打破传统计划经济体制，建立社会主义市场经济体系，走中国特色社会主义道路，则充分展示了中国共产党的道路自信、理论自信、制度自信与文化自信。作为社会主义市场经济的试验田、最早的改革开放窗口和中国特色社会主义先行示范区，深圳经济特区以令世人瞩目的辉煌成就和发展奇迹证明了改革开放的决策正确。

纵观经济特区发展的历程，中国共产党人以改革开放的实践真正推动并丰富了马克思主义的中国化，形成了中国特色社会主义理论体系，为新兴市场经济国家和转型国家提供了可以被借鉴的中国方案。正如习近平总书记在深圳经济特区建立 40 周年庆祝大会上所说，“深圳是改革开放后党和人民一手缔造的崭新城市，是中国特色社会主义在一张白纸上的精彩演绎”[①]。

① 习近平：《在深圳经济特区建立 40 周年庆祝大会上的讲话》，《人民日报》，2020 年 10 月 15 日。

一、经济特区的创立与中国道路的开启

回顾、总结、思考中国经济特区40多年的历程，正是中国共产党带领全中国人民解放思想、实事求是，摆脱传统计划经济的束缚，探索适合中国国情的现代化道路，并以创办经济特区的方式开启中国道路的历史抉择，才有了中国特色社会主义的伟大实践。经济特区在中国社会制度变迁的进程中具有不可替代的地位、功能与历史使命。

以深圳为典型代表的经济特区，其既肩负起“先行先试”和“先行示范”的历史使命，又以“政策性增长极”的制度力量，不断产生、释放着“虹吸效应”与“扩散效应”，从而改变并形成中国经济的新版图。同时，其以自身的发展不断探索着中国社会制度变迁的路径。

40多年前，在“发展是硬道理”的渴望中和“摸着石头过河”的探索中，经济特区不仅成为冲出传统计划经济体制的一种崭新而富有挑战意义的制度尝试，同时也开启了中国道路的探索征程。从此，中国现代化建设走上了一条既不同于传统体制下的苏联模式，又不同于资本主义时代的西方模式的中国道路。

这里所说的中国道路，是指1978年以来中国选择的社会转型、经济发展与全面实现现代化的方式与路径。具体来讲，就是在一个已经拥有30年计划经济历史，同时传统意识形态又毋庸置疑地占据统治地位的大国里，以创办经济特区的方式作为冲破传统体制的突破口，在全国范围内逐步完成由传统的计划经济向社会主义市场经济转型，使中国社会在一段时期内全面走上市场经济的道路，逐渐成为一个真正的经济繁荣、制度自信、文化昌盛、国富民

强的法制的社会主义市场经济国家。正是经济特区在“摸着石头过河”理念下，构建了中国渐进式改革的独特实践模式，而“先行先试”、“率先示范”、“敢闯”又都是这一独特实践模式的重要内涵与品质。未来，经济特区还将继续以“政策性增长极”的方式，成为中国深化改革进程中先行先试的先锋、降低试错的先行区、创造可复制可推广经验的制度创新高地。

二、经济特区与“中国特色渐进式改革”

经济特区作为“中国特色渐进式改革”的实践模式与路径，一方面，其以“先行先试”的成功经验不断创造出新的制度需求，从而形成与“中国特色渐进式改革”相辅相成的有机进程；另一方面，经济特区在自上而下的制度变迁占绝对主导地位的社会转型框架下，也充分体现地方政府改革勇气与胆识的自下而上的制度变迁，从而构成“中国特色渐进式改革”不断向纵深迈进的内在演进逻辑。经济特区形成对生产要素和经济实体具有强大吸引力的“虹吸效应”的同时，创造、释放出日益扩大、深化的“扩散效应”。经济特区还制度化地形成先富带动后富的“涓滴效应”，较为迅速地展现出率先发展城市“倒U型曲线”（随着经济的发展贫富差距缩小）。

中国经济特区不仅是特殊政策的产物，同时它本身就是一种由特殊政策赋予“率先改革权”的一项制度安排。它既率先担负起中国社会改革开放与深化改革的使命，又以独特的身份，不断为中国社会的制度变迁提供可借鉴的经验与做法。所以，经济特区作为“政策性经济增长极”，在“中国特色渐进式改革”的框架内，有力地诠释着中国经济特区的独特功能、作用与使命。

三、深圳奇迹印证中国共产党的改革智慧

回顾40多年的改革开放历程，经济特区拥有“与生俱来”的划时代意义。从“先行先试”到“先行示范”，都在以“政策性增长极”的独特的制度绩效，展示着中国共产党的改革智慧，而深圳经济特区正是这一改革智慧的印证者。

在社会转型初期，获取民众对改革支持的最直接、最有力的方法就是发展经济以及人民收入水平的普遍提高。“中国特色渐进式改革”以首先建立“政策性增长极”——经济特区的方式创造了这样的制度空间。这就是改革开放初期“让部分人，部分地区先富起来”的政治智慧。1979年，深圳经济特区始建之时，GDP不足2亿元，不到同期广州GDP的4%，不到同期香港GDP的0.2%。但40多年后，深圳的GDP增长了约1.5万倍，深圳人均GDP比1979年翻了330倍。

人口无疑是一座城市发展的核心因素，尤其对一个在社会转型中成长的城市而言。一方面，人口流动的变化情况足以体现一座城市对人的吸引力；另一方面，城市自身在获取劳动力红利和创造价值的同时，也获得了消费规模与能力。两者相互促进，又产生有利于城市发展的“极化效应”*，以深圳为典型代表的经济特区，正是自身发展所产生的“极化效应”的最大受益者。“极化效应”是邓小平“让一部分人，一部分地区先富起来，逐步实现共同富裕”思想实施过程中的产物，它也构成了“中国特色渐进式改革”内在的自发溢出的效应。

* “极化效应”由经济学家G. 迈达尔在其著作《经济理论和不发达地区》（1957年）中提出。这一理论认为在市场机制的作用下，一旦地区间发展水平与发展条件出现差距，条件好、发展快的地区就会不断为自身积累有利因素，从而进一步遏制落后地区的发展，使之处境日益恶化。

1. 中国共产党建立经济特区的决策是正确的

如何在传统计划经济体系中开始社会主义市场经济的实践，这对中国共产党人来说是一个重大问题。一方面，当时谁都不知道社会主义市场经济到底应该是什么样子的；另一方面，万一失败了，如何将其影响降至最小，不至于让已经濒临崩溃边缘的国民经济雪上加霜。深圳、珠海、汕头、厦门由于地理位置的客观因素，计划经济布局相对薄弱。它们既不是计划经济的重镇，又远离政治中心，一旦失败对当时的国民经济体系不会带来伤筋动骨的影响。正因如此，这里成为率先开启中国改革开放的沃土。经济特区的建立使制度变迁的绩效在短期内迅速显现出来，并卓有成效地示范于全国。

2. 中国共产党“中国特色渐进式改革”的路径选择是正确的

中国共产党人并没有机械照搬西方渐进式改革理论模式，而是首先建立一个既能体现中央整体改革意图，又赋予其改革自主权的“政策高地”，进而为渐进式改革成功地寻找到了一块“实验田”。“先行先试”是转型中国赋予经济特区的先天品格，更是经济特区不朽生命力的原因所在。

3. 中国共产党“非均衡发展方式”的选择是正确的

非均衡发展方式是在经济发展不均衡的大国里，有效完成社会转型，从而较快实现全面发展的最佳路径选择。如果说“中国特色渐进式改革”是面临制度约束的一种发展步骤，那么非均衡发展则是面临资源约束的一种发展方式。它们共同保证了转型进程从局部向全局的稳步推进，从而以符合中国国情的改革实践，为道路自信提供令世人瞩目的现实依据。

4. 中国共产党“中国道路”的选择是正确的

“中国道路”的实质就是中国共产党领导和实现社会主义现代化。从根本上说，中国道路的探索过程是对人类文明的认同过程，是为世界提出中国智慧的过程。如果说，当年以建立特区的方式开启中国社会的制度变迁主要在于降低改革开放的政治风险和试错成本，那么之后的各类特区的建立则更多的是以政策的力量培育经济增长极，并以制度示范制度，以区域带动区域，实现社会的均衡发展与全面发展。无论是典型经济特区、广义经济特区还是自由贸易试验区、湾区，都在中国改革开放不同阶段，承担着不同的使命。市场选择与政策引力相互作用，市场的力量与制度的力量相结合，使中国社会经济发展呈现出独特的轨迹与较高的速度。从典型经验特区到广义经济特区，再到经济特区拓展形式的自由贸易试验区、湾区的建立与形成，正是“梯度发展”与“反梯度发展”路径选择的有机结合。

1984 年，邓小平在视察深圳、珠海、厦门三个经济特区后十分高兴地说：“我们建立经济特区，实行开放政策，有个指导思想要明确，就是不是收，而是放。[①]” 1987 年，他再次谈及经济特区时说：“现在我可以放胆地说，我们建立经济特区的决定不仅是正确的，而且是成功的。所有的怀疑都可以消除了。[②]” 2020 年 10 月 14 日，在深圳经济特区 40 周年庆祝大会上习近平总书记站在新时

① 邓小平:《办好经济特区，增加对外开放城市》,《邓小平文选》，北京：人民出版社，1993 年版，第 51 页。

② 邓小平:《改革的步子要加快》,《邓小平文选》，北京：人民出版社，1993 年版，第 239 页。

代的起点上发出了充满震撼力的历史回声：“深圳等经济特区的成功实践充分证明，党中央关于兴办经济特区的战略决策是完全正确的。经济特区不仅要继续办下去，而且要办得更好、办得水平更高。①”

如果说深圳奇迹印证了中国共产党的改革智慧，那么中国改革开放的成功实践则展示出中国共产党的思想与道路的力量。这一思想与道路的力量将作为珍贵的制度财富，镌刻在中国共产党的发展史中。

① 习近平：《在深圳经济特区建立 40 周年庆祝大会上的讲话》，《人民日报》，2020 年 10 月 15 日。

第一章
经济特区的探索与起步（1978—1989年）

▼

在以经济建设为中心这一历史关键节点，我国的改革开放政策呼之欲出，而解放思想正是这一自上而下制度安排和变迁的前提和保障。党的十一届三中全会正式揭开改革开放的序幕，经济特区应运而生。经济特区的主要功能就是在计划经济的体制中率先实现、示范、完成社会主义市场经济体系的构建，并在全国范围内推动社会主义市场经济体系的普遍确立。

第一节　解放思想的确立与改革开放的开启

回顾几千年的历史，丰衣足食一直都是中国老百姓最朴素的追求和愿望。正如马克思所说，“在科学的入口处，正像在地狱的入口处一样，必须提出这样的要求：这里必须根绝一切犹豫；这里任何怯懦都无济于事”[①]。

---

① 马克思：《〈政治经济学批判〉序言》，《〈政治经济学批判〉序言、导言》，北京：人民出版社，1971年版，第2页。

一、解放思想的确立

中国的改革开放是从解放思想开始的。如果说改革开放是中国制度变迁的路径，那么解放思想则是实现这一路径的前提与保障。没有解放思想就不可能有改革开放的实践，而改革开放又把解放思想从理念变成了现实。粉碎“四人帮”后，党和国家逐步开始把工作重心转移到经济建设上来，尤其是通过关于真理标准问题的全国性大讨论，重新确立了解放思想、实事求是的思想路线。

进入 1978 年，预示我国即将发生积极新变化的因素持续叠加：上半年，大规模出国考察给考察者带来心灵上的强烈震撼。几乎同时展开的真理标准问题大讨论又给长期以来人们精神上的枷锁“松绑”。“改革”的呼声渐起。到了下半年，变革的节奏加快，变革的方向也越发清晰，特别是国务院务虚会、全国计划会议、中央工作会议等一系列重要会议的相继召开，使得党和国家最高决策层进一步凝聚了变革的共识。

1978 年 11 月 10 日，为党的十一届三中全会作准备的中共中央工作会议在北京召开。习仲勋在中南组分组会议上作了题为《广东的建设如何大干快上》的发言。12 月 11 日，中央决定由习仲勋担任广东省委第一书记和省革委会主任。

同年 12 月 13 日，邓小平在闭幕会上作了题为《解放思想，实事求是，团结一致向前看》的重要讲话。此次讲话共四部分：一、解放思想是当前的一个重大政治问题。二、民主是解放思想的重要条件。三、处理遗留问题为的是向前看。四、研究新情况，解决新问题。这次中央工作会议为随即召开的党的十一届三中全会作了充分准备，邓小平的这一讲话实际上也是三中全会的主题报告。

邓小平还提出，“要允许一部分地区、一部分企业、一部分工人农民，由于辛勤努力成绩大而收入先多一些，生活先好起来。一部分人生活先好起来，就必然产生极大的示范力量，影响左邻右舍，带动其他地区、其他单位的人们向他们学习。这样就会使整个国民经济不断地波浪式地向前发展，使全国各族人民都能比较快地富裕起来”[①]。这就为随后经济特区的创立，以及全国各地和各行业的改革开放提供了重要的行动指针。

二、党的十一届三中全会的召开

2013 年 1 月，习近平总书记在党的十八大精神研讨班上总结说：“我们党做出进行改革开放的历史性决策、开创和发展中国特色社会主义。[②]”党的十一届三中全会以后，党中央重新确立解放思想、实事求是的思想路线，彻底否定了“以阶级斗争为纲”的错误理论和实践，以巨大的政治勇气提出进行改革开放，党的十一届三中全会开启了改革开放历史新时期。中国共产党从此开始了建设中国特色社会主义的新探索。

1978 年 12 月 18—22 日，党的十一届三中全会在北京召开。会议重新确立解放思想、实事求是的思想路线；做出把党和国家的工作重心转移到经济建设上来，实行改革开放的伟大决策。

党的十一届三中全会实现了新中国成立以来党的历史的伟大转

① 邓小平：《解放思想，实事求是，团结一致向前看》，《邓小平文选》（第二卷），北京：人民出版社，1994 年版，第 152 页。
② 《习近平在党的十八大精神研讨班开班式上发表重要讲话》，人民网，2013 年 1 月 6 日。

折：（1）全会确立实事求是的思想路线。高度评价了关于真理标准问题的讨论，指出实践是检验真理的唯一标准，是党的思想路线的根本原则，重新确立马克思主义“实事求是”的思想路线。（2）全会恢复党的民主集中制的传统。讨论并着重提出了健全社会主义民主和加强社会主义法制的任务。全会决定根据党的历史经验，健全党的民主集中制，健全党规党法，严肃党纪；全体党员和党的干部，人人遵守纪律，是恢复党和国家正常政治生活的起码要求；为了保障人民民主，必须加强社会主义法制，使民主制度化、法律化，使这种制度和法律具有稳定性、连续性和极大的权威，做到有法可依，有法必依，执法必严，违法必究。（3）全会做出实行改革开放的新决策。全会提出加快农业改革，提出发展农业的一系列政策措施，并同意将《中共中央关于加快农业发展若干问题的决定（草案）》等文件发到各省、自治区、市讨论和试行。（4）全会正视历史凝聚了改革的力量。全会开始系统地清理重大历史是非的拨乱反正，肯定了老一辈革命家对党和人民的贡献，凝聚了改革的力量。

三、中国改革开放的开启

从 1978 年开始，有无数中国人的命运因国家的变化而改变。由此开始，中国每前进一步都引起全世界的关注。改革开放是以党的十一届三中全会为标志开始实行的对内改革、对外开放政策。中国的对内改革首先从农村开始，1978 年 11 月，安徽省凤阳县小岗村开始实行“农村家庭联产承包责任制”，拉开了我国对内改革的大幕。1992 年，邓小平南方谈话标志着中国改革进入了新的阶段。

1．改革开放的主要内容

改革开放是中国社会主义建设的一项根本方针，是中国共产党在社会主义初级阶段基本路线的基本点之一。改革是指对内改革，主要包括：经济体制改革，即把高度集中的计划经济体制改革成为社会主义市场经济体制；政治体制改革，包括发展民主，加强法制，实现政企分开、精简机构，完善民主监督制度，维护安定团结。开放，主要指对外开放，在广泛意义上也包括对内开放。

2．改革开放的政策形成

（1）特区设立

1979 年 7 月 15 日，中共中央、国务院批转广东省委、福建省委关于对外经济活动实行特殊政策和灵活措施的报告，决定在深圳、珠海、汕头和厦门试办特区。8 月 13 日，国务院下发《关于大力发展对外贸易增加外汇收入若干问题的规定》，主要内容是扩大地方和企业的外贸权限，鼓励增加出口，办好出口特区。1980 年 5 月 16 日，中共中央、国务院批转《广东、福建两省会议纪要》，正式定名为“经济特区”。1980 年 8 月 26 日，《广东经济特区条例》的颁布，宣告中国的“经济特区”正式成立。

（2）家庭联产承包责任制确立

1982 年 1 月 1 日，中共中央批转《全国农村工作会议纪要》，指出目前农村实行的各种责任制，包括小段包工定额计酬，专业承包联产计酬，联产到劳，包产到户、到组，包干到户、到组等，都是社会主义集体经济的生产责任制；1983 年，党中央指出联产承包制是中国农民的伟大创造，是马克思主义农业合作化理论在中国实践中的新发展。

（3）有计划的商品经济提出

1984 年 10 月 20 日，党的十二届三中全会在北京举行。会议一致通过《中共中央关于经济体制改革的决定》，明确提出进一步贯彻执行对内搞活经济、对外实行开放的方针，加快以城市为重点的整个经济体制改革的步伐，是当前中国形势发展的迫切需要。改革的基本任务是建立起具有中国特色的、充满生机和活力的社会主义经济体制，促进社会生产力的发展。

（4）全民所有制企业改革启动

1986 年 12 月 5 日，国务院下发《关于深化企业改革增强企业活力的若干规定》，提出全民所有制小型企业可积极试行租赁、承包经营。全民所有制大中型企业要实行多种形式的经营责任制。各地可以选择少数有条件的全民所有制大中型企业进行股份制试点。

（5）“一个中心、两个基本点”的基本路线提出

1987 年 10 月 25 日—11 月 1 日，党的十三大举行。大会阐述了社会主义初级阶段理论，提出党在社会主义初级阶段的基本路线：以经济建设为中心，以四项基本原则为立国之本，以改革开放为强国之路。制定了到 20 世纪中叶分三步走、实现现代化的发展战略，并提出政治体制改革的任务。

（6）“科学技术是第一生产力”提出

1988 年 9 月 5 日，邓小平在会见捷克斯洛伐克总统胡萨克时，提出“科学技术是第一生产力”的著名论断。1985 年 3 月 13 日，中共中央做出《关于科学技术体制改革的决定》，指出现代科学技术是新的社会生产力中最活跃和决定性的因素，全党必须高度重视并充分发挥科学技术的巨大作用。同时规定了当前科学技术体制改革的主要任务。

（7）社会主义市场经济体制改革目标确立

1992 年 10 月 12—18 日，党的十四大在北京举行。大会总结了党的十一届三中全会以来 14 年的实践经验，确定建立社会主义市场经济体制改革的目标，提出用邓小平建设有中国特色社会主义理论武装全党。大会通过《中国共产党章程（修正案）》，将建设有中国特色社会主义的理论和党的基本路线写进党章。党的历史上第一次明确提出建立社会主义市场经济体制的目标模式。

第二节　由出口加工区到经济特区

中国经济特区的创办是开启中国社会全方位转型的关键之举。面对走向崩溃边缘的中国经济，当邓小平以“贫穷不是社会主义”的判断来否定传统计划经济时，便开始了中国社会转型的战略思考。其中的重要问题就是在一个计划经济的封闭社会里，在一个非均衡发展的二元结构中，如何去寻找一个突破口，这个突破口到底在什么地方？[①]

一、深圳、珠海建市与出口加工区的筹办

1978 年 4 月，在中央工作会议期间，邓小平听取广东省负责同志的汇报后，提出“办一个特区”的意见。同时，福建省也提出

① 钟若愚：《“四十不惑”的经济特区如何走向未来》，《深圳特区报》，2020 年 9 月 1 日。

创办特区的要求。会后，谷牧即率段云、甘子玉，李灏等组成工作组，赴广东、福建两地展开调研考察。随后港澳经济贸易考察组向国务院提交了《港澳经济考察报告》，调查组的报告中表达了强烈的改革开放意向，提出要把靠近香港、澳门的宝安、珠海划为出口基地，力争三五年内建成具有相当水平的对外生产基地、加工基地和吸引港澳客人的游览区。6 月 3 日，中共中央、国务院主要领导人在听取考察组报告后，表示同意，并要求说干就干，把它办起来。1978 年 7 月，广东省委书记习仲勋专程调查研究了宝安县，省委和省政府专门派出省工作组到宝安、珠海两地调查研究，并于当年 10 月向国务院呈报了《关于宝安、珠海两县外贸基地和市政建设规划设想的报告》。

1979 年 1 月 8—25 日，广东省委召开四届二次常委扩大会议，主要研究如何贯彻党的十一届三中全会精神，实现工作重点转移，并讨论了如何把农业生产搞上去的问题。会议期间，根据李福林的意见，惠阳地区革委会于 1979 年 1 月 13 日向广东省革委会上报《关于宝安县改为深圳市建制的报告》，指出关于宝安县改为深圳市的建制问题，为有利于对外贸易和对外加工工业，同意把宝安县改为深圳市。宝安县改变行政建制并设立深圳市的方案，得到以习仲勋为首的广东省领导层同意。

1979 年 1 月 16 日，广东省派吴南生、丁励松前往汕头地区宣传党的十一届三中全会精神，协助市委拨乱反正，平反冤假错案。这一在地图上几乎处于广东省“头”部的城市，作为“粤东之门户，华南之要冲”，恩格斯眼中的“远东唯一一座具有商业色彩的”城市，曾有“小上海”之美称。在新中国成立初期，商业发展和经济条件与香港差距不大，却在短短的 30 年被香港甩下了远远一大截。基于此，吴南生在愤懑于国民党黑暗统治的同时，琢磨如何才能尽快让汕头富裕起来。在其新加坡朋友的启发下，吴南生萌发了将汕头独立划出办出口加工区，吸引外商直接投资的想法，并向习仲勋、杨尚昆和省委做了电报汇报。

1979 年 1 月 23 日，广东省委下发《关于设立深圳市和珠海市的决定》，指出为加强对宝安地区生产建设的领导，建立出口基地，发展对外贸易，省委决定将宝安县改为深圳市，为省辖地级市，由广东省和惠阳地区实行双重领导。成立中共深圳市委，任命张勋甫为市委书记。① 同日，广东省革委会将设立深圳市和珠海市的这份报告上报国务院。3 月 5 日，国务院下发《国务院关于广东省设置深圳、珠海市的批复》，同意将宝安县改设为深圳市，以宝安县的行政区域为深圳市的行政区域。这标志着深圳市正式成立。

28 日下午，吴南生从汕头回到广州。当天晚上，习仲勋就到吴南生家中与他交换了意见。省委在讨论时一致同意这一设想，并且更为激进，认为广东不单是应在汕头办出口加工区，还应该在深圳、珠海办。

1979 年 3 月 25 日，深圳市革委会向省革委会提交报告，提出发展旅游业、合办企业和报批地产等几个问题。4 月 13 日，省革委会对这些问题进行研究后，原则同意在深圳市范围内划出一块地方出租给外商，由外商投资建设工厂、旅馆、旅游区等。同意在深圳市开设外币商店；同意深圳市与港商合作经营旅游业等。这些议定事项是在中央批准广东实行特殊政策、灵活措施之前议定的，一

① 《中共广东省委关于设立深圳市和珠海市的决定》，载钟坚、郭茂佳、钟若愚主编：《中国经济特区文献资料》（第一辑），北京：社会科学文献出版社，2010 年版，第 327 页。

些事项在国内当时尚无先例。1979 年 4 月 2 日，广东省委第二书记杨尚昆主持召开省委常委会议，讨论充分利用广东省有利条件开展经济技术交流。会议提出在深圳、珠海、汕头设立对外加工贸易区。4 月下旬中央工作会议期间，习仲勋代表广东省委正式向中央提出广东要求实行特殊政策、灵活措施以及创办贸易合作区的设想，得到中央政治局常委的赞同和支持。邓小平与谷牧、习仲勋进行了谈话。邓小平表示可以划出一块地方，叫做特区。建立中国经济特区的构想从此诞生。

中央工作会议决定办“出口特区”后，5 月 5 日，广东省向中央提交了《关于试办深圳、珠海、汕头出口特区的初步设想》。5 月中旬，国务院副总理谷牧带领中央工作组来到广东。在中央工作组帮助下，6 月 6 日，广东省委向中共中央和国务院上报了《关于发挥广东优越条件，扩大对外贸易，加快经济发展的报告》，提出实行新体制和试办出口特区的要求。

党中央、国务院经讨论研究，于 1979 年 7 月 15 日发出 50 号文件，即《中共中央、国务院批转广东省委、福建省委关于对外经济活动实行特殊政策和灵活措施的两个报告》(以下简称《报告》)。《报告》明确指出，中央决定，对两省对外经济活动实行特殊政策和灵活措施，给地方以更多的主动权，使之发挥优势条件，抓紧当前有利的国际形势，先走一步，把经济特区尽快搞上去。[①] 中央决定在广东的深圳、珠海、汕头和福建的厦门，划出部分地区试办

① 《中共中央、国务院批转广东省委、福建省委关于对外经济活动实行特殊政策和灵活措施的两个报告》，载钟坚、郭茂佳、钟若愚主编：《中国经济特区文献资料》(第一辑)，北京：社会科学文献出版社，2010 年版，第 18 页。

“出口特区”，以吸引外资。中央同时还指出，关于出口特区，可先在深圳、珠海试办，待取得经验后，再考虑在汕头、厦门设置。文件强调，要重点把深圳办好。[①] 中央还决定把“试办出口特区”的工作交给谷牧亲自领导。

二、经济特区的筹建与成立

从 1979 年 8 月开始，吴南生与港澳和海外朋友们一起，收集、讨论和研究国际上有关自由贸易区、出口加工区的资料、条令和法律，着手起草《特区条例》。9 月下旬，谷牧赴广东，再次考察深圳、珠海、汕头等地，把广东的特区筹办工作推向纵深。

1979 年 12 月 11 日，国务院召开第一次特区筹建的专题讨论会——京西会议。会议由谷牧主持，吴南生汇报了深圳、珠海、汕头自 50 号文件发布以来的筹建工作。在这次会议上，“经济特区”的概念首次被提出。“经济特区”的称呼被肯定后，酝酿中的《特区条例》也就被称为《广东省经济特区条例》（以下简称《条例》）。1980 年 5 月，中共中央和国务院发出 41 号文件，明确指出要积极稳妥搞好特区建设，正式将“出口特区”改为“经济特区”。从此，深圳特区的性质正式定为“经济特区”。同时，为了加强对深圳的领导，广东省委决定，吴南生担任深圳市委第一书记。

《条例》从起草到 1980 年 8 月 26 日公布，经历整整一年，先

① 《中共中央、国务院批转广东省委、福建省委关于对外经济活动实行特殊政策和灵活措施的两个报告》，载钟坚、郭茂佳、钟若愚主编：《中国经济特区文献资料》（第一辑），北京：社会科学文献出版社，2010 年版，第 19 页。

后修改13次。《条例》赋予经济特区充分的自主权，使特区跳出了旧体制的束缚。这部仅2000字的《条例》的意义远远超过一般的地方法令。叶剑英亲自主持了第五届全国人民代表大会常务委员会第十五次会议。在这次会议上，《条例》得到了批准。《条例》规定：为发展对外经济合作和技术交流，促进社会主义现代化建设，在广东省深圳、珠海、汕头三市，分别划出一定区域，设置经济特区。特区鼓励外国公民、华侨、港澳同胞及其公司、企业，投资设厂或者与我方合资设厂、兴办企业和其他事业。[①]《条例》在全国最高权力机关的通过与对外公布标志着：在中国，一个具有划时代意义的伟大工程正式开始了。《条例》的公布也成了“深圳经济特区”诞生的标志。8月26日从此成为深圳经济特区的生日。

经济特区成立之后，国内外大量报刊立即刊发相关报道，《广东省经济特区条例》受到外商普遍欢迎。新华社《内部参考》《广州日报》《南方日报》、香港《文汇报》《信报》《远东经济评论》等，重点报道了中共中央给予特区的优惠政策：

（1）在管理体制方面，在坚持四项基本原则和不损害国家主权的条件下，可以采取与内地不同的体制和政策。（2）在投资条件方面，投资规模在1亿元以下，轻工业在3000万元以下，重工业在5000万元以下，可自行审批；中央各部、省、自治区、直辖市在特区投资项目，分别纳入各自的基建投资规模。（3）在财政方面，外商投资享受特区优惠政策，市政府有减免、调整税率，增加税收项目，核定企业留成比例等方面的自主权。（4）在银行信贷方面、

① 《广东省经济特区条例》，载钟坚、郭茂佳、钟若愚主编：《中国经济特区文献资料》（第二辑），北京：社会科学文献出版社，2010年版，第4页。

进出口权管理方面、人员出入境管理方面、劳动人事工资方面，深圳都享有特殊优惠政策。

三、蛇口工业区的创办

党的十一届三中全会前后，与宝安撤县建市、创办特区并行发展的，是交通部香港招商局着手在宝安县筹建工业区。由于香港地价昂贵，香港招商局常务副董事长袁庚等人萌生在宝安县建立出口加工区的想法。1978 年 9 月，交通部党组向中央上报《关于充分利用香港招商局问题的请示》，提出招商局经营方针应当是“立足港澳，背靠国内，面向海外，多种经营，买卖结合，工商结合”。这份请示报告得到中央领导的支持。1979 年 1 月 6 日，交通部和广东省革委会联合向国务院上报《关于我驻香港招商局在广东宝安建立工业区的报告》，提出在宝安县蛇口公社境内建立工业区，这样既能利用国内较廉价的土地和劳动力，又便于利用国外的资金、先进技术和原材料，把两者有利条件充分利用并结合起来，对实现我国交通航运现代化和促进宝安边防城市工业建设，以及对广东省的建设都将起到积极作用。1 月 31 日，李先念批准了这一报告。2 月 8 日，袁庚回到广东，向广东省委、省革委会领导人传达国务院领导指示精神。蛇口工业区提出“以工业为主、积极引进、内外结合、综合发展”的建区方针。

自 1979 年 7 月正式动工建设后，一大批香港厂商和外国企业财团来到蛇口参观和洽谈生意。到 1981 年下半年，蛇口工业区基建告一段落，工作重点逐步转到工厂建设和经营管理上来。蛇口工业区的创办既没有被纳入国家计划，也没有财政拨款，却争取到了两项特殊政策：一是 500 万美元以下的工业项目自主审批；二是允许向外资银行贷款。两年时间内，蛇口工业区借入 15 亿元用于工业基建和生活设施。两年多时间，蛇口的企业从无到有，发展到 100 多家。截至 1982 年底，已签订引进外资、合资经营项目合同 41 项，投资额 7 亿港元，此时的蛇口工业区已呈现一个现代化海港和工业小城市的雏形。

蛇口工业区的先行先试，取得一些重要经验：第一，经济特区建设以工业为主，带动其他行业发展。引进外资主要是兴办工厂企业项目，1982 年底，工业区工业项目投资占总投资的 75%。第二，工业区十分重视创造良好的投资环境，搞好各种服务，简化手续，对投资者给予优惠。第三，工业区十分重视引进先进设备、技术和经营管理经验，给予更优惠的条件，并认真进行消化，努力为经济特区建设服务，对内地企业改革提供了一些可资借鉴的经验。蛇口工业区在经济体制和行政管理体制上进行全方位配套改革，探索出许多创举，很快成为国内改革开放的一面旗帜，引起海内外的广泛关注。①

第三节　邓小平南方视察

党的十一届三中全会确定了以经济建设为中心，自此改革开放成为中国发展不可逆转的趋势。与此同时，改革开放又必须审慎推

① 中共深圳市委党史研究室、深圳市史志办公室编著：《深圳改革开放四十年》，北京：中共党史出版社，2021 年版，第 33-35 页。

进，不能一蹴而就。我国幅员辽阔，各个地方的历史和现实条件相差很大，改革开放不可能在全国全方位同时进行。因此，经济特区就成为当时整个中国改革开放的“窗口”和示范基地。在当时的历史条件下，经济特区的设立和发展自然会引起很多争论，甚至是批判，既然是“窗口”，就有可能随时被关闭。所以，整个经济特区的发展需要得到中央政策层面的坚定支持。在社会主义中国建设经济特区当时是一个新生事物，它的发展在海内外引起了强烈反响，其中也不乏各种非议，这些非议不但使人们在思想上产生疑虑，而且使经济特区的发展遇到了阻力。

一、有关经济特区的理论争执

深圳的改革令人耳目一新，但同时也引起了一些思想保守者的不安。甚至当时有人指出深圳是在向“资本主义”改革。这种指责是有历史渊源的。新中国成立以来，不少人似乎养成了一种思维定式，即对任何事物都要去“定性”和“贴标签”。大到农民自留地、厂长负责制，小到人们日常的衣着、发型，都曾被贴上“资本主义”或“社会主义”的标签。这种思维在革命战争年代，曾帮助我们区分敌我，在大是大非的问题上，把握住正确的方向，为赢得革命最后的胜利做出了重大贡献。但在社会主义建设时期，这种从“主义”层次观察问题的方式成为经济发展的一大障碍。

当深圳作为全国第一个经济特区诞生时，“贴标签”的争论又自然而然地产生了。而在深圳经济特区创立之初，从中央到地方，从理论界到普通群众，对经济特区的性质也都有不同的观点，迟迟未能达成共识。这也造成“姓资姓社”之争持久不休的局面。

20世纪80年代初，一方面，深圳人在热火朝天地创业；另一方面，有人指责经济特区是资本主义的复辟，帝国主义的入侵。有人说特区是国际资产阶级的“飞地”，海内外更有人异口同声地宣扬中国试办特区“失败”了。还有一些人借讨论旧中国“租界”问题来非议特区。而特区的支持者认为，特区只是社会主义国家内部微不足道的一小部分资本主义成分，不会改变国家性质。各种非议之词，给特区创办工作增加了困难，建设发展步履维艰。深圳市委、市政府也感受到了前所未有的压力。

二、1984年南方视察

兴办经济特区到底是否正确？如何办好经济特区？这些问题必须从实践中得到正确回答。特区在议论纷纷中，走过了五年。

1984年初，中共中央警卫局的一名特使向深圳市委接待处长张荣口授了一项重要通知：告深圳市委，邓小平及杨尚昆、王震等中央领导同志，将于1月24日抵达深圳。这是特区自成立以来，邓小平第一次视察深圳，也是中央领导对深圳的一次“综合考试”。20世纪80年代初，各种正面、负面舆论，缠绕着深圳。此时邓小平对深圳的评价，事关深圳的未来发展。

1984年1月24日，邓小平在中央政治局委员杨尚昆、王震陪同下视察深圳特区。专列途经广州站时，他对广东省委、广州军区领导人说：“特区是我倡议的，中央定的，是不是能够成功，我要来看一看。[1]”在广州火车站迎候的广东省省长梁灵光，原广东省省长、中顾委委员刘田夫等，陪同邓小平前往深圳经济特区。

邓小平在深圳前后不到3天。一个月后，即1984年2月24日，邓小平终于正式发表对深圳的评论。他表示：“这次我到深圳一看，给我的印象是一片兴旺发达。深圳的建设速度相当快，盖房子几天就是一层，一幢大楼没有多少天就盖起来了。那里的施工队伍还是内地去的，效率高的一个原因是搞了承包制，赏罚分明。深圳的蛇口工业区更快，原因是给了他们一点权力，500万美元以下的开支可以自己作主。他们的口号是‘时间就是金钱，效率就是生命’。特区是个窗口，是技术的窗口，管理的窗口，知识的窗口，也是对外政策的窗口。从特区可以引进技术，获得知识，学到管理，管理也是知识。特区成为开放的基地，不仅在经济方面、培养人才方面使我们得到好处，而且会扩大我国的对外影响。听说深圳治安比过去好了，跑到香港去的人开始回来，原因之一是就业多，收入增加了，物质条件也好多了，可见精神文明说到底是从物质文明来的嘛！[2]”

除现在的特区之外，可以考虑再开放几个港口城市，如大连、青岛。这些地方不叫特区，但可以实行特区的某些政策。我们还要开发海南岛，如果能把海南岛的经济迅速发展起来，那就是很大的

---

① 中共中央文献研究室编：《邓小平年谱 一九七五— 一九九七》（上），北京：中央文献出版社，2004年版，

② 邓小平：《办好经济特区，增加对外开放城市》，《邓小平文选》（第三卷），北京：人民出版社，1993年版，第51页。

胜利。[1]”

邓小平给深圳的评价不仅给深圳的继续发展“开了绿灯”，使改革开放得以深化和推广，而且酝酿了更宏伟的开放战略。

第四节　海南经济特区的建立

一、海南经济特区的酝酿

党的十一届三中全会以后，海南和全国一样进入了全面建设社会主义的新时期。随着形势发展的需要，党中央和国务院决定加快海南岛的开发建设。

1．贫穷落后的沉思

海南岛和台湾岛同是祖国的宝岛，两者面积相差无几，自然条件相仿，在土地、矿产等资源方面，海南岛更占有优势。然而，当台湾快速发展的时候，海南岛却仍然沉睡在封闭的半自然经济状态中。“宝岛贫困”这种异常现象，可以归咎为历史上的种种原因。但是，当中国决意融入时代的潮流，并把改革开放和现代化建设写在自己的纲领上后，就没有理由再让海南岛继续贫困下去了。正是出于对宝岛贫困现象的反思和实施改革开放战略的考虑，海南岛在改革开放之初就成为中央特别关注的地区，并很快采取重要的措施。

---

① 邓小平：《办好经济特区，增加对外开放城市》，《邓小平文选》（第三卷），北京：人民出版社，1993 年版，第 51 页。

1980 年 6 月 30 日—7 月 11 日，关于海南岛问题的座谈会在北京召开，参加座谈会的有国务院 11 个部委的负责人和广东、海南的负责人，座谈会的主题是海南岛的经济建设。新中国成立以来海南的经济有了较大发展，特别是橡胶和其他热带、亚热带资源的开发利用取得了显著成绩，但还存在很多问题。会议明确了发展农业的方针，指出鉴于海南岛特有的自然条件和突出的经济优势，应以加速发展橡胶等热带作物为重点，大力营造热带林木，努力提高粮食产量，全面发展农林牧副渔的生产，逐渐建立适应海南特色的新的生态平衡和农业结构，使国营企业和农村社队共同富裕起来。1980 年 7 月 22 日，国务院在《海南岛问题座谈会纪要》中，决定加速海南岛的建设，并决定从 1980 年起，由中央和广东省每年调进粮食 4.5 亿斤，5 年不变，以便海南大力发展热带经济作物和热带珍贵林木，逐渐建立起适应海南特点的新的生态平衡和农业结构，使海南成为我国生产热带经济作物和热带珍贵林木基地。①

1980 年 8 月 12—18 日，习仲勋、杨尚昆主持中共广东省常委会议，专门请海南区委党委、自治州委的负责同志一起共商贯彻国务院决定、加速海南岛建设的大计。1980 年 8 月 30 日—9 月 6 日，海南区党委召开常委扩大会议，认真学习贯彻国务院关于加速海南建设的决定，要求做好现有热带经济作物和热带林木的管理，并对农业自然资源进行调查，做好农业发展的区划和规划，有效地提高农业生产率，为此必须进一步解放思想，放宽政策，把经济搞活。

---

① 《国务院批转〈海南岛问题座谈会纪要〉的通知》，载钟坚、郭茂佳、钟若愚主编：《中国经济特区文献资料》（第一辑），北京：社会科学文献出版社，2010 年版，第 47 页。

海南岛问题座谈会和会议纪要，虽然在海南经济发展问题上仍然局限于热带作物和农业的思路上，但已初步表明中央对海南岛的工作指导思想开始发生重大变化。在此之前，中央长期把海南岛主要作为国防前哨，把海南工作的重点放在国防建设上，尽管海南具有经济上得天独厚的优越地理位置和丰富的自然资源，经济上却一直处于十分落后的状态，尤其是工业方面，全岛几乎没有什么像样的现代工业，连岛上居民必需的日用工业品基本上都要依赖内地运进。如何改变海南岛的落后状态，把祖国的第二大岛开发建设好，成为我国改革开放初期中央关注的一个具有政治意义的重要问题。为此，中央十分重视海南岛座谈会的召开，国务院领导同志听取了座谈会情况的汇报，之后又以国务院的文件形式批转了座谈会纪要，决定大力支持海南岛的经济建设。海南岛问题座谈会的召开和会议纪要确定的方针，反映出中央开始把海南岛的工作重点从以国防建设为主转到以开发建设上来，提出海南的对外经济活动可参照深圳、珠海的办法，给予较大的权限，表明中央已在考虑开放海南岛的问题，为日后开放海南岛做了必要的准备。[①]

2．“准经济特区”政策

党的十二大后不久，党中央即把开放海南岛的问题提到议事的日程上来，着手进行调查研究和准备工作。1980 年 10 月 12 日，国务院领导同志在关于加快开发建设海南岛问题的批语中，建议由谷牧主持召开座谈会，专门研究开放海南岛的问题。11 月初，王震到广州组织座谈，同广东省和海南行政区的领导探讨加快海南

① 苏东斌主编:《中国经济特区史略》，广州：广东经济出版社，2001 年版，第 398-399 页。

岛开发建设的路数，形成一个初步的思路。12 月 12 日晚，谷牧和王震在北京召开了一个小型座谈会，讨论如何落实中央关于加快海南岛开发建设的精神。

1983 年初，国务院和中央等领导来海南视察，并指示海南要充分利用国内外的有利条件，进一步解放思想，实行对内搞活经济和对外开放的政策，开创海南岛开发建设的新局面。

1983 年 3 月，国务院召集讨论海南岛的开发建设问题，1983 年 4 月 1 日。中共中央、国务院批准《加快海南岛开发建设问题讨论纪要》，指出海南岛战略地位十分重要，开发建设好这个资源丰富的宝岛，对加强民族团结，实现国家四化，巩固南海国防都有重要的意义。中央决定加快海南的开发建设，在政策上放宽，给予较多的自主权，中央各有关部门要从人、财、物上积极给予必要的直接支持，广东省和海南的党政领导机关要加强并改善对经济建设的领导，发动群众，艰苦奋斗，努力开创海南建设的新局面。中央还决定扩大海南的自主权，对外活动参照深圳和珠海的做法，争取多种方式实行优惠政策，吸引外资，引进先进技术设备，发展旅游业。①

中央开放海南岛的重要举措，给海南带来一次历史性的跨越，从一个长期处于封闭状态的海岛一跃成为当时中国开放度仅次于经济特区的开放区域。②

---

① 《中共中央、国务院批转〈加快海南岛开发建设问题讨论纪要〉的通知》，载钟坚、郭茂佳、钟若愚主编：《中国经济特区文献资料》（第一辑），北京：社会科学文献出版社，2010 年版，第 98 页。

② 苏东斌主编：《中国经济特区史略》，广州：广东经济出版社，2001 年版，第 400 页。

3．海南岛建特区的战略构想

为了进一步推进对外开放，1984 年 1 月 24 日—2 月 17 日，邓小平到深圳、珠海、厦门三个经济特区考察，面对特区取得的巨大成就，邓小平更加坚定了继续塑造开放中国的决心，他进一步开始构思一个全面展开中国对外开放的战略方案。

1984 年 2 月 24 日，邓小平邀请中央负责的同志一起座谈特区等问题，他充分肯定建立经济特区政策的正确性和深圳等四个特区取得的成就，同时指出中国推进对外开放的设想："要把整个厦门岛搞成特区"，"除现在的特区之外，可以考虑再开放几个点，增加几个港口城市，如大连、青岛。这些地方不叫特区，但可以实行特区的某些政策。[①]"

在这次座谈会中，邓小平提出开发当时经济落后的海南岛的重要战略构想，成为他日后办海南经济大特区思想的萌芽。邓小平特别强调："我们还要开发海南岛，如果能把海南岛的经济迅速发展起来，那就是很大胜利。[②]"这表明，开发海南岛已在邓小平设计的开放战略中占有重要的地位，他还提出用 20 年时间把海南岛的经济发展到台湾水平的设想。

4．"建省办特区"的加速酝酿

在邓小平开发海南战略思想的指导下，海南抓住这一机遇，利用中央给予海南的对外开放优惠政策，积极开展对外经济贸易活

---

① 邓小平：《办好经济特区，增加对外开放城市》，《邓小平文选》（第三卷），北京：人民出版社，1993 年版，第 52 页。

② 邓小平：《办好经济特区，增加对外开放城市》，《邓小平文选》（第三卷），北京：人民出版社，1993 年版，第 52 页。

动，大规模展开开发建设，开创了海南开发建设的第一个“黄金时期”。

1984 年 5 月，第六届全国人民代表大会第二次会议审议并通过了国务院关于撤销广东省海南行政公署，成立海南行政区人民政府的建议，通过关于海南行政区建制的决定，并实行经济特区的某些经济政策，进一步扩大了海南的自主权。1986 年 2 月，中央领导带领一些中央部委负责人再次到海南视察，除了听取海南负责人的工作汇报，还深入工厂、农场、机场、港口、自然保护区、旅游区、少数民族地区等地了解情况，同当地干部和群众商讨进一步开发海南的方针政策。明确指出海南要继续实行开放的方针，制定更加宽松的开放政策，并同海南行政区的主要领导商讨了在海南建省的可行性问题。1986 年 8 月 21 日，国务院同意海南行政区从 1987 年起在国家计划中单列户头，赋予海南行政区相当省一级经济管理权限。

1987 年 6 月 12 日，邓小平在人民大会堂会见南斯拉夫共产主义联盟中央主席团委员科罗舍茨时指出，“我们正在搞一个更大的特区，这就是海南岛经济特区”，“海南岛和台湾的面积差不多，那里有许多资源，有富铁矿，有石油天然气，还有橡胶和别的热带亚热带作物”，“海南岛好好发展起来，是很了不起的”[①]。海南被推到了改革开放浪潮的最前端。

① 邓小平：《改革的步子要加快》，《邓小平文选》（第三卷），北京：人民出版社，1993 年版，第 239 页。

二、海南经济特区的建立

邓小平宣布创建海南岛经济特区的决策后，第六届全国人民代表大会常务委员会决定将国务院关于设立海南省的议案提交第七届全国人民代表大会一次会议审议、批准。第六届全国人民代表大会常务委员会 22 次会议后不久选出海南省建省筹备工作负责人选。随后国务院提出议案，于 1987 年 8 月 24 日建议撤销海南行政区，将海南行政区所辖区域从广东省划出来，单独建立海南省。1987 年 9 月 5 日，国务院获授权成立海南建省筹备组。

1987 年 9 月 26 日，中共中央、国务院发出《关于建立海南省及其筹建工作的通知》，指出海南建省后，将给海南以更多的自主权和更为优惠的政策，使它成为我国最大的经济特区。[①]

筹备组在第一轮工作磋商中确定从 5 个方面做好建省筹备工作：（1）会同中央有关部门草拟办大特区的政策。（2）设计机构体制改革草案。（3）选好干部，配备各级领导班子。（4）制定经济发展战略规划。（5）抓好设施建设，改善投资环境。中心工作是：发展生产力。[②]

当时，全岛的确设施相当薄弱，不管是电力、电信，还是机场、港口，都远远不能适应形势要求，最突出的问题是电，水电、火电的装机容量加在一起只有 38 万千瓦，年发电量 9 亿度，人均

---

① 《中共中央、国务院关于建立海南省及其筹建工作的通知》，载钟坚、郭茂佳、钟若愚主编：《中国经济特区文献资料》（第一辑），北京：社会科学文献出版社，2010 年版，第 174 页。

② 苏东斌主编：《中国经济特区史略》，广州：广东经济出版社，2001 年版，第 409 页。

占有130多度，不到全国平均数的三分之一。针对这种状况，建省筹备组一面指挥新建电力生产基地的工程；一面运用优惠政策引进外资，并通过外引内联和开展进出口贸易在短时间内积累资金，电力建设和机场、港口、公路、电信的建设一起启动。[①]

1987年末，建省筹备组邀请中国社会科学院选派的专家组到海南调研，分别对产业结构、农业发展、生产力布局、对外经济往来、对内经济联系以及资金、人才和经济体制、政治体制等方面的问题进行了系统调查研究，总结出：起点很低，目标很高，是海南发展中最突出的矛盾，不能期望以常规办法来创造奇迹，而要以超常规的手段来实现超常规的目标，才能迅速弥补这个落差。中国社会科学院的专家最后提出《海南经济发展战略研究报告》，报告中指出海南经济发展的战略目标是：坚持以开放、改革促开发的方针，实行社会主义的有指导的市场经济，最终建成以工业为主导、工农贸旅并举、三资产业协调发展的、外向型的、综合性的“自由经济区”，力争用20年左右的时间，达到人均国民生产总值2000美元以上，相当于台湾20世纪80年代初的水平。专家组提出一个“海南模式”，即海南起飞只能依靠特殊政策和全新体制。

自1987年10月起，海南建省筹备组按照《国务院关于放宽固定资产审批权限和简化审批手续的通知》（以下简称《通知》）精神，以极大的精力抓好理顺各种关系，建立海南省后，省直接领导市县的行政新体制。

（1）做好撤销海南黎族苗族自治州、实现全岛一元化领导的

① 中共海南省委党史研究室编：《中国经济特区的建立与发展——海南卷》，北京：中共党史出版社，1977年版，第14–16页。

工作。经过近两个月的工作，撤州工作基本完毕，自治州 60 多个机关和企事业单位顺利实现对口交接，1600 多名干部得到妥善安排。并从 1987 年 12 月 31 日起，正式撤销海南黎族苗族自治州。

（2）理顺农垦系统和中央部属、广东省省属企事业单位的隶属关系，按照《通知》精神下放给海南省。对于农垦系统，建省筹备组经过深入的调查研究和一系列准备工作，于 1988 年 3 月 5 日在海口市召开全岛农垦工作会议。会议宣布：农垦的管理权已下放给海南，成立海南农垦总公司，隶属海南省，总公司下辖海南、通什两个农垦公司，成为经济实体，两公司独立核算，自主经营，自负盈亏。与此同时，其他中央部属，广东省省属企事业单位下放给海南的工作也有条不紊地加紧进行。1987 年 12 月 7 日，交通部与海南筹备组签署《交接协议书》，从 1988 年 1 月 1 日起，交通部海南港务局及所属的海口、八所、三亚等三大港口和正在兴建的洋浦港划归海南管理。而在此之前，尖峰、吊罗、坝王三大林区，海南铁路公司，海南钢铁厂等中央部属和广东省省属企业已先后划归海南管理。

（3）加紧拟定海南省直属党政机关机构设置方案，为海南建省后的行政体制改革做必要的准备。按照《通知》对海南建省后各级机构的设置和人员编制所确定“要坚持党政分开，政企分开”和“机构要小，要多搞经济实体”的原则要求，筹备组于 1988 年初步拟定海南省直属党政机关机构设置方案，并于 1988 年 1 月 31 日上报中央。1998 年 3 月，中共中央办公厅、国务院办公厅委派 5 人小组到海南调查研究，并对海南省直属机关机构设置提出建议。经过六次修改，1998 年 4 月 12 日，海南省筹备组将修改后的《海南省直属党政机关机构设置方案》上报中央。制定海南大特区的政策，是海南建省筹备工作的重头戏。

1988 年 4 月 13 日，第七届全国人民代表大会第一次会议通过关于设立海南省的决定，会议审议了国务院关于设立海南省的议案，决定：一、批准设立海南省，撤销海南行政区；海南省人民政府驻海口市。二、海南省管辖海口市、三亚市、通什市、琼山县、琼海县、文昌县、万宁县、屯昌县、定安县、澄迈县、临高县、儋县、保亭黎族苗族自治县、琼中黎族苗族自治县、白沙黎族自治县、陵水黎族自治县、昌江黎族自治县、乐东黎族自治县、东方黎族自治县和西沙群岛、南沙群岛、中沙群岛的岛礁及其海域。

同日，第七届全国人民代表大会第一次会议通过关于建立海南经济特区的决议，决定：一、划定海南岛为海南经济特区。二、授权海南省人民代表大会及其常务委员会，根据海南经济特区的具体情况和实际需要，遵循国家有关法律、全国人民代表大会及其常委会有关决定和国务院有关行政法规的原则制定法规，在海南经济特区实施，并报全国人民代表大会常务委员会和国务院备案。①

1988 年 4 月 26 日，海南建省筹备工作结束，中国第一个特区省——海南省诞生，揭开海南开放建设历史的新篇章。民政部长崔乃夫指出海南建省至少有三个好处：一是由中央直接领导，有利于集中全国力量支援海南；二是有利于海南实行更加开放、灵活的政策；三是有利于简政放权，减少中间环节，提高办事效率。随着深圳、珠海、汕头、厦门四个特区经验的不断积累，党中央、国务院适时提出海南建省办大特区，已在更大的范围、更典型化的地区、

① 《十届全国人大一次会议关于设立海南省的决定（1988 年 4 月 13 日第七届全国人民代表大会第一次会议通过）》，《党的文献》，1996 年 05 期。

更深的层次进行改革开放和现代化建设的试验，探索发展社会主义市场经济之路。海南省是在一个海岛的基础上建立特区，既有发达的城市，又有腹地山区和广大农村，既有一定规模的工业，也有不发达的农业；既有汉族人民，又有少数民族同胞；既有山区，又有平原。从某种意义上讲，海南岛具有典型的中国特质，是整个中国的一个缩影。[①]

第五节　党的十二届三中全会与《中共中央关于经济体制改革的决定》

一、社会主义商品经济的明确和党的十二届三中全会的酝酿

1961 年，我国经济学家卓炯曾表示："商品经济的集中表现形式是市场，而市场是人类经济生活一种进步的表现，从市场的大小和规律，可以看出一个社会经济、文化发展的程度。……我觉得建设共产主义的任务并不是要消灭市场，而是要把无政府状态的市场（也就是自由市场）改变成为有计划的市场。[②]"后来有多位学者认为，这是新中国最早提出发展社会主义商品经济倡议的声音。

社会主义是否存在商品经济？在改革开放前，我国学术界对于

① 高尚全:《亲历思想解放——高尚全谈改革》，北京：中国友谊出版公司，2010 年版，第 79 页。

② 李炳炎:《社会主义市场经济理论的首创者：卓炯》，《改革与战略》，2011 年 04 期。

这一问题的认识颇有争论。1979 年，邓小平在会见美国不列颠百科全书出版公司编委会副主席吉布尼等人时明确表示：“说市场经济只限于资本主义社会，只有资本主义的市场经济，这肯定是不正确的。社会主义为什么不可以搞市场经济？①”

1980 年 9 月，国务院经济体制改革办公室提出《关于经济体制改革的初步意见》（以下简称《初步意见》）。《初步意见》指出，我国现阶段的社会主义是生产资料公有制占绝对优势、多种所有制同时并存的商品经济。这份报告的主要起草人是后来被誉为“市场经济拓荒者”的薛暮桥。薛暮桥在 1980 年 9 月召开的各省、市党委第一书记会议上对《初步意见》作了说明：“我们的初步意见，就是根据计划调节和市场调节相结合，在国家计划指导下充分利用市场调节作用的方针制订的。②”这在当时的国内是一个非常前卫和大胆的倡议。当时中央领导虽然对这份《初步意见》持赞同态度，但并没有专门对此展开讨论和做出最后的决议。

在开始讨论党的十二届三中全会内容时，邓小平提出要搞一个对全党起到巨大鼓舞作用的改革文件。中央随即成立文件起草领导小组，从 1984 年 5 月开始组织文件的起草工作并先后找有关部门、有关省市领导开座谈会。

在《中共中央关于经济体制改革的决定》（以下简称《决定》）起草过程中，国家体制改革委员会成员和起草小组成员高尚全曾主张要明确提出商品经济的概念，并提出要在“只有社会主义可以救

① 邓小平：《社会主义也可以搞市场经济》，《邓小平文选》（第二卷），北京：人民出版社，1994 年版，第 236 页。
② 薛暮桥：《经济体制改革的若干理论问题》，《管理世界》，1990 年 05 期。

中国”之后加上“只有商品经济才能富中国”，但当时遇到的阻力很大，这一主张没能在起草小组通过。后来高尚全建议以中国经济体制改革研究会和中国经济体制改革研究所的名义，邀请20位思想比较解放的经济学专家学者一起开理论探讨会。在会议上高尚全率先提出，要明确提出社会主义商品经济的概念，这是经济改革要求在理论上的一个关键性突破。参会学者最后一致认为“商品经济和资本主义无必然联系”，“商品经济是社会经济发展的一个必经阶段”。会上讨论认为党的十二大提出的“计划经济为主、市场调节为辅”的提法存在逻辑毛病。会议认为，计划经济作为一种社会主义制度要坚持，而市场调节是手段和方法，一个是社会主义制度，一个是手段和方法，一个是大概念，一个是小概念，这两个结合起来，不对称、不协调。会后高尚全把会议讨论的结果汇报给了中央，中央根据多方面的反映和呼声，终于决定把商品经济的概念写进《决定》。[①]

二、《中共中央关于经济体制改革的决定》

1984年10月20日，党的十二届三中全会在北京召开。全会总结了我国社会主义建设正反两方面的经验，特别是近年城乡经济体制改革的经验，讨论并一致通过《中共中央关于经济体制改革的决定》（以下简称《决定》），阐明加快以城市为重点的整个经济体制改革的必要性、紧迫性，规定了改革的方向、性质、任务和各项

① 高尚全:《亲历思想解放——高尚全谈改革》，北京：中国友谊出版公司，2010年版，第16–18页。

基本方针政策，在理论和政策上有多处重大突破。这是中国共产党历史上第一个关于改革的决定，是根据马克思主义基本原理同中国实际相结合的原则而制定的一份指导我国经济体制改革的纲领性文件，这标志着中国的改革进入了一个新时期。邓小平对《决定》给予了高度评价，称它是“马克思主义基本原理和中国社会主义相结合的政治经济学”[①]。

新中国成立以后，中国的城市经济体制改革进行了许多实验和探索，取得显著的成效和经验，但是城市经济体制改革在许多方面比农村复杂得多。在党的十二届三中全会之前，城市经济体制改革尚停留在初步阶段，原有模式中严重妨碍生产力发展的种种弊端还没有从根本上消除。对此，《决定》明确指出，“这种模式的主要弊端是：政企职责不分，条块分割，国家对企业统得过死，忽视商品生产、价值规律和市场的作用，分配中平均主义严重”[②]。《决定》还强调，“中央认为，按照党历来要求的马克思主义基本原理同中国实际相结合的原则，按照正确对待外国经验的原则，进一步解放思想，走自己的路，建立起具有中国特色的、充满生机和活力的社会主义经济体制，促进社会生产力的发展，这就是我们这次改革的基本任务”[③]。这就指明了我国要建立什么样的经济体制模式，是什么性质的经济体制，要达到什么目标，走什么样的道路，这是我国经济体制改革的一个重大突破。

---

① 邓小平：《在中央顾问委员会第三次全体会议上的讲话》，《邓小平文选》（第三卷），北京：人民出版社，1993 年版，第 83 页。

②《中共中央关于经济体制改革的决定》，北京：人民出版社，1984 年版，第 8 页。

③《中共中央关于经济体制改革的决定》，北京：人民出版社，1984 年版，第 10 页。

《决定》把模式问题提到改革的重要位置上。究其原因，经济体制模式反映了一种经济体之中最重要最根本的东西，是对某一种经济体制的性质作出的概括。因此要搞经济体制改革首先就要把模式搞对，这是一个根本前提。建立什么样的经济体制模式，与我国国民经济的发展、国家的繁荣富强和人民的富裕幸福关系极大。因此，这是经济体制改革的根本性问题，也是改革的一项首要任务。

关于什么是具有中国特色的、充满生机和活力的社会主义经济体制模式。这种模式必须从我国的国情出发，也就是从我国幅员广大，人口众多，交通不便，信息不灵，商品经济很不发达，经济文化发展很不平衡的实际出发。党的十二届三中全会通过的《决定》对我国经济体制的模式作了深刻的概括，其基本要求是：第一，要使企业充满生机和活力，充分发挥广大职工的积极性、主动性和创造性；第二，要促进社会生产力的发展；第三，要坚持社会主义道路。[①]可以说《决定》设计了一幅具有中国特色的经济体制模式的基本蓝图。其主要特点可以概括为以下几个方面：

1．在公有制基础上大力发展社会主义有计划的商品经济

《决定》认为社会主义经济是公有制基础上有计划的商品经济。《决定》强调，“商品经济的充分发展，是社会经济发展的不可逾越的阶段，是实现我国经济现代化的必要条件。只有充分发展商品经济，才能真正搞活经济，促使各个企业提高效率，灵活经营，灵敏地适应复杂多变的社会需求，而这是单纯依靠行政手段和指

① 高尚全：《亲历思想解放——高尚全谈改革》，北京：中国友谊出版公司，2010 年版，第 17–18 页。

令性计划所不能做到的”[①]。这是在理论上对原有模式的一个重大突破，是对马克思主义政治经济学和科学社会主义的重大发展，是中国特色社会主义道路的一个重要理论支柱，也是中国经济体制模式的最大特点。这就明确地解决了社会主义理论在当时一直未能很好解决的问题，为全面经济体制改革、大力发展社会主义商品经济提供了依据，为接下来的改革指明了方向。

2．社会主义计划经济必须自觉依据和运用价值规律

社会主义经济区别于资本主义经济的一个重要特点在于，可以在全社会的规模上自觉地依据和运用价值规律，使国民经济有计划按比例发展。价值规律是商品经济的规律，它并不是资本主义所特有的。现代化的社会经济生活各方面都离不开商品、货币和价格，因此价值规律必然要在生产、流通和分配的广泛领域中起作用。我们社会主义国家必须坚持计划经济，这一点毫无疑问。但党的十二届三中全会之前，国内一直强调“计划第一，价值规律第二”，强调指令性计划，忽视价值规律和市场调节的作用，一说到要缩小指令性计划范围，就被认为是否定计划经济，把计划经济同价值规律割裂开来，甚至对立起来。对此，《决定》明确指出，“实行计划经济同运用价值规律、发展商品经济不是互相排斥的，而是统一的，把它们对立起来是错误的”[②]。《决定》把计划经济同商品经济和价值规律的概念统一起来，这是马克思主义政治经济学的又一重大发展，也是中国经济体制模式的又一大特色。

---

① 《中共中央关于经济体制改革的决定》，北京：人民出版社，1984 年版，第 17 页。

② 《中共中央关于经济体制改革的决定》，北京：人民出版社，1984 年版，第 17 页。

3．充分重视经济杠杆的作用

经济杠杆是和商品、货币特别是价值规律相联系的，它包括价格、税收、利率、信贷和工资等在内，是国家用来调节经济活动的工具，也是国家控制宏观经济活动的一种经济手段，它可以被不同社会经济制度的国家所利用。但是当时的中国企业缺乏应有的自主权，任务由国家下达，产品由国家分配，设备由国家调拨，材料由国家供应，人员由上级调配，利润由国家上收，亏损由国家补贴，企业既缺乏活力，又没有压力，因此各种经济杠杆很难发挥作用。价格体系的改革是整个经济体制改革成败的关键。从其本身的重要性来看，价格是最有效的调节手段，合理的价格是保证国民经济“活而不乱”的重要条件。但就当时的社会状况而言，价格体系极不合理，不少商品价格既不反映价值，也不反映供求关系。针对以上两点，《决定》指明建立合理的价格体系和运用经济杠杆的必要性，并提出了改革的原则和方向。这是建立中国经济体制模式一个不可缺少的组成部分。

4．实行政企职责分开、简政放权，改变过分集中的决策机构

《决定》认为全民所有制企业的所有权和经营权可以适当分开，应当使企业在国家计划、政策、法令的指导、管理和调节下真正成为相对独立的经济实体，成为自主经营、自负盈亏的社会主义商品生产者和经营者。这一认识打破所有权和经营权不可分离的观念，为20世纪80年代以增强企业活力为主的企业改革创造了重要的理论前提。

同时，《决定》改变了国家包揽一切经济活动的做法，提出要实行政企职责分开，正确发挥政府机构管理经济的职能，规定会后各级政府部门原则上不再直接经营管理企业。这对于转变政府职能起到了积极作用。此外，《决定》还打破了把社会主义同平均主义等同起来的传统观念，重申让一部分人先富起来的政策，强调这是整个社会走向富裕的必由之路，要求通过改革，建立多种形式的经济责任制，坚决克服平均主义思想。这是对社会主义按劳分配原则的丰富和发展。[①]

5．坚持公有制为主体，发展多种经济形式和经营方式

就当时我国的实际情况而言，中央提出国家、集体、个人一起上的方针，目的是迅速发展各项生产建设事业，较快地实现国家的繁荣昌盛和人民的富裕幸福。因此，必须在坚持社会主义公有制为主体的前提下，积极发展多种经济形式和灵活的经营方式，这是社会主义前进的需要，也是我国的长期方针。为此，《决定》指出，“当前要注意为城市和乡镇集体经济和个体经济的发展扫除障碍，创造条件，并给予法律保护。特别是在以劳务为主和适宜分散经营的经济活动中，个体经济应该大力发展”[②]。个体经济的发展有利于当时中国社会的商品生产发展，有利于方便人民生活，有利于扩大就业。我国的个体经济是同社会主义公有制相联系的，不同于和资本主义私有制相联系的个体经济。

《决定》确定的社会主义经济体制模式的以上五个特点，集中到一点就是要使企业充满生机和活力，充分调动职工和群众的积极性、主动性和创造性。因此，增强企业活力是党的十二届三中全会所倡导和强调的经济体制改革的中心环节，最终是要围绕这个中心

① 高尚全：《亲历思想解放——高尚全谈改革》，北京：中国友谊出版公司，2010年版，第83–84页。

② 《中共中央关于经济体制改革的决定》，北京：人民出版社，1984年版，第33页。

来进行计划体制、价格体系、国家机构和职能以及劳动工资等方面的改革。[1]

这同时产生了另一个问题，对于《决定》所提出的经济体制模式改革的结果，需要用什么样的标准来衡量？根据《决定》要求，全党同志在进行改革的过程中，应该紧紧把握住发展生产力是社会主义的根本任务这个马克思主义的基本观点。党的十一届三中全会以后，逐步在理论和实践上认识到发展生产力的重要意义。《决定》提出的把是否有利于发展生产力作为检验一切改革得失成败的最主要标准，同过去邓小平提出的衡量改革的三条标准：有利于建设中国特色社会主义，有利于国家兴旺发达，有利于人民的富裕幸福。社会主义的优越性就在于能逐步改善人民的物质生活，使人民都富裕起来。实现这个伟大的历史任务，要靠加强社会主义建设，要靠党的领导，归根结底要靠发展社会生产力。

党的十二届三中全会的《决定》极大地推动了中国的改革事业，为随后的科学技术和教育体制改革、政治体制改革创造了条件，具有重大的历史性意义。1984 年中央《决定》中提出的社会主义商品经济概念，也为 1992 年党的十四大提出的社会主义市场经济的重大理论突破提前做好了铺垫。[2]

综上所述，中国的改革开放从深圳经济特区的创立开始，深圳在基建、价格、劳动用工及工资、管理体制等方面的改革率先冲破

---

① 高尚全:《中国改革开放四十年——回顾与思考》(上)，北京：人民出版社，2018 年版，第 54–56 页。

② 高尚全:《中国改革开放四十年——回顾与思考》(上)，北京：人民出版社，2018 年版，第 59–61 页。

计划经济体制的束缚，真正让市场机制在经济建设中发挥作用。深圳率先探索并成功建立社会主义市场经济体系证明了社会主义和市场经济能够成功结合，为中国社会主义市场经济体制的确立和社会主义市场经济理论的形成奠定了坚实基础。

第二章
经济特区的成长与发展（1990—2002年）

▼

1992年邓小平南方谈话确立了“市场经济”在我国的合法地位和理论正统。由此，全国上下提出要进一步解放思想和把握有利时机，加快中国的改革开放和现代化建设步伐。上海浦东新区和天津滨海新区的成立则标志着中国改革开放政策得以进一步深化，也为我国的社会主义现代化建设提出了一种发展新战略和对外开放新格局，而其理论基础和实践样板正是来自快速发展的深圳经济特区。

第一节　深圳经济特区建设与“重在发展”的定论

1980—1990年，深圳在进行特区开发的过程中遇到非常多的困难，也取得一系列的成就。总体来看，深圳经济特区建设的10年时间里主要由“奠基时期（1980—1985年）”和“发展中的前期开拓（1986—1990年）”两个时期构成。在这一时期，经济特区发展思想侧重于“发展”，形成了独特的经济特区发展理论，即“重在发展”的定论，系统地解答了新形势下经济特区的进一步发展问题。

一、深圳经济特区建设——“奠基”与“开拓”

（一）1980—1985 年的奠基

1．深圳的建设

1980 年，深圳经济特区的基本建设全面开展。在 1979 年，深圳经济特区建立之前，深圳城区面积仅 3 万平方公里，城镇人口两三万人，建筑物总面积只有 29 万平方米，城里街道简陋狭窄，马路总长只有 8 公里，连交通指挥岗和红绿灯都没有。最高楼房只有一幢五层楼，市容陈旧破烂，人均居住面积 2.74 平方米，当年完成基建投资不到 5000 万元，房屋竣工面积 13 万平方米。而当时深圳自身的基建力量，也十分薄弱，只有一家 500 人的建筑公司和一个十几人的规划设计队伍。[①]

为了承担起特区建立之初繁重的基建任务，深圳市政府采取灵活的措施，向国内外开放了深圳的建筑市场。深圳市批准内地 109 家施工企业，57 家勘探设计单位，共 10 万人参加特区建设，并承担了 90%的建设任务。深圳还从香港和国外引进了高水平的设计队伍，力争施工建设都从高起点出发。深圳有效的政策，加上国家的大力支持，使深圳渡过了起步时期的难关。深圳基本建设以空前的速度前进。这一阶段建设成就的一个代表作就是当时被誉为“神州第一楼”的国贸大厦。

2．深圳的产业

在深圳经济特区建立的五年里，深圳第一产业所占比重逐年下

---

① 陶一桃、鲁志国主编：《中国经济特区史论》，北京：社会科学文献出版社，2008 年版，第 37 页。

降，第二产业稳步上升，而第三产业波动幅度不大。这三者的比例关系在以后的15年内，基本上保持了稳定，到1999年，三者所占比例分别为1.2%、50.6%和48.2%。可见，深圳经济特区在建立的头五年，就奠定了经济结构的雏形。①

总体来看，深圳在这一时期的产业结构转变有三个明显的特征：

（1）打破单一的农业型产业结构。深圳市的前身是宝安县，原本只是一个边境小县，它的经济情况和产业结构与我国内地许多县大致相同。农业在整个国民经济中占支配地位，是经济中的主要成分；工业、交通运输、建筑、商贸服务业和科学教育事业都很薄弱，产业结构基本上是单一的农业结构。1980—1985年，经过短短的五年，深圳经济特区的产业结构发生了很大变化。

（2）传统农业向创汇农业转变。由于宝安县的农业一方面要保障特区内人民的生活需要，另一方面还要为香港市场提供部分农产品，随着深圳耕地面积的逐年减少，特别是种植业生产的明显减少，以及香港市场对农、副、鲜、活商品需求的不断增加，促进了深圳经济特区以出口创汇为目的的养殖业、畜牧业等副业的发展，并带动了农副产品加工出口的增加以及“三来一补”加工业的发展。

（3）第二、三产业发展迅速。在这一时期，深圳的工业发展得很快，特别是建筑业和电子工业发展特别迅速。深圳经济特区成立之前，宝安县在以“农业为纲”的方针指导下，工业发展十分缓慢，工业基础十分薄弱。1979年，全县仅有224家以生产日用品和农具为主的工业企业，工业总产值仅6061万元。创办特区以

---

① 深圳市统计局、国家统计局深圳调查队编：《深圳统计年鉴（2000年）》，北京：中国统计出版社，2000年版，第17页。

来，工业有了迅速的发展，工业基础也迅速加强。1985 年，全市工业企业 907 家，比 1979 年增长 4 倍多，工业总产值达 26.74 亿元，是 1979 年的 44 倍。到 1985 年，深圳工业行业已有冶金、电力、化学、机械、建材、食品、纺织、皮革、造纸、缝纫等 13 大类。深圳第二产业的比重已由 1979 年的第三位上升到第一位。以工业为主导行业的经济结构已经初步形成。

1985 年，深圳市第三产业增加值为 150857 万元，是 1979 年的 18 倍以上。在特区工业迅猛发展的同时，特区第三产业的增加值在特区本地生产总值中所占的比重仍然有所上升，由 1979 年的 42.5%上升到 51.4%。在第三产业中，商业的发展尤其迅速。1985 年，社会商品零售额由 1979 年的 1.27 亿元上升到 26.46 亿元，增加了约 20 倍。[①]

（4）开创性的改革与探索。1980—1985 年，中共深圳市委、市政府提出的改革思路是：跳出计划经济体制之外，以市场为主导同时允许多种经济成分存在，积极吸引外资，引进先进技术，扩大对外开放。主要特点是以基建体制中的价格体制为突破口，大胆对传统的计划经济体制进行局部的改革。在这样的理念影响下，深圳市在基建体制改革、价格改革、计划体制改革、财政与投资体制改革以及劳动工资制度改革五个方面进行了实验，在这五项改革领域中最为大胆尝试的是基建体制改革。在我国传统基建管理体制下，设计、施工任务取决于行政分配，资金来源于层层分配的财政拨款和银行贷款指标、物资供应也需行政分配。这一切使基建投资难以

① 张敏如等：《特区经济教程》，广州：广东高等教育出版社，1993 年版，第 167 页。

取得良好的经济效益。特区初建，面临着繁重的基建任务，如不在基建体制上有所创新，特区建设任务势必举步维艰。对此，深圳人率先在基建中引入了市场机制，开放建筑市场，允许内地乃至国外设计、施工队伍进入深圳，并逐步开放了建筑材料市场。深圳又推出"设计搞评选，施工搞招标"，包工期、包造价、包质量的经济大包干，实行工资、资金"上不封顶、下不保底"的分配办法，给承包单位以极大自主权，充分调动了建设者的积极性和创造性。[①]这种引入强有力的竞争机制的做法既节约建设资金，加快建设速度，又促使一大批开发公司在激烈的市场竞争中脱颖而出，这一举措也为深圳全面引入市场机制开辟了道路。

（二）1986—1990 年的开拓

20 世纪 80 年代后五年是深圳经济特区进一步发展和开拓的一段时期。国务院于 1985 年 12 月 25 日—1986 年 1 月 5 日在深圳召开"全国特区工作会议"。会议认为，虽然在当前特区建设方面还存在着一些问题和困难，但过去五年总的来说是成功的。深圳、珠海、汕头、厦门四个经济特区，在党中央和国务院各项方针政策指导下，建设进展很快，成绩显著，在中国对外开放和经济体制改革中开始发挥作用，为国内外瞩目。经济特区的实践也证明，中央关于建立经济特区的决策是正确的。经济特区经过五年艰苦奋斗，已为今后的发展打下了较好的基础。在这次会议后，深圳经济特区建设也有一些显著的变化。

① 魏达志:《深圳特区创建头十年的重大改革》,《特区实践与理论》, 2006 年 04 期。

（1）产业结构变迁。深圳市政府从1986年开始，加强宏观控制，在投资工业和技术引进政策等方面进行了调整。这些调整主要包括调整投资政策，为了摆脱当时的困境，消除特区经济过热现象，市政府按照中央的意图采取紧缩投资的政策，同时配以有力措施，压缩基建规模，使过高的增长速度逐渐减缓下来，经济结构初步得到改善；调整工业政策，在仍然采取发展劳动密集型产业与发展技术密集型产业相结合的方针的同时，还采取扶持出口企业、出口产品和高新技术产品生产和开发的倾斜政策；调整技术引进政策，利用税收、贷款、原材料和能源供应以及土地使用等经济杠杆，促使企业努力提高产品质量，改进生产技术。这次变迁对深圳产生了较为深远的影响，深圳的工业主导地位得到了巩固，特别是工业的外向型程度有了显著提高。同时，第三产业迅速发展，第一产业中农业出口创汇生产迅速扩大，其在国民经济中所占比重是明显下降的。

（2）外汇调剂中心与深圳证券交易所成立。1985年11月9日，深圳市政府正式颁布《深圳经济特区外汇调剂办法》；深圳外汇调剂中心对稳定外汇市场，促进外贸发展起了立竿见影的作用。无论是中外企业还是个人，都可以根据自己的需要，按照市场价格兑换外币或人民币。1988年3月10日，中国人民银行发出《国家外汇管理局〈关于外汇调剂的规定〉的通知》，已诞生两年之久的深圳外汇调剂中心，取得合法的地位。

除了外汇调剂中心，1990年11月20日，深圳市政府发出通告，取缔股票黑市交易和严禁非法发行股票。22日，深圳证券交易所启动，实行股票的统一交易，同时停止旧版股票的交易。12月1日，深圳证券交易所正式开业。此时的深圳股市，虽然仍旧存在许多漏洞与不足，但深圳证券交易所开业，极大地促进了深圳股市向规范化、法制化的方向健康发展。深圳证券交易所的成立是深圳股市发展过程中里程碑似的事件。

（3）深化价格管理体制改革。1988 年 11 月，深圳市对鲜肉、蔬菜、进口彩电、冰箱等 18 种放开价格的商品实行“差率控制”管理，与之配套实施的还有“六化”*。在价格管理体制改革的影响下，1988 年底，零售物价指数开始出现负增长；次年，大幅下降了 38.3%；1990 年，又比上年再下降 2.3%。

* “六化”即交易公开化、成交票据化、簿记和度量衡器标准化、市场规范化、鼓励制度化、价格法制化。

（4）生产资料市场改革全面展开。1988 年，深圳市计划局提出建立“社会主义的国家宏观指导下的自由生产资料市场”，允许任何单位、个人依法以任何方式经营任何生产资料；取消价格“双轨制”，其差价归市财政等。1988 年 3 月，电子产品配套市场开业。此后，机电产品市场、建材市场、金属材料市场、纺织服装生产资料市场、进口生产资料交易中心等生产资料市场陆续开业。1990 年 6 月，国务院批准深圳经济特区的请求，允许试办“保税生产资料市场”。到 1990 年，深圳的生产资料市场基本全面放开，主要生产资料 90%以上已由市场调节。生产资料价格的放开，既避免了“双轨制”下的“寻租”行为，更为建立健全我国生产要素市场体系铺平了道路。

（5）公务员制度逐步推行。1988 年初，中共深圳市委、市政府组织力量进行有关调查研究，提出《深圳经济特区建立国家公务员制度的初步方案》以后，又进行多次讨论、修改。1988 年，深圳市选择市税务局、审计局为试点，试行公务员制度。在公务员的录用、考核、培训、回避、纪律约束等方面进行试验、改革，为公务员制度的更大规模试验打下基础。1990 年，国家正式批准深圳成为国家公务员改革城市。1990年底，深圳举办第一期公务员制度培训班，有100名局、处级人事领导干部参加了培训。

二、深圳经济特区10周年中的发展瓶颈与破解理论

在深圳经济特区10周年的发展过程中，虽有“奠基”与“开拓”，但是在整个发展的过程中依然也有瓶颈和困难。在这一时期，主要遇到的问题和困境表现在以下几个方面之中：

（1）依靠内地“输血”而并非转向外贸。在第一个10年的改革历程中，深圳的发展主要依靠的是大量的基础设施投资建设，在这个时期里，深圳并没有做到资金以外资为主、产业结构以工业为主，产品以出口为主。一方面，有学者分析指出：深圳的经济是依赖贸易，而在贸易中又主要是对国内其他地方的转口贸易，无论是直接的或间接的，转口商品主要是进口商品，或包含相当进口比例的商品。外引内联的资金之所以投资深圳，主要是因为这个庞大的贸易和由此而来的高利润。深圳市5年多发展起来的表面繁荣，也主要是植根在此。①另一方面，深圳这10年的发展与内地的支持联系太过紧密，以至于可以形容为“输血”。1985年4月25日，国务院副总理姚依林视察蛇口时就说过：“特区的经济发展光靠国家长期‘输血’来维持是不可能的。”姚依林强调，要逐渐拔掉“输血的针头”。深圳在这10年的改革和开放的过程中，多数的投资

① 董滨、高小林：《突破——中国经济特区启示录》，武汉：武汉出版社，2000年版，第230页。

和建设的方向标是投到了房产业和旅游业中，而不是工业。同时，深圳的先进技术还很欠缺。1980—1990 年，深圳并没有很好地运用自己经济特区的身份来为中国引进更高的先进技术，它开放的过程以及结果并没有发挥实质上的引进作用，相反还有很多负面的东西存在，如黑市外汇、赌场等。作为最初的尝试，深圳特区 10 年发展的两面性体现得十分明显。

（2）形势更为严峻的“1985 年整顿”。1985 年，中央对深圳进行全面整顿，这场整顿使深圳陷入泥潭。这一年，按照国家的统一计划，银行的贷款大面积收缩。深圳的基建投资被砍去 10 亿元。随着基建投资的压缩，基建队伍也全面缩减。17 万人的基建队伍只留下了 9 万人；20 幢 18 层以上的高楼被迫停建。除此之外，许多给予深圳的特殊政策、优惠措施也被收回。一份新文件说要实行“全面许可证制度”，即不论是“三来一补”企业，还是三资企业，都要实行许可证制度。而且每签署一份进出口合同，要申请、领取一张许可证。这种许可证，只能用一次，叫作“一次有效证”。同时，国家对特区控制商品的数量也发生很大的变化：1983 年，由省、部、中央控制的出口商品 129 种；1984 年，由省、部、中央控制的出口商品 152 种；1985 年，由省、部、中央控制的出口商品 244 种（其中部和中央控制的 235 种，省控制的 9 种）。随着中央管控的力度越来越强，深圳在这段时期内的出口外贸受到很大的影响。[①] 原来供港蔬菜、水果以及肉类的数量都比较多，但是随着 1985 年国家政策的收紧，面向香港的外贸数量也在逐渐下降，国

① 苏东斌、钟若愚:《中国经济特区导论》，北京：商务印书馆，2010 年版，第 276–277 页。

家并不会给这种外貌运输以更多的许可，甚至相关的计划也在不断地进行变化。

（3）并未形成以工业为主的外向型经济。1986年，李灏又接替梁湘的深圳市委书记的职务。在任期间，他发现深圳经济特区的发展也带来很多的问题，其中的一个问题就是并未形成以工业为主的外向型经济。尽管如此，他也认为深圳十年的经济特区发展是需要不断地在试验中逐步完善和发展的。他对深圳的形势做了客观估计。正是在这种认识的指引下，深圳开始了大规模的调整，从以商贸为主的特区转向以工业为主的外向型经济，从初期的铺摊子奠基础抓投入，转变到抓生产上水平求效益上来。[①]

（4）法治保障及建设存在一定程度的欠缺。全国第一部经济特区立法是1980年8月26日第五届全国人民代表大会常务委员会第十五次会议审议批准的《广东省经济特区条例》。该条例全面规定了建立经济特区的宗旨、经济特区的性质和任务、国家对经济特区的基本方针和政策等，这也是经济特区正式设立的标志。为适应经济特区扩大开放、加快改革发展的需要，1981年11月，全国人民代表大会常务委员会通过《关于授权广东省、福建省人民代表大会及其常务委员会制定所属经济特区的各项单行经济法规的决议》。据此，广东省经济特区立法全面启动。但客观来说，深圳经济特区建设的头十年正是法治环境营造的初期，其相应的立法建设仍然处于探索阶段，直到1992年党的第七届全国人民代表大会常务委员会第二十六次会议才通过关于授权深圳市人民代表大会及其常务委

① 董滨、高小林：《突破——中国经济特区启示录》，武汉：武汉出版社，2000年版，第254页。

员会和深圳市政府分别制定法规和规章，并在深圳经济特区实施的决定。在经济特区成立的第一个十年期间，广东省于 1981 年批准颁布《深圳经济特区土地管理暂行规定》、1988 年修订并颁布《深圳经济特区土地管理条例》，而这两部条例虽然能够很大程度上解决深圳当时面临的土地问题，但是这段时期的法治保障及建设不能解决深圳此时所产生的其他问题，如经济转型、外贸运输、进出口等问题。从这个角度来说，经济特区建设的头十年，深圳法治保障及建设并不太能跟得上发展的节奏，而法治建设作为上层建筑，其并不可能形成或超越于经济建设之前。因此，法治保障及建设存在一定程度的欠缺性在这段特定的时期也显得“情有可原”。

（5）破解阻却的理论要义。1992 年以后，我国沿海地区的对外开放格局有了进一步的深化，并且具有多层次、全方位的特征。在全国实行社会主义市场经济和改革开放的条件下，深圳经济特区应如何发展、应如何“特”下去便成为非常重要的一个议题。

1994 年 6 月，党中央提出经济特区“三不变”方针*，并强调，要把发展经济特区贯穿于社会主义现代化建设的整个过程。由此，特区的使命已从为市场经济探险而逐步转变和升级为在新的历史条件下为我国改革开放和现代化开路，发展经济特区，成为中国特色社会主义事业极其重要的组成部分。

* “三不变”方针指中央对发展经济特区的决心不变，中央对经济特区的基本政策不变，经济特区在全国改革开放和现代化建设中的历史地位和作用不变。

总的来说，经济特区担负着为中国从经济现代化到有中国特色的社会主义的全面现代化开路的使命。

第二节　上海浦东新区与天津滨海新区的建立

1990 年，中共中央和国务院正式宣布，在浦东实行经济技术开发区和某些特区的政策。1994 年，天津滨海新区正式成立。在中国经济特区建设的第二个 10 年里，滨海新区的规划只是天津东部的一小部分，面积只有 350 平方公里，比浦东新区的面积还要小一些，但是 1994 年初天津市提出“三五八十”目标*。

* “三五八十”目标，即到1997年实现全市国内生产总值提前3年比1980年翻两番；用5至7年的时间基本完成市区成片危陋平房改造任务；用8年左右的时间把国有大中企业嫁接改造调整一遍；用10年左右的时间基本建成滨海新区，并把主要的工业东移进来。

一、上海浦东新区的建立

1．上海浦东新区建立的契机

上海浦东新区的开发与建设并不是偶然的，而是具有深刻的历史背景。从大的环境来看，上海浦东新区的建设背景可以从涉内、涉外两个不同的维度来审视。

上海浦东新区的建立，从根本上来看是我国经济发展和改革开放之必然的成果。20 世纪 80 年代以来，我国经济不断发展、对外开放的力度和格局不断加深。在这一段时期内，我国社会经济基础设施的建设也在不断发展，科学技术研究也取得了丰硕的成果，这些都为上海浦东新区的建立奠定了重要的物质基础。除了整体的经济总量和社会事业的发展，经济体制的改革也是非常重要的一环。我国经济体制改革是一个从农村到城市、从沿海到内地的过程，沿海地区是开放的前沿阵地。经过 20 世纪 80 年代的发展与改革，我国的经济和政治环境都发生了很大变化，这就为浦东新区的开放开发提供了良好的环境和经济基础。浦东新区开放开发在空间上正好处于我国改革开放战略布局由南到北、由东到西展开的历史交汇点上，浦东新区开发开放标志着我国区域发展空间布局的重大调整；从时间上看，浦东新区开放开发正好处于我国由20世纪80年代尝试打开国门到90年代全面开放的历史节点上，开发开放浦东新区向世界显示我国坚定进行改革开放的决心。因此，上海浦东开放开发在国家的发展战略中有着重要地位和意义，标志着我国改革开放进入了新的阶段，是我国改革开放深入的必然，具有深刻的时代背景。所以从总体而言，浦东新区的建立与我国本身的经济实力与经济体制改革是密切相关的。

除了对内，上海浦东新区的建立还有很强的涉外因素的推动，而涉外因素的推动实质与经济全球化本身紧密相关。20世纪90年代，随着科技的不断发展，越来越多的国家发展市场经济，国际贸易和投资逐步自由化，企业经营也日趋国际化，这使得世界经济活动逐步地超越国界，并通过对外贸易、资本流动、技术转移等相互联系而形成了一个有机的经济整体，而这样的国际环境与背景推动并促进了浦东新区的成立与开发。这其中必须提到的就是跨国公司的全球化经营。随着经济全球化的深入，跨国公司在全球范围内迅速扩展，起到了重要的助推作用，而它的不断发展必须伴随着源源不断的投资活动。换言之，国际社会的投资活动越丰富和多元，跨国公司的发展就会日益旺盛，也会不断地寻找进入新兴市场的“桥头堡”。我国经济经过20世纪80年代的发展，人民的购买力日趋强大，对跨国公司而言，我国是一个极具诱惑力的潜力很大的市场，而进入中国市场需要一个能够连接内外的平台，而上海是一个具有国际化传统的城市，一个区位极具对外开放优势的城市，面临着难得的历史机遇，而浦东又为上海担当中国对外开放桥头堡功能提供了难得的地理空间。

2．浦东新区的发展历程

上海浦东新区的发展并不是一蹴而就的，而是经历过一系列的变化和发展的。总体而言，浦东新区的发展经历了“设想—实践”两个宏观的阶段。就设想阶段而言，浦东新区建设中最紧密的构建与布置当数党的十一届三中全会之后，即“十一届三中全会后的浦东开发设想”。党的十一届三中全会后，中央将工作重心转移到经济建设上来，实行改革开放的政策，摆脱了封闭和半封闭状态，开始重新走向世界。20 世纪 80 年代初在深圳、珠海、汕头和厦门建立 4 个经济特区。随着人们思想的解放和发展思路的调整以及深圳等特区改革开放的示范效应的凸显，再次激发了人们开发开放浦东的激情。从此，浦东新区的开发被重新提上议事日程，上海开始酝酿重新改造大上海的地方战略。具体来说，这一阶段大致可分为以下四个子阶段：

（1）建议。1980 年 2 月，上海市人民政府建设委员会的内部简报《基建情况》上登载了上海市规划局工程师陈坤龙关于在浦东建设新市区的建议。该建议就浦东建设新市区的必要性、新城区基本形态、过江交通、资金筹集、组织机构和开放战略等问题明确地阐述了自己的意见。除了陈坤龙，还有其他诸多学者在这个阶段提出了建设上海浦东的一些初步看法。这些意见在 20 世纪 80 年代中期被进一步地论证，并取得了重要的进展。不过相比于后面几个成熟的阶段来看，建议阶段是一个萌芽式的开始。

（2）研究与论证。在建议阶段的 10 个月后，1980 年 12 月，《社会科学》杂志发表陈坤龙的论文《向浦东广阔地区发展》，该论文提出在浦东陆家嘴和外滩建立越江交通和发展浦东新市区的建议。在随后的一段时间，不同学者从不同的角度对浦东新区的发展进行了论证，比如有学者建议把高桥区建成自由港区，建设一个经济特区以发挥“跳板”功能*。

* 所谓“跳板”功能，即从里到外、从国外到国内、从内地到沿海的开放与发展功能。

（3）政府研讨。在对上海浦东新区开发的理论研讨中，陈坤龙的观点和建议立即引起上海各方面人士和上海市委、市政府的高度重视。后来，众多专家学者纷纷撰写文章，呼吁对浦东进行开发，一些在政府机构工作的人员也加入这场浦东开发的研究和讨论中来，形成新一轮的浦东开发研究热。在学者的研究热度日趋提升的状况下，政府层面也是十分重视对浦东新区的开发。在 1984 年 9 月举行的上海经济发展战略研讨会上，国务院改造振兴上海调研组和上海市政府联合制定《关于上海经济发展战略的汇报提纲》，此文件在 1985 年 2 月就获得了国务院的正式批准。1986 年，开发浦东的构想开始深化，上海市政府于 1986 年 4 月 2 日向中共中央、国务院上报了《上海市城市规划方案》。经过审议，中共中央书记处原则上同意该方案，同时提出了重要的修改意见。随后上海市政府根据中央精神，对方案作了综合修改。1986 年 7 月 22 日，将《上海市的总体规划方案（修改稿）》上报中共中央和国务院，并获得了国务院的肯定性批复，肯定了上海市开发浦东的发展方向。政府研讨阶段是将理论观点落实于现实的一个重要体现，这意味着这一建议正式地获得认可并落于实际中。

（4）请示与建立。1990 年 2 月 26 日，中共上海市委、上海市人民政府正式向中共中央、国务院提交了《关于开发浦东的请示》。同年 3 月 28 日至 4 月 8 日，国务院有关部门对浦东新区开发问题进行专题研究、论证。同年 4 月 18 日，经过反复论证，中共中央和国务院正式作出了开发开放浦东新区的重大决策。

3．浦东新区发展的战略要义

上海浦东新区的发展具有全方位、多领域、高起点的特点。建设上海浦东新区，要注重经济与社会的协调发展。浦东新区开发不仅仅是项目开发、产业开发而且要争取社会的全面进步，一开始就必须注重经济与社会的协调发展，注重社会事业的建设和社会管理的强化，注重精神文明建设。从战略方面进行归纳，浦东新区发展的战略要义可以从一个前提，两个维度这两个不同的角度出发来诠释。

（1）一个前提：姓“资”还是姓“社”。上海浦东的建设定位需要面向世界、面向21世纪的开发，它是一项规模宏大的工程，起点高、难度大，要把浦东建成一个现代化的国际新城区。国际新城区的建设目的必然会迎来当时国内的一些质疑，特别是在姓“资”还是姓“社”的问题上会产生摇摆。[①]针对这个问题，党的十四大报告中明确提出，“计划经济不等于社会主义，资本主义也有计划；市场经济不等于资本主义，社会主义也有市场。计划和市场都是经济手段。计划多一点还是市场多一点，不是社会主义与资本主义的本质区别……我国经济体制改革的目标是建立社会主义市场经济体制，以利于进一步解放和发展生产力”[②]。因此，无论是建设经济特区是以什么样的政策与方式，抑或是有哪些先试先行的地方，都不会改变这个大的前提，即始终坚持发展中国特色社会主义

---

① 中共上海市浦东新区工作委员会、上海市浦东新区管理委员会编：《浦东开发开放十年》，上海：上海远东出版社，2000年版，第5页。

② 江泽民：《加快改革开放和现代化建设步伐 夺取有中国特色社会主义事业的更大胜利——在中国共产党第十四次全国代表大会上的报告》，北京：人民出版社，1992年版，第23页。

市场经济体制，而不是资本主义。

（2）纵向维度：集中与联动。上海浦东新区的发展是一项由“点”到“面”的过程，这也意味着浦东新区的发展不能不加重点地平铺开来，而是有集中、有侧重，而后再进行全方位的拓展与建设。所谓集中，是指集中力量进行“点的开发和建设”。建设浦东这项面向21世纪的、高起点的世纪工程，不可能一下子全面铺开，只能在重点开发小区建设的过程中，坚持“开发一片、建成一片，投产一片、收效一片”滚动开发的方针。从城市发展规律的角度来讲，上海老城区的人口密度太高和规模过大，严重制约了上海的发展；而浦东有大片可供开发的土地，可以将仅一江之隔的浦西一部分人口和工业疏散进来，以此来带动浦西的改造和浦东的发展；从社会资源流动的角度来讲，浦东和浦西各有所长，也各有所短，将两者结合起来联动发展，有利于实现黄浦江两岸的优势互补，促进两岸经济共同发展。

（3）横向维度：各领域有次序地先后开发。上海浦东新区发展战略的横向方面是各领域有次序地先后开发，即在发展和建设过程中有部分领域是先行的，而其他领域在先行的影响下进行协调与跟进。在上海浦东新区发展的过程中有三个先行领域，就是基础设施先行、金融贸易先行和高新技术产业化先行的发展战略。基础设施战略重点解决浦东的越江交通、通信、能源问题。将浦东和浦西连成一体。金融贸易先行的发展战略以优先发展金融中心为路径，邓小平曾指出，金融是现代经济的核心，中国在金融方面取得国际地位，首先要靠上海。[①] 而高新技术产业化先行要求浦东开发构造出现代化国际大都市的产业结构，尤其是接受知识经济、高科技时代的挑战，必须对原有的产业进行重整和升级，确立以基础设施、金融贸易和高新技术产业为牵引的产业升级战略。

上海浦东新区开发的思路有着非常重要的战略意义。一方面，它是我国进一步深化改革的标志；另一方面，上海浦东新区的开发对上海、长江流域和全国经济都有着重要的影响，也是我国东部开放的重要窗口。总体而言，它最大的战略意义集中于“开放”这两个字上。开发浦东新区这一跨世纪的创新举措，为我国的社会主义现代化建设提出了一种发展的新战略，一种对外开放的新格局。事实上，开发浦东新区的意义远远超出了上海本身，它不仅是面向上海的问题，而且还可以带动江、浙地区，甚至带动长江两岸经济的发展。因此，开发开放浦东新区，对上海，乃至对全国来说都是一件具有重要战略意义的大事。

二、天津滨海新区的建立

天津滨海新区的建立与1986年邓小平的视察紧密关联。1986年，邓小平在天津进行视察和调研，他对天津的未来的发展提出了很高的期望，并表示：“你们在港口和城市之间有这么多荒地，这是个很大的优势，我看你们潜力很大，可以胆子大点，发展快

① 邓小平：《视察上海时的谈话》，《邓小平文选》（第三卷），北京：人民出版社，1993年版，第366–367页。

点。”并挥毫写下“开发区大有希望”[①]。由此，天津滨海新区就逐渐地发展了起来。

1．滨海新区的诞生

在20世纪80年代，相对于全国几个主要的工业城市而言，天津的发展并不尽如人意。1979—1992年，天津GDP年均增长只有6.5%，远远低于全国9.5%的平均水平。天津市决定逐步地将工业东移，把工业转移到滨海地区来。1993年，天津市提出把这一地方叫作“滨海新区”。1994年，滨海新区正式设立。最初的规划只有350平方公里，包括天津开发区、天津港、保税区和汉沽、塘沽、大港一带。滨海新区相比深圳经济特区、上海浦东新区等起步和发展都比较晚，所取得的成果也不足以与深圳和上海相比。1994年，滨海新区生产总值168.8亿元，固定资产投资108.03亿元，外贸出口只有5.9亿美元，远远落后于深圳和浦东；其GDP仅仅是浦东新区的45%，深圳的19.8%。滨海新区的起步也面临着很多的问题，例如开发条件恶劣、资金与项目的缺乏以及不熟悉相应的国际规则等，都极大程度阻碍了天津滨海新区的发展。

尽管如此，天津市政府仍然克服重重困难，不断发展天津滨海新区。1994年，天津市提出“三五八十”四大目标。天津市决定将工业东移，把工业转移到滨海新区来。到2004年，滨海新区国内生产总值达到1608.6亿元，占天津市的43.9%；外贸出口总值由1993年的5亿美元增长到184.7亿美元，占天津市的65%，实现了10年前既定的目标，天津市的综合经济实力迅速地发展了

① 邓小平：《视察天津时的谈话》，《邓小平文选》（第三卷），北京：人民出版社，1993年版，第165页。

起来。

2．滨海新区内的国家战略

相比于深圳和上海而言，天津滨海新区的战略发展地位并不算特别突出，但是它的经济发展地位在环渤海地区却有着举足轻重的作用。在 20 世纪 90 年代，中国改革开放的前沿阵地主要还是在长三角和珠三角地区。1992 年，党的十四大作出加速环渤海地区开放和开发的决策，1994 年 3 月，天津市委、市政府提出用 10 年时间基本建成滨海新区，定义为“将成为中国北方最有增长力的经济中心和高度开放的标志性区域”[①]。

但是，进入 21 世纪之后，这种现况发生了很大的改变，这种改变源于新时期我国经济体制改革进入攻坚阶段的现实需要。从 2004 年 5 月开始，国家发改委开始介入指导滨海新区的“十一五”规划方案，方案几易其稿，最终将滨海新区定位为“依托京津冀、服务环渤海、辐射‘三北’、面向东北亚的北方对外开放门户、高水平的现代制造业和研发转化基地、北方国际航运中心和国际物流中心”。这时的滨海新区，面积已经由原来的 350 平方公里，扩大到 2270 平方公里。2008 年 3 月，天津滨海新区又迎来了更利好的政策。国务院批复《天津滨海新区综合配套改革试验总体方案》(以下简称《总体方案》)。根据《总体方案》的指示，综合改革涉及 10 个方面的内容，即企业改革、科技体制改革、涉外经济体制改革、金融改革创新、改革土地管理制度、城乡规划管理体制改革、农村体制改革、社会领域改革、改革资源节约和环境保护等管理制

① 国家发展和改革委员会国土地区研究所课题组:《天津滨海新区：我国北方发展的战略性新亮点》,《宏观经济研究》, 2005 年 06 期。

度、行政管理体制改革。规划和建设好天津滨海新区，不仅关系天津的长远发展，而且对于振兴环渤海区域经济有着重要作用。

3．滨海新区的发展历程

（1）提出。天津滨海新区的发展历程经历了若干个发展阶段，最早的界定始于1994年3月，天津市委、市政府提出用10年时间基本建成滨海新区，并将其定义为是“将成为中国北方最有增长力的经济中心和高度开放的标志性区域”。这次重要的建设目标是在1986年邓小平视察天津时作出的，也是很大程度上贯彻邓小平对天津重要决策部署的体现。

（2）提案。以10年的时间基本建成滨海新区，需要一个切实的、系统的规划方案。2004年3月的全国政协十届二次会议上，52名在津政协委员联名向大会递交《关于请国务院批准天津滨海新区整体发展规划的建议》的提案。2004年4月，政协委员组成考察团，先后两次就天津滨海新区发展进行专题调研，最后形成了《关于进一步发挥天津滨海新区在振兴环渤海区域经济中的作用》的报告。2004年10月，党的十六届五中全会把推进天津滨海新区的开发开放，纳入重要议事日程——滨海新区从一个城市的发展战略，升级为国家战略。至此，天津滨海新区的发展进入规划阶段，已经从一个初步性质的提议走向了系统的提案、方案，进而迈向国家战略。

（3）全面发展。在具备一个总体规划的前提下，天津滨海新区的发展还需要一个更为全面、细致的规划纲要，并且这种规划应该细致到天津滨海新区发展过程中的每个方面。2005年5月15日，国家带领13个司局的负责人深入滨海新区进行调研，并对正在制定中的《天津滨海新区国民经济和社会发展“十一五”规划纲要》

提出 14 个方面的 38 条意见。这 14 个方面贯穿天津滨海新区未来发展的几个方面，具有十分重要的战略意义。6 月初，天津市发改委向国家发改委上交汇报材料，建议国务院像当年规划和建设深圳特区、浦东新区一样，规划和建设滨海新区，并给予相应的政策扶持。

（4）形成示范与带动。2006 年 5 月，国务院发布《关于推进天津滨海新区开发开放有关问题》，连续用了 13 个“推进天津滨海新区开发开放”的字句。中央对滨海新区给予了 5 条扶持政策：批准天津滨海新区为全国综合配套改革试验区；鼓励天津滨海新区进行金融改革和创新；支持天津滨海新区进行土地管理改革；设立天津东疆保税港区；给予天津滨海新区一定的财政税收政策扶持。切实发挥综合配套改革试验区的示范和带动作用。

第三节　1992 年邓小平南方谈话

一、南方谈话实录

1991 年是国际形势对比鲜明的一年。与动荡不安的世界相比，中国的稳定则为海内外所称道。

1992 年，党的十四大即将召开，“八五计划”进入第二年。这一年无论是从国际还是国内形势来看，都是发展和壮大自己的大好机遇。在这一年，已是 88 岁高龄的邓小平按捺不住迫切的心情，再次赴南方谈话。邓小平此次南行的目的地是广东。

1992 年 1 月 19 日上午，专列到达深圳火车站。邓小平又一次踏上了阔别八年之久的深圳的土地。到达深圳的当天，邓小平参观了深圳的市容。在参观市容的过程中，邓小平与陪同人员交谈，他一开始就把多年来困扰的问题提出来并做了明确回答。他说："对办特区，从一开始就有不同意见，担心是不是搞资本主义。深圳的建设成就，明确回答了那些有这样那样担心的人，特区姓'社'不姓'资'。从深圳的情况看，公有制是主体，外商投资只占四分之一，就是外资部分，我们还可以从税收、劳务等方面得到益处嘛！多搞点'三资'企业，不要怕。只要我们头脑清醒，就不怕。我们有优势，有国营大中型企业，有乡镇企业，更重要的是政权在我们手里。有的人认为，多一份外资，就多一份资本主义，三资企业多了，就是资本主义的东西多了，就是发展了资本主义。这些人连基本常识都没有。[①]"

1月20日上午，邓小平来到曾创下"三天一层楼"纪录、成了20世纪80年代"深圳速度"象征的国贸大厦参观。在听完深圳市委书记李灏的汇报后，邓小平在这里和省市负责人做了长达半小时的讲话。他充分肯定了深圳在改革开放和建设中所取得的成绩，然后说："要坚持党的十一届三中全会以来的路线、方针、政策，关键是坚持'一个中心，两个基本点'。不坚持社会主义，不改革开放，不发展经济，不改善人民生活，只能是死路一条。基本路线要管一百年，动摇不得。[②]"

---

① 邓小平：《在武昌、深圳、珠海、上海等地的谈话要点》，《邓小平文选》（第三卷），北京：人民出版社，1993年版，第372–373页。

② 邓小平：《在武昌、深圳、珠海、上海等地的谈话要点》，《邓小平文选》（第三卷），北京：人民出版社，1993年版，第370–371页。

1月21日上午，邓小平参观了华侨城的中国民俗文化村、锦绣中华微缩景区。参观完毕后，邓小平在返回住所的途中谈起了共同富裕的问题。他说："走社会主义道路，就是要逐步实现共同富裕。共同富裕的构想是这样提出的：一部分地区有条件先发展起来，一部分地区发展慢点，先发展的地区带动后发展的地区，最终达到共同富裕。①"

当深圳市市长郑良玉汇报到在发展经济的同时，把社会主义精神文明建设好时，邓小平表示："只要我们的生产力发展，保持一定的增长速度，坚持两手抓，社会主义精神文明建设就可以搞上去。②"

1月22日上午，邓小平来到深圳市仙湖植物园，并在仙湖植物园一片开阔的草坪上，种下了一棵常青树——高山榕。22日下午，邓小平在深圳市迎宾馆接见了深圳市五套班子的负责人，并发表重要讲话。他说："社会主义的本质，是解放生产力，发展生产力，消灭剥削，消除两极分化，最终达到共同富裕。③"他指出，改革开放胆子要大一些，敢于试验，不能像小脚女人一样。看准了的，就大胆地试，大胆地闯。"深圳的重要经验就是敢闯。④"

1月23日，邓小平结束了在深圳的考察，第二次前往珠海特

---

① 邓小平：《在武昌、深圳、珠海、上海等地的谈话要点》，《邓小平文选》（第三卷），北京：人民出版社，1993年版，第373–374页。

② 邓小平：《在武昌、深圳、珠海、上海等地的谈话要点》，《邓小平文选》（第三卷），北京：人民出版社，1993年版，第379页。

③ 邓小平：《在武昌、深圳、珠海、上海等地的谈话要点》，《邓小平文选》（第三卷），北京：人民出版社，1993年版，第373页。

④ 邓小平：《在武昌、深圳、珠海、上海等地的谈话要点》，《邓小平文选》（第三卷），北京：人民出版社，1993年版，第372页。

区。在深圳蛇口开往九洲港的快艇上，广东省委书记谢非说，广东正在努力缩小贫富地区的差距，力争下世纪初赶上中等发达国家和地区的发展水平。邓小平一再强调要争取时间，抓住机遇，大胆地试，大胆地闯。邓小平继续说："我们改革开放的成功，不是靠本本，而是靠实践，靠实事求是。[①]"

1月24日上午，邓小平在广东省领导和珠海市领导的陪同下参观考察了珠海经济特区生化制药厂，厂长迟斌元重点介绍了采用新方法生产并成功打入国际市场的"凝血酶"，邓小平赞赏地表示拳头产品要靠科学工作者。

1月25日，邓小平参观考察了珠海亚洲仿真公司，提出希望出国学习的人回国通力合作，为加快发展我国科技和教育事业多做实事。邓小平视察仿真公司的消息通过《人民日报》海外版、《神州学人》等渠道传向海外。许多留学生倾诉着对祖国建设事业的关心，表达对祖国的爱，希望学有所成，献身于祖国的仿真事业。

1月26日上午，邓小平视察了珠海特区最早开发的地区——拱北。在与广东省委书记谢非等同志的交谈中，他再次肯定了党的十一届三中全会以来路线、方针、政策的正确性，强调了改革开放的重要性。

1月27日，邓小平一行来到内联企业江海电子股份有限公司考察，公司副总经理丁钦元做主要汇报工作。不断创新是邓小平对"江海"人的深情嘱托，也是江海公司奇迹般崛起的重要法宝。邓小平对江海公司的探索精神十分赞赏。邓小平的话不仅对珠海特

---

① 邓小平：《在武昌、深圳、珠海、上海等地的谈话要点》，《邓小平文选》（第三卷），北京：人民出版社，1993年版，第382页。

区建设成就给予了高度评价，同时也彻底扫除了珠海干部群众心头难言的忧虑。

1月29日，邓小平在广东省党政领导的陪同下离开珠海，前往顺德考察。下午4时在省委书记谢非、省长朱森林的陪同下，考察了科龙公司。

1月30日，邓小平乘坐火车去上海，途经江西时，在鹰潭车站接见了江西省委书记毛致用和省长吴官正，并听取了相关汇报。邓小平重点提出要解放思想，抓住机遇，快一点将经济建设搞上去。

2月初，邓小平来到上海进行视察，使浦江两岸涌现一股澎湃的春潮。人们都在思考、探索和策划：如何抓住历史赋予的机遇奋起直追？

2月20日，邓小平离开上海返回北京，途中在南京火车站和安徽蚌埠火车站做短暂停留。

二、南方谈话冲击波

1992年2月28日，中共中央将邓小平南方谈话作为1992年第二号文件下发。这次谈话像强烈的冲击波，震撼了中国大地。

南方谈话首次对社会主义的本质做了科学论述，强调解放和发展生产力，并提出以“三个有利于”作为标准来检验改革开放的成败得失。南方谈话实际上是对党的十一届三中全会以来改革开放基本经验的总结，明确回答了束缚人们思想的许多重大问题。南方谈话的发表被认为是继1978年关于真理标准问题大讨论之后的又一次思想解放。南方谈话吹响了改革开放的进军号，中国迎来了更深刻的巨变。

1．全国形成全方位开放的格局

改革开放之初，我国谨慎地在四个边远的小城镇建立了经济特区，初步成功后，又建立了海南大特区，继而又把开放地区扩大到沿海14座城市。使我国东部形成一条从南到北，充满活力的“黄金海岸”。但1992年以前开放的步伐总是走走停停，充满犹豫与迟疑。

以邓小平南方谈话为契机，1992年5月，中共中央制定了《关于加快改革，扩大开放，力争经济更快更好地上一个新台阶的意见》（以下简称《意见》）。《意见》根据邓小平“抓住时机，加快经济建设和改革开放步伐”的精神，提出一系列进一步加快改革和扩大开放的新措施。从此，中国加大改革力度，扩大了开放的范围和领域，改革开放事业进入了快车道。

20世纪90年代重要的开放措施包括：

1992年3月，国务院批准海南省吸收外商投资，开发建设30平方公里土地的洋浦经济开发区。开发区实行封闭式的隔离管理，区内实施保税区的各项政策措施。

上海浦东新区是20世纪90年代我国开发开放的重点。为进一步支持浦东新区的开发开放，1992年初，中央给上海扩大5类项目的审批权，同时给予上海5个方面的配套资金筹措权。以上海浦东开发为契机，沿江省市开始踏上对外开放的末班车。1992年6月，国务院又决定开放长江沿岸的芜湖、九江、岳阳、武汉、重庆5个内陆城市。至此，长江沿岸10个主要中心城市已全部对外开放。在长江流域对外开放的带动下，内陆省份一些沿江、沿河、沿路地区也纷纷加入开放行列。

1992年3月，国务院批准黑河、绥芬河、珲春和满洲里作为边境地区新的开放城市。接着沿边地区一个一个打开国门。在西部的新疆，边境贸易也迅速发展起来。同时，中越边境、中缅边境也在规划着扩大边境贸易规模。同时，国务院批准在温州市设立经济开发区。继上海、天津、深圳设立保税区后，5月，又决定兴建大连、广州保税区。山东、浙江、江苏、福建等沿海省份也开始筹建保税区。保税区实行比其他开放地区更加灵活、优惠的政策，按照国际惯例运行。

1992年6月，经国务院批准，我国又有近60个市、县、镇列入对外国人开放地。其中，南宁和昆明将实行沿海开放城市的政策。同年8月，国务院又决定进一步开放内陆省份的省会城市，如郑州、西安、成都等。

截至1992年4月底，我国对外开放海陆空一类口岸162个。其中水运口岸89个，空运口岸31个，铁路口岸12个，公路口岸30个。至此，沿海、沿边、沿江、内陆，东、西、南、北、中，一个全方位大开放的战略格局已经初步形成。

2．社会主义市场经济体制目标的确立

以邓小平南方谈话为依据，“市场经济”一词终于在我国取得了合法的地位。1992年10月，党的十四大报告中指出，“我国经济体制改革的目标是建立社会主义市场经济体制，以利于进一步解放和发展生产力”[①]。1993年11月，党的十四届三中全会通过了

① 江泽民：《加快改革开放和现代化建设步伐 夺取有中国特色社会主义事业的更大胜利——在中国共产党第十四次全国代表大会上的报告》，北京：人民出版社，1992年版，第23页。

《中共中央关于建立社会主义市场经济体制若干问题的决定》，进一步明确市场经济改革的目标和路径。确定政府职能、宏观调控、企业制度、价格机制、分配机制等多方面改革的方向，规划出了社会主义市场经济的初步轮廓。

改革以社会主义市场经济为取向，也就等于是把深圳经济特区过去最“特”的一点推广到了全国。已经在市场经济的大潮中搏击了十余年的深圳此时宣布：社会主义市场经济的框架在这里已经基本确立，并且将其归纳为十大体系：以公有制为主体，各种经济成分公平竞争、共同发展的所有制体系（社会主义市场经济的基础）；以资本为纽带的国有资产监督管理和营运体系（社会主义市场经济的重要保证）；以市场为基础的价格体系（社会主义市场经济体系的核心）；以商品市场为基础、要素市场为支柱的市场体系（社会主义市场经济的载体）；与国际惯例接轨的国民经济核算和企业财务会计体系（社会主义市场经济的“脉搏”）；以中介组织为主体的社会监督服务体系（社会主义市场经济的监督服务）；社会共济与自我保障结合的社会保障体系（社会主义市场经济的“安全网”）；以按劳分配为主，效率优先、兼顾公平的分配体系（社会主义市场经济的动力）；以间接手段为主、面向全社会的经济管理调控体系（社会主义市场经济的调控）；适应社会主义市场经济体制需要的法规体系（社会主义市场经济的规范）。[①]

深圳对社会主义市场经济十大体系的归纳，成为我国建立社会主义市场经济的重要借鉴依据。市场经济体制才是深圳的无价

① 郑通扬：《论市场经济要素与经济体制改革——深圳社会主义市场经济体制框架初探》，《管理世界》，1998 年 05 期。

之宝，对这一体系的探索，正是经济特区对中国改革开放的最大贡献。

邓小平 1992 年南方谈话在全国掀起了改革开放的新高潮。新的形势也给深圳和其他经济特区都带来了新的挑战，在理论上和现实中都受到了前所未有的冲击。[①] 邓小平在南方谈话过程中反复强调这样一个思想：要坚持党的十一届三中全会以来的路线、方针、政策，关键是坚持“一个中心、两个基本点”，基本路线要坚持一百年，不能动摇。

南方谈话是“建设有中国特色社会主义”的理论精华，这一系列谈话，使其跃上了时代的理论巅峰。南方谈话又是自 1978 年开始的中国改革开放大业的辉煌总结，邓小平给了中国人民一个观察问题、分析形势、判断是非的强大思想武器。南方谈话的发表标志着“建设有中国特色社会主义”理论从历史到逻辑在体系上的完成。

南方谈话主要诞生于特区，除了表示特区的实践验证了邓小平的理论，同时也标志着作为总设计师的中国改革开放蓝图的完成。正是南方谈话排除了中国改革开放道路上的最后一道理论障碍，为 1992 年底的党的十四大确认“社会主义市场经济”命题奠定了坚实的理论基础。

1992 年 2 月，中共中央政治局常委会议召开，会议认为邓小平的南方谈话高屋建瓴地阐述了关系党和国家前途命运的一系列重大问题，为建设有中国特色的社会主义指明了继续前进的方向，也为党的十四大报告的起草奠定了思想理论基础。

---

① 陶一桃、鲁志国主编：《中国经济特区史论》，北京：社会科学文献出版社，2008 年版，第 64–65 页。

创办特区是当代最具“中国特色”的伟大创造性实践，经济特区便是贯穿中国改革开放全过程的市场经济的选择。邓小平在南方谈话中做出“市场经济不等于资本主义”的明智判断。

第四节　党的十四大与中国特色社会主义理论的提出

一、党的十四大的召开和社会主义市场经济体制

1992年6月，党中央强调，邓小平的重要谈话贯穿了一个鲜明的中心思想——必须坚定不移地全面贯穿执行党的“一个中心、两个基本点”基本路线，解放思想，实事求是，放开手脚，大胆试验，排除各种干扰，抓住有利时机，加快改革开放步伐，集中精力把经济建设搞上去，不断地把有中国特色的社会主义事业全面推向前进。邓小平提出的建设有中国特色社会主义的基本思路和各种重要的理论观点和实际决策，都体现了马克思主义的基本原理同中国现代化建设具体实际的结合和统一，经得起社会实践的检验和历史风波的考验，具有稳定性和连续性，能够随着实践的前进而不断得到丰富和发展。

1992年10月12—18日，党的十四大召开。会议首先明确指出，自党的十一届三中全会以来，我国经济建设、人民生活和综合国力都上了一个大台阶。会议认为邓小平在1992年初的南方谈话极大地鼓舞了全党同志和全国各族人民，解放了广大干部和群众的思想。党的十四大的任务是：以邓小平建设有中国特色社会主义的

理论为指导，认真总结十一届三中全会以来的实践经验，确定今后一个时期的战略部署，动员全党同志和全国各族人民，进一步解放思想，把握有利时机，加快改革开放和现代化建设步伐，夺取有中国特色社会主义事业的更大胜利。[①]

大会认为，新时期最鲜明的特点是改革开放。从党的十一届三中全会起步，党的十二大以后全面展开，改革开放经历了从农村改革到城市改革，从经济体制的改革到各方面体制的改革，从对内搞活到对外开放的波澜壮阔的历史进程。党中央废除人民公社，不走土地私有化道路，以实行家庭联产承包为主，统分结合，双层经营，解决了我国社会主义农村体制的重大问题。八亿农民获得对土地的经营自主权，加上基本取消农产品的统购派购制度，放开大部分农产品价格，从而使农业生产摆脱长期停滞的困境，农村经济向着专业化、商品化、社会化迅速发展，广大城乡人民得到显著实惠，带动了整个改革和建设事业。乡镇企业是中国的又一个伟大创造。它为农村剩余劳动力从土地上转移出来，为农村致富和逐步实现现代化，为促进工业和整个经济的改革和发展开辟了一条新路。[②]

党的十二届三中全会通过的关于经济体制改革的决定提出我国社会主义经济是公有制基础上的有计划商品经济，突破了把计划经

① 江泽民:《加快改革开放和现代化建设步伐 夺取有中国特色社会主义事业的更大胜利——在中国共产党第十四次全国代表大会上的报告》，北京：人民出版社，1992 年版，第 2-3 页。

② 江泽民:《加快改革开放和现代化建设步伐 夺取有中国特色社会主义事业的更大胜利——在中国共产党第十四次全国代表大会上的报告》，北京：人民出版社，1992 年版，第 7 页。

济同商品经济对立起来的传统观念，是对马克思主义政治经济学的新发展，为全面经济体制改革提供了新的理论指导。[①]

兴办深圳、珠海、汕头和厦门四个经济特区是对外开放的重大步骤，是利用国外资金、技术、管理经验来发展社会主义经济的崭新试验，取得了很大成就。实践证明，经济特区姓“社”不姓“资”。在兴办经济特区之后，又相继开放十几个沿海城市，在长江三角洲、珠江三角洲、闽东南地区、环渤海地区开辟经济开发区，批准海南建省并成为经济特区。对外开放不断扩大，两亿人口的沿海地带迅速发展，有力地推动了全国改革开放和经济建设。

1978 年党的十一届三中全会以来，中国真正集中力量进行社会主义现代化建设，开创了历史的新局面，取得了举世瞩目的成就。中国共产党之所以能取得这样的胜利，根本原因是坚持把马克思主义基本原理同中国具体实际相结合，逐步形成和发展了建设有中国特色社会主义的理论。社会主义在中国的新局面和新成就，更使我们从历史的比较和国际的观察中认识到，我们党建设有中国特色社会主义的理论是正确的，是符合最广大人民的利益和要求的。这个理论第一次比较系统地初步回答了中国这样的经济文化比较落后的国家如何建设社会主义、如何巩固和发展社会主义的一系列基本问题，用新的思想、观点，继承和发展了马克思主义。

改革开放十多年来，市场范围逐步扩大，大多数商品的价格已经放开，计划直接管理的领域显著缩小，市场对经济活动调节的作用大大增强。实践表明，市场作用发挥比较充分的地方，经济活力

---

① 马京波:《邓小平与中国社会主义市场经济体制目标模式的确立》,《邓小平理论研究》，1998 年 06 期。

就比较强，发展态势也比较好。我国经济要优化结构，提高效益，加快发展，参与国际竞争，就必须继续强化市场机制的作用。随着实践的发展和认识的深化，中央意识到我国经济体制改革的目标是建立社会主义市场经济体制，以利于进一步解放和发展生产力。

党的十四大报告就20世纪90年代改革和建设的主要任务作出指示：要在20世纪90年代把有中国特色社会主义的伟大事业推向前进，最根本的是坚持党的基本路线，加快改革开放，集中精力把经济建设搞上去。同时，要围绕经济建设这个中心，加强社会主义民主法制和精神文明建设，促进社会全面进步。①

二、经济特区对确立中国社会主义市场经济理论的贡献

新中国成立以来，我国的经济体制探索经历了几个不同的阶段，首先是计划经济，再到以计划经济为主市场经济为辅，继而两种经济形式并重，又到有计划的商品经济，直到最终确立了社会主义市场经济体制。显然，这一过程并非一帆风顺。在这一过程中，我国经过了两次大的全国性争论。一次是围绕着要不要改革和对外开放展开的争论，另一次是就改革开放的性质展开的争论。在这些争论中，经济特区的特殊地位和作用不容忽视，正是改革开放的总设计师邓小平两次视察特区之后，经过深思熟虑，经过党中央的集

① 江泽民：《加快改革开放和现代化建设步伐 夺取有中国特色社会主义事业的更大胜利——在中国共产党第十四次全国代表大会上的报告》，北京：人民出版社，1992年版，第19–20页。

体讨论，凝聚智慧，最终坚持了市场取向的改革方向，并建立了社会主义市场经济体制。在这一过程中，社会主义市场经济理论也得以逐步形成。

改革开放前，我国的经济体制基本上是“苏联模式”的。当时，人们理解和使用的计划经济和市场经济的范畴基本等同于计划机制和市场机制。结束后的一段时间内，我国仍然坚持“以阶级斗争为纲”的方针；与此同时，国外科学技术发展迅猛，生产发展水平提高迅速。当时国内的思想禁锢比较严重，且国内外经济、科技、文化等方面存在巨大差距，使传统计划经济体制的弊端逐渐暴露，人们的认识也进一步深化，出现了对传统的经济体制进行改革的思想和要求。当时经济理论界和实践界的主流改革思想是在计划经济体制内允许市场力量起些补充作用。根据中华人民共和国成立初期社会主义改造的经验教训，陈云同志提出了著名的“三为主，三为辅”的经济主张。即在经济上以国营和集体为主，个体经营为辅；在生产调节手段上以计划生产为主，在国家计划许可范围内面向市场的自有生产为辅；在市场建设上以国家市场为主体，国家领导下的自由市场为辅。[①]

一些经济学家率先站出来对传统的计划经济理论及其僵化的经济体制提出批判，开了市场取向改革的理论探讨先河。中国当代著名经济学家孙冶方早在 1956 年就指出社会主义经济在国家计划范围内应充分运用价值规律。1978 年，他更是提出“千规律，万规律，价值规律第一条”的精辟见解。我国著名经济学家卓炯早在

① 迟爱萍：《陈云与新中国经济论纲（下）》，《党的文献》，2010 年 04 期。

1961 年 11 月 18 日就写道："商品经济的集中表现形式是市场，而市场是人类经济生活进步的一种表现。从市场的大小和规模，可以看出一个社会经济、文化发展的程度。在人类社会中，没有一种东西比市场对人的吸引力更大，它既经常而又持久……我觉得建设共产主义的任务并不是要消灭市场，而是要把无政府状态的市场（也就是自由市场）改变成为有计划的市场*。①"

* 经济学家董辅礽曾在《光明日报》上撰文指出，卓炯是我国第一个明确提出社会主义经济是商品经济的学者。他在1962年明确提出社会主义商品经济，并提出共产主义也是商品经济，提出"商品经济万岁论"，而大多数人到20 世纪70 年代才注意到社会主义商品经济问题。

伴随着国内的争论，全党上下越来越能够认识到改革开放的必要性。作为改革开放政策的特殊产物，经济特区应运而生，承担了探索改革往哪里去的历史使命。特区不辱使命，在改革开放的最初阶段，积极解放思想，解放生产力，在当时全国计划经济铁板一块的状况下，探索出了一条以市场经济为取向的改革之路，并引领全国的改革开放也走上了正确的轨道。尽管在严酷的国内环境和严峻的外部压力的双重夹击下，我国义无反顾地选择改革开放之路是一种被迫的选择，但是事实证明这也是一条正确的道路。

三、经济特区实践并检验了社会主义市场经济理论

改革开放以后，我国逐步提出和丰富了社会主义市场经济理论。社会主义与市场经济的结合是一个大试验。建立具有中国特色的社会主义市场经济体制，也成为人类历史上的第一次。将社会主义与市场经济相结合，既是理论上的伟大创新，也是实践上的伟大创举。而作为改革试验场的经济特区，首先成功地实践并试验这一

① 赵晓：《他们为中国撒播市场经济火种》，《南方周末》，2005 年 3 月 31 日。

新理论，为全国推广社会主义市场经济改革奠定坚实的基础，并在整个中国社会主义市场经济理论体系的构建过程中起到先导性和决定性的作用。

（一）经济特区所引发的关于市场经济“姓社姓资”的争论

对于办特区，从一开始就有不同意见，担心是不是搞资本主义。但是通过计划与市场的激烈争论，很多重大理论分歧反而得以解决，实现了经济特区的创立。在对计划与市场的认识问题上，也有了更加清醒的认识。但人们仍然对改革开放和经济特区的性质存在着疑虑，全国再次展开了一场关于市场经济究竟姓“社”还是姓“资”的争论。

市场经济本身虽不具备特定的社会经济性质，但是必须依存于一定的社会经济制度，离不开姓“社”姓“资”的讨论。市场经济最初是在资本主义经济体制环境下形成的，而资本主义经济体制奉行的是以私有制为基础、以市场为资源配置方式的基本原则。早在1906年，列宁就提出计划经济和市场经济的概念。从那以后的很长一段时期里，经济学家和普通民众都把市场经济与资本主义等同起来，认为市场经济和社会主义是完全对立的两个概念。长久以来，这种根深蒂固的想法使人们坚持否认社会主义发挥市场和价格优越作用的可能性。

深圳经济特区，作为市场经济的先行者，作为改革开放的试验田，在为全国改革开疆辟野的同时，也承受了很多非议与责难。

党的十三届三中全会提出“整顿经济秩序、全面深化改革”的方针政策，改革有所停顿。谨慎派的主要观点是：市场取向等于资本主义取向，市场经济就是要取消公有制，就是要搞资本主义，否定社会主义制度，否定党的领导。因此，社会主义只能回到计划经济体制的老路上去。在当时的政治环境下，谨慎派的观点占了一段时期的上风，改革有倒退的危险。

经过一段时间，国内的政治环境发生改变，改革派开始对上述观点做出针锋相对的回应。吴敬琏和薛暮桥作为市场取向改革的坚定支持者，主张并强调必须坚持党的十一届三中全会给出的改革路线，坚决维护市场取向。他们批驳了把计划经济与市场调节相结合的言论，明确指出我们必须当机立断，认清形势，才能克服困难，走向繁荣。总之，改革派认为，我们看待改革开放的思维不能过于僵化，否则就无法用改革开放的成果来增强社会主义的吸引力，印证社会主义制度的优越性。我们必须坚持解放思想，大胆改革，不能囿于成见，被谨慎派的责难所吓倒。

经济特区建设初期发生的两次全国性大争论，其本质是市场经济与社会主义的相容性问题。

我国的经济体制改革是以市场为取向的，经济特区作为改革的排头兵，率先突破计划经济体制的束缚，引入了市场机制，包括价格机制、供求机制和竞争机制。这些举措都是对传统社会主义道路的突破和挑战，很多人把它看作资本主义的异化。同时，为充分发展市场经济，经济特区内出现并发展了多种经济形式，引入了大量外资以及如雨后春笋般冒出了众多私营企业。这些在当时看来都属于资本主义经济形式。因此，这必然会引起国内的争论和恐慌。

改革开放必须坚持走社会主义道路，不能离开四项基本原则的约束。因此，明辨社会主义和资本主义的界限，就显得尤为重要。那么，什么才是社会主义呢？邓小平给出定义："社会主义的本质是解放生产力，发展生产力，消灭剥削，消除两极分化，最终达到共同富裕。[①]”为判断改革的是非得失，邓小平提出了著名的“三个有利于”的论断。也就是说，在我们判断改革开放对错的时候，必须坚持看它“是否有利于发展社会主义社会的生产力，是否有利于增强社会主义国家的综合国力，是否有利于提高人民的生活水平”。

特区的实践为姓“社”姓“资”的争论给出了答案——市场经济虽然产生于资本主义社会，但是同样可以为社会主义服务。经济特区内率先发展的经济体制就是社会主义和市场经济的一次伟大结合，就是有中国特色的社会主义市场经济。经济特区内的经济体制既满足公有制为主体、多种所有制经济共同发展的社会主义根本原则，又符合一般市场经济的运行规律和资源配置方式。同时，改革开放以来特区的实践和取得的巨大经济成就一再证明，在社会主义经济制度下，同样可以运用市场经济调节手段来优化资源的配置，从而实现生产力的解放和发展，实现国富民强，体现社会主义的优越性。[②]

1992年邓小平再次视察深圳等经济特区，从本质上破除了计划经济姓“社”、市场经济姓“资”的传统思想，为社会主义市场经济理论的提出奠定了基础，为社会主义市场经济体制的建立明示了方向。以此为契机，党的十四大报告第一次明确指出，我国经济体制改革的目标，是建立社会主义市场经济体制。

经济特区最早开始了以市场为取向的改革之路，在社会主义制

① 邓小平：《在武昌、深圳、珠海、上海等地的谈话要点》，《邓小平文选》（第三卷），北京：人民出版社，1993年版，第373页。
② 张兴祥、洪永淼：《对计划与市场关系的再认识——从列宁到邓小平》，《中国经济问题》，2019年01期。

度的引领下，其仍然是中国特色的社会主义道路。正是这次缘起于经济特区的争论，既使人们厘清了市场经济的性质，也为经济特区率先建立完善的社会主义市场经济奠定了坚实的理论基础。

（二）经济特区对社会主义市场经济理论的实践与试验

纵观我国从计划经济体制向社会主义市场经济体制转变的实践历程，可以将其分为四个主要阶段。在我国渐进式经济改革的发展过程中，经济特区对社会主义市场经济理论进行了进一步的实践与试验。

1．改革的起步和开局阶段（1978—1984 年）

1978 年 12 月召开的党的十一届三中全会标志着我国经济体制改革的开始。这一阶段，我国经历了体制改革酝酿和改革思路的演进，也被称为改革的启动和局部试验阶段。这一时期的改革充满了迷茫的探索和艰辛的努力。

中国的改革是从深圳经济特区的创立开始的。深圳在大规模的城市基建中，被迫进行了大胆的体制创新，开放了建筑市场，在基建中引入竞争机制。1982 年，深圳率先进行价格改革闯关，并提出“以调为主，调放结合，分步理顺价格体系和价格体制”的改革思路。为突破旧体制的约束，深圳以改革基建体制和放开物价为突破口，首先进行了基建改革、价格改革、劳动用工及工资改革、管理体制改革等。这些改革虽然只属于浅层次的改革试验，但冲破了计划经济体制的束缚，使长期被排斥的市场机制得以发挥作用。

深圳是一个资源极度稀缺匮乏的地方，在一系列改革后，开始面临人口急剧增长和生活日用品紧缺的问题。为了解决商品短缺问题，深圳开始运用国家给的特殊政策想办法。当时深圳不仅有国家牌价和国家指导价，还有一个自由市场价格。1984 年，深圳率先将副食品全部敞开供应，价格放开，取消一切票证和商品补贴。同时，实行新工资制度，使物价和工资直接挂钩，从而解决“低工资高补贴”的价格改革困境。深圳又利用特区政策成立了一家进出口服务公司，并借助这家公司进行采购以解决市场供应问题。由于当时国内实行统购统销的流通体制，使得进出口服务公司在国内的采购活动举步维艰。此时，深圳又充分发挥了主观能动性，创造性地利用“外汇”绕开国内计划经济的限制，从而解决了商品短缺的问题。这一举动打破了计划经济以来的三级流通体制，从而为市场经济的全面铺开做出了很大的突破。深圳解决商品短缺问题以后，商品的价格无法由行政命令统一协调，因此只能按照市场经济下的价值规律办事，对商业体制、物价体制进行了改革。

深圳还成功探索了社会主义市场经济发挥作用的机制。深圳在基建过程中引入竞争机制；在完善商品市场的过程中引入供求机制；并率先进行价格闯关，以使价格机制发挥作用。当然，社会主义市场机制发挥作用，还要依靠政府与市场相结合才能更有效地配置稀缺资源；同时，还要考虑经济利益与社会发展相协调，避免经济发展以环境的破坏为代价。社会主义市场体系和社会主义市场机制共同构成了社会主义市场经济体制。1984 年，党的十二届三中全会通过了《中共中央关于经济体制改革的决定》，正式确立了在公有制基础上的“有计划的商品经济”。

2．改革的全面展开阶段（1985—1992 年）

在这一阶段，我国对传统体制进行了重点探索和突破，是改革艰难而重要的探索时期。尽管在这一时期出台了《中共中央关于计划经济体制改革的决定》，我国在计划和市场的认识问题上有了重大突破，并启动了城市经济体制改革，但推行承包和租赁经营的改革举措，因向企业作更大幅度的让利，使中央财政承担了几乎所有的改革成本，同时改革的制度环境透明度也遭到破坏。另外，价格改革闯关挫折频现，所以经济改革自 1989 年之后一度中断，甚至出现计划经济回潮。直到 1992 年邓小平南方谈话，改革进程才重新加速。在此期间，经济特区特别是深圳经济特区的社会主义市场经济体系建立颇具成效。

1985 年，深圳成立外汇调剂中心，创造了市场分配外汇的新方法。1987 年 11 月，国家外汇管理局认同并推广了深圳经济特区的做法。1988 年 4 月，经国务院批准，全国各地相继成立外汇调剂中心。1992 年，深圳经济特区引入市场竞争机制，开办了外汇调剂公开市场，深圳的外汇市场日趋成熟。外汇市场方面的制度创新是建立市场经济秩序必不可少的制度环节。深圳经济特区在作为我国最牢不可破的体制之一的外汇管理领域破冰，充分体现了特区实现新的目标体制的胆识和勇气。

1987 年 12 月 1 日，深圳以公开拍卖方式首次拍卖国有土地使用权。20 世纪 80 年代末，深圳 80%的商品价格已放开，形成了以市场调节为主的价格体系。住房制度也是在深圳破题的，1989 年 7 月 27 日，深圳市政府颁布《深圳经济特区居屋发展纲要》，提出住房供求“双轨三类”，“双轨”即政府组织建房和房地产公司投资建房，“三类”指福利商品房、微利商品房和市场商品房，或者说成本价安居房、微利价安居房和市场商品房。

深圳通过把一些主管经济的政府部门转变为国有企业，进行了国有经济布局调整，抓大放小，成立了轻工业公司、电子工业公司等，并在部分企业引入了新的产权主体，建立起与市场经济相适应的现代企业制度。在公有制为主体、多种所有制经济共同发展的基础上，深圳进行了一系列公司制改造举措，使得国有企业的市场主体地位得以确立。除此以外，深圳率先实行全员合同制，并通过减员增效和下岗分流，确立了国家职工的市场主体地位。深圳对国有经济的改革，为社会主义市场经济体制塑造出国有企业和国家职工这样的合格市场主体。

深圳经济特区建立后，很快把打破传统平均主义的分配制度改革提上了议事日程。深圳展开了一场自下而上的改革。起初，深圳在建设蛇口港的过程中，为了调动建筑工人的积极性，从而提高建设效率，承建单位改变了工人的工资结构，让市场来决定分配。深圳对工资制度的改革使得企业能够自主决定分配，这在全国开了先河。深圳的工资制度改革，体现了效率优先的原则，对于我国最终建立起以按劳分配为主体、多种分配方式并存的收入分配制度，具有划时代的意义。在市场经济环境下，只有深化分配制度改革，才能够最终实现共同富裕的理想。

3．改革的制度创新阶段（1993—2002 年）

在这一阶段，社会主义市场经济体制初步形成，并被成功写入宪法。1993 年，党的十四届三中全会通过了《关于建立社会主义市场经济体制若干问题的决定》，勾画了“社会主义市场经济”体制的基本框架。1995 年，党的十四届五中全会通过了《中共中央关于制定国民经济和社会发展“九五”计划和 2010 年远景目标的建议》，提出实现奋斗目标的关键之一是经济体制从传统的计划经济体制向社会主义市场经济体制转变。

深圳毗邻港澳，具有吸引外资的天然优势。而事实上，深圳在实践中也充分发挥了这一优势，利用外来资金加强自身建设，同时鼓励发展个体经济，从而在小范围打破了公有制经济成分一统天下的局面。1992 年，邓小平南方谈话期间，曾问到外资在深圳经济总量中所占的比重，深圳市委书记李灏汇报，约占到 25%。到 2002 年，民营企业占全市企业总数的 60%，与此同时，国有经济通过战略改组和所有制结构的调整，产权主体趋于多元化。

1993 年 1 月 14 日，深圳经济特区颁布了关于“转换国有企业转换经营机制”一系列配套办法，进一步放权于企业，落实企业生产经营自主权。自 1994 年起，深圳加快了转换企业经营机制的改革步子。1995 年，深圳市人民代表大会常务委员会通过《深圳经济特区国有资产管理条例》，2002 年，成立市清理非经营性国有资产工作领导小组，对非经营性国有资产进行清产核资，规范管理。深圳经济特区在现代企业制度的改革探索上发挥了先行先试的作用。

深圳在社会主义市场经济体制的探索中，积极推进了商品市场和各种要素市场的建立。商品市场是社会主义市场体系的基础。深圳在探索的过程中，利用“外汇”解决商品短缺问题，从而建立起一个相对开放和完善的商品市场。在社会主义市场体系中，金融市场显然处于核心的位置。而深圳在改革的探索中，在全国率先建立起外汇市场，并发行了全国第一只股票，从而成为建立我国资本要素市场的开端。市场经济资源配置功能的实现，依赖于劳动力的流动。深圳在全国率先进行了劳动力市场的改革，使得我国的劳动力要素市场得以发展。科学技术和信息也是重要的生产要素，为经济的迅猛发展提供了不竭的动力。而深圳作为我国科技创新的前沿阵地，作为华为、中兴等一批高新技术公司的摇篮，为我国技术信息要素市场的发展和完善提供了成功试验。房地产市场也是我国社会主义市场体系的重要组成部分。深圳率先尝试土地使用权的公开拍卖，对我国的土地制度进行改革，使得我国的房地产要素市场得以发展。深圳的经验最终推广到全国，为建立一个全国统一开放的市场体系提供了有益的探索。

深圳率先引入市场中的竞争机制、供求机制、价格机制，率先建立起一个统一开放的社会主义市场经济体系，率先塑造出合格的市场主体，率先探索了分配制度的改革，率先建立和完善了宏观调控体系。它作为经济特区的样板，以特别能改革、特别能创新、特别能开放的精神，创造了无数个第一次，成为全国最富裕的地区之一。深圳在社会主义基本制度下成功发展了市场经济，其经验证明了市场经济不仅可以为资本主义服务，也可以为社会主义服务；证明了社会主义和市场经济能够成功结合。深圳的实践赢得海内外的关注，得到广泛的认可。而后，深圳的成功经验推广到全国，为全国社会主义市场经济体制的建立指引了方向。

4．改革的攻坚阶段（2003—2012 年）

进入 21 世纪，我国经济体制改革已取得全面成效，进入改革攻坚阶段。我国实施了综合配套式的改革方案。2003 年，党的十六届三中全会关于完善社会主义市场经济体制的决定，明确提出完善社会主义市场经济体制的主要任务。2005 年 3 月中央在“两会”上将 2005 年定为改革的攻坚年。

2003 年以来，深圳经济特区不断扩展改革新领域。2005 年 9 月，在深圳经济特区成立 25 周年之际，温家宝到深圳视察，并主持召开经济特区工作座谈会。特区改革的总体思路逐步明晰，开始目标明确地进行综合配套改革。

改革开放以来，深圳一共进行了六次行政管理体制改革。深圳市政府的具体做法是，增强自身的公众服务意识，加强市场监管，减少对经济领域的行政干预，鼓励市场公平竞争，提高企业经营的自主性，从而提供一个良好的制度环境和合理的体制安排，使得自由的市场体系能够发挥资源配置的最大效用。与此同时，深圳为支持市场体系的建立和完善，先后制定了一系列特区法规，并初步建立起一整套市场经济法规体系的基本框架。深圳在政府职能转变方面的探索，使得国家看到理顺市场、社会和政府关系的重要性，并为全国确立了建设服务型政府和有限政府的目标。这些有益的探索，为我国最终建立和完善宏观调控体系明确了方向、提供了经验。

在此期间，深圳经济特区对已建立起来的市场经济体制进行了一定程度的完善。在改革市场、要素流动、产权适度改革及信用制度建立等方面进一步加强。同时，在医疗卫生、教育、文化、农村城市化、人口管理、社区管理、城市规划建设及环境保护等方面均进行了不同程度的改革完善。深圳经济特区的改革体现了综合配套改革的明确取向，既符合全国的改革与发展趋势，也切合深圳自身的发展阶段特点。

（三）经济特区的实践为社会主义市场经济体制的确立奠定了基础

改革开放以来，经济特区勇于探索，敢于创新，突破了计划经济旧体制的束缚，大力推进以市场为取向的改革，在基建体制、劳动用工制度、土地使用制度、外汇管理等问题上做了大量有益的探索。经济特区率先建立了健全的市场体系，明确了产权关系，丰富了市场主体，厘清了政府与市场的定位，建立了较完善的市场规则。可以说，经济特区率先探索了一条适合中国现代化建设的社会主义市场经济道路。

以深圳经济特区为例，经过多年的不懈努力，年均经济增速达到27.3%，连续多年稳居全国内地大中城市GDP的第四位。

经济特区的探索和发展带动了全国的经济增长，取得的成绩有目共睹。一切的变化同样集中体现在GDP上。1978年，当邓小平提出国民收入要在20世纪末实现翻两番的宏伟目标时，很多人不敢想象。然而，事实大大出乎人们的预料。我国实际的发展速度比邓小平的设想还要快。

经济的高速增长，为我国的社会主义建设打下了牢固的物质基础，为人民从温饱奔向小康提供了保障。经济特区利用市场提升了效率，利用市场配置了稀缺资源，利用市场调动了人们的积极性，利用市场解放了生产力，利用市场最终实现了经济增长。经济特区作为中国特色社会主义伟大成就的一个精彩缩影，其完备的基础设施、优越的人居环境、发达的城市功能，无不彰显出社会主义制度的优越性，无不体现出新型社会主义国家的国富民强。

经济特区取得的成绩得到了邓小平的高度评价和充分肯定。邓小平从理论上破除了社会主义公有制与市场经济相对立的观念，并为社会主义市场经济体制的最终建立铺平了道路。1982年，党的十二大正式提出计划经济为主，市场经济为辅的观点。1984年，党的十二届三中全会正式提出社会主义经济是公有制基础上有计划的商品经济的观点。1987年，党的十三大正式提出社会主义有计划商品经济的体制应该是计划与市场内在统一的体制的观点。

1992年10月，党的十四大报告正式提出，我国经济体制改革的目标是建立社会主义市场经济体制。1993年，党的十四届三中全会做出《中共中央关于建立社会主义市场经济体制的若干问题的决定》，基于当时对社会主义市场经济的认识，设计了社会主义市场经济体制的基本框架，确立了社会主义市场经济体制改革的各项任务。

经济特区探索到一个从计划经济向市场经济的体制转型模式，为社会发展提供了制度保障；经济特区找寻到一条从区域性一般城市到国际化、现代化中心城市的发展道路，为从普遍贫穷走向共同富裕提供了路线指引；经济特区还形成了一种独特的敢闯敢拼的创新精神，为解放思想、解放生产力提供了样板支持。

经济特区的先行示范表明，实行社会主义市场经济，把社会主义公有制与市场经济结合起来，不仅有利于社会生产力的发展，有利于国家综合国力的增强，有利于人民生活水平的提高；还能够更充分地调动劳动者的主动性、积极性和创造性，能够更有效地实现资源的优化配置，能够更好地把效率与公平统一起来，使最终实现共同富裕和社会公平的目标成为可能。

2012 年，习近平总书记先后视察了深圳经济特区，鼓励特区探索新的机制。由此可见，经济特区对于社会主义市场经济体系的建立及其体制探索，得到了历代领导人的高度评价和肯定。可以说，正是特区的探索和创新，使得我国的社会主义市场经济体制得以逐步确立，使得社会主义市场经济理论得以形成并逐步完善。[①]

综上所述，深圳经济特区在社会主义市场经济十大体系建设上先行先试的成功经验成为我国建立社会主义市场经济体制和非均衡发展模式的重要借鉴依据和实践样板，对社会主义市场经济体系的艰辛探索和先行先试成了深圳对中国改革开放的最大贡献。正是经

① 陶一桃、鲁志国等：《经济特区与中国道路》，北京：社会科学文献出版社，2017 年版，第 215–216 页。

济特区的成功实践让党和政府将建立社会主义市场经济体制作为我国经济体制改革的目标，并坚定地迈出继续深化改革开放政策的步伐。而上海浦东新区和天津滨海新区的建立不仅标志着中国进入深化改革开放的新阶段，更是我国社会主义现代化建设的一种改革发展新战略和对外开放新格局。

第三章
经济特区的转型与深化（2002—2012 年）

▼

21 世纪初加入WTO和CEPA的签署都促进了我国的全面现代化进程和经济特区在经济全球化视野下的跨区域合作与深入再发展。但随着全国经济发展水平的提升和市场经济体制的逐步完善，一方面经济特区的发展遭遇来自自身的瓶颈与阻力，经济转型迫在眉睫。另一方面，国家综合配套改革试验区的设立也倒逼经济特区不断寻求除政策优惠以外的新的增长动力。

第一节　经济特区产业结构调整

一、经济特区产业结构调整的方向及核心

进入 21 世纪之后，我国经济特区产业结构发生了较为重大的调整。之所以产生了这样的调整，主要原因是深圳所面临的环境和形势发生了巨大的变化，特别是在土地、资源、人口和环境方面面临困境。以深圳为例，在 21 世纪初期，其剩余可开发用地仅 200 多平方公里，在能源、水源上面也发生了较为严峻的短缺。如果任由这一现状继续发展，那么深圳在多年之后就会面临着政策优势不

再、土地和能源短缺、环境容量透支以及人口压力不堪重负四个难题，对此有学者认为这是“四个难以为继”。[①] 面对这样的情况，包括深圳在内的经济特区都进行了相应产业结构调整，它主要体现在以下几个方面之中。

1. 开展“泛区域”经济合作

所谓“泛区域”经济合作，本质上来说是市场与腹地之间的经济合作关系，也是拓展空间、促进中国经济增长的主要方式。这意味着经济特区的发展不能仅靠经济特区一地本身，也要辐射性地带动周边区域的发展。以深圳经济特区和上海浦东新区为例，深圳经济特区于2004年开始就与“泛珠三角”区域其他城市（如广州、香港和澳门）之间开展经济合作。随着“泛珠三角”区域合作的发展，区域内的商品流动、贸易、金融、投资和运输逐步朝着自由化的方向发展。上海浦东新区也逐步推动“泛长三角”地区的贸易自由化、便利化，并与周边城市之间开展经济合作，从而带动整个长三角地区腹地经济的发展。以现在的发展视角来看，“泛区域”经济合作是一个极具基础性的合作关系，但正是基于21世纪初经济特区经济结构、产业结构的调整，当下长三角和粤港澳之间才会有如此深入的发展，才会为粤港澳大湾区、深圳先行示范区以及珠海粤澳横琴特别合作区的开展奠定基础。因此，“泛区域”经济合作是经济特区产业经济结构调整和未来深化合作发展的开始之步，也是一个开端性的举措。

---

① 邝元成：《资源与环境约束下的城市经济可持续发展战略研究》，《特区经济》，2008年01期。

2．发展高端服务产业

高端服务产业是经济特区产业结构调整的重要方向，它包括创新金融、现代物流、网络信息、服务外包、创意设计、品牌会展和高端旅游等高端服务产业为重点领域的发展方向。发展高端服务产业，是调整经济特区原有工业化、基建化发展的主要改变路径，而这也是可持续发展理念的重要体现。21世纪经济特区的建设，要从制度体系、行业规范、市场培育、人才高地、政府服务、组织管理、资金支持和财税优惠等层面构建促进高端服务业发展的政策环境，建立高端服务业项目资助计划，并用专项资金、配套资金和项目资金进行资助，从而加快构建适宜高端服务业发展的“政策高地”。值得注意的是，发展高端服务产业也恰是未来经济特区建设自由贸易区的开始之步，自贸区内构建高端产业促进制度可能被视为是高端产业聚集区建设的一种特殊形态，其实体上可表现为自贸区范围内的高端产业聚集企业。以深圳为例，深圳在打造和建设自贸区高端产业的过程中已经形成了一批科技含量高、市场化程度高的示范企业，已经形成了较为稳定的高端产业示范园区，其中具有代表性的有深圳光启科技有限公司、海能达公司、深信服公司和至高通信公司，而其中深圳光启科技有限公司和至高通信均落户于深圳前海蛇口自贸区，是属于深圳前海蛇口自贸区内的高端产业创新示范企业。

3．实施城市标准化战略

城市标准化，是将标准化工作从产业延伸到城市建设、社区建设和行政服务等多个领域，这一概念最早出自深圳颁布的《深圳市标准化战略实施纲要》。推行城市标准化战略，不但可以提高深圳企业在国际国内的竞争力，还将改变和提升整个城市的面貌。在

《深圳市标准化战略实施纲要》中就提出五年内深圳将建成科研与标准同步示范企业100家以上，全市企业标准产品覆盖率达98%以上，2010年深圳建成标准化强市，形成“政府引导、企业主体、中介支撑、企业参与”的标准化管理体制和运行机制。整体来看，实施城市标准化战略是从指标和要求上调整产业结构，不过分地追求量化和生产速度，并深入地对接行业标准与国际惯例。以上海市为例，2004年上海市开展标准化工作总结，包括适应新形势新要求，深入推进技术性贸易壁垒应对工作，编制出台《2004年上海市主要工业产品采用国际标准和国外先进标准目录》，以增强产品国际竞争力为目的，大力推进工业企业标准化工作。

4. 不断往自主创新行业方向调整与发展

拥有较大比重的自主创新科技是经济结构调整的核心问题。无论是深圳经济特区还是上海浦东新区，自主创新发展始终是一件重要的大事。2004年深圳高新技术产值326652亿元，这个份额占工业总产值的比值已超过50%。其中，拥有自主知识产权的高新技术产品产值1853.09亿元，也已实现占全部高新技术产品比重超过50%的份额。因此，在21世纪初期，深圳经济特区正不断地朝着自主创新行业方向调整和发展，这个份额和比重逐步地占据着更高的位置。经过十多年的实践和探索，深圳已初步形成了以企业为主体的自主创新体系，高新技术产业成为国民经济的重要支柱，自主创新成为调整经济结构、转变经济增长方式的第一推动力量。[①]同样注重自主创新行业发展的还有上海浦东新区。2006年4月，上

① 董小麟、朱惊萍：《深圳经济特区提升自主创新能力的经验及启示》，《开放导报》，2010年05期。

海浦东新区召开自主创新推进大会，并发布《关于加快推进自主创新的决定》，整个“十一五”期间，上海浦东将以增强自主创新能力为核心，着力打造自主创新示范引领区，实现体制机制创新、领军人才培育、创业风险投资聚集“三个领先”，实现高新技术产业发展、自主知识产权创造、自主创新企业培育“三大跨越”。

第二节　WTO、CEPA的实施与经济特区跨区域合作的推进

中国于2001年12月11日正式加入世界贸易组织（WTO），于2003年6月29日与香港特别行政区财政司签署并实施《内地与香港关于建立更紧密经贸关系的安排》（CEPA）。这两次事件与我国改革开放以及经济特区的建设紧密相关。我国自改革开放以来，特别是1992年提出建设社会主义市场经济体制以来，经济实力明显增强，在诸多领域已具备了参与国际分工与竞争的能力，但因长期被排斥在世界多边贸易体系之外，不得不主要依靠双边磋商和协议来协调对外经贸关系，使国内企业和产品在进入国际市场时受到了许多歧视性或不公正待遇。加入WTO，中国不仅有分享经济全球化成果的权利，还能够参加制定有关游戏规则，在建立国际经济新秩序中把握主动权，并且可以利用WTO争端解决机制在国际贸易战中占据有利位势。在中国加入WTO之后，内地与香港之间的经贸合作更加紧密，达成CEPA的目的也是加强内地与香港之间的贸易和投资合作，促进双方的共同发展，包括逐步减少或取消双方之间实质上所有货物贸易的关税和非关税壁垒、逐步实现服务贸易

自由化，并减少或取消双方之间实质上所有歧视性措施、促进贸易投资便利化。

一、我国实施WTO、CEPA的总体情况

1．我国加入 WTO 后的总体实施情况与成果

2001—2011 年是我国加入WTO的第一个十周年。在这一期间，中国的经济、社会、法治环境有了较为显著的变化。WTO不仅在经贸领域给中国带来了新的法律法规和政策环境，也带来了新的管理与法治理念。[①]从实施的总体情况来看，我国加入WTO之后有以下几个亮点：

（1）我国的贸易量不断攀升。中国加入WTO不到十年的时间就发展成为世界第二大贸易国、第一出口大国。2011 年的出口量是十年前刚加入世界贸易组织之时的 6 倍，世界出口总量份额翻倍。同时，中国在这十年期间里也扩大了进口量，从世界第六大进口国变成了世界第二大进口国，经济总量跃居世界第二。在这十年期间，中国不断地加大外资的吸引力度，在所有发展中国家来看是最大的，甚至也超过了很多发达国家。在加入WTO的十年期间，中国的国内生产总值增长 3 倍以上，人均收入显著提高，有两亿多人摆脱了贫困。加入世贸组织必将对新世纪中国的经济发展和社会进步产生深远的影响。

（2）我国贸易领域的壁垒降低。在加入WTO之后，中国贸易

---

① 鲁楠、高鸿钧：《中国与WTO：全球化视野的回顾与展望》，《清华大学学报（哲学社会科学版）》，2012 年 06 期。

领域的壁垒逐步降低，包括货物贸易领域和服务贸易领域。在货物贸易领域中，根据加入WTO的承诺，中国于2002年1月1日大幅下调了5000多种商品的进口关税，关税总水平由15.3%降低到12%，工业品的平均税率由14.7%降低到了11.3%，农产品的平均税率由18.8%降低到15.8%。在非关税措施中，按照加入承诺，中国自2002年1月1日起取消了粮食、羊毛、棉花等产品的配额许可证管理，并修改和废止了一批与WTO规则不相符合的法律、法规，而与此相补充的是一批新的法律、法规。其中就包括《中华人民共和国反倾销条例》《中华人民共和国反补贴条例》和《中华人民共和国保障措施条例》，这些法律法规相关的配套措施也已经出台并正在实施。在服务贸易领域中，中国政府根据所做出的承诺在一些重要的服务贸易部门中颁布了新的审批外资进入中国的法规和条例，包括《外国律师事务所驻华代表机构管理条例》《外商投资电信企业管理规定》等，对外资企业提供服务的相关情况给予具体的规定。对于以上这些规定，中国政府各部门还根据需要制定了很多实施细则，以使这些法规更具操作性。

（3）更加鼓励国际投资。在加入WTO第一个十周年之时，我国立法机构对《中外合资企业法》《中外合作企业法》和《外资企业法》等三个关于外商直接投资的基本法律及实施细则进行了修订，修订的内容包括外汇平衡条款、“当地含量”条款、出口业绩要求和企业生产计划备案条款等。同时，我国也通过相关的税制改革，取消对外商投资企业收取高额税费的规定，废除对外籍人员购买和使用相关公共服务的双重收费标准。这些举措更深入地鼓励了国际投资，我国也履行了相应加入WTO之时所做的承诺。

（4）更完善深入地对知识产权予以保护。在知识产权领域方面，我国在2000年至2001年间完成对包括《专利法》《专利法实施细则》《商标法》《著作权法》等在内的法律法规的修改，使得这些法律法规与世贸组织《与贸易有关的知识产权协定》以及其他保护知识产权的国际规则相一致，不断加大知识产权保护力度，提高全社会的知识产权意识。中国在加入WTO之后，已经大幅度地清理了相应的法律、法规等规范性文件，其主要目的就在于深入地对接国际规则，建立健全中国对外经贸体系，使中国的贸易环境更加稳定、体制更加健全，从而能够让中国的企业深入地参与到国际规则的环境中。

2．我国加入CEPA后的总体实施情况与成果

2003年6月29日，《内地与香港关于建立更紧密经贸关系的安排》（CEPA）正式在香港签署，根据CEPA，从2004年1月1日起，多种货物可零关税进入内地，十多种服务行业可以率先受惠。CEPA是中国加入WTO后的必然产物。中国加入WTO后，区域化的经济合作被立即提到议事日程上。2001年11月，香港首先提出“类自由贸易区”的设想，并得到了内地的响应。经过反复的酝酿与磋商，这个以区域为切入点的提法，演变为以关系为切入点，即在内地关税区和香港关税区之间率先建立起更加紧密的经贸关系。这也将部分解决“一国两制”与经济区域化之间的矛盾。

政府大力推动实施的CEPA，是一项新的制度安排，是一次新的政策突破。其实质是以政府间的制度安排和正式体制去取代以市场为导向、企业为主体、按比较优势和市场选择进行产业配置、自由组合式的区域合作方式。CEPA中一个不可回避的意图，就是打“时间差”，即利用中国履行世界贸易组织的义务，兑现各种承诺的过渡期，提前放宽香港进入内地的限制。这个“时间差”所造成的区域紧密联系存在之后，它的效应也将持续下去。

自CEPA实施以来，内地与香港之间的经济关系日益紧密。香港回归之后与内地之间的经贸关系一直是备受关注的问题，CEPA签署的意义就在于开创了香港与内地，特别是与深圳经济特区之间的新型贸易合作关系。香港与内地之间的自由贸易带来了珠三角地区经济发展与总量的增长，促进了经济特区的深入发展。设置CEPA的目的就在于取消所有的货物贸易关税和非关税壁垒，取消所有服务贸易的歧视性措施，从而使内地同香港之间实现真正彻底的贸易与投资自由化。除此之外，内地同香港之间的经贸合作安排要在一国两制的基础上以及WTO规则所允许的前提下进行，其相应的制度内容、宗旨和目标与WTO保持着充分的协同。从内容上来看，它包括服务贸易的安排、投资便利化安排、原产地规则和香港公司界定标准四项基本内容。另外，其规范中还包括了五项措施，即关税措施（包括关税配额）、非关税措施、反倾销措施、补贴与反补贴措施以及保障措施。我国加入CEPA之后，内地与香港之间经贸发展迅速，成果显著，主要集中于以下几个方面：

（1）有力地促进香港产品的出口。CEPA的达成，首先在货物贸易的交易量上有所体现。在货物贸易方面，截至2006年3月底，据香港特区政府统计处的外贸统计计算，1995—2003年，香港产品出口除了2000年曾有过6.3%的增长外，连续出现下降，年均降幅达到7.7%。但是，据统计2005年前10个月，内地与香港进出口贸易额达到1071亿美元，同比增长了20.9%。2005年前3季度，内地外贸进出口经香港转口货值合计1713.4亿美元，增长14.2%。虽然面对内地出口仍然延续长期以来下降的趋势，但在CEPA达成之后这个下降的幅度和趋势已有了较为明显的回落，对于降低整体出口下降局面而言是大有作用的。

（2）推动香港投资者进入内地投资的进程。在CEPA签订之前，香港投资者进入内地进行投资有着较大的困难，无论是进出关境的限制，还是程序上的规制都显得十分烦琐。但是，这一现状从签署CEPA之后发生了较为明显的改观。从签署CEPA直至2006年3月底，香港工贸署收到了988项要求获得《香港服务提供者证明书》的申请，这表明包括金融、保险、商业服务机构在内的大批香港服务企业按照CEPA的安排，提前获得进入内地投资的机会，对推动香港对内地直接投资的全面增长具有一定作用。据商务部2004年关于香港对内地投资的有关数据的统计，2004年前5个月香港对内地直接投资的协议金额比上年同期增长了57.7%，这一数据与其全部外资平均水平相比高出近8个百分点。

3．加入WTO、签署CEPA的总体实施效果

我国加入WTO和签署CEPA之后，在总体实施情况上来看有很多共性的成果，虽然WTO主要是我国与其他国家之间，而CEPA则是我国与港澳地区之间，但是他们所发挥的作用、所产生的效果却并不是分别而立，而是具有一定的总体性。[①]

（1）消除制度障碍。在WTO和CEPA的规则体系影响下，我国建立起了与其他国家之间、内地与港澳之间更紧密的安排，这种经济关系已经进入一个通过制度性安排去规范和推动经济整合的新阶段，各方的经济合作从过去那种由民间主导、市场推进的模式，转变为由官方带领、政府协调的模式，这就为我国同其他国家之间、

① 肖又贤：《CEPA与中国入世承诺的比较分析》，《国际贸易问题》，2004年04期。

内地同港澳之间的经济共同发展提供了新的动力和空间。

（2）优惠合作安排。从内容上看，WTO和CEPA从一开始就包括货物贸易、服务贸易及贸易投资便利化三大方面，每一方面又细分为具体的领域，特别是服务业几乎涉及所有的领域和行业。而且在股权、地域、投资方式等方面取消各种限制，实行全面的互惠。无论货物贸易还是服务贸易，WTO和CEPA给予我国内地和港澳的都是实实在在的优惠。

（3）促进中国区域经济一体化发展。加入WTO和签署CEPA之后，境外的多种产品以更优惠的关税，乃至零关税进入内地，这可以节约因纳税引致的行政和其他间接成本，有助于提高内地和港澳的价格竞争力，扩大它们在中国内地的市场份额。

二、经济特区跨区域合作的方向与推进历程

1．跨区域合作模式

经济特区跨区域合作以经济合作为核心。深圳特区和珠海特区的跨区域合作以城市间的合作区建设为主要合作模式，内容涉及产业合作平台搭建、交通基础设施建设和合作机制设计。浦东新区的跨区域合作则以自由经济区建设为主要合作模式，主要涉及保税区建设，保税区具有进出口加工、国际贸易、保税仓储商品展示等功能，享有“免证、免税、保税”政策，实行“境内关外”运作方式，是中国对外开放程度最高、运作机制最便捷、政策最优惠的经济区域之一。

2．跨区域综合战略部署

2002—2012 年，我国区域发展战略进入区域协调发展阶段。

从“十一五”规划开始（2006—2010 年），我国出台一系列有关城市群、主体功能区的区域政策文件，进一步缩小区域政策的指导空间，更加注重区域协调、可持续发展、区域合作和扩大对外开放。对于经济特区所在的东部地区，发展战略从“鼓励东部地区加快发展”到“东部地区率先发展”。2008 年，国家发改委编制了《珠江三角洲地区改革发展规划纲要（2008—2020 年）》（下文简称《规划纲要》），明确提出珠江三角洲应率先建立资源节约型和环境友好型社会，率先建立创新型区域，率先建立社会主义和谐社会，率先建立更加开放的经济体系。《规划纲要》强调要采取对口帮扶的“结对子”的空间整合模式，这为“合作区”的跨界整合提供了重要的制度基础与政策空间。此外，《规划纲要》提出要完善区域创新布局，加强创新能力建设，构建开放融合、布局合理、支撑有力的区域创新体系。规划建设深港创新圈，加强穗港产学研合作，加快国家创新型城市建设，形成以广州—深圳—香港为主轴的区域创新布局。到 2012 年，建成具有现代运行管理机制的国家重点实验室、工程中心、工程实验室等 100 家创新平台。到 2020 年，形成较为完善的区域性国际化创新体系。2010 年 5 月 28 日，广东省召开省政府常务会议，会议审议通过珠三角地区基础设施建设、产业布局、基本公共服务、环境保护和城乡规划等五个一体化规划，规划期限为 2009—2020 年，是贯彻落实《规划纲要》的重要专项规划。2010 年的《全国主体功能区规划》划定的三个国家层面的优化开发区域，其中就包括珠三角地区，强调主体功能区战略在构筑区域经济优势互补、协调四大经济区发展方面发挥着重要作用。

3．不同特区跨区域的战略定位

（1）深圳、珠海跨区域合作的特区定位。珠江口东岸地区以深圳特区为核心，以东莞、惠州市为节点，要优化人口结构，提高土地利用效率，提升城市综合服务水平，促进要素集聚和集约化发展，增强自主创新能力，面向世界大力推进国际化，面向全国以服务创造发展的新空间，提高核心竞争力和辐射带动能力。实现珠江口东岸地区功能布局的优化。

珠江口西岸地区以珠海市为核心，以佛山、江门、中山、肇庆市为节点，要提高产业和人口集聚能力，增强要素集聚和生产服务功能，优化城镇体系和产业布局。珠海要充分发挥经济特区和区位优势，加快交通基础设施建设，尽快形成珠江口西岸交通枢纽，增强高端要素集聚发展功能和创新发展能力，提升核心竞争力，提高发展带动能力，建成现代化区域中心城市和生态文明的新特区，争创科学发展示范市。实现珠江口西岸地区发展水平的提升。

（2）深圳跨区域合作中协调机制设计。《规划纲要》强调要探索建立有利于促进一体化发展的行政管理体制、财政体制和考核奖惩机制。在省政府的统一领导和协调下，建立有关城市之间、部门之间、企业之间及社会广泛参与的多层次合作机制。深圳经济特区连接东莞和惠州积极推进《规划纲要》的实施。2009 年 2 月三市领导签署了《推进珠江口东岸地区紧密合作框架协议》，以加快推进三市紧密合作，争当珠三角区域经济一体化的先行区。依据《推进珠江口东岸地区紧密合作框架协议》，三市形成党政联席会议制度、三市政府间工作协调机制、重要合作事项的专责小组三层次合作架构。不过当前的这种以三市党政联席会议为主导的合作框架，仍然是松散型合作架构。

（3）深圳跨区域合作的产业平台建设。建立合作示范区，既有以市场为导向的跨界产业园，如由深圳投资控股公司与保定国控集团共同投资开发的深保高新技术产业园；也有以政府为主导的跨界平台建设，如“坪清新”合作示范区和深汕特别合作区。其中，深汕特别合作区前后经历了上述两种情况，有典型的代表性。深汕特别合作区的前身是深圳（汕尾）产业转移工业园区，2011 年被广东省政府批准为深汕特别合作区，从而进入以政府为主导的跨界区域合作阶段，开启以“飞地经济”带动“区域协调发展”的改革试验。这也是其与众不同之处，全国其他飞地更多的是指产业园区，一般由输入地划出一块地，由输出的城市来主导，但是主导的通常只是产业布局和发展。深汕合作区将成为一座宜居宜业宜游的滨海新城，从产业布局到社会治理等方方面面都由输出地深圳来主导。

（4）深圳、珠海跨区域合作的交通运输体系建设。《规划纲要》强调要重点建设中山至深圳跨珠江口通道、港珠澳大桥、深港东部通道、广深港高速铁路，以及城市轨道交通等重大项目。提高珠江三角洲高等级内河航道网的现代化水平，有效整合珠江口港口资源，完善广州、深圳、珠海港的现代化功能，形成与香港港口分工明确、优势互补、共同发展的珠江三角洲港口群体。扩容改造深圳宝安机场，提升其服务水平，将其发展为大型骨干机场。

（5）上海采取自由经济区的模式加快跨区域合作和对外开放。作为综合型自由经济区，浦东新区包含经济技术开发区、金融开发区、保税区、高新技术产业园区以及出口加工区等不同类型，使上海进入了自由经济区类型多样，功能与空间结构多元化发展时期。依据各自由经济区建设情况，浦东新区经历了多类型开发区起步阶段（1990—2003 年）、保税港区与旅游休闲开发区阶段（2004—2012 年）。1990 年，国务院批准建立上海陆家嘴金融贸易区（允许外商投资第三产业）、上海外高桥保税区和上海金桥经济技术开发区，并于次年批准建立了张江高科技园区，这4个开发区作为浦东大开发的先导区全面启动。2004—2009年分别建立上海外高桥保税物流园区、洋山保税港区和浦东机场综合保税区以及临港产业区。2010年与2011年还开发建设了世博区和国际旅游度假区。目前，浦东新区形成“4+3”功能板块，即“保税区板块”（上海外高桥保税区、上海外高桥保税物流园区、洋山保税港区和上海浦东机场综合保税区4个海关特殊监管区）、“陆家嘴金融贸易区板块”、“金桥经济技术开发区板块”（包括金桥经济技术开发区、南汇工业园区、浦东空港工业园区、老港化工工业区）、“张江高科技园区板块”（包括张江高科技园区、康桥工业区、上海国际医学园区等）和“临港产业区”、“世博区及国际旅游度假区”。

三、WTO、CEPA的实施对经济特区跨区域合作的影响

在我国加入WTO和CEPA之后，整体对经济特区跨区域合作产生了较大的影响。

1．加入WTO后对经济特区跨区域合作的影响

2001年11月10日，世界贸易组织第四届部长级会议审议通过中国加入世界贸易组织的申请。中国将从当年12月11日起正式成为世贸组织成员，这标志着中国的经济体制改革和现代化建设从此进入一个新的历史发展阶段，中国经济开始全面参与以国际多边经济贸易协定为核心的世界经济体系。当前的世界经济体系以现代市场经济体制为前提和基础，同时以经济的高度开放和全球化为主要特征和内容。这在本质上要求中国以市场化为核心的改革开放不

能仅仅局限于为数不多的经济特区，而应在全国范围全方位推进。加入WTO使中国面临着从经济体制转型下单边的、试点式的、以经济特区为主要载体的对外开放格局向着市场经济体制下多边的、有规则的、全方位多层次开放格局转变的过程。以加入WTO为主要推动力的全面建立和完善市场经济体制以及全方位、深层次的对外开放对包括厦门经济特区在内的中国经济特区是新的挑战和机遇。

（1）对经济特区跨区域合作定位的影响。中国加入WTO之前，创建和发展经济特区的初衷和历史使命更多的是以“国内”为视角的，主要针对的是经济体制转轨和对外开放进行试点，为全国范围的改革开放积累经验和教训，因此，其特殊性主要是相对于国内广大的相对封闭、实行计划经济的其他地区而言的。但是，随着中国的改革开放由沿海地区向内地的全面推进，尤其是在中国加入WTO和经济全球化深化发展的新形势下，迫切需要重新阐释中国经济特区的再发展定位。从总体发展战略上来说，在新形势下，中国经济特区的再发展应该突破过去更多地以“国内”为视角的局限性，应该在经济全球化的时代背景下，努力将世界经济发展与中国全面现代化进程相结合，力求在更高和更深层次上有新的发展和新的突破。而加入WTO之后，这种定位可以归纳为五个“定位突破”。一是进一步加快经济体制改革，在率先建立比较完善的社会主义市场经济体系方面有所突破；二是进一步加快参与经济全球化和一体化的步伐，在中国进一步对外开放方面有所突破；三是进一步大力推进自主创新，在加快产业结构调整和实现经济增长方式的根本转变方面有所突破；四是进一步加强对内合作和服务全国的大局意识，在带动全国经济发展方面有所突破；五是进一步加强社会主义精神文明建设，在促进经济社会全面协调发展方面有所突破。

（2）对经济特区跨区域合作方式的影响。我国在加入WTO之后，经济特区跨区域合作方式从转型经济下单边的、主动的、试点式的开放方式向多边的、有规则的、全方位多层次开放方式转变。这种开放方式将由原来我国单方面对外开放转变为主要是在WTO成员国之间的相互开放，而其中强调有规则的开放则要求经济特区的发展机制必须实行新的战略转变，即从过去主要依靠特殊优惠政策转变为主要依靠良好的投资环境、高效灵活的管理体制、健全的法制法规，对原先实施的那些不符合市场经济体制和WTO规则与国际惯例的特殊优惠政策进行必要的调整或废除。而所谓“全方位多层次开放方式”，就意味着一方面经济特区地区优惠政策的优势将逐步淡化，经济特区将与其他地区处于平等竞争的地位，另一方面更多行业部门的开放要求经济特区在市场机制、管理体制、法律法规等方面更加完善。

（3）对经济特区跨区域合作领域的影响。从2005年开始，我国进入WTO“后过渡期”。在“后过渡期”，我国关税减让基本到位，服务业开放承诺接近终点，许多行业保护已取消。关税总水平从1992年的43.2%下降到加入WTO前的15.3%、加入WTO5年后的9.9%。2005年，中国对外贸易依存度已达63.89%。按照加入WTO的承诺，中国开放了金融、商业、运输、旅游、电信等领域。为鼓励外商投资西部，还放宽了外商投资的股比和行业限制。有些地方招商引资开出比特区更加优惠的条件，形成地区间竞相优惠。从这个意义上说，原先特区对外商投资的优惠政策，在相当程度上已普惠化，特区已经不特。作为经济特区的深圳，在面临更大的开放空间和更多的发展机遇的同时，也面临更趋激烈的竞争和更为严峻的挑战。从具体的表现上来看，加入WTO之后，面对全方位对外开放的态势，国内外企业之间的竞争加剧，有部分企业无法与激烈的市场竞争相抗衡，倒闭的企业增加，失业率也随之增加。表面看来，大批外资的进入对人们的就业提供了广阔的空间和机会，但是当今外资企业与改革开放之初的“三资”企业有很大区别：就用人方面来看，“三资”企业主要利用廉价的劳动密集型人才，而“入世”之后的外资企业需要的将会是中高级专业人才，对企业技术人才的争夺越来越激烈。特区目前就业队伍存在着实践经验多、现代知识少、外语水平低的特点。因此，如果这些员工不及时加强培训学习，提高业务水平和竞争力，即使有一批又一批的企业涌进特区，他们绝大多数终将成为失业大军中的一员。因此，庞大的人口数量对特区资源和环境造成较大的压力，对经济、社会的可持续发展带来一定的负面影响。

2．加入 CEPA 后对经济特区跨区域合作的影响

（1）对经济特区跨区域合作模式的影响。加入CEPA后，对经济特区跨区域合作最大的影响主要有四个方面：一是从“前店后厂”向“厂店合一”的模式转变。过去20多年间，数万家香港厂商陆续到广东，特别是在珠三角地区投资办厂，而香港的生产性服务业却没有跟随制造业主力进入广东，由此形成了“前店后厂”的分工合作模式。这虽然造就了一个世界级的加工制造基地在珠江三角洲的崛起，但也出现了产业价值链的断裂，粤港两地的产业分工受制于制度性隔离而难以进一步发展。CEPA逐步消除了两地贸易的制度性障碍，打开了生产要素自由流动的闸门，有利于改变广东制造业缺少融资、物流、中介咨询、法律服务这类生产型服务和专业服务支撑的“跛脚鸭”状况，从而加快了“厂店合一”的发展进程。二是从两地产业层面的合作走向区域统一大市场。[①]粤港间跨境合作的产业体系已经基本形成，但由于两地分属不同的关税区，实际上没有可能实现全面、无阻碍的整合。到目前为止，粤港经济仍是属于分割性的市场。但CEPA在货物贸易、服务贸易和贸易便利化三个方面推进贸易自由化，尤其是随着服务贸易的自由化，必然要求对所有不同类型资本的企业都实施同一公正与透明的商业规则，这必然促进开放、规范的区域统一大市场逐渐形成。三是从单一的商品贸易向全面的自由贸易转变。CEPA打破了香港服务业进入内地的贸易壁垒，为拥有竞争优势的香港服务业提供了大展拳脚的机遇和舞台，从而有利于增强香港的全球营运能力，这对香港经济发展无疑是重大利好。对于广东而言，也希望香港服务企业大规模直接进入珠三角和提供全方位的服务，以建立起最具国际竞争力的全球性的生产供应链。如果广东制造业低生产成本优势与香港服务业低交易成本优势结合起来，就能强强合作实现互利双赢。因此，大家普遍看好香港服务业大举进军广东，甚至与以前的制造业大规模转移相提并论，认为将出现港资进入的第二次浪潮，产生粤港经济的新一轮互动互促。不过，也应该看到，香港制造业的内迁与香港服务业的内迁性质完全不同，因而难易程度迥然有别，香港服务业的大规模内迁还有待时日。四是从区域资源整合到共同打造区域竞争力。现在珠三角制造业已经由单一的加工型向完整的制造型转变，因而对高素质的生产性服务的需求越来越迫切，要求中介机构提供市场、营销、融资、法律和管理等增值服务。而对于服务

① 龚唯平:《CEPA框架下粤港区域经济一体化趋势及对策》,《特区经济》, 2006年05期。

业发达的香港，这不仅是无法不正视的市场，更是促进服务经济转型和发展的良机。CEPA为增强两地优势互补提供了制度平台，将广东制造业及资源丰富的优势与香港金融、物流、中介服务的优势相结合，有利于两地在优势互补的基础上共同发展。更重要的是，这必将促进两地更宽领域、更深层次的全方位合作，实现区域资源的重新整合和两地经济利益的重新调整，从而有利于提高两地产业组织的竞争力。

（2）对经济特区跨区域合作领域的影响。CEPA将使中国内地，特别是华南地区与香港间的经济合作产生一种质的飞跃，它所带来的最大机遇在广东，而深圳凭借地缘优势将成为最直接的受益者。首先，深港20多年的产业合作，偏重于传统劳动密集型产业，市场的力量在现有制度安排下已充分释放，甚至出现边际效用递减的现象，对香港与深圳而言，无论是制造业还是服务业，都需要在新的政策效应释放中寻觅新的商机。其次，CEPA的政策效应是一个长期释放的过程，会催生新的深港合作的市场力量。

CEPA条件下深圳的对策主要有：大力发展金融、物流、旅游等服务业，尽快接近发达国家水平；深圳要充分利用CEPA带来的机遇，进一步提高高新技术产业的发展水平，进一步增强高新技术产业的竞争力；深圳要加快全面开放市场的步伐，努力提高投资自由化水平；深圳要按照国际化水平，建立高效能的政府管理体制；香港是一个国际化大都市，深圳要不断学习其先进的管理经验，提高市场经济的发育水平；深圳作为香港与珠三角、香港与内地在地理上的中介城市，要大力加快基础设施和信息化建设，使香港与内地的交流更加方便快捷。[①]

（3）对经济特区跨区域合作进程的影响。CEPA将对香港、深圳与珠江三角洲的共同发展和一体化进程产生不可估量的影响，并对以往杂乱无章的经济秩序进行有效的梳理。这是因为，我们既然推出了贸易自由化的主体目标，就不可回避、不可阻挡未来经济一体化按逻辑正常发展，经济一体化的历程既可以促进生产力的进步，也必然促使生产方式产生重大的变革，这是经济发展的自身规律所起的不可抗拒的作用。[②] CEPA的实施对香港方面来说有以下几个影响：

第一，CEPA将为香港的工商、服务业提供巨大的内地市场。内地自2004年1月1日起，对原产香港进口金额较大的273个税目的产品实行零关税，从2006年1月1日起，273种以外的原产香港的进口货物实行零关税。香港特别行政区将成为世界上第一个得益于中国内地市场的单独关税区经济体，香港工商界、服务贸易界也由于对数以千计的商品实行零关税而获得空前博大的内地市场和发展空间，从而处于更加有利的竞争地位。

第二，香港的工业产业将得到进一步复苏。由于CEPA提供大量的内地市场，导致香港的产业复苏和就业增加，供销两旺的局面有望逐步形成。香港与内地将更有条件按照生产要素的比较优势调整经营的区域布局，提高资源的配置效益。但绝对不会导致香港在内地的产业大量回流，特别是生产要素型的企业大批回流香港会有

① 蒙敬杭：《CEPA对珠三角的影响及深圳的对策》，《特区理论与实践》，2003年12期。
② 魏达志：《解读CEPA体现的国家行为——看新一轮深港及珠江三角洲的经济合作与发展》，《特区经济》，2003年08期。

困难，这不仅是因为香港的生产要素价格太高，还因为香港已经形成了后工业化社会新的产业结构和产业链。也就是说，香港的留港企业处于或争取占领当今世界产业链的中上游，并作为珠江三角洲与内地企业处于世界产业链中下游的补充和提升，才能形成互补之势，香港产业发展的路径选择只有在现有的产业基础之上，通过提高产业的集约程度和科技含量，通过提高产品的附加值和市场占有率，从而实现提升产业的核心竞争力。

第三，香港的服务贸易将通过CEPA大举进入内地。根据CEPA的安排，包括管理咨询、会展、广告、会计、建筑及房地产、医疗牙医、分销、物流、货物运输代理、仓储服务、运输、旅游、视听服务、法律、银行、证券及保险共 17 个行业将先于世界贸易组织许可的开放时间表进入内地市场，有的行业如建筑及房地产、物流、运输、分销、法律及视听服务方面，内地对香港的开放程度将超过对世界贸易组织的承诺。香港作为拥有占 90%以上的第三产业包括服务业的城市，其服务贸易亦将由于获准进入内地市场而大有作为。

第四，内地人流将为启动香港消费和繁荣香港做出贡献。由于 2004 年 7 月 1 日前内地允许广东省居民个人前往香港旅游，特别是深圳和珠江三角洲的居民将大量进入香港，有利拉动香港的消费、旅游并带动其他相关产业的发展，如旅游业每增收 1 美元，社会综合效益增收 3~5 美元，引进外资相应增加 3 美元，每直接就业 1 人，就能为社会提供 3~5 人的就业机会。

CEPA的实施并不只是惠及了香港，对于深圳经济特区的影响也非常的巨大，对深圳方面来说，它的影响主要集中在以下几个方面：

第一，CEPA将使深圳重组本地市场的商品结构。香港的商品由于档次的原因将重组深圳和内地的商品结构，对内地消费市场有冲击、有补充。但由于香港在过去的历史时期中85%以上的制造业已经迁往内地，目前当地制造业的规模有限，又主要是名牌产品和高档产品，这种高中低多个层面的商品结构具有互补性，因此形不成对内地商品市场的全面冲击与巨大矛盾。

第二，人们的消费选择趋向多元化和高级化。预计深圳的消费品市场及相关市场由于香港地产商品的涌入，商品结构的内在有机构成将大幅度提高，有利于市场的消费选择。

第三，CEPA有利于推进深圳方面的改革进程。因为CEPA要求在7个方面加强双方的合作，如通关便利化必然要求双方提高通关效率，建立双方信息通报制度，提升双方商品检验检疫水平，提高质量标准；如加强中小企业合作，中医药产业合作对推动政府与企业的改革、管理都有益处；再如促进电子商务、加强贸易投资促进、提高法律法规透明度等均有利转变政府职能、推进改革进程，从而有利于降低双方的合作成本、增加双方的综合竞争力。

第四，带动深圳第三产业发展并提升三次产业结构比例。由于商品流通将刺激和带动大量的物流、人流、资金流，因此，深圳的物流业、商业、旅游业、地产业等第三产业将加快发展速度，从而有利于改变并提升深圳的三次产业结构比例，第三产业的高速发展有利于深圳向后工业化发展阶段推进。

第五，CEPA将强劲拉动深圳的经济增长。由于贸易自由化将会引发更加频繁的相互往来，使得CEPA必然涉及深圳的投资、出口和消费，这三驾马车将强劲拉动深圳的经济增长。这种发展趋势已经体现在深圳物流业的动向之中，如深圳的集装箱运输在2004

年前5个月已经超过高雄港，由于其增长的速度高于高雄港，所以深圳的集装箱运输在此基础上有望稳居世界第五的宝座。

第六，将大大提升深圳城市的国际化的水平。由于深圳在香港与内地更加紧密的经贸合作中首当其冲，深圳与珠江三角洲将迎来新一轮的外资投资热、商品贸易热和服务贸易热，由此而引发的马太效应将促成深圳经济新一轮的良性循环，加上香港的国际化人才大量进入深圳，将大大提升深圳的国际化城市的水平程度，从而极大地稳固自身的外向型特色，深圳将成为中国对外开放程度最高的城市之一。

第三节　国家综合配套改革试验与经济特区功能深化

一、国家综合配套改革试验的历史进程

推进我国综合配套改革试验区，经历了一系列的历史进程。大体来看，这一系列进程可以分为以下几个阶段：

1．准备阶段

从国内情况而言，以往缺乏系统性、注重经济增量的一系列单项式改革所引发的矛盾已经超越了经济范畴，扩展为大量的社会公共问题，这些社会压力构成了继续深化改革的新屏障。从全球化竞争的角度而言，我国不少城市在经济竞争白热化的背景下，不顾资源、环境和社会等约束，大量使用资源和能源的粗放式经济增长，造成了外界对中国发展模式的担忧。我国改革如何寻找新的突破

口，将经济改革、政治改革和社会改革置于人与社会、人与自然和谐发展的框架中，就成为最近一段时间内国家的重大任务和战略目标。

国家综合配套改革试验区正是在这种特定的历史背景下应运而生的，它的建设将结合具体区域的实践特点，先行地方政府试验一些具有国家层面意义的重大改革开放措施，通过综合配套改革推进区域经济的发展。[①]

2．开始阶段

相比1978—1984的准备阶段，我国的改革重点从农村家庭联产承包责任制转向城市的国有企业改制，改革进程由微观经济层面转向宏观经济层面，改革深度从经济体制的表层向纵深挺进，改革领域由经济扩展到科技、教育等社会各个方面。在改革试点的区域安排上，受改革启动阶段设立的经济特区成功范例的影响，我国先后设立了各类开发区。即各类经济区域，主要有经济技术开发区、保税区、高新技术产业开发区、边境经济合作区、出口加工区、旅游度假区、特殊投资来源区（如台商投资区）等。[②]

3．起步阶段

在这一阶段，我国已经开始了综合配套改革的试点工作。2005年6月21日，国务院正式批准上海浦东新区进行国家综合配套改革试点，从我国区域经济发展总体布局出发，探索新的历史条件下

① 陈振明、李德国：《国家综合配套改革试验区的实践探索与发展趋势》，《中国行政管理》，2008年11期。

② 崔会敏：《国家综合配套改革试验区设立的理论依据分析》，《改革与开放》，2011年02期。

区域发展的新模式，由此揭开了国家综合配套改革试验区建设的新时代篇章。

2006年5月26日，国务院正式批准天津滨海新区为国家综合配套改革试验区，天津滨海新区成为继上海浦东新区之后的又一国家综合配套改革试验区，并明确天津滨海新区的功能定位是：依托京津冀、服务环渤海、辐射"三北"、面向东北亚，努力建设成为我国北方对外开放的门户、高水平的现代制造业和研发转化基地、北方国际航运中心和国际物流中心，逐步成为经济繁荣、社会和谐、环境优美的宜居生态型新城区。

2007年6月7日，国家发展和改革委员会发出《国家发展改革委关于批准重庆市和成都市设立全国统筹城乡综合配套改革试验区的通知》，正式批准重庆市和成都市设立全国统筹城乡综合配套改革试验区。

2007年12月7日，经国务院批准，武汉城市圈和"长株潭"城市群成为"全国资源节约型和环境友好型社会建设综合配套改革试验区"。

4．发展阶段

2009年5月，国务院正式批复通过《深圳市综合配套改革总体方案》，深圳成为综合配套改革试点。这一方案提出深圳"争当科学发展示范区、改革开放先行区、自主创新领先区、现代产业集聚区、粤港澳合作先导区、法制建设模范区，强化全国经济中心城市和国家创新型城市地位、加快建设国际化城市和中国特色社会主义示范市"的目标定位，在中国做具有特色的"新特区"。

2010年4月6日，国务院批准沈阳经济区国家新型工业化综合配套改革试验区，其主要任务是：以区域发展、企业重组、科技研发、金融创新四个方面体制机制创新为重点，紧扣走新型工业化道路主题率先突破；配套推进资源节约、环境保护、城乡统筹、对外开放、行政管理等体制机制创新，为走新型工业化道路提供支撑平台和配套措施。

2010 年 12 月 13 日，国家发改委正式批复设立“山西省国家资源型经济综合配套改革试验区”。这是我国设立的第九个综合配套改革试验区，也是我国第一个全省域、全方位、系统性的国家级综合配套改革试验区，这是国务院在批复重庆为直辖市之后，首次批复一个省的全部地区为综改区，同时也是地域面积最大的综改区。国家发改委副主任彭森在国新办举行的新闻发布会上宣布，山西省设立国家级资源型经济综合配套改革试验区的主要任务就是：要通过深化改革，加快产业结构的优化升级和经济结构的战略性调整，加快科技进步和创新的步伐，建设资源节约型和环境友好型社会，统筹城乡发展，保障和改善民生。

2011 年 3 月 4 日，国务院批复同意实施《浙江省义乌市国际贸易综合改革试点总体方案》（以下简称《方案》），提出建立新型贸易方式、优化出口商品结构、加强义乌市场建设、探索现代流通新方式、推动产业转型升级、开拓国际市场、加快“走出去”步伐、推动内外贸一体化发展、应对国际贸易摩擦和壁垒等方面的主要试点任务，并进一步提出优化国际贸易发展环境、健全金融机构体系、提升金融服务能力、改善金融生态环境、构筑区域合作优势和新型公共服务体系等保障措施。《方案》明确义乌试点的目标：到 2015 年，基本形成有利于科学发展的新型贸易体制框架；到 2020 年，率先实现贸易发展方式转变，提升义乌在国际贸易中的战略地位，使义乌成为转变外贸发展方式示范区、带动产业转型升级的重要基地、世界领先的国际小商品贸易中心和宜商宜居宜游的国际商贸名城。[①]

2011年12月，国务院批复《关于厦门市深化两岸交流合作综合配套改革试验总体方案》（以下简称《方案》）。《方案》提出各项改革措施，积极推进厦门市深化两岸交流合作综合配套改革试验，更好地发挥厦门市在海峡西岸经济区改革发展中的龙头作用，促进两岸关系和平发展，为全国贯彻落实科学发展观和完善社会主义市场经济体制提供经验与示范。

2012年3月28日，国务院召开常务会议，批准实施《浙江省温州市金融综合改革试验区总体方案》，决定设立温州市金融综合改革试验区。要求通过体制机制创新，构建与经济社会发展相匹配的多元化金融体系，使金融服务明显改进，防范和化解金融风险能力明显增强，金融环境明显优化，为全国金融改革提供经验。2012年7月25日，国务院批准《广东省建设珠江三角洲金融改革创新综合试验区总体方案》。同年8月，国务院正式批准了广西东兴、云南瑞丽、内蒙古满洲里重点开发开放试验区建设实施方案。方案提出，试验区建设经过10年左右的努力，在体制机制创新、对外经贸合作、基础设施建设、特色优势产业发展、城乡统筹发展、保障改善民生、生态环境保护等方面取得重大成效，新体制、新机制基本形成，试验示范效应充分体现。17日，国家发改委在广西东兴召开"重点开发开放试验区建设工作会议"，这标志着重点开发开放试验区建设进入实质性的实施阶段。2012年12月21日，国

① 《国务院正式批复浙江省义乌市国际贸易综合改革试点总体方案》，中国政府网，2011年3月9日。

务院批准《福建省泉州市金融服务实体经济综合改革试验区总体方案》。

5．成果阶段

（1）上海浦东新区综合配套改革的发展及现状。2005 年被国家批准为综合配套改革试验区后，上海浦东的改革发展迈入新的历史时期。先后有 14 个中央部门的 20 多项政策在该地区实施试点。如“外汇九条”等一批政策在浦东地区先行先试。与此同时，上海地方政府也积极配合，先后制定了《2005 年—2007 年浦东综合配套改革三年行动计划框架》《2008 年—2010 年浦东综合配套改革三年行动计划框架》等战略计划推行浦东新区的综合配套改革。同时，上海市服务型政府初见雏形。2008 年之后，我国实施了行政审批制度改革，进一步减少行政审批事项和行政事业性收费；推进核心功能区体制机制建设。在中国人民银行成立上海总部后，截至 2009 年已经有 603 家外资银行和中资金融机构在浦东落户，这一数量占全国总量的一半，在浦东注册的资金管理公司超过 30 家，涉及资产在 9000 亿以上；上海政府也着力改善民生，积极推进农村综合改革，不断针对乡镇机构、集体资产管理体制、农村土地制度等方面进行改革，并取得了显著成效。

（2）天津滨海新区综合配套改革的发展。2006 年 5 月，国务院下发《关于推进天津滨海新区开发开放有关问题的意见》，批准天津滨海新区为全国综合配套改革试验区。五年来，滨海新区结合自身实际，认真研究综合配套改革的总体方案，并在国家有关部门的指导下，在一些关键领域、重点环节先行先试，取得显著的进展。同时，天津自综合配套改革以来，金融体制改革取得一定进展，在金融体制改革层面，滨海新区采取六个方面的举措：一是通过出台多项金融体制创新支持政策，完善了金融政策体系。二是借助举办“中国企业国际融资洽谈会”，有力拓宽了企业直接融资渠道，实现基金股权与企业股权之间的有效对接。此外，还成立了天津股权投资基金协会、渤海产业投资基金船舶产业投资基金等。三是以滨海国际等股权交易中心为平台初步实现公司股权和私募股权交易的市场化运作。四是通过设立如泰达国际等集团公司开展国际金融保险业务，促进金融业务的综合化和纵深化发展。五是积极稳妥推进外汇改革试点工作，全面实施外汇管理体制改革。六是大力发展金融租赁业务，吸引国内外各类融资租赁公司近 20 家。涉外管理方面，滨海新区建立起“一站式”国际贸易流程服务，通关业务的办事效率大幅度提升。

（3）深圳市综合配套改革的发展。2008 年 12 月 18 日，国家发展和改革委员会正式公布《珠江三角洲地区发展规划纲要（2008—2020）》，深圳正式被国家发改委确定为国家综合配套改革试验区，紧接着产生了综合配套改革总体推进方案。总体方案要求深圳在探索“深圳特色的自主创新模式”层面取得突破。在这一阶段，深圳已经初步形成了以企业为参与主体的区域自主创新体系，未来一段时间需要通过继续引导企业的自主创新，产生拥有更多自主品牌的高科技、高附加值的产品，实现整体地区的创新能力大幅度提升。

二、国家综合配套改革试验区对经济特区功能的影响

国家综合配套改革试验区的发展对经济特区的功能有着较大程

度的影响，具体可以归纳为以下几个方面：

（1）经济多中心的格局向内地进一步延伸，对特区优势形成一定的挑战。在经济特区发展的一段时间以来，我国沿海地区的经济发展有了很大程度的提高。但是内地各省份的发展态势并不明显。有很多学者当时质疑经济特区的发展缘由之一就是它们无法真正带动内地有关省份的进一步发展，会使得东西部地区、南北部地区之间发展得更加不平衡。我们需要看到的是，相比沿海地区而言，内地发展有自然资源优势、廉价劳动力优势和国内市场优势，在政府的政策扶植下，“试验区”增长极已成定局，经济特区在国内的影响力和辐射力将会下降。这就使得沿海地区的开放格局逐步地推向内地，其必然会影响经济特区的进一步发展。

（2）对特区的国内市场占有率将会产生挤压。在金融危机的影响下，国际市场的萎缩和贸易保护主义的抬头，使内地市场的占有率对特区经济发展的影响越来越大。内地增长极的市场竞争将会对特区经济的发展产生比过去更大的压力。内地增长极具有就地生产、就地销售的空间优势，廉价的劳务和就近资源，将会降低产品成本，形成的价格优势、信息的网络化使内地对信息的收集和利用更便捷，这些会对特区产品竞争与销售带来问题，继而影响经济的发展速度。

（3）特区技术优势空间缩小。“试验区”的技术提升，会对特区经济发展产生更大的压力。特区的优势之一在于技术的先进，随着“试验区”发展的提速，产业升级、技术更新的速度也在加快，这势必会挑战特区的技术优势。现在有非常多的产业优势已逐渐地集中于内地，诸多大数据与人工智能培育基地、军民融合产业示范基地等都不仅在我国的东南沿海地区，更多的还在内陆地区，包括重庆市、郑州市等，亦形成非常多的工业园区集中发展特色产业，所以特区技术优势空间相对过去一段时间来说是缩小的。

（4）经济特区的政策优势正在快速抵消。为了促进中西部经济的发展，平衡经济重心的倾斜，也为了国家的深度、持续发展和经济安全，国家对“试验区”进行政策扶持和政策优惠，加上市场经济规则和世贸组织的公平竞争、反补贴等条例的约束，使经济特区政策的优惠度迅速降低，给特区经济的发展带来新的压力。

（5）“试验区”的发展会加大特区经济劳动力资源的短缺和劳务价格上升的压力。劳动力充裕的中西部地区，劳动者更倾向于就近就业，未来特区和东部地区将面临劳动力的相对短缺。为了解决劳动力的供给，就必须提高劳务价格，这将导致产品成本的上扬，加大产品竞争的困难，影响特区的未来发展。[①]

第四节　深圳经济特区 30 周年与“五个继续”的定位

一、深圳经济特区 30 周年的“奠基”与“开拓”

1．2000—2005 年的奠基

（1）建设。这一期间城市基础设施建设全面开展。400 多个重大项目投入建设，轨道交通一期工程建成通车，地铁 1 号和 4 号延

① 黄敬林：《经济特区与自主创新综合配套改革试验区的比较》，《特区经济》，2009 年 10 期。

长线、3号线工程建设全面展开。“一横八纵”的干线路网初步形成。新增110千伏以上变电容量近2000万千瓦，新增输电线路总长约1500公里。宝安、龙岗两区的城市化和城市化转地工作全面完成，成为全国首个没有村镇建制的大城市。开展清理违法建筑、违法用地和城中村改造行动，共拆除各类违法建筑185万平方米，达到了从体制上解决违法建筑和违法用地问题的目标。在开展城市建设的同时，积极进行环境污染综合治理。实施“治污保洁工程”，开展珠江（深圳）水环境综合整治和机动车尾气污染治理，成为全国首个实现工业污染源污染物排放全面达标的城市，城市面貌发生明显变化。

（2）产业。在深圳经济特区“十五”建设期间，深圳第一产业所占比重稳中有降，第二产业稳步上升，而第三产业波动幅度不大。这三者的比例关系在以后的10年内，基本上保持了稳定，到2010年，三者所占比例分别为0.1%，46.9%和53%。可见，深圳经济特区整体的经济结构逐渐走向协调。

就总体情况来看，深圳在这一时期的产业结构转变有三个明显的特征：

一是农业型产业结构逐渐消解。深圳市的前身是宝安县，原本只是一个边境小县，它的经济情况和产业结构与我国内地许多县大致相同。但在经历了近三十年的发展后，农业技术虽然不断进步，但是整个产业规模在国民经济中的比重迅速下降至0.2%，对深圳经济的影响已然式微。

二是第二、第三产业发展迅速。2002年以后，中国香港、新加坡、泰国等国家和地区已从金融危机中出现恢复性增长，出口需求大增。国内经济在加入世贸组织后顺利度过了调整期，开始新一轮的强劲增长，固定资产投资和消费均有所回升。“十五”时期，深圳由于成功承接了国际电子信息产业的转移而使国民经济的综合实力大幅上升，加上金融和物流业的发展壮大，经济结构得到一定程度的优化，深圳第二产业的年均增长速度为 19.0%，第三产业的年均增长速度为 13.6%。

三是三套马车的拉动作用存在差异。固定资产投资、出口、消费是拉动国内经济发展的三套马车，这种作用在深圳的经济发展中尤其明显，2005 年投资、消费、出口对本地GDP的贡献率分别为 33.2%、39.2%和 27.6%。从波动周期上看，固定资产投资的波动周期基本与GDP的周期一致，出口的增长受外贸形势的影响，多次大幅起伏。最终消费尽管对GDP的增长影响最大，但存在一定的时滞。社会消费品零售总额的增长由于国内居民住房、教育、医疗成本的上涨，波动相对平缓。出口与消费的波动与GDP的波动不完全同步，对GDP的影响或先于投资或滞后于投资，其拉动效应均不如固定资产投资来得直接。全社会固定资产投资高的年份，GDP的增长也快；全社会固定资产投资回落的年份，GDP的增长就放缓。

（3）改革。2000—2005 年，深圳经济特区有了开创性的改革与探索。

一是“二线关”改革。2002 年 5 月，广东边防总队深圳珠海一、二线边防管理改革工作领导小组正式成立，经过 1 个月的实地调研，《深圳珠海一二线边防管理改革方案》终于出台。2003 年 4 月 11 日，国务院、中央军委正式批准了广东边防推出的这一重大改革举措。2003 年 5 月 28 日，深圳特区管理线、俗称“二线关”的边防管理进行改革，一举推出九项便利措施。更加快捷高效的口岸环境和宽松和谐的边防环境，对深圳发展影响深远。

二是农村城市化改造。农村城市化改造既是深圳发展史上的一件大事，也是深圳城市发展的难点所在。2003 年 10 月 30 日，深圳市召开加快宝安、龙岗两区城市化进程的全市总动员大会，正式启动宝安、龙岗两区城市化工作。根据市政府的工作安排，宝安区选择龙华镇，龙岗选择龙岗镇作为城市化试点。2004 年 6 月，深圳市政府再次召开动员大会，在总结试点的经验后，宝安、龙岗两区城市化工作全面铺开。截至 2004 年底，宣布农村城市化改造完成，27 万名农民的身份转为城市居民。深圳农村城市化改造要解决的焦点问题是土地问题，在城市化改造中各种利益矛盾的焦点也是集中在土地问题上。2004 年 6 月 26 日，深圳市出台了《深圳市宝安、龙岗两区城市化土地管理办法》及三个附件，对土地补偿问题做出详细规定，确保农村城市化改造的顺利进行。

三是适度重型化的产业转型。2002 年，中央对沪深两地的股市格局进行调整，深圳证券交易所自 2002 年 9 月起主板市场不再增发新股，这意味着深圳证券市场筹资功能冻结。金融业一直是深圳的支柱产业，对深圳经济的发展举足轻重，停发新股使得深圳金融业的前景未卜。除金融业之外，深圳另一支柱产业是电子信息产业，2003 年，通信设备、计算机及电子设备制造业产值占深圳工业总产值的 58.2%，电子通信业一枝独大。[①] 深圳的产业结构出现失衡迹象。在这样的背景之下，深圳市政府 2003 年提出，“积极发展高附加值的先进制造业……拓展我市制造业的发展空间”。[②] 2004

① 深圳市统计局：《深圳市 2003 年国民经济和社会发展统计公报》，《深圳商报》，2004 年 3 月 29 日。

② 《2003 深圳市政府工作报告》，深圳政府网，2003 年 3 月 26 日。

年又提出“引进一批污染少、能耗低、技术先进、带动作用强的高端装备制造业和基础工业项目，调整、改变我市制造业结构偏轻的状况”。这一轮产业调整被概括为“适度重型化”。经过几年的努力发展，深圳“适度重型化”的产业转型成效显著，到2005年，重工业产值达到10174.5亿元，比重达到73.06%。

2．2005—2010年的开拓

2005—2010年是深圳经济特区在新世纪进一步发展和开拓的一段时期。2005年12月30日，中共深圳市委四届四次全会审议通过了《中共深圳市委关于制定深圳市国民经济和社会发展第十一个五年规划的建议》，这次全会是在全面落实科学发展观、建设和谐深圳、效益深圳和国际化城市的关键时期召开的一次重要会议。在这次会议后，深圳经济特区建设也有一些很显著的变化。

（1）“腾笼换鸟式”的产业结构调整。深圳“腾笼换鸟式”的产业结构的原因包括三方面。一是企业综合成本高。各项生产要素价格不断上升，工资标准上调、社保覆盖面提高、限制加班时长等推高了企业的经营成本。二是土地空间不足。2006年10月出台的调研报告显示，在工业总产值上亿元的32家外迁企业中，外迁原因排在首位的是“在深圳用地需求无法满足”。[①] 三是产业结构升级的客观规律。美英等发达国家在其经济发展到一定阶段第二产业比重会下降。低端企业外迁的同时，一大批优质企业发展壮大，如康佳、创维、赛格、先科、华强、华为、中兴通讯、特发信息、比亚迪、海王等。全市电子、通信、金融、物流、文化企业大量增加，

① 左建：《深圳产业空心化是历史的必然趋势》，《特区实践与理论》，2008年06期。

经济质量明显提高，产业结构不断优化，电子信息技术产业成为全国的引领者。2010年深圳市高新技术产品产值首次突破1万亿元，达10176亿元。

（2）文化产业成为深圳第四大支柱产业。深圳市自然资源短缺，经济的快速发展高度依赖于密集资金支持下的外向型资源输入和产品输出。发展低能耗，高附加值，突破地域空间制约的文化产业成了深圳市未来产业发展的出路所在。2005年12月2日，深圳市政府发布《中共深圳市委深圳市人民政府关于大力发展文化产业的决定》。2006年初的《深圳市国民经济和社会发展十一五规划纲要》中正式将文化产业作为未来新兴产业进行规划。为了进一步细化“十一五”规划的思想，深圳又着手制定《深圳市文化产业发展“十一五”规划》和《深圳文化产业发展战略规划》。文化产业在规划的指导下迅速发展。2004—2009年，深圳文化产业增加值占全市GDP的比重由4.2%提高到6.48%，2010年深圳市文化产业增加值达到637亿元，占全市GDP的6.7%。文化产业已成为我市最活跃、最具竞争力的支柱产业之一。“文化+科技”、“文化+金融”、“文化+旅游”的发展模式已然形成。

（3）农民工社会保障的完善。在特区的发展中，农民工始终是各种新兴经济部门的主力军，为深圳创造了城市经济和社会发展所必需的原始资本积累，推动了就业制度的改革，而大批廉价劳动力的充分供给，又促进了深圳市产业结构的调整。2005年3月1日，《深圳市外来劳务工合作医疗试点办法》正式施行，在全国率先推出了一个专门针对劳务工的低缴费低保障的新型医保模式，并遵循低水平、广覆盖、高效率、逐步推进，以及合作医疗基金现收现付、当年收支平衡的原则。为了便于与城镇居民的医疗保险制度接轨，这种制度设计还突破了上海、北京和成都三个城市只包括住院保险的局限，包括门诊和住院两大部分。其中住院费用由共济基金支付 90%，个人自付 10%。[①]

（4）公务员管理制度改革。在 2005 年《公务员法》正式颁布后，深圳酝酿公务员分类制度改革。2006 年出台《深圳市公安机关专业化改革方案》。针对以往公安系统队伍庞大，岗位门类多，但管理缺乏针对性、价值体现单一，以及分配上未能充分体现工作危险性高、强度大的特点等弊端，在借鉴香港等地区成功经验的基础上，按照“科学分类、专业发展、长效激励、规范管理”的原则，打破以往参照机关干部执行的行政职务晋升“单轨制”，将公安人员分为警察、文职和雇员等三类。警察待遇不由行政职级决定，而根据工作年限、工作绩效进行专业定级，从而构建一整套符合公安机关各类人员特点的分类管理机制、专业化发展机制以及符合岗位特点的长效激励机制。

二、深圳经济特区 30 周年中的发展瓶颈与阻却因素

深圳经济特区在新世纪的发展过程中，虽有“奠基”与“开拓”，但是在整个发展的过程中也有瓶颈和困难。在这段时期中，主要遇到的问题和困境表现在以下几个方面：

（1）资本市场发展陷入低潮。2000 年，国务院拍板在深圳设立创业板，不过条件是深圳的主板要停发新股（最开始的要求是深

① 《深圳劳务工合作医疗试点办法解读》，中国政府网，2006 年 5 月 9 日。

圳的主板全部转移到上海，在深圳的力争下才形成了这个折中方案）。然而，2000 年 9 月深交所新股停发的命令立刻被执行了，而设立创业板的动议却迟迟未能兑现。于是，深圳的金融业陷入了重大危机。

停发新股的两年来，深圳市场少筹资规模累计已达到 666.11 亿元，相当于 1998—2000 年深圳A股筹资的总额。[①]更为严重的是，巨额的二级市场的交易资金由于在深圳丧失了新股认购的获利机会，纷纷转移到上海市场。据估计，在停止IPO后的两年来，深圳市累计流失二级市场交易资金达到 4695 亿元，平均每月流失 187.8 亿元。二级市场交易资金的流失直接导致股票交易印花税的流失，深圳市停止IPO的两年来，累计流失印花税收入近 10 亿元。对券商而言，一级市场和二级市场资金的转出，无异于巨大的“电阻箱”。据深圳证券行业协会统计，2002 年深圳地区所有营业部的深沪股票基金成交总额为 4573.21 亿元，较 2001 年的 8752.19 亿元下降了 48%，平均每一家营业部成交额减少达 20 亿元。由于交易额的大幅下降导致佣金收入大幅减少，2002 年深圳地区证券行业经纪业务出现了 2.91 亿元的亏损，平均每家营业部亏损 155.81 万元，全市共计有 146 家营业部出现亏损，这是自 1995 年以来深圳地区证券行业经纪业务出现的首次年度全行业亏损。新股停发，受影响的不只是证券行业，与证券行业相关的会计师事务所、律师事务所及银行的证券托管业务、投资基金等市场参与者均出现了不同程度的衰退，支撑深圳发展的三大支柱之一——金融业

① 何诚颖：《寻找价值投资板块——行业景气和股市运行趋势的相关性分析》，《证券导刊》，2004 年 01 期。

的基础地位摇摇欲坠。

（2）产业结构存在不平衡的隐患。深圳工业在不断发展中形成了以电子信息业为主体的独特行业结构。2000—2010 年，深圳高新技术产业产值年均增速高达 28%。2010 年，深圳高新技术产业产值突破万亿元，已经占到全市限额以上工业总产值的 52%，其中拥有自主知识产权的高新技术产品产值占到 60.1%。[①] 但令人担忧的是，深圳的高新技术产业以电子通信为主，占到全部高新技术产业产值的 90.8%；生物制药、新材料等产业所占比例仅为 4.44%。这样的产业结构过于单一，难以抵抗宏观经济调整和国际经济形势变化带来的风险。尤其是高科技产品有周期性，随着电子信息产品投资的逐渐增多和原材料价格的持续上涨，深圳地区电子信息产品的利润空间越来越小。这将制约着深圳过于集中在电子信息技术行业的高科技产业进一步发展。而且，在国际分工中，处于经济和技术发展水平相对较低层次的深圳工业，主要承接的是电子信息业价值链中技术程度相对较低的生产工序的生产，由此使电子信息行业生产附加价值不高，产业竞争力不强。

（3）城市间资本争夺激烈，对外资吸引力下降。改革开放初期，深圳经济特区借助地缘、人缘的优势，吸引大量的港澳台和华侨华人资金来家乡投资兴业，这对于后来带动外资的涌入起了重要作用。但是，在市场经济条件下，资本的本能是追求利润最大化，资本流向明显偏好投资回报率高的地方。在越来越开放的中国，投资者有了更多的选择余地。2008 年至 2010 年三年间，深圳实际使

① 胡小钊：《深圳市 2010 年工业（高新技术产业）经贸经济运行情况》，载吴忠主编：《深圳经济发展报告（2011）》，北京：社会科学文献出版社，第 16 页。

用外商直接投资金额分别是40.3亿美元、41.6亿美元和42.97亿美元，年均增长仅2.2%。此外，从深圳吸收外资方面而言，其规模与苏州、天津距离进一步拉大，与广州的距离进一步缩小，这说明深圳日益面临激烈的资本争夺竞争。

（4）行政体制进一步改革阻力大。我国政府行政体系的基本结构是条块结构，这样的结构有利于不同层级政府职能部门之间上下贯通和同级政府内部及部门之间的协调与配合。但是，在实际运行中，一方面，政府部门之间纵横交错，容易产生条块矛盾；另一方面，牵一发而动全身，机构调整困难。深圳推行的“行政权三分”改革就是因为先行体制制约等多种原因而搁浅。

2003年深圳市在广东省十届人民代表大会一次会议上宣布，即将成为我国唯一推行“行政权三分”试点改革的城市。深圳市的初始规划是对政府部门进行撤并和调整，设置若干决策局、执行局和一个监察局，深圳市市长于幼军解释三大板块的定位分别为：决策局只有决策权而没有执行权，而执行局只有执行权没有决策权，监察局和审计局将作为监督部门直属市长管辖。这一既符合香港、新加坡等先进城市经验，也符合党的十六大报告中“按照精简、统一、效能的原则和决策、执行、监督相协调的要求，继续推进政府机构改革”原则的改革思路却遇到极大阻力。因为这一改革思路几乎是将现有的政府架构推倒重来，深圳市政府的协调工作复杂而难以推进。具体而言，至少有五分之一的正局级部门将被撤销或合并，这无疑会带来人事安排的巨大障碍。“越协商越多”的工作安排致使最终的方案已经不再是当初意义上的“行政权三分”。

三、破解阻却性因素的理论要义

深圳经济特区建立30周年之际，党中央为经济特区描绘了继续前进的路线：即继续加快转变经济发展方式；继续深化改革开放；继续加强社会主义精神文明建设；继续促进社会和谐；继续推进党的建设。此路线从经济基础、动力源泉、文化繁荣、社会建设、根本保障等五个方面，为深圳等经济特区继续办下去而且要办得更好绘制了蓝图，它们是一个有机整体，相辅相成、不可分割，充分体现了科学发展的要求，是经济建设、政治建设、文化建设、社会建设和党的建设的“五位一体”，是中国特色社会主义建设总体布局的具体化。[①]

兴办经济特区是党和国家为推进我国改革开放和社会主义现代化作出的一项重大决策，是中国共产党人和中国人民在探索中国特色社会主义道路上进行的一个伟大创举。但同时，经济特区也要适应国内外形势新变化、按照国家发展新要求、顺应人民新期待，面向现代化、面向世界、面向未来，在改革开放和社会主义现代化建设中取得新进展、实现新突破、迈上新台阶。新的历史背景下，党中央对经济特区的发展提出了五项具体要求，更加坚决地表明：中央将一如既往支持经济特区大胆探索、先行先试、发挥作用。这为经济特区破解影响经济发展的阻却性因素奠定了理论基础。

深圳等经济特区的发展成就，是改革开放以来我国实现历史性变革和取得伟大成就的生动缩影，是我国社会主义制度优越性的有

---

① 《深圳30年“五个继续”有深意》,《西部大开发》，2010年09期。

力印证。经济特区发展的30年，丰富了我们对改革开放和社会主义现代化建设规律的认识，坚定了全国各族人民坚持改革开放、走中国特色社会主义道路的信心，向世界展示了社会主义中国的勃勃生机和光明前景。深圳等经济特区的成功实践雄辩地证明，党的十一届三中全会以来形成的党的基本理论、基本路线、基本纲领、基本经验是完全正确的，中央作出兴办经济特区的决策是完全正确的；改革开放是决定当代中国命运的关键抉择，符合党心民心、顺应时代潮流，只有改革开放才能发展中国、发展社会主义、发展马克思主义，中国特色社会主义道路是实现中华民族伟大复兴的必由之路、成功之路。

经过改革开放30多年来的不懈奋斗，中国胜利实现了现代化建设“三步走”战略的前两步目标，正在向第三步目标阔步前进。未来几十年，是中国实现第三步目标的重要时期。到2020年，中国将全面建成惠及十几亿人口的更高水平的小康社会；到新中国成立100年时，中国将基本实现现代化，建成富强民主文明和谐的社会主义现代化国家。面对错综复杂的国际形势和艰巨繁重的改革发展稳定任务，中国要胜利实现既定战略目标，必须坚定不移坚持中国特色社会主义道路，坚定不移坚持中国特色社会主义理论体系，继续奋勇推进改革开放和社会主义现代化建设的伟大事业。而经济特区是在全国人民支持下发展起来的，坚持经济特区继续发展，进一步增强服务全国的大局意识，发挥自身优势，积极开展区域合作，积极支持和参与区域发展战略实施，加大对口支援和帮扶工作力度。

综上所述，加入WTO促使中国实现从经济体制转型下单边的、试点式的、以经济特区为主要载体的对外开放格局向市场经济体制下多边的、有规则的、全方位多层次开放格局的转变。而CEPA这一新的区域化经济合作制度安排和政策突破又促使香港和以深圳为代表的经济特区之间形成新型贸易合作关系，双方的贸易与投资合作得以加强。综合配套改革试验区的设立一方面要求在探索“深圳特色的自主创新模式”层面取得突破，另一方面也削弱和挤占了传统经济特区的政策与资源优势。整体来看，这一期间来自内部和外部的双重压力都促使经济特区加快改革开放步伐，通过产业转型升级等多方面措施不断突破瓶颈，寻求新的增长模式与动力。

第四章
经济特区新时代新使命（2012—2021年）

▼

随着全国市场经济取得长足发展，现代化建设进入新的历史阶段。党和国家对经济特区的发展有了新的构想，随之而来的是经济特区的地位和作用产生新的更加丰富的内涵，以及改革路径的转变、模式的创新和使命的拓展。

第一节　党的十八大后经济特区发展的新构想

一、党的十八大后习近平的南方考察

2012年12月7—8日，习近平总书记视察深圳。7日下午，习近平总书记来到深圳前海。这里是“十二五”时期广东深化粤港澳合作、加快转型升级的重要平台，是深圳建设现代化国际化先进城市的“新地标”。习近平总书记充分肯定前海的开发开放，并指出深圳经济特区之所以能够建设好，除了有国家的政策支持，还有一个独特的优势，就是毗邻香港。过去这些年来，通过开展港深合作、粤港合作，香港对广东、深圳的发展起到了助推器的作用。目

前，港深合作、粤港合作已进入一个新的阶段。过去是香港辐射广东，现在是港深合作、粤港合作相互促进、共同发展，形成了一个新的格局，合作取得了显著的成果。在新的发展时期，中央决定设立前海港深现代服务业合作区，其作用就是进一步开发开放，让我们重新看到了深圳特区初创时的景象：一张白纸，从零开始。但也正因为是一张白纸，可以画出最美、最好的图画。前海的发展，必须把握中央给予的定位。首先要依托香港。香港的优势在于服务业，尤其是高端服务业，而这恰恰是我们的短板。要学习借鉴香港发展服务业的经验，进一步推进港深合作，从而既推动深圳的发展，也支持香港的繁荣稳定。同时，要服务内地。当前全国正在着力调结构、促转型，需要通过扩大内需来推动服务业的发展，而前海恰恰既是粤港合作区，又是服务业创新区。因此，可以通过前海的创新来促进内地服务业的发展。再者，要面向世界。以国际的视野和胸怀，吸取国际上先进的管理、科技等方面的经验，把前海合作区建设好，以此作为我们创新的动力，作为改革的一块试验田，继续在这里获得经验向全国推广。同时，通过香港这个窗口，达到既“引进来”、又“走出去”的目的。开发建设前海意义重大、内涵丰厚。一定要把握住前海的平台定位，充分挖掘潜力。在开发建设过程中，要充分发挥特区人“敢为天下先”的精神，敢于“吃螃蟹”，还要落实好国家给予的“比特区还要特”的先行先试政策。只要坚定不移、持之以恒、艰苦奋斗、开拓创新，前海深港合作区将是深圳发展的新契机和新的推动力，是经济特区继续不断创造新经验的新起点，也是粤港合作、深港合作的新平台。[①]

8 日上午，习近平总书记来到莲花山公园，瞻仰邓小平雕像，并亲手种下一棵高山榕。习近平总书记表示，今天我们怀着崇敬而激动的心情来到莲花山公园，瞻仰邓小平塑像，缅怀邓小平为党和人民建立的丰功伟绩。1978 年 12 月，党的十一届三中全会作出把党和国家工作重心转移到经济建设上来、实行改革开放的历史性决策。1979 年，在邓小平的指导和支持下，中央批准建立经济特区，实行特殊政策和灵活措施，进行改革开放。从此，在中央精神指导下，广东不仅拉开了自身改革开放的序幕，而且成为全国改革开放的前沿阵地。习近平总书记表示，30 多年过去了，广东、深圳的实践充分说明，邓小平的决定是英明的、正确的。邓小平不愧为中国改革开放的总设计师，不愧为中国特色社会主义道路的开创者。改革开放的决定是正确的，我们今后仍然要走这条正确的道路。[②]

在考察中，习近平总书记反复强调，改革开放是我们党的历史上一次伟大觉醒，正是这个伟大觉醒孕育了新时期从理论到实践的伟大创造。实践证明，改革开放是当代中国发展进步的活力之源，是我们党和人民大踏步赶上时代前进步伐的重要法宝，是坚持和发展中国特色社会主义的必由之路。[③]

---

① 中共深圳市委党史研究室、深圳市史志办公室编著：《深圳改革开放四十年》，北京：中共党史出版社，2021 年版，第 262–264 页。

②《改革不停顿 开放不止步——习近平总书记考察广东纪实》，新华网，2012 年 12 月 13 日。

③《改革不停顿 开放不止步——习近平总书记考察广东纪实》，新华网，2012 年 12 月 13 日。

2012年12月11日上午，习近平听取了广东省委、省政府的工作汇报，充分肯定广东省委、省政府推动广东各项工作取得了新的显著成绩。习近平指出，现在我国改革已经进入攻坚期和深水区，我们必须以更大的政治勇气和智慧，不失时机深化重要领域改革。深化改革开放，要坚定信心、凝聚共识、统筹谋划、协同推进。改革开放是决定当代中国命运的关键一招，也是决定实现“两个一百年”奋斗目标、实现中华民族伟大复兴的关键一招。实践发展永无止境，解放思想永无止境，改革开放永无止境，停顿和倒退没有出路。我们要坚持改革开放正确方向，敢于啃硬骨头、敢于涉险滩，既勇于冲破思想观念的障碍，又勇于突破利益固化的藩篱。我们要尊重人民首创精神，在深入调查研究的基础上提出全面深化改革的顶层设计和总体规划，尊重实践、尊重创造，鼓励大胆探索、勇于开拓，聚合各项相关改革协调推进的正能量。①

党的十八大后，习近平考察第一站就来到深圳，向世界郑重宣示坚持改革开放、继续发展中国特色社会主义的坚定决心，对深圳提出了新要求。习近平重要讲话对深圳经济特区形成巨大鼓舞和鞭策，为全市承担新使命、将经济特区的事业推上新水平进一步指明了方向。②

深圳市第六次党代会对习近平总书记的殷切期望做出了不辱使命的回答：深圳未来五年震撼人心的发展目标的制定：解放思

① 《改革不停顿 开放不止步——习近平总书记考察广东纪实》，新华网，2012年12月13日。
② 中共深圳市委党史研究室、深圳市史志办公室编著：《深圳改革开放四十年》，北京：中共党史出版社，2021年版，第266–268页。

想、真抓实干，勇当“四个全面”排头兵，努力建成现代化国际化创新型城市。努力建成更具改革开放引领作用的经济特区、更高水平的国家自主创新示范区、更具辐射力带动力的全国经济中心城市、更具竞争力影响力的国际化城市、更高质量的民生幸福城市。

二、深圳前海——再造一个香港

1988年6月3日，中国改革开放的总设计师邓小平在会见“90年代中国与世界大会”与会代表时说：“我们在内地还要造几个香港。[①]”1989年5月，邓小平在与当时的中央负责同志谈话时重申：“我过去说过，要再造几个香港。[②]”

2010年8月26日，在深圳经济特区成立30周年之际，国务院批复同意《前海深港现代服务业合作区总体发展规划》，明确把前海建设成为粤港现代服务业创新合作示范区。要求加强统筹规划，集中优势资源，发展总部经济，促进现代服务业的集聚发展，增强资源配置和集约利用能力，把前海深港现代服务业合作区建设成为全国现代服务业的重要基地和具有强大辐射能力的生产性服务业中心，引领带动中国现代服务业发展升级。2011年3月，国家正式将深圳前海开发纳入“十二五”规划纲要。2012年3月，国

① 邓小平：《要吸收国际的经验》，《邓小平文选》（第三卷），北京：人民出版社，1993年版，第267页。

② 邓小平：《组成一个实行改革的有希望的领导集体》，《邓小平文选》（第三卷），北京：人民出版社，1993年版，第297页。

家发展改革委员会正式印发《深圳前海深港现代服务业合作区产业准入目录》。该目录涵盖了前海深港合作区金融业、现代物流业、信息服务业、科技服务业、专业服务业、公共服务业六大领域共计112条内容。2021年9月6日，中共中央、国务院公布《全面深化前海深港现代服务业合作区改革开放方案》，前海合作区将打造粤港澳大湾区全面深化改革创新试验平台，建设高水平对外开放门户枢纽。方案明确，进一步扩展前海合作区发展空间，前海合作区总面积由14.92平方公里扩展至120.56平方公里。

党的十八大以来，习近平总书记先后三次到前海视察，每次都作出重要指示，充分肯定前海模式和生机勃勃的发展态势。邓小平在中国内地"再造几个香港"的伟大构想已从美好的蓝图变为脚踏实地的伟大实践。这一伟大实践不仅意味着一个崭新的经济合作区域即将诞生，更意味着中国改革开放将有可能凭借着一种体制创新的力量逐步走向深化。

如果说1978年创办深圳经济特区是为了以非均衡发展的方式在全国范围内逐步完成由计划经济向市场经济的转型，那么今天在市场经济已取得长足发展的深圳，创办以深港直接合作为先导的前海深港现代服务业合作区，从根本上说则是要以制度创新的方式进一步完善市场经济体系，学习、培育、创造符合市场经济成长的制度环境，从而真正推动中国社会制度变迁大踏步地向前迈进。如果说40多年前创办经济特区之时，深圳是中国对外开放的窗口，那么今天在中国走向世界、世界走进中国的全球化大背景下，创办以深港直接合作为先导的前海深港现代服务业合作区，就不仅是开拓了一个更加广阔的对外开放平台，而是在缔造一个具有国际视野和竞争力的现代化的世界级都会区。

前海深港现代服务业合作区无疑会是一个充满勃勃生机和无限创造力的经济实体。创新金融、现代物流、总部经济、科技及专业服务、通信及媒体服务、高端商业服务等均被列为该合作区内重点发展的产业。但是，从对它的功能定位来看——深港合作的先导区、体制机制的创新区、现代服务业的集聚区、结构调整的引领区，已经道出了前海合作区对转型中国更深层制度变迁的示范效应：它是一种经济合作，更是一种体制创新；它是一个产业集聚，更是一个制度变革。体制、机制的创新，更深刻的制度变迁不仅是它创办的前提与意义，同时也是它得以生存、发展、示范的基础性制度保障。

所以，“再造几个香港”的目的绝不是再建几座摩天大楼，更不是简单复制商业社会的繁华，而是要让其具有保障香港社会持续繁荣的成熟的市场经济体系、良好的社会运行规则、有利于社会发展与进步的文明的制度环境，让其成为更加广泛的社会共识与更加普遍的社会运行体制与机制，最终能够达到推进粤港乃至全国市场经济体系的完善并发挥更加深远的意义。

1．继续凭借“先行先试”的政策“特权”，推动改革向纵深迈进

“先行先试”，探索现代服务业创新发展的制度变迁的路径，从而带动整个社会运行体制机制的创新，并以制度创新的绩效示范全国，推动我国社会改革开放的伟大事业向纵深迈进，是前海深港现代服务业合作区新的历史使命。

“先行先试”是转型中国赋予经济特区的“先天”品格，是强制性制度变迁赋予经济特区的政策“特权”，是非均衡发展战略赋予经济特区的伴随风险和成本的“优先”变革权，更是经济特区富有活力的原因所在。

香港是一个成熟、完善、高度国际化的发达的市场经济地区，深圳是中国市场经济发展水平和国际化程度均相对较高的城市。深港合作从根本上说是市场经济发展的自然结合，是共同选择的必然结果。因此我们有充分的理由相信，前海深港现代服务业合作区不仅是一个深港直接合作的经济平台，而且必定会是一个以制度创新的实践和“先行先试”的经验推进中国社会改革开放向纵深迈进的宽松、开放、包容、文明的国际化的生活圈。

“先行先试”既是一个创新的过程，又是一个向先进学习的过程。“先行先试”不仅是经济体制机制的“先行先试”，还必然包括政治体制、行政管理机制、社会、文化等诸方面更深层次制度变迁的“先行先试”，这是特区的品质，更是特区新的使命。

2．建立服务型政府，让制度环境成为生产力成长的核心保障

充分发挥政府政策制定的主导作用，为前海现代服务业的集聚发展创造良好的政策、制度环境和法律环境，是前海深港现代服务业合作区稳步成长的基本保障。

前海深港现代服务业合作区创造并开辟了深港合作的一个崭新并具有挑战性的模式。如果说以往的深港合作主要表现为要素的流通与往来，那么前海合作区域的创建，将使合作从单纯的要素流通领域，进入决定要素流动的制度层面。前海深港合作区是向现代企业制度学习的过程，更是向现代服务型政府迈进的过程。切实保障个人的自由和私人产权，以及稳定的倾向体系和有效的公共服务，正是市场经济得以存在和发展的前提条件。所以，政府为经济发展提供制度安全保障，使每一个劳动者都能享受其劳动的成果，并因此而受到鼓励去诚实而高效率地工作。

但在市场经济中，市场是主角政府是配角，市场的作用是政府无法替代的。只有树立这样的意识，深圳前海才可能成为真正意义上的市场。[①]

第二节　“五位一体”发展理念与经济特区新定位

一、“五位一体”发展理念

党的十一届三中全会后，以邓小平为核心的党的第二代中央领导集体，深刻认识到物质文明与精神文明协调发展的重要性，强调“两手抓、两手都要硬”。党的十二届六中全会把我国社会主义现代化的总体布局明确表述为“以经济建设为中心，坚定不移地进行经济体制改革，坚定不移地进行政治体制改革，坚定不移地加强精神文明建设，并且使这几个方面互相配合，互相促进”。党的十三届四中全会以后，党中央提出中国特色社会主义经济、政治、文化纲领，形成经济建设、政治建设、文化建设三位一体总体布局。党的十六大以来，党中央对总体布局进行了新的探索和思考。党的十六届六中全会把和谐社会建设作为中国特色社会主义事业总体布局的一项重要内容确立下来，使总体布局发展成为包括经济建设、政治建设、文化建设、社会建设在内的四位一体。党的十七大提出生态文明的理念和建设生态文明的目标。在此基础上，党的十八大

① 陶一桃：《建设前海就是“再造香港”》，《法人》，2014 年 05 期。

将生态文明建设纳入中国特色社会主义事业总体布局，正式形成了“五位一体”总体布局。

党的十八大报告指出，建设中国特色社会主义，总布局是经济建设、政治建设、文化建设、社会建设、生态文明建设“五位一体”。报告对全面协调推进“五位一体”建设作出了重大部署。学习贯彻党的十八大精神，必须牢牢把握“五位一体”的总布局，认真落实相关部署，为中国特色社会主义伟大事业开辟更加广阔的发展前景。

“五位一体”总布局标志着我国社会主义现代化建设进入新的历史阶段，体现了我们党对于中国特色社会主义的认识达到了新境界。“五位一体”总布局与社会主义初级阶段总依据、实现社会主义现代化和中华民族伟大复兴总任务有机统一，对进一步明确中国特色社会主义发展方向、夺取新时代中国特色社会主义新胜利意义重大。

“五位一体”总布局是一个有机整体，其中经济建设是根本，政治建设是保证，文化建设是灵魂，社会建设是条件，生态文明建设是基础。只有坚持“五位一体”建设全面推进、协调发展，才能形成经济富裕、政治民主、文化繁荣、社会公平、生态良好的发展格局，把我国建设成为富强民主文明和谐的社会主义现代化国家。党的十八大报告对下一阶段工作提出经济持续健康发展、人民民主不断扩大、文化软实力显著增强、人民生活水平全面提高、资源节约型和环境友好型社会建设取得重大进展。这是党中央根据我国经济社会发展实际，对全面推进五位一体建设提出的新要求。落实这些新要求，需要全党全国人民加倍努力。①

---

①《坚持五位一体 把握总体布局——学习贯彻党的十八大精神之四》，新华网，2012 年 11 月 19 日。

深刻把握“五位一体”总体布局，关键是在实践中全面贯彻落实。在经济建设方面，要坚持以科学发展为主题，以加快转变经济发展方式为主线，推动工业化、信息化、城镇化、农业现代化同步发展。在政治建设方面，要坚持把政治体制改革摆在改革发展全局的重要位置，坚持党的领导、人民当家作主、依法治国有机统一，发展更加广泛、更加充分的人民民主。在文化建设方面，要坚持“二为”方向、“双百”方针和“三贴近”原则，树立高度的文化自觉和文化自信，推动社会主义精神文明和物质文明全面发展。在社会建设方面，要坚持多谋民生之利，多解民生之忧，解决好人民最关心最直接最现实的利益问题，使改革发展成果更多更公平地惠及全体人民。在生态文明建设方面，要树立尊重自然、顺应自然、保护自然的生态文明理念，把生态文明理念融入经济建设、政治建设、文化建设、社会建设各方面和全过程，优化国土空间开发格局，加强生态文明制度建设，着力推进绿色发展、循环发展、低碳发展，更加积极地保护生态，为人民创造良好的生产生活环境。[①]

二、经济特区的新定位

经济特区创办时的基本功能定位是探索对外开放条件下经济发展和经济体制改革的新路径，为发展社会主义市场经济提供成功经验。随着我国社会主义现代化建设的不断发展，改革开放的整体态势已由早年经济特区先试先改的“一马当先”，发展成为全国

① 赵周贤：《深刻认识“五位一体”总体布局的重大意义》，《光明日报》，2012 年 11 月 11 日。

普遍改革开放的“万马奔腾”。与此相适应，经济特区的地位与作用也逐渐增加了新的内涵，不仅仅是早年确定的改革开放的“排头兵”、“窗口”、“试验场”，同时也是“科学发展和全面深化改革的示范区”。如国家发展改革委员会对深圳特区就有新的明确定位：全国综合配套改革试验区、全国经济中心城市、国家创新型城市、国际化城市、中国特色社会主义示范市。

2018年4月13日，习近平总书记在庆祝海南建省办经济特区30周年大会讲话中指出，在决胜全面建成小康社会、夺取新时代中国特色社会主义伟大胜利的征程上，经济特区不仅要继续办下去，而且要办得更好、办出水平。经济特区要不忘初心、牢记使命，把握好新的战略定位，继续成为改革开放的重要窗口、改革开放的试验平台、改革开放的开拓者、改革开放的实干家。经济特区正处在新一轮发展的关键时期，需要通过转型升级，提高发展的质量和水平。[①] 习近平总书记在庆祝海南建省办经济特区30周年大会的讲话坚定表明，我国改革的步伐会越来越大，我国开放的程度会越来越高，经济特区的作用会越来越大。

1．新时代，经济特区要有新作为

中国特色社会主义进入新时代，我国社会主要矛盾已经转化为人民日益增长的美好生活需要和不平衡不充分的发展之间的矛盾。经济特区已走过40多年的路程，积累了丰富的改革开放经验，奠定了坚实的经济基础。经济特区要充分发挥自身的优势，成为改革开放的引领区、先行区。深圳市委提出率先高质量全面建成小康社

---

① 习近平：《在庆祝海南建省办经济特区30周年大会上的讲话》，《人民日报》，2018年4月14日。

会，加快建设社会主义现代化的先行区，努力在新起点上勇当尖兵、再创新局。

2．从高速度向高质量发展转变

高速发展是经济特区的显著特点。我国经济特区是对计划经济体制的突破，完善了经济体制，解放了生产力，经济特区的发展明显快于其他地区。深圳经济特区曾创造过“三天一层楼”，被誉为深圳速度。到 2021 年，深圳经济特区自建立以来的 40 多年里始终保持高速增长。在起步阶段，高速度是必然的也是必需的，只有这样才能迅速成长，缩小与发达地区的差距。但是，长期的高速增长，容易忽视经济质量的提升，容易造成资源的大量消耗和产品的积累。

高质量发展是高速度的必然结果，是新时代的新要求。党的十九大报告指出，“我国经济已由高速增长阶段转向高质量发展阶段，正处在转变发展方式、优化经济结构、转换增长动力的攻关期，建设现代化经济体系是跨越关口的迫切要求和我国发展的战略目标。必须坚持质量第一、效益优先，以供给侧结构性改革为主线”①。2017 年中央经济工作会议强调，我国经济发展进入新时代，基本特征就是我国经济已由高速增长阶段转向高质量发展阶段。推动高质量发展是当前和今后一个时期确定发展思路、制定经济政策、实施宏观调控的根本要求，必须加快形成推动高质量发展的指标体系、政策体系、标准体系、统计体系、绩效评价、政绩考核，创建和完善制度环境。

---

① 习近平：《决胜全面建成小康社会 夺取新时代中国特色社会主义伟大胜利——在中国共产党第十九次全国代表大会上的报告》，北京：人民出版社，2017 年版，第 30 页。

3．从单项突破向全面深化改革转变

经济特区作为中国改革开放试验区，重点是经济体制改革。改革开放之初，主要是通过市场化改革，突破计划经济体制，建立市场经济体制。并由经济体制改革，带动其他各领域的改革。杀开一条血路、摸着石头过河，成为改革的主要途径和方法。当前，不仅需要进一步完善市场经济体制，而且要在其他领域深入改革。

全面深化改革是经济特区当前的重要任务。党的十八届三中全会审议通过的《中共中央关于全面深化改革若干重大问题的决定》提出，全面深化改革的总目标是完善和发展中国特色社会主义制度，推进国家治理体系和治理能力现代化。必须更加注重改革的系统性、整体性、协同性。经济体制改革是全面深化改革的重点，核心问题是处理好政府和市场的关系，使市场在资源配置中起决定性作用和更好发挥政府作用。市场决定资源配置是市场经济的一般规律，健全社会主义市场经济体制必须遵循这条规律，着力解决市场体系不完善、政府干预过多和监管不到位问题。①

4．从重点推进向“五位一体”转变

我国幅员辽阔，各地情况千差万别，我国改革开放是有序的逐步推进。先在经济特区试点，再到沿海地区、沿江地区、沿边地区。有条件的地区先走一步，逐步带动其他地区。改革开放初期，我国贫困地区较多，经济总体水平不高。因此，最迫切的任务是通过发展经济，迅速改变贫困面貌，提高人民的生活水平，提高国家的经济实力。

---

①《中共中央关于全面深化改革若干重大问题的决定》，北京：人民出版社，2013 年版，第 5–6 页。

党的十八大以来，党中央提出经济建设、政治建设、社会建设、文化建设、生态文明建设“五位一体”总体布局。这既是根据当前的实际提出的要求，也是着眼于未来发展作出的战略部署。我们正处在全面建成小康社会决胜期，既要全面建成小康社会、实现第一个百年奋斗目标，又要乘势而上开启全面建设社会主义现代化国家新征程，向第二个百年奋斗目标进军。“五位一体”总体布局，是实现两个百年奋斗目标的基础和保障。①

2018 年 1 月 14 日，在中共深圳市第六届委员会第九次会议上，广东省委常委、深圳市委书记王伟中代表市委常委会作工作报告。报告对深圳未来的谋划直指 2050 年，进一步厘清深圳实现“率先建设社会主义现代化先行区”这一目标的路线图、时间表、任务书。报告显示，深圳将对标全球最高标准。瞄准“两个一百年”奋斗目标，对标香港、新加坡、纽约、伦敦、旧金山、东京、北京、上海等先进城市，对照全球各领域最高水平来谋划推动工作，拉长长板，补齐短板，打造全球城市版图中的“璀璨明珠”。

报告提出，深圳要率先建设社会主义现代化先行区。到 2020 年，基本建成现代化国际化创新型城市，高质量全面建成小康社会。到 2035 年，建成可持续发展的全球创新之都，实现社会主义现代化。到 21 世纪中叶，建成代表社会主义现代化强国的国家经济特区，成为竞争力影响力卓著的创新引领型全球城市，成为实现中华民族伟大复兴的“最佳例证”，展示中国特色社会主义“四个自信”的“最佳窗口”，彰显习近平新时代中国特色社会主义思想

① 袁晓江：《把握好新的战略定位 把经济特区办得更好》，《深圳特区报》，2018 年 4 月 24 日。

磅礴力量的“最佳示范”。[①]

2018 年 4 月 13 日，习近平总书记在庆祝海南建省办经济特区 30 周年大会讲话中指出，以新时代中国特色社会主义思想为指导，坚持稳中求进工作总基调，增强“四个意识”，坚定“四个自信”，坚持新发展理念，统筹推进“五位一体”总体布局和协调推进“四个全面”战略布局。[②]这既是对海南经济特区的要求，也是对其他经济特区的要求。

第三节　自由贸易试验区与经济特区的新模式

一、中国自由贸易试验区的发展历程

从概念上讲，广义的自由贸易试验区（Free Trade Zone，简称 FTZ）指两个或两个以上的国家和地区之间为了降低贸易和投资成本、提高贸易和投资效率、促进贸易和投资发展而成立的区域组织形式。而狭义的自由贸易区是根据本国（或地区）的法律法规在当地境内设立的一个或多个区域性经济特区，在该经济特区内实行优惠政策和特殊监管，以降低贸易和投资成本、提高贸易和投资效率。这种方式是一国（或地区）的境内关外行为，即该国（或地区）

① 《中国共产党深圳市第六届委员会第九次全体会议决议》，《深圳特区报》，2018 年 1 月 15 日。

② 习近平：《在庆祝海南建省办经济特区 30 周年大会上的讲话》，《人民日报》，2018 年 4 月 14 日。

在其境内划出一块专门区域对外进行贸易、吸引投资，对该区域的经济活动不做过多的干预，税费方面也有较大的优惠。[①]

中国的自由贸易区是指在我国境内关外设立的，以优惠税收和海关特殊监管政策为主要手段的，以贸易自由化、便利化为主要目的的多功能经济特区。其核心是营造一个符合国际惯例的、对内外资都具有国际竞争力的良好的国际商业环境。[②]

党的十七大把自由贸易区建设上升为国家战略，党的十八大提出要加快实施自由贸易区战略。党的十八届三中全会提出要以周边为基础加快实施自由贸易区战略，形成面向全球的高标准自由贸易区网络，加快实施自由贸易区战略面临的国内外环境，探讨中国加快实施这个战略的思路，准确把握经济全球化新趋势和中国对外开放新要求。

2013 年上半年，商务部、上海市政府会同国务院有关部门共同拟定《中国（上海）自由贸易试验区总体方案（草案）》，上报国务院审批。2013 年 7 月 3 日，国务院常务会议讨论并原则通过该方案草案。9 月 27 日，国务院印发《中国（上海）自由贸易试验区总体方案》。中国（上海）自由贸易试验区（以下简称上海自贸区）实施范围 28.78 平方公里，涵盖四个片区：外高桥保税区、外高桥保税物流园区、洋山保税港区和上海浦东机场综合保税区。上海自贸区，是一个从经济体制到监管体制再到行政体制改革的综

① 陶一桃、伍凤兰、闫振坤等：《广东经济特区改革发展 40 年》，广州：中山大学出版社 2018 年版，第 257 页。

② 陶一桃：《从特区到自贸区：中国自贸区的特殊使命》，《深圳大学学报（人文社会科学版）》，2015 年 06 期。

合试验区，对于进一步完善中国经济制度架构的意义堪比第一轮以开放促改革时建立的深圳经济特区。

2015 年 4 月 20 日，国务院印发《关于印发进一步深化中国（上海）自由贸易试验区改革开放方案的通知》《关于印发中国（广东）自由贸易试验区总体方案的通知》《关于印发中国（天津）自由贸易试验区总体方案的通知》《关于印发中国（福建）自由贸易试验区总体方案的通知》。

2017 年 3 月 31 日，国务院印发《关于印发中国（辽宁）自由贸易试验区总体方案的通知》《关于印发中国（浙江）自由贸易试验区总体方案的通知》《关于印发中国（河南）自由贸易试验区总体方案的通知》《关于印发中国（湖北）自由贸易试验区总体方案的通知》《关于印发中国（重庆）自由贸易试验区总体方案的通知》《关于印发中国（四川）自由贸易试验区总体方案的通知》《关于印发中国（陕西）自由贸易试验区总体方案的通知》。

2018 年 4 月 13 日，习近平在庆祝海南建省办经济特区 30 周年大会上郑重宣布，党中央决定支持海南全岛建设中国（海南）自由贸易试验区。[①] 5 月 23 日，国务院印发《关于做好自由贸易试验区第四批改革试点经验复制推广工作的通知》。10 月 16 日，国务院印发《关于同意设立中国（海南）自由贸易试验区的批复》，实施范围为海南岛全岛。11 月 23 日，国务院印发《关于支持自由贸易试验区深化改革创新若干措施的通知》，指出建设自由贸易试验区是党中央、国务院在新形势下全面深化改革和扩大开放的战略

① 习近平：《在庆祝海南建省办经济特区 30 周年大会上的讲话》，《人民日报》，2018 年 4 月 14 日。

举措。

2019 年 8 月 6 日，国务院印发《关于印发中国（上海）自由贸易试验区临港新片区总体方案的通知》。8 月 26 日，国务院印发《关于同意新设 6 个自由贸易试验区的批复》，同意设立中国（山东）自由贸易试验区、中国（江苏）自由贸易试验区、中国（广西）自由贸易试验区、中国（河北）自由贸易试验区、中国（云南）自由贸易试验区、中国（黑龙江）自由贸易试验区。

2019 年 8 月 26 日，在国新办举行的 6 个新设自由贸易试验区总体方案有关情况吹风会上，商务部副部长兼国际贸易谈判副代表王受文介绍，从 2013 年自贸试验区工作启动以来，中国自贸试验区的建设布局逐步完善，形成了覆盖东西南北中的改革开放创新格局，在投资贸易自由化便利化、金融服务实体经济、政府职能转变等领域进行大胆探索，取得显著成效。

2020 年 9 月 21 日，国务院发布《关于印发北京、湖南、安徽自由贸易试验区总体方案及浙江自由贸易试验区扩展区域方案的通知》，通知显示将《中国（北京）自由贸易试验区总体方案》《中国（湖南）自由贸易试验区总体方案》《中国（安徽）自由贸易试验区总体方案》《中国（浙江）自由贸易试验区扩展区域方案》印发。

2021 年 7 月 9 日，中央全面深化改革委员会第二十次会议，审议通过《关于推进自由贸易试验区贸易投资便利化改革创新的若干措施》。

二、自贸区——经济特区的新模式

商务部和海关总署曾对自贸区的概念进行过界定。根据《商务部、海关总署关于规范“自由贸易区”的函》,“自由贸易区”所涵盖的范围是签署自由贸易协定的所有成员的全部关税领土，而非其中的某一部分。“自由贸易园区”(Free Trade Area，简称FTA)。我国的经济特区、保税区、出口加工区、保税港、经济技术开发区等特殊经济功能区都具有“自由贸易园区”的某些特征。

中国目前的自由贸易区既不是国际通行的真正FTA(即两个或两个以上独立关税主体之间就贸易自由化取消关税和其他限制性贸易法规)概念，也不是完全意义上的FTZ(即国家内部区域的一种制度安排)概念，而是一个功能上超越FTZ，而规则上又不同于FTA的具有中国特色的自由贸易区的概念。当然，无论是FTA还是FTZ，中国自由贸易区的设立与它们的共同之处，都是为了降低国际贸易成本，促进对外贸易和国际商务的发展，其本质更多的或主要是经济共同体或经济区域。①

中国的自由贸易区如同当年的经济特区一样，是使命(改革)与发展(促进经济全球化、贸易自由化)的共同体，更是体制机制创新与制度创新的试验田。发展经济一直是中国社会改革现实的逻辑起点，也是中国制度变迁的切入点。改革开放初期在邓小平“发展才是硬道理”的战略指引下，经济特区成功地探索出一条由普遍贫穷走向共同富裕的制度变迁道路，而且还令世人瞩目地完成了由计划经济向市场经济转型的试验田的使命。但是，经济特区并不只是一种暂时的经济现象，而是中国实现全方位改革的试验田，是完成社会转型与制度变迁的一条有效的路径选择，是在经济发展不平

① 陶一桃:《从特区到自贸区：中国自贸区的特殊使命》,《深圳大学学报(人文社会科学版)》, 2015 年 06 期。

衡的大国里加速实现现代化的一条“捷径”。如果从中国改革的全过程来分析、从中国改革开放的视角来考察，经济特区的使命还远没有完成。以深圳为代表的早期经济特区成功的经验证明了这一点，以喀什、霍尔果斯为代表的新兴经济特区的产生证明这一点，自由贸易区的形成更加印证这一点。所以说，改革的职能如果始终是中国经济特区的最根本使命，那么深化改革则无疑构成中国自贸区的最根本使命。

例如，国家对上海自由贸易试验区的总体要求：试验区肩负着我国在新时期加快政府职能转变、积极探索管理模式创新，促进贸易和投资便利化，为全国深化改革和扩大开放探索新途径、积累新经验的重要使命。[①] 对天津自贸区的总体要求：紧紧围绕国家战略，以开放促改革、促发展、促转型，以制度创新为核心，发挥市场在资源配置中的决定性作用，探索转变政府职能新途径，探索扩大开放新模式，努力打造京津冀协同发展对外开放新引擎，着力营造国际化、市场化、法治化营商环境，为我国全面深化改革和扩大开放探索新途径、积累新经验，发挥示范带动、服务全国的积极作用。[②] 对广东自由贸易区的战略定位：紧紧围绕国家战略，进一步解放思想，先行先试，以开放促改革、促发展，以制度创新为核心，促进内地与港澳经济深度合作，为全面深化改革和扩大开放探

① 《国务院关于印发中国（上海）自由贸易试验区总体方案的通知》，《中华人民共和国国务院公报》，2019 年 23 期。
② 《国务院关于印发中国（天津）自由贸易试验区总体方案的通知》，《中华人民共和国国务院公报》，2015 年 13 期。

索新途径、积累新经验，发挥示范带动、服务全国的积极作用。[①]对福建自贸区的总体要求：紧紧围绕国家战略，立足于深化两岸经济合作，立足于体制机制创新，进一步为深化两岸经济合作探索新模式，为加强与21世纪海上丝绸之路沿线国家和地区的交流合作拓展新途径。[②]从这些要求及其未来的实践来看，中国自由贸易区作为承担更深刻改革使命的升级版经济特区，必将继续以先行先试的品格和敢为天下先的勇气从理论与实践两个方面丰富中国道路的实质与内涵。

自由贸易区是新的历史条件和发展背景下被赋予了新使命的经济特区。先行先试，为中国社会的改革提供可复制、可推广的经验，是自由贸易区推动中国社会改革进程的历史使命。先行先试是中国经济特区的功能，是中国道路的独特路径，因此也必然是中国自由贸易区的独特功能与使命。从这个意义上说，从特区到自贸区是中国道路的内容，是中国道路的体现，又是中国道路的发展。尽管中国道路是一个很宽泛的概念，但从中国改革开放的内在逻辑来看，中国道路可以表述为：以创办经济特区为起点，以先行先试为路径。以改革开放为宗旨，以建立法制的社会主义市场经济为目标，以社会全方位改革和全面发展为方向的具有中国特色的实现现代化的道路。

如果说40多年前创办经济特区是为了完成由计划经济向市场

① 《国务院关于印发中国（广东）自由贸易试验区总体方案的通知》，《中华人民共和国国务院公报》，2015年13期。

② 《国务院关于印发中国（福建）自由贸易试验区总体方案的通知》，《中华人民共和国国务院公报》，2015年13期。

经济的转型，确立社会主义的市场经济体系，实现闭关自守向对外开放的改变，从而以社会制度安排的创新为内在动力，推动政府职能的转变。那么，中国自由贸易区的建立，则是为了进一步完善市场经济体系，实现外向型经济向开放型经济的转变，从而不仅推动、促使中国社会由政策开放走向制度开放，也将有效推动、促使我们的政府由全能政府走向服务政府，由服务政府走向授权政府，借此逐步完成全面深化改革的使命。

2018 年，党中央支持海南全岛建设自由贸易试验区，支持海南逐步探索、稳步推进中国特色自由贸易港建设，分步骤、分阶段建立自由贸易港政策和制度体系。这是党中央着眼于国际国内发展大局，深入研究、统筹考虑、科学谋划作出的重大决策，是彰显我国扩大对外开放、积极推动经济全球化决心的重大举措。

如果能在企业共同参与下把海南自由贸易港建设成功，不仅会对企业创造巨大的、良好的发展环境，而且对我国实现由大国向强国的转变，对我国积极主动推进经济全球化、成为经济全球化重要的推动者，对我国打造面向 21 世纪海上丝绸之路的战略基地，建设面向太平洋、印度洋的重要对外开放门户，都将起到重大的作用。①

无论经济特区还是自由贸易区，都是自上而下的强制性制度变迁的产物，都是国家整体战略的一部分，并且都在中国社会改革开放不同历史时期承担着不同的使命，而且以开放促改革又构成了它们共同的逻辑起点。正如当年“5+2”传统经济特区的区域辐射作

① 迟福林：《建设自由贸易区（港）海南三十而立再出发》，《商业观察》，2018 年 06 期。

用一样，今天的中国自由贸易区也同样肩负着重塑、完善中国经济发展区域版图的重要功能，都曾经是并将继续成为区域协同发展的强有力的支撑点和引擎。如广东自贸区的功能就是促进内地与港澳经济的长期合作，形成互利互惠、繁荣共享的泛珠三角经济圈，成为21世纪海上丝绸之路的重要枢纽。天津自贸区将成为京津冀区域协同发展实现一体化的火车头。福建自贸区则重在两岸合作，同时加强与21世纪海上丝绸之路沿线国家和地区的交流开拓新途径。所以，正如当年传统经济特区都必然担负起转变政府职能、改革政府的探索功能一样，今天的中国自由贸易区从更加深刻的层面上继续着这一艰难却关系到中国社会改革成败的探索。在政府的权力还需要政府的权力剥夺的强制性制度变迁中，政府自身的认识能力无疑是至关重要的。在中国社会进行的自上而下的强制性制度变迁中，政府尤其是中央政府是这场制度变迁的发轫者、领导者或者是最直接倡导者，同时又是这场制度变迁中的“被改革者”。没有中央政府的决策和授意，就不可能有改革开放的实践，如特区、自贸区的产生就既是中央赋予地方政府特殊政策的结果，又是中央整体发展战略部署的产物。[①]

① 陶一桃：《从特区到自贸区：深圳经济特区的新使命》，《中国社会科学报》，2015年10月13日。

第四节　大湾区与经济特区使命的新拓展

一、中国的湾区建设

湾区经济作为重要的滨海经济形态，是当今国际经济版图的突出亮点，是世界一流滨海城市的显著标志。国际一流湾区如纽约湾区、旧金山湾区、东京湾区等，以开放性、创新性、宜居性和国际化为其最重要特征，具有开放的经济结构、高效的资源配置能力、强大的集聚外溢功能和发达的国际交往网络，发挥着引领创新、聚集辐射的核心功能，是带动全球经济发展的重要增长极和引领技术变革的引擎。

中国的三大湾区包括环珠江口湾区、环长江湾区和环渤海湾区。环珠江口湾区又称为珠江三角洲经济区，是中国最发达的经济区域之一。地理上包括香港、澳门两个特别行政区和广州、深圳、珠海、佛山、惠州、肇庆、江门、中山和东莞九个城市，简称“9+2”。作为中国改革开放的先行先试地区，这里不仅已经成为当今中国重要的经济中心区域、世界知名的加工制造基地和出口基地、世界产业转移的首选地区之一，而且还承载着中国改革开放40多年所沉淀下来的可贵的政治资本、精神财富和文化力量。

环长江口湾区又称为长三角经济圈，被誉为中国的“金三角”。其核心城市包括上海、南京、杭州、宁波、舟山、绍兴、嘉兴。这里是目前中国经济发展速度最快、经济总量规模最大、最具有发展潜力的经济板块。同时又是具有深厚的现代商业文明、广泛的国际知名度和认可度的城市群，它们的发展繁荣曾在相当长的时期中是中国近现代史的标志。

环渤海湾区又称环渤海京津唐经济圈，包括天津、北京和雄安新区在内的河北省内的城市。渤海是一个内海，被辽东半岛、山东半岛和华北大平原呈“C”字形环抱。沿岸13座城市，经济辐射面积遍及大半个中国，是东北、华北、西北和华东部分地区的主要出海口。从国外进口的设备、资金、商品由这里进入中国的北方市场。这些内陆腹地，涉及十几个省和自治区，国民生产总值约占全国的40%。

二、粤港澳大湾区的发展历程

2017年政府工作报告中郑重提出，要推动内地与港澳深化合作，研究制定粤港澳大湾区城市群发展规划，发挥港澳独特优势，提升在国家经济发展和对外开放中的地位与功能。

自2008年提出粤港澳大湾区规划建设以来，中央和地方高度重视与持续推进大湾区的建设。2009年推出的《大珠江三角洲城镇群协调发展规划研究》就已经把“湾区发展计划”列为空间总体布局协调计划的一环，并提出四项跟进工作，即跨界交通合作、跨界地区合作、生态环境保护合作和协调机制建设。[①] 2014年深圳市政府工作报告首次提到“湾区经济”的概念；2015年“一带一路”顶层设计提出要深化港澳合作，打造粤港澳大湾区；2017年3月粤港澳大湾区建设首次被写入政府工作报告，上升为国家战略；2017年6月首届粤港澳大湾区论坛在香港举行；2017年7月《深

① 《〈大珠江三角洲城镇群协调发展规划研究〉报告出炉 粤港澳共建世界级城镇群》，《南方日报》，2009年10月29日。

化粤港澳合作推进大湾区建设框架协议》正式签署。

2019 年 2 月 18 日，中共中央、国务院印发《粤港澳大湾区发展规划纲要》(以下简称《规划纲要》)。《规划纲要》涵盖了粤港澳大湾区的发展目标、布局、定位及产业经济发展等多方面的内容。明确建设粤港澳大湾区，既是新时代推动形成全面开放新格局的新尝试，也是推动“一国两制”事业发展的新实践。《规划纲要》指出大湾区要构建具有国际竞争力的现代产业体系，包括先进制造业、现代服务业、海洋经济、战略性新兴产业等，对于粤港澳大湾区未来的产业经济发展具有重要意义。其指导思想是“深入贯彻习近平新时代中国特色社会主义思想和党的十九大精神，统筹推进‘五位一体’总体布局和协调推进‘四个全面’战略布局，全面准确贯彻‘一国两制’、‘港人治港’、‘澳人治澳’、高度自治的方针，严格依照宪法和基本法办事，坚持新发展理念，充分认识和利用‘一国两制’制度优势、港澳独特优势和广东改革开放先行先试优势，解放思想、大胆探索，不断深化粤港澳互利合作，进一步建立互利共赢的区域合作关系，推动区域经济协同发展，为港澳发展注入新动能，为全国推进供给侧结构性改革、实施创新驱动发展战略、构建开放型经济新体制提供支撑，建设富有活力和国际竞争力的一流湾区和世界级城市群，打造高质量发展的典范”① 。

中央关于粤港澳湾区经济带的建设有“四大目标”和“七大构想”。所谓“四大目标”又可称为“四个实现”，即实现人员自由流动、实现贸易自由流动、实现资金自由流动、实现信息自由安全

① 《中共中央 国务院印发〈粤港澳大湾区发展规划纲要〉》,《中华人民共和国国务院公报》，2019 年 07 期。

流动。所谓“七大构想”是指：（1）推进基础设施互联互通。发挥香港作为国际航运中心优势，带动大湾区其他城市共建世界级港口群和空港群。共同推进包括港珠澳大桥、广深港高铁、粤澳新通道等区域重点项目建设。（2）进一步提升市场一体化水平。落实内地与香港、澳门CEPA及其系列协议。推动扩大内地与港澳企业互相投资。鼓励港澳人员赴粤投资及创业就业。（3）打造国际科技创新中心。优化跨区域合作创新发展模式，构建国际化、开发型区域创新体系。（4）构建协调发展现代产业体系。充分发挥大湾区不同城市产业优势，推进产业协同发展，完善产业发展格局，加快向全球价值链高端迈进。（5）共建宜居宜业宜游的优质生活圈。推进区域旅游发展，支持澳门打造旅游教育培训基地，共建健康湾区，完善生态建设和环境保护合作机制，建设绿色低碳湾区。（6）培育国际合作新优势。充分发挥港澳地区独特优势，深化与“一带一路”沿线国家在基础设施互联互通、经贸、金融、生态环保及人文交流领域的合作。（7）支持重大合作平台建设。推进深圳前海、广州南沙、珠海横琴等重大粤港澳合作平台开发建设。支持港深创新及科技园、江门大广海湾经济区、中山粤澳全面合作示范区等合作平台建设。

粤港澳大湾区布局的正式确立，意味着中国新一轮发展战略的较为成熟的区域布局已形成。同时，由自然与政治因素所共同决定的独特的地缘地位、由率先发展所致的优质要素禀赋及优化产业结构因素，都使粤港澳大湾区不仅义不容辞地肩负着与港澳深度合作、协同发展、共同繁荣的历史使命，而且还将继续以持续创新的生命力，社会整体协调发展的原动力和对外开放的活力，在深化改革和实践“一带一路”倡议中发挥独特功能与作用。[①]

三、经济特区使命的新拓展

作为改革开放试验田的粤港澳大湾区，充分汲取与借鉴了经济特区发展的经验，肩负着向全国推广先进成熟的经济和金融制度的重任。不同于通过国家政策而确立广东自贸区，粤港澳大湾区的形成更多源于地缘优势。其得天独厚的地理特征逐渐形成在一定区域范围内极具特征的产业集群，又进一步助力粤港澳大湾区的经济发展。加之粤港澳三地皆具备成熟的交通基础设施，发达的物流业成为其显著优势。在历史新形势、新机遇下，粤港澳大湾区必须认清形势，直面挑战，把握机会，发挥地域优势，利用外贸传统，勇敢试、全面改，协调创新，努力探索一条可借鉴、可推广的特色发展新路径。

1．沟通中外，造发展的桥梁

湾区具有天然的地理优势，依托区域经济发展带动产业集聚以及物流一体化的成熟，形成发达的国际交往网络。2015 年 3 月，国家发改委、外交部、商务部联合发布《推动共建丝绸之路经济带和 21 世纪海上丝绸之路的愿景与行动》，明确指出充分发挥深圳前海、珠海横琴的作用，深化与港澳台的合作，打造粤港澳大湾区。由此，广东特区创造性地提出在新常态下构建区域协同发展新优势的发展理念：

① 陶一桃：《深圳在粤港澳大湾区经济带中的地位与作用——中国三大湾区经济带比较视角》，《特区实践与理论》，2017 年 05 期。

（1）优化粤港澳大湾区经济发展布局。统筹陆海资源，促进产业集群，以高标准加快前海深港现代服务业合作区、深圳湾总部基地等建设，形成片区协调互动的湾区经济发展形态。

（2）强化粤港澳大湾区物流功能。牢牢抓住亚洲最大陆路口岸和海港、空港、信息港三港联动的优势，着力增强航运、贸易、金融集聚辐射功能。加强与东盟国家基础设施互联互通，打造21世纪海上丝绸之路枢纽网点。积极发展国际会展业和供应链管理、跨境电子商务等新型业态。

（3）提升粤港澳大湾区经济国际影响力。全面落实国际化城市建设行动纲要，通过多渠道建设国际化湾区：加强国际语言环境、国际化社区和国际学校建设，在国际知名城市拓展友城网络，全方位开展国际交流合作。

2. 集聚外溢，制发展的引擎

在国际上，“湾区”一词多用于描述围绕沿海口岸分布的众多海港和城镇所构成的港口群和城镇群，而衍生的经济效应则称之为“湾区经济”。湾区经济具有开放的经济结构、高效的资源配置能力、强大的集聚外溢功能、发达的国际交往网络，是世界一流城市的显著特征。而粤港澳大湾区正是中国接轨世界经济发展的重要战略部署。随着全球一体化发展不断深入，海陆空成为不可或缺的资源渠道。在其中的互动与分配中，海洋经济逐渐成为主流，并逐步形成以湾区为核心的经济集群中心。加快建设属于自己的新型世界级经济湾区，是广东经济新常态下转型升级的必由之路，更是我国对接国际市场，实现跨越式发展的重要途径。

研究表明，滨海湾区建设浪潮使很多湾区呈现出新面目，许多地区凭借有利的各种海湾资源条件，实现了城市的科学、合理发展，达到了整合地区资源、提升地区发展水平的目的。为促进湾区经济更好更快发展，粤港澳大湾区将加快打造高质量的滨海产业集群。以高标准推进前海湾现代服务业集聚区发展，按高品质加快深圳湾超级总部基地建设，借高起点打造国际生态旅游区和国际生物谷，带动周边区域集聚发展，形成湾区经济不断向纵深拓展延伸的格局。

香港作为粤港澳大湾区的核心成员，在拓宽贸易渠道、吸引总部经济与现代服务业上具有传统优势。香港是全球最繁忙和最高效率的国际集装箱港口之一，也是全球供应链上的主要枢纽港。其集装箱吞吐量一直在世界名列前茅，仅排在上海、新加坡之后，维持在全球第三位。优越的地理位置使得香港具有发展总部经济的优势。拥有专业服务支援、低税率和完善的法律制度、良好的金融环境，香港已成为众多跨国公司设立亚太总部的首选。在香港非本土企业注册公司中，20%以上是地区总部，以商业和金融服务业企业为主。

湾区经济构成大珠三角区域经济的主体。大珠三角地区生产总值，已跻身全球 20 大经济体系之一；而湾区的地区生产总值占大珠江三角洲地区生产总值的 83.50%，意味着湾区经济实力相当于包括港澳在内的大珠三角 16 个市县的五分之四。由大珠三角主导的粤港澳地区在中国的地位首屈一指。粤港澳三地生产总值以单一经济体计算，在亚洲紧随日本、印度和韩国之后，排第四位，就世界大都市圈而言，包括港澳在内的大珠三角，仅排在纽约、东京大都市圈之后的第三位。

3．法治先行，创发展的规章

完善的法律体系和良好的法制环境是粤港澳合作的重要保障。相较于港澳地区较为完整的法律系统，广东特区近年来着力加强法制建设，在制定、完善和普及法律方面取得了长足进展，以期为粤港澳合作打造更良好的法制氛围。一方面，加强和改进政府立法。通过完善立法项目征集和论证制度，健全公众参与立法机制。制定一系列法律法规与执行细则，推动《法治政府建设条例》《政府立法公众参与办法》相继出台。对规范性文件合法性审查制度、有效期制度、制定主体公告制度和政策解读机制进一步落实。另一方面，依法行政，通过完善法治政府制度建设，推进机构、职能、权限、程序、责任法定化。建立健全重大行政决策程序制度，将公众参与、专家论证、风险评估、合法性审查、集体讨论决定纳入重大行政决策法定程序。广东各地区加快建设法治政府，建立健全法治建设长效机制，全面推进依法行政，各级政府和部门均陆续开始在法治的轨道上进一步开展工作。

在法律法规日益完善的基础上，广东特区积极实践依法治省。第一，整合立法资源，实行政府规章的集中起草，坚持科学立法、民主立法。积极研究将经济特区范围延伸至全省。大力推进依法行政，在全国率先颁布实施《法治政府建设指标体系》，制定了全国第一个法治政府建设指标体系。第二，强化规则意识，优化法治环境。充分利用特区立法权优势，推动建立和完善与国际规则接轨的法规政策体系，努力营造国际化的营商环境。第三，大力弘扬法治精神，加强诚信制度建设，加快完善企业和个人征信系统。通过一系列立法创新，推动建设法治政府。

而港澳地区较为成熟的法治体系则为粤港澳大湾区的法治特色提供更多借鉴与思考。香港和澳门两个特别行政区的政府咨询委员会制度是一项特别的政治制度，它不仅是协商式民主的体现，而且已经成为一种社会整合机制，起到沟通民意、协调社会利益的作用。香港政治体制的一大特点是咨询式政治。政府通过设立各个领域的咨询委员会来吸纳社会精英和利益。这种咨询委员会的方式形成了“网罗”与“吸纳”的机制，即香港特区政府既能“张网”，通过设立各种各样的咨询委员会，将代表多元化社会力量的各路精英网罗麾下；又能通过委任制将多元化利益群体的政治能量进行有序“吸纳”。港澳政府咨询委员会制度实际上也体现了依法治国的思想，它注重广泛吸收公众参与公共事务的讨论，通过多方协商促进利益平衡，有助于实现社会公平。近年来，中国政府提出要转变政府职能，建设服务型政府和法治政府，而要实现这一目标就必须由计划经济时代的管治型行政向公众参与型行政转变，通过咨询机构的平台广泛吸收民意，有助于促成公共治理机制的完善。[①]

一座城市独特的要素禀赋，决定了这座城市在区域经济中独特作用的彰显与发挥。这里所谓的要素禀赋，不仅是指已拥有的经济要素的优势，还包括由于历史机遇而拥有的政治资源优势和制度性资本。作为中国最成功的经济特区，深圳正是这种稀缺要素禀赋的拥有者。作为粤港澳湾区经济带中最富有活力的城市，深圳具有不可替代的制度变迁的“示范效应”，区域经济的“引擎作用”，集聚优质要素的“虹吸效应”，带动周边区域的“扩散效应”及创新驱动的“引领作用”。

在粤港澳大湾区建设中，深圳可以发挥四个方面的独特作用。一是继续先行先试，为深化改革提供更深刻的可推广、可复制的经验与制度安排。二是充分发挥好自身经济结构优势，在带动、促进区域市场经济体制完善的同时，以“虹吸效应”和“扩散效应”继

① 陶一桃、伍凤兰、闫振坤等：《广东经济特区改革发展40年》，广州：中山大学出版社2018年版，第261–263页。

续发挥经济增长极作用。三是充分利用好自身产业结构优势，成为驱动区域创新发展的引擎。四是站在国家战略的高度，真正用好毗邻香港的地缘优势，为香港与内地共同繁荣进一步消除制度文化障碍，建立共识通道，确立互信机制，提供平等机会，让分享发展与共同繁荣成为祖国改革开放的共同收获。

我们要从制度上解决市场开放度大于社会开放度的问题；要从机制上解决人才国际化的问题；还要从观念上明白，并不是任何改变都是改革，更不能以改革的名义回到计划经济的过去。深圳完全有可能以“中国硅谷”之姿态，成为粤港澳大湾区中最具有辐射力和“扩散效应”的引擎城市，为从根本上提升中国的国际竞争力提供全要素的创新支撑。①

四、大湾区的制度创新意义

《中华人民共和国国民经济和社会发展第十四个五年规划和2035年远景目标纲要》（以下简称“十四五”规划）中对粤港澳大湾区三重使命的赋予进一步证明，粤港澳大湾区将担负起以其自身的探索与率先发展引领中国社会全面深化改革的使命，担负起促进中国社会由政策开放走向制度开放的使命，担负起由外向型经济走向开放型经济的制度创新的使命。

“十四五”规划在强化国家战略科技力量，保持香港、澳门长期繁荣稳定和促进区域协调发展三个方面都提到了粤港澳大湾区，

① 谭刚主编：《粤港澳大湾区核心引擎的深圳探索》，北京：中国社会科学出版社，2020年版，第104页。

这意味着中国开放程度最高、市场经济活力最强，在国家发展大局中具有重要战略地位的粤港澳大湾区，在未来中国社会全面深化改革及社会经济结构调整进程中，将在三个方面发挥具有战略性意义的功能与作用。那就是成为科技强国的重要实践载体，成为保持香港、澳门长期繁荣稳定的坚定力量，成为推动区域协调发展的制度探索者与率先实践者。

一是粤港澳大湾区将肩负起强化国家战略科技力量的历史使命，从而要历史性地成为创新型国家建设的战略性高地，具有巨大辐射功能的高品质增长极，实施强化国家战略科技力量汇集优质资源的开放型高地，更要成为科技强国的“中国大脑”。

“十四五”规划提出，制定科技强国行动纲要，健全社会主义市场经济条件下新型举国体制，打好关键核心技术攻坚战，提高创新链整体效能。尤其要加强基础研究、注重原始创新，优化学科布局和研发布局，推进学科交叉融合，完善共性基础技术供给体系。一方面，要瞄准人工智能、量子信息、集成电路、生命健康、脑科学、生物育种、空天科技、深地深海等前沿领域，实施一批具有前瞻性、战略性的国家重大科技项目；另一方面，要实施战略性科学计划和科学工程，如推进科研院所、高校、企业科研力量优化配置和资源共享。推进国家实验室建设，重组国家重点实验室体系。布局建设综合性国家科学中心和区域性创新高地，特别强调支持北京、上海、粤港澳大湾区形成国际科技创新中心。①

从“十四五”规划来看，粤港澳大湾区被赋予三大使命，这再

① 《中华人民共和国国民经济和社会发展第十四个五年规划和2035年远景目标纲要》，北京：人民出版社，2021年版，第17页。

度证明：粤港澳大湾区的形成不仅是改革开放积累的结果，更是进一步全面深化改革的制度安排，是中国社会由政策开放走向制度开放的必然选择，是由外向经济走向开放经济的必然路径，是借助港澳优势、真正实现港澳与内地共同发展繁荣的必由之路，是拓展改革开放新局面的重要布局，是创新型国家建设的引领性探索，是实现高质量发展的区域带动性示范，是构建中国政治经济新版图的伟大实践，是中国道路的一个重要组成部分。

二是粤港澳大湾区应该真正用好地缘优势，推动香港、澳门保持长期繁荣稳定，为港澳与祖国内地共同繁荣，进一步消除制度衔接和文化等方面的障碍，建立共识通道，确立互信机制，提供平等机会，这是历史赋予粤港澳大湾区的特殊责任与国家使命。要发挥好香港全球第三大金融中心的地位与作用，尤其是对接好香港业已形成并享有一定国际声誉的科研平台和高等院校的研究能力与资源，在深港两地深入合作中，为实现高质量发展，为营建现代化经济体系，为创新型国家建设汇集更有效的资源，寻找可借鉴的经验，从而实现深港两地乃至香港与内地的共同发展，共享繁荣与富裕。

回顾历史，无论从深圳经济特区的成功实践还是中国改革开放所取得的伟大成就的角度看，香港都是一个极其重要的因素。改革开放 40 多年来，与香港资金、物质、商品、技术、人才等经济要素的往来，真正推动了改革开放进程。这不仅加快了计划经济向市场经济转型的步伐，而且还带来了足以改变传统体制的来自竞争和市场经济的制度文化力量。

三是推动区域协调发展，解决区域发展不平衡问题，从而加快整体实现现代化步伐，这是一个富有制度绩效的战略决策。区域协调发展将以更有效的“扩散效应”的释放，带动更广阔的区域空间的同步发展；将以更大的跨区域市场的形成，促进要素低成本高效益的自由流通；将以区域协同发展的“邻里效应”防止“极化效应”的形成与加剧。粤港澳大湾区在区域协调发展中也将是一个从体量到能量再到质量均处于高位的“能量释放源”。

区域协调发展要解决的首要问题，是行政区划与区域一体化的矛盾，这对粤港澳大湾区尤为重要。相对于环杭州湾大湾区、渤海湾大湾区而言，粤港澳大湾区是唯一囊括两种体制三种关税的区域，所以粤港澳大湾区成功解决区域协调发展问题不仅对自身发展具有价值，而且对其他湾区乃至区域间协调发展都将具有借鉴意义。

基于“区域利益共同体”的发展理念，粤港澳三地应该在已经确立的合作平台的基础上，进一步发挥粤港澳联席会议制度和各类专责小组的功能，构建粤港澳三地政府层面的协调机制和对话机制，妥善安排粤港澳大湾区内诸如基础设施建设、科技装备设施布局、重点产业创新合作等方面的协同问题。只有确立、提供了粤港澳大湾区跨境协商机制这一公共物品的供给，湾区内对外贸易、金融服务、公共服务等方面的具体合作才能切实做到统一规划与各城市的自主行动有机结合。

人与物的流动也是保持粤港澳大湾区活力的关键，粤港澳区域协调公共平台的重点工作之一，就是磋商包括要素在内的与流动相关的各项标准。在与居民就业及生活服务密切相关的行业，设立共同的服务标准或统一管理模式来提高行政效率。

作为区域公共物品的共同遵循的公共制度的形成，将会大大促进粤港澳全要素市场化的自由流动，这不仅从制度上促进粤港澳大湾区区域内的合作深化，而且更会使粤港澳大湾区具有跨区域协调的制度辐射力。“9+2”是粤港澳大湾区不同于国内其他大湾区的独特制度结构，这一独特制度结构既是实现区域一体化亟待解决的问题或制度约束，又是其发挥更大优势的独特禀赋。因为粤港澳大湾区的成功实践，提供的将不仅仅是优质的生产要素，更是可借鉴的制度性资本。

在“优化区域经济布局，促进区域协调发展”的国家战略部署中，粤港澳大湾区完全可以凭借自身发展优势成为优化区域经济布局的地区，成为促进区域协调发展率先探索路径与制度通道的“策源地”。①

第五节　“先行先试”到“先行示范”与率先改革路径的新转变

一、“先行示范区”的确立

2017 年 4 月，习近平总书记对广东工作作出“四个坚持、三个支撑、两个走在前列”的重要批示。为全面贯彻落实习近平总书记重要批示精神及广东省第十二次党代会提出的“珠三角地区努力打造成为社会主义现代化建设的先行区”要求，深圳市委于 2017 年 5 月提出建设社会主义现代化先行区。多部门深入开展调研、进行

① 陶一桃：《“十四五”规划中粤港澳大湾区三大使命的制度创新意义》，《深圳特区报》，2021 年 4 月 13 日。

相关谋划，积极探索制定社会主义现代化指标体系。7 月，深圳市政府联合中国宏观经济研究院在京举办“深圳率先建设社会主义现代化先行区研讨会”，多位著名学者就社会主义现代化先行区的科学内涵、深圳率先建设社会主义现代化先行区的方向和任务等发表重要观点及建设性意见。8 月，深圳市委六届七次全会召开，强调要加快建设社会主义现代化先行区，努力走出一条体现时代特征、中国特色、深圳特点的社会主义现代化之路。12 月，深圳市委六届八次全会召开，审议通过《关于持续深入学习宣传贯彻党的十九大精神高举习近平新时代中国特色社会主义思想伟大旗帜率先建设社会主义现代化先行区的决定》，发出了率先建设先行区的动员令。①

2018 年 1 月 14 日，深圳市委六届九次全会召开，讨论了《深圳经济特区率先建设社会主义现代化先行区规划纲要（2018—2035 年）（讨论稿）》，并明确了深圳率先建设社会主义现代化先行区的“九大战略任务”。至此，相关文件使用的关键词都是“先行区”。

2018 年 3 月，习近平在参加十三届全国人民代表大会第一次会议广东代表团审议时，明确指出深圳高新技术产业发展成为全国的一面旗帜，要发挥示范带动作用。深圳密集召开市委理论中心组（扩大）学习会、市委常委会等，研究部署习近平重要讲话精神学习贯彻落实工作，要求全市上下抢抓机遇、牢记使命，以新的工作成效向党中央和省委交出优异答卷。7 月 17 日至 18 日，深圳市委六届十次全会召开，审议通过了《中国深圳市委关于深入贯彻落实习近平总书记重要讲话精神加快高新技术产业高质量发展更

① 《中共深圳市委六届八次全会召开》，《深圳特区报》，2017 年 12 月 11 日。

好发挥示范带动作用的决定》，讨论了《深圳经济特区践行“四个走在全国前列”率先建设社会主义现代化先行区战略规划（2018—2035）》和指标体系。[①]

2018年10月，习近平总书记视察广东、深圳时赋予深圳“朝着建设中国特色社会主义先行示范区的方向前行，努力创建社会主义现代化强国的城市范例”的新使命。12月，习近平又一次对深圳作出重要批示，明确这一使命。此时，关键词从原先的“先行区”变成了“先行示范区”。[②]

《意见》赋予深圳“五大战略定位”“三个阶段发展目标”及“五个率先”重要任务，内涵之丰富、战略定位之高、支持力度之大、政策举措之实，前所未有，标志着支持深圳建设中国特色社会主义先行示范区正式上升为国家层面的一项重大战略部署。[③]

《意见》强调，深圳要“以习近平新时代中国特色社会主义思想为指导，全面贯彻党的十九大和十九届二中、三中全会精神，紧紧围绕统筹推进‘五位一体’总体布局和协调推进‘四个全面’战略布局，坚持和加强党的全面领导，坚持新发展理念，坚持以供给侧结构性改革为主线，坚持全面深化改革，坚持全面扩大开放，坚持以人民为中心，践行高质量发展要求，深入实施创新驱动发展战略，抓住粤港澳大湾区建设重要机遇，增强核心引擎功能，朝着建设中国特色社会主义先行示范区的方向前行，努力创建社会主义现

---

①《中国共产党深圳市第六届委员会第十次全体会议决议》，《深圳特区报》，2018年7月19日。

② 陶一桃：《深圳：从“先行先试”到“先行示范区”》，《深圳特区报》，2019年8月6日。

③《中共中央国务院关于支持深圳建设中国特色社会主义先行示范区的意见》，《人民日报》，2019年8月19日。

代化强国的城市范例”[①]。

二、从“先行先试”到“先行示范”

“先行先试”是改革开放之初处于转型期的中国赋予深圳经济特区的“先天”品格，是正式制度变迁赋予经济特区的政策“特权”，是非均衡发展战略赋予经济特区的需要智慧与勇气的“优先”改革权，是“渐进式”改革开放赋予经济特区的伴随风险与成本的“试验权”，更是经济特区不朽之生命力的原因所在。

“先行示范”是中国深化改革的战略部署，是对深圳在中国改革开放40多年历史进程中地位、功能、使命的肯定，是对以率先改革开放而著称的深圳这座年轻城市的厚重希冀，是对中国最成功的经济特区的新时代新使命的郑重赋予，是对中国40多年改革开放所选择的制度变迁路径的历史性肯定，更是中国道路又一伟大实践的时代性开启。

由“先行先试”到“先行示范”不仅意味着中国改革开放由最初“摸着石头过河”的“探索式改革”走向“目标式改革”，而且还将会以深化改革的创新性实践，为中国社会的制度变迁与现代化建设提供更具有说服力的实践模式与理论支撑，从而为新兴市场经济国家提供具有可借鉴意义的发展中问题的中国方案。

《意见》的出台再次证明，“先行先试”作为中国社会“渐进式改革”与制度变迁的操作路径，在推动自上而下的强制性制度变迁

① 《中共中央国务院关于支持深圳建设中国特色社会主义先行示范区的意见》，《人民日报》，2019年8月19日。

实现的同时，又促进了先行地区制度创新的自觉尝试与实践，即在中央统一部署下，正式制度变迁主导下的诱致性制度变迁的自然发生。还保证了制度变迁与社会转型从局部向全局的稳步推进，形成了正式制度变迁与诱致性制度变迁相结合的富有绩效的制度变迁模式。[①]

40多年来，随着中国改革开放的深化，历史又一次选择了深圳，深圳再一次历史性地担负起推动中国改革开放向纵深推进的重任，成为中国深化改革进程中“先行先试”的先锋、增强极中的增加极、减少降低试错的先行区、创造可复制推广经验的制度创新高地。同时担负起五方面深化改革的使命，即五大战略定位：高质量发展的高地、法治城市的示范、城市文明的典范、民生幸福的标杆以及可持续发展的先锋。

“先行示范区”的本质内涵是率先实践探索与先行制度创新，而深圳正是这一品格与生俱来的拥有者。深圳建设中国特色社会主义先行示范区，可以说既是历史的必然，也是中国道路内在逻辑所展现出来的深化改革及制度变迁的路径与轨迹。

如果说40多年前建立经济特区的使命主要是以其“先行先试”的实践完成由传统计划经济向社会主义市场经济的转型，探索实现共同富裕的道路，那么40多年后的今天，作为中国最典型、最成功的经济特区，深圳“先行先试”的目的则是建设中国特色社会主义先行示范区。即在中国社会深化改革的历程中，在创新型国家建设中，在拓展中国对外开放新格局的进程中，在推动“一带一路”

① 陶一桃：《从“先行先试”到“先行示范”：经济特区的历史使命和实现路径》，《南方杂志》，2020年17期。

倡议实施的布局中继续发挥“先锋队”“排头兵”的作用，继续提供可借鉴、可复制的经验。

可以说，“先行先试”与“先行示范”既逻辑相连，又使命相继。没有曾经“先行先试”的成功实践，就不会有今天“先行示范”的新使命与新担当。而“先行示范”这一深化改革使命的完成，又离不开“先行先试”这一固有品格与精神的弘扬。对于深圳而言，二者的不同就在于时代所赋予的功能与使命，即由于中国改革开放不同历史阶段所承载的改革内涵的不同，从而带来其功能与使命的承继性变化，如由率先改革开放到率先深化改革；由完成社会转型到带动社会全面发展。无论何种功能与使命，其根本都是“率先”改革。[①]

中国的改革开放具有“渐进式改革”的基本特征，同时“渐进式改革”又构成了中国社会制度变迁的鲜明特色。“渐进式改革”以中央主导的自上而下的制度变迁为引领，以地方政府在特殊政策框架内的诱致性制度变迁为潜能；以经济改革为切入点，以全方位改革为方向；以发展经济为着眼点，以全面发展为目标；以非均衡发展为路径，以协调共享发展为宗旨。这一改革的逻辑路线，基本反映了中国社会制度变迁内在演进与不断深化前行的轨迹。

从理论上说，“渐进式改革”是一种建立在工业化和社会主义宪法制度基础之上，在一个宏观经济相对平衡稳定的国家里进行的市场化改革。它突出表现为进行改革的国家充分利用已有的社会组织资源，尤其是国家力量，发起、推进社会改革。“渐进式改革”

① 陶一桃：《深圳：从“先行先试”到“先行示范区”》，《深圳特区报》，2019 年 8 月 6 日。

具有双轨过渡的过渡性和强制性中的诱致性的特点，并呈现出从局部到总体，体制内改革与体制外推进相结合，改革、发展与稳定相协调以及以先行的经济市场化改革促进政治体制改革的显著特征，而“先行先试”则是“渐进式改革”最形象、最生动的中国式表达与实践。经济特区不仅是中国改革的先行先试者，同时又是中国“渐进式改革”的实践载体。[①]

三、深圳率先改革路径的新转变

从根本上说，“先行示范”是一场更加深刻的观念革命，这一挑战的冲击力，不亚于甚至更重于40多年前改革开放之初的观念更新。它意味着中国社会并没有从改革阶段走向发展阶段。改革必须打破既得利益格局才能真正深入，开放不仅需要彻底摆脱狭隘的保护主义思维方式，而且更需要真正学会按国际惯例办事才能得以拓展。“先行示范”还意味着，社会主义市场经济体制的完善，必须与政治文明、制度文明同时倡导并得以实现才能真正完成。深圳要完成中国特色社会主义先行示范区这一深化改革的历史使命，还要继续保持某些已经成为城市精神财富的重要品格，并着重进行以下自我革命与制度创新，从而摆脱制度约束。

第一，要以更加敢闯的勇气、更加富有智慧的胆识完成深化改革使命所需要的观念更新与认知能力的提升，从而保证在“先行示范”的深化改革进程中充分发挥地方政府作为“次级行动集团”的

① 唐杰，蔡增正：《渐进式改革的博弈分析——兼论从经济体制改革到渐进式政治体制改革》，《南开经济研究》，2003年04期。

推动改革的积极作用，一如既往地继续走在全国前列。40多年前“先行先试”的深圳经济特区是传统计划经济最薄弱的地区，几乎没有工业基础；40多年后“先行示范”的深圳则是中国市场经济最发达的地区，更是中国高新技术产业的引擎。40多年前的深圳面对的是“不改革就死路一条”的贫穷，40多年后的深圳面对的则是GDP总量全国第三的富裕。当“不改革就死路一条”，而改革则有可能“生”时，人们会有可能冒险选择“改革”。当不改革不会失去什么，而改革则有可能有风险时，人们会理性选择保守。所以，面对已富裕起来的深化改革，比面对贫穷的开拓性改革更需要勇气、担当和使命感。

第二，以更加富有包容性的制度安排，保证国际化的全要素，尤其是高科技人才无制度障碍并低交易成本的自由流动。资源优化配置的一个重要制度前提，就是人力资本有自由选择权利，即在市场规律的引导下自由流动。人力资本在寻求其自身的参与权时，要求表明社会的包容度、国民待遇、平等选择权等制度状况。人们试图对可选择的制度变迁加以考虑来作出社会选择，以增进经济效率和经济福利的实绩。因此，从制度上保障人力资本的自由流动，并给予自由选择的权利，是人的经济价值提升的制度前提。

第三，以更加开放的制度安排与国际化视野，营造保障并体现高质量发展理念的现代化经济体系的成长环境。40多年改革开放的成就证明，“开放”既是中国社会完成制度变迁的重要前提，又是中国真正走向世界的制度保障。在“先行示范”的深化改革中，如何从体制上完成由政策开放走向制度开放，如何从机制上解决实际开放度低于名义开放度。国际化的城市一定是一个开放的城市，但一个开放的城市，未必一定就是一个真正国际化的城市。目前深圳开放风气领先，而国际化程度不够，关键在于尚未真正完成由经济先行走向全面发展的制度积累进程。从长远来看，“移民不国际”、知识型人才国际化程度不高，将成为深圳继续持久保持创新文化与精神的内在约束。因为，最终撼动地球的不是政府鼓励创新的政策，而是自由徜徉于包容社会之中的，具有创新理念、知识与智慧的人的大脑。

第四，充分利用好香港因素，借鉴香港体制优势，进一步完善社会主义市场经济体制，建立起一个真正的法治化的开放的经济体。真正用好毗邻香港的地缘优势，为香港与内地共同繁荣进一步消除制度文化障碍，建立共识通道，确立互信机制，提供平等机会，让分享发展与共同繁荣成为祖国改革开放的共同收获。深港两地总计面积仅有 3000 多平方公里，但二者GDP之和达到 4.08 万亿元，相当于上海的 1.48 倍，是珠江口周边与杭州湾周边的总量之和，而珠江口周边地区的GDP合计相当于杭州湾沿岸的 1.51 倍。香港和深圳的人均GDP分别为 29 万元和 16.74 万元，明显高于上海，深港都是具有不可替代的高品质引擎作用的卫星城市，并共同构成了得天独厚的裙带增长极。发挥好香港全球第三大金融中心的地位与作用，尤其是对接好香港业已形成并享有一定国际声誉的科研平台和高等院校的研究能力与资源，在深港两地深入合作中，为实现高质量发展，为营建现代化经济体系，为创新型国家建设汇集更有效的资源，寻找可借鉴的经验，从而实现深港两地乃至香港与内地的共同发展，分享繁荣与富裕。

作为中国社会制度变迁的产物与路径选择，经济特区的使命仍在继续。还有许多制度创新将在这里发生，许多有待实践的成功做法和经验将从这里继续复制至全国。从“先行先试”到“先行示范”，就是要通过深化改革的实践率先使许多做法在这里由政策变为制度安排，由制度安排成为法律法规，从而把“先行先试”变为“先行示范”的建设现代化国家的制度力量。

强大的国家与发达的市场是我们需要的，但法治社会是获得它们的前提；繁荣的国度与充满福祉感的民生是我们所期待的，但政府的远见卓识是实现它们的政治与制度保障。深圳作为中国最成功的经济特区，作为中国改革开放的先行先试者，深化改革开放的先行示范者，正在以自身深化改革的实践，诠释着中国道路的正确性与中国特色社会主义的制度魅力。[①]

第六节　深圳经济特区 40 周年与经济特区新时代的新使命

一、深圳经济特区 40 周年

2020 年 10 月 14 日，在深圳经济特区建立 40 周年庆祝大会上，习近平总书记出席并发表重要讲话，改革永远在路上，改革之路无坦途。长期以来，在党中央坚强领导和全国大力支持下，各经济特区解放思想、改革创新，勇担使命、砥砺奋进，在建设中国特色社会主义伟大进程中谱写了勇立潮头、开拓进取的壮丽篇章，为全国改革开放和社会主义现代化建设作出了重大贡献。

① 曹天禄主编:《新时代中国经济特区理论与实践》，北京：中国社会科学出版社，2020 年版，第 223–224 页。

深圳等经济特区的成功实践充分证明，党中央关于兴办经济特区的战略决策是完全正确的。深圳等经济特区实践改革开放 40 余年，创造了伟大奇迹，积累了宝贵经验，深化了我们对中国特色社会主义经济特区建设规律的认识。一是必须坚持党对经济特区建设的领导，始终保持经济特区建设正确方向。二是必须坚持和完善中国特色社会主义制度，通过改革实践推动中国特色社会主义制度更加成熟更加定型。三是必须坚持发展是硬道理，坚持敢闯敢试、敢为人先，以思想破冰引领改革突围。四是必须坚持全方位对外开放，不断提高“引进来”的吸引力和“走出去”的竞争力。五是必须坚持创新是第一动力，在全球科技革命和产业变革中赢得主动权。六是必须坚持以人民为中心的发展思想，让改革发展成果更多更公平惠及人民群众。七是必须坚持科学立法、严格执法、公正司法、全民守法，使法治成为经济特区发展的重要保障。八是必须践行绿水青山就是金山银山的理念，实现经济社会和生态环境全面协调可持续发展。九是必须全面准确贯彻“一国两制”基本方针，促进内地与香港、澳门融合发展、相互促进。十是必须坚持在全国一盘棋中更好发挥经济特区辐射带动作用，为全国发展作出贡献。以上十条，是经济特区 40 余年改革开放、创新发展积累的宝贵经验，对新时代经济特区建设具有重要指导意义，必须倍加珍惜、长期坚持，在实践中不断丰富和发展。①

纵观经济特区发展的历程，它的建立与成功是中国共产党发展史上的辉煌一笔，它不仅以改革开放的实践真正推动了马克思主义

① 习近平：《在深圳经济特区建立 40 周年庆祝大会上的讲话》，《人民日报》，2020 年 10 月 15 日。

中国化，还以中国共产党人在社会转型进程中的不断探索，丰富发展了马克思主义，形成了中国特色社会主义理论体系。正是这一符合中国国情的历史性探索与实践，不仅为转型国家提供了另一条富有绩效的制度变迁道路，更为新兴市场经济国家在发展中遇到的问题提供了可以被借鉴的中国解决方案。

习近平总书记在深圳经济特区建立40周年庆祝大会上曾这样肯定深圳经济特区："深圳是改革开放后党和人民一手缔造的崭新城市，是中国特色社会主义在一张白纸上的精彩演绎。[①]"从习近平总书记对深圳经济特区的肯定中可以看到，深圳成长的历史，不只是一座城市的发展史，而且是一个转型国家制度变迁与发展道路的探索轨迹，以及一个民族寻求富裕的奋斗历程。它以年轻的历史，记载着中国40多年来改革开放的实践，而这40多年的探索历程，不仅是对以往传统计划体制的反思，更是对未来中国发展目标与方向的确定。它以40多个岁月为转型中国提供了许多有价值的思想与观念，充分展示了马克思主义与中国社会实践相结合的无限创造力与不朽的生命力。[②]

二、综合改革试点方案

2020年8月，习近平总书记支持召开中央政治局常委会会议和中央全面深化改革委员会会议，审议通过《深圳建设中国特色社

① 习近平：《在深圳经济特区建立40周年庆祝大会上的讲话》，《人民日报》，2020年10月15日。
② 陶一桃：《借建党百年宏力 再创特区新辉煌》，《中国社会科学报》，2021年8月24日。

会主义先行示范区综合改革试点实施方案（2020—2025年）》（以下简称《实施方案》），赋予深圳在重点领域和关键环节改革上更多自主权，支持深圳在更高起点、更高层次、更高目标上推进改革开放。[①]

同年10月11日，中共中央办公厅、国务院办公厅对外公布《实施方案》，习近平总书记在深圳经济特区建立40周年庆祝大会上作了这样的阐释：党中央经过深入研究，决定以经济特区建立40周年为契机，支持深圳实施综合改革试点，以清单批量授权方式赋予深圳在重要领域和关键环节改革上更多自主权，一揽子推出27条改革举措和40条首批授权事项。

《实施方案》提出：以设立经济特区40周年为契机，在中央改革顶层设计和战略部署下，支持深圳实施综合授权改革试点，是新时代推动深圳改革开放再出发的又一重大举措，是建设中国特色社会主义先行示范区的关键一招，也是创新改革方式方法的全新探索。

《实施方案》强调：以习近平新时代中国特色社会主义思想为指导，全面贯彻党的十九大和十九届二中、三中、四中全会精神，按照党中央、国务院决策部署，牢牢把握正确改革方向，围绕中国特色社会主义先行示范区的战略定位和战略目标，赋予深圳在重点领域和关键环节改革上更多自主权，支持深圳在更高起点、更高层次、更高目标上推进改革开放，率先完善各方面制度，构建高质量发展体制机制，推进治理体系和治理能力现代化，加快形成全面深

① 中共深圳市委党史研究室、深圳市史志办公室编著：《深圳改革开放四十年》，北京：中共党史出版社，2021年版，第340页。

化改革、全面扩大开放新格局，推动更高水平深港合作，增强在粤港澳大湾区建设中的核心引擎功能，努力创建社会主义现代化强国的城市范例。

《实施方案》明确了深圳经济特区在综合改革试点方案实施过程中的工作原则：坚持解放思想、守正创新；坚持市场化、法治化、国际化；坚持系统集成、协同高效；坚持先行先试、引领示范；坚持底线思维、稳步实施。

《实施方案》在完善要素市场化配置体制机制、打造市场化法治化国际化营商环境、完善科技创新环境制度、完善高水平开放型经济体制、完善民生服务供给体制、完善生态环境和城市空间治理体制、强化保障措施七个方面对深圳都提出了具体要求。[①]

如果说《关于支持深圳建设中国特色社会主义先行示范区的意见》是新时代党中央赋予深圳的历史使命，那么《实施方案》就是落实该意见的路线图。正如《实施方案》中所说，支持深圳实施综合改革试点，这将是在中央改革顶层设计和战略部署下，推动深圳改革开放再出发的又一重大举措，是建设中国特色社会主义先行示范区的关键一招，也是创新改革方式方法的全新探索。深圳将会以其自身在中国社会制度变迁进程中，不同历史时期所承担的不同功能与使命担当，继续向世人展现中国创办经济特区的世界意义。

---

① 《深圳建设中国特色社会主义先行示范区综合改革试点实施方案（2020—2025年）》，中国政府网，2020年10月11日。

三、经济特区功能的新赋予

1. 从“探索性改革”到“目标性改革”：特区的功能更加鲜明强大

习近平总书记在深圳经济特区建立40周年庆祝大会上指出，“改革永远在路上，改革之路无坦途。当前，改革又到了一个新的历史关头，很多都是前所未有的新问题，推进改革的复杂程度、敏感程度、艰巨程度不亚于40年前”[①]。如果说40年前的先行先试是摸着石头过河的“探索性”改革，那么今天的“先行示范”则是中央高度授权下的“目标性”改革；如果说40年前的“先行示范”是探寻道路，那么今天的“先行示范”则是进一步完善体制机制；如果说40年前的“先行示范”是以部分人、部分地区先富起来实现共同富裕，那么今天的“先行示范”则是展现富裕起来的中国的制度竞争力与魅力。

《实施方案》在中央统一部署下，既明确了改革目标，又明确了改革时间表。改革目标就是囊括在八大部分中的27项目标任务要求，时间目标则体现为五年内的“三级飞跃”。改革的目标即是制度创新的领域，改革的时间表即是制度创新的步骤，目标决定步骤，步骤则体现改革绩效，两者相互促进、互为动力。如2020年，要在要素市场化配置、营商环境优化、城市空间统筹利用等重要领域推出一批重大改革措施，制定实施首批综合授权事项清单；2022年，各方面制度建设取得重要进展，形成一批可复制可推广

① 习近平：《在深圳经济特区建立40周年庆祝大会上的讲话》，《人民日报》，2020年10月15日。

的重大制度成果，试点取得阶段性成效；2025年，重要领域和关键环节改革取得标志性成果等。相对于摸着石头过河的探索性改革，今天的综合改革试点将以自上而下的目标性和同样自上而下的措施保障性为深圳率先制度创新与先行示范提供了展示自身敢闯品格的充分空间。深圳应该在遵循中央整体部署的前提下，以敢闯的城市品格为驱动力，以创新的城市精神为行动力，以扎扎实实的改革举措，以循序渐进的稳健步伐，创造出落地有声的辉煌业绩。如在重点领域有重要突破，在关键环节有关键性举措，尤其在完善要素市场化配置体制机制，土地管理制度上深化探索，加快培育数据要素市场。在率先完善数据产权制度，探索数据产权保护和利用新机制，建立数据隐私保护制度方面；在打造市场化法治化国际化营商环境，打造保护知识产权标杆城市方面；在完善高水平开放型经济体制，加大制度型开放力度，支持以规则衔接深化粤港澳大湾区合作发展方面创造出可复制可借鉴的经验。相信随着综合试点改革目标的阶段性实现，一个富强开放的中国，将以深圳先行示范的制度绩效向世界展示出中国智慧与力量。

2．从授权改革到“实施方案+授权清单”改革：“先行示范”更加富有制度绩效

授权改革是中国社会自上而下制度变迁的实践模式，这一模式也构成了中国特色“渐进式改革”的基本路径。正是因为40多年前的授权，深圳拥有了“杀出一条血路”的率先改革权。深圳经济特区凭借着“敢闯”的勇气和中央给予的独立立法权，在众多领域冲破传统计划经济的束缚，最早把市场经济规则与文化推向全国。40多年来，深圳从未停止过改革创新的脚步，不断为中国社会的制度变迁与深化改革提供着可复制可借鉴的经验。深圳的成长与成功，尤其是“先行示范”使命的提出与综合改革试点实施方案的出台，不仅证明党中央当年创办经济特区是正确的决策，更证明了经济特区对于中国改革开放绝不是一种暂时的现象，而是制度变迁的实践模式，“渐进式改革”的操作路径，中国道路的重要组成部分。

相对于40多年前的授权改革，《实施方案》既是中央部署下的目标性授权，又是明确具体改革目标的任务性授权，更是中央支持下的自主制度创新的率先改革的授权。从综合改革试点实施方案8个部分、27项目标任务要求和6大改革领域来看，都是按照“实施方案+授权清单”形式制定的。这不仅给予了深圳率先改革的“特权”，也使每项改革任务可以以最小制度障碍的方式顺利推进。方案强调围绕完善要素市场化配置体制机制、打造市场化法治化国际化营商环境、完善科技创新环境制度、完善高水平开放型经济体制、完善民生服务供给体制、完善生态环境和城市空间治理体制六大改革领域提出一系列重大改革举措。同时强调全面加强党的领导，创新工作机制，国家发展改革委会同有关方面分批次研究制定授权事项清单，按照批量授权方式，按程序报批后推进实施。

“实施方案+授权清单”综合改革方案，体现了中央部署与地方政府积极创新的高度统一，是降低深化改革成本与风险，从而提高制度创新绩效的符合中国国情的深化制度变迁的实践模式。如果说实施方案确定了深化改革的方向与目标，那么授权清单则明确了深化改革的路径及达到目标的制度通道。“实施方案+授权清单”就是“目标”+“制度通道”，由于减少了实现目标进程的制度方面的不确定性，所以“实施方案+授权清单”的深化改革方式，将会以降低交易成本的方式提高改革的绩效与制度辐射力。

“实施方案+授权清单”深化改革方式的出台，意味着社会主义市场经济体系趋于完善，政府管理体制机制走向规范化、制度化、法治化，中国社会已经走上了法治、稳健、规则、务实的发展阶段，一个踏实前行的中国将以其不断的自我挑战与观念革命，展现出源于40多年改革开放成功实践的制度自信。

3. 从“干了再说”的探索性改革到“重点领域”与“关键环节”的深化改革：特区的使命更加艰巨而富有挑战性

相对于40多年前的“干了再说”的先行先试，今天的综合改革试点不仅有明确的重点领域和关键环节的制度突破目标，而且就改革的内容而言，可谓高起点、高层次、高目标，这是中国深化改革的一次更加具有制度创新力的深化。因此，从“干了再说”的探索性改革到“重点领域”与“关键环节”的深化改革，是深圳经济特区40多年改革开放积累的结果，更是对中国道路正确性的有力印证。因为，如果没有当年“干了再说”的大无畏的探索，就不可能有今天的“重点领域”与“关键环节”的深化改革；没有当年的“干了再说”所创造的“中国奇迹”，就不可能有今天深化改革的基础与再度缔造中国奇迹的根基。综合改革试点将以继续赋予深圳经济特区“率先改革的优先权”的方式，开启中国社会更加深刻而艰巨的改革征程，这是深圳经济特区的功能、使命的一次飞跃，是中国改革开放的一次质的飞跃，更是一个深化改革新时代开启的革命性标志。

从完善中国特色社会主义体制机制角度来看，综合改革试点是更深刻的改革，是法治政府管理体制机制的创新与完善，是现代社会管理规则的创新与营建，是社会主义市场经济体系与运行秩序的创新与构建，是国际化与对外开放新格局的路径创新与拓展，但是最根本的还是与社会主义市场经济相适应的社会规制与法律法规体系的完善与构筑。

深圳由于先行示范区的独特功能，获得了更好的制度创新空间。综合改革试点实施方案中，就有许多目标任务是涉及根本性制度创新与改革的。比如，方案提到完善要素市场化配置体制机制，其中支持在土地管理制度上深化探索，这意味着土地将作为生产要素参与市场经济的整体资源配置和在边际收益规律下土地资源更加有效地使用；再如完善适应超大城市特点的劳动力流动制度，包括深化户籍制度改革，探索特殊工时管理制度等，这不仅是给予深圳这座移民城市以巨大的自主权，更重要的是劳动力要素价格真正的市场化。再比如，方案提出，深圳要加快培育数据要素市场，率先完善数据产权制度，健全要素市场评价贡献机制等，这一切都将对进一步完善社会主义市场经济体系具有重大的意义。当然，把完善数据要素市场和数椐产权制度作为改革的重点领域，还意味着中国社会的产业结构将由于大数据和现代信息技术的广泛使用而发生根本性的变化，一个以数据要素的广泛使用为特质、以信息技术为手段的现代工业体系将得以发展确立。深圳作为粤港澳大湾区的重要增长极，将会以巨大的“扩散效应”引领整个区域甚至跨区域的产业结构调整与现代工业体系的形成与完善。

另外，《实施方案》特别提到要建立具有国际竞争力的引才用才制度，支持探索建立高度便利化的境外专业人才执业制度等。这将有利于外籍人才尤其是外籍高科技人才，作为重要的劳动要素，参与到深圳经济特区的建设中，这在目前的国际大背景下，将非常有利于深圳经济的长远发展，有利于深圳独立自主地参与国际竞争，有利于深圳成为一个真正的国际化大都市，以劳动力要素的国际化，实现自身的国际化。一个国际化的深圳，才能在深化改革的进程中，在创新型国家建设中，在粤港澳大湾区协同发展中，实施“一带一路”倡议中为中国创造世界机会，为世界创造中国机会。

历史再次选择了深圳，习近平总书记对深圳提出新的要求：“在新起点上，经济特区广大干部群众要坚定不移贯彻落实党中央决策部署，永葆“闯”的精神、“创”的劲头、“干”的作风，努力续写更多“春天的故事”，努力创造让世界刮目相看的新的更大奇迹！[①]”深圳又继续站在了中国改革开放的最前沿。今天的深圳不仅需要脚踏实地的精神、敢闯敢试的勇气与使命担当，更需有理性的头脑与改革的智慧。完善的社会制度与健全的法律，是深圳能够在先行示范中稳健前行的前提与保障。[②]

四、经济特区新时代新使命

2020 年 3 月，由科技部、国家发展改革委、教育部、中科院、自然科学基金委印发的《加强“从 0 到 1”基础研究工作方案》公布。方案指出，北京、上海、粤港澳科技创新中心和北京怀柔、上海张江、合肥、深圳综合性国家科学中心应加大基础研究投入力度，加强基础研究能力建设。深圳作为第四个综合性国家科学中心，被正式写入文件中。光明科学城是深圳综合性国家科学中心的集中承载区，致力于为粤港澳大湾区的建设服务。在定位方面更加

① 习近平：《在深圳经济特区建立 40 周年庆祝大会上的讲话》，《人民日报》，2020 年 10 月 15 日。
② 陶一桃：《从“先行先试”到“先行示范”努力续写更多“春天的故事”》，《深圳特区报》，2020 年 10 月 20 日。

聚焦应用基础研究，利用其成果在较短时间内解决产业应用的基础研究，致力于解决制约高新产业发展的“卡脖子”技术。

2020 年 10 月 16 日，深圳召开市委常委会（扩大）会议，专题传达学习习近平出席深圳经济特区建立 40 周年庆祝大会和视察广东、深圳重要讲话、重要指示精神，强调认真学习贯彻习近平关于全面深化改革的重要部署要求，坚定扛起综合改革试点主体责任，认真落实全市综合改革试点分工方案，加快形成一批可复制可推广的重大制度创新成果；要对标最高最好最优最强，全面推行权力清单、责任清单、负面清单制度，进一步激励企业家干事创业，着力打造国际一流营商环境改革创新试验区。

10 月 18 日，国务院新闻办公室在北京举行深圳综合改革试点有关情况发布会，正式发布《深圳建设中国特色社会主义先行示范区综合改革试点首批授权事项清单》。40 条首批授权事项包括六个方面，其中要素市场化配置方面 13 条、营商环境方面 8 条、科技创新体制方面 6 条、对外开放方面 7 条、公共服务体制方面 3 条、生态和城市空间治理方面 3 条，各条中明确了改革事项的主要内容。

10 月 19 日，深圳召开全市干部大会，进一步传达学习贯彻习近平出席庆祝大会和视察广东、深圳重要讲话、重要批示精神，强调肩负好综合改革试点重大任务，围绕国家所需、问题所在、机制所束、深圳所能，认真落实每一项改革责任，以综合改革试点全新实践带动全面深化改革向纵深推进，为全国的改革发展提供示范。

在深圳经济特区建立 40 周年这个特殊的历史节点，以习近平同志为核心的党中央为深圳把脉定向、量身定做了全面深化改革的总纲领和新图谱，在深圳改革发展历程中具有里程碑式的重大意义。综合改革试点不是修修补补的一般性改革，而是具有超前性、开拓性、试验性的改革；不是全国“齐步走”、按部就班的改革，而是深圳率先涉“深水区”、闯“无人区”的攻坚改革，昭示着深圳改革开放的使命更崇高、责任更重大。深圳再次站上了全新的起点。[①]

深圳从“三十而立”迈向了“四十不惑”，中国发展的大环境也发生了重大变化：一个以国内大循环为主体、国内国际双循环相互促进的新发展格局正在形成。在新的形势下，在坚持国际化发展的同时，如何进一步探索社会主义市场经济的法治、创新道路，将决定深圳未来发展的高度。[②]

自 2016 年 5 月中共中央、国务院正式印发并实施《国家创新驱动发展战略纲要》以来，习近平总书记对广东、深圳工作多次作出重要指示批示，要求实施创新驱动发展战略，发挥示范带动作用。2017 年 10 月 18—24 日，党的十九大强调要加快建设创新型国家。2020 年 10 月 26 日至 29 日的十九届五中全会强调了今后我国要在 12 个方面实现奋斗目标的具体举措，其中第一点就是坚持创新在我国现代化建设全局中的核心地位。

2021 年 7 月 29 日，国家发改委正式印发《国家发展改革委关于推广借鉴深圳经济特区创新举措和经验做法的通知》（以下简称《通知》）。《通知》指出，本次推广的有关创新举措和经验做法共

---

① 中共深圳市委党史研究室、深圳市史志办公室编著：《深圳改革开放四十年》，北京：中共党史出版社，2021 年版，第 345-346 页。

② 钟若愚：《“四十不惑”的经济特区如何走向未来》，《深圳特区报》，2020 年 9 月 1 日。

5方面47条，主要包括建立“基础研究+技术攻关+成果产业化+科技金融+人才支撑”全过程创新生态链、建立健全促进实体经济高质量发展的体制机制、构建以规则机制衔接为重点的制度型开放新格局、创新优质均衡的公共服务供给体制、创新推动城市治理体系和治理能力现代化等，鼓励各地结合实际学习借鉴。[①]

2021年9月5日和6日，中共中央、国务院相继印发了《横琴粤澳深度合作区建设总体方案》（以下简称《横琴方案》）和《全面深化前海深港现代服务业合作区改革开放方案》（以下简称《前海方案》），并发出通知要求各地区各部门结合实际认真贯彻落实。9月9日，国新办就横琴、前海开发建设的有关情况召开新闻发布会。从9月9日开始，为解读、推进和规划落实两个方案，国务院新闻办、广东省政府、深圳市政府接连举办三场新闻发布会，足见此次中共中央、国务院印发的《横琴方案》和《前海方案》意义重大。

《横琴方案》紧紧围绕促进澳门经济适度多元发展的初心，坚持目标导向和问题导向相结合，立足服务澳门、推动琴澳一体化发展进行谋划和设计，主要内容概括起来包括一条主线、四大定位、三个阶段目标、四大任务和若干保障措施。《前海方案》聚焦“扩区”和“改革开放”两个重点，部署了包括“拓展前海合作区发展空间”“打造全面深化改革创新试验平台”和“建设高水平对外开放的门户枢纽”三个方面的任务。

其中，《前海方案》文件要求：以制度创新为核心，在“一国

---

①《国家发展改革委关于推广借鉴深圳经济特区创新举措和经验做法的通知》，国家发改委网站，2021年7月21日。

两制”框架下先行先试，推进与港澳规则衔接、机制对接，丰富协同协调发展模式，打造粤港澳大湾区全面深化改革创新试验平台，建设高水平对外开放门户枢纽，不断构建国际合作和竞争新优势。目标是：到 2025 年，建立健全更高层次的开放型经济新体制，初步形成具有全球竞争力的营商环境，高端要素集聚、辐射作用突出的现代服务业蓬勃发展，多轮驱动的创新体系成效突出，对粤港澳大湾区发展的引擎作用日益彰显。到 2035 年，高水平对外开放体制机制更加完善，营商环境达到世界一流水平，建立健全与港澳产业协同联动、市场互联互通、创新驱动支撑的发展模式，建成全球资源配置能力强、创新策源能力强、协同发展带动能力强的高质量发展引擎，改革创新经验得到广泛推广。①

2021 年 10 月 14 日是习近平总书记出席深圳经济特区建立 40 周年庆祝大会并发表重要讲话一周年的日子，正值《深圳建设中国特色社会主义先行示范区综合改革试点实施方案（2020—2025 年）》实施一周年。14 日上午，国务院新闻办公室举行深圳综合改革试点实施一周年进展成效发布会，国家发展改革委党组成员、秘书长赵辰昕在会上表示，深圳综合改革试点工作取得重要阶段性进展，首批 40 条授权事项中，22 条已经正式落地、取得实质进展，其他 18 条事项正在有序推进。深圳市市长覃伟中在会上表示，深圳综合改革试点取得阶段性成效，在要素市场化配置、营商环境优化、民生服务供给等方面推出了一批改革成果，形成了落地见效一批、加快推进一批的良好态势。尤其在推进营商环境改革方面，深

---

①《全面深化前海深港现代服务业合作区改革开放方案》，《人民日报》，2021 年 9 月 7 日。

圳有“四个率先”：率先出台优化营商环境条例、率先实施新型知识产权法律保护试点、率先开展通关便利化改革、率先开展破产制度改革试点。

为深入学习贯彻习近平总书记重要指示精神和中央有关会议精神，全面贯彻落实《横琴方案》和《前海方案》，2021 年 10 月 29 日，粤港澳大湾区建设领导小组召开动员部署会议，研究推进下一步贯彻落实工作。会议要求，要健全横琴合作区粤澳共商共建共管共享的新体制，进一步深入研究优势领域、细分产业，在产业、人才、财税、金融、进出口等重点领域实化细化各项创新政策举措。要扎实做好前海改革开放重点任务，稳妥有序推进前海扩区，加强扩区后的统一规划管理，统筹研究探索行政区和经济区适度分离下的管理体制问题。要加强组织实施，强化法治和安全保障，做好宣传解读，推动横琴、前海开发建设取得更大成效。

11 月 15 日，《人民日报》刊文专题介绍深圳前海在以习近平同志为核心的党中央亲切关怀下，建设高水平对外开放门户枢纽，发展日新月异，在新的改革开放进程中努力展现更大作为。[①] 为贯彻落实中央人才工作会议精神，深入实施新时代人才强国战略，加快推进前海全国人才管理改革试验区、粤港澳人才合作示范区、深港人才特区和海外高层次人才创新创业基地建设，深圳市前海管理局于 11 月 18 日通知印发《深圳前海深港现代服务业合作区支持人才发展专项资金管理暂行办法》，为推进深港人才合作，对用人机构制定了具体的补贴和奖励政策，并支持组建人才共同体，共同引

---

① 《深圳前海建设高水平对外开放门户枢纽——潮头风正劲 扬帆开新局》，《人民日报》，2021 年 11 月 15 日。

进高层次人才。11 月 22 日，《深圳前海深港现代服务业合作区支持金融业发展专项资金管理暂行办法》《深圳前海深港现代服务业合作区促进产业集聚办公用房资金补贴办法》《深圳前海深港现代服务业合作区支持人才发展专项资金管理暂行办法》三项方案一并发布，逐项落实《全面深化前海深港现代服务业合作区改革开放方案》相关要求。三项方案首次将相关扶持政策向南山区、宝安区的前海合作区扩展范围覆盖，合作范围从“地理扩区”向“政策扩区”落实推进。12 月 7 日，深圳举行前海深港现代服务业合作区成果发布活动，发布前海全面深化改革开放进展情况、最新营商环境蓝皮书等系列成果。前海扛起贯彻落实“前海方案”主体责任，已推动重点任务取得阶段性进展，在深港合作、改革创新、对外开放、新城建设四大领域均取得丰富成果。2021 年 1 月至 10 月，前海实际使用港资 39.9 亿美元，占深圳近 50%，同比增长 20.7%；注册资本 1000 万美元以上的港企累计达 2456 家。在改革创新上，2021 年深圳各部门在前海试点制度创新成果 75 项，累计达 685 项。正如《前海方案》所说，开发建设前海深港现代服务业合作区是支持香港经济社会发展、提升粤港澳合作水平、构建对外开放新格局的重要举措，对推进粤港澳大湾区建设、支持深圳建设中国特色社会主义先行示范区、增强香港同胞对祖国的向心力具有重要意义。

2021 年 12 月 6 日，12 个重点项目在横琴合作区集中签约，覆盖集成电路、电子信息、生物医药等领域，其中包括芯潮流集成电路等 4 个澳资项目。横琴粤澳深度合作区经济发展局表示，这既是合作区成立以来招商成果的一次集中展示，也是加快推动发展促进澳门经济适度多元新产业的一项阶段性成效，展示了合作区对优质项目的强大吸引力。12 月 29 日，横琴粤澳深度合作区执行委员会印发《横琴粤澳深度合作区外商投资股权投资类企业试点办法（暂行）》（以下简称《试点办法》），包括港澳台地区的境外投资者皆可通过《试点办法》在合作区申请外商投资股权投资类企业。作为合作区支持澳门发展现代金融业的一项重要制度，《试点办法》建立了试点工作的联合会商机制，并明确了试点条件、试点运作、试点申请及试点管理等要求，同时提出建立服务澳门企业的绿色通道机制，为其提供更加便利的试点环境。广东省推进粤港澳大湾区建设领导小组办公室表示，粤港澳大湾区正携手打造具有全球影响力的国际科技创新中心，三地创新要素加快集聚、协同创新迸发活力。[①]

我国正处于实现中华民族伟大复兴的关键时期，经济已由高速增长阶段转向高质量发展阶段。我国社会主要矛盾发生变化，人民对美好生活的要求不断提高，经济长期向好，市场空间广阔，发展韧性强大，正在形成以国内大循环为主体、国内国际双循环相互促进的新发展格局。同时，我国经济正处在转变发展方式、优化经济结构、转换增长动力的攻关期，实现高质量发展还有许多短板弱项，经济特区发展也面临着一些困难和挑战。新形势需要新担当、呼唤新作为。新时代经济特区建设要高举中国特色社会主义伟大旗帜，统筹推进“五位一体”总体布局，协调推进“四个全面”战略布局，从我国进入新发展阶段大局出发，落实新发展理念，紧扣推动高质量发展、构建新发展格局，以一往无前的奋斗姿态、风雨无阻的精神状态，改革不停顿，开放不止步，在更高起点上推进改革开放，推动经济特区工作开创新局面，为全面建设社会主义现代化

① 《改革“强力度”融合“加速度”——粤港澳大湾区建设加快推进》，中国政府网，2021 年 12 月 29 日。

国家、实现第二个百年奋斗目标作出新的更大的贡献。

在回顾、总结、思考中国改革开放40多年的伟大历程时，当我们从中国改革开放史的视角出发，把经济特区置于中国社会制度变迁的框架中，置于中国社会主义市场经济体系形成、发展、完善的进程中，置于中国道路探索的实践中，置于新时代的新征程中来研究时，我们可以得出这样的结论：以建设经济特区的方式，通过先行先试的渐进式改革开启中国社会由传统计划经济向社会主义市场经济的转型，是中国共产党人的伟大而务实的创举；以部分人、部分地区先富裕起来，从而探索由普遍贫穷走向共同富裕的道路，是中国共产党人把马克思主义与中国实际相结合的朴素而非凡的智慧。如果我们从历史演进的视角，评价中国经济特区不可替代的地位、功能和独特的历史使命；从制度变迁的脉络，诠释经济特区与中国社会制度变迁路径选择的内在联系；从转型时期社会制度变迁的内在逻辑，论证中国道路的特殊性，以及其中蕴含的普遍性原理，可以说，以创建经济特区方式开启中国改革开放的实践，不仅体现中国共产党人的改革智慧，同时也极大地丰富和发展了马克思主义。中国特色社会主义道路有力地证明了习近平总书记在庆祝中国共产党成立100周年大会上的伟大论断："中国人民不但善于破坏一个旧世界、也善于建设一个新世界，只有社会主义才能救中国，只有社会主义才能发展中国！[①]"

党的十八大以来，五位一体总体布局的形成标志着我国社会主义现代化建设进入新的历史阶段。以深圳为代表的经济特区积极践

① 习近平：《在庆祝中国共产党成立100周年大会上的讲话》，《人民日报》，2021年7月2日。

行着以制度创新的实践和“先行先试”的经验推动中国社会改革开放向纵深迈进。自贸试验区的设立和粤港澳大湾区的确立更是直接赋予经济特区独特功能与新的使命——由外向型经济走向开放型经济的制度创新。党中央赋予深圳“先行示范区”和综合改革试点新的定位与功能也充分证明以深圳为代表的中国经济特区在市场经济体制建设等多方面的改革与创新受到高度认可，彰显了中国40多年改革开放成功实践的制度自信，也进一步说明党中央关于兴办经济特区的战略决策是完全正确的。

主要参考资料

1. 邓小平. 邓小平文选（第三卷）[M]. 北京：人民出版社，1993.

2. 邓小平. 邓小平文选（第二卷）[M]. 北京：人民出版社，1994.

3. 中共中央文献研究室. 邓小平年谱（1975—1997）[M]. 北京：中央文献出版社，2004.

4. 中共海南省委党史研究室. 中国经济特区的建立与发展——海南卷[M]. 北京：中共党史出版社，1977.

5. 陈晓星. 中国第一大特区—海南[M]. 西安：陕西旅游出版社，1988.

6. 张敏如等. 特区经济教程[M]. 广州：广东高等教育出版社，1993.

7. 中共上海市浦东新区工作委员会、上海市浦东新区管理委员会. 浦东开发开放十年[M]. 上海：上海远东出版社，2000.

8. 深圳市统计局、国家统计局深圳调查队. 深圳统计年鉴（2000 年）[M]. 北京：中国统计出版社，2000.

9. 董滨、高小林. 突破—中国经济特区启示录[M]. 武汉：武汉出版社，2000.

10. 苏东斌. 中国经济特区史略[M]. 广州：广东经济出版社，2001.

11. 童怀平、李成关. 邓小平八次南巡纪实[M]. 北京：解放军文艺出版社，2002.

12. 陶一桃、鲁志国等. 经济特区与中国道路[M]. 北京：社会科学文献出版社，2017.

13. 高尚全. 中国改革开放四十年—回顾与思考（上）[M]. 北

京：人民出版社，2018.

14. 陶一桃、伍凤兰、闫振坤等. 广东经济特区改革发展40年[M]. 广州：中山大学出版社，2018.

15. 谭刚. 粤港澳大湾区核心引擎的深圳探索[M]. 北京：中国社会科学出版社，2020.

16. 曹天禄. 新时代中国经济特区理论与实践[M]，北京：中国社会科学出版社，2020.

17. 陈坤龙. 向浦东广阔地区发展[J]. 上海社会科学，1980（05）.

18. 薛暮桥. 经济体制改革的若干理论问题[J]. 管理世界，1990（05）.

19. 魏达志. 解读CEPA体现的国家行为—看新一轮深港及珠江三角洲的经济合作与发展[J]. 特区经济，2003（08）.

20. 蒙敬杭. CEPA对珠三角的影响及深圳的对策[J]. 特区理论与实践，2003（12）.

21. 龚唯平. CEPA框架下粤港区域经济一体化趋势及对策[J]. 特区经济，2006（05）.

22. 王家庭、张换兆. 国家综合配套改革试验区与以往改革模式的异同点分析[J]. 中国科技论坛，2008（05）.

23. 陈振明、李德国. 国家综合配套改革试验区的实践探索与发展趋势[J]. 中国行政管理，2008（11）.

24. 黄敬林. 经济特区与自主创新综合配套改革试验区的比较[J]. 特区经济，2009（10）.

25. 崔会敏. 国家综合配套改革试验区设立的理论依据分析[J]. 改革与开放，2011（02）.

26. 李炳炎. 社会主义市场经济理论的首创者：卓炯[J]. 改革与战略，2011（04）.

27. 陶一桃. 建设前海就是“再造香港”[J]. 法人，2014（05）.

28. 陶一桃. 从特区到自贸区：中国自贸区的特殊使命[N]. 深圳大学学报（人文社会科学版），2015（06）.

29. 陶一桃. 深圳在粤港澳大湾区经济带中的地位与作用—中国三大湾区经济带比较视角[J]. 特区实践与理论，2017（05）.

30. 迟福林. 建设自由贸易区（港）海南三十而立再出发[J]. 商业观察，2018（06）.

31. 赵晓. 他们为中国撒播市场经济火种[N]. 南方周末，2005.3.

32. 陶一桃. 从特区到自贸区：深圳经济特区的新使命[N]. 中国社会科学报，2015.10.13.

33. 陶一桃. 深圳：从“先行先试”到“先行示范区”[N]. 深圳特区报，2019.8.6.

34. 钟若愚.“深圳就是社会主义市场经济”[J]. 中国经济特区研究，2020（01）.

35. 深圳前海建设高水平对外开放门户枢纽——潮头风正劲 扬帆开新局[N]. 人民日报，2021.11.15.

CHINA'S REFORM AND OPENING UP

第二部分

史料篇

政策法规

▼

国务院关于广东省设置深圳、珠海市的批复[①]

（1979年3月5日）

广东省革命委员会：

一九七九年一月十三日报告悉。同意：一、将宝安县改设为深圳市，以宝安县的行政区域为深圳市的行政区域，市革命委员会驻深圳；二、将珠海县改为珠海市，以珠海县的行政区域为珠海市的行政区域，市革命委员会驻香洲。

① 《国务院关于广东省设置深圳、珠海市的批复》，载钟坚、郭茂佳、钟若愚主编：《中国经济特区文献资料》（第一辑），北京：社会科学文献出版社，2010年版，第11页。

中共中央、国务院关于《广东、福建两省会议纪要》的批示[①]

（1980 年 5 月 16 日）

中共广东、福建省委和省人民政府，中央各有关部委：

中央、国务院同意《广东、福建两省会议纪要》，现转发给你们，请研究执行。

一年来的实践证明，中央决定广东、福建两省在对外经济活动中，实行特殊政策和灵活措施，是正确的。两省工作有很大进展，成绩是显著的。

由于全国的经济体制还没有作大的改革，广东、福建两省试行新体制的过程中，出现一些问题，是难免的。这是前进中的矛盾。我们的任务就是要认真地及时地总结经验，研究新情况，解决新的问题。中央认为，这次会议总结的经验和提出的措施是可行的，要认真贯彻落实。

广东、福建两省进行经济体制改革，不但有利于加快两省经济的发展，而且有利于促进全国的经济体制改革。因此，广东、福建两省必须加强领导，兢兢业业做好工作，加快经济的发展，为四化建设作出贡献。中央有关各部门，要把搞好两省的经济体制改革，作为自己的一项重要任务，加强对两省工作的指导，采取积极的帮助的态度，而不能撒手不管。希望中央有关部门和两省加强协作配合，共同努力，把这项工作做得更好。

---

① 《中共中央、国务院关于〈广东、福建两省会议纪要〉的批示》，载钟坚、郭茂佳、钟若愚主编：《中国经济特区文献资料》（第一辑），北京：社会科学文献出版社，2010 年版，第 37 页。

广东、福建两省会议纪要（节选）[①]

（1980年3月30日）

（上略）

中央决定对广东、福建两省在对外经济活动中实行特殊政策和灵活措施，是改革经济体制的一种试验。会议认为，其特点：一是财政和外汇收入实行定额外干；二是物资、商业在国家计划指导下适当利用市场的调节；三是在计划、物价、劳动工资、企业管理和对外经济活动等方面，扩大地方权限；四是试办经济特区，积极吸收侨资、外资，引进国外先进技术和管理经验。这一重大改革，受到两省广大人民的欢迎，在国内外，特别是港澳，反映非常强烈，海外侨胞也纷纷表示愿以实际行动支援祖国建设。

几个月来，两省省委和国务院有关部门积极认真贯彻中央五十号文件，做了大量的工作，已取得初步成果。去年广东、福建两省外贸出口收汇创造历史最好水平，比一九七八年分别增长32%和30%。与外商就加工装配、补偿贸易、合资经营等进行了广泛的洽谈，已签合同成交额两省分别达六亿五千六百万和八千一百多万美元。全年贸易和非贸易外汇收入，两省分别完成二十亿五千万和三亿五千万美元，增长32%和21.5%。深圳、珠海两个经济特区正在积极筹建，深圳的蛇口工业区已开始施工，进度较快。两省对外经济活动开始出现一个蓬勃发展的新局面。实践表明，中央的决策是完全正确的，它有利于进一步调动各方面的积极性，更好地发挥两

① ①《广东、福建两省会议纪要》，载钟坚、郭茂佳、钟若愚主编：《中国经济特区文献资料》（第一辑），北京：社会科学文献出版社，2010年版，第38–44页。

省的有利条件，加快两省的经济发展，促进我国的四化建设。

当前两省的突出问题是农业经济结构不合理，能源、运输等关键环节薄弱，市场供应紧张；同时对实行这种特殊政策和措施，有关方面在一些问题上认识还不够一致，领导工作也跟不上。因此，需要认真总结经验，进一步统一认识，确定解决问题的具体方针和办法，鼓足干劲，继续前进。本着这个精神，到会同志对有关问题进行了认真的研究，纪要如下：

（一）调整农业发展方针

广东、福建两省地处热带、亚热带，气候温和，海域辽阔，发展农林牧副渔多种经营有其独特的优越条件，又是供应港澳鲜活商品的重要基地。要充分发挥两省的特点和优势，在继续抓紧粮食生产，大力提高单位面积产量和总产量的同时，逐步地合理调整农业结构，多发展热带亚热带、经济作物和供出口的农副土特产品，相应地发展轻工业和其他加工工业，更多地增加经济收入。这方面，两省的潜力是很大的。例如：广东的糖蔗、黄红麻、桑蚕茧、茶叶、水产品，福建的花生、烟叶、水果是收益多的产品，都还未达到历史最好水平；即使达到的也还有很大的发展余地。两省要在这方面做好规划，抓好重点基地建设，形成几个“拳头”产品，在短期内大见成效。

为了支持经济作物的发展，近几年两省可以从国外进口一些粮食，或者以经济作物同外省进行交换。中央有关部门要支持两省农业结构的合理调整，促进国民经济全局的发展。

（二）抓紧解决能源和交通运输问题

广东、福建两省燃料动力不足，交通运输紧张，问题十分突出。发电装机容量不足，由于煤炭运不进来，又不能满负荷发电。

广东常年缺电 25%，枯水季更为严重。这个问题如不抓紧解决，经济的发展就要受到限制。

从长远看，应考虑：一是开发广西的红水河，兴建水电站送电到广东、福建要建水口电站和沙溪口电站，解决省内用电。二是增加贵州煤炭产量，运煤到广东，相应地改造有关铁路，疏浚西江航道和改造港口等。这些方案从地区布局上看是合理的，建议结合制订长远规划研究安排，争取在“六五”后期动工。所需资金按照经济管理体制由中央和地方分别承担。如有长期低息贷款，也可利用部分侨资、外资、进行建设。

当前，为了缓和燃料动力供应紧张状况，允许广东省自己用外汇免税进口石油，使黄埔电厂满负荷发电。同北方一些省区协作，搞一些地方煤矿的煤，通过海运或内河运输，解决部分燃料缺口。与此同时，要抓紧从罗马尼亚引进油页岩电厂的签约，尽快建设从罗进口的这一套三十三万千瓦电站，外汇可从我对罗贸易顺差中解决，同办配套投资由省解决。福建省要抓紧兴建漳平火电厂。

要把节约能源作为一项极为重要的任务抓紧抓好。充分运用自己的资金、人力、物力、发挥省、地、县、企业等各方面的积极性，大搞中小水电，搞好余热利用，发展沼气、太阳能及地热的利用。福建有丰富的白煤资源，要加强对白煤发电及其他方面利用的试验推广。

除国家统一安排投资加快京广南段复线建设外，两省可利用侨资、外资，进行广深铁路电气化改造、鹰厦铁路改造和漳泉铁路及广州港、马尾港、厦门东渡港等的建设。要注意精打细算，讲究经济效果，保证偿还。

（三）大力发展对外贸易

广东、福建两省毗邻港澳，利用港澳扩大对外贸易有独特的优越条件，潜力很大。一九七九年香港的进口额为一百六十五亿美元，我货仅占17%多点。金额在五千万港元以上的商品有二千九百二十五项，其中一千三百八十一项我是空白。

要继续抓好农副土特产品的出口，尽快恢复我农副土特产品的优势地位。增加出口数量是一个方面，更重要的是改良品种、加工精选、改进包装、及时运输，在售好价上下功夫。外贸部门和生产部门要密切配合，按照港澳市场的需要，定地区、定品种、定数量、定时间，有计划地组织出口。

要充分发挥广州、汕头、佛山、福州、厦门等老工业基地的作用，充分挖掘现有潜力，积极发展轻工、机械产品的出口。发展机械产品，关键是要提高技术水平、改进质量、加强零部件供应和技术服务。香港对我纺织品没有配额，要尽可能多搞些进料加工，扩大出口。建筑材料、塑料、电子元件等也要大力组织出口。

为进一步调动两省发展外贸的积极性，搞好经济核算，对五十号文中的一些职责分工作了明确划分，并同意两省要求，推迟到一九八一年实行五十号文确定的外贸体制，外贸外汇分成按五十号文执行。有关责任划分是：

1. 今后两省超过一九七八年基数的贸易外汇收入，在扣除“以进养出”的用汇（包括中央和地方所支付的外汇）以后，再进行分成。分成外汇按季预提，年终结算。七九年分成外汇应尽快拨给地方使用。

2. 扶持出口商品生产用的进口物资，粮食和化肥按七八年实拨数量拨给实物；其他以七八年实拨数量按同年进口价格折成外汇拨给。

3. 加强外贸经济核算，努力降低换汇成本，多数商品都应逐步做到有所盈利。对一些换汇成本很高、长期亏损的商品应限制出口。外贸部门应对什么可以出口，什么不能出口，划个合理的杠杠。广东省外贸换汇成本包干基数定为二元八角，福建定为三元零二分。

4. 必须坚持对外集中统一的原则，对国际市场竞争激烈和有配额的商品的进出口，必须严格按国务院批准的办法执行。两省派驻港澳贸易机构接办华润统一经营的有关外贸业务，应在坚持统一对外、有利于出口的原则下，有区别有步骤地进行。对市场、客户、配额、价格等问题，由两省同华润、南光公司共同研究，统筹安排。

（四）改进海关管理，简化出入境审批手续

海关的管理和关税的减免，在保证中央集中统一的前提下，应给两省一定的灵活性。

1. 经济特区海关，在管理上实行“内紧外松”的原则。特区所需的机器设备、零配件、原材料等生产资料允许免税进口；生产用品原则上应以国内供应为主，国内确实难以供应的生活必需品，经过批准，可以征税或减免税进口。特区产品和进口商品一般不得内销，必须内销的，应按规定补征关税。请广东省根据上述原则起草《经济特区海关管理和关税法》，报国务院批准实施。

2. 对现行税法中不适应新形势的税率，应作必要的修订。用进口原料加工出口的商品，其进口原材料和元器件免征关税。今后要逐步实行进口纳税、出口退税的办法。为解决两省能源困难进口的煤炭、石油，经批准的中外合营企业进口的技术设备，免征关税。以上各项，由海关总署会同有关部门制订具体实施办法。

3．原则同意两省增设口岸和海关。具体事宜由省提出方案，报国务院批准。

4．两省反映，目前走私活动非常严重，要狠狠打击，严肃处理。同意两省组织海上查私队，其查私罚没收入，地方按国家规定留成。

5．两省提出对本省去港澳办理业务的人员，以及来特区工作、居住或联系业务的港澳人士、华侨和外商，应简化出入境审批手续。建议凭两省签发的通行证出入。具体办法由进出口管理委员会会同港澳办、外交部、公安部商定，并通过外交途径向港英当局提出。

（五）资金信贷给予必要支持

由于去年调整农副产品价格和工资等，两省财政短收较多，建设资金有些困难，解决办法：一是大力开展增产节约，广开财源，紧缩开支，这方面潜力是不小的；二是采取发债券、股票等方式争取多用一些侨资、外资；三是国家从财政、信贷上适当给一些照顾和支持。

1．财政上交或补贴基数，重新核定为广东每年上交十亿元，福建每年补贴一亿五千万元。今后，因企业隶属关系变动、新投产的大型企业下放给地方管理、开征新税种以及国家采取重大经济措施，对财政收支影响较大时，可相应调整上交或补贴数额。

2．基本建设拨款，除地方统筹项目、部分地方项目由地方统筹安排外，中央直供代管项目的基本建设，在企业隶属关系未调整前，仍由中央各部门安排；允许中央各部门和地方合资经营项目，产品、收益按投资比例分成；中央各部门委托地方办的各项事业所需经费，仍由中央各部门安排；两省的企业折旧资金不再上交，挖潜革新改造资金由省统筹安排，国家不再另拨专款，所需材料国家可给予适当照顾。

3. 两省外汇贷款配套和深圳特区基础建设所需的人民币贷款，由中国人民银行和建设银行负责安排。要管好、用好轻纺工业中短期贷款和中国银行分配周转使用的外汇贷款，提高使用效率。

4. 向外借贷，应尽可能多用买方信贷，必须借用自由外汇的，其浮动利率超过10%的部分，由国家进行政策补贴。采取补偿贸易方式，由中国银行香港分行向两省提供两亿美元贷款，利率按买方信贷利率加中国银行管理费计算。此外，如需再向外借款，应提出使用贷款的额度，确定还本付息的外汇来源。经外汇管理总局审核，报进出口管理委员会批准。

（六）搞好市场安排和物资供应

广东、福建两省，国内外来往人员多，侨汇多，购买力强，市场供应紧张是个突出问题。随着经济建设的迅速发展，物资供应也日趋紧张。除两省要千方百计抓好市场的物资的生产和供应外，国家还要给予必要支持。会议商定：

1. 鉴于当前企业大部分下放地方管理还有困难，计划体制没有改变，同意两省提出物资体制暂不执行五十号文确定的调出调入包干结算的办法，仍按国家现行的统一规定执行。对于短线物资和生产用品的供应，主管部门应保证不低于一九七八年的水平。

2. 支持两省更多地利用市场调节的作，国家分配不足的物资和商品，可采取同外省进行联营、合营和商品交换等办法解决；国内解决不了的，可以进口。对于大宗物资，应与协作省区，逐步建立起固定的供销关系。

3．广交会期间供应调剂市场的商品，应按原来规定由中央有关部门继续专项拨给。

（七）积极稳妥地抓好经济特区建设

试办经济特区，在经济上、意识形态上，有一个谁战胜谁的问题，而我们又缺乏经验，因此，必须采取既积极、又慎重的方针。根据目前两省的财力物力可能，广东应首先集中力量把深圳特区建设好，其次是珠海。深圳特区建设同意省所划定的范围，一定要作好总体规划，分片、分期进行建设。汕头、厦门两个特区，可先进行规划，作好准备，逐步实施。福建省提出搞琅岐岛特区，要慎重对待，先作可行性研究。

经济特区的建设，要充分利用现有基础，先上那些投资少，周转快，收效大的项目。在发展加工出口工业的同时，有条件的，要逐步发展住宅、旅游等事业。

在建设步骤上，先搞好水、电、道路、通讯等基础设施，为吸引侨商、外商投资创造条件。投资项目要尽可能符合经济特区发展规划的要求。整个建设要认真搞好总体规划，做到心中有数，打主动仗。

经济特区的管理，在坚持四项基本原则和不损害主权的条件下，可以采取与内地不同的体制和政策。特区主要是实行市场调节。为了吸引侨商、外商投资，所得税、土地使用费和工资可略低于港澳。所得税率初步定为15%。土地使用年限应根据不同情况灵活掌握。原则同意广东省起草的《经济特区暂行条例》，待经进一步修改后报国务院批准实施。

经济特区主要是吸收侨资、外资进行建设，中央各部门、各地区，除经批准可在特区经营少数中外合资企业以外，一般不准在特区办企业，广东省要从严把关。一些单位去深圳、珠海占地，打乱了建设部署，应立即制止。

有些部门和地方，经过批准，可派少数人员驻深圳进行对港澳及国外商情的调查和联系业务。由进出口管理委员会尽快制订具体办法。

（八）切实加强领导

两省经济体制改革是个新的事物，对加强领导提出了新的要求。

要进一步统一认识，把实施五十号文件作为全党工作的一个重要部分，进行全面经济管理体制改革的一个突破口，给予极大的关心和支持。中央各部门的同志要多体谅地方的困难，保护、支持地方更好地发挥积极性和创造精神，及时解决存在的问题。地方的同志要把局部和全局联系起来，多为全局着想，发挥主支柱，自力更生，克服困难。各方面大力协同，搞好两省的新体制试验，为加速全国的四化建设提供新的经验。

两省要进一步把工作着重点和领导精力转移到抓经济建设上来，抓五十号文件的贯彻执行，抓新体制的试验。主要领导要亲自抓，特区的领导要委派省级干部担任。要有打进国际市场的雄心壮志，敢于做前人没有做过的事业，把革命精神和科学态度结合起来，发扬艰苦奋斗、勤俭创业的精神，正确运用客观经济规律，不断总结经验，认真提高经济管理水平和技术业务水平。要在国家统一部署下，制订好两省的长期规划，既要使两省的经济同全国的发展相协调，同时更要充分发挥两省之所长，加快发展速度。

（下略）

海南岛问题座谈会纪要[①]

（1980 年 7 月 11 日）

根据国务院领导同志的指示，六月三十日至七十一日在北京召开了海南岛问题座谈会。参加会议的有广东省、海南行署、海南自治州的负责同志和省农垦总局等有关部门的负责同志，国家农委、国家民委、农垦部、林业部、水利部、民政部、财政部、交通部、国家水产总局、国务院侨办和解放军总后勤部的有关负责同志。赵紫阳、万里、余秋里、方毅、谷牧、康世恩、陈慕华、薄一波同志听取了座谈会情况的汇报，并作了重要指示。与会同志对于国务院领导同志如此重视，深受鼓舞，认识到，解决好海南岛农业生产建设的方针和场社关系问题，不仅对海南和广东是件大事，对于全国其他有类似情况的地方也可作为借鉴。

通过座谈，大家在一些重大原则和方针政策问题上，取得一致的意见，对解决海南岛问题，打下了很好的基础。

一、肯定了海南建设的成绩

海南岛是我国少有的热带宝地之一，面积同台湾岛相近，全岛农林牧用地三千多万亩，沿海渔场面积七万八千平方海里，矿产和盐业资源也很丰富。这里解放前经济长期落后。解放三十年来，在党中央的关怀和广东省委的直接领导下，经过海南各级干部、各族人民和广大职工的努力，经济有了较大发展，特别是橡胶和其他热

① 《海南岛问题座谈会纪要》，《中华人民共和国国务院公报》，1980 年 09 期。

带、亚热带资源的开发利用，取得了显著成绩。

为了打破帝国主义的封锁禁运，党中央于一九五一年决定在海南岛建设我国的天然橡胶生产基地。周总理和陈云、叶剑英同志主持，国家投入了巨大的财力、物力、人力，组成一支农垦大军，与海南各族人民一道，艰苦创业，辛勤经营，建成了一批以种植橡胶为主的国营农场，同时社队经营的橡胶也有所发展。现在海南岛植胶面积占全国植胶总面积的百分之五十六，干胶产量占全国总产量的百分之七十，已经初步建成了我国最大的天然橡胶生产基地，对社会主义事业做出了重要贡献。实践证明，党中央这个决策是正确的。

三十年来，海南各族人民为支援国营农场的生产建设、支持国家创办和发展天然橡胶事业，贡献了很大力量。此外，海南岛还为国家提供了椰子、香茅油、咖啡、胡椒、剑麻等大量的热带、亚热带作物产品，并在南繁种子等方面支援了全国农业。

海南垦区的建设和橡胶事业的发展，对于繁荣海南岛的经济、文化、交通运输等各项社会主义建设事业，起到了积极的作用。国营农场在橡胶种苗、技术培训、技术指导和农用物资等方面给了社队有力的援助。农场和当地社队互相支援，共同前进，场社关系多数是好的和比较好的。这是事物的主流。农场和社队的紧密团结，对今后海南岛的建设将发挥更大的力量。

海南在前进中也存在不少问题。由于历史条件的局限，在发展方针和一些政策上的问题长期没有解决好，社队经济的发展和群众生活的改善，步子都比较慢，当前仍然比较穷困，地方机动财力很少，发展生产的能力很薄弱。海南岛的自然优势发挥不够，而森林资源破坏严重。近年来，不少地方场社纠纷比较突出。海南岛存在着巨大的发展潜力。只要认真总结经验，调整好方针政策，把广大农民和职工群众的积极性进一步调动起来，自力更生，艰苦奋斗，加上广东省和全国的必要支援，海南建设事业的发展将是很快的。

二、明确了发展农业的方针

海南岛地处热带、亚热带，属热带季风气候区。这里适宜种植橡胶、椰子、胡椒、咖啡、可可、油棕、南药、香料、水果等多种经济价值高的热带作物，还有很多珍贵树种和稀有动物，草山草坡和水产资源也很丰富。同全国其他地区比较，这是海南岛特有的自然条件和突出的经济优势。

海南岛发展农业的方针，应以加速发展橡胶等热带作物为重点，大力营造热带林木，努力提高粮食产量，全面发展农林牧副渔各业生产，逐步建立适应海南特点的新的生态平衡和农业结构，使国营农业企业和农村社队共同富裕起来。要按照这样的方针，因地制宜，合理安排橡胶、热带经济作物、粮食、林业、畜牧业和其他各业的布局。

要正确处理发展橡胶等热带作物和粮食生产的关系。除基本粮田外，凡适宜种植橡胶的土地，应优先安排植胶；不适宜植胶的土地，适当安排种植其他经济价值较高的热带作物。为了促进橡胶和其他热带作物的发展，从明年起，由中央和省每年给海南岛调进粮食四亿五千万斤，一定五年不变。五年以后，根据粮食产量增长情况，再逐步做到少调进或不调进。为了适应经济建设、国防建设和改善群众生活的需要，为了减轻由于调进粮食造成港口和交通方面的压力，粮食生产还要抓紧。现在，粮食单产很低，增产的潜力很大。要把农田水利建设搞好，提高抗旱能力，这是发展粮食和其他经济作物都必须采取的一项重要措施。

要正确处理发展橡胶和发展其他热带作物的关系。既要重点发展橡胶生产，又要积极发展其他热带作物生产。历史上，国营农场的剑麻、香料、咖啡等热带作物曾达到五十万亩，今后需要大力恢复和发展。社队在作物安排上，则应该坚持长短结合、以短养长的方针，把发展热带作物和其他经济作物的起点放在短期作物上。许多地方提出："甘蔗、香茅起家，胡椒发家，橡胶当家，造林保家"，正确地反映了这种辩证关系。要适当发展甘蔗生产，把一部分粮食产量很低的水旱田改种甘蔗，使现有糖厂吃饱。这样不但可以增加地方的财政收入，而且是使农民尽快富裕起来的一项重要措施。

海南岛发展畜牧业和渔业生产的潜力也很大。畜牧业要以大力发展牛羊等草食动物为重点，充分利用数百万亩草山草坡资源。要扶持社队办草山连片的中、小型养牛场，采取全民和集体联营以及吸收侨资等方式办大型商品肉牛场。发展渔业要捕养并举，逐步把发展的重点转移到海、淡水养殖上来，同时积极开发西沙渔业。要大力扶持社队发展水产养殖业。建议国家水产总局采取和地方联营的办法，在海南建设一些海水养殖基地。海南机帆船用油作价过高，请商业部给以解决。

海南岛有海滨，有山林，又有名胜古迹，各种工艺美术品也很有特色，发展旅游业的条件很好，特别是发展冬季旅游业，大有可为。要积极创造条件，把海南岛建设成为我国独特的旅游胜地。

根据上述方针的要求，要做好海南的资源调查和农业区划工作，制定全岛统一的发展规划，同时，大力加强科学研究，广泛培养科技人才，以加速开发建设海南的步伐。

三、坚持国营和社队经营两条腿走路，加速发展橡胶和其他热带作物生产

要更快地发展橡胶和其他热带作物生产，必须坚持国营和社队经营两条腿走路、农场大力扶持社队和场社联营的方针。国营农场不仅要把本场的生产建设事业搞好，而且要发挥建设海南橡胶生产基地的“主力军”、“野战军”的作用，积极地担负起扶持社队发展橡胶事业的光荣任务。国营农场的干部、工人和技术人员都要明确树立这样一种基本观点，并真正贯彻到实际行动中去。

（一）国营农场应在管好现有胶树的基础上，在场界范围内继续扩大植胶面积；有计划地更新、改造低产实生树，努力提高质量，增加产量，为国家提供更多的橡胶；同时相应地发展其他热带作物生产。广东垦区的领导管理体制，仍按现行办法不变，投资和主要物资继续由国家直供。

（二）海南岛社队经营橡胶的潜力很大，要加快发展。根据资金、劳力等实际情况办事，注意经济效果，提高植胶质量，不可片面追求数量、追求面积。已种的六十万亩，由于管理不善，产量很低。要下功夫加强抚育管理，有计划地进行更新改造，使干胶产量大幅度提高。

一九八五年前，社队生产的胶水仍由农垦部门统一收购和加工，按国家规定的统一价格，扣除运输费和加工费，利润全部返还社队。

（三）国营农场要大力扶持社队发展橡胶生产。一九八一年至一九八五年，农场每年给地方的利润留成比例从现在的百分之六，提高到百分之七。其中百分之四用于社队发展橡胶和其他热带作物生产，百分之三留给各县用于生产建设事业。要充分发挥农垦部门科研机构和技术队伍的作用，有计划地帮助社队培训技术人员，进行技术指导。

（四）农场和社队联营植胶，是加快发展橡胶生产的一种好形式，也是积极改善场社关系的一项重要措施。可以实行集股联营，可以搞单项合同，也可以采取类似补偿贸易的办法，等等。总之要积极试办，把路子搞宽，办法搞活，以兼顾国家和社队利益为原则，自愿互利，使国家多拿到橡胶，使农场和社队共同富裕。各种形式的联营都要签订经济合同，严格遵守。

四、恢复和发展森林资源，建立新的生态平衡

海南岛森林资源长期以来受到严重破坏，近一年多来，乱砍滥伐的现象又有发展。因此必须采取坚决的措施，大抓林业的管理和建设；否则，海南不但不能发挥优势，还有变为沙岛的危险。

建设海南岛的林业，必须采取保护、恢复与发展并重的方针，立足于建立新的生态平衡，发展热带林的优势，为国家提供珍贵热带林木和用材，同时有步骤地解决岛上生产建设和人民生活的需要。因此，海南岛的林业要有较长的休养生息的时间。

第一、在山区恢复和建立热带森林体系。以五指山、黎母山、尖峰岭、坝王岭、吊罗山等为主的广阔山区，恢复、发展热带森林体系，从根本上改善海南水源短缺的状况。

第二、在海南环岛的海岸线上，建立防护林体系，以抵御台风的侵袭。

第三、充分利用不宜种植橡胶和热带作物的宜林荒山荒地，大力建设速生丰产林基地，以尽快扭转木材供不应求的局面。

以上设想实现后，森林覆盖率可提高到百分之四十以上，全岛的自然面貌将得到根本改变。

为了实现这个任务，必须采取如下措施：

1. 认真解决好山林权属问题。要在海南行署和自治州的统一领导下，根据统筹兼顾的原则，划定林业用地，农垦用地，水源林，防护林，自然保护区，名胜古迹风景林区等。对少数毗连国营林场，无林或少林的社队，要适当划出一部分山地给社队集体经营，并给社员分一定面积的自留山，以解决集体和社员用材、烧柴和开展多种经营的需要。要划出一定面积的荒山荒地给驻军造林。农垦局和农场都要建立林业机构，限期把农场垦区内不宜植胶的荒山绿化。

2. 林业内部要进行调整，减少和控制森林资源的消耗量。把尖峰岭、坝王岭等国营采伐企业转为以营林为主，把木材采伐任务减下来，同时，建议国家适当调减广东的木材上调任务。国营农场采伐林木也要严加控制。迅速改变刀耕火种的习惯，坚决制止毁林开荒、乱砍滥伐。农村要大力推广沼气、大造薪炭林。

3. 适当增加林业投资。考虑到海南林业建设工程量大，地方财力又有限，请中央从国家支援不发达地区的经费中，每年拨出一定数量的专款，除用于海南主要山系水源林的育林经费外，还要帮助少数民族发展集体林业和其他生产；建议林业部投资与海南联合经营二百万亩速生丰产林。

五、放宽政策，把经济搞活

为了充分发挥海南的优势，并照顾少数民族的经济利益，当前主要靠发挥政策的威力，放宽政策，把经济搞活。

1. 在进出口贸易上，主要是对香港的出口，应让海南有更多一些自主权。外贸和其他外汇收入的增长部分，可给海南留成多一些，以利于以进养出。

2. 调整粮食征购任务。对少数民族地区生产和生活很困难的社队，在五年内免除其公购粮任务。海南的一亿二千万斤粮食超购任务，从明年起改为议购，其议购价与统购价的价差补贴，由广东省与粮食部具体商定办法。

3. 农副产品的统派购要灵活一些。有的可以实行全部产品比例留成，有的可以确定一个收购基数，超产部分全部留给生产单位或比例留成。留成产品，可以自行处理；有的产品不列入派购范围，让生产单位自行议价出售。

4. 建议银行专拨扶持社队发展热带作物的长期低息贷款，到有产品收获时，再逐年清还。

5. 在海南的中央和省属企业，其利润应适当留成一部分给海南地方使用，留成比例请广东省和财政部研究确定。

6. 为了提高热带作物和粮食产量，中央和省要多支援海南一些化肥。

7. 财政体制应适当放宽，多给海南岛以机动权，具体办法由广东省研究决定。自治州实行“收支包干，超收留用”的办法。按中央政策规定照顾少数民族的各项费用，都要坚决落实。

8. 农场、社队和其他企业单位，都可以利用自己的条件，打破所有制界限和行业界限，同省内外的经济单位实行各种形式的联营，产品或利润按比例分成，有外汇收入的还可实行外汇分成。橡胶、林业、畜牧、渔业和热带作物产品的生产可以搞各种形式的农工商、林工商、牧工商、渔工商等综合经营。

鉴于海南在自然资源和国防上都有特殊地位和作用，为了加快海南建设，建议对广东省财政包干之内投资有困难的少数重要基建项目，经报国务院批准后，由国家给以特殊照顾和支持。

六、正确地解决场社纠纷问题

海南地区的场社纠纷，这两年发展得比较突出，严重影响了一些地方的生产秩序和安定团结。

场社矛盾产生的原因是多方面的，主要是历史遗留下来的问题，也有工作中的问题。农垦事业创建初期，还不可能对长远发展中的问题考虑得十分周到，在土地规划方面经验不足，给个别人多地少的社队留的荒山荒地偏少；农场建立以后场社之间体制多变；生产建设兵团成立后扩大的一批土地，工作粗糙，有的手续不完备，遗留问题很多。场社发生纠纷以后处理得不够及时果断，对个别带头破坏国家财产的不法分子打击不力，致使抢割橡胶等违法现象不断发生。

大家认为，对场社矛盾的处理，各级党委要加强领导，各有关方面应以大局为重，本着团结起来向前看的精神，各自多作自我批评，对广大群众多作思想教育工作。应当看到，在合理合法的基础上，互助互让，正确处理场社纠纷，不仅有利于一场与社矛盾的解决，更重要的是，将进一步改善国家和集体的关系、国家和农民的关系以及各民族的关系，巩固工农联盟。这是问题的实质所在，各级领导同志务必充分注意。要通过发挥海南的优势，加速发展集体生产，加强国营农场对社队发展橡胶的支援，使农民尽快富裕起来，才更加有利于从根本上解决场社关系问题。当前，对场社纠纷要采取有效的措施，把抢割橡胶、强砍防风林等破坏国家财产的行为坚决制止下来。海南地方各级政府和农垦部门要大张旗鼓地传达国务院召开的这次会议的精神，肯定工作成绩，总结经验教训，对广大干部和群众进行法制教育和爱护国家财产的教育，表扬好人好事，明确是非，统一认识；对极少数带头破坏国家财产、严重违法乱纪、影响极坏的不法分子，必须追究法律责任，进行严肃处理。

对历史遗留下来的土地纠纷，应根据国家宪法有关规定，在各级党委和政府的统一领导下，遵循以下原则，经过充分协商，妥善处理。

1．凡是双方已签定协议，经过县以上政府批准的场界，均应遵守和维护。

2．原来未作地权处理、场界不清的，应经双方协商，现场勘察，划定场界，并报县以上政府批准。

3．原来虽作过地权处理，手续完备，但因原定场界不合理，给社队留地过少，社队生产、生活确有困难的，农场应适当划回一部分土地给社队，但应采取慎重的方针，经双方充分协商，农垦部门同意，报海南行署和自治州正式审批。

4．农场和社队双方借用的土地，应有借有还；未经协议占用的土地原则上应退还对方，如已种上作物的，短期作物收获后退还，长期作物可用等量土地交换，或用合营的办法解决。

5．一九六五年场社搞并、帮、带，后来又分开，生产队留给农场的土地已经种上橡胶，可以经过协商，在自愿互利的基础上，作为生产队的投资入股，用场社联营的办法加以解决。

6．场社插花地多的社队，可以通过协商加以调整。对于个别矛盾太多，不好调整的，可经过海南行署和自治州批准，实行场社合并。

7．水库移民、垦荒队和其他并入农场的生产队，应本着“土地随人并场”的原则，带进来的土地、林木、水利资源归农场所有。

8. 凡属公共的沟、河、塘，场社可共同使用。属场社各自范围内的水利资源，由各自开发利用。流经双方较大的河流，应在当地政府主持下，统一规划，合理分配使用。双方共同投资修建的水利设施，应统一管理，共同受益。

大家认为，这次座谈会，在国务院领导同志的亲切关怀下，经过参加会议的各方面同志的共同努力，开得很有成效，对解决海南场社矛盾和加速海南建设，极为重要。大家相信，海南各族社员群众、农垦职工、各个部门、各级干部，一定不会辜负党中央的期望，迅速动员起来，认真落实这次会议精神，加强团结，同心同德，尽快把海南建设好。

国务院批转《海南岛问题座谈会纪要》的通知[①]

（1980年7月24日）

广东省人民政府并各省、市、自治区人民政府、国务院各部委：

国务院同意《海南岛问题座谈会纪要》。《纪要》分析了海南农业生产建设的成绩和存在的问题，提出了今后农业生产建设方针和正确处理场社关系的原则，是实事求是的，可行的。望广东省人民政府依靠海南各族社员、广大农垦职工，统一各个部门、各级干部的认识，全面贯彻会议精神，把海南岛的问题解决好。

处理场社纠纷问题，不能简单地就事论事。对极少数带头破坏国家财产的不法分子依法严肃处理，是完全必要的。但更重要的是，要着眼于总结历史经验，根据新的情况，合理调节国家与集体、国家与农民以及各民族的关系；着眼于端正农业发展方针，充分发挥海南地区的优势，使农场和社队共同发展，共同富裕，总之，要从方针、政策上根本解决问题。广大农垦职工，过去在开发建设海南的事业中是有重大贡献的，今后还要继续发扬党的优良传统，增强同农民群众的联系，不仅要把本场的生产建设搞好，而且要满腔热情地扶持社队发展橡胶和其他热带经济作物的生产，同海南各族人民一道，把海南建设得更好。

鉴于海南的特殊地位，中央和广东省决定要对海南岛的经济建设给以大力支持，各有关部门要切实办好这件事。同时，海南各族人民要继续发扬自力更生、艰苦奋斗的精神，充分发挥自己的优

---

① 《国务院转批〈海南岛问题座谈会纪要〉的通知》，载钟坚、郭茂佳、钟若愚主编：《中国经济特区文献资料》（第一辑），北京：社会科学文献出版社，2010年版，第45–46页。

势，在各方面取得优异成绩。国务院相信，经过海南各级干部、各族人民和广大职工的努力，紧密团结，同心同德，海南建设的发展是一定会加快的。

国务院对福建省关于厦门经济特区的批复[1]

（1980 年 10 月 7 日）

福建省人民政府：

闽委［1980］综字 109 号关于建设厦门经济特区的报告悉。

同意你省在湖里划出二点五平方公里搞经济特区，近期先搞一点一平方公里。厦门经济特区条例应参照人大常委会已批准的“广东省经济特区条例”实施，所得税应与广东一律，即按百分之十五执行。关于特区要求的一千五百万元开办费贷款和三大材的供应，请你省自筹解决。特区的基础设施工程建设所需五千万贷款，请人民银行帮助解决。其他问题，请与有关部门联系，逐步解决。

经济特区的建设，要采取既积极又稳妥的方针。在搞好总体规划的基础上，首先要建好基础设施，充分利用现有的有利条件，有步骤地分期建设，以取得较好的经济效果。

---

① 《国务院对福建省关于厦门经济特区的批复》，载钟坚、郭茂佳、钟若愚主编：《中国经济特区文献资料》（第一辑），北京：社会科学文献出版社，2010 年版，第 54 页。

广东、福建两省和经济特区工作会议纪要①

（1981年7月12日）

国务院于一九八一年五月二十七日至六月十四日，在北京召开了广东、福建两省和经济特区工作会议。参加会议的有两省和特区的负责同志，国务院有关部、委、总局和港澳工委的负责同志，以及经济理论界的同志。会议检查总结了贯彻执行中央（1979）50号、〈1980〉41号文件（以下简称中央两个文件）的情况和经验，讨论了两省对外经济活动实行特殊政策、灵活措施和设置经济特区的有关问题，研究提出了进一步落实的措施。现纪要如下：

一、贯彻执行中央两个文件的情况

一年多来，在中央的正确领导和关怀下，广东、福建两省和中央各有关部门共同努力，积极贯彻执行三中全会的路线、方针、政策和中央两个文件规定的特殊政策、灵活措施，有力地促进了经济的发展。工农业总产值，一九八〇年比一九七九年，广东增长8.2%，福建增长10%。今后一至五月份，两省工业生产、对外贸易和财政收入继续有较大的增长。各项工作进一步取得了可喜的成绩。

（一）着手调整经济结构。初步发挥了两省的优势。在继续抓紧粮食生产的同时，大力发展多种经营，特别是经济作物的生产。一九八〇年，两省粮食总产量都超过历史最高水平。油料、甘蔗等

① 《广东、福建两省和经济特区工作会议纪要》，载钟坚、郭茂佳、钟若愚主编：《中国经济特区文献资料》（第一辑），北京：社会科学文献出版社，2010年版，第64–75页。

经济作物大幅度增产，农村工副业收入也有显著增加。两省轻纺工业有较大的发展，轻工业产值占工业总产值的比重由59%上升到62%。关停了一些耗能多、亏损大和产品无销路的企业。大力发展了可供出口的农副土特产品、轻纺工业品和其他加工工业品的生产。开始向建立农业、轻工业比较发达的、出口商品生产能力强的经济结构发展。

（二）在国家计划指导下，扩大市场调节范围，促进了经济的发展。广东省去年通过市场调节的工业产品总值占全省工业总产值的40%左右。两省利用地方外汇进口原材料和市场紧缺物资，发展工农业生产，增加商品供应，繁荣了市场，活跃了经济。

（三）实行对外开放政策，对外贸易和经济合作发展较快。一九八〇年广东、福建两省出口总额分别比上年增长27.9%和47.2%，都超过了历史最高水平，特别是机械产品在开拓新的市场方面成绩显著。积极开展了来料加工装配、补偿贸易、合资及合作经营等业务，取得了较好的经济效益，并增加了就业门路。去年仅开展来料加工装配安置就业的人数，广东有十七万人，福建三万人。

（四）实行财政包干和外汇分成制度，调动了地方的积极性。一九八〇年广东、福建两省财政收入分别比上年增长10.5%和20.5%，实现了当年收支平衡，略有结余。一九八〇年两省所得贸易留成外汇比一九七九年增加了五倍多。留成外汇的合理使用，有力地促进了两省经济的调整和发展。

（五）经济特区建设有了进展。中央确定在两省的深圳、珠海、汕头、厦门四个市划出部分地区试办经济特区以后，筹建工作逐步展开。深圳、珠海先走一步，基础设施的建设正在抓紧进行，利用外资兴办了一些企业。工农业生产有所发展，群众收入显著增加，部分外流人员开始回归，社会秩序基本安定。

一年多来的实践证明，中央对两省实行特殊政策、灵活措施的设置经济特区的决策是正确的。进行这个试验的时间虽然还不长，但已经取得比较显著的成绩，积累了一些经验，使大家看到了希望，增强了信心。当前存在的主要问题是，中央两个文件的一些规定还没有完全落实，许多管理工作和具体措施还跟不上，两省经济还缺乏全面的规划和安排。会议认为，这些都是前进中的问题，经过努力是可以解决的。中央各部门和两省同志一致表示，一定要进一步解放思想，勇于实践，总结经验。继续前进，做出新的成绩。

二、解放思想，统一认识

两省实行特殊政策、灵活措施和试办经济特区，是个新事物、新工作，各方面认识不够或不一致是难免的，但是要及时提高认识，统一思想，以利于中央两个文件的进一步贯彻落实。

（一）两省实行特殊政策、灵活措施的重要意义。

三中全会以后，我国在经济建设上开始摸索一条适合国情的新的道路，并准备对管理体制进行根本性的改革。两省地处热带、亚热带，开展多种经营的条件优越，工业也有一定基础；毗邻港澳，国际交往方便，对外贸易也比较发达；又都是我国主要侨乡，利于吸收侨资、外资。会议认为，中央决定对两省实行特殊政策、灵活措施，发挥两省优势，加快建设速度，使两省先富起来，同时为全国经济体制改革探索经济，这是完全正确的。两省实行特殊政策、灵活措施的主要内容大体是：（1）对外更加开放，包括积极利用侨资、外资，引进适用、先进技术和科学管理方法，扩大对外贸易；

（2）对内政策更加放宽，包括在社会主义经济的领导下允许多种经济成分并存，更好地运用价值规律和各种经济杠杆，把经济搞得更活；（3）扩大两省的权力，包括经济、人事、地方立法权和企业自主权等。总之，要改变那种权力过分集中、单纯依靠行政手段、吃大锅饭的体制，做到按经济规律办事，讲求经济效果。两省的改革和全国改革的方向是一致的。两省改革搞好了，不仅在发展经济上有重要意义，而且在政治上是关系到稳定港澳人心，争取台湾回归祖国的大事。因此，实现这个任务，我们要有高度责任感和紧迫感。中央各有关部门，要把两省当作进行经济改革的试验基地。

（二）在社会主义条件下利用外资主试办经济特区问题。

在自力更生的基础上，实行对外开放，积极扩大对经外济合作和交流，是党的一项重大政策。目前我国生产力还比较落后，建设资金短缺，在人民民主专政日益巩固、社会主义经济占绝对优势的条件下，采取多种形式利用侨资、外资，加快发展社会化大生产，提高技术和管理水平，促进社会主义现代化建设，这是十分必要的。

试办经济特区，是两省实行特殊政策的一项重要内容，是执行开放政策、吸收外资的一种特殊方式。有些同志有疑问：特区会不会变成租界，是不是殖民地？会议认为，这些疑问是没有根据的。我国特区是经济特区，不是政治特区。特区内全面行使我国家主权，这和由不平等条约产生的租界、殖民地在性质不根本不同。世界上许多国家的经验证明，特区是扩大出口贸易、利用外资、引进技术、发展经济的比较成功的好形式。对我国来说，特区是我们学习与外国资本竞争、学习按经济规律办事、学习现代化经济管理的学校，是为两省甚至全国训练和造就人才的基地。

（三）两省实行特殊政策和全国经济调整的关系。

会议认为，目前全国经济正在实行进一步调整，两省要继续贯彻落实中央两个文件，要在服从和搞好经济调整的前提下，积极进行有利于调整的改革。调整时期，国家财力有困难，对两省支援有限，两省的改革也受到一定的制约，但是，两省在发展对外贸易、利用外资方面，在调整经济结构、扩大企业自主权、改进经济管理和企业管理、提高经济效果等方面，回旋余地比较大，工作搞好了，可以较快地发展两省经济，对全国的调整和改革也可以起促进推动的作用。

两省的经济活动和全国是紧密联系的。两省采取各种重大的经济措施，要照顾全局，要考虑和估计到对全国的种种影响。尤其是对外经济贸易、利用港澳市场，要加强协调管理，坚持统一对外，做到“肥水不落外人田”。

由于经验不足，一些新的政策措施的实施，事先要经过调查研究，各方面要多协商，并向国内外专家请教，做到既敢于试验，又力求稳妥。

三、继续推进两省经济体制改革

中央两个文件对于两省权限的规定，是根据既要增大地方权力。又要保证中央必要的集中统一和综合简称的精神制订的，其中有些规定，应当在实践中逐步加以完善。会议一致认为，在坚持以下几条大杠杠的情况下，要充分发挥两省发展经济的自主权，放手让两省去干：（1）坚持四项基本原则；（2）遵守党和国家统一的大政方针；（3）服从国家统一计划的指导和全国综合平衡；（4）完成国家下达的任务；（5）坚持统一对外。

本着上述原则和中央两个文件的规定，会议对计划、财政、金融、外贸等方面的体制问题，商定了如下几点：

（一）计划体制，在中央的方针、政策和统一计划的指导下，实行条块结合，以省为主。两省根据本省的实际情况，制订省的经济和社会发展计划。凡需要国家统一平衡安排的主要计划指标（包括基建规模），经国家计委综合平衡后，报国务院批准，纳入国家计划。原材料、燃料动力、产品销售和财政、信贷、外汇等能够自行平衡的生产和建设任务，可由省统筹安排。基本建设项目的计划任务书，除按规定需报国务院审批的外，均由省自行审批，报有关部门备案。

两省所需能源项目的建设，按中央〈1980〉41号文件的规定处理。两省交通、通讯等方面的部属建设项目，国家资金安排有困难的，可由中央与地方合资联营建设，或利用外资建设，共同商定偿还办法。为尽先偿还本息，可以在一定时间内免税和免予上缴利润。

物资，仍根据国家计划口径和企业隶属关系安排。木材的上调量和留用量，以一九八一年计划为基数，今后按国家确定的两省木材生产计划增减比例相应增减。两省的大、中型水泥厂生产的水泥，以一九七八年计划为基数，按比例上调和留用，供应关系有变更的，相应调整基数和比例。

（二）财政上继续实行大包干办法。广东每年上缴十亿元，福建每年补贴一亿五千万元，从一九八〇年起一定五年不变。因企业隶属关系变动、新投产大型企业下放给地方管理、开征新税种等，要相应调整包干基数，或单独进行结算。国家采取的重大经济措施，除另有规定者外，不再调整上缴和补贴定额，如果对其他地区调整时，对两省也同样给予调整。中央各部门在自己的预算内，委托两省办的各项事业所需经费，仍由中央各部门安排。

两省在完成财政包干基数任务的前提下，可以自主地支配自己的财力。去年的财政结余存款，全部解除控制，按国务院规定的使用方向，由省统筹安排。

税收方面，凡属国家税收法的制订、颁布和实施，税种的开征和停征，税目的增减和税率的调整，以及涉及国与国之间的税收规定，都应由中央统一决定。在上述原则下，除烟、酒、糖、手表四种产品以外，两省对其他产品、某些行业或企业的减免税照顾，地方各种税收的减免、开征和停征，可自行确定。一九八一年两省用地方外汇进口的商品，可与外贸部各总公司进口商品一样，缓征工商税。

（三）两省银行分行要起地方银行作用。随着两省经济体制的改革，银行的体制要相应改革。第一步，在现行体制和管理制度的基础上，扩大两省银行的经营自主权。人民银行两省分行的信贷资金，以一九八〇年的信贷收支差额为基数，在三年内，每年增加一定资金，包干使用。在包干差额内，用于中短期设备贷款部分，由省分行统筹安排，利率可在20%的幅度内灵活掌握。人民银行两省分行的利润，按一定比例留成给省分行，用以充实信贷基金和银行企业基金。地方企业的国内保险业务，由两省人民保险公司按照保险条款和费度代办。保险收入除赔款、提留赔款准备金和工办费外，全部交省使用，赔款准备金不敷赔偿支出时，由省负责。两省必须执行国家下达的货币投放、回笼计划。第二步，在调查研究、总结经验的基础上，制订全面改革银行体制的方案。

中国银行两省分行，应充分发挥其外汇专业银行的作用，管好外汇，积极为地方服务。两省在保证完成上缴国家外汇任务的前提下，可按国家外汇管理条例规定，自主使用地方留成外汇。两省地方留成外汇额度，可划出一部分委托中行分行发放外汇贷款，贷款条件、利率、费用等由省确定。两省地方留成外汇周转额度，广东增加到二亿美元，福建增加到六千万美元，按以进养出周转外汇的办法使用，今后如需增加额度，应报国务院审批。两省可以国内外中行和我驻港澳的银行开外汇存款户。两省侨汇上缴数，从今年起按全国现行分成比例计算。两省中行分行的人民币利润留成，按照两省人行分行办法办理。两省具备补偿贸易条件的项目，仍可使用中行香港分行提供的二亿美元贷款，享受优惠待遇。

（四）对外经济贸易要有较大的自主权。

1. 对外贸易，出口计划以省为主制订，与外贸部衔接，纳入国家计划；地方外汇进口计划由省确定，报有关部门备案。

要加出口管理，严格执行许可证制度。本省生产出口的产品，其中成品油、钨砂由有关外贸专业总公司统一成交（钨砂的补偿贸易除外，但必须与正常贸易协调），盈亏核算归地方；国外有配额、国内有计划，控制出口的商品，接受外贸部的统一安排；其余商品均由两省自行安排。对外成交出口。外贸公司、工贸公司及其他经批准有外贸经营权的企业，在其经营范围内，除另有规定者外，一般可不申请出口许可证。

两省对港澳出口商品，由两省及其驻港澳机构经营，尽快办理交接。在对外经营上，要与华润公司、南光公司加强联系，密切配合。为了加强对港澳贸易的协调工作，在港澳工委领导下，由华润公司主持，建立我驻港澳各贸易机构的定期会商制度，及时研究解决有关价格、客户、市场等问题；重大问题由港澳工委负责解决。

两省进口的粮食、化肥，因国际市场垄断性强，应委托外贸专业总公司对外成交进口；为赶农时季节急需，少量的也可按外贸总公司规定的价格，由两省自行进口。外国烟、酒专卖品的寄售，可按照国家的专卖政策、有关规定和外贸专业总公司的统一价格，由两省直接订货，组织代销其余商品，由两省审批成交进口。两省进口国家限制进口的商品，以及没有外贸经营权的单位进口，须按规定办理进口许可证，其他商品经省审批后，可不再申领进口许可证。海关凭批准文件（或许可证）和货物报关单验放。国外售券、国内提货的作法，由两省制订管理办法。

两省可接受委托，代理各地出口外贸专业总公司统一成交以外的商品，并分别核算及计算外汇分成。各地委托两省代理出口国家下达的出口计划外的商品，应经有关省、市、自治区领导机关批准，盈亏根据国家的规定办理。

对两省地方分成外汇应加强管理，合理使用，可用于多进口一些原材料来发展本省经济和扩大出口，增加收入。两省除同其他省、市、自治区的正常协作关系外，不准到省外抬价收购和串换出口物资，也不准进口那些与保护内地工业有矛盾的商品转卖给其他省、市、自治区，以免影响国内市场的正常秩序和经济的健康发展。

2. 两省应充分利用各自的有利条件开展对外经济技术合作活动，引进技术、合资经营、来料加工装配、补偿贸易、合作生产项目，凡不涉及国家综合平衡的，可由两省按照中央关于利用外资的方针、政策规定，自行审批，报有关主管部门备案。两省要制订实施条例，加强管理。合作经营企业和信托投资公司利用外资、侨资举办的企业，原则上可参照中外合资企业法规定办理。向国外贷款和发行债券，应按规定报国务院审批。

3. 海关管理，包括关税收入和减免，由中央集中统一管理。两省用进口原材料加工后出口的商品，其进口的主要原材料和零部件可以免征关税，其中转内销部分要补征关税。由海关总署根据上述精神，制订具体办法。

两省需要增设对外开放口岸，可商有关部门提出具体方案，报国务院审批。

（五）市场安排和商品供应，继续贯彻执行中央两个文件有关规定。广州市轻工商品中的紧缺品种，以一九八〇年实际生产、调出为基数，从一九八二年起，实行生产增长部分留省七成、上调三成。福建省增产部分全留省内。广东省食糖调拨仍按照国务院〈1980〉223号文件规定执行；福建由于用外资扩建糖厂，在还本付息期间（按所签合同还完为止），按照一九七八年基数上调，基数外增调部分，全部以外汇结算，不再给粮食补贴。

（六）进一步明确地方管理物价的权限。（1）两省的一、二类农副产品收购价格，在与毗邻地区价格衔接的前提下，全省平均价格水平可以略高或略低于邻近省、区，其中属于国务院有关部门管理价格的品种，应当事先征得有关部门同意。（2）两省三类农副产品议购议销商品的范围、比重和议价高于牌价的幅度，可以适当大于邻省。（3）国内外差价大，并且收取外汇券、侨汇券的商品，两省可以实行优待价格，优待的幅度不超过20%。（4）地产地销的工业品，两省可以自行确定购销价格（调省外的应执行国家统一调拨价）（5）两省进口在省内销售的商品，可以略低或略高于全国统一定价，低的幅度不超过10%。

两省可根据国家的有关法规和对两省实行特殊政策、灵活措施的规定，制订适合本省情况的地方性法规或条例，颁布执行，报全国人大常委会及国务院备案。

四、一定要把特区建设好

会议认为，要把经济特区建设好，必须在统一认识的基础上，制订一整套适合特区性质和要求的政策措施，使特区真正办起来。会议根据人大常委会批准的《广东省经济特区条例》，拟写了以下一些政策措施：

（一）特区的规划和建设要因地制宜，注意实效，各有侧重的发展。深圳、珠海的特区应建成兼营工、商、农、牧、住宅、旅游等多种行业的综合性特区。其市场和物价将会受到国际市场的影响，必须注意解决随之带来的一系列经济管理上的新问题。厦门、汕头的特区目前应建成以加工出口为主的、同时发展旅游等行业的特区。在这两市的特区内只设工厂，职工的生活设施主要依托旧市区，其商品供应与价格管理基本上可与非特区地区保持一致。为了充分发挥现有城市的有利条件、厦门、汕头、珠海三市利用外资改造旧市区的老企业，其产品只要是以出口为目标的，在进口生产资料及交纳所得税方面，也可享受特区的优惠待遇。

特区要抓紧拟订全面的社会经济发展规划，并报省审定后实施。特区的建设首先要搞好基础设施，在划定的区域内由小到大，逐步发展，量力而行。深圳招商局蛇口工业区的建设已取得显著成绩，要继续抓紧建设；先行一步，提供经验。

（二）海关对特区进口的货物、物品，要给予特殊的关税优惠。特区和非特区的分界线进行严格的管理控制之后，凡经批准进口供特区使用的生产资料和消费资料，除烟、酒按最低税率减半征税、少数物品照章征税外，其他均免征关税。特区运往内地的货物、物品，应按一般进口的规定办理。在分界线未建好之前，按海关暂行办法执行。

（三）简化入出境手续，方便人员往来，特区的公务人员因公出国，由各特区政府或特区管委会审批。需要经常往来香港澳门的，可发给《往来港澳通行证》，注明“多次往返有效”。各特区都有权通知签证机关办理来该特区的外国人和华侨入境签证，其中需经常入出的，可发给有效期不超过一年的多次入境签证。来不及事先办妥签证的，可直接到特区口岸办理签证。

（四）劳动工资制度要进行改革。特区企业职工一律实行合同制，企业有权自行招聘、试用、解雇。逐步改变低工资、多补贴的办法。深圳、珠海两市的工资区类提高到十类。企业工资可以分为基本工资和浮动工资两部分，并由特区统筹建立职工年老退休和社会保险制度。

（五）特区市场需要的国内出口商品，可由特区向有关外贸公司提出订货，以外汇结算。商业应以国营为主，允许特区与外商合办某些商业企业，并允许进口必需的商品。

特区的对外贸易在国家统一政策指导下，由特区自主经营。特区可接受各省、市、自治区的委托，代理外贸部不统一经营并经各省、市、自治区批准的进口业务。

（六）特区的货币目前为人民币为主，外币限制在指定的范围内使用。人民银行要抓紧研究是否要在深圳发行特区货币的问题。允许我在港澳注册的银行到特区设立分支机构，并有步骤地有选拔地批准外资银行来特区设立分支机构。

两省应结合特区的具体情况，制订特区外汇管理办法，国家外汇管理总局在特区设立国家外汇管理分局。特区银行应建立一套适应特区经济发展需要的业务经营方式。

（七）积极筹措特区建设资金。资金来源主要靠利用外资，尽量吸收侨资及港澳的资金。我驻港澳机构也可到特区内投资或与外商联合投资。特区建设所需的人民币资金，在国家财力允许的情况下，适当放宽对贷款的限制。深圳、珠海两市的财政收入原定三年不上交，现决定延长到一九八五年。厦门、汕头两市的财政收入如何减免，由两省自行确定。四个特区的外汇收入（包括外币兑换券在当地回笼部分）单列，超过一九七八年基数的增收部分，用于特区建设，五年内不上缴。特区土地开发的收入，归特区发展公司使用。

（八）特区的机场、海港、铁路、电讯等企、事业，应允许特区引进外资，由特区自营或与外资合营，自负盈亏。当前特区对电讯设施的需要极为紧迫，应尽快引进外资进行建设。如由特区负责借款，其经营收入应先用于还清本息；或由邮电部负责借贷和偿还。

（九）为了加速发展特区的各项建设事业，必须制订特区的各项单行法规。建议人大常委会通过议案，授权广东、福建两省人大常委会制订所属特区的单行法规，并向人大常委会及国务院备案。

会议对广东、福建两省拟订的一些特区单行法规草案进行了讨论，基本上取得了一致的意见。这些单行法规批准公布前，两省可按本纪要所确定的原则精神，处理特区建设中的有关问题。

（十）特区的管理机构，应按照精简、高效的原则设置，并赋予充分的权力，使之能独立自主地处理问题，协调各方面的关系。深圳特区应成立特区人民政府，归省直接领导；恢复宝安县建制，辖原深圳市属的农村，归深圳特区领导。其他三个特区分别设立特区管理委员会，归所在市人民政府领导。两省的特区管理委员会是省领导特区工作的综合机构，省政府各职能部门对特区的要求，应通过省特区管理委员会统一下达。

为了维护特区治安和加强边境管理，特区的公安工作必须大力加强。特区公安局或分局，受当地政府和上级公安机关双重领导，其人员编制应多于内地，所需设施应纳入特区规划。

要尽快建立特区与非特区的分界线，由人民边防武装民警部队组织巡逻。特区分界线要设立标志，有步骤地修建巡逻公路，在必要的地段架设铁丝网。通往非特区的铁路、公路的通道上，由海关和武装民警设联合检查站，人行便道由武装民警设哨卡。

鉴于特区分界线上的检查、监督、巡逻的工作量很大，两省应会同公安部、海关总署尽快提出需要增加的编制及由此而增加的基建、设施用款，报国务院专案解决。

举办特区在我国是一件新事物，有待解决的问题很多，很复杂。上述十项措施是当务之急，这些工作做不好，特区就很难真正办起来。鉴于我们缺乏经验，在工作过程中，必须注意调查研究，采取一系列过渡性措施，既积极又稳妥地把特区工作推向前进。

五、切实加强领导

会议认为，切实加强党的领导，是做好两省工作的根本保证。

实行特殊政策和建设特区，要冲破多年来形成的经济体制的束缚，必然会遇到许多新的情况，出现这样那样的思想认识问题。当前就是要根据一年多来贯彻中央两个文件的实践和这次会议的精神，有针对性地对广大干部进行思想政治工作，使他们充分认识两省实行特殊政策、灵活措施和建设经济特区对全省和对全国经济的重要意义，进一步明确两省和全局的关系，提高贯彻执行中央决策的自学性、主动性、振奋精神，不断研究新情况，解决新问题。

要切实加以组织建设，首先是把两省各级领导班子建设成为既有雄心壮志，又能实事求是、团结一致、讲求效率的战斗集体。要敢于把那些确实优秀、有真本事的、年富力强的干部，大胆提拔到领导岗位上来。同时要采取切实措施，大力培养一大批经济建设的专业人才。要下决心，把组织机构搞得很精干，坚决革除组织臃肿、机构重叠、办事拖拉等官僚主义的弊病，尤其是在几个特区，从一开始就要抓紧做好。特区要求支援一定数量的领导骨干、经济管理干部和各种专业人才，两省解决不了的，由中央组织部帮助解决。

两省的经济发展，要加强全面规划，搞好综合平衡。要研究如何更好地发挥优势，更快地解决交通、能源等薄弱环节。各种建设项目，特别是利用外资项目，要做好可行性研究，量力而行。各项经济工作都要讲求经济效果。体制下放以后，国务院有关部门要加强对两省工作的指导和帮助，不能撒手不管。要学会新形势下新的工作方法，要互通情报，遇事多商量，重大问题要及时向中央请示报告。

要深入持久地开展反腐蚀斗争。广东、福建两省国际交往比较多，我们既要充分利用当前的有利条件，积极扩大国际经济技术交流和同各国人民的友好往来，又不能忽视外国资产阶级在政治上、思想上对我们的渗透和经济上的违法活动。要保持清醒的头脑和高度的警惕，防止资产阶级糖衣炮弹的袭击。要采取各种有效形式，大张旗鼓、旗帜鲜明地开展坚持四项基本原则的教育。对那些反对四项基本原则的言论、行动，要采取恰当的方式予以回击。要大力加强社会治安管理，依法惩处一切违法犯罪分子。开展“五讲”、“四美”活动，树立良好的社会风尚。要大力加强宣传教育和改进电视广播工作，丰富文化生活。要持久地开展反走私漏税、内外勾结、贪污受贿、损公肥私等违法乱纪的持久斗争。要加强缉私力量，建立健全必要的制度、堵塞各种漏洞，把集中打击走私活动和日常和缉私工作有机结合起来。

加强立法工作。在加快国家立法的同时，两省要根据国家的授权，组织专门班子，在充分调查研究的基础上，尽快制订各种地方性的单项法规和实施条例，按这些法规条例来加强管理。逐步做到有法可依，执法必严，保证各项工作的顺利进行。

为了加强对两省及特区工作的指导，国务院各主管部门要深入了解情况，积极协助两省及时研究解决有关问题。国务院各部门下达文件时，应考虑两省特殊情况，按照中央两个文件精神区别对待，有些问题可能商订变通执行办法。国家进出口委要做好组织协调工作，并设立精干的办事机构。

两省实行特殊政策、灵活措施和建设特区，是关系到我国经济建设全局的大事，中央各部门和两省的责任都很重。既要勇于实践，敢于创新，又要谦虚谨慎，扎扎实实，积极稳妥地把各项工作推向前进，为我国“四化”建设作出贡献。

中共中央、国务院批转《广东、福建两省和经济特区工作会议纪要》的通知[①]

（1981年7月19日）

广东、福建两省和经济特区工作会议，总结了两年来两省对外经济活动社特殊政策、灵活措施和筹建经济特区的经验，提出了进一步做好工作的政策措施，会议开得是好的。中央、国务院同意这次会议的纪要，现转发给你们，请研究执行。

广东、福建两省是我国的南大门和主要侨乡，战略地位重要，发展经济的有利条件很多。两省在经济调整、体制改革、扩大对外经济技术交流以及建设经济特区等方面，打开局面，创造经验，不仅对两省经济的繁荣，而且全国经济的发展，都具有重要的意义，在政治上，也有利于稳定港澳人心，争取台湾回归祖国。两年来，两省在中同各部门的支持下，做了许多工作，取得了显著成绩。当前的任务是要进一步贯彻落实中央〈1979〉50号、〈1980〉41号文件和这次会议提出的政策措施，坚定不移地把各项工作继续推向前进。

两省在对外经济活动中实行特殊政策、灵活措施和试办经济特区，是一项重大的改革，必然会遇到大量复杂的新情况，需要解决许多新的问题。在这种情况下，要把工作做好，必须具有敢于试验、敢于创新的革命精神，凡是符合党的路线、方针、政策，对两

① 《中共中央、国务院批转〈广东、福建两省和经济特区工作会议纪要〉的通知〉》，载钟坚、郭茂佳、钟若愚主编：《中国经济特区文献资料》（第一辑），北京：社会科学文献出版社，2010年版，第63-64页。

省和全国的经济调整和发展有利的事，都要大胆放手去干。同时，要有严格的科学态度，力求稳步前进。由于这方面的工作还缺乏经验，一定要加强调查研究，搞好综合平衡，举办各种事业要认真进行可行性研究，讲究经济效果。要用心抓好思想建设和组织建设。一些涉及外省、市、自治区的政策措施，要注意与外省、市、自治区衔接，搞好协调。

国务院关于调整汕头经济特区区域范围问题的批复[①]

（1984 年 11 月 29 日）

广东省人民政府：

你们《关于调整汕头经济特区区域范围的请示报告》收悉，现批复如下：

一、未来进一步贯彻执行对外开放政策，适应汕头经济特区发展的需要方便规划和管理，同意汕头经济特区的区域范围作适当调整。

调整后的汕头经济特区分为两片，共五十二点六平方公里。其中：龙湖片二十二点六平方公里，东以新津河为界，西以外环公路（不含公路）为界，北以龙湖加工区至辛厝寮一线为界，南以榕江为界，并包括妈屿岛；广澳片三十平方公里，东、南两面以海岸为界，西面以濠江为界，北面以达濠镇（不含镇）沿公路至埭头、并从埭头傍青云山向东北延伸到马山一线为界。

二、请督促汕头经济特区抓紧制订总体发展规划，提出设防管理方案，并有计划有步骤地分期分批进行开发建设。

① 《国务院关于调整汕头经济特区区域范围问题的批复》，载钟坚、郭茂佳、钟若愚主编：《中国经济特区文献资料》（第一辑），北京：社会科学文献出版社，2010 年版，第 128 页。

国务院关于厦门经济特区实施方案的批复①

（1985 年 6 月 29 日）

福建省人民政府，国务院各有关部门：

福建省人民政府《关于报审厦门经济特区实施方案的报告》收悉，经研究，现对有关问题批复如下：

一、厦门经济特区的区域范围，调整为厦门全岛（以高〔崎〕集〔美〕海堤的高崎一端为界）和鼓浪屿全岛，面积一百三十一平方公里。

二、厦门经济特区应当建设成为以工业为主兼营旅游、商业、房地产业的综合性、外向型的经济特区，并加强同福建省和内地的经济联系与技术协作，充分发挥“窗口”作用。

特区内的工业建设要逐步做到以利用外资为主，产品要以大部分进入国际市场为目标，积极扩大出口，外汇收支要致力于及早实现自身平衡，进而为国家作贡献。

在建设高度物质文明的同时，必须大力加强政治思想教育，发展科学文化事业，建设高度的社会主义精神文明。

三、当前和今后一个时期内，要从厦门的实际出发，认真抓好以下三个方面的工作：一是以增加出口创汇和增产国内紧缺产品为中心，切实加强现有企业的技术改造；二是继续搞好交通、电信、电力、供水等基础设施建设，改善投资环境；三是有计划地开发新区，在作好全面规划的基础上分期分批进行，做到开发一片，建设

① 《国务院关于厦门经济特区实施方案的批复》，载钟坚、郭茂佳、钟若愚主编：《中国经济特区文献资料》（第一辑），北京：社会科学文献出版社，2010 年版，第 139–142 页。

一片，收益一片。近一、二年内应集中主要力量搞好湖里工业区的开发建设，尽快发挥投资效益，切忌铺大摊子。

四、厦门市人民政府直接管辖厦门经济特区，并行使厦门经济特区管理委员会的职责。厦门市人民政府要按照党的十二届三中全会《中共中央关于经济体制改革的决定》精神，实行简政放权，政企分开，使企业具有自我改造、自我发展的活力，把厦门经济特区办得更快些、更好些。

在特区内，属于中央统一管理的外事、公安、边防、税务、海关、银行、外汇、邮电、铁路、港务、航空等方面的业务，由国务院主管部门（或委托福建省人民政府）根据厦门的实际情况，制订管理办法，报国务院核准后实施。

厦门机场可以作为试点下放给地方，按企业办法经营，具体方案由中国民航局同福建省人民政府商定。东渡港的管理体制，由省人民政府确定。

五、厦门经济特区的生产建设和其他经济活动，要在国家计划指导下，充分发挥市场调节的作用。

厦门经济特区利用自筹资金进行的生产性建设，投资额在二亿元以上的项目，应经省审核后报国务院审批；重工业五千万元以下、轻工业三千万元以下的建设项目和三千万元以下的技术改造项目，凡建设和生产条件能自行平衡的，由厦门市人民政府审批；在以上两者之间的项目的审批权限，由省人民政府确定。

利用国外和港澳直接投资兴建的生产性项目，凡投资总额在一千万美元以下，建设、生产条件不需要国家和省综合平衡，产品不要国家和省包销，出口不涉及配额，投资和外汇能自行补偿的项目，由厦门市人民政府审批。利用国外直接投资兴建的非生产性项目的审批权限，由省人民政府确定。

由厦门市人民政府自行审批的建设项目和技术改造项目，所需进口的机械设备、仪器仪表和其他器材，包括确属项目内自用的国家限制进口的产品，均由市人民政府在批准项目的同时一并审批。

厦门经济特区固定资产投资总规模在国家控制指标外另算。

六、厦门经济特区内的社会主义国营工业企业和集体所有制工业企业的产品，在国内市场销售的，要按国家有关规定和流通渠道办理。中外合资、合作经营和外商独资企业的产品主要是外销或供应本区需要；但属于国内要进口的紧缺产品，采用国内原材料、元器件较多的产品，以及外商确实提供了先进技术和设备的产品，可以有适当比例的内销，内销办法按国家有关规定办理。

七、厦门经济特区内，外商直接投资的企业的各项税收和台湾同胞投资，按国家有关规定给以优惠待遇。

国营、集体企业，包括内联企业的税收，则应按国家有关规定执行。

特区生产的产品出口免征关税。特区内使用的生产设备和原材料进口，免征关税和进口产品税或增值税，但使用进口原材料、零部件生产的产品销往内地时，照章补税。特区进口的生活消费品和其他市场商品的关税，在管理线建成使用前，按照海关有关规定办理。

允许除毒品、武器之外的外国商品，在特区内指定地方和在海关严格监管下，储存、改装、加工、加贴标签、复运出口。对这类货物不征关税和进口产品税或增值税，但必须遵守我国有关法规。

八、厦门经济特区可以在国家统一政策指导下，自主经营本特区所需商品的进口和本特区内产品的出口；可以按照国家规定，在海关监管下，经营对台直接贸易；可以开展转口贸易和过境贸易业务；可以接受内地企业的委托，代理除国家统一经营商品以外的其他商品进出口业务，但出口非特区产品取得的外汇，应按国家有关规定上缴和留成。经营以上进出口业务所需配额、许可证、按国家有关规定办理。

厦门经济特区建立经营进出口业务的企业，由厦门市人民政府按国家规定的条件审批，报省和经贸部备案。需要向港澳地区派驻经贸机构，应经省审核后报经贸部审批。

特区作为生产资料进口的生产设备、原材料、零部件由厦门市人民政府审批。特区内企业、事业单位自用的和供应本区内市场需要的国家限制进口商品，每年向国家经委集中报一次计划，必要时年中补报一次，在国家批准指标内，由厦门市组织进口。特区进口的国家限制进口的商品，除国家主管部门特批者外，严禁转销内地。

九、在厦门经济特区内，可以按照国家有关规定建立地方金融机构，成为经济实体，经营有关业务，并接受中国人民银行的指导和管理，具体建立的时间和机构，须经中国人民银行审批。允许专业银行开办境内居民外币存款业务，存取自由。经国务院批准，可以在国外借款和发行债券、股票，为建设项目筹集资金，可以试办债券、股票的现货交易业务。外资银行和侨资银行进入厦门经济特区开业，应报经中国人民银行批准。

十、为了支持厦门经济特区建设，同意厦门市财政收支对福建省包干，一九九〇年以前每年上缴省财政一亿元，其余留市统筹安排。

近期内，国家适当给厦门市若干外汇额度补贴，用于现有企业的技术改造和基础设施建设。厦门经济特区在发展中，必须在多创外汇、用好外汇上下苦功夫。不要上那些主要靠进口散件组装后大部分内销的生产线。

十一、厦门经济特区要加强口岸管理，严防走私，特区与非特区之间设置管理线，实行口上检查，岸上管理，海上巡逻。具体方案由福建省人民政府提出，报国务院批准。

十二、厦门市除经济特区范围以外的市辖区，开展对外经济活动，按照沿海进一步开放的十四个城市有关政策执行。厦门市管辖的同安县开展对外经济活动，按沿海经济开放区对待。

十三、厦门紧临台湾海峡，军事设防地带根据需要调整后应划为禁区，以确保防务安全。

十四、厦门经济特区扩大到全岛，逐步实行自由港的某些政策，是为了发展我国东南地区的经济，加强对台工作，完成祖国统一大业作出的重要部署。福建省人民政府和国务院各有关部门，要帮助厦门市作好总体规划，落实具体措施，继续加强港口、机场等基础设施建设，及时研究解决工作中的问题，努力把厦门经济特区办好。

国务院办公厅关于深圳市人民政府在深圳经济特区内试办国营外币免税商场的复函[①]

（1987年6月10日）

国务院同意在深圳经济特区内试办国营外币免税商场。在试办过程中，要加强管理，认真总结经验，发现问题及时纠正，避免产生漏洞。

免税商场以经营国产出口商品和特区自产产品为主，少量经营进口商品。经营范围只限于服装、鞋帽、玩具、日用品（含五金、搪瓷、塑料、玻璃、皮革制品）、工艺品、针织品、床上用品、室内装饰用品、文化体育用品以及粮油食品等。经销的进口商品，按保税仓库管理办法进行管理，每年只给一定的限额。

供应对象只限港澳同胞、台湾同胞、华侨、外国人和特区境外员工。上述人员凭外国护照、回乡证和特区境外员工居住证，到免税商场选购。

免税商场的货源，按"以出顶进，外汇结算"的办法，每年由免税商场向各有关外贸专业总公司提出商品品种、数量及金额的要货计划，报经贸部审定后办理。其中属于实行许可证管理的商品，由外贸专业总公司按规定申领出口许可证。

对免税商场经营的进口商品免征进口关税和进口环节的产品税（或增值税）。对从外贸专业总公司订购的"以出顶进，外汇结算"商品的免税问题，每年由深圳市向财政部申报一次。免税商场的营

---

① 《国务院办公厅关于深圳市人民政府在深圳经济特区内试办国营外币免税商场的复函》，中国政府网，2011年11月15日。

业税和所得税仍照章征收。

免税商场参加广交会问题，开业后可由免税商场另行报经贸部审批。

中共中央、国务院关于建立海南省及其筹建工作的通知[①]

（1987 年 9 月 26 日）

海南岛是我国第二大岛，面积三万四千平方公里，人口六百零五万，其中少数民族人口九十六万。海南地处热带、亚热带，海域广阔，资源丰富，雨量充足，发展潜力很大。海南各族人民有着光荣的革命传统，为我国革命和社会主义建设作出了重要贡献。海南的经济、文化和其他各项事业，经过各族人民长期艰苦的努力，都有了发展。特别是党的十一届三中全会以来，各项工作在改革、开放中取得了许多新的成就。但是，同全国许多地区相比，海南还有较大的差距，其优势还没有得到应有的发挥。

为了加快海南的开发建设，改善海南人民的物质、文化生活，进一步增强民族团结，巩固国防，国务院提议把海南行政区从广东省划出来，成立海南省。六届全国人大常委会第二十二次会议经过讨论，一致赞成这一提议，决定提请第七届全国人民代表大会第一次会议审议、批准，并授权国务院着手进行海南建省的筹备工作。据此，现将有关问题通知如下：

一、海南建省后，其地方行政体制的设置，要从海南的实际情况出发，符合改革的要求。海南黎族苗族自治州，作为省县之间的

---

① 《中共中央、国务院关于建立海南省及其筹建工作的通知》，载钟坚、郭茂佳、钟若愚主编：《中国经济特区文献资料》（第一辑），北京：社会科学文献出版社，2010 年版，第 173–174 页。

中间层，应予撤销，同时在少数民族聚居的地方成立民族自治县或民族乡，把位于自治州管辖范围内的三亚市由县级市升格为地级市，建立省直接领导市县的地方行政体制。这样做，适应建设经济特区的需要，也理顺了关系，减少了层次，有助于提高办事效率，节省行政开支，有利于统一规划，加快开发建设，同时也不影响落实国家对少数民族的各项优惠政策。

二、为有利于海南的统一开发建设，中央和广东省在海南的企业、事业单位，原则上应下放给海南省。这些企业、事业单位下放后，中央和广东省在投资、补贴、原材料供应等方面应继续给予支持和帮助。

三、海南建省后，有关财政基数的划分问题，应按照兼顾广东和海南的利益、基本不增加中央财政负担的原则办理。

四、海南建省后，等级机构的设置和人员编制的确定，要符合经济体制和政治体制改革的要求。要坚持党政分开、政企分开。机构要小，要多搞经济实体。机构的设置，要突破其他省、自治区现在的机构模式，也要比现在经济特区的机构更精干、有效一些，使海南省成为全国省一级机构全面改革的试点单位。

五、海南的开发建设，必须立足于海南的资源优势，充分挖掘内部潜力、同时大力吸引外资，特别要注意引进港澳的资金，逐步建立起具有海南特色的外向型经济结构。为此，国务院将给海南省以更多的自主权，规定更为优惠的政策，使它成为我国最大的经济特区。

六、成立海南建省筹备组。筹备组由许士杰、梁湘、姚文绪、孟庆平、王越丰同志组成，许士杰任组长，梁湘任副组长。筹备组要按照上述原则，立即开展工作，把有关开发、建设工作全面抓起来，并同有关部门和广东省协商，以真解决好建省中的问题。在筹备建省期间，海南行政区党委、政府的工作。在筹备组领导下进行。

关于海南岛进一步对外开放加快经济开发建设的座谈会纪要①

（1987 年 12 月 11 日）

经国务院同意，一九八七年十二月八日在海口举行了关于海南岛进一步对外开放加快经济开发建设的座谈会。国务院十六个部门、海南建省筹备组及广东省的负责同志出席了会议，新华社香港分社及香港中资集团的负责同志也参加了会议。

海南岛地处南海前沿，战略地位十分重要，具有独特的资源优势，是我国的宝岛，又是著名的老革命根据地，有黎、苗等兄弟民族的聚居区。把这里的经济和文教科技事业尽快搞上去，对于实现社会主义现代化，加强民族团结，巩固国防，完成祖国统一大业，有着深远的意义。建国以来，海南经济建设得到加强，特别是党的十一届三中全会以后，海南贯彻执行中央关于以对外开放促岛内开发的方针，经济发展势头良好。中央和国务院最近提出，海南建省以后，实行比现行经济特区更加灵活的政策，进一步放宽搞活，加快开发建设的步伐。这是顺应国内外形势的正确决策，是贯彻落实党的十三大精神的重要步骤，也符合海南有琼州海峡与大陆相隔的地理特点。会议就有关的方针政策性问题进行讨论后，提出了建议，纪要如下：

一、海南省要紧紧把握住发展生产力这个中心，坚持四项基本

① 《关于海南岛进一步对外开放加快经济开发建设的座谈会纪要》，载钟坚、郭茂佳、钟若愚主编：《中国经济特区文献资料》（第一辑），北京：社会科学文献出版社，2010 年版，第 177–184 页。

原则，进一步对外开放，深化改革，加快经济开发建设，兴岛富民，争取在三、五年内赶上全国平均经济水平，到本世纪末达到国内发达地区的水平，进而为赶上东南亚经济较发达国家和地区的水平而努力。

发展经济必须立足于开发利用丰富的湿热带自然资源、海洋资源、矿产资源和旅游资源，充分挖掘内部潜力，同时积极吸收利用外资，大力加强基础设施建设，逐步建立海南特色的产业结构，努力提高技术水平，产品水平和服务水平，积极改善经营管理，面向国际市场，扩大出口创汇，朝着参加国际经济大循环的目标，有计划有步骤地发展外向型经济。

要结合海南实际，探索自己的发展路数，不要盲目照搬其他地区的模式。要作好通盘的长期规划和分步骤的实施计划，先从沿海开始，搞二、三块地方，一块一块地分片开发，开发一片收益一片，切忌急于全面铺开。要十分注重效益，在发展生产、提高劳动生产率的前提下，使群众得到实惠。尤其要认真落实国家对少数民族的各项政策，扶助民族自治县因地制宜发展经济和文化教育事业。

二、海南省的经济建设，应积极利用外资，尤其要大力吸收港澳资金，并积极发展与内地的横向经济联合。

鼓励香港，澳门、台湾地区和外国的公司、企业和其他经济组织或者个人（统称境外客商），与海南省开展各种形式的经济技术合作。除了举办中外合资经营、中外合作经营、外资企业（统称外商投资企业），采用经济特区等行之有效的方式以外，其他国际上通行的经济技术合作好办法，在海南省也都可以试验采用。

海南省要积极与内地发展横向经济联合，鼓励内地的公司、企业到海南投资举办企业，开发岛内资源，发展生产，扩大出口。

海南省的国家所有土地实行有偿使用制度，土地使用权可以有偿出让或转让。国有土地使用权的出让，一次签约期限最长为七十年，期满后可以申请续约。境内和境外的投资（统称投资者）可以在海南成立合营或独资的开发公司，成片开发土地（含国营农场）。投资者开发的土地，在土地使用权的有效期限内可以转让，也可用作向银行抵押贷款。

鼓励投资者在海南岛投资建设港口、码头、机场，公路、铁路、煤矿、电站、水利等基础设施和农业开发项目。这些投资多、回收慢、风险大的项目，减免所得税的优惠待遇可以更加放宽；其投资者，还可以同时投资举办与这些项目相关联的效益高、资金回收快的企业和服务事业，实行综合经营，综合平衡外汇收支。

海南省的某些重要自然矿产资源，报经国家主管部门批准后，可以合资、合作进行勘探开发。

经海南省人民政府批准，投资者可以承包经营海南岛的某些全民所有制企业和集体企业；可以对招标拍卖的全民所有制企业和集体企业投标；可以向海南岛实行股份制的全民所有制企业和集体企业参股。境外客商参股在25%以上的企业，可以享受外商投资企业的优惠待遇。

在海南岛可以设立外资银行、中外合资银行和境外客商投资的财务公司，并适当放宽其业务经营范围。这些银行和财务公司的设立及其业务经营范围，由中国人民银行总行批准。

三、海南省内的外商投资企业，按照《国务院关于经济特区和沿海十四个港口城市减征、免征企业所得税和工商统一税的暂行规定》（国发〔1984〕161号）中有关“经济特区”的规定，享受税收优惠待遇。对产品出口企业和先进技术企业，按照《国务院关于鼓励外商投资的规定》（国发〔1986〕95号）有关条款，实行进一步的优惠。境外客商投资建设的基础设施项目和农业开发项目，凡经营期在十五年以上的，从开始获利年度起，第一年至第五年免征企业所得税，第六年至第十年减半征收。重要项目需要给更多优惠的，海南省可报请财政部特批。

在海南的国内企业与外商投资企业实行一样的税收制度，平等竞争。其他省、自治区、直辖市在海南举办的企业获得的利润调往内地，从获利年度起十年内，不再补征所得税。

四、海南省可以按自借自还的原则，从海外直接筹借资金进行开发建设。借款额度由海南省根据偿还能力逐年编制计划，报国家计委核定。经国务院主管部门批准，也可以对外发行债券。授权中国人民银行海南省分行批准少数有经营能力的金融机构或其他企业办理上列业务。

五、大力扶持海南省拓展出口贸易，海南省自产产品出口应在国家统一政策指导和管理下放开经营。

海南省有独特的资源，可以生产许多与国内传统出口产品不同的产品。国家鼓励和支持海南省充分利用当地资源，按照“贸工农”方针发展生产，大力开发具有自身特色的出口产品，开拓新市场。海南省生产的商品，除属于国际被动配额和属于销往港澳地区实行配额、许可证的（品种可以适当减少，由经贸部与海南省商定），实行国家配额、许可证管理外，其余商品由海南放开经营。属于国家配额、许可证管理的海南省自产商品出口所需的配额、许可证请经贸部予以满足，由省内每年向经贸部申报计划，经经贸部核定后切块下达，由经贸部派驻海南省的代表按海南省的分配方案发证，或委海南省发证。海南外贸企业收购或代理内地商品出口，属于配额、许可证商品的，仍实行全国统一的管理办法。

海南省人民政府可以批准成立经营自产产品出口业务的外贸公司和工贸公司、农贸公司（企业集团），这些公司（企业集团）也可以出口海南省生产的属于国家规定由专业外贸公司统一经营的产品。经海南省审核报经贸部批准，可以成立经营或代理外省外贸业务的公司，经营或代理除国家规定统一经营范围以外其他产品的出口业务。

六、海南省可根据实际需要，自行审批和组织进口省内自用的生产设备、原辅材料和省内市场短缺的商品。国务院国发〔1985〕90号文件有关引进机电产品的规定中属于暂停引进的生产装配线，海南确实需要的，可报请国家计委特批；属于岛内自用的国家控制进口的产品和统一归口、联合对外引进技术和设备的项目，可以由海南省灵活掌握，自主审批，组织进口。属于提供岛内市场销售的国家限制进口的机电产品，由海南省每年编制计划，报国家主管部门核定总额度，授权海南省在此限额内掌握审批，并发放进口许可证。属于用进口成套散件、关键件组装生产的国家限制进口产品，需要销往外省的，在国家主管部门核定的内销额度内，授权海南省审并发放有关证件。海南省用自有外汇进口属于国家规定由专业外贸公司统一经营的粮食，钢材、化肥，木材、橡胶、化纤，原油、成品油，烟草等九种商品，每年向经贸部申请进口额度，在批准的额度内，授权海南省指定省内有经营能力的外贸公司经营，并与专业外贸公司协调好对外成交价格。所有进口，凡实行进口许可证管理的，在经贸部批准的额度内，都可由海南省经贸部门发证，由特派员办事处监督。

上列进口物资的关税和进口环节的产品税或增值税，属于省内用于建设和生产的机器、设备、零部件、原材料（包括建筑材料）、燃料及货运车辆、旅游业、饮食业营业用的餐料，企事业单位和行政机关自用的（合理数量以内）办公用品和交通工具，可以免征；属于供省内市场销售的商品（包括国家限制进口商品），一律减半征收。省内企业用进口的材料加工的产品，在省内市场销售，对所含进口料件按上述原则免征或补征税款。

七、海南省生产的产品除用免税进口料件组装生产的国家限制进口产品需经省人民政府审批外，其余可以自主内销外省。内销到外省的产品，所含免税进口料、件，应照章补税。

海南省免税或半税进口的物资和商品限在省内使用和销售，个别的经国家主管部门批准才可转销国内其他地区，并照章补税。

八、支持海南发展旅游事业。授予海南省旅游外联权和签证通知权。海南可以采取中外合资筹多种形式开发旅游资源、建设旅游基础设施和举办旅游饭店，旅游车（船）队。可聘请国外饭店管理集团管理一部分饭店，可以多搞一些“联号式”管理。

九、海南省向海外派出贸易机构和旅游机构，到海外办企业。除到我有特殊规定的国家（地区）以外，均授权海南省审批，同时报外交部和经贸部或国家旅游局备案。海南省因公出国人员，除副省长级以上干部需报国务院审批，到未与我建交或没有官方贸易往来的国家（地区）的应先商外交部以外，均由海南省审批。

与我国有外交关系或有官方贸易往来的国家（地区）的外国人，到海南岛洽谈商务，从事科技交流、探亲，旅游的，凡在海南岛停留不超过十五天者，可以临时在海口或三亚口岸办理入境签证。如有正当理由需要延长在海南岛停留期或转往内地，以及原仅申请到海南岛如要转往内地的，可按有关法律和规定申办签证延期或加签手续。

在海南岛常驻的外国人和在海南岛投资参加开发建设的外国人以及他们的随行眷属，海南省有关部门可根据其申请，颁发前往海南岛的多次入境签证。

港、澳、台湾同胞和华侨，凡持有国务院主管机关前发的有效护照或其他有效证件的，前往海南岛以及转往内地或出境无需办理签证。前往海南岛的台湾同胞，可以直接在海南省有关口岸申领“台海同胞旅行证明”。

为了方便海南岛与香港，澳门之间的人员来往，海南省人民政府可以商新华社香港分社制定具体管理办法，报外交部和国务院港澳办公室核准实行。

十、海南的改革可以有更大的灵活性，要在国家宏观计划指导下，建立有利于商品经济发展，主要是市场调节的新体制框架。

全省的国民经济管理，要逐步形成国家调节市场、市场引导企业的经济运行机制，建立以间接管理为主的宏观调节体系，主要运用经济手段、法律手段和必要的行政手段，调节市场供求关系，引导企业正确进行经营决策。要培育生产资料市场、消费品市场，资金市场、技术市场，房地产市场、劳务市场和其他生产要素市场，积极而稳步地推进价格改革，加强市场管理，建立开放型的体系和正常的市场秩序。要搞活企业，保护竞争，除少数对国计民生有重要影响的企业和公用设施企业外，所有企业都要实行自主经营自负盈亏。全民所有制企业，要实行所有权与经营权的分离，推广承包、租赁等多种形式的经营责任制，积极推行股份制，包括国家控股和部门、地区、企业间参股，也可以向本企业职工和在社会上发行股票。农村的改革，要根据发展湿热带经济作物和创汇农业的需要，在完善经营责任制的基础上，积极发展适度规模经营，发展多种经济形式。

适应海南生产力的发展水平，应使城乡个体经济和私营经济有相当的发展。允许海南省和国内其他地区的群众，以个人集资或合股经营的方式在海南省举办生产企业，从事社会服务业和商品零售业。允许举办以私有资金为主、雇用农业工人的农场。海南省人民政府对个体和私营经济要加强引导、管理和监督，保护其合法利益。

海南从建省开始，就要按照政治体制改革的要求，坚持党政分开、政企分开，精简机构，多搞经济实体。政府机构的设置，要突破其他省、自治区现在的机构模式，注重精干、高效、实现“小政府、大社会”。

十一、为有利于海南岛进一步对外开放，深化改革，加快开发建设，建议国务院授予海南省更多的经济活动自主权。

海南省内属于中央统一管理的外事、公安、边防、税务、海关、金融、邮电、民航等方面的工作，由国务院各有关主管部门根据海南岛的特殊情况，制定专项管理办法，报国务院核准实施。除此以外其他方面的业务，海南省人民政府可以按照国家的法律、法规和有关方针政策，结合当地实际情况灵活处置。今后国务院各部门下达的文件和规定，如涉及国务院给海南省规定的经济管理权限和特殊政策时，须先报国务院核准。

中央在海南岛的直属企业，除少数特殊的以外，都要逐步下放移交给海南省管理。

海南省的生产建设计划由海南省人民政府为主制定和安排。固定资产自筹投资（包括内联项目），由海南省人民政府根据需要与可能编制计划，报国家计委列入国家固定资产投资计划，只要资金来源落实，超过部分可以另算。

海南省总投资在两亿元以下的基本建设和技术改造项目，凡属建设、生产、产品销售、外汇等条件能够自行平衡，并有偿还能力的，均由海南省审批，报国家计委备案。其中属于用进口料件生产国家限制进口产品内销外省的项目和产品出口属于国家实行出口配额管理的项目事前应征求国家主管部门意见。

扩大海南省利用外资建设项目的审批权限。凡出口产品 70% 以上、不涉及国家配额的出口型项目，开发能源、交通、通讯等基础设施和旅游设施的外商投资项目，建设和生产经营条件不需要国家综合平衡的，不限规模，都由海南省自行审批，其他外商投资项目和自借自还的国外贷款项目，投资额在三千万美元以下，建设和生产经营条件不需国家综合平衡、不涉及国家出口配额的，也由海南省自行审批，报国家计委备案；限额以上的报国家计委审批。统借自还的国外贷款项目按国家现行规定办理。

海南省可建立外汇调剂市场，在外汇管理部门监管下，各类企业可以相互调剂外汇，调剂价格浮动，调剂范围逐步放宽。

十二、海南岛加快开发建设的任务繁重，国务院各部门和有关地区要从各个方面继续积极给予支持。

从一九八八年到一九九五年（含一九九五年，下同），国家对海南省实行“收支包干、定额补贴”的财政体制。在此期间，由中央财政每年给海南省地方财政一定数额的补贴，这项财政补贴基数由广东省和海南省划清后，报财政部核定。

海南省的能源交通重点建设基金，全部留给海南省用于安排此类项目的建设。

从一九八八年到一九九五年，国家对海南省实行粮食调入包干，每年调进五亿五千万斤（其中大米四亿斤）贸易粮，海南省议购顶抵合同定购一亿二千万斤，并允许海南省自行进口部分粮食，以保证军需民食，发展温热带经济作物。海南省要做好粮食购销安排，并逐步实现市场调节。

海南省的信贷计划，由中国人民银行总行实行切块管理。海南省的银行存款（不含中央财政存款）全都留作信贷资金，多存多贷。在一九九五年以前，中国人民银行总行每年给海南两亿元低息开发性贷款，中国银行总行每年给五千万美元的外汇贷款，支持海南经济开发。各专业银行总行与其所属的海南省分行继续保持资金往来关系，给海南省以支持。海南省各专业银行分行，可以进行业务交叉经营，并可同内地银行相互拆借资金。

海南省外贸自负盈亏，出口贸易收汇，一九九五年以前，海南省自产产品和用内地的原材料、半成品，经海南省加工增值20%以上的产品出口收汇，全部留给海南省，海南省收购其他省、自治区、直辖市的产品，未经加工或加工增值不足20%的产品出口收汇，按国家规定的超基数增收外汇的留成比例留成。来料加工、来件装配、补偿贸易收汇，旅游外汇，华侨、港澳同胞赡家侨汇以及捐赠外汇，全部留给海南省。

国务院各部门对海南省的发展规划，要加强指导；关系海南省发展的重点基础设施项目和重要的经济开发项目，要继续给予支持，并且抓紧抓好；国际援助性的项目和世界银行优惠贷款项目，凡适合建在海南岛的要尽先安排；各类专项拨款，不应因海南省财政实行“定额补贴包干”而有所减少。

加强智力开发是振兴海南省的关键。海南省要把抓好中小学基础教育和培养各类专业人才列入重要议事日程。今后几年内，国家分配大专毕业生和研究生，要满足海南省的需要。国家教委要组织若干重点大学的院系，对口支援海南大学和其他高等院校。劳动部和人事部要商海南省人民政府制定支援海南岛人才的办法，并组织实施。

海南建省后，广东省要一如既往地支持海南省的经济建设，特别在两省划分各项财经基数时，广东省对海南省要在合理的基础上多加照顾。

海南省的负责同志表示，要在中央、国务院的领导和全国各地区、各部门的支援下，加强广大干部的团结和各族人民的团结，奋发开拓，艰苦创业，扎实工作，为建设经济富庶，文教科技事业发达的新海南而努力。

国务院关于调整珠海经济特区范围的批复[①]

（1988 年 1 月 1 日）

广东省人民政府：

你省一九八七年十二月三十日《转报珠海市人民政府关于调整珠海经济特区范围的报告》收悉。现批复如下：

一、同意按报告中第三方案调整珠海特区范围。调整后的特区范围包括上涌、下栅两个边防公安检查站以南的陆地和珠海市北面的淇澳岛，总面积为一百二十一平方公里。特区陆上边界：东面、南面临海；西面北起下栅检查站，沿凤凰山东南麓二十米等高线至上涌检查站，再由上涌检查站向南沿中山市界延伸至西江出海口。

二、划入特区的淇澳岛，应主要用于建设不宜建在陆地的能源及其他基础工业项目。

二、要继续贯彻开发一片，建成一片，收益一片的方针，对新区要坚持做好规划，逐步开发。在近期仍应把建设重点放在已开发区域内，注重上水平、求效益。

四、特区范围调整后，对特区管理线的设置及所需增加的编制、设施等，请珠海市人民政府组织有关方面进行研究，提出方案，按有关规定报批。

---

①《国务院关于调整珠海经济特区范围的批复》，载钟坚、郭茂佳、钟若愚主编：《中国经济特区文献资料》（第一辑），北京：社会科学文献出版社，2010 年版，第 175 页。

国务院办公厅关于珠海经济特区试办国营外币免税商场的复函[①]

（1988 年 2 月 12 日）

国务院同意在珠海经济特区内试办国营外币免税商场。在试办过程中，要加强管理，认真总结经验，发现问题及时纠正，避免产生漏洞。

免税商场以经营国产出口商品和特区自产产品为主，少量经营进口商品。经营范围只限于服装、鞋帽、玩具、日用品（含五金、搪瓷、塑料、玻璃、皮革制品）、工艺品、针织品、床上用品、室内装饰用品、文化体育用品以及粮油食品等。以上商品不得批发或以零售价批量销售。经销的进口商品，按保税仓库管理办法进行管理，每年只给一定的限额。

供应对象只限港澳同胞、台湾同胞、华侨、外国人和特区境外员工。上述人员凭外国护照、回乡证和特区境外员工居住证，到免税商场选购。

免税商场经营国产出口商品，按“以出顶进，外汇结算”的办法，每年由免税商场向有关外贸专业公司提出商品品种、数量及金额的要货计划，报有关经贸厅（委局）审定后办理。其中属于实行许可证管理的商品，由外贸专业公司按规定申领出口许可证。

对免税商场经营的进口商品免征进口关税和进口环节的产品税（或增值税）。对从外贸专业公司订购的“以出顶进，外汇结算”

① 《国务院办公厅关于珠海经济特区试办国营外币免税商场的复函》，中国政府网，2011 年 11 月 15 日。

商品的免税问题，每年由珠海市向财政部申报一次。免税商场的营业税和所得税仍照章征收。

免税商场参加广交会问题，开业后可由免税商场另行报经贸部审批。

国务院办公厅关于汕头经济特区试办国营外币免税商场的复函[①]

（1988 年 4 月 8 日）

国务院同意在汕头经济特区内试办国营外币免税商场。在试办过程中，要加强管理，认真总结经验，发现问题及时纠正，避免产生漏洞。

免税商场以经营国产出口商品和特区自产产品为主，少量经营进口商品。经营范围只限于服装、鞋帽、玩具、日用品（含五金、搪瓷、塑料、玻璃、皮革制品）、工艺品、针织品、床上用品、室内装饰用品、文化体育用品以及粮油食品等。以上商品不得批发或以零售价批量销售。经销的进口商品，按保税仓库管理办法进行管理，每年只给一定的限额。

供应对象只限港澳同胞、台湾同胞、华侨、外国人和特区境外员工。上述人员凭外国护照、回乡证和特区境外员工居住证，到免税商场选购。

免税商场经营国产出口商品，按“以出顶进，外汇结算”的办法，每年由免税商场向有关外贸专业公司提出商品品种、数量及金额的要货计划，报有关经贸厅（委局）审定后办理。其中属于实行许可证管理的商品，由外贸专业公司按规定申领出口许可证。

对免税商场经营的进口商品免征进口关税和进口环节的产品税（或增值税）。对从外贸专业公司订购的“以出顶进，外汇结算”

① 《国务院办公厅关于汕头经济特区试办国营外币免税商场的复函》，中国政府网，2011 年 11 月 15 日。

商品的免税问题，每年由汕头经济特区向财政部申报一次。免税商场的营业税和所得税仍照章征收。

免税商场参加广交会问题，开业后可由免税商场另行报经贸部审批。

国务院批转《关于海南岛进一步对外开放加快经济开发建设的座谈会纪要》的通知[①]

（1988 年 4 月 14 日）

各省、自治区、直辖市人民政府，国务院各部委，各直属机构：

国务院同意《关于海南岛进一步对外开放加快经济开发建设的座谈会纪要》，现转发给你们，请研究执行。

在海南岛实行特殊经济政策，建立经济管理新体制，把海南岛建设成全国最大的经济特区，是贯彻沿海经济发展战略，进一步扩大对外开放的重要措施，具有深远的意义。海南岛的开发建设，中央要给予特殊政策，但更重要的是靠海南广大干部、群众团结一致，艰苦创业。特别是在开发初期，条件很差，困难很多，更需要有严格的纪律和艰苦奋斗的精神。

开发建设海南岛，要大力吸收外商投资，也要鼓励内地的企业去投资开发。开发工作要有规划，有步骤一片一片地进行，先搞二、三块地方，决不可把摊子铺得太大。要严格控制没有效益的楼堂馆所的建设。办各项事业都要精打细算，讲求经济效益和社会效益。

① 《国务院批转〈关于海南岛进一步对外开放加快经济开发建设的座谈会纪要〉的通知》，载钟坚、郭茂佳、钟若愚主编：《中国经济特区文献资料》（第一辑），北京：社会科学文献出版社，2010 年版，第 176 页。

国务院关于授权省、自治区、直辖市、经济特区和计划单列市人民政府审批外资企业的通知[①]

（1988年6月9日）

根据《中华人民共和国外资企业法》第六条的规定，国务院决定，授权省、自治区、直辖市、经济特区、计划单列市人民政府按照下列规定审查批准设立外资企业：

一、设立的外资企业投资规模在国务院规定的限额以下，建设条件和生产经营条件不需要国家综合平衡的，由省、自治区、直辖市、经济特区和计划单列市人民政府审批，并发给批准证书。但是，如拟设立的外资企业生产的内销产品属于国家限制进口的，生产的出口产品属于对外经济贸易部及其特派员办事处颁发出口许可证的，属于国家实行配额管理的，以及属于国家限制利用外资的行业、项目，审批前应当征得对外经济贸易部或有关主管部门的同意。

二、设立的外资企业投资规模在国务院规定的限额以上的，以及虽在限额以下，但建设和生产经营条件需要国家综合平衡的，其申请由企业所在的省、自治区、直辖市、经济特区和计划单列市人民政府提出意见后，报对外经济贸易部审批和发给批准证书。

三、对于按照第一条的规定批准设立的外资企业，审批机构应在批准后30日内将设立外资企业的申请书、可行性研究报告、企业章程和审批机构的批准文件报对外经济贸易部备案。对外经济贸

① 《国务院关于授权省、自治区、直辖市、经济特区和计划单列市人民政府审批外资企业的通知》，《中华人民共和国国务院公报》，1988年15期。

易部在收到上报备案的文件后如发现批准设立的外资企业不符合第一条规定，有否决权，但必须在 30 日内通知有关地方，逾期则否决权失效。

国务院关于深圳市在国家计划中实行单列的批复①

（1988 年 10 月 3 日）

广东省人民政府：

深圳市是我国的经济特区，又是毗邻香港的重要沿海城市，在实行对外开放、发展外向型经济中占有重要地位。为了进一步搞活深圳特区经济，加快实现沿海经济发展战略，国务院同意深圳市在国家计划中实行单列（包括财政计划），并赋予其相当于省一级的经济管理权限。

深圳市实行计划单列后，广东省人民政府要继续加强领导，国务院有关部门要积极给予支持。深圳市要努力发挥自身优势，为我国的社会主义现代化建设作出更大的贡献。

关于计划单列的具体事宜，请广东省与深圳市尽快协商，并将划转结果报国家计委（财政计划同时报财政部）。

① 《国务院关于深圳市在国家计划中实行单列的批复》，中国政府网，2011 年 11 月 15 日。

一九九○年经济特区工作会议纪要[①]

（1990年3月20日）

二月五日至八日，国务院在深圳召开经济特区工作会议，参加会议的有深圳、珠海、汕头、厦门、海南五个经济特区的负责同志，广东、福建、海南三省人民政府和国务院有关部门的负责同志。田纪云副总理主持了会议。李鹏总理专程到会听取汇报，作了重要讲话。会议交流了各经济特区的工作情况，讨论了贯彻落实党的十三届五中全会精神，进一步抓好治理整顿和深化改革、更好地发展外向型经济，充分发挥对外开放窗口和基地作用问题。现纪要如下：

一

会议认为，一九八六年经济特区工作会议以来，特区按照国务院批准的工作方针，把经济工作重点从初创阶段的“搭架子、打基础”转到“抓生产、上水平、求效益”方面来，努力发展以工业为主、工贸结合的外向型经济，取得了显著成果。一九八九年五个经济特区的工业总产值达到二百四十亿元，比一九八五年增长了二点四倍，初步形成了具有轻、小、精、新等特色的工业结构，成为我国地区经济发展最快的地方。外贸出口值达到三十八点五亿美元，占全国出口总额的8.9%。特区自产工业品出口率不断提高，接近40%，深圳已达到58.4%。实际吸收外商投资累计达到四十二亿美

① 《国务院批转一九九○年经济特区工作会议纪要的通知》，《中华人民共和国国务院公报》，1990年11期。

元，占全国的四分之一以上。外商投资从非生产性项目和一般加工项目向技术水平较高、规模较大的项目发展。随着经济的发展，特区的财政收入不断增加，外汇收支平衡并略有结余。经济特区在发展外向型经济的同时，积极开展与内地的经济联系。通过内联企业和多种合作方式传递信息、转移技术、拓展贸易、培训人员等，日益成为内地企业联系国际市场的重要窗口，在全国的经济生活中发挥了积极作用。实践说明，经济特区的发展方向是正确的，成绩是显著的，并且逐步摸索出一套建设特区的经验。应当认真总结这些宝贵经验，通过治理整顿和深化改革，把经济特区办得更好。

二

会议指出，经济特区要在治理整顿和深化改革中求稳定、求提高、求发展，积极吸收利用外资和引进先进技术，更有成效地扩展对外贸易和经济技术交流，把外向型经济提高到新水平，在沟通内外经济技术联系，出信息、出技术、出经验、出人才和扩大出口创汇、增加社会积累等方面更好地为全国服务，在服务中进一步发展壮大。为此，要着重抓好以下几个方面的工作：

（一）把治理整顿和深化改革的方针具体贯彻落实到特区工作中去。今明两年全国经济工作总的要求是：加强治理整顿，进一步深化改革，使国民经济逐步走上持续、稳定、协调发展的道路。经济特区要引导广大干部群众把思想统一到五中全会精神上来，认真搞好治理整顿工作。要继续控制固定资产投资规模，按照发展外向型经济的要求，调整产业结构，引导投资方向。把有限的财力主要用在基础设施项目、产品出口项目和技术先进项目上，注重提高经济素质和投资效益。要严格按照国务院规定的政策，认真深入地做好整顿公司、整顿市场秩序的工作，使流通领域做到活而有序。要控制劳务费用的增长，提高劳动生产率，保持吸引外商投资的优势，提高产品外销的竞争能力。要立足于特区初步积累的经济实力，发挥处于对外开放前沿的有利条件，大力开拓外销市场。只要产品适销对路，企业经济效益好，生产发展速度可以而且应该比全国高一些，为国家克服当前的暂时困难作出贡献。海南特区的开发建设处于起步阶段，发展规划要有利于发挥自己的优势，有计划、有重点、有步骤地进行开发建设，国家继续从各方面给予支持。

（二）进一步改善投资环境，更有成效地吸收外商投资。通过吸收外商投资。带进资金、技术、管理经验和国际市场销售渠道，是发展外向型经济的重要媒介。特区要进一步把这个环节抓好，抓得更有成效。要按照国家吸收外资的产业政策和特区发展外向型经济的要求，引导外商投资方向。要在提高加工工业水平的基础上，有计划地引进一些原材料工业和基础元器件工业项目，增强产品的综合配套能力。要积极发展与国际上有经济技术和经营销售实力的大企业合作，争取兴办一批技术先进、效益较高、外销能力强的骨干项目。同时，还要继续举办“两头在外”，投资少、周期短、收效快的项目。

特区改善投资环境，首先要帮助已经投产开业的企业，特别是对外影响大、投资规模大的原材料、元器件工业企业，落实建设和生产经营条件。厦门特区还要重点帮助办好台商投资企业。要不断改进管理，简化办事程序，提高办事效率，为企业提供高质量服务；同时要强化监督机制，不断总结经验，提高监督管理水平。深圳、厦门等特区都面临着供电、供水、交通运输、通讯等基础设施急待改善的问题，要搞好已经批准的机场、港口、电厂等重大设施项目的建设。要积极吸收外商投资搞基础设施，尽快使这方面条件有较大的改进。

（三）积极调整产业结构和产品结构，增强国际交换和竞争能力。特区要把发展外向型经济的步子迈得更大些，关键是拓展园际市场，扩大产品出口能力。要进一步提高特区自产产品的出口比重，对国际市场适销，国内原材料短缺的产品，应大力发展进料加工、来料加工、补偿贸易，实行“两头在外”，并努力提高净创汇率；对国际市场适销，国内原材料比较宽裕的产品，应组织深加工，实现高增值出口。

特区发展外向型经济，必须把提高经济效益放在首位，逐步实现由速度型向效益型转变。特区的产业结构和产品结构，不能停留在目前以劳动密集产业为主的状态，要大力推动科技进步，向技术密集产业转变。要总结推广办好集团企业的经验，培植一批工贸技结合的集团企业，把产品的开发和生产统一起来，把供销两头密切联系起来，形成关联企业协作配套的整体竞争能力。要联合内地企业和科研单位，搞好合作，加强应用技术的二次开发，创制新产品、新花色、新款式、新功能，把特区的产业和产品提高到一个新水平。深圳特区要进一步加强开拓海外市场的能力，逐步建立国际信息、销售网络，发展远洋贸易。发展在深圳接订单、搞开发、做设计，把加工制造向内地扩散的业务，更好地发挥窗口和基地作用。

特区要重视农业，尤其是海南特区。要有计划地组织农业开发，发展创汇农业产品。注意保护耕地，保护农业生态环境。

（四）适应发展外向型经济的需要，继续深化改革，建立有效的宏观调控机制和富有活力的企业经营机制。

特区经济是国家有计划的商品经济的组成部分，特区经济运行机制同样要实行计划经济与市场调节相结合的原则。由于特区的主要任务是发展外向型经济，市场调节的作用要发挥得更充分一些。调节的范围可以大一点，方式可以灵活一点。加强计划指导和宏观调控，正是为了引导特区经济向外向型发展。特区的经济体制改革要遵循这一方向进一步深入和完善。正在进行的各项改革措施，要继续深入探索，不断总结经验。在搞活经济、增强企业自我发展活力的同时，必须把宏观管理抓好，强化企业自我约束机制，以有效的管理调控，指导和促进开放搞活。要进一步加强经济法规建设，使特区经济管理逐步实现制度化、法规化。

三

会议强调，加强社会主义精神文明建设是特区建设的一个重要方面。特区的干部在频繁的对外经济交往中，在吸收利用外资、学习国外先进技术和管理经验的同时，政治上必须保持清醒的头脑。要坚持四项基本原则，加强思想政治工作，保持正确的政治方向。对敌对势力的“和平演变”阴谋，对资产阶级自由化，对腐朽生活方式的侵蚀，要保持高度的警觉，进行有效的斗争。

要加强党的建设，发挥党组织的战斗堡垒作用，发扬密切联系群众的优良作风，深入进行思想政治教育。各级领导干部要带头学好马列著作、毛泽东著作和邓小平著作，理论联系实际，经常深入基层，深入群众，发扬求实精神，指导特区的各项建设。要发扬勤俭建国、艰苦奋斗的优良传统，加强廉政建设，建立和完善民主监督制度，克服消极腐败现象。

要普及和提高文化科学教育，加强职业道德建设，倡导移风易俗。对社会上出现的“六害”和各种丑恶现象，要运用法律的、教育的武器予以扫除，常抓不懈。对海外黑社会的渗入，必须密切注视，坚决打击，解决在萌芽状态。特区在经济不断繁荣，人民生活不断提高的同时，要努力创造一个安定的社会环境，使人民安居乐业、使投资者放心，更好地显示出社会主义精神文明的新风貌。

四

会议强调，要继续认真执行中央和国务院制定的对经济特区的各项特殊政策措施。各级有关部门在制定经济管理具体措施时，应从特区的实际情况出发，允许其有一定灵活性，支持特区更好地发展外向型经济。根据党的十三届五中全会提出的“经济特区和沿海开放地区的基本政策措施不变，并在实践中逐步加以完善”的精神，针对当前实际工作的需要，会议明确以下各点：

（一）特区固定资产投资规模控制和建设项目审批权限，仍按国务院对经济特区的现行规定执行。对于符合产业政策、有利于特区改善产业结构，经济效益好的项目，投资规模指标不足时，特区可报请国家计委适当调整增加。在国家计划确定的投资总规模内，符合国家的产业政策，经批准可行性研究报告的外商投资企业的开工，由特区自行决定。但对我内地单位在海外及港澳地区兴办企业的法人代表，返回内地投资的企业开工，仍需按原有规定程序报批。

（二）为了与特区投资项目审批权限相衔接，特区人民政府审批出让国有土地使用权的批准权限为耕地一千亩以下或其他土地二千亩以下。超过限额，应经省报国务院审批。

（三）年度人民币信贷计划，深圳继续实行切块安排，厦门、珠海、汕头特区仍实行戴帽下达的办法。请中国人民银行总行根据经济特区经济发展的实际需要，适当增加与外商投资配套的资金和流动资金贷款指标。年度外汇信贷管理办法不变，请中国银行根据特区外汇存款增加的情况，对效益好的重点项目所需外汇贷款给予支持安排。

特区自借自还的对外借款，仍按现行办法实行国家计划指标控制。筹借商业贷款需要担保的、可商请中国银行或经批准的其他金融机构承保，也可由各特区指定一家外汇资金充足、对外信誉良好的特区金融性企业经国家外汇管理局批准后，对外承保。

（四）特区一般贸易收汇仍实行按净创汇“倒二八”分成的办法。为解决计算分成、结算留成外汇时间过长，影响外汇周转速度的问题，可采取预拨留成外汇的办法。由当地外汇管理部门按上一个月机电产品收汇的100%、其他商品收汇的80%预拨留成外汇，每季结算，多退少补。特区经营进出口业务的企业和以进养出的生产企业的留成外汇，可申请当地外汇管理部门，将部分留成外汇买成现汇，用于经常性的外汇资金周转。卖汇总额由当地外汇管理部门报国家外汇管理部门批准。

（五）特区进口属于国家实行配额和许可证管理的生产性物资，深圳、厦门和海南特区每年按实际需要直接向国家有关主管部门申报计划；珠海、汕头特区应先向省申报计划，经平衡后再向国家有关主管部门中报、戴帽下达，在批准数额内，领取进口许可证并组织进口。

继续允许特区外贸企业、工贸企业自营特区自产产品（除统一经营的一类商品外）出口，适当增加特区自产产品出口的配额和许可证数额，并简化审批办证手续。经贸部驻广东特派员办事处派出小组到珠海、汕头两特区就地发证。对已批准的外商投资企业的产品，因出口商品类别和实行许可证的商品范围调整，应本着重合同、守信誉，不追溯既往的原则，尽力保证其按批准的生产规模领证出口。

（六）允许深圳在海关的保税仓库制度基础上，试办保税生产资料市场，统一组织生产资料进口，供应特区内企业，以逐步改变由于各企业自行零星进口而产生的难以集中管理、有些企业利用转让定价转移利润等弊端。具体实施和管理办法，由国务院特区办公室会同经贸部、物资部、海关总署和国务院机电产品进口审查办公室等部门商订。

中共中央、国务院关于开发和开放浦东问题的批复[①]

（1990 年 6 月 2 日）

中共上海市委、上海市人民政府：

五月四日《关于开发浦东、开放浦东的请示》收悉。党中央、国务院原则同意你们的《请示》。

开发和开放浦东是深化改革、进一步实行对外开放的重大部署。上海有良好的政治经济基础，有一批素质较高的科技和管理人才，有一支强大的产业工人队伍，有优越的地理环境和便利的交通运输条件，又同海外各地有着广泛的联系。充分利用这些优势，有计划、有步骤、积极稳妥地开发和开放浦东，必将对上海和全国的政治稳定与经济发展产生极其重要的影响。

开发和开放浦东是一件关系全局的大事，一定要切实办好。上海市委、市人民政府要坚持四项基本原则和改革开放的方针，使浦东开发和开放有利于国家的政治稳定和经济的繁荣发展；要抓紧组织力量，认真听取各方面的意见，进行充分的科学论证，从全局出发和长远考虑，把浦东开发和开放的规划搞好；要从实际出发，扎扎实实地做好各项前期准备工作，合理地确定分阶段实施的方案；要首先搞好交通、通信和基础设施的建设，把浦东开发与上海老区的改造和发展很好地结合起来；要发扬自力更生、勤俭节约、艰苦

---

① 《中共中央、国务院关于开发和开放浦东问题的批复》，载钟坚、郭茂佳、钟若愚主编：《中国经济特区文献资料》（第一辑），北京：社会科学文献出版社，2010 年版，第 205–206 页。

奋斗的光荣传统，调动广大群众的社会主义积极性，在浦东开发和开放中走出一条高效率、高效益的路子来。

开发和开放浦东，主要是利用国外资金发展外向型经济。上海市要努力改善投资环境。为国外投资者创造有利的投资条件。对于涉及国家主权的问题要严格按照国家的有关法律和法规办理；需要另行规定的，请上海市起草单行法规草案，报国务院审议发布。利用外资要按我国的法律和法规进行管理，要符合国家产业政策的要求，把引进的重点放在技术密集型产业上，并且从一开始就要注意保护生态环境。

党中央和国务院相信，在各地区、各部门的大力支持都密切配合下，具有光荣革命传统的上海市人民，一定能够取得深化改革、开发和开放浦东的成功，为我国沿海地区和全国的经济发展作出新的贡献。

此复。

国务院关于扩大汕头经济特区范围的批复①

（1991 年 4 月 6 日）

广东省人民政府：

你省《关于汕头特区扩大范围的请示》收悉。现对有关问题批复如下：

一、为了理顺汕头经济特区的管理体制，促进外向型经济的发展，同意将汕头经济特区的范围扩大到汕头市区。扩大后的汕头经济特区界线是：东部以韩江支流新津河为界，南部以海岸线为界，西北部以桑埔山分水岭为界，西南部以濠江为界，北部以龙坑山分水岭为界，总面积约二百三十四平方公里。原达濠区的棉花村、马窖街道办事处、浔洄村以及北部的葫芦市地区，因不便监管，划在特区范围之外，但仍属汕头市管辖。

二、为加强特区的管理，汕头经济特区范围扩大到市区后，现行汕头市的行政区划需作相应调整。你省和国务院特区办提出的汕头市管辖澄海、南澳两县的方案及现行汕头市行政区划的调整，请你省根据实际情况和国家有关规定，提出具体方案报国务院审批。

三、汕头经济特区的范围扩大后，汕头市原承担的财政、外汇上缴任务和对原所辖各县的补贴不变。因汕头市区实行经济特区政策所产生的增支减收因素，由汕头市自行消化。

四、汕头市人民政府要按照精简、高效的原则，调整特区管理机构。要继续坚持“开发一片、建成一片、获益一片”的方针，有

① 《国务院关于扩大汕头经济特区范围的批复》，中国政府网，2010 年 12 月 31 日。

重点、分期分批地进行开发建设。要处理好新区和老区的关系，充分发挥老区的作用，促进新区的发展。要努力改善投资环境，加快老企业的改造。

国务院办公厅公布关于控制内地人员盲目去海南经济特区的通知[①]

（1991年9月12日）

据海南省人民政府反映，近几年来从内地盲目去海南找工作的人员很多，给海南经济特区带来不少社会问题。为此，根据国务院领导同志指示，就控制内地人员盲目去海南经济特区问题作如下通知：

一、海南是我国最大的经济特区，要在改革开放中加快开发建设步伐，需要各兄弟省市的支持，包括人员方面的支持，但是目前由于底子薄、开发建设尚处于起步阶段，对劳动力的需要有限，无法安排大量外地人员就业。请各地区人民政府一定要做好宣传、解释工作，教育和要求群众不要盲目去海南经济特区找工作；同时结合实际情况采取有效措施，安排好当地特别是农村的剩余劳动力，避免其大批盲目流动。

二、海南经济特区如需要从内地招用劳动力，应有计划、有组织地进行，具体可由海南省有关部门同内地有关部门联系，协商解决。

① 《国务院办公厅关于控制内地人员盲目去海南经济特区的通知》，《中华人民共和国国务院公报》，1991年34期。

海关总署公布对汕头经济特区举办中外合资出租汽车公司的意见[①]

（1992 年 1 月 20 日）

鉴于国务院在一九八五年批复经贸部等五个部门《关于限制举办经营出租汽车的中外合资、合作企业请示》中已明确规定，从一九八五年三月一日起，各省、自治区、直辖市（包括经济特区、沿海开放城市、海南岛）原则上不再批准与外商或港澳企业举办合资、合作经营汽车出租业务的企业，我署意见对汕头特区举办中外合资出租汽车公司一事，仍应依据上述规定办理为宜。

考虑到汕头特区扩大后，发展出租汽车服务业的需要，建议比照深圳特区的做法，请汕头特区向国内汽车生产厂家购买，如用进口散件生产的车辆，海关准予退税。

① 《海关总署公布对汕头经济特区举办中外合资出租汽车公司的意见》，海关总署网站，1992 年 1 月 20 日。

全国人民代表大会常务委员会关于授权深圳市人民代表大会及其常务委员会和深圳市人民政府分别制定法规和规章在深圳经济特区实施的决定[①]

（1992 年 7 月 1 日）

根据《第七届全国人民代表大会第二次会议关于国务院提请审议授权深圳市制定深圳经济特区法规和规章的议案的决定》，第七届全国人民代表大会常务委员会第二十六次会议审议了国务院关于提请授权深圳市人民代表大会及其常务委员会和深圳市人民政府分别制定深圳经济特区法规和深圳经济特区规章的议案，决定授权深圳市人民代表大会及其常务委员会根据具体情况和实际需要，遵循宪法的规定以及法律和行政法规的基本原则，制定法规，在深圳经济特区实施，并报全国人民代表大会常务委员会、国务院和广东省人民代表大会常务委员会备案；授权深圳市人民政府制定规章并在深圳经济特区组织实施。

① 《全国人民代表大会常务委员会关于授权深圳市人民代表大会及其常务委员会和深圳市人民政府分别制定法规和规章在深圳经济特区实施的决定》，载钟坚、郭茂佳、钟若愚主编：《中国经济特区文献资料》（第二辑），北京：社会科学文献出版社，2010 年版，第 26 页。

国务院关于深圳市要求扩大特区范围改变宝安县体制问题的批复①

（1992年8月11日）

广东省人民政府：

一、同意撤销宝安县建制，将其划为深圳市的两个区。具体手续由民政部按规定程序办理。

二、关于扩大深圳经济特区范围问题。深圳市当前主要应利用国家赋予经济特区的各项优惠政策，扩大引进先进技术，促进产业结构和产品结构调整，使现有特区经济建设向更高水平发展。目前不宜考虑定安县划入经济特区的问题。深圳市在现宝安县区域内兴办符合国家产业政策的外商投资项目，报经国务院主管部门批准，可享受经济特区外商投资企业的优惠政策。

---

①《国务院关于深圳市要求扩大特区范围改变宝安县体制问题的批复》，《中华人民共和国国务院公报》，1992年23期。

全国人民代表大会关于授权厦门市人大及其常委会和厦门市人民政府分别制定法规和规章在厦门经济特区实施的决定[①]

（1994 年 3 月 22 日）

第八届全国人民代表大会第二次会议审议了福建省袁启彤等３６名全国人大代表在八届全国人大一次会议上提出的关于授权厦门市人大及其常委会和厦门市政府分别制定法规和规章的议案，决定授权厦门市人民代表大会及其常务委员会根据经济特区的具体情况和实际需要，遵循宪法的规定以及法律和行政法规的基本原则，制定法规，在厦门经济特区实施，并报全国人民代表大会常务委员会、国务院和福建省人民代表大会常务委员会备案；授权厦门市人民政府制定规章并在厦门经济特区组织实。

① 《全国人民代表大会关于授权厦门市人民代表大会及其常务委员会和厦门市人民政府分别制定法规和规章在厦门经济特区实施的决定》,《中华人民共和国国务院公报》，1994 年 07 期。

全国人民代表大会关于授权汕头市和珠海市人民代表大会及其常务委员会、人民政府分别制定法规和规章在各自的经济特区实施的决定[①]

（1996 年 3 月 18 日）

第八届全国人民代表大会第四次会议决定：授权汕头市和珠海市人民代表大会及其常务委员会根据其经济特区的具体情况和实际需要，遵循宪法的规定以及法律和行政法规的基本原则，制定法规，分别在汕头和珠海经济特区实施，并报全国人民代表大会常务委员会、国务院和广东省人民代表大会常务委员会备案；授权汕头市和珠海市人民政府制定规章并分别在汕头和珠海经济特区组织实施。

① 《全国人民代表大会关于授权汕头市和珠海市人民代表大会及其常务委员会、人民政府分别制定法规和规章在各自的经济特区实施的决定》，《中华人民共和国国务院公报》，1996 年 09 期。

国务院关于同意广东省调整汕头市行政区划的批复①

（2003 年 1 月 29 日）

广东省人民政府：

你省《关于调整汕头市行政区划的请示》（粤府〔2002〕84 号）及补充请示收悉。现批复如下：

一、同意撤销汕头市升平区、金园区，设立汕头市金平区。以原升平区、金园区（不含高新技术开发区东片区域，即东起天山北路，西至华山北路，南起汕头经济特区北界线，北至科技北三街向南转向科技西路再转向科技北二街）、原达濠区礐石街道浔洄居委会、龙湖区龙溪路以北区域（即东起华山北路，西至龙湖沟西侧，南起龙溪路，北至汕头经济特区北界线）的行政区域为金平区的行政区域。区人民政府驻金砂中路。

二、同意撤销汕头市河浦区、达濠区，设立汕头市濠江区。以原达濠区（不含礐石街道的浔洄居委会）和河浦区的行政区域为濠江区的行政区域。区人民政府驻府前路。

三、同意撤销县级潮阳市，分别设立汕头市潮阳区、潮南区。以原潮阳市文光、城南、金浦、棉北 4 个街道，海门、河溪、和平、西胪、关埠、灶浦、金玉、谷饶、贵屿、铜盂等 10 个镇的行政区域为潮阳区的行政区域。区人民政府驻中华路。以原潮阳市峡山、井都、沙陇、成田、田心、司马浦、陈店、两英、仙城、胪

---

①《国务院关于同意广东省调整汕头市行政区划的批复》，《中华人民共和国国务院公报》，2003 年 07 期。

岗、红场、雷岭 12 个镇的行政区域为潮南区的行政区域。区人民政府驻峡山镇。

四、同意撤销县级澄海市，设立汕头市澄海区。以原县级澄海市的行政区域（不含外砂镇、新溪镇）为澄海区的行政区域。区人民政府驻文冠路。

五、同意将原澄海市的外砂、新溪 2 个镇、原金园区高新技术开发区东片区域（即东起天山北路，西至华山北路，南起汕头经济特区北界线，北至科技北三街向南转向科技西路再转向科技北二街）划归龙湖区管辖。

你省要精心组织，周密安排，切实做好各方面的工作，确保社会稳定和行政区划调整工作的顺利进行。要按照“精简、效能”的原则设置各类机构，所需经费和人员编制由你省自行解决。汕头市各市辖区行政区域界线，要按照有关规定及时勘定。

国务院关于推进天津滨海新区开发开放有关问题的意见[①]

（2006 年 5 月 26 日）

各省、自治区、直辖市人民政府，国务院各部委、各直属机构：

推进天津滨海新区开发开放，是在新世纪新阶段，党中央、国务院从我国经济社会发展全局出发作出的重要战略部署。为了更好地推进天津滨海新区开发开放，现就有关问题提出以下意见。

一、推进天津滨海新区开发开放的重大意义

天津滨海新区包括塘沽区、汉沽区、大港区三个行政区和天津经济技术开发区、天津港保税区、天津港区以及东丽区、津南区的部分区域，规划面积 2270 平方公里。经过十多年的开发建设，天津滨海新区已经具备了进一步加快发展的条件和基础。

推进天津滨海新区开发开放，有利于提升京津冀及环渤海地区的国际竞争力。天津滨海新区位于环渤海地区的中心位置，内陆腹地广阔，区位优势明显，产业基础雄厚，增长潜力巨大，是我国参与经济全球化和区域经济一体化的重要窗口。推进天津滨海新区的开发开放，促进这一地区加快发展，可以有效地提升京津冀和环渤海地区的对外开放水平，使这一地区更好地融入国际经济，释放潜能，增强竞争力。

推进天津滨海新区开发开放，有利于实施全国区域协调发展总

---

① 《国务院关于推进天津滨海新区开发开放有关问题的意见》，《中华人民共和国国务院公报》，2006 年 21 期。

体战略。经过十多年的发展，天津滨海新区的综合实力不断增强，服务功能进一步完善，是继深圳经济特区、浦东新区之后，又一带动区域发展的新的经济增长极。天津滨海新区的开发开放，有利于促进我国东部地区率先实现现代化，从而带动中西部地区，特别是“三北”地区发展，形成东中西互动、优势互补、相互促进、共同发展的区域协调发展格局。

推进天津滨海新区开发开放，有利于探索新时期区域发展的新模式。在经济全球化和区域经济一体化进程加快，我国全面建设小康社会和构建社会主义和谐社会的新形势下，把握国际国内形势的变化特点，用新的思路和发展模式推进天津滨海新区的开发开放，有利于全面落实科学发展观，实现人与自然和谐相处，走出一条区域创新发展的路子。

二、推进天津滨海新区开发开放的指导思想和主要任务

推进天津滨海新区开发开放的指导思想是：以邓小平理论和“三个代表”重要思想为指导，全面落实科学发展观，进一步解放思想，进一步改革开放，进一步发挥优势，坚持高起点、宽视野，注重科技创新和自主创新，突出发展特色，改善发展环境，用新思路、新体制、新机制推动新区不断提高综合实力、创新能力、服务能力和国际竞争力，在带动天津发展、推进京津冀和环渤海区域经济振兴、促进东中西互动和全国经济协调发展中发挥更大的作用。

推进天津滨海新区开发开放要把握好以下原则：坚持以科学发展观统领经济社会发展全局，走科学发展之路；坚持突出发展特色，充分发挥比较优势；坚持推进改革开放，用改革开放促开发建设；坚持科技创新和自主创新，加强创新能力建设；坚持增强服务

功能，带动和促进区域经济发展；坚持节约集约用地，切实发挥土地对经济建设的引导和调控作用；坚持可持续发展，建设资源节约型和环境友好型新区；坚持以人为本，推进和谐社会建设与全面发展。

天津滨海新区的功能定位是：依托京津冀、服务环渤海、辐射“三北”、面向东北亚，努力建设成为我国北方对外开放的门户、高水平的现代制造业和研发转化基地、北方国际航运中心和国际物流中心，逐步成为经济繁荣、社会和谐、环境优美的宜居生态型新城区。

推进天津滨海新区开发开放的主要任务是：以建立综合配套改革试验区为契机，探索新的区域发展模式，为全国发展改革提供经验和示范。走新型工业化道路，把增强自主创新能力作为中心环节，进一步完善研发转化体系，提升整体技术水平和综合竞争力。充分发挥区位、资源、产业等综合优势，加快基础设施建设，积极发展高新技术产业和现代服务业，努力提高综合竞争力和区域服务能力，提高对区域经济的带动作用。统一规划，综合协调，建设若干特色鲜明的功能区，构建合理的空间布局，采取有力措施，节约用水、集约用地、降低能耗，努力提高单位面积的投资强度和产出效率。搞好环境综合整治，维护生态平衡，大力发展循环经济，实现人与自然、经济社会与生态环境相和谐。推进管理创新，建立统一、协调、精简、高效、廉洁的管理体制。

三、切实发挥综合配套改革试验区的示范和带动作用

批准天津滨海新区为全国综合配套改革试验区。要按照党中央、国务院的部署并从天津滨海新区的实际出发，先行试验一些重大的

改革开放措施。要坚持重点突破与整体创新相结合、经济体制改革与其他方面改革相结合、解决当地实际问题与攻克面上共性难题相结合，不断拓展改革的领域，通过综合配套改革推进天津滨海新区的开发开放。近期工作重点是：

——鼓励天津滨海新区进行金融改革和创新。在金融企业、金融业务、金融市场和金融开放等方面的重大改革，原则上可安排在天津滨海新区先行先试。本着科学、审慎、风险可控的原则，可在产业投资基金、创业风险投资、金融业综合经营、多种所有制金融企业、外汇管理政策、离岸金融业务等方面进行改革试验。

——支持天津滨海新区进行土地管理改革。在有利于土地节约利用和提高土地利用效率的前提下，优化土地利用结构，创新土地管理方式，加大土地管理改革力度。开展农村集体建设用地流转及土地收益分配、增强政府对土地供应调控能力等方面的改革试验。

——推动天津滨海新区进一步扩大开放，设立天津东疆保税港区。为适应天津建设北方国际航运中心和国际物流中心的需要，按照统筹规划、合理布局、创新体制、分步实施的原则，借鉴国际通行做法，在天津港东疆港区设立保税港区，重点发展国际中转、国际配送、国际采购、国际转口贸易和出口加工等业务，积极探索海关特殊监管区域管理制度的创新，以点带面，推进区域整合。

给予天津滨海新区一定的财政税收政策扶持。对天津滨海新区所辖规定范围内、符合条件的高新技术企业，减按15%的税率征收企业所得税；比照东北等老工业基地的所得税优惠政策，对天津滨海新区的内资企业予以提高计税工资标准的优惠，对企业固定资产和无形资产予以加速折旧的优惠；中央财政在维持现行财政体制的基础上，在一定时期内对天津滨海新区的开发建设予以专项补助。

四、认真做好推进天津滨海新区开发开放的各项工作

推进天津滨海新区开发开放，主要靠天津自身的力量和加强区域合作，国务院有关部门也要采取有力措施给予支持和帮助。有关方面要加强对推进天津滨海新区开发开放工作的宏观指导和协调，研究建立必要的协调和协作机制。天津市人民政府要充分认识推进天津滨海新区开发开放工作的长期性和艰巨性，全面分析有利条件和面临的挑战，精心筹划，周密部署，通力协作，使天津滨海新区的开发开放顺利有序推进，并为促进区域协调发展提供更加有效的服务。要进一步研究，细化完善综合配套改革试点总体方案和金融、土地改革等专项方案，并按照有关工作程序报批后实施。国务院有关部门要根据本《意见》的精神，认真做好贯彻落实工作，结合天津滨海新区的实际情况，抓紧研究出台具体的政策措施。要认真研究解决天津滨海新区开发开放过程中出现的新问题，提出相应的对策。

推进天津滨海新区开发开放，是贯彻落实党的十六届五中全会精神和国民经济和社会发展第“十一个”五年规划纲要的重大举措，是实施国家区域协调发展战略的重要步骤，是一项涉及诸多方面的系统工程，各有关方面要牢固树立全国一盘棋的思想，统一认识，同心协力，勇于创新，扎实工作，努力开创天津滨海新区开发开放的新局面。

国务院关于经济特区和上海浦东新区新设立高新技术企业实行过渡性税收优惠的通知[①]

（2007年12月26日）

各省、自治区、直辖市人民政府，国务院各部委、各直属机构：

根据《中华人民共和国企业所得税法》第五十七条的有关规定，国务院决定对法律设置的发展对外经济合作和技术交流的特定地区内，以及国务院已规定执行上述地区特殊政策的地区内新设立的国家需要重点扶持的高新技术企业，实行过渡性税收优惠。现就有关问题通知如下：

一、法律设置的发展对外经济合作和技术交流的特定地区，是指深圳、珠海、汕头、厦门和海南经济特区；国务院已规定执行上述地区特殊政策的地区，是指上海浦东新区。

二、对经济特区和上海浦东新区内在2008年1月1日（含）之后完成登记注册的国家需要重点扶持的高新技术企业（以下简称新设高新技术企业），在经济特区和上海浦东新区内取得的所得，自取得第一笔生产经营收入所属纳税年度起，第一年至第二年免征企业所得税，第三年至第五年按照25%的法定税率减半征收企业所得税。

国家需要重点扶持的高新技术企业，是指拥有核心自主知识产权，同时符合《中华人民共和国企业所得税法实施条例》第九十三条规定的条件，并按照《高新技术企业认定管理办法》认定的高新

① 《国务院关于经济特区和上海浦东新区新设立高新技术企业实行过渡性税收优惠的通知》，《中华人民共和国国务院公报》，2008年03期。

技术企业。

三、经济特区和上海浦东新区内新设高新技术企业同时在经济特区和上海浦东新区以外的地区从事生产经营的，应当单独计算其在经济特区和上海浦东新区内取得的所得，并合理分摊企业的期间费用；没有单独计算的，不得享受企业所得税优惠。

四、经济特区和上海浦东新区内新设高新技术企业在按照本通知的规定享受过渡性税收优惠期间，由于复审或抽查不合格而不再具有高新技术企业资格的，从其不再具有高新技术企业资格年度起，停止享受过渡性税收优惠；以后再次被认定为高新技术企业的，不得继续享受或者重新享受过渡性税收优惠。

五、本通知自 2008 年 1 月 1 日起执行。

国务院关于实施企业所得税过渡优惠政策的通知[①]

（2007 年 12 月 26 日）

各省、自治区、直辖市人民政府，国务院各部委、各直属机构：

《中华人民共和国企业所得税法》（以下简称新税法）和《中华人民共和国企业所得税法实施条例》（以下简称实施条例）将于 2008 年 1 月 1 日起施行。根据新税法第五十七条规定，现对企业所得税优惠政策过渡问题通知如下：

一、新税法公布前批准设立的企业税收优惠过渡办法

企业按照原税收法律、行政法规和具有行政法规效力文件规定享受的企业所得税优惠政策，按以下办法实施过渡：

自 2008 年 1 月 1 日起，原享受低税率优惠政策的企业，在新税法施行后 5 年内逐步过渡到法定税率。其中：享受企业所得税 15%税率的企业，2008 年按 18%税率执行，2009 年按 20%税率执行，2010 年按 22%税率执行，2011 年按 24%税率执行，2012 年按 25%税率执行；原执行 24%税率的企业，2008 年起按 25%税率执行。

自 2008 年 1 月 1 日起，原享受企业所得税“两免三减半”、“五免五减半”等定期减免税优惠的企业，新税法施行后继续按原税收法律、行政法规及相关文件规定的优惠办法及年限享受至期满

① 《国务院关于实施企业所得税过渡优惠政策的通知》，《中华人民共和国国务院公报》，2008 年 03 期。

为止，但因未获利而尚未享受税收优惠的，其优惠期限从 2008 年度起计算。

享受上述过渡优惠政策的企业，是指 2007 年 3 月 16 日以前经工商等登记管理机关登记设立的企业；实施过渡优惠政策的项目和范围按《实施企业所得税过渡优惠政策表》（见附表）执行。

二、继续执行西部大开发税收优惠政策

根据国务院实施西部大开发有关文件精神，财政部、税务总局和海关总署联合下发的《财政部、国家税务总局、海关总署关于西部大开发税收优惠政策问题的通知》（财税〔2001〕202 号）中规定的西部大开发企业所得税优惠政策继续执行。

三、实施企业税收过渡优惠政策的其他规定

享受企业所得税过渡优惠政策的企业，应按照新税法和实施条例中有关收入和扣除的规定计算应纳税所得额，并按本通知第一部分规定计算享受税收优惠。

企业所得税过渡优惠政策与新税法及实施条例规定的优惠政策存在交叉的，由企业选择最优惠的政策执行，不得叠加享受，且一经选择，不得改变。

附表：实施企业所得税过渡优惠政策表

附表：

实施企业所得税过渡优惠政策表

序号	文件名称	相关政策内容
1	《中华人民共和国外商投资企业和外国企业所得税法》第七条第一款	设在经济特区的外商投资企业、在经济特区设立机构、场所从事生产、经营的外国企业和设在经济技术开发区的生产性外商投资企业，减按15%的税率征收企业所得税
2	《中华人民共和国外商投资企业和外国企业所得税法》第七条第三款	设在沿海经济开放区和经济特区、经济技术开发区所在城市的老市区或者设在国务院规定的其他地区的外商投资企业，属于能源、交通、港口、码头或者国家鼓励的其他项目的，可以减按15%的税率征收企业所得税
3	《中华人民共和国外商投资企业和外国企业所得税法实施细则》第七十三条第一款第一项	在沿海经济开放区和经济特区、经济技术开发区所在城市的老市区设立的从事下列项目的生产性外资企业，可以减按15%的税率征收企业所得税：技术密集、知识密集型的项目；外商投资在3000万美元以上，回收投资时间长的项目；能源、交通、港口建设的项目
4	《中华人民共和国外商投资企业和外国企业所得税法实施细则》第七十三条第一款第二项	从事港口、码头建设的中外合资经营企业，可以减按15%的税率征收企业所得税。
5	《中华人民共和国外商投资企业和外国企业所得税法实施细则》第七十三条第一款第四项	在上海浦东新区设立的生产性外商投资企业，以及从事机场、港口、铁路、公路、电站等能源、交通建设项目的外商投资企业，可以减按15%的税率征收企业所得税
6	国务院关于上海外高桥、天津港、深圳福田、深圳沙头角、大连、广州、厦门象屿、张家港、海口、青岛、宁波、福州、汕头、珠海、深圳盐田保税区的批复（国函〔1991〕26号、国函〔1991〕32号、	生产性外商投资企业，减按15%的税率征收企业所得税

续表

序号	文件名称	相关政策内容
6	国函〔1992〕43号、国函〔1992〕44号、国函〔1992〕148号、国函〔1992〕150号、国函〔1992〕159号、国函〔1992〕179号、国函〔1992〕180号、国函〔1992〕181号、国函〔1993〕3号等）	
7	《国务院关于在福建省沿海地区设立台商投资区的批复》（国函〔1989〕35号）	厦门台商投资区内设立的台商投资企业，减按15%税率征收企业所得税；福州台商投资区内设立的生产性台商投资企业，减按15%税率征收企业所得税，非生产性台资企业，减按24%税率征收企业所得税
8	国务院关于进一步对外开放南宁、重庆、黄石、长江三峡经济开放区、北京等城市的通知（国函〔1992〕62号、国函〔1992〕93号、国函〔1993〕19号、国函〔1994〕92号、国函〔1995〕16号）	省会（首府）城市及沿江开放城市从事下列项目的生产性外资企业，减按15%的税率征收企业所得税：技术密集、知识密集型的项目；外商投资在3000万美元以上，回收投资时间长的项目；能源、交通、港口建设的项目
9	《国务院关于开发建设苏州工业园区有关问题的批复》（国函〔1994〕9号）	在苏州工业园区设立的生产性外商投资企业，减按15%税率征收企业所得税
10	《国务院关于扩大外商投资企业从事能源交通基础设施项目税收优惠规定适用范围的通知》（国发（1999）13号）	自1999年1月1日起，将外资税法实施细则第七十三条第一款第（一）项第3目关于从事能源、交通基础设施建设的生产性外商投资企业，减按15%征收企业所得税的规定扩大到全国
11	《广东省经济特区条例》（1980年8月26日第五届全国人民代表大会常务委员会第十五次会议批准施行）	广东省深圳、珠海、汕头经济特区的企业所得税率为15%
12	《对福建省关于建设厦门经济特区的批复》（〔80〕国函字88号）	厦门经济特区所得税率按15%执行

续表

序号	文件名称	相关政策内容
13	《国务院关于鼓励投资开发海南岛的规定》（国发〔1988〕26号）	在海南岛举办的企业（国家银行和保险公司除外），从事生产、经营所得税和其他所得，均按15%的税率征收企业所得税
14	《中华人民共和国外商投资企业和外国企业所得税法》第七条第二款	设在沿海经济开放区和经济特区、经济技术开发区所在城市的老市区的生产性外商投资企业，减按24%的税率征收企业所得税
15	《国务院关于试办国家旅游度假区有关问题的通知》（国发〔1992〕46号）	国家旅游度假区内的外商投资企业，减按24%税率征收企业所得税
16	国务院关于进一步对外开放黑河、伊宁、凭祥、二连浩特市等边境城市的通知（国函〔1992〕21号、国函〔1992〕61号、国函〔1992〕62号、国函〔1992〕94号）	沿边开放城市的生产性外商投资企业，减按24%税率征收企业所得税
17	《国务院关于进一步对外开放南宁、昆明市及凭祥等五个边境城镇的通知（国函〔1992〕62号）	允许凭祥、东兴、畹町、瑞丽、河口五市（县、镇）在具备条件的市（县、镇）兴办边境经济合作区，对边境经济合作区内以出口为主的生产性内联企业，减按24%的税率征收
18	国务院关于进一步对外开放南宁、重庆、黄石、长江三峡经济开放区、北京等城市的通知（国函〔1992〕62号、国函〔1992〕93号、国函〔1993〕19号、国函〔1994〕92号、国函〔1995〕16号）	省会（首府）城市及沿江开放城市的生产性外商投资企业，减按24%税率征收企业所得税
19	《中华人民共和国外商投资企业和外国企业所得税法》第八条第一款	对生产性外商投资企业，经营期在十年以上的，从开始获利的年度起，第一年和第二年免征企业所得税，第三年至第五年减半征收企业所得税

续表

序号	文件名称	相关政策内容
20	《中华人民共和国外商投资企业和外国企业所得税法实施细则》第七十五条第一款第一项	从事港口码头建设的中外合资经营企业，经营期在15年以上的，经企业申请，所在地的省、自治区、直辖市税务机关批准，从开始获利的年度起，第一年至第五年免征企业所得税，第六年至第十年减半征收企业所得税
21	《中华人民共和国外商投资企业和外国企业所得税法实施细则》第七十五条第一款第二项	在海南经济特区设立的从事机场、港口、码头、铁路、公路、电站、煤矿、水利等基础设施项目的外商投资企业和从事农业开发经营的外商投资企业，经营期在15年以上的，经企业申请，海南省税务机关批准，从开始获利的年度起，第一年至第五年免征企业所得税，第六年至第十年减半征收企业所得税
22	《中华人民共和国外商投资企业和外国企业所得税法实施细则》第七十五条第一款第三项	在上海浦东新区设立的从事机场、港口、铁路、公路、电站等能源、交通建设项目的外商投资企业，经营期在15年以上的，经企业申请，上海市税务机关批准，从开始获利的年度起，第一年至第五年免征企业所得税，第六年至第十年减半征收企业所得税
23	《中华人民共和国外商投资企业和外国企业所得税法实施细则》第七十五条第一款第四项	在经济特区设立的从事服务性行业的外商投资企业，外商投资超过500万美元，经营期在十年以上的，经企业申请，经济特区税务机关批准，从开始获利的年度起，第一年免征企业所得税，第二年和第三年减半征收企业所得税
24	《中华人民共和国外商投资企业和外国企业所得税法实施细则》第七十五条第一款第六项	在国务院确定的国家高新技术产业开发区设立的被认定为高新技术企业的中外合资经营企业，经营期在十年以上的，经企业申请，当地税务机关批准，从开始获利的年度起，第一年和第二年免征企业所得税

续表

序号	文件名称	相关政策内容
25	《中华人民共和国外商投资企业和外国企业所得税法实施细则》第七十五条第一款第六项《国务院关于〈北京市新技术产业开发试验区暂行条例〉的批复》（国函〔1988〕74号）	设在北京市新技术产业开发试验区的外商投资企业，依照北京市新技术产业开发试验区的税收优惠规定执行。对试验区的新技术企业自开办之日起，三年内免征所得税。经北京市人民政府指定的部门批准，第四至六年可按15%或10%的税率，减半征收所得税
26	《中华人民共和国企业所得税暂行条例》第八条第一款	需要照顾和鼓励的民族自治地方的企业，经省级人民政府批准实行定期减税或免税的，过渡优惠执行期限不超过5年
27	《国务院关于鼓励投资开发海南岛的规定》（国发〔1988〕26号）	在海南岛举办的企业（国家银行和保险公司除外），从事港口、码头、机场、公路、铁路、电站、煤矿、水利等基础设施开发经营的企业和从事农业开发经营的企业，经营期限在十五年以上的，从开始获利的年度起，第一年至第五年免征所得税，第六年至第十年减半征收所得税
28		在海南岛举办的企业（国家银行和保险公司除外），从事工业、交通运输业等生产性行业的企业经营期限在十年以上的，从开始获利的年度起，第一年和第二年免征所得税，第三年至第五年减半征收所得税
29		在海南岛举办的企业（国家银行和保险公司除外），从事服务性行业的企业，投资总额超过500万美元或者2000万人民币，经营期限在十年以上的，从开始获利的年度起，第一年免征所得税，第二年和第三年减半征收所得税
30	《国务院关于实施〈国家中长期科学和技术发展规划纲要（2006—2020年）若干配套政策的通知〉》（国发〔2006〕6号）	国家高新技术产业开发区内新创办的高新技术企业经严格认定后，自获利年度起两年内免征所得税

国务院关于《横琴总体发展规划》的批复[①]

（2009 年 8 月 14 日）

广东省人民政府、发展改革委：

发展改革委《关于报送横琴总体发展规划的请示》（发改地区［2009］1953 号）收悉。现批复如下：

一、原则同意《横琴总体发展规划》（以下简称《规划》），请认真组织实施。珠海横琴地处珠江口西岸，毗邻港澳，区位优势明显。要抓住《珠江三角洲地区改革发展规划纲要（2008—2020 年）》赋予珠三角“科学发展”、“先行先试”的重大机遇，把《规划》实施同提高开放水平结合起来，推进与港澳紧密合作、共同发展，逐步把横琴建设成为“一国两制”下探索粤港澳合作新模式的示范区、深化改革开放和科技创新的先行区、促进珠江口西岸地区产业升级的新平台。

二、《规划》实施要高举中国特色社会主义伟大旗帜，以邓小平理论和“三个代表”重要思想为指导，深入贯彻落实科学发展观，进一步解放思想，坚持改革开放，大胆探索，先行先试，充分发挥横琴独特的区位优势，推进体制机制创新，突出发展特色，着力形成核心竞争力，着力实现经济社会和生态环境协调发展，着力推进粤港澳紧密合作，为促进珠江口西岸地区经济发展形成新的增长极，促进澳门经济适度多元发展和港澳地区长期繁荣稳定发挥积极作用。

---

① 《国务院关于《横琴总体发展规划》的批复》，载钟坚、郭茂佳、钟若愚主编：《中国经济特区文献资料》（第一辑），北京：社会科学文献出版社，2010 年版，第 229–255 页。

三、广东省要切实加强对《规划》实施的组织领导，完善工作机制，落实工作责任，按照《规划》确定的发展定位、空间布局、产业发展重点，抓紧推进各项任务的实施。要充分发挥粤港、粤澳行政首长联席会议机制的作用，加强与港澳的协调沟通，利用横琴开发的新平台，进一步推动粤港澳更紧密合作。关于将横琴纳入珠海经济特区范围和创新通关制度等专项政策，要按程序报批后实施。

四、国务院有关部门要按照职能分工，进一步加强对横琴开发建设的支持和指导，帮助解决《规划》实施过程中遇到的问题，在相关政策实施、项目安排、体制机制创新等方面给予积极支持，为促进横琴又好又快发展创造良好的政策环境。发展改革委要会同有关部门加强对《规划》实施情况的跟踪分析，做好督促检查工作，会同广东省人民政府组织开展规划实施情况的评估。在实施过程中，要注重研究新情况、解决新问题、创造新经验，重大问题及时向国务院报告。

加快横琴开发建设，对于促进珠江口西岸地区产业优化升级和提升整体实力、深入推进粤港澳紧密合作，促进澳门经济适度多元发展和港澳地区长期繁荣稳定，都具有十分重要的战略意义。各有关方面要坚定信心，开拓创新，紧密合作，扎实工作，共同推动横琴在高起点上实现科学发展、创新发展。

国务院关于同意撤销深圳经济特区管理线的批复[①]

（2018 年 1 月 6 日）

广东省人民政府：

你省《关于撤销深圳经济特区管理线的请示》（粤府〔2017〕88 号）收悉。现批复如下：

一、为促进深圳经济特区一体化发展，结合特区建设发展面临的新形势新使命新任务，同意撤销深圳经济特区管理线。

二、你省和深圳市要认真做好经济特区管理线撤销相关工作，并以此为契机，实施深圳全市域统一的城乡规划建设管理，进一步优化城市功能布局，完善交通基础设施，推进节约集约用地，强化环境保护和生态建设，有序提升公共产品和服务供给水平，实现更高质量的城市化，为新时期超大城市规划建设管理运营积累经验、当好示范。

三、深圳经济特区管理线撤销后，要进一步加强粤港边界一线管控，强化基础设施建设，确保粤港边界持续稳定。

四、国务院有关部门要按照职责分工，支持广东省和深圳市做好撤销深圳经济特区管理线相关工作。

① 《国务院关于同意撤销深圳经济特区管理线的批复》，中国政府网，2018 年 1 月 15 日。

中共中央国务院关于支持深圳建设中国特色社会主义先行示范区的意见[①]

（2019年8月9日）

党和国家作出兴办经济特区重大战略部署以来，深圳经济特区作为我国改革开放的重要窗口，各项事业取得显著成绩，已成为一座充满魅力、动力、活力、创新力的国际化创新型城市。当前，中国特色社会主义进入新时代，支持深圳高举新时代改革开放旗帜、建设中国特色社会主义先行示范区，有利于在更高起点、更高层次、更高目标上推进改革开放，形成全面深化改革、全面扩大开放新格局；有利于更好实施粤港澳大湾区战略，丰富“一国两制”事业发展新实践；有利于率先探索全面建设社会主义现代化强国新路径，为实现中华民族伟大复兴的中国梦提供有力支撑。为全面贯彻落实习近平新时代中国特色社会主义思想和习近平总书记关于深圳工作的重要讲话和指示批示精神，现就支持深圳建设中国特色社会主义先行示范区提出如下意见。

一、总体要求

（一）指导思想。以习近平新时代中国特色社会主义思想为指导，全面贯彻党的十九大和十九届二中、三中全会精神，紧紧围绕统筹推进“五位一体”总体布局和协调推进“四个全面”战略布局，坚持和加强党的全面领导，坚持新发展理念，坚持以供给侧结构性

---

① 《中共中央国务院关于支持深圳建设中国特色社会主义先行示范区的意见》，《人民日报》，2019年8月19日。

改革为主线，坚持全面深化改革，坚持全面扩大开放，坚持以人民为中心，践行高质量发展要求，深入实施创新驱动发展战略，抓住粤港澳大湾区建设重要机遇，增强核心引擎功能，朝着建设中国特色社会主义先行示范区的方向前行，努力创建社会主义现代化强国的城市范例。

（二）战略定位

——高质量发展高地。深化供给侧结构性改革，实施创新驱动发展战略，建设现代化经济体系，在构建高质量发展的体制机制上走在全国前列。

——法治城市示范。全面提升法治建设水平，用法治规范政府和市场边界，营造稳定公平透明、可预期的国际一流法治化营商环境。

——城市文明典范。践行社会主义核心价值观，构建高水平的公共文化服务体系和现代文化产业体系，成为新时代举旗帜、聚民心、育新人、兴文化、展形象的引领者。

——民生幸福标杆。构建优质均衡的公共服务体系，建成全覆盖可持续的社会保障体系，实现幼有善育、学有优教、劳有厚得、病有良医、老有颐养、住有宜居、弱有众扶。

——可持续发展先锋。牢固树立和践行绿水青山就是金山银山的理念，打造安全高效的生产空间、舒适宜居的生活空间、碧水蓝天的生态空间，在美丽湾区建设中走在前列，为落实联合国2030年可持续发展议程提供中国经验。

（三）发展目标。到2025年，深圳经济实力、发展质量跻身全球城市前列，研发投入强度、产业创新能力世界一流，文化软实力大幅提升，公共服务水平和生态环境质量达到国际先进水平，建成现代化国际化创新型城市。到 2035 年，深圳高质量发展成为全国典范，城市综合经济竞争力世界领先，建成具有全球影响力的创新创业创意之都，成为我国建设社会主义现代化强国的城市范例。到本世纪中叶，深圳以更加昂扬的姿态屹立于世界先进城市之林，成为竞争力、创新力、影响力卓著的全球标杆城市。

二、率先建设体现高质量发展要求的现代化经济体系

（四）加快实施创新驱动发展战略。支持深圳强化产学研深度融合的创新优势，以深圳为主阵地建设综合性国家科学中心，在粤港澳大湾区国际科技创新中心建设中发挥关键作用。支持深圳建设 5G、人工智能、网络空间科学与技术、生命信息与生物医药实验室等重大创新载体，探索建设国际科技信息中心和全新机制的医学科学院。加强基础研究和应用基础研究，实施关键核心技术攻坚行动，夯实产业安全基础。探索知识产权证券化，规范有序建设知识产权和科技成果产权交易中心。支持深圳具备条件的各类单位、机构和企业在境外设立科研机构，推动建立全球创新领先城市科技合作组织和平台。支持深圳实行更加开放便利的境外人才引进和出入境管理制度，允许取得永久居留资格的国际人才在深圳创办科技型企业、担任科研机构法人代表。

（五）加快构建现代产业体系。大力发展战略性新兴产业，在未来通信高端器件、高性能医疗器械等领域创建制造业创新中心。开展市场准入和监管体制机制改革试点，建立更具弹性的审慎包容监管制度，积极发展智能经济、健康产业等新产业新业态，打造数字经济创新发展试验区。提高金融服务实体经济能力，研究完善创业板发行上市、再融资和并购重组制度，创造条件推动注册制改

革。支持在深圳开展数字货币研究与移动支付等创新应用。促进与港澳金融市场互联互通和金融（基金）产品互认。在推进人民币国际化上先行先试，探索创新跨境金融监管。

（六）加快形成全面深化改革开放新格局。坚持社会主义市场经济改革方向，探索完善产权制度，依法有效保护各种所有制经济组织和公民财产权。支持深圳开展区域性国资国企综合改革试验。高标准高质量建设自由贸易试验区，加快构建与国际接轨的开放型经济新体制。支持深圳试点深化外汇管理改革。推动更多国际组织和机构落户深圳。支持深圳举办国际大型体育赛事和文化交流活动，建设国家队训练基地，承办重大主场外交活动。支持深圳加快建设全球海洋中心城市，按程序组建海洋大学和国家深海科考中心，探索设立国际海洋开发银行。

（七）助推粤港澳大湾区建设。进一步深化前海深港现代服务业合作区改革开放，以制度创新为核心，不断提升对港澳开放水平。加快深港科技创新合作区建设，探索协同开发模式，创新科技管理机制，促进人员、资金、技术和信息等要素高效便捷流动。推进深莞惠联动发展，促进珠江口东西两岸融合互动，创新完善、探索推广深汕特别合作区管理体制机制。

三、率先营造彰显公平正义的民主法治环境

（八）全面提升民主法治建设水平。在党的领导下扩大人民有序政治参与，坚持和完善人民代表大会制度，加强社会主义协商民主制度建设。用足用好经济特区立法权，在遵循宪法和法律、行政法规基本原则前提下，允许深圳立足改革创新实践需要，根据授权对法律、行政法规、地方性法规作变通规定。加强法治政府建设，

完善重大行政决策程序制度，提升政府依法行政能力。加大全面普法力度，营造尊法学法守法用法的社会风尚。

（九）优化政府管理和服务。健全政企沟通机制，加快构建亲清政商关系，进一步激发和弘扬优秀企业家精神，完善企业破产制度，打造法治化营商环境。深化“放管服”改革，全面推行权力清单、责任清单、负面清单制度，推进“数字政府”改革建设，实现主动、精准、整体式、智能化的政府管理和服务。改革完善公平竞争审查和公正监管制度，推进“双随机、一公开”监管，推行信用监管改革，促进各类市场主体守法诚信经营。

（十）促进社会治理现代化。综合应用大数据、云计算、人工智能等技术，提高社会治理智能化专业化水平。加强社会信用体系建设，率先构建统一的社会信用平台。加快建设智慧城市，支持深圳建设粤港澳大湾区大数据中心。探索完善数据产权和隐私保护机制，强化网络信息安全保障。加强基层治理，改革创新群团组织、社会力量参与社会治理模式。

四、率先塑造展现社会主义文化繁荣兴盛的现代城市文明

（十一）全面推进城市精神文明建设。进一步弘扬开放多元、兼容并蓄的城市文化和敢闯敢试、敢为人先、埋头苦干的特区精神，大力弘扬粤港澳大湾区人文精神，把社会主义核心价值观融入社会发展各方面，加快建设区域文化中心城市和彰显国家文化软实力的现代文明之城。推进公共文化服务创新发展，率先建成普惠性、高质量、可持续的城市公共文化服务体系。支持深圳规划建设一批重大公共文化设施，鼓励国家级博物馆在深圳设立分馆，研究将深圳列为城市社区运动场地设施建设试点城市。鼓励深圳与香

港、澳门联合举办多种形式的文化艺术活动，开展跨界重大文化遗产保护，涵养同宗同源的文化底蕴，不断增强港澳同胞的认同感和凝聚力。

（十二）发展更具竞争力的文化产业和旅游业。支持深圳大力发展数字文化产业和创意文化产业，加强粤港澳数字创意产业合作。支持深圳建设创新创意设计学院，引进世界高端创意设计资源，设立面向全球的创意设计大奖，打造一批国际性的中国文化品牌。用好香港、澳门会展资源和行业优势，组织举办大型文创展览。推动文化和旅游融合发展，丰富中外文化交流内容。有序推动国际邮轮港建设，进一步增加国际班轮航线，探索研究简化邮轮、游艇及旅客出入境手续。

五、率先形成共建共治共享共同富裕的民生发展格局

（十三）提升教育医疗事业发展水平。支持深圳在教育体制改革方面先行先试，高标准办好学前教育，扩大中小学教育规模，高质量普及高中阶段教育。充分落实高等学校办学自主权，加快创建一流大学和一流学科。建立健全适应“双元”育人职业教育的体制机制，打造现代职业教育体系。加快构建国际一流的整合型优质医疗服务体系和以促进健康为导向的创新型医保制度。扩大优质医疗卫生资源供给，鼓励社会力量发展高水平医疗机构，为港资澳资医疗机构发展提供便利。探索建立与国际接轨的医学人才培养、医院评审认证标准体系，放宽境外医师到内地执业限制，先行先试国际前沿医疗技术。

（十四）完善社会保障体系。实施科学合理、积极有效的人口政策，逐步实现常住人口基本公共服务均等化。健全多层次养老保

险制度体系，构建高水平养老和家政服务体系。推动统一的社会保险公共服务平台率先落地，形成以社会保险卡为载体的“一卡通”服务管理模式。推进在深圳工作和生活的港澳居民民生方面享有“市民待遇”。建立和完善房地产市场平稳健康发展长效机制，加快完善保障性住房与人才住房制度。

六、率先打造人与自然和谐共生的美丽中国典范

（十五）完善生态文明制度。落实生态环境保护“党政同责、一岗双责”，实行最严格的生态环境保护制度，加强生态环境监管执法，对违法行为“零容忍”。构建以绿色发展为导向的生态文明评价考核体系，探索实施生态系统服务价值核算制度。完善环境信用评价、信息强制性披露等生态环境保护政策，健全环境公益诉讼制度。深化自然资源管理制度改革，创新高度城市化地区耕地和永久基本农田保护利用模式。

（十六）构建城市绿色发展新格局。坚持生态优先，加强陆海统筹，严守生态红线，保护自然岸线。实施重要生态系统保护和修复重大工程，强化区域生态环境联防共治，推进重点海域污染物排海总量控制试点。提升城市灾害防御能力，加强粤港澳大湾区应急管理合作。加快建立绿色低碳循环发展的经济体系，构建以市场为导向的绿色技术创新体系，大力发展绿色产业，促进绿色消费，发展绿色金融。继续实施能源消耗总量和强度双控行动，率先建成节水型城市。

七、保障措施

（十七）全面加强党的领导和党的建设。落实新时代党的建设

总要求，坚持把党的政治建设摆在首位，增强“四个意识”，坚定“四个自信”，做到“两个维护”。贯彻落实新时代党的组织路线，激励特区干部新时代新担当新作为。坚定不移推动全面从严治党向纵深发展，持之以恒正风肃纪反腐。

（十八）强化法治政策保障。本意见提出的各项改革政策措施，凡涉及调整现行法律的，由有关方面按法定程序向全国人大或其常委会提出相关议案，经授权或者决定后实施；涉及调整现行行政法规的，由有关方面按法定程序经国务院授权或者决定后实施。在中央改革顶层设计和战略部署下，支持深圳实施综合授权改革试点，以清单式批量申请授权方式，在要素市场化配置、营商环境优化、城市空间统筹利用等重点领域深化改革、先行先试。

（十九）完善实施机制。在粤港澳大湾区建设领导小组领导下，中央和国家机关有关部门要加强指导协调，及时研究解决深圳建设中国特色社会主义先行示范区工作推进中遇到的重大问题，重大事项按程序向党中央、国务院请示报告。广东省要积极创造条件、全力做好各项指导支持工作。深圳市要落实主体责任，继续解放思想、真抓实干，改革开放再出发，在新时代走在前列、新征程勇当尖兵。

国务院关于上海市浦东新区开展“一业一证”改革试点大幅降低行业准入成本总体方案的批复①

（2020 年 11 月 14 日）

上海市人民政府：

你市关于报请审批上海市浦东新区开展“一业一证”改革试点总体方案的请示收悉。现批复如下：

一、根据《中华人民共和国行政许可法》第二十五条规定，同意在上海市浦东新区开展“一业一证”改革试点，试点期为自批复之日起至 2022 年底。原则同意《上海市浦东新区开展“一业一证”改革试点大幅降低行业准入成本总体方案》（以下简称《总体方案》），请认真组织实施。

二、要坚持以习近平新时代中国特色社会主义思想为指导，全面贯彻党的十九大和十九届二中、三中、四中、五中全会精神，深入贯彻落实习近平总书记关于支持浦东在改革系统集成协同高效方面先行先试、积极探索、创造经验的重要指示精神，落实国务院关于深化“放管服”改革、优化营商环境的部署要求，站在浦东开发开放 30 周年的新起点上，扎实推进“一业一证”改革试点，推动审批管理服务从“以政府部门供给为中心”向“以市场主体需求为中心”转变，走出一条照后减证和简化审批新路径，为在全国范围持续深化“证照分离”改革、更好克服“准入不准营”现象积累一批可复制可推广的经验。

① 《国务院关于上海市浦东新区开展“一业一证”改革试点大幅降低行业准入成本总体方案的批复》，《中华人民共和国国务院公报》，2020 年 33 期。

三、上海市人民政府要加强对《总体方案》实施的组织领导。要围绕全球资源配置、科技创新策源、高端产业引领、开放枢纽门户等四大功能，解放思想、突破创新，在市场准入多头审批发证、市场主体高度关注的行业领域，建立行业综合许可制度，强化改革系统集成和协同配套，同步建立行业综合监管制度，在大幅降低行业准入成本的同时守牢风险防范底线，实现审批更精简、监管更有效、服务更优质。

四、国务院有关部门要按照职责分工，积极支持上海市浦东新区开展“一业一证”改革试点，充分发挥改革开放试验田作用。国务院办公厅、司法部要会同有关部门加强指导协调，积极帮助解决改革试点中出现的问题，及时总结推广实践证明行之有效的典型做法和经验。

五、《总体方案》实施中的重大问题，上海市人民政府、国务院有关部门要及时向国务院请示报告。

中共中央 国务院印发《横琴粤澳深度合作区建设总体方案》[①]

（2021 年 9 月 20 日）

近日，中共中央、国务院印发了《横琴粤澳深度合作区建设总体方案》，并发出通知，要求各地区各部门结合实际认真贯彻落实。

《横琴粤澳深度合作区建设总体方案》全文如下。

习近平总书记强调，建设横琴新区的初心就是为澳门产业多元发展创造条件。新形势下做好横琴粤澳深度合作区开发开放，是深入实施《粤港澳大湾区发展规划纲要》的重点举措，是丰富“一国两制”实践的重大部署，是为澳门长远发展注入的重要动力，有利于推动澳门长期繁荣稳定和融入国家发展大局。为全面贯彻落实习近平总书记关于粤澳合作开发横琴的重要指示精神，支持横琴粤澳深度合作区（以下简称合作区）发展，制定本方案。

一、总体要求

（一）发展基础。横琴地处珠海南端，与澳门一水一桥之隔，具有粤澳合作的先天优势，是促进澳门经济适度多元发展的重要平台。2009 年党中央、国务院决定开发横琴以来，在各方共同努力下，横琴经济社会发展取得显著成绩，基础设施逐步完善，制度创新深入推进，对外开放水平不断提高，地区生产总值和财政收入快速增长。同时，横琴实体经济发展还不充分，服务澳门特征还不够

① 《中共中央 国务院印发〈横琴粤澳深度合作区建设总体方案〉》，《中华人民共和国国务院公报》，2021 年 26 期。

明显，与澳门一体化发展还有待加强，促进澳门产业多元发展任重道远。

（二）指导思想。以习近平新时代中国特色社会主义思想为指导，全面贯彻党的十九大和十九届二中、三中、四中、五中全会精神，立足新发展阶段，贯彻新发展理念，构建新发展格局，紧紧围绕促进澳门经济适度多元发展，坚持“一国两制”、依法办事，坚持解放思想、改革创新，坚持互利合作、开放包容，创新完善政策举措，丰富拓展合作内涵，以更加有力的开放举措统筹推进粤澳深度合作，大力发展促进澳门经济适度多元的新产业，加快建设便利澳门居民生活就业的新家园，着力构建与澳门一体化高水平开放的新体系，不断健全粤澳共商共建共管共享的新体制，支持澳门更好融入国家发展大局，为澳门“一国两制”实践行稳致远注入新动能。

（三）合作区范围。合作区实施范围为横琴岛“一线”和“二线”之间的海关监管区域，总面积约 106 平方公里。其中，横琴与澳门特别行政区之间设为“一线”；横琴与中华人民共和国关境内其他地区（以下简称内地）之间设为“二线”。

根据横琴全岛客观现实情况，对合作区进行分区分类施策管理。澳门大学横琴校区和横琴口岸澳门管辖区，由全国人大常委会授权澳门特别行政区政府管理，适用澳门有关制度和规定，与其他区域物理围网隔离；粤澳双方共商共建共管共享区域采用电子围网监管和目录清单方式，对符合条件的市场主体，实施特殊政策。

（四）战略定位

——促进澳门经济适度多元发展的新平台。立足粤澳资源禀赋和发展基础，围绕澳门产业多元发展主攻方向，加强政策扶持，大力发展新技术、新产业、新业态、新模式，为澳门长远发展注入新动力。

——便利澳门居民生活就业的新空间。推动合作区深度对接澳门公共服务和社会保障体系，为澳门居民在合作区学习、就业、创业、生活提供更加便利的条件，营造趋同澳门的宜居宜业生活环境。

——丰富“一国两制”实践的新示范。坚守“一国”之本，善用“两制”之利，立足合作区分线管理的特殊监管体制和发展基础，率先在改革开放重要领域和关键环节大胆创新，推进规则衔接、机制对接，打造具有中国特色、彰显“两制”优势的区域开发示范，加快实现与澳门一体化发展。

——推动粤港澳大湾区建设的新高地。充分挖掘粤港澳大湾区制度创新潜力，用足用好澳门自由港和珠海经济特区的有利因素，加快提升合作区综合实力和竞争力，有力支撑澳门—珠海极点对粤港澳大湾区的引领作用，辐射带动珠江西岸地区加快发展。

（五）发展目标

到 2024 年澳门回归祖国 25 周年时，粤澳共商共建共管共享体制机制运作顺畅，创新要素明显集聚，特色产业加快发展，公共服务和社会保障体系与澳门有序衔接，在合作区居住、就业的澳门居民大幅增加，琴澳一体化发展格局初步建立，促进澳门经济适度多元发展的支撑作用初步显现。

到 2029 年澳门回归祖国 30 周年时，合作区与澳门经济高度协同、规则深度衔接的制度体系全面确立，各类要素跨境流动高效便捷，特色产业发展形成规模，公共服务和社会保障体系更加完善，琴澳一体化发展水平进一步提升，促进澳门经济适度多元发展取得显著成效。

到2035年，“一国两制”强大生命力和优越性全面彰显，合作区经济实力和科技竞争力大幅提升，公共服务和社会保障体系高效运转，琴澳一体化发展体制机制更加完善，促进澳门经济适度多元发展的目标基本实现。

二、发展促进澳门经济适度多元的新产业

（六）发展科技研发和高端制造产业。布局建设一批发展急需的科技基础设施，组织实施国际大科学计划和大科学工程，高标准建设澳门大学、澳门科技大学等院校的产学研示范基地，构建技术创新与转化中心，推动合作区打造粤港澳大湾区国际科技创新中心的重要支点。大力发展集成电路、电子元器件、新材料、新能源、大数据、人工智能、物联网、生物医药产业。加快构建特色芯片设计、测试和检测的微电子产业链。建设人工智能协同创新生态，打造互联网协议第六版（IPv6）应用示范项目、第五代移动通信（5G）应用示范项目和下一代互联网产业集群。

（七）发展中医药等澳门品牌工业。着眼建设世界一流中医药生产基地和创新高地，优化粤澳合作中医药科技产业园发展路径，以国家中医药服务出口基地为载体，发展中医药服务贸易，建立具有自主知识产权和中国特色的医药创新研发与转化平台。对在澳门审批和注册、在合作区生产的中医药产品、食品及保健品，允许使用“澳门监造”、“澳门监制”或“澳门设计”标志。研究简化澳门外用中成药在粤港澳大湾区内地上市审批流程，探索允许在内地已获上市许可的澳门中药在粤港澳大湾区内地生产，对澳门研制符合规定的新药实施优先审评审批。支持发展毛坯钻石加工，打造世界级毛坯钻石、宝石交易中心。

（八）发展文旅会展商贸产业。高水平建设横琴国际休闲旅游岛，支持澳门世界旅游休闲中心建设，在合作区大力发展休闲度假、会议展览、体育赛事观光等旅游产业和休闲养生、康复医疗等大健康产业。加强对周边海岛旅游资源的开发利用，推动粤港澳游艇自由行。支持粤澳两地研究举办国际高品质消费博览会暨世界湾区论坛，打造具有国际影响力的展会平台。允许在合作区内与澳门联合举办跨境会展过程中，为会展工作人员、专业参展人员和持有展会票务证明的境内外旅客依规办理多次出入境有效签证（注），在珠海、澳门之间可通过横琴口岸多次自由往返。支持粤澳合作建设高品质进口消费品交易中心，构建高品质消费品交易产业生态。建设中葡国际贸易中心和数字贸易国际枢纽港，推动传统贸易数字化转型。

（九）发展现代金融产业。充分发挥澳门对接葡语国家的窗口作用，支持合作区打造中国—葡语国家金融服务平台。鼓励社会资本按照市场化原则设立多币种创业投资基金、私募股权投资基金，吸引外资加大对合作区高新技术产业和创新创业支持力度。支持在合作区开展跨境人民币结算业务，鼓励和支持境内外投资者在跨境创业投资及相关投资贸易中使用人民币。支持澳门在合作区创新发展财富管理、债券市场、融资租赁等现代金融业。支持合作区对澳门扩大服务领域开放，降低澳资金融机构设立银行、保险机构准入门槛。支持在合作区开展跨境机动车保险、跨境商业医疗保险、信用证保险等业务。

（十）完善企业所得税优惠政策。对合作区符合条件的产业企业减按 15%的税率征收企业所得税，将有利于澳门经济适度多元发展的产业全部纳入政策范围。对企业符合条件的资本性支出，允许在支出发生当期一次性税前扣除或加速折旧和摊销。对在合作区设立的旅游业、现代服务业、高新技术产业企业新增境外直接投资取得的所得，免征企业所得税。

（十一）促进境内外人才集聚。制定吸引和集聚国际高端人才的政策措施，大力吸引“高精尖缺”人才，对符合条件的国际高端人才给予进出合作区高度便利，为高端人才在合作区发展提供更加优质服务。对在合作区工作的境内外高端人才和紧缺人才，其个人所得税负超过15%的部分予以免征。对享受优惠政策的高端人才和紧缺人才实行清单管理，具体管理办法由粤澳双方研究提出，提请粤港澳大湾区建设领导小组审定。完善外国人才签证政策，便利国际人才参与合作区建设。支持引进世界知名大学。建设国家级海外人才离岸创新创业基地。

三、建设便利澳门居民生活就业的新家园

（十二）吸引澳门居民就业创业。允许具有澳门等境外执业资格的金融、建筑、规划、设计等领域专业人才，在符合行业监管要求条件下，经备案后在合作区提供服务，其境外从业经历可视同境内从业经历。支持在合作区采取便利措施，鼓励具有澳门等境外资格的医疗领域专业人才依法取得境内执业资格。高水平打造横琴澳门青年创业谷、中葡青年创新创业基地等一批创客空间、孵化器和科研创新载体，构建全链条服务生态。推动在合作区创新创业就业的澳门青年同步享受粤澳两地的扶持政策。采取多种措施鼓励合作区企业吸纳澳门青年就业。对在合作区工作的澳门居民，其个人所得税负超过澳门税负的部分予以免征。

（十三）加强与澳门社会民生合作。加快推进“澳门新街坊”

建设，对接澳门教育、医疗、社会服务等民生公共服务和社会保障体系，有效拓展澳门居民优质生活空间。推动全面放开澳门机动车便利入出合作区。支持澳门医疗卫生服务提供主体以独资、合资或者合作方式设置医疗机构，聚集国际化、专业化医疗服务资源。允许指定医疗机构使用临床急需、已在澳门注册的药品和特殊医学用途配方食品，以及使用临床急需、澳门公立医院已采购使用、具有临床应用先进性（大型医用设备除外）的医疗器械。研究支持粤澳共建区域医疗联合体和区域性医疗中心，增强联合应对公共卫生突发事件能力。建立合作区与澳门社会服务合作机制，促进两地社区治理和服务融合发展。大幅降低并逐步取消合作区与澳门间的手机长途和跨境漫游费。

（十四）推进基础设施互联互通。支持澳门轻轨延伸至合作区与珠海城市轨道线网联通，融入内地轨道交通网。加快推动合作区连通周边区域的通道建设，有序推进广州至珠海（澳门）高铁、南沙至珠海（中山）城际铁路等项目规划建设。加强合作区与珠海机场、珠海港功能协调和产业联动。

四、构建与澳门一体化高水平开放的新体系

（十五）货物“一线”放开、“二线”管住。“一线”放开方面，对合作区与澳门之间经“一线”进出的货物（过境合作区货物除外）继续实施备案管理，进一步简化申报程序和要素。研究调整横琴不予免（保）税货物清单政策，除国家法律、行政法规明确规定不予免（保）税的货物及物品外，其他货物及物品免（保）税进入。“二线”管住方面，从合作区经“二线”进入内地的免（保）税货物，按照进口货物有关规定办理海关手续，征收关税和进口环节税。对

合作区内企业生产的不含进口料件或者含进口料件在合作区加工增值达到或超过 30%的货物，经“二线”进入内地免征进口关税。从内地经“二线”进入合作区的有关货物视同出口，按现行税收政策规定实行增值税和消费税退税，涉及出口关税应税商品的征收出口关税，并根据需要办理海关手续。研究调整适用退税政策的货物范围，实行负面清单管理。

（十六）人员进出高度便利。“一线”在双方协商一致且确保安全基础上，积极推行合作查验、一次放行通关模式，不断提升通关便利化水平，严格实施卫生检疫和出入境边防检查，对出入境人员携带的行李依法实施监管。加快推进澳门大学横琴校区与横琴口岸的专用通道建设，探索在澳门大学横琴校区与合作区之间建设新型智能化口岸，高度便利澳门大学师生进出合作区。“二线”对人员进出不作限制，对合作区经“二线”进入内地的物品，研究制定相适应的税收政策，按规定进行监管。

（十七）创新跨境金融管理。加强合作区金融市场与澳门、香港离岸金融市场的联动，探索构建电子围网系统，推动合作区金融市场率先高度开放。按照国家统筹规划、服务实体、风险可控、分步推进原则，在合作区内探索跨境资本自由流入流出和推进资本项目可兑换。指导银行提升金融服务水平，进一步推动跨境电商等新型国际贸易结算便利化，实现银行真实性审核从事前审查转为事后核查。在跨境直接投资交易环节，按照准入前国民待遇加负面清单模式简化管理，提高兑换环节登记和兑换便利性，探索适应市场需求新形态的跨境投资管理。在跨境融资领域，探索建立新的外债管理体制，试点合并交易环节外债管理框架，完善企业发行外债备案登记制管理，全面实施全口径跨境融资宏观审慎管理，稳步扩大跨境资产转让范围，提升外债资金汇兑便利化水平。支持符合一定条件的非金融企业，在全口径跨境融资宏观审慎管理框架下，根据实际融资需要自主借用外债，逐步实现合作区非金融企业外债项下完全可兑换。在跨境证券投融资领域，重点服务实体经济投融资需求，扶持合作区具有特色和比较优势的产业发展，并在境外上市、发债等方面给予积极支持，简化汇兑管理。

（十八）建立高度便利的市场准入制度。实施市场准入承诺即入制，严格落实“非禁即入”，在“管得住”前提下，对具有强制性标准的领域，原则上取消许可和审批，建立健全备案制度，市场主体承诺符合相关要求并提交相关材料进行备案，即可开展投资经营活动。不断放宽各类投资者在合作区开展投资贸易的资质要求、持股比例、行业准入等限制。制定出台合作区放宽市场准入特别措施。强化事中事后监管，建立与澳门衔接、国际接轨的监管标准和规范制度。

（十九）促进国际互联网数据跨境安全有序流动。在国家数据跨境传输安全管理制度框架下，开展数据跨境传输安全管理试点，研究建设固网接入国际互联网的绿色通道，探索形成既能便利数据流动又能保障安全的机制。支持珠海、澳门相关高校、科研机构在确保个人信息和重要数据安全前提下，实现科学研究数据跨境互联互通。

五、健全粤澳共商共建共管共享的新体制

（二十）建立合作区开发管理机构。在粤港澳大湾区建设领导小组领导下，粤澳双方联合组建合作区管理委员会，在职权范围内统筹决定合作区的重大规划、重大政策、重大项目和重要人事任免。合作区管理委员会实行双主任制，由广东省省长和澳门特别行

政区行政长官共同担任，澳门特别行政区委派一名常务副主任，粤澳双方协商确定其他副主任。成员单位包括广东省和澳门特别行政区有关部门、珠海市政府等。

（二十一）组建合作区开发执行机构。合作区管理委员会下设执行委员会，履行合作区的国际推介、招商引资、产业导入、土地开发、项目建设、民生管理等职能。执行委员会主要负责人由澳门特别行政区政府委派，广东省和珠海市派人参加，协助做好涉及广东省事务的协调工作。粤澳双方根据需要组建开发投资公司，配合执行委员会做好合作区开发建设有关工作。

（二十二）做好合作区属地管理工作。合作区上升为广东省管理。成立广东省委和省政府派出机构，集中精力抓好党的建设、国家安全、刑事司法、社会治安等工作，履行好属地管理职能，积极主动配合合作区管理和执行机构推进合作区开发建设。

（二十三）建立合作区收益共享机制。支持粤澳双方探索建立合作区收益共享机制，2024 年前投资收益全部留给合作区管理委员会支配，用于合作区开发建设。中央财政对合作区给予补助，补助与合作区吸引澳门企业入驻和扩大就业、增加实体经济产值、支持本方案确定的重点产业等挂钩，补助数额不超过中央财政在合作区的分享税收。

（二十四）建立常态化评估机制。创新合作区国民经济相关数据统计方式，研究编制合作区促进澳门经济适度多元发展的指标体系，全面反映对促进澳门经济适度多元发展的贡献。立足横琴土地开发现状，合作区未来新出让建设用地，应直接服务于支持澳门经济适度多元发展。组织对合作区建设及促进澳门经济适度多元发展成效开展年度评估，评估结果向粤港澳大湾区建设领导小组报告。

六、保障措施

（二十五）全面加强合作区党的领导和党的建设。坚持和加强党的全面领导，增强“四个意识”、坚定“四个自信”、做到“两个维护”，把党的领导贯穿合作区开发建设全过程。落实新时代党的建设总要求，把党的政治建设摆在首位，适应合作区开发建设新模式和对外开放新要求，积极创新国际化环境中党的建设工作，把党的政治优势、组织优势转化为合作区全面深化改革和扩大开放的坚强保障。

（二十六）强化法治保障。充分发挥“一国两制”制度优势，在遵循宪法和澳门特别行政区基本法前提下，逐步构建民商事规则衔接澳门、接轨国际的制度体系。研究制定合作区条例，为合作区长远发展提供制度保障。用足用好珠海经济特区立法权，允许珠海立足合作区改革创新实践需要，根据授权对法律、行政法规、地方性法规作变通规定。加强粤澳司法交流协作，建立完善国际商事审判、仲裁、调解等多元化商事纠纷解决机制。研究强化拓展横琴新区法院职能和作用，为合作区建设提供高效便捷的司法服务和保障。

（二十七）加大赋权力度。支持合作区以清单式申请授权方式，在经济管理、营商环境、市场监管等重点领域深化改革、扩大开放。有关改革开放政策措施，涉及需要调整现行法律的，由有关方面按法定程序向全国人大或其常委会提出相关议案，经授权或决定后实施；涉及需要调整现行行政法规的，由有关方面按法定程序提请国务院授权或决定后实施。

（二十八）建立健全风险管理机制。越是开放越要注重安全，强化底线思维，增强风险防范意识，及时研究处置合作区改革开放过程中的各种风险。综合运用稽查、核查、调查、缉私等监管手段，严厉打击走私等违法犯罪活动。建立反洗钱、反恐怖融资、反逃税金融监测管理体系，构筑金融“防火墙”。财政部、税务总局会同有关部门加强对合作区财税政策执行的监督检查，防止出现违法违规行为。对禁限管制、高风险商品等，依法实施口岸联合查验和入市监管，严守国家安全底线。

（二十九）加强组织实施。在粤港澳大湾区建设领导小组领导下，粤澳双方要切实履行主体责任，加快构建开放共享、运行有效的制度体系和管理机制，高标准、高质量推进合作区建设。合作区管理委员会要抓紧制定实施方案，按规定明确开发管理和执行机构具体组建方案和详细职责分工。按照合作区发展新要求，修编《横琴总体发展规划》。中央和国家机关有关部门要结合自身职能，制定具体措施，加大对合作区建设指导支持力度，把合作区作为本领域深化改革、扩大开放的试验田和先行区。国家发展改革委会同有关部门研究制定合作区鼓励类产业目录。粤港澳大湾区建设领导小组办公室会同有关部门加强统筹协调，及时研究解决合作区建设中遇到的困难和问题，重大事项按程序向党中央、国务院请示报告。

广东省经济特区条例[①]

（1980年8月26日第五届全国人民代表大会常务委员会第十五次会议通过）

第一章　总则

第一条　为发展对外经济合作和技术交流，促进社会主义现代化建设，在广东省深圳、珠海、汕头三市分别划出一定区域，设置经济特区（以下简称特区）。特区鼓励外国公民、华侨、港澳同胞及其公司、企业（以下简称客商），投资设厂或者与我方合资设厂，兴办企业和其他事业，并依法保护其资产、应得利润和其他合法权益。

第二条　特区内的企业和个人，必须遵守中华人民共和国的法律、法令和有关规定。本条例有特别规定的，按照本条例的规定执行。

第三条　设立广东省经济特区管理委员会，代表广东省人民政府对各特区实行统一管理。

第四条　特区为客商提供广阔的经营范围，创造良好的经营条件，保证稳定的经营场所。一切在国际经济合作和技术交流中具有积极意义的工业、农业、畜牧业、养殖业、旅游业、住宅和建筑业、高级技术研究制造业，以及客商与我方共同感兴趣的其他行业，都可以投资兴办或者与我方合资兴办。

第五条　特区的土地平整工程和供水、排水、供电、道路、码

① 《广东省经济特区条例》，北京：法律出版社，1980年版。

头、通讯、仓储等各项公共设施，由广东省经济特区管理委员会负责兴建，必要时也可以吸收外资参与兴建。

第六条　各特区分别聘请国内外专家和热心我国现代化建设的有关人士组成顾问委员会，作为该特区的咨询机构。

第二章　注册和经营

第七条　客商在特区投资设厂，兴办各项经济事业，应向广东省经济特区管理委员会提出申请，经审核、批准后，发给注册证书和土地使用证书。

第八条　客商可在特区内设立的中国银行或者其他经我方批准设立的银行开户，并办理有关外汇事宜。

客商的各项保险，可向特区内设立的中国人民保险公司或者其他经我方批准设立的保险公司投保。

第九条　特区企业的产品供国际市场销售；其产品如向我国内地销售，须经广东省经济特区管理委员会核准，并办理海关补税手续。

第十条　客商在特区内可以独立经营自己的企业，雇用外籍人员担任技术和管理工作。

第十一条　客商在特区所办的企业中途停业，应向广东省经济特区管理委员会申报理由，办理停业手续，清理债权债务；停业后，其资产可转让，资金可汇出。

第三章　优惠办法

第十二条　特区的土地为中华人民共和国所有。客商用地，按实际需要提供，其使用年限、使用费数额和缴纳办法，根据不同行业和用途，给予优惠，具体办法另行规定。

第十三条　特区企业进口生产所必需的机器设备、零配件、原材料、运输工具和其他生产资料，免征进口税；对必需的生活用品，可以根据具体情况、分别征税或者减免进口税。上述物品进口和特区产品出口时，均应向海关办理申报手续。

第十四条　特区企业所得税税率为百分之十五。对在本条例公布后两年内投资兴办的企业，或者投资额达五百万美元以上的企业，或者技术性较高、资金周转期较长的企业，给予特别优惠待遇。

第十五条　客商在缴纳企业所得税后所得的合法利润，特区企业的外籍职工、华侨职工、港澳职工在缴纳个人所得税后的工资和其他正当收入，可以按照特区外汇管理办法的规定，通过特区内的中国银行或者其他银行汇出。

第十六条　客商将所得利润用于在特区内进行再投资为期五年以上者，可申请减免用于再投资部分的所得税。

第十七条　鼓励特区企业采用我国生产的机器设备、原材料和其他物资，其价格可按我国当时同类商品的出口价格给予优惠，以外汇结算。这些产品和物资，可凭售货单位的销售凭证直接运往特区。

第十八条　凡来往特区的外籍人员、华侨和港澳同胞，出入境均简化手续，给予方便。

第四章　劳动管理

第十九条　各特区设立劳动服务公司。特区企业雇用中国职员和工人，或者由当地劳动服务公司介绍，或者经广东省经济特区管理委员会同意由客商自行招聘，都由企业考核录用，同职工签订劳动合同。

第二十条　特区企业雇用的职工，由该企业按其经营的要求进行管理，必要时可以解雇，其手续按照劳动合同的规定办理。

特区企业职工可按照劳动合同规定，向企业提请辞职。

第二十一条　特区企业中的中国职工工资水平、工资形式、奖励办法，以及劳动保险、国家对职工的各项补贴，按照广东省经济特区管理委员会的规定，由企业同职工签订合同。

第二十二条　特区企业应有必要的劳动保护措施，保证职工在安全、卫生的条件下进行工作。

第五章　组织管理

第二十三条　广东省经济特区管理委员会行使以下职权：

1. 制订特区发展计划并组织实施；

2. 审核、批准客商在特区的投资项目；

3. 办理特区工商登记和土地核配；

4. 协调设在特区内的银行、保险、税务、海关、边检、邮电等机构的工作关系；

5. 为特区企业所需的职工提供来源，并保护职工的正当权益；

6. 举办特区教育、文化、卫生和各项公益事业；

7. 维护特区治安，依法保护特区内人身和财产不受侵犯。

第二十四条　深圳特区由广东省经济特区管理委员会直接经营管理；珠海、汕头特区设立必要的办事机构。

第二十五条　为适应特区经济活动的开展，设立广东省经济特区发展公司。公司业务范围：承办资金筹集和信托投资业务；经营或者与客商合资经营特区的有关企业；代理特区客商与内地贸易往来的购销事宜，并提供洽商服务。

第六章　附则

第二十六条　本条例由广东省人民代表大会通过，并报中华人民共和国全国人民代表大会常务委员会批准后施行。

国务院关于台湾同胞到经济特区投资的特别优惠方法[1]

（1983 年 4 月 5 日国务院颁布）

台湾同胞到深圳、珠海、汕头、厦门四个经济特区投资兴办工农业项目，除享受经济特区现有全部优惠待遇外，再给予下列特别优惠：

一、台湾同胞在经济特区兴办的独资企业、合资企业或合作经营企业，凡经营期在十年以上的，从获利年度起，第一至第四年免征企业所得税，第五至第九年减半征收企业所得税。

二、上列企业使用进口原材料、零配件、元器件生产的产品，凡属国内市场有销路又需要进口的，或者投资者提供了先进技术和设备的，允许有百分之三十的产品内销。内销产品要按国家规定的渠道销售，并照章征税或补税。

三、上列企业建设期间和投产后五年内，免征土地使用费。

台湾同胞到珠海、汕头、厦门三市投资改造旧市区的老企业，其产品只要是以出口为目标的，除按国家原规定的进口生产资料免征关税，企业所得税减按百分之十五征收外，还可享受上述特别优惠。

以上办法也适用于台湾同胞到海南岛投资兴办的企业。

考虑到台湾当局至今仍坚持阻止台湾同胞与大陆开展经济贸

---

① 《国务院关于台湾同胞到经济特区投资的特别优惠方法》，载钟坚、郭茂佳、钟若愚主编：《中国经济特区文献资料》（第二辑），北京：社会科学文献出版社，2010 年版，第 51 页。

易，因此对来大陆投资的台湾同胞应当保密。有关台湾同胞投资项目的协议、合同和执行情况，请广东、福建两省主管部门报告中央对台工作领导小组办公室和国务院办公厅。

中华人民共和国国务院关于经济特区和沿海十四个港口城市减征、免征企业所得税和工商统一税的暂行规定[①]

（1984 年 11 月 15 日）

为了有利于深圳、珠海、厦门、汕头四个经济特区和大连、秦皇岛、天津、烟台、青岛、连云港、南通、上海、宁波、温州、福州、广州、湛江、北海等沿海十四个港口城市扩大对外经济合作和技术交流，吸收外资、引进先进技术，加速社会主义现代化建设，特对外国和港澳等地区的公司、企业以及个人（以下统称客商），在上述特区和城市投资兴办中外合资经营企业、中外合作经营企业、客商独立经营企业，给予减征、免征企业所得税和工商统一税的优惠。

一、经济特区

（一）在经济特区（以下简称特区）内开办的中外合资经营、中外合作经营、客商独立经营企业（以下统称特区企业），从事生产、经营所得和其他所得，减按百分之十五的税率征收企业所得税。其中：

1、从事工业、交通运输业、农业、林业、牧业等生产性行业，经营期在十年以上的，经企业申请，特区税务机关批准，从开始获利的年度起，第一年和第二年免征所得税，第三年至第五年减

① 《中华人民共和国国务院关于经济特区和沿海十四个港口城市减征、免征企业所得税和工商统一税的暂行规定》，《中国税务》，1985 年 01 期。

半征收所得税。

2、从事服务性行业，客商投资超过五百万美元，经营期在十年以上的，经企业申请，特区税务机关批准，从开始获利的年度起，第一年免征所得税，第二年和第三年减半征收所得税。

（二）对特区企业征收的地方所得税，需要给予减征、免征优惠的，由特区人民政府决定。

（三）特区中外合资经营企业的客商将从企业分得的利润汇出境外，免征所得税。

（四）客商在中国境内没有设立机构而有来源于特区的股息、利息、租金、特许权使用费和其他所得，除依法免征所得税的以外，都减按百分之十的税率征收所得税。其中提供资金、设备的条件优惠，或者转让的技术先进，需要给予更多减征、免征优惠的，由特区人民政府决定。

（五）特区企业进口的货物，应当征收工商统一税的，在特区管理线建成以前，属于生产必需的机器设备、原材料、零配件、交通工具和其他生产资料，免征工商统一税；属于国家限制进口的交通工具、耐用消费品，照章征收工商统一税；进口各种矿物油、烟、酒和其他各种生活用品，按照税法规定的税率减半征收工商统--税。在特区管理线建成以后，进口各种矿物油、烟、酒，仍然按照税法规定的工商统一税税率减半征收；其余的进口货物，都免征工商统一税。客商个人携带进口自用的烟、酒、行李物品、安家用品，在合理数量内免征工商统一税。

（六）特区企业生产的出口产品，除国家限制出口或者另有规定的少数产品以外，都免征工商统一税。

（七）特区企业生产的产品，在本特区内销售的，各种矿物油、烟、酒等按照税法规定的税率减半征收工商统一税；特区人民政府也可以自行确定对少数产品照征或者减征工商统一税；其他产品都不再征收工商统一税。

（八）特区企业将减征、免征工商统一税的进口货物或者在特区生产的产品运往内地，应当在进入内地时，依照税法规定补征工商统一税；客商个人从特区进入内地携带自用的行李物品，在合理数量内免征工商统一税。

（九）特区企业从事商业、交通运输业、服务性业务取得的收入，应当按照税法规定的税率征收工商统一税；从事银行、保险业取得的收入，按照百分之三的税率征收工商统一税。上述企业在开办初期需要给予定期减征、免征工商统一税照顾的，由特区人民政府决定。

（十）在广东省海南行政区内开办的中外合资经营、中外合作经营、客商独立经营企业，其企业所得税和工商统一税的减征、免征，比照特区的有关规定办理。

二、沿海十四个港口城市的经济技术开发区

（一）在经济技术开发区（以下简称开发区）内开办中外合资经营、中外合作经营、客商独立经营的生产性企业（以下统称开发区企业），从事生产、经营所得和其他所得，减按百分之十五的税率征收企业所得税。其中，经营期在十年以上的，经企业申请，市税务机关批准，从开始获利的年度起，第一年和第二年免征所得税，第三年至第五年减半征收所得税。

（二）对开发区企业征收的地方所得税，需要给予减征、免征优惠的，由开发区所在地的市人民政府决定。

（三）开发区中外合资经营企业的客商将从企业分得的利润汇出境外，免征所得税。

（四）客商在中国境内没有设立机构而有来源于开发区的股息、利息、租金、特许权使用费和其他所得，除依法免征所得税的以外，都减按百分之十的税率征收所得税。其中提供资金、设备的条件优惠，或者转让的技术先进，需要给予更多减征、免征优惠的，由开发区所属的市人民政府决定。

（五）开发区企业进口自用的建筑材料、生产设备、原材料、零配件、元器件、交通工具、办公用品，免征工商统一税。开发区企业用进口的免税原材料、零配件、元器件加工的产品转为内销的，对其所用的进口料、件，照章补征工商统一税。

（六）开发区企业生产的出口产品，除国家限制出口的产品以外，免征工商统一税，内销产品，照章征税。

（七）在开发区企业中工作或者在开发区内居住的客商人员，携带进口自用的安家物品和交通工具，凭市开发区管理委员会的证明文件，在合理数量内免征工商统一税。

三、沿海十四个港口城市的老市区和汕头、珠海、厦门市市区

（一）在沿海十四个港口城市的老市区和汕头、珠海、厦门市市区（以下统称老市区）内开办中外合资经营、中外合作经营、客商独立经营的生产性企业（以下统称老市区企业），凡属技术密集、知识密集型的项目，或者客商投资额在三千万美元以上、回收投资时间长的项目，或者属于能源、交通、港口建设的项目，经财政部批准，减按百分之十五的税率征收企业所得税。

对于不具备前款减征条件，但是属于下列行业的老市区企业，经财政部批准，可以按照税法规定的企业所得税税率打八折计算征税：

1、机械制造、电子工业；

2、冶金、化学、建材工业；

3、轻工、纺织、包装工业；

4、医疗器械、制药工业；

5、农业、林业、牧业、养殖业以及这些行业的加工工业；

6、建筑业。

对老市区企业减征、免征企业所得税，应当按照上述优惠税率，根据中外合资经营企业所得税法、外国企业所得税法规定的期限和范围执行。

对老市区企业征收的地方所得税，需要给予减征、免征优惠的，由市人民政府决定。

（三）客商在中国境内没有设立机构而有来源于老市区的股息、利息、租金、特许权使用费和其他所得，除依法免征所得税的以外，都减按百分之十的税率征收所得税。其中提供资金、设备的条件优惠，或者转让的技术先进，需要给予更多减征、免征优惠的，由市人民政府决定。

（四）老市区企业作为投资进口、追加投资进口的本企业生产用设备、营业用设备、建筑用材料，以及企业自用的交通工具和办公用品，免征工商统一税。

（五）老市区企业生产的出口产品，除国家限制出口的产品以外，免征工商统一税；内销产品，照章征税。

（六）老市区企业进口的原材料、零配件、元器件、包装物料等，用于生产出口产品部分，免征工商统一税，用于生产内销产品部分，照章征税。

（七）在老市区企业中工作或者居住的客商人员，携带进口自用的安家物品和交通工具，凭市人民政府主管部门的证明文件，在合理数量内免征工商统一税。

四、施行日期

本规定有关所得税的减征、免征，自一九八四年度起施行；有关工商统一税的减征、免征，自一九八四年十二月一日起施行。

中华人民共和国经济特区外资银行、中外合资银行管理条例[①]（节选）

（1985 年 4 月 2 日国务院颁布）

第一条　为了扩大国际经济、金融合作，有助于引进外资、引进技术，有益于经济特区的发展，特制定本条例。

第二条　本条例所称外资银行是指总行设在外国或香港、澳门地区，依照当地法律注册的外国资本的银行在经济特区设立的分行，以及总行设在经济特区，依照中华人民共和国法律注册的外国资本的银行。

本条例所称中外合资银行是指外国资本的银行、金融机构同中国资本的银行、金融机构在经济特区合资经营的银行。

第三条　外资银行、中外合资银行必须遵守中华人民共和国的法律、法规，其正当业务活动和合法权益受中华人民共和国法律保护。

第四条　在经济特区设立外资银行、中外合资银行，必须向中国人民银行提出申请；中国人民银行根据经济特区发展的需要和平等互利的原则进行审批。

中国人民银行经济特区分行对外资银行、中外合资银行进行管理和监督。

国家外汇管理局对外资银行、中外合资银行颁发经营外汇业务许可证。

---

① 《中华人民共和国经济特区外资银行、中外合资银行管理条例》，《中华人民共和国国务院公报》，1985 年 12 期。

……

第七条　设在经济特区的外资银行总行、中外合资银行，其注册资本不得少于八千万元人民币的等值外汇，实收资本不得低于注册资本的百分之五十；在经济特区设立的外资银行分行必须持有其总行拨给的不少于四千万元人民币等值外汇的营运资金。

外资银行、中外合资银行的实收资本或营运资金，应当自批准设立之日起三十天内筹足，并由在中华人民共和国注册的会计师验证。

……

第九条　设在经济特区的外资银行总行、中外合资银行对经济特区一个企业的放款不得多于该行实收资本加储备基金总数的百分之三十；对经济特区的投资总额不得多于该行实收资本加储备基金总数的百分之三十。

（下略）

国务院关于深圳、珠海经济特区边防管理若干问题的规定[①]

（1985 年 8 月 31 日国务院颁布）

现就深圳、珠海经济特区边防管理若干问题，做如下调整和规定。

一、调整边境管理区和边防禁区的范围，取消边防半禁区。

1. 深圳经济特区管理线（二线）正式使用后，即将原宝安县边境管理区线调整到经济特区管理线，同时撤销沙湾、葵冲、白芒、布吉、松岗公安检查站。

珠海市暂按现行办法管理。

撤销中山市、斗门县边境管理区。

2. 将原罗湖桥头、文锦渡、拱北关闸口边防禁区改为口岸管理区，由边防检查站实施监管，无关人员不准进入；因特殊需要，必须进入者，要经该边防检查站批准。保留深圳市沙头角镇和珠海市茂生围边防禁区，出入两个边防禁区证件的签发验查，仍按现行规定执行。撤销深圳市边防半禁区和蓬塘、九径口两个边防半禁区检查站，为了加强这些地区的边防管理，可适当增加固定哨位或加强巡逻。

① 《国务院关于深圳、珠海经济特区边防管理若干问题的规定》，载钟坚、郭茂佳、钟若愚主编：《中国经济特区文献资料》（第一辑），北京：社会科学文献出版社，2010 年版，第 136–138 页。

二、简化出入深圳、珠海经济特区（边境管理区）手续，放宽边防证件签发范围。

1. 前往深圳、珠海经济特区，须向县以上公安机关申请签发《中华人民共和国边境管理区通行证》，并在前往目的地栏内注明“前注深圳、珠海经济特区”字样。广东省宝安、中山、斗门等邻近深圳、珠海经济特区的县、市，签发前往经济特区证件权限下放到派出所。

2. 集体组织前往深圳、珠海经济特区的人员，可签发集体通行证（附人员名单）；经常出入经济特区的人员，可视其需要，将证件有效期适当延长，但最长不超过1年；前往经济特区进行学术、技术交流的专家、学者、技术人员和执行紧急公务的国家机关工作人员，各地公安机关应给予方便，优先办理边防证件。

3. 海外华侨、港澳台同胞和外国人出入深圳、珠海经济特区，凭本人入出境有效证件。

4. 检查站要坚持礼貌执勤，文明检查，尽量缩短检查时间，提高查验能力。对因公安机关错签证件造成差错，而又能证实本人身份的人员，应予放行。

三、武警边防部队要加强对沿边沿海一线的巡逻警戒，认真搞好海上巡逻、陆上管理和警民联防工作。

为了便于边防执勤和管理，在毗邻香港、澳门陆地边境和沿海一线地区要划定二十至五十米纵深的边防警戒区。未经武警边防部队允许，无关人员不得进入边防警戒区。对确系误入该区人员，应劝其离去。对违法犯罪分子，要依法处理。划定边防警戒区与特区经济建设发生矛盾时，由省人民政府负责协调。在划定的警戒区内进行建设，应报省人民政府批准后方可施工。因在警戒区内进行施工建设和建立海滨浴场、宾馆、游乐场和工业区，使部分无法在陆上警戒、巡逻的地段，应采取水上警戒、巡逻的措施。有关单位也应协助武警边防部队采取安全措施。

深圳、珠海市人民政府对一线巡逻路、执勤岗楼、照明、通信等边防设施应一并纳入特区建设规划，逐步解决。

四、加强特区武警边防部队的建设和领导。

1. 深圳、珠海经济特区武警边防部队，主要执行边境一线的武装警卫、巡逻，边防检查，边境管理和边防保卫任务，维护国家主权，保卫国家和经济特区安全。

2. 边防工作政策性强，涉外问题多，必须严格执行请示报告制度，有关边防政策、规章的制定和边防重大问题的处理，应报告国务院决定。

3. 驻深圳、珠海经济特区武警边防部队的指挥管理，按中发〔1982〕30号文件规定的原则执行。

深圳经济特区管理线主要是监管经济特区与内地的物资往来，边防保卫任务重点仍在一线，边防保卫工作只能加强，不能放松。两市人民政府要关心武警边防部队的建设，加强对边防工作的领导。

中华人民共和国海关总署对进出经济特区的货物、运输工具、行李物品和邮递物品的管理规定[①]

（1986 年 3 月 21 日国务院批准 1986 年 3 月 25 日海关总署发布）

第一章　总则

第一条　为了促进经济特区的发展，维护国家利益，保障社会主义经济建设的顺利进行，制定本规定。

第二条　本规定适用于深圳、珠海、汕头、厦门四个经济特区（以下简称特区）。

第三条　进出特区的货物、运输工具、行李物品、邮递物品，必须经由设有海关机构的铁路车站、公路道口、港口码头、机场、邮局通过，并向海关申报接受海关监管。

第四条　特区内从事进出口业务的外贸企业、生产企业，应当持省级以上对外经济贸易管理部门或特区人民政府批准的证件，向海关办理登记手续。

海关认为确有必要，可以在前款的生产企业中派驻海关人员进行监管，办理海关手续；各该企业应当免费提供必需的办公场所和用房。

本条第一款所列企业应当定期向海关书面报告进口货物的使用、销售、库存等有关情况，由海关进行该查。

第五条　严禁利用国家给予特区的优惠和便利条件进行走私违

① 《中华人民共和国海关总署对进出经济特区的货物、运输工具、行李物品和邮递物品的管理规定》,《中华人民共和国国务院公报》，1986 年 09 期。

法活动。海关对特区内有藏匿走私物品嫌疑的场所，有权依照《中华人民共和国暂行海关法》的规定进行检查。

第六条　由外国和香港、澳门等地区（以下简称境外）通过特区运进内地或者由内地通过特区运出境外的货物、运输工具、行李物品，邮递物品，按照国家对进出口的有关管理规定办理。

第七条　特区海关对进出特区的货物，运输工具、行李物品、邮递物品，应当按进口、出口和来往特区与内地等情况分别作出统计。

第二章　对进出特区的货物的管理

第八条　特区进出口货物，应当由收货人、发货人或他们的代理人填写进出口货物报关单向海关申报，并按照有关规定交验许可证件和其他有关单证。

第九条　特区内的行政机关、企业、事业等单位，经国家规定的主管机构批准，进口供特区内使用的货物，其关税和工商统一税，（产品税或增值税），按以下规定办理：

一、用于特区建设和生产所需的机器、设备、零件、部件、原料、材料、燃料及货运车辆，旅游、饮食业营业用的餐料，行政机关、企业、事业等单位自用的、数量合理的办公用品和交通工具，予以免税。

二、国家规定限制进口的货物及其零件、部件，除供本企业生产或营业自用的，以及供行政机关、事业单位自用的予以免税外，均按规定税率照章征税。

三、本条第一、二项所列物品以外的其他货物，每年由国家授权的部门审定进口额度，在进口额度以内的货物，按规定税率减半计征；对超出额度部分的货物照章征税。

第十条　特区企业出口特区产品，免征出口关税。

第十一条　特区企业生产的制成品，按照国家有关规定，经批准运往内地，发货人或其代理人应当填写《经济特区运往内地货物报关单》，并且按照有关规定交验许可证件和其他有关单证，经海关查验后放行。

特区进口的货物，除国家另有规定者外，严禁转销内地。

第十二条　特区企业使用免税进口的原料、材料、零件，部件（以下简称料、件）加工装配的制成品，应复运出口。

前款制成品，经批准运往内地时，海关对进口料、件补征税款；在特区内销售的，对其所用的料、件，由海关按照本规定第九条的规定，免征或补征税款；需补征税款的制成品，发货人或其代理人对所含进口料、件的品名、数量、价值申报不清的，海关按制成品补征税款。

第十三条　从内地运进特区的货物，收货人或其代理人应当向海关申报，经海关查验后放行。

第三章　对进出特区的运输工具的管理

第十四条　进出特区的船舶、火车、汽车和航空器，应当由运输工具的负责人、所有人或他们的代理人向海关申报，接受海关检查。

第十五条　特区内经营客货运输企业的汽车，船舶和其他企业所有或者个人自有进出特区的运输汽车、船舶，应当由所属单位或所有人，持特区有关主管部门批准的证件，向海关登记、备案。

登记内容包括：车、船数量，车、船牌照号码、名称及驾驶员

（或船员）名单等。

第四章　对进出特区的行李物品和邮递物品的管理

第十六条　由境外运进特区或者由特区运出境外的个人行李物品以及从境外寄入特区或者从特区寄往境外的个人邮递物品，分别按照海关对进出境旅客行李物品和运进运出邮递物品监管办法办理。

第十七条　境外人员在特区购置住宅或者在特区长期居住，需要运进安家物品，应当持特区有关主管部门出具的证明文件向海关申请，经海关核准，在自用、合理数量范围内的，予以查验免税放行。

第十八条　来往于特区与内地的人员携带的行李物品，以合理数量为限，海关查验放行。

第十九条　从特区寄往内地或者从内地寄进特区的个人邮递物品，以合理数量为限。

第五章　附则

第二十条　对违反本规定的走私、违章行为，应当由海关按照《中华人民共和国暂行海关法》和其他有关法规的规定处理。对触犯刑律的人员，由司法机关依法追究刑事责任。

第二十一条　本规定由海关总署负责解释；各特区海关可根据本规定制定实施细则，报海关总署批准后施行。

第二十二条　本规定自一九八六年四月一日起施行。

财政部关于对深圳、珠海、汕头、厦门经济特区内联企业征收所得税问题的通知[①]

（1986年5月28日财政部发布）

为了支持经济特区发展，做好外引内联工作，促进经济特区向外向型转变，引进先进技术，扩大产品出口，根据1986年2月7日国务院国发〔1986〕21号文件“关于对内联企业税收的优惠办法”的精神，现对在深圳、珠海、汕头、厦门经济特区内经营的企业征收所得税问题通知如下：

一、特区内联企业，不论经济性质和隶属关系，一律先按15%的比例税率就地交纳所得税。税后利润，联营各方再行分配。

二、内联工业、交通运输、建筑安装等生产性企业，从获利年度起五年内，所分利润，如留在特区扩大生产或兴办外向型工业，免除在内地补缴所得税；如解往内地，则在投资方所在地，按照20%税率补缴所得税。在计算应纳税所得额时，可以按照有关还款规定，在征收所得税前归还贷款。从第六年开始，在特区税后分利润不论是否解往内地，均按上述办法在投资方所在地补缴20%的所得税。

三、除上述工业、交通运输、建筑安装等生产性企业外的内联非生产性企业，从特区分得的利润不享受内联生产性企业的优惠。但考虑到各地对非生产性企业征收所得税税率不同的实际情

---

① 《财政部关于对深圳、珠海、汕头、厦门经济特区内联企业征收所得税问题的通知》，载钟坚、郭茂佳、钟若愚主编：《中国经济特区文献资料》（第一辑），北京：社会科学文献出版社，2010年版，第277–278页。

况，对内联非生产性企业从特区税后分得利润解往内地的，投资方按照现行所得税有关规定，适用税率不超过15%的，可不再补征，也不退税；高于15%税率的，其补征的所得税，由各地按投资方适用税率补征。纳税确有困难的，报经当地税务局批准，可以给适当照顾。

四、生产性与非生产性结合的内企业，应分别计算生产性与非生产性经营所得，并分别比照本通知第二条、第三条规定办理征税；如无法分别计算，则按生产性与非生产性经营所得占全部所得的比重，以比重大的类型适用的征税办法，作为全部所得适用的征税办法。

五、联合方不是企业的，分得利润的一方在其所在地按有关规定向税务部门申报纳税。

六、上述补缴的所得税，由当地税务机关负责征收和管理。

七、本通知自一九八六年一月一日起执行。

中华人民共和国九龙海关对深圳经济特区内国营外币免税商场的管理试行办法[①]

（1987 年 10 月 17 日海关总署发布）

第一条　为了进一步体现国家对特区的优惠政策，促进特区的开放、搞活，扩大特区对外影响，根据《中华人民共和国海关法》和国务院办公厅关于批准在深圳经济特区内试办国营外币免税商场的规定，特制定本办法。

第二条　深圳国营外币免税商场（以下简称免税商场）以经营国产出口商品和特区自产产品为主。需要经营进口的商品，其经营范围限于服装、鞋帽、玩具、日用品（含五金、搪瓷、塑料、玻璃、皮革制品）、工艺品、针织品、床上用品、室内装饰用品、文化体育用品以及粮油食品等。不能经营烟、酒和国家限制进口的机电产品及其零部件。

第三条　免税商场经营进口商品的总额，每年不得超过国家主管部门批准的市场物资外汇额度。免税商场需要进口的商品，由经营单位在批准的额度内自行组织进口；每批货物进口前，经营单位应向海关递交进口货物清单，经海关审核后方能进口，进口时，应填写进口货物报关单，并按规定免征进口关税和进口环节的产品税（增值税）。

第四条　免税商场经营的国产商品，属于国家实行出口许可证管理的品种，应当向海关交验出口许可证。

---

① 《中华人民共和国九龙海关对深圳经济特区内国营外币免税商场的管理试行办法公》，海关总署网站，2006 年 6 月 27 日。

第五条　免税商场经营商品的供应对象限于港澳同胞、台湾同胞、华侨、外国人和特区境外员工。上述人员凭外国护照、回乡证和境外员工居住证，到免税商场选购。

上述人员用从境外带进外汇在免税商场购买的商品携带出境时，海关凭免税商场加盖的由外汇管理部门刻制的“外汇购买”印章的发票核放。所购商品限于旅客自带，不得从货运渠道运出。

第六条　免税商场进口的免税商品，限于在商场内零售，不准批发。也不准以零售价批量销售。

第七条　免税商场应设置符合海关监管要求的专用保税仓库，存放进口免税商品及从国内订购的商品。经营单位应当严格按照海关对保税仓库的有关管理规定办理。

第八条　免税商场属海关监管范围。海关可以根据工作需要，派员到场监管，经营单位应当提供方便。

第九条　免税商场对经营的商品，应当建立进口仓储、提取、销售等的详细账册，海关有权随时进行检查。

第十条　有违反本办法及海关其他有关规定行为的，海关按《中华人民共和国海关法》和其他有关法律、法规处理。必要时，海关可着其停业整顿。

第十一条　本办法自发布之日起实施。

中华人民共和国海关对海南经济特区进出境货物、运输工具、行李物品和邮递物品的管理规定①

（1988年6月1日海关总署发布）

第一章　总则

第一条　为了促进海南经济特区（以下简称海南特区）的建设和发展，维护国家利益，方便合法进出，根据《中华人民共和国海关法》和《国务院关于鼓励投资开发海南岛的规定》，特制定本规定。

第二条　海关在海南特区对外开放的口岸和海关监管业务集中的地点设立机构，执行监管检查工作。

第三条　海南特区进出境的运输工具、货物、行李物品、邮递物品以及海南特区运往内地的进口货物和含有进口料、件的制成品，必须通过设立海关的地点进出，并如实向海关申报，接受海关监管。

海南特区的进口货物，如从内地口岸进口，有关内地口岸海关应作为海关监管货物转运至海南特区海关，办理海关手续。

第四条　海南特区内经营进出口业务的外贸企业和生产企业，应持凭国家规定的主管部门批准证件和工商管理机关核发的营业执照，向海关办理登记手续。

本条第一款所述企业应当建立有关进口货物的使用、销售、库

① 《中华人民共和国海关对海南经济特区进出境货物、运输工具、行李物品和邮递物品的管理规定》，《中华人民共和国国务院公报》，1988年15期。

存和出口的专门账册，供海关核查。

海关认为确有必要，可以在有关企业中派驻海关人员进行监管，办理海关手续；有关企业应提供必要的办公场所和交通工具。

第五条　海南特区进口的自用物资，包括进口原材料、零部件加工装配的制成品，除国家另有规定者外，不得运往内地使用和销售；严禁利用国家给予海南特区的优惠和便利条件进行走私违法活动。

对海南特区内有藏匿走私货物和物品嫌疑的人员、运输工具和场所，海关有权依照《中华人民共和国海关法》的规定进行检查。

第二章　对海南特区进出境货物的管理

第六条　海南特区进出口货物，应当由收货人、发货人或其代理人填写进出口货物报关单如实向海关申报，并且按照有关规定交验许可证件和其他有关单证。

第七条　海南特区内的企业，进口本企业建设和生产所必需的机器、设备、零件、部件、原料、材料（包括建筑材料）、燃料、交通运输工具和其他物料、旅游、饮食业营业用的餐料，海关予以免征进口关税和工商统一税（产品税和增值税）。

海南特区内的行政机关、企事业单位等机构，进口自用的、数量合理的办公用品和交通工具，海关予以免征进口关税和工商统一税（产品税合增值税）。

第八条　对海南特区企业出口特区产品，包括用内地原材料经实质性加工增值20%以上的产品，免征出口关税。

第九条　海南特区企业使用免税进口的原料、材料、零件、部件（以下简称料、件）加工装配的制成品，应复运出口。

前款制成品，按照国家有关规定，经批准运往内地时，发货人或其代理人应当填写《海南特区运往内地货物报关单》向海关申报，

海关对所含进口料、件补征税款；在海南特区内销售的，对其所用的料、件，由海关按照本规定第七条的规定，免征或补征税款。需补征税款的制成品，发货人或其代理人对所含进口料、件的品名、数量、价值申报不清的，海关按制成品补征税款。

第十条　海南特区进口原材料委托内地加工的，应持凭海南特区主管部门的批准文件和加工合同向海关登记，由海关核发《登记手册》进行管理。加工的成品，应在合同规定期限内，全部返回海南特区。

第十一条　经营转口贸易的企业，应是经批准有进出口经营权的企业。转口贸易货物在进出境时，须向海关申报。

转口贸易货物应存放于经批准的保税仓库，接受海关监管。

第三章　对海南特区进出境运输工具的管理

第十二条　海南特区的进出境运输工具，应当由运输工具的负责人、所有人或其代理人向海关申报，接受海关监管和检查。

第十三条　海南特区经营来往境外的运输工具，应当由所属单位或所有人，持海南特区有关主管部门批准的证件，向海关登记、备案。

第四章　对海南特区进出境行李物品和邮递物品的管理

第十四条　个人携带进出境的行李物品和邮寄进出境的物品，海关分别按照对进出境旅客行他物品和邮递进出境物品的监管办法

第十五条　境外人员在海南特区购置住宅或者在海南特区长期

居住，需要运进安家物品，应当持海南特区有关主管部门出具的证明文件向海关申请，经海关核准，在自用、合理数量范围内的，予以查验免税放行。

第十六条　个人携带海南特区减免税进口的物品（含用零配件装配的）前往内地的，应以自用合理数量为限；　超出自用合理数量规定的，应向海关申报，由海关补税或征税放行。

不得从海南特区往内地邮寄国家限制进口的物品。

第五章　附则

第十七条　对走私和违反海关监管规定的行为，由海关按照《中华人民共和国海关法》和其他有关法规的规定处理。触犯刑律的，移送司法机关依法追究刑事责任。

第十八条　海口海关应根据本规定制定实施细则，报海关总署批准后施行。

第十九条　本规定由海关总署负责解释。

第二十条　本规定自一九八八年七月一日起实行。

深圳经济特区鼓励出国留学生来深圳工作的规定[①]（节选）

（深圳市人民政府1993年10月21日发布）

第一条　为鼓励出国留学生来深圳经济特区（以下简称特区）工作，发挥出国留学生的科学技术专长和对外联系的桥梁作用，促进特区科技和外向型经济的发展，制定本规定。

第二条　本规定所称留学生，是指中华人民共和国公民公派或自费出国学习，取得学士学位以上的人员和在国内已取得中级以上专业技术职务任职资格，并到国外高等院校和科研机构进修二年以上（或一年以上，但在某些领域取得突出成就）的访问学者或进修人员。

第三条　深圳市引进国外智力领导小组办公室（以下简称市引进智力办）是深圳市主管留学生工作的专门机构，负责对留学生来特区联系工作的接待、咨询、服务和审定工作。

第四条　年龄50岁以下的留学生在特区可以选择适合自己专长的工作单位，经用人单位同意后，报送市引进智力办审定。

第五条　接收留学生的单位如受编制、调干或干部录用指标限制的，可以追加；入常住户口，可免收特区基础设施增容费及免予调干考试；除合同另有规定外，留学生在特区范围内可以自由流动；如要求回内地工作，由市人事局负责协助联系。

（下略）

---

① 《深圳经济特区鼓励出国留学生来深圳工作的规定》，深圳政府网，2003年12月4日。

深圳市社会保险暂行规定[①]（节选）

（深圳市人民政府 1995 年 4 月 11 日发布）

（上略）

第九条　职工个人缴纳的养老保险金在税前缴交。应税单位缴纳的社会保险金在税前提取，计入人工费用，在工资项下列支。

社会保险金不征税。

第十条　企业职工个人缴交养老保险金的比例为本人月工资总额的 5%至 10%。具体标准是：

月工资总额不足 600 元者，为 5%；

满 600 元不足 700 元者，为 6%；

满 700 元不足 800 元者，为 7%；

满 800 元不足 900 元者，为 8%；

满 900 元不足 1000 元者，为 9%；

满 1000 元及以上者，为 10%；

月工资总额不足上年本市社会平均月工资总额 60%的职工，其个人应缴额改由用人单位缴交。

按上列标准缴交的保险金，全额存入职工本人的养老保险金个人专户。

第十一条　企业缴交职工社会保险金的标准是：

（一）医疗保险金为职工本人月工资总额的 8%，全额作为医疗保险基金。

---

① 《深圳市社会保险暂行规定》，《深圳特区报》，1992 年 5 月 5 日。

（二）养老保险金为职工本人月工资总额的16%。5%作为养老保险共济基金，11%存入职工养老险金个人专户。

职工本人的缴交比例超过5%时，个人缴交比例每增加一个百分点，企业缴交和存入职工养老账户的比例相应减少一个百分点。

（三）住房公积金为职工本人月工资总额的13%，全额存入职工本人的住房公积金个人专户。

（下略）

珠海市环境保护“八个不准”[1]（节选）

（珠海市人民政府1997年7月27日发布）

（上略）

第四条　不准在山坡二十五米等高线以上部分兴建非供游客休憩和观赏的建筑物，以防阻碍山景观瞻。特殊情况需经市人民政府批准。

第五条　不准在海边、河边规定范围内兴建建筑物，以防阻挡海、河风景。

第六条　不准在风景区和公园内（含规划在案的风景区公园）兴建非供公众游乐、休憩或观赏的建筑物。

第七条　不准乱开石场，以防破坏环境景观和防止水土流失。

第八条　不准建设有大烟囱或有严重污染的项目，以防污染环境。

第九条　不准乱设广告牌，以防有碍市容街景。

第十条　市内的噪声不准超过四十五分贝，以防声源性污染。

第十一条　不准修建没有停车场的任何建筑物。特别是各类大型建筑物和住宅楼宇要保证建有所属停车场，凡住宅首层和地下一定留作停车场，不能分配。

---

① 《珠海市环境保护“八个不准”的规定》，珠海人民政府网，2020年8月28日。

深圳经济特区陆路口岸和特区管理线检查站物业管理规定[①]

（1999年8月24日深圳市第二届人民代表大会常务委员会第三十四次会议通过）

第一条　为加强深圳经济特区（以下简称特区）陆路口岸（以下简称口岸）和特区管理线检查站（以下简称检查站）物业管理，有利于口岸、检查站的安全畅通，确保国有资产的合理使用，维护口岸、检查站的正常秩序，根据国家有关法律、法规的基本原则，结合特区实际，制定本规定。

第二条　本规定所称口岸，是指供人员、交通运输工具、货物出入境的特定区域。

本规定所称检查站，是指供人员、交通运输工具、货物进出特区管理线的特定区域。

本规定所称物业，是指口岸、检查站区域内，由深圳市人民政府管理的查验场所、办公业务用房、公共场地及相配套的设施设备。

本规定所称查验现场，是指用于即时办理通关业务手续的特定场地。

第三条　深圳市人民政府口岸行政管理部门（以下简称口岸行政部门）是口岸、检查站物业的主管部门，负责口岸、检查站的规划、建设、改造工作的组织实施以及物业的管理。

①《深圳经济特区陆路口岸和特区管理线检查站物业管理规定》，广东人大网，2022年2月9日。

第四条　口岸行政部门根据国家有关规定和查验业务需要，将物业分配给口岸、检查站有关单位使用，并发给使用单位物业使用证。口岸、检查站物业使用证的内容包括：物业的名称、地点、面积、用途、现状；物业使用单位的名称、权利、义务。

第五条　口岸行政部门在下列情况下可以对物业的分配进行必要的调整：

（一）口岸、检查站查验方式发生变化；

（二）口岸、检查站整体规划建设需要。

口岸、检查站有关单位应当服从调配，并按规定及时更换物业使用证。

第六条　经口岸行政部门授权，口岸、检查站物业管理服务单位（以下简称物业管理服务单位）负责口岸、检查站区域内查验现场的房屋、场地、设施设备的维护；负责供水供电、消防安全、清洁卫生、绿化美化、停车场等项管理工作，确保环境整洁，以利于口岸、检查站的正常运作。

口岸行政部门对物业管理服务单位实行管理和监督。

第七条　口岸、检查站有关单位使用非查验现场的物业，使用单位应当负责管理、维护和缴交水电费。

第八条　口岸、检查站物业管理经费的来源：

（一）政府财政补贴；

（二）按照国家有关规定收取的口岸建设管理费；

（三）物业管理、经营服务的收入。

第九条　物业管理服务单位可以在不影响口岸、检查站安全畅通及区域环境的前提下，经口岸行政部门同意，合理利用口岸、检查站的物业资源，依法开展经营服务活动。

第十条　口岸、检查站经营服务网点的设置，应当服从统一规划并报口岸行政部门审批。

第十一条　口岸、检查站有关单位使用物业应当遵守下列规定：

（一）不得擅自改变物业及相关设施设备的结构和外观；

（二）不得擅自新建、改建、扩建以及拆除任何建筑物；

（三）不得擅自改变物业用途，不得出租、转让物业或者将公共场地占为己用；

（四）不得设置商业广告；

（五）不得违反规定接装水电线路和燃气管道；

（六）不得擅自堆放易燃、易爆、剧毒、放射性等物品；

（七）不得利用物业从事危害公共利益或者安全的活动；

（八）不得侵害其他单位的正当权益。

第十二条　口岸、检查站区域内禁止下列行为：

（一）践踏、占用绿化地带；

（二）占用楼梯间、通道、屋面、平台、道路、停车场、自行车棚等公用设施；

（三）乱抛垃圾、杂物；

（四）乱搭建、乱堆放、乱开挖等；

（五）随意停放车辆和鸣喇叭；

（六）损毁建筑物；

（七）法律、法规禁止的其他行为。

第十三条　口岸、检查站有关单位确有需要在口岸、检查站区域内兴建物业的，应当征求口岸行政部门的意见，并按有关程序报批；工程验收时，应当有口岸行政部门参与。

第十四条　新建设的口岸、检查站的物业竣工验收后，开发建设单位应当向口岸行政部门移交下列工程建设资料：

（一）口岸、检查站区域规划图、用地红线图、竣工总平面图；

（二）单体建筑、结构、设备竣工图；

（三）地下管网竣工图；

（四）其他必要的资料。

第十五条　物业管理服务单位在经营服务活动中，影响口岸、检查站的安全畅通和正常秩序的，由口岸行政部门责令其限期改正；限期不改或情节严重的，追究其直接负责的主管人员和直接责任人员的责任。

第十六条　物业管理服务单位因管理、维护不善，造成责任事故，影响口岸、检查站正常运作的，由口岸行政部门追究其直接负责的主管人员和直接责任人员的责任；造成损失的，应负赔偿责任；违反有关法律法规规定的，由有关部门依法予以处理。

第十七条　违反本规定第十一条规定的，由口岸行政部门责令其限期改正、恢复原状；造成损失的，应负赔偿责任；擅自改变口岸、检查站物业用途的，口岸行政部门可以收回该物业；违反有关法律法规规定的，由有关部门依法予以处理。

第十八条　违反本规定第十二条规定的，由口岸行政部门予以制止，并责令其限期改正；限期不改或情节严重的，经有关行政主管部门委托，由物业管理服务单位按照《深圳经济特区市容和环境卫生管理条例》、《深圳经济特区道路交通管理处罚条例》及其他有关法律、法规规定处罚。

第十九条　口岸行政部门和物业管理服务单位工作人员在口岸、检查站物业管理工作中，滥用职权、玩忽职守、徇私舞弊的，由其所在单位或者有关部门追究行政责任；构成犯罪的，依法追究刑事责任。

第二十条　深圳市人民政府可以根据本规定制定实施办法。

第二十一条　本规定自一九九九年十一月一日起施行。

深圳经济特区人才市场条例[①]（节选）

（2002 年 6 月 26 日深圳市第三届人民代表大会常务委员会

第十六次会议通过）

第一章　总则

（上略）

第四条　人才市场活动应当遵循自愿、自主、平等、公平、真实、诚信的原则，有利于促进人才资源的开发、利用和合理配置。

第五条　市、区人事行政部门是本行政区域内人才市场的综合管理部门，负责本条例的实施。其他有关行政管理部门根据各自的职责做好人才市场管理的相关工作。

第二章　人才招聘与应聘

（上略）

第十五条　人才应聘时，应当如实反映本人信息，提供真实的证件及其他相关证明材料。禁止伪造、变造、买卖文凭、资格证书，禁止提供、使用虚假证件及相关证明材料。

第十六条　对人才市场活动中的违法行为，任何单位和个人有权向人事行政部门或者其他有关部门投诉或者举报。人事行政部门或者其他有关部门接到投诉或者举报后，应当立即进行查处，并将查处结果告知投诉人或者举报人

① 《深圳经济特区人才市场条例》，深圳政府网，2020 年 8 月 13 日。

第三章　人才租赁与转让

（上略）

第二十条　出租或者转让人才应当尊重被出租或者被转让人才的意愿，并有其本人的书面同意。

第二十一条　出租或者转让人才应当依法保障被出租或者被转让人才在工作条件、待遇、社会保险及其他方面的合法权益。

第四章　人才中介服务

（上略）

第三十三条　中介机构举办人才交流会，应当符合安全、交通、卫生等城市管理方面的有关规定。

第三十四条　从事人才信息中介服务的互联网站，应当报市人事行政部门备案。

第五章　高级人才寻聘服务

（上略）

第三十九条　从事高级人才寻聘服务应当依法进行，不得损害高级人才所属单位的知识产权、商业秘密以及其他合法权益。

第四十条　中介机构不得寻聘有本条例第十三条所列情形之一的高级人才。

第六章　管理与监督

（上略）

第四十四条　人事行政部门依法对人才市场进行管理与监督，

查处违法行为，维护相关单位和个人的合法权益。

第四十五条　人事行政部门应当将在人才市场活动中进行欺诈或者弄虚作假的单位或者个人的诚信状况记录存档，并定期公布。

第七章　法律责任

（上略）

第五十三条　在人才市场活动中，违反《中华人民共和国治安处罚条例》的，由公安机关依法进行处罚；违反法律，构成犯罪的，依法追究刑事责任。

第五十四条　人事行政部门工作人员在人才市场监督管理过程中玩忽职守、滥用职权、徇私舞弊的，由所在单位或者行政监察部门给予行政处分；构成犯罪的，依法追究刑事责任

第八章　附则

（上略）

第五十五条　本条例自 2002 年 10 月 1 日起施行。

期刊摘要

▼

经济特区立法问题初探

（王致远，《学术研究》1981 年 01 期）

广东省根据中央 1979 年五十号文件精神，决定在深圳、珠海、汕头三市设置经济特区，并于 1979 年 12 月，在广东省五届人大二次会议上，通过了经济特区条例草案，报请国务院审批。1980 年 8 月 26 日，全国五届人大常委会第十五次会议决定，批准国务院提出的《广东省经济特区条例》，并在报上公布施行。本文强调，这是我国制订的第一个有关经济特区的法律。经济特区设置之后，立法工作甚为繁重，应该制订那些法律，如何拟订，如何贯彻执行，这是经济特区所面临的重要问题之一，需要就经济特区立法问题进行进一步探讨。

我国经济特区经济性质初探

（苏彦汉，《福建论坛》1981 年 04 期）

在闽、粤两省试办经济特区是我国实行对外开放政策的一项重要内容。根据党中央和国务院的决定，两省几个经济特区的建设正在加紧进行，其中建设较早的深圳特区，已经开始对社会主义现代化建设发挥积极的作用。试办经济特区的实践，向我们提出了一系列重要的理论问题，特区经济性质究竟是什么，就是其中一个重要的问题。对于这个问题，人们的认识还不一致，有认为是国家资本主义的，有认为是社会主义的，也有认为是资本主义的。本文对这个问题进行初步探讨。

从发展中国家和地区的出口加工区看我国经济特区的几个问题

（唐怀，《经济研究》1981 年 06 期）

我国已决定在广东的深圳、珠海、汕头和福建的厦门设立四个经济特区。它们是在我国政府完全自主的领导和管理之下，提供适当的投资环境和优惠条件，以引进和利用海外资本、技术，发展生产，创造外汇，为实现四个现代化服务。它是社会主义国家利用资本主义的一种新形式，在创建初期存在着许多问题需要探索和解决。我国的经济特区在性质上不同于发展中国家和地区建立的出口加工区或自由贸易区，但在利用外资以创造外汇，发展本国经济等方面又和它们有类似之处。本文试从发展中国家和地区建设出口加工区或自由贸易区的经验，结合我国经济特区的具体情况，探讨特区建设中的几个问题。

厦门经济特区的优惠政策

（方晓丘，《福建论坛》1982 年 03 期）

本文强调，试办经济特区，是加速社会主义现代化，探索经济建设新路子的一项重大决策。要把特区办好，加快特区建设的步伐，既要运用我国经济建设的经验，也要研究国外经济特区成功和失败的情况，借鉴他们对社会主义有用的经验。各国兴办经济特区的成功经验之一，是正确规定吸引客商投资的优惠政策。利用外资的优惠政策是否适当，直接关系到经济特区对外资的吸引力，关系到经济特区建设的发展速度，关系到经济特区的成败。本文就利用外资的优惠政策的几个主要问题，提出一些有益的看法。

从宏观经济看我国试办经济特区的战略意义

（鲁景华，《中山大学学报（哲学社会科学版）》1982 年 03 期）

1979 年，我国决定在广东省的深圳、珠海、汕头，福建省的厦门试办经济特区。对于社会主义国家试办经济特区(以下简称特区)这样一个新事物，人们有不同的认识。我们为什么要办特区?特区在整个国民经济中的地位和作用怎样?由此决定的特区的发展方向和战略目标是什么?明确这些问题，有助于我们高瞻远瞩地认识试办特区的战略意义。本文从宏观经济的角度来探讨上述问题。

我国的经济特区

（郑天祥、魏清泉，《经济地理》1983 年 04 期）

从 1979 年起，我国先后在广东省的深圳、珠海、汕头和福建省的厦门，划出共 338.4 平方公里的四小块地方，筹办经济特区。三年多来，特区建设进展迅速，举世瞩目。它们在引进外资、引进技术、引进经济管理经验、扩大出口贸易和扩大就业机会等方面，均取得显著成效。为了更好地发挥经济特区的积极作用，本文从经济地理的角度，探讨我国经济特区的性质、区位条件以及各区的发展方向。

开创经济特区管理体制的新局面
——蛇口工业区“政企分开”的调查

（徐金水，《经营与管理》1984 年 03 期）

本文指出，兴办经济特区是我国社会主义建设的一项崭新事业，是个创新的天地。因此，特区的各项工作都必须贯彻解放思想、勇于创新、实事求是的精神；要求特区的建设者们进行艰苦的劳动，大胆探索，闯出一条适合我国经济特区发展需要的新路子，建设具有中国特色的经济特区；同时也为我国内地广大地区进一步开展体制改革提供某些有益经验。

深圳经济特区工业发展的新阶段

（石祖培、叶启文，《中山大学学报（哲学社会科学版）》1984 年 03 期）

本文指出，我国办经济特区最根本的目的是利用外资，引进国外先进技术、设备和科学的管理方法，推动我国四个现代化的建设。因此，研究经济特区的发展方向和重点，以及如何利用经济特区促进内地的经济建设，具有深远这略意义。在广东省办的三个经济特区中，以深圳经济特区在经济和技术方面成效最显著，引起国内外人士的关注。一九八四年初，邓小平同志在视察深圳经济特区时，题词说："深圳的发展和经验证明，我们建立特区的政策是正确的。"这是对我国坚持对外开放政策的充分肯定，必将推动深圳经济特区的发展。本文就深圳经济特区工业发展的成就和趋向提出看法。

特区经济的市场调节和计划指导

（贺镐圣，《财经研究》1984 年 05 期）

特区的经济活动，应建立什么样的调节机制?是实行全国统一的"计划经济为主、市场调节为辅"的原则，还是实行"在国家计划指导下，以市场调节为主"的原则？抑或不要计划指导，实行完全的市场调节?这是一个在实践上需要探索、理论上需要讨论的问题。本文就这样一系列问题进行深入探讨。

引进外资银行，促进特区建设

（沈水根，《金融研究》1984 年 07 期）

本文指出，1982—1983 年，深圳特区先后引进了 11 家外资银行和金融机构。其中，除了南洋商业银行分别在深圳和蛇口设立分行、民安保险公司在深圳设立分公司外，其他八家均为代表处。根据《中国人民银行总行关于侨资、外资金融机构在中国设立常驻代表机构的管理办法》，除了南洋商业银行按分行级待遇已经营正常的外汇银行业务外，其他几家外资银行，作为代表处机构，都只能进行联络、咨询、洽谈和非营利性服务等活动。随着深圳特区建设的飞速发展，不少外资银行先后提出拟将代表处升格为分行的要求。

深圳经济特区的建立（1979—1986）

（王硕，《中国经济史研究》2006 年 03 期）

深圳经济特区是党的十一届三中全会路线的产物，是新一轮开眼看世界，各种思想风云际会、折冲交锋的一个重要舞台。深圳特区从创办决策的形成到初步建成大约用 7 年时间（1979—1986），走过了一条奇崛而艰辛的发展之路。它的建立，在国内外产生了极为重要的影响。本文对深圳特区的创建过程尤其是有关重大政策的演变问题，进行了初步梳理和分析，揭示了它从诞生到站稳脚跟这一阶段的因果逻辑。

经济特区作为经济发展战略与模式研究

（张继海，《深圳大学学报（人文社会科学版）》，2012 年 05 期）

本文强调，经济特区不仅包括称之为“经济特区”的特区，还应包括所有实行特殊经济政策的区域，如众多的自由港、保税区、产业园区和出口加工区等。经济特区承载着不平衡增长理论的精髓，应上升为一种经济发展战略与模式。采取经济特区方式发展经济不仅发展中国家采用，而且许多发达国家也采用，但在实践中各国（地区）的经济特区运作模式存在差异。

我国四大自贸区的共性分析、战略定位和政策建议

（周汉民，《国际商务研究》，2015 年 04 期）

本文认为，我国设立的自贸区本质上是以更大的开放促进更深入的改革。上海、广东、天津和福建四大自贸区在战略定位上各有侧重。上海自贸区重在金融创新和科技创新以及推动长三角乃至长江经济带协同发展；广东自贸区以制度创新为核心，促进内地与港澳经济深度融合；天津自贸区承担着贯彻落实京津冀协同发展国家战略的重任；福建自贸区以“对台湾开放”和“全面合作”为方向，进一步深化两岸经济合作。对于自贸区的未来发展，我们建议在国家层面成立强有力的协调机构，尽快制定《中国自由贸易区促进法》，与“一带一路”建设紧密对接，进一步推动行政管理体制改革，深化金融体制改革。

从经济特区到自由贸易区：中国改革开放路径与目标的演绎逻辑

（罗清、朱诗怡，《深圳大学学报（人文社会科学版）》2018 年 01 期）

本文强调，经济特区作为中国改革开放的“窗口”和“试验田”，“利他”的设区背景决定其目标旨在如何突破传统计划经济体制的束缚，探寻有利于经济与社会发展的社会主义市场经济新体制。而自由贸易区是在我国进入全面深化改革大背景下成立的，设区目标是在“自利”基础上达到“互利”。创办经济特区是改革开放的突破口，设立上海等自由贸易试验区是改革开放的全面深化。与经济特区相比，自由贸易区是对经济特区改革的深化和进一步发展，但二者都是通过探索和"试错"不断前进的。自由贸易区是中国在全球化经济竞争中主动展开的一场攻守兼备的试验，可谓经济特区的"升级版"。从经济特区到自由贸易区，诠释了中国改革开放路径与目标的演绎逻辑。中国自由贸易区的发展路径一是在国内建设自由贸易试验园区，为进一步深化改革提供有益的尝试和经验借鉴；二是要与当前和未来重要的经贸合作伙伴在贸易、投资等领域建立跨境自由贸易区。未来的目标是要通过实施“引进来”与“走出去”相结合的对外开放战略，在更大范围、更广领域和更高层次上参与国际经济技术合作与竞争；同时借助“一带一路”倡议与沿线国家间建立自由贸易区，为双边、多边跨境贸易交流合作提供新的平台。

中国海南：从经济特区到综合复合型自由贸易港的嬗变

（孟广文、杨开忠、朱福林、毛艳华、曾智华、董晓峰，

《地理研究》2018 年 12 期）

海南自由贸易试验区与自由贸易港规划建设不仅是海南发展的需要，也是中国深化改革，扩大开放，实现经济转型以及应对国际竞争与挑战的重要措施与战略部署。相关研究就海南自由贸易试验区建设的必要性、可行性、模式与实施对策进行了初步分析。为构建自由易区的学术研究体系，完善海南自由贸易港规划建设的理论与实践，集中几位长期从事相关研究的地理、经济与规划学者，就海南自由贸易港的类型与功能、产业发展、空间结构、政策与监管以及风险防控等方面进行探讨，以期引起决策者与学术界的深入研究与探讨。

新中国成立以来的区域经济政策实践与理论研究

（付晓东，《区域经济评论》，2019 年 04 期）

本文强调，中国是一个地域大国，自然条件复杂多样，历史文化丰富多彩，发展道路各有千秋，人文社会各具特色。作为一个大国，各地在发展中不可避免地会遇到各种区域利益关系的碰撞、冲突，需要调节、平衡，因此，区域政策就有了十分重要的意义。中国区域政策在新中国成立以来的实践及其取得的举世瞩目的成就，说明其不仅重要而且可行，可以做到并且做好，因此，区域经济政策研究就有了用武之地。当然，我们也有过教训和失误，付出过不

小的代价，这是需要认真总结和思考的方面。在大数据分析日益深化的今天，运用文献计量法——CiteSpace5.3 知识图谱，根据已有资料对 1998—2019 年区域政策研究文献展开共词分析、聚类分析、热点词突现分析，可以直观中国区域政策的研究热点、脉络与趋势。

论中央和经济特区关系的法治化

（高頔，《兰州大学学报（社会科学版）》，2019 年 06 期）

本文认为，设立经济特区并授予其特别立法权是我国的一次重大政治体制改革试验和法治试验。从历史上看，中央与经济特区关系演变的过程也是中央和经济特区关系的法治化过程，我国改革开放的需要和经济特区发展需要的结合催生了独特的中央和经济特区关系。从法律上看，改革开放政策、中央和地方积极性的发挥为中央和经济特区关系调整提供了法治化基础，全国人大及其常委会的授权决定和《立法法》中授权立法的规定，为中央和经济特区关系提供了法治化的路径。从实践上看，中央和经济特区关系法治化取得了巨大社会效果，蕴藏着巨大的制度优势。因此，经济特区不仅仅是制度创新、法治先行区的成功样本，更是中央和地方关系法治化的样本。

从经济特区到先行示范区：中国发展道路的“特区”范式

（姬超，《江西社会科学》，2020 年 01 期）

本文强调，经济特区的中国实践浓缩呈现了中国经济发展道路的内在逻辑，为中国特色社会主义理论体系提供了典型化事实。研究表明：以经济特区为起点的制度试验在中国取得了巨大成功，从沿海经济特区到沿河、沿边经济特区，再到自由贸易区、自由贸易港以及中国特色社会主义先行示范区的渐进式改革开放路径为广大发展中国家的发展提供了新的“特区范式”。经济特区不仅仅只是一个特殊开发区域，它们更是中国由计划经济向市场经济转型的一项重要机制，以特区为起点的渐进式、非均衡发展路径也是中国整体制度改革道路上规避风险的最优路径，经济特区通过持续的动态演进保证了改革开放的延续性。新时代下，作为中国特色社会主义先行示范区，深圳需要进一步深化经济、社会、政治等领域的全方位改革，在实践中积极创新经济发展方式和区域协同方式，促进社会公平公正，最终实现高质量、法治化、民生幸福及可持续的综合发展目标。

广东创办经济特区历史经验的三维度观察

（王涛、王莹，《广东党史与文献研究》，2020 年 05 期）

本文认为，广东创办经济特区的历史经验，大体可从创办广东经济特区“人”的因素、经济特区自身以及建设规律与发展方向、经济特区制度创新成果三个维度予以考量：一是经济特区必须具备开拓性思维、敢为人先胆略和不怕担风险扛责任的强有力的决策群体和执行群体，善于学人所长和避己所短，善于变通和下好“另手棋”；二是经济特区必须不断跟进世界经济和科技前沿做好规划和目标安排，着力营造包容的社会环境和制定务实的政策措施，立足于兴办实业和全球先进生产技术、科学技术和管理体系的引进、消化、示范、扎根；三是必须以社会化大生产和全球化经济体系为主要参考系来改革和制定有关经济制度及规则，积极建立适应新要求的人事制度、法律制度和管理体制，确保权力下放和市场主体自主权，必须把党对改革开放的全面领导落到实处，调整和改进党的领导体制、党的领导方式、党的活动方式。

经济特区与中国特色“渐进式改革”的绩效

（陶一桃，《广东社会科学》2020 年 06 期）

本文强调，相对于典型的“渐进式改革”，中国特色“渐进式改革”呈现出如下特点：其一，中央顶层设计的强制性制度变迁与特殊政策诱发的诱致性制度，作为改革过程中制度供给与需求的两个方面，形成了推进改革开放的相辅相成的有机进程；其二，占绝对主导地位的自上而下的强制性制度变迁，与作为强制性制度变迁结果和推动力的自下而上的诱致性制度变迁相结合，构成了中国特色"渐进式改革"的内在演进逻辑；其三，中央政府和中央授权“先行先试”、“先行示范”的“次级行动集团”的经济特区，构成了中国特色“渐进式改革”中既地位、作用、力度截然不同，又缺一不可的独特的制度变迁的“双主体结构”。中国特色“渐进式改革”以加强的“虹吸效应”、扩大的“扩散效应”、制度化的“涓滴效应”和迅速展现出来的"倒U型曲线"都增进着中国社会转型的制度绩效。

厦门经济特区改革开放历程的回顾与思考

（许经勇，《厦门特区党校学报》，2022 年 01 期）

本文认为，经济特区是在计划经济占主导地位、投资环境很不完善的背景下设置的。为了较大规模引进外资，带动特区经济发展，经济特区实行非规范的特殊优惠政策。由于特殊优惠政策是违背体制改革目标，即建立公平竞争的市场经济体制，随着市场经济体制的建立，特殊优惠政策必然趋向消亡。经济特区通过大规模引进外资，并带动该地区非公经济发展，以及促进该地区传统公有制改革，在全国率先建立了社会主义市场经济体制，发挥了经济特区“先行先试”的“试验田”和“排头兵”作用。为了更高水平扩大对外开放，建设高标准市场体系，提高经济增长质量，要求在扩大产品和要素流动开放的同时，稳步推进制度型开放，建设高水平的开放体制。

著作介绍

▼

《前进中的中国经济特区》

（孙孺主编，中国财政经济出版社 1983 年出版）

本书收录“广东省经济特区学术讨论会”中的 30 多篇论文，为经济特区的问题提出部分见解和建议。

《特区经济学》

（罗清和、张克听著，中国社会科学出版社 2018 年出版）

本书通过对世界经济特区发展的历史考察和中国经济特区三十多年的实践验证，提出把特殊政策和特殊管理体制作为特区经济学的基本假设和限界条件，从而为该学科奠定了基本的理论基础。运用比较分析和实证分析的研究方法，从投资环境、利用外资、产业发展、发展模式等方面对特区经济的发展进行深入具体的理性分析，尤其是通过对中国经济特区不同发展阶段采取不同发展模式的研究，梳理出从经济特区到新区（包括综合改革配套试验区等）再到自由贸易区所对应的改革开放路径与目标的演绎逻辑。

《厦门经济特区外商投资研究》

（厦门市人民政府工业普查办公室、厦门经济特区经济研究所主编，鹭江出版社 1987 年出版）

本书着重总结、研究厦门经济特区吸收外商投资，兴办工业、金融、旅游、房地产、水产养殖业和引进外资改造老企业，开展对内横向经济联系的经验和问题，探讨我国利用外资的模式、道路、资金、政策、措施等方面的问题。

《中国经济改革·特区发展》

（方晓丘主编，经济科学出版社，1988 年出版）

本书收录主编的论文、报告，针对经济特区实践中出现的问题提出了许多建议，对建设中国特色的社会主义具有一定的现实意义。

《中国经济特区的理论与实践》

（孙孺、许隆主编，北京：经济科学出版社，1988 年出版）

本书对经济特区的情况做了周密的调查，记述了特区经济工作中的许多经验，并且对特区经济所涉及的经济理论问题也做出研究，提出独到见解。

《深圳财政十年》

（深圳市财政局编，北京：中国财政经济出版社，1990 年出版）

本书详细地介绍和总结了特区财政管理及改革方面的具体做法和成功的经验，并对今后特区财政如何更好地发挥宏观调控作用，促进特区外向型经济的发展做了有益的探索。

《特区的性质——基于我国转型空间路径研究》

（罗海平著，经济科学出版社 2018 年出版）

本书指出，我国从计划经济向市场经济的转型，总体上看是一个渐进式的非均衡制度移植、变迁的过程。但在这个过程中却存在着经济特区局部跃进的空间特征。经济特区是这种“整体渐进，局部跃进”空间非均衡转型的载体。特区作为我国“市场经济的试验场所”，既是市场经济诱致变迁的空间和逻辑起点，更是经济增长和转型制度创新的空间极。通过在“特定的区域实施特殊的经济政策”迅速形成经济增长和制度创新的“空间极”，然后由这些极点通过经济、制度以及意识形态的扩散带来转型的空间延伸，逐渐形成了完整的转型空间路径。

《中国珠海》

（珠海市委政策研究室编，北京：中共中央党校出版社，1991 年出版）

本书翔实记录了珠海在开放改革中，认真贯彻执行党的方针政策，探索建设具有社会主义特色的经济特区所取得的成就。

《特区精神》

（陈金龙，蒋积伟，王炳林主编，中共党史出版社 2019 年出版）

特区精神的主要内涵是敢闯敢试、敢为人先，埋头苦干、务实高效，奋发有为、改革创新，开放包容、海纳百川。它是中国共产党革命精神谱系的重要内容，是实现“两个一百年”奋斗目标、实现中华民族伟大复兴中国梦的宝贵精神力量。本书介绍了特区精神的形成，阐释了特区精神的主要内涵和基本特征，论述了特区精神的传承路径和独特的时代价值。

《深圳经济特区的探索之路》

（厉有为、邵汉青主编，广东人民出版社，1995 年出版）

本书详细介绍了深圳经济特区自建成以来的探索之路，记录了深圳从建立之始的探索经验。本书共十章，内容包括历史赋予重托、跨世纪的赶超等。

《珠海经济特区好》

（中国马克思主义研究基金会组织专家、学者到珠海调查研究所完成的大型调研报告，中共中央党校出版社，1996 年出版）

本书为本全面反映珠海经济特区 15 年奋斗历程和成功经验的大型调查报告论著，共 50 多万字，分 16 章并附录 26 个先进典型材料，系统概括了珠海经济特区的发展历程和基本经验，深入分析了珠海取得两个文明建设双丰收的条件和原因，展望并提出了珠海跨世纪发展的战略设想。

《中国经济特区产业结构演进与原因》

（袁易明主编，商务印书馆 2010 年出版）

本书从产业视角研究中国经济特区、从制度角度研究产业发展，通过中国经济特区产业结构的演进轨迹、中国经济特区产业发展的比较、经济特区与可比地区产业发展的比较、中国经济特区的工业化研究、中国经济特区服务业发展结构演进几个方面进行了深入研究。

《深圳改革开放史》

（邢锋主编，人民出版社 2010 年出版）

本书系统梳理了深圳经济特区 30 年改革开放历程，对其中的历史性经验，特别是对理念超前、制度创新等堪称全国典范式的历史性经验进行阶段性总结和深度研究。

《海南特区工业化研究》

（黄景贵主编，中国社会科学出版社 2008 年出版）

本书研究了工业化进程的一般性理论，以海南为个案进行了分析，并与工业化程度较高的中国台湾地区进行了对比，主要内容有：工业与工业化概述；西方国家工业化模式与政策；工业化进程的发展秩序与增长模式；工业化进程的判断标准与测度方法；海南工业化进程因素分析与宏观效益；海南工业化进程中的产业结构调整；海南工业化进程中的农业问题；海南工业化进程中的金融业；海南工业化进程中的新型工业化；海南工业化进程中的城市化；海南工业化进程中的信息化；海南工业化进程中的现代化等。

《经济特区与中国道路》

（陶一桃、鲁志国 等著，社会科学文献出版社 2017 年出版）

本书内容包括现代化道路的不同路径、转型与发展的中国道路理论构建及模型解释、经济特区实践与中国道路形成、经济特区对中国现代化发展的经济贡献分析、经济特区对中国道路的理论贡献、经济特区对中国现代化的制度贡献、经济特区对中国现代化的文化贡献、中国梦与经济特区的新使命。书中以中国经济特区曲折而成绩卓越的改革开放的实践，诠释实现现代化的有特色的中国道路的选择与路径。

《经济特区蓝皮书：中国经济特区发展报告（2020）》

（陶一桃主编，社会科学文献出版社 2022 年出版）

本书总报告对中国经济特区一年来发展状态的整体评述；专题研究报告对特区所面临的转型问题、资源的使用与可持续发展问题、经济社会发展问题、社会保障问题、科技创新问题、金融体制改革问题、特区文化产业问题等进行了综述分析，并提出发展建议；特区发展分述报告是对五大传统特区及上海浦东新区和天津滨海新区一年来发展状况的历史性记录与梳理，重点在于对不同特区进行个案分析；特区发展动态考察报告是为了及时反映中国区域发展战略调整情况及介绍新兴市场经济国家经济特区发展状况所做的一个比较灵活且具有广泛扩展空间的结构安排。

《深圳经济特区 40 年》

（袁晓江主编，中国社会科学出版社 2020 年出版）

本书既有对改革开放 40 多年来深圳发展历程的回顾，也有结合新使命而做的新探索，采取“纵横交错”“点面结合”写作方式，研究深圳经济特区 40 年的发展历程、重大事件、成功经验等,全景式展现深圳经济特区 40 年改革开放和创新发展。

《中国经济特区史论》

（陶一桃、鲁志国主编，社会科学文献出版社 2008 年出版）

本书内容涵盖深圳经济特区史、珠海经济特区史、汕头经济特区史、厦门经济特区史、海南经济特区史、上海浦东新区史、天津滨海新区史和成渝全国统筹城乡综合配套改革试验区史。全书运用翔实的历史资料，系统地回顾阐述了中国新老经济特区的诞生、成长历程，生动地再现了中国经济特区发展历时 30 年的全过程，具有较高的文献与学术价值。

《深圳经济特区的政治发展（1980—2010）》

（陈家喜、黄卫平 等著，商务印书馆 2010 年出版）

本书从深圳经济特区的确立，行政体制、干部制度、社区治理、基层民主、公民参与、党的建设，以及政治体制改革等八个维度，对深圳政治发展的历史进程与重要事件进行了深入系统的梳理和总结。透视深圳政治发展三十年的历程，有助于认识中国改革开放的政治逻辑。

重要文献索引

▼

政策法规

《广东省经济特区条例》,《中华人民共和国国务院公报》,1980 年 13 期。

《全国人民代表大会常务委员会关于授权广东省、福建省人民代表大会及其常务委员会制定所属经济特区的各项单行经济法规的决议》,《中华人民共和国国务院公报》,1981 年 25 期。

《全国人民代表大会常务委员会关于授权深圳市人民代表大会及其常务委员会和深圳市人民政府分别制定法规和规章在深圳经济特区实施的决定》,《中华人民共和国国务院公报》,1992 年 21 期。

《国务院发布〈中华人民共和国国务院关于经济特区和沿海十四个港口城市减征、免征企业所得税和工商统一税的暂行规定〉的通知》,《中华人民共和国国务院公报》,1984 年 28 期。

《财政部关于深圳经济特区内资企业征税问题的暂行规定》,《中国税务》,1985 年 07 期。

《中华人民共和国经济特区外资银行、中外合资银行管理条例》,《中华人民共和国国务院公报》,1985 年 12 期。

《中华人民共和国九龙海关对进出深圳经济特区的货物、运输工具、行李物品和邮递物品的监管和征免税实施细则公布》，中华人民共和国海关总署网，1986 年 3 月 25 日。

《中华人民共和国海关总署对进出经济特区的货物、运输工具、行李物品和邮递物品的管理规定》，《中华人民共和国国务院公报》，1986 年 09 期。

《财政部关于〈对深圳、珠海、汕头、厦门经济特区内联企业征收所得税问题的通知〉的补充规定》，财政部网站，1987 年 6 月 24 日。

《广东省经济特区企业登记管理暂行规定》，载深圳经济特区年鉴编辑委员会编，《深圳经济特区年鉴 1985》，广州：广东人民出版社，第 139–141 页。

《广东省经济特区企业劳动工资管理暂行规定》，载深圳经济特区年鉴编辑委员会编，《深圳经济特区年鉴 1985》，广州：广东人民出版社，第 139–142 页。

《深圳经济特区土地管理暂行规定》，载深圳经济特区年鉴编辑委员会编，《深圳经济特区年鉴 1985》，广州：广东人民出版社，第 143–147 页。

《广东省经济特区入境出境人员管理暂行规定》，载师荣耀主编，《中国经济特区与沿海经济技术开发区年鉴》，北京：中国财政经济出版社，第 482–483 页。

《国务院批复福建省人民政府〈关于报审厦门经济特区实施方案的报告〉》，载王振川主编《中国改革开放新时期年鉴 1985》，第 518–519 页。

期刊文章

《国务院批准成立厦门经济特区》，《人民日报》，1980 年 12 月 10 日。

《清除“左”的影响搞好福建特区》,《人民日报》，1981年1月29日。

蒋炜、袁恩桢:《今日深圳——介绍我国第一个经济特区》,《人民日报》，1981年4月10日。

《深圳市制订〈特区干部守则〉》，1982年1月22日。

《审议通过厦门经济特区条例和法规》,《人民日报》，1982年3月15日。

《办特区的决策不会改变认真总结经验继续前进》,《人民日报》，1982年4月5日。

何云华:《成立股份有限公司筹资建设赤湾港》,《人民日报》，1982年5月29日。

《深圳打击经济犯罪促进特区建设》,《人民日报》，1983年1月7日。

江夏:《厦门经济特区联合发展公司成立》,《人民日报》，1983年5月17日。

林里:《深圳经济特区积极利用外资》,《人民日报》，1983年7月9日。

《办特区的决策不会改变认真总结经验继续前进》,《人民日报》，1982年4月5日

何云华:《成立股份有限公司筹资建设赤湾港》,《人民日报》1982年5月29日。

《深圳打击经济犯罪促进特区建设》,《人民日报》，1983年1月7日。

林里:《深圳经济特区积极利用外资》,《人民日报》，1983年7月9日。

《内地企业在深圳建厂办店日益增加》,《人民日报》，1983年7月18日。

《深圳特区建成直升飞机场》,《人民日报》，1983年10月25日。

林群英:《厦门特区的翅膀——厦门国际机场建成侧记》,《人民日

报》，1983年9月30日。

石新华，张铭清：《厦门经济特区加快建设》，《人民日报》，1983年12月19日。

《邓小平视察深圳珠海并和广州军民共度春节》，《人民日报》，1984年2月2日。

林群英：《把经济特区办得更快些更好些》，《人民日报》，1984年2月11日。

《厦门经济特区范围扩大为整个市 若干沿海城市采取某些特殊政策》，《人民日报》，1984年3月19日。

《复旦大学与深圳特区开展科技合作》，《人民日报》，1984年5月9日。

梁湘：《实行“特事特办”搞活特区经济》，《人民日报》，1984年5月19日。

《厦门经济特区振兴大厦正式开工》，《人民日报》，1984年7月5日。

蔡清河：《福建省人大常委会审议通过一批有关厦门经济特区的法规》，《人民日报》，1984年7月15日。

《从局部改革转向全面系统改革》，《人民日报》，1984年10月12日。

《深圳特区大鹏湾兴建十万吨级深水港》，《人民日报》，1984年11月1日。

《国务院批准将沙头角辟为深圳经济特区口岸》，《人民日报》，1984年11月4日。

傅建中：《汕头特区建成一批基础设施》，《人民日报》，1985年1月25日。

方新：《党员、干部要当特区建设的“孺子牛”》，《人民日报》，1985年2月10日。

何云华:《加强管理 促进开放 保障开放》,《人民日报》,1985 年 3 月 1 日。

《国务院批准三个特区扩大面积》,《人民日报》,1985 年 3 月 20 日。

戚休:《开发建设一片 投产获益一片》,《人民日报》,1985 年 5 月 14 日。

《深圳特区兴办内联企业三百六十二家》,《人民日报》,1985 年 6 月 10 日。

《包括厦门全岛和鼓浪屿全岛 逐步实行自由港的某些政策》,《人民日报》,1985 年 7 月 30 日。

邢凤炳、于国厚:《深圳特区将建华侨城》,《人民日报》,1985 年 8 月 25 日。

何云华:《全国要支持特区 特区要服务全国》,《人民日报》,1985 年 11 月 4 日。

郑重:《汕头特区工业品打入国际市场》,《人民日报》,1985 年 11 月 13 日。

《厦门特区采取措施鼓励出口》,《人民日报》,1986 年 1 月 1 日。

杨之璀等:《汕头特区已初步形成外向型经济 轻工农业产品大多销往国际市场》,《人民日报》,1986 年 2 月 24 日。

刘常金:《厦门特区投资环境明显改善》,《人民日报》,1986 年 9 月 13 日。

程凯:《深圳特区金融体制改革先行一步》,《人民日报》,1986 年 11 月 12 日。

徐耀中、计泓赓:《特区工作会议提出今年中心任务》,《人民日报》,1987 年 2 月 11 日。

孙维:《汕头特区至北京新航线开通》,《人民日报》,1987 年 7 月

18日。

《中国搞经济特区建设经验非常有意义》,《人民日报》,1988年1月4日。

牛正武:《经济发展要适应国际市场变化》,《人民日报》,1988年1月7日。

张铭清:《福建列为我国超前改革实验区 厦门深圳特区将实行计划单列》,《人民日报》,1988年1月12日。

《国务院批准厦门计划单列》,《人民日报》,1988年4月24日。

《创造良好外商投资环境 加快海南岛的开发建设》,《人民日报》,1988年3月6日。

《全国人大常委分组审议一个草案一个议案》,《人民日报》,1988年3月10日。

林裕栋:《沿海地区应吃透用好中央政策》,《人民日报》,1988年3月18日。

《把海南岛建成我国最大经济特区》,《人民日报》,1988年4月1日。

《海南特区进出口物品减免关税有规定》,《人民日报》,1988年6月25日。

《国务院下放外资企业审批权》,《人民日报》,1988年7月6日。

任小东:《海南强调为政公开 大力肃贪建设廉政》,《人民日报》,1989年3月4日。

高新庆:《海南正走出办大特区新路》,《人民日报》,1989年3月23日。

张许,王行增:《中央关于特区政策是正确的 治理整顿对特区不搞一刀切》,《人民日报》,1989年3月26日。

《授权深圳制定特区法规规章 建立相适应的商品经济秩序》,《人民日报》，1989 年 3 月 29 日。

蒋顺章：《进一步办好经济特区 发挥社会主义优越性》，《人民日报》，1989 年 12 月 11 日。

《海南特区已开通国际航空货运线》，《人民日报》，1989 年 12 月 12 日。

史美泗：《改革开放要坚定不移 经济特区要办得更好》，《人民日报》，1990 年 2 月 1 日。

《进一步办好经济特区》，《人民日报》，1990 年 2 月 9 日。

徐耀中、邹爱国：《李鹏在特区工作会上作重要讲话》，《人民日报》，1990 年 2 月 10 日。

徐耀中、计泓赓：《特区工作会议在深圳召开》，《人民日报》，1990 年 2 月 10 日。

牛正武、邹爱国：《特区应办得更出色更有生气》，《人民日报》，1990 年 2 月 13 日。

田川、王国雄：《兴办海南特区决策正确政策不变》，《人民日报》，1990 年 5 月 19 日。

《支持特区更好发展外向型经济》，《人民日报》，1990 年 6 月 12 日。

杜若原：《海南加快依法治省进程 特区法规体系初具规模》，《人民日报》，1990 年 12 月 22 日。

陆敏：《深圳特区建立政治协商会议》，《人民日报》，1990 年 12 月 24 日。

蒋顺章：《薄一波视察深圳特区》，《人民日报》，1991 年 2 月 10 日。

王川：《汕头特区合同管理有成效》，《人民日报》，1991 年 2 月 22 日。

胡国华：《特区要提供改革开放经验》，《人民日报》，1991 年 3 月 20 日。

《要发挥海岛优势扬长避短》,《人民日报》,1991年5月3日。

计泓赓、皮树义:《汕头特区“软”“硬”投资环境日臻完善 北京公布“八五”技术引进投资重点》,《人民日报》,1991年5月31日。

计泓赓、黄烈洲:《汕头特区创汇农业天地宽》,《人民日报》,1991年6月23日。

牛正武、孙本尧、王楚:《深圳机场通航 新客站落成》,《人民日报》,1991年10月13日。

陈德义:《汕头经济特区面积扩大到全市》,《人民日报》,1991年11月2日。

计泓赓、邢凤炳:《汕头欢庆特区建立十周年暨区域扩大》,《人民日报》,1991年12月18日。

王炜中、潘帝都、黄兴泉:《厦门隆重庆祝经济特区建设十周年》,《人民日报》,1991年12月19日。

计泓赓:《把特区工作重心转到提高效益上来》,《人民日报》1991年12月23日。

王辅捷、王国雄:《要进一步加快改革开放步伐》,《人民日报》1992年1月29日。

《国务院批准吸收外资开发洋浦》,《人民日报》,1992年3月14日。

王楚:《历史性的跨越——深圳经济走向国际市场》,《人民日报》,1992年3月18日。

鲍洪俊:《海南特区最高大厦奠基》,《人民日报》,1992年4月23日。

《丰富对改革开放成果的认识 加深对党的基本路线的理解》,《人民日报》,1992年5月20日。

吕书奎,张广友:《大胆试——珠海西区开发建设述评》,《人民日报》,1992年5月28日。

闻毅:《深圳文艺繁荣的思考》,《人民日报》,1992 年 10 月 15 日。

邢贲思:《深圳经验和有中国特色的社会主义》,《人民日报》,1993 年 2 月 18 日。

厉有为:《再造特区优势 继续当好“排头兵”》,《人民日报》,1993 年 5 月 17 日。

厉有为:《深圳特区将建大保税区》,《人民日报》,1993 年 7 月 5 日。

施明慎:《银行商业化 特区可先行——访建行深圳分行行长惠小兵》,《人民日报》,1994 年 1 月 5 日。

彭立勋:《邓小平经济特区建设思想在深圳的成功实践》,《人民日报》,1994 年 2 月 7 日。

深圳市市场经济研究课题组:《继续发挥深圳特区“试验场”的作用》,《人民日报》,1995 年 1 月 19 日。

王楚:《深圳高新技术产业高速发展 产品产值高新技术含量居全国前列》,《人民日报》,1995 年 2 月 8 日。

王楚:《深圳社会保障体系初步形成一百六十万员工参加社会保险》,《人民日报》,1995 年 4 月 11 日。

陈岸明:《构建系统工程 完善生产基地 珠海重振特区农业雄风》,《人民日报》,1995 年 4 月 22 日。

莘之龙:《为现代化奠定坚实的基础——深圳市加强农村基层建设的调查》,《人民日报》,1995 年 6 月 1 日。

皮树义:《特区未来与发展国际研讨会提出经济特区要继续当好排头兵》,《人民日报》,1995 年 7 月 6 日。

魏芳:《创造良好法律环境 促进特区经济发展 珠海法院有力抵制地方保护主义》,《人民日报》,1995 年 9 月 27 日。

张荣典:《中央对经济特区基本政策不变》,《人民日报》,1995 年

10月5日。

黄军:《“大众保姆”——深圳建设银行优质服务纪实》,《人民日报》,1995年10月31日。

贾西平:《建设国际大都市 推进管理科学化 深圳将把自己“装进”电脑》,《人民日报》,1995年12月7日。

傅魁文,钱言:《过去15年成就辉煌 今后15年任务艰巨 珠海特区再创新优势》,《人民日报》,1995年12月28日。

朱涛:《关于特区问题争论的情况简介》,《内部文稿》1996年01期。

田珍安、陈贻发、熊良俊:《金融:深圳经济助推器》,《人民日报》,1996年2月29日。

陈智贤:《“特区怎么特”的争论应当继续下去》,《经济研究资料》1996年04期。

王传真、张宿堂、赵志文:《国务院经济特区工作会议在珠海召开 李鹏发表重要讲话,指出经济特区要增创新优势,更上一层楼。在抓紧物质文明建设同时,要把精神文明建设提到更加突出地位》,《人民日报》,1996年4月4日。

李鹏:《努力把经济特区办得更好——在经济特区工作会议上的讲话》,《人民日报》,1996年4月5日。

赵志文:《发挥辐射和带动作用深圳企业向内地转移》,《人民日报》,1996年4月15日。

郅振璞、张安南、胡欣:《全国各经济特区代表聚集厦门 研讨特区精神文明建设要走在全国前列》,《人民日报》,1996年7月28日。

《做特区忠诚卫士 当精神文明标兵 江泽民等为好六连题词》,《人民日报》,1996年12月27日。

范伟国:《当好经济特区排头兵——访人大代表、广东省省长卢瑞华》,《人民日报》, 1997 年 3 月 12 日。

范伟国:《特区要特 改革先行——访人大代表、国务院特区办主任葛洪升》,《人民日报》, 1997 年 3 月 13 日。

赵京安:《珠海:环境与经济协调发展》,《人民日报》, 1997 年 7 月 27 日。

王楚:《深圳:探索深港合作新方式(省区市的“得意之笔”)》,《人民日报》, 1997 年 10 月 21 日

陶一桃:《深圳市高新技术产业发展战略研究》,《学术研究》1998 年 10 期。

赵京安:《珠海:拓展可持续发展空间(省区市的“务实之笔”)》,《人民日报》, 1998 年 10 月 4 日。

王楚:《广东部署经济特区和珠江三角洲 率先基本实现现代化进程》,《人民日报》, 1999 年 8 月 30 日。

郭哲民:《经济全球化与经济特区模式创新》,《厦门月刊》2000 年 08 期。

《增创新优势 更上一层楼——写在经济特区成立二十周年之际》,《人民日报》, 2000 年 8 月 26 日。

李南:《“经济特区与建设有中国特色社会主义”研讨会召开》,《人民日报》, 2000 年 9 月 14 日。

赵京安:《珠海国家高新区“二次启动”“科技创新海岸”长达 10 余公里》,《人民日报》, 2000 年 12 月 2 日。

易运文:《经济特区面临新挑战新机遇》,《光明日报》, 2002 年 3 月 4 日。

图书著作

厦门市人民政府工业普查办公室、厦门经济特区经济研究所主编:《厦门经济特区外商投资研究》，厦门：鹭江出版社，1987 年版。

方晓丘:《中国经济改革·特区发展》，北京：经济科学出版社，1988 年版。

孙孺，许隆:《中国经济特区的理论与实践》，北京：经济科学出版社，1988 年版。

深圳市财政局编:《深圳财政十年》，北京：中国财政经济出版社，1990 年版。

钟业昌:《超越的探索〈海南日报·大特区论坛〉百期文选》，成都：四川人民出版社，1991 年版。

珠海市委政策研究室:《中国珠海》，北京：中共中央党校出版社，1991 年版。

蔡松涛:《汕头经济特区十年（1981—1991）》，广州：广东人民出版社，1991 年版。

中共深圳市委宣传部编:《1992 春邓小平与深圳》，深圳：海天出版社，1992 年版。

宋名泰、唐广武:《珠海企业与产品概览》，1992 年版。

陈应春主编:《深圳财政金融宏观问题研究》，深圳：海天出版社，1992 年版。

陈彪主编:《深圳市场经济模式转换》，广州：华南理工大学出版社，1993 年版。

师荣耀主编,《中国经济特区与沿海经济技术开发区年鉴》，北京：中国财政经济出版社，1993 年版。

杨润时主编,《邓小平特区建设思想与实践》，北京：中央文献出版社，1994 年版。

黄崇岳、莫小培编：《深圳经济特区创业史》，北京：人民出版社，1995 年版。

郭祥焰、林炎琴编：《邓小平党建理论在深圳的探索与实践》，深圳：海天出版社，1995 年版。

厉有为、邵汉青编：《深圳经济特区的探索之路》，广州：广东人民出版社，1995 年版。

深圳市史志办公室编：《五年大跨越：邓小平南方谈话和党的十四大以来深圳市大事记》，深圳：海天出版社，1997 年版。

王振川主编：《中国改革开放新时期年鉴》，北京：中国民主法制出版社，2014 年版。

中国经济特区发展大事记

▼

深圳经济特区大事记

1979 年

1 月 8—25 日，习仲勋召集广东省委常委扩大会议，明确提出要利用广东毗邻港澳的有利条件，利用外资，引进先进技术设备，搞补偿贸易，搞加工装配，搞合作经营。会后广东省委领导人分头到下面调查研究。此后，习仲勋和吴南生向叶剑英汇报了省委的意见，叶剑英十分赞成，并让广东省委尽快向中央汇报。

1 月 10 日，深圳蛇口创建新中国第一个出口加工区——蛇口工业区。

1 月 13 日，广东省委会向国务院报告，为在三五年内把宝安地区建成具有相当水平的工农业结合的商品生产基地，成为吸引港澳游客的游览区，发展对外贸易，巩固祖国南大门，将宝安县改为深圳市，属省辖市建制。其管辖范围即宝安县行政区域，总面积 2020 平方公里总人口数 358267 人。

1 月 23 日，广东省委决定，为加强对宝安地区生产建设的领导，建立出口基地，发展对外贸易，将宝安县改为深圳市，由省和惠阳地区双重领导，按地区一级配备干部，成立深圳市委。

1月31日，中共中央、国务院决定在深圳蛇口举办工业区，由香港招商局集合资并负责组织实施。

2月14日，国务院批复关于宝安县外贸基地和市政建设规划设想，要求在三五年内把宝安县建设成为具有相当水平的工农业结合的出口商品基地、吸引港澳游客的游览区和新型的边防城市。

4月，中共广东省委第一书记习仲勋主政广东开启改革开放“先走一步”，向中央提出允许广东在“四个现代化”建设中先走一步的意见，并要求将深圳、珠海、汕头三地划为对外加工贸易区，吸引外商来广东投资。

7月15日，国务院同意在广东深圳、珠海先试办出口“特区”。

12月17日，国务院第一次召开筹建特区的专题汇报会—京西会议。

1980年

1月14日，由香港招商局和丹宝隆洋行合资组建的中国国际海运集装箱股份有限公司在深圳正式成立。这是我国最早的集装箱专业生产厂和最早的中外合资企业之一。

3月24日，中共中央在广州召开广东、福建两省会议，正式将“出口特区”定名为“经济特区”。5月，中共中央国务院同意将原拟的“出口特区”名称正式改为“经济特区”。

4月27日，叶剑英视察深圳并为蛇口工业区题词——“香港招商局蛇口工业区”。

5月20日，由广东省建委头，组织工程技术人员和各方面专家一百余人，研究制定深圳经济特区总体规划。

5月21日，深圳市委做出《关于改革工资系统经济体制和管理方法的决定》。

同日，我国首家中外合资企业——康佳集团成立。

7 月 5 日，深圳市革委会发出《关于暂停私人建房的通知》。

8 月 26 日，五届全国人大常委会第十五次会议通过《广东省经济特区条例》，批准在深圳、珠海、汕头、厦门设置经济特区，具有深远历史意义的中国经济特区正式宣告成立。

10 月 4 日，深圳市革委会发出《关于清理整顿市区私人住房与建房问题的通知》，提出对市区的私人住宅进行登记；市区住宅户住地产权归国家所有，不准买卖，交纳土地使用费；如城市建设需要，国家有权征用其住宅等规定。

11 月 6 日，中共深圳市委政法委员会成立。

11 月 17 日，广东省政府复函同意深圳市革命委员会驻广州办事处成立，编制为 25 人。

11 月 28 日，深圳市委会印发《深圳市农村实行特殊政策，灵活措施有关问题的暂行规定》，提出兴办农工商联合企业，利用本地资源，办畜牧业、养殖业、种植业、工副业、商业、运输业、建筑业、建材业、加工业、旅游业。

1981 年

1 月 7 日，深圳市革委会印发《关于外来人员的政策处理及管理意见》，提出凡有合法边防证件经批准的人员，因工作需要，期满可以续约；凡有偷窃、诈骗、伪造证件、走私套汇偷渡、引渡等违法行为的人员一律清出特区，触犯刑法的还要依法处理；没有合法证件，违反合约，工程质量低劣，不能完成任务的，包工头临时凑起来的，超过合约人数的人员，清理出特区等规定。

1 月 21 日，中共中央办公转发《广东、福建实行特殊政策、灵活措施座谈会纪要》，提出广东、福建的特区是经济特区，不是政治特区，广东、福建的各级党委要拨乱反正，大胆细心，普于诱导，勤于总结经验。

1月29日，深圳市建筑工程施工进行重大改革，把由行政分配任务、预算加签证的老办法改为工程招标承包制。

2月20日，我国首家生产美国事可乐饮料的中美合资企业——深圳饮乐汽水厂签约。

3月21日，深圳市革委会发出《关于加强沙头角镇市政建设和城镇管理的决定》。

4月22日，深特区招商局蛇口工业区码头对外国籍船舶开放。各主管部门要在工业区设立海关、边防、卫生检疫、港务监督等机构。

4月27日，深圳市委颁布《深圳市出港、出国工作人员守则》。

5月4日，深圳市委向广东省委提交《关于深圳经济特区范围和管理的请示报告》，提出"深圳特区的范围，拟以行政区域为基础，按山脉走向，群众的历史习惯，方便管理和能不划进就不划进的原则"，确定为：东起大鹏湾背仔角，往西南延伸至蛇口、南头公社一甲村止的海岸边界线以北，北沿梧桐山、羊台山脉大岭古、打鼓嶂、嶂顶、九尾顶、髻山、大洋头以及沙湾检查站，独树村、白芒大队以南的狭长地带，总面积327.5平方公里。

5月27日—6月1日，国务院召开广东、福建两省经济特区会议。会议"纪要"提出，一定要把经济特区建设好，特区的规划和建设一定要因地制宜；深圳特区要建成兼营工、商、农、住宅、旅游等多种行业的综合性特区。

6月5日，深圳市委会发出《关于农村经济政策若于具体问题的规定》。

7月16日，为适应深圳特区对外经济活动的需要，加强外汇管理，经中国银行总行及广州分行、国家外汇管理总局及广东分局、市革委会同意，中国银行深圳支行改为深圳分行，对外挂分行和外汇管理分局两块牌子，局级建制。

7月19日，中共中央、国务院批转《广东、福建两省和经济特区工作会议纪要》，提出“一定要把经济特区建设好”。特区的规划和建设一定要因地制宜。深圳特区要建成兼营工商农牧、住宅、旅游等多种行业的综合性特区。海关对特区进口的货物，要给予特殊的总关税优惠。要简化出入境手续，方便人员来往。同时，中央同意深圳市从七类工资区提高到十类工资区。特区市场以人民币为主，外币限制在指定的范围内使用。特区建设资金主要吸收外资。特区机场、海港、铁路、电讯等企业，可以引进外资实行中外合营，自负盈亏。要建立健全特区立法，可以拟订特区单行法规。特区管理机构，应按精简、高效的原则设置，并赋予充分权力。深圳成立特区人民政府，归省政府直接领导；恢复宝安县建制，归深圳市管辖。

8月21日，广东省委研究决定成立深圳经济特区发展公司，在条件成熟时由它代行广东省经济特区发展公司的职权。

11月17日，广东省第五届人大常委会通过《广东省经济特区企业登记管理暂行规定》《深圳经济特区土地管理暂行规定》《广东省经济特区入境出境人员管理暂行规定》和《广东省经济特区企业劳动工资管理暂行规定》等四部地方性法规。

12月12日，深圳市委发布《关于恢复宝安县建制的几项政策措施》。

12月21日，深圳市委会呈送的《关于深圳市经济特区人民政府名称问题的请示报告》，省政府函复，经国务院批准同意定名为“深圳市人民政府”。

12 月 24 日，广东省人大常委会致函广东省人民政府，《深圳经济特区行政管理暂行规定》已经广东省五届人大常委会第十三次会议通过批准，由广东省人民政府公布施行。

1982 年

5 月 24 日，深圳市委机关报《深圳特区报》经过一年试刊后创刊，第一期正式出版。

6 月 1 日，深圳市政府决定在大鹏湾兴建深水港，建万吨级泊位 1 个，5000 吨泊位 2 个。

12 月，深圳市经济特区以外的区域恢复宝安县建制，宝安县归深圳市管辖。

12 月 23 日，我国第一座核电站在大亚湾兴建。

1983 年

1 月 26 日，蛇口工业区第一个群众性学术团体蛇口工业区企业管理协会成立。

5 月 10 日，教育部正式发出通知，同意增设深圳大学等五所高等院校。

6 月 15 日，邓小平在听取谷牧汇报特区工作情况时指出，特区要坚决办下去，不能动摇；特区的发展要与香港互为依托，两家联合起来打进国际市场。

7 月 8 日，我国首张股票由深圳第一家股份制企业——“宝安县联合投资公司”（中国宝安集团股份有限公司的前身）向社会公开发行。

8 月 26 日，深圳市政府颁布《深圳市实行劳动合同制暂行办法》，深圳成为中国内地第一个实行劳动用工合同制的城市。

9月26日，深圳红十字会正式成立。

11月15日，广东省人大六届常委会四次会议通过《深圳经济特区商品房产管理规定》和《〈深圳经济特区调整土地使用费收费标准〉的通知》。

同日，深圳市法学学会正式成立。

1984年

1月1日，中国工商银行深圳分行正式成立，并开始承办原来由中国人民银行深圳分行办理的工商信贷和储蓄业务。

1月16日，经电子工业部和深圳市政府批准，电子工业部驻深圳经济特区办事处正式成立。

1月24—26日，邓小平考察深圳特区，肯定深圳和珠海的探索。

2月1日，回到广州的邓小平，在广东省和深圳特区领导的请求下，特别为深圳特区题词："深圳的发展和经验证明，我们建立经济特区的政策是正确的"。

2月7—8日，广东省政府公布《深圳经济特区涉外经济合同规定》《深圳经济特区技术引进暂行规定》。

2月22日，中国国际贸易促进委员会对外经济贸易仲裁委员会深圳办事处正式成立。

4月30日，深圳国贸大厦竣工，"深圳速度"响彻全国。

6月7日，深圳市政府召开有关部门负责人会议，部署颁发"深圳特区居民证"、"深圳特区暂住证"工作。两证由市公安局签发，具有证明常住居民和暂住居民身份的法律效力。

7月28日，中国银行深圳国际信托咨询公司正式成立。

11月3日，国务院批准将沙头角开辟为深圳特区口岸。

11月15日，国务院发布《中华人民共和国国务院关于经济特区和沿海十四个港口城市减征、免征企业所得税和工商统一税的暂行规定》。

12月5日，中国人民银行发布《深圳经济特区非银行性质国营金融机构暂行管理办法》。

1985年

1月10—16日，全国经济特区、14个沿海开放城市工会工作座谈会在深圳召开。

1月29日，深圳市社会福利基金会成立。

3月1日，经广东省口岸办公室批准，深圳香港陆路边境第三个口岸沙头角口岸正式开放。

3月22日，广东省第一条高速公路——广深珠公路在深圳破土动工兴建。

4月12日，国务院发布《中华人民共和国经济特区外资银行、中外合资银行管理条例》。

4月13日，中国最大泊位的集装箱港口——深圳妈湾港正式破土动工。

5月8日，广东省六届人大常委会第十三次会议通过并公布实施《广东省经济特区企业工会规定》。

5月15日，财政部、国家税务总局颁布《财政部关于深圳经济特区内资企业征税问题的暂行规定》，明确在深圳经济特区管理线建成生效后，对该经济特区内的国营企业、集体企业和个体经营户给予一定的税收优惠，同时授予深圳经济特区人民政府更大的税收管理权限。

5月16日，广东省六届人大三次会议审议通过《深圳经济特区与内地之间人员往来规定》《关于授权深圳市人民政府自行决定调整深圳特区土地使用费标准的决定》，对于健全深圳经济特区法律、推动特区各项事业发展起到了积极作用。

6 月 24 日，深圳市政府公布《深圳经济特区暂住人员户口管理暂行规定》。

7 月 17 日，研究国内外金融科学的群众性学术团体——深圳市金融学会成立。

8 月 25 日，深圳规划在沙河工业区建设“深圳特区华侨城”，接受华侨投资，兴办工商企业，办旅游业，办学校，发展第三产业。

11 月 4 日，经中国人民银行总行批准，深圳经济特区证券公司宣布成立。

11 月 5 日，国务院特区办公室在深圳召开深圳经济特区发展外向型工业座谈会。

11 月 9 日，深圳市政府颁布《深圳经济特区外汇调剂办法》。全国首家外汇调剂中心——深圳经济特区外汇调剂中心挂牌。

11 月 25 日，“全国经济特区第二次会议”在深圳会堂举行，重点研究如何解决特区发展中面临的有关问题。

12 月 4 日，深圳市政府颁布《深圳经济特区土地使用费实施办法》。

12 月 25 日，国院特区办赴蛇口调查组发布报告《一个办得较好的外向型工业区》，指出蛇口工业区坚持用经济办法管理，务求经济效益，坚持“三个为主”方针，建立外向型经济结构，坚持“四化”干部标准，坚持干部以身作则。

12 月 25 日—笠年 1 月 5 日，国务院在深圳召开全国特区工作会议，要求特区工作跟上形势的发展，坚持高标准，严要求，朝着建设外向型经济奋力爬坡，围绕这个重点，认真进行改革，切实加强管理，务必使各项工作更上一层楼。

1986 年

1 月 24—25 日，深圳市政府召开 1986 年计划工作会议，确定深圳市 1986 年基建投资总额为 16.5 亿元，即保持 1984 年的水平，并强调严格控制固定资产规模，加快外向型经济发展。

1 月 25 日，深圳“红旗”轿车厂专业厂房动工兴建。这是高级“红旗”牌轿车迈进国际市场的第一步。

2 月 7 日，经国务院常务会议讨论审定，批准在深圳召开的《全国经济特区工作会议纪要》，要求各有关方面共同努力，把我国经济特区办得更快、更好。

3 月 12 日，广东省六届人大常委会第十八次会议审议批准《深圳经济特区与内地之间人员往来管理规定》。

4 月 4 日，深圳市政府颁布《深圳市外汇缴留和外汇管理体制改革办法》。

5 月 2 日，深圳市政府颁布《深圳经济特区财政体制改革方案》。

5 月 8 日，深圳市政府颁布《深圳经济特区企业减免税问题补充规定》。

8 月 22 日，深圳市政府决定成立深圳市引进外资领导小组，以加强引进外资工作的领导。

9 月 1 日，为加强中央银行对专业银行的领导，中国人民银行决定扩大中国人民银行上海和深圳分行的权限。

10 月 11 日，中国工商银行北京、新疆、广州等八省（区）五市分行资金融通协作网在深圳宣告成立。它标志着深圳的资金市场不仅已与香港相联系，而且也与内地的资金市场联系起来。

10 月 15 日，深圳市政府布并实行《深圳经济特区国营企业股份化试点暂行规定》，以推动特区经济体制改革，增强企业活力，提高经济效益。开启了有计划、有步骤地组建股份有限公司，深圳股票市场进入操作阶段。

11月29日，广东省六届人大会常委会第二十三次会议通过《深圳经济特区涉外公司破产条例》。

12月5日，经对外经济贸易部批准，给予深圳特区发展公司全国性外贸企业进出口权，即有权自营或接受省内外有关单位的委托，代理进出口业务，同时承担国家下达的外交计划任务。

1987年

2月5日，深圳市政府颁布《深圳市临时工社会劳动保险试行办法》。

2月6—10日，全国特区工作会议在深圳召开，要求所有企业都要抓健全规章制度，抓质量监督检验，抓经济核算，抓降低成本，抓加速资金周转，抓文明生产，以最少的投入取得最佳的经济效益。

3月3日，深圳市政府颁布并实施《深圳经济特区国营企业股份化试点登记注册暂行办法》。

4月21—22日，深圳市经济社会发展计划委员会成立并举行首次全体会议。

5月10日，深圳市第一家对外承包工程的联合企业——深圳国际工程有限公司成立。

7月18日，深圳市教育委员会成立。

8月29日，深圳市政府颁布《深圳经济特区外商投资企业劳动管理暂行规定》，旨在维护特区外商投资企业的用人自主权，保障外商投资者和职员、工人的合法权益。

12月1日，深圳市政府在深圳会堂举行中国第一场土地拍卖会，首次公开拍卖，敲响新中国历史上拍卖土地使用权的“第一槌”，拉开改革开放以来中国土地使用制度改革的大幕。

12 月 25 日，深圳市政府批准创办沙头角保税工业区，成为我国内地首个保税工业区。

12 月 28 日，广东省六届人大常委会第三十次会议审议通过《深圳经济特区土地管理条例》。

同日，深圳发展银行在深宣告成立，成为我国第一家由国家、企业和私人三方合股的股份制商业银行。

12 月 29 日，广东省六届人大常委会第三十次会议通过《深圳经济特区土地管理条例》。

1988 年

1 月 4—7 日，全国人大华侨委员会工作座谈会在深圳召开。

1 月 13 日，深圳蛇口招商局大厦举行青年教育专家与蛇口青年座谈会，会上青年思想教育家与蛇口青年关于“淘金者”展开即兴激辩，通过媒体传播，演变成搅动中国的“蛇口风波”。

3 月 8 日，深圳市政府颁布《深圳经济特区土地登记发证实施细则》。

3 月 17 日，深圳市政府颁布《深圳市城镇房屋登记发证办法》，规定特区内的房屋所有人应到深圳市房产管理局办理所有权登记，宝安县的，则到县房产管理机关办理手续。

3 月 27 日，深圳市政府决定由外商集资开发福田保税工业区，总开发面积为 2.5 平方公里。

6 月 10 日，深圳召开“深圳市住房制度改革动员大会”，正式发布《深圳经济特区住房制度改革方案》及《九项配套细则》，旨在革除传统的低租金福利性住房制度的弊端。

8 月 3 日，深圳市投资管理公司监事会成立。

10 月 3 日，国务院批复《关于深圳市在国家计划中实行单列》，赋予相当于省一级的经济管理权限。

1989 年

1 月 1 日，经广东省政府批准，《深圳特区电价改革方案》开始实施。

1 月 1—3 日，深圳市举行首届高级顾问会议，商讨特区未来发展大计。

1 月 3 日，由深圳赛格团公司与加拿大善美电子有限公司集资兴办的全国首家中外合资科研机构——善美赛格研究所公司成立。

1 月 5 日，国务院批准深圳市皇岗口岸辟为对外开放口岸。这是继文锦渡、沙头角之后，中国大陆开辟的第三个陆地连接香港的公路口岸。

1 月 13 日，全民所有制的深圳达声电子公司完成国营企业向国家、外资和职工共同拥有的股份制企业改造。

1 月 17 日，深圳市委政务咨询委员会筹委会成立。

1 月 20 日，我国首家由企业筹办、政府扶持的综合性经济报纸——《深圳商报》正式创刊。

1 月 23 日，深圳市政务咨询委员会备委员会召开会议，原则通过关于成立政务咨询委员会的筹备工作方案，并希望争取在 1989 年三四月间正式成立深圳市政务咨询委员会。

1 月 24 日，深圳市中级人民法院房地产审判庭正式挂牌办公。

1 月 25 日，深圳华港运输企业公司成立。深圳华港运输企业公司是我国首家国营公路涉外运输企业。

2 月 1 日，由深圳市罗湖管理区制定的《房屋租赁管理规定》出台。

2 月 14 日，综合开发研究院（中国·深圳）成立。这是我国首家由国内专家、学者、企业家、社会活动家自动联合、共同创办的非官方政策研究和咨询机构。

2 月 23 日，深圳首座大型立交桥皇岗路立交工程动土兴建并举行开工典礼。

3 月 10 日，深圳投资中心成立。其任务是引进外资、洽谈协议、可行性研究，达成协议后为外商注册、报建、生产、提供生活服务等。

3 月 15 日，深圳劳动学会成立。

3 月 28 日，国务院向七届全国人大二次会议提出议案，建议授权深圳市人大及其常委会和市人民政府分别制定深圳经济特区法规和规章。

4 月 2 日，七届全国人大二次会议主席团第三次会议召开，原则通过七届全国人大二次会议对国务院提请审议的授权深圳市人大及其常委会和深圳市人民政府分别制定深圳经济特区法规和规章的议案的决定草案。

4 月 3 日，我国首家彩色显像管修复再生企业——深圳三新电子有限公司成立。

4 月 11 日，深圳市工商企业开始全面换发营业执照。其动员大会在市府会议室举行。

4 月 20 日，为加强对全市民间科技企业的管理，并为之提供相应的服务，深圳市科技创业服务中心正式开展工作。

4 月 23 日，为搞活资产量，促进生产要素的合理配置，深圳市政府颁布《深圳市国营企业产权转让暂行规定》，并成立市产权转让领导小组，指导和协调企业产权的转让工作。

5 月 23 日，经家外汇管理局批准，深圳招商银行在国内金融界首办离岸金融业务。

5月29日，深圳市职称改革工作总结大会召开。深圳市职称改革工作领导小组向获得高级专业技术职称的技术人员颁发任职资格证书，其中工程技术人员占51.5%，中学教师占13.7%，卫生技术人员占11.8%，大、中专教师占9.6%，科研、新闻、农业等系列专业人员占13.4%。

6月2日—7月2日，“沪、苏、浙、皖产品展览暨经济合作项目洽谈会”在深圳国际展览中心举行。

6月8日，我国首家个体性质的律师事务所——深圳市李全禄律师事务所正式成立。至此，深圳市初步形成了有国家、合作制和个体律师事务所并存，多形式、多层次的律师管理体制格局。

6月11日，深圳市委开市委常委扩大会议，学习邓小平同志6月9日重要讲话，决心从思想上、政治上、行动上与党中央保持一致。

6月17日，深圳市委、市政府发出《关于建立和完善社会民意咨询监督制度的通知》，并对有关事项提出明确要求。

6月20日，深圳市政府在深圳会堂召开全市控制固定资产投资动员大会，强调这次压缩固定资产投资规模，是动真格的，该停的就停，该缓的就缓，事关大局，来不得半点马虎和敷衍。

7月1日，深圳市政府颁布《深圳入出境口岸区域管理规定》。

7月15日，国务院机构编制委员会确定宝安县为全国县级机构改革的试点县。

7月31日，深圳市政府发布实施《深圳市国营企业产权转让合同公证试行办法》。

8月22日，经深圳市政府批准，深圳市信息行业协会正式成立。

8月24日，深圳市资产评估事务所正式挂牌营业。

8 月 25 日，深圳市房屋建设、分配、管理咨询委员会成立。咨询委员会的主要任务是沟通领导和群众、社会各界之间的相互联系，提高房屋建设、分配、管理工作的透明度，防止在住房建设、分配、管理中的不正之风。

8 月 28 日，深圳市外商投资企业协会成立。

9 月 1 日，为建立和完善社会民意咨询监督制度，深圳市劳动局成立“深圳市劳动工资咨询委员会”和“深圳市劳动用工咨询监督委员会”。

9 月 10 日，个体、私营企业产品、技术（深圳）展销会在深圳市国际展览中心举行。这是我国首个专为个体私营企业举办的展销会。

9 月 18 日，深圳市消费者委员会正式成立。

9 月 21 日，大亚湾核电站一号反应堆厂房封顶，标志着一号机组由土建转入全面安装阶段。

9 月 24 日，我国首个为中外企业的立项、报批、经营、兼并、破产清算等所有经济活动提供专门法律服务的机构——深圳特区经济贸易律师事务所“全方位法律服务部”正式成立。

10 月 4 日，深圳市委、市政府决定建立市常委、副市长约访群众制度。

10 月 12 日，我国首家劳动工专职监察机构——深圳市劳动监察大队成立，具体实施劳动用工监察、督导。

10 月 15 日，深圳市一届人大十次会议审议通过《深圳市人大常委会制定深圳经济特区法规规划》，决定加快立法步伐。

12 月 1 日，深圳市中小型客车营运管理新规定公布实施。

12 月 15 日，深圳市房屋委员会宣布正式成立。

12 月 22 日，为进一步完善企业体制改革，深圳市政府颁布《深圳市完善国营企业承包经营责任制的若干规定》，实行“两保两挂”和净资产承包的办法，建立对国有资产负责的发包、承包分级管理体系。

12 月 23 日，蛇口工业区首家企业股票“安达股票”500 万股上市发行。

12 月 30 日，国务院将深圳市宝安县列为全国“原计划”示范县，并初步拟出了实施方案。“七五”计划期间为第一期工程，将建立龙岗、新安、沙井、公明、布吉等 5 个示范镇；“八五”计划期间为第二期工程，扩至全县。

1990 年

1 月 1 日，深圳市体改委制定的《深圳市完善国营企业承包经营责任制的若干规定》生效实施。

2 月 4—8 日，全国经济特区工作会议在深圳召开，会议的议题是：经济特区深入贯彻党的十三届五中全会精神，认真抓好治理整顿和深化改革进一步发展外向型经济，充分发挥对外开放的窗口和基地作用，更好地为国家的经济发展服务。

3 月 11 日，深圳市经济体制改革工作会议召开。会议的主题是：在治理整顿的条件下深化改革。会议确定了深圳市 1990 年、1991 年经济体制改革的方针和重点。

5 月 28 日，深圳市政府发布《关于加强证券市场管理，取缔场外非法交易的通告》。

6 月 27 日，深圳市政府颁布《关于对股权转让和个人持有股票收益征税的暂行规定》。

7 月 2 日，深圳市证券市场领导小组成立，其主要职责是领导和推动全市证券市场筹建和发展。

7 月 3 日，深圳环境保护产业协会、中国环保工业协会深圳分会成立。

8月1日,《深圳经济特区工伤保险暂行规定》正式实施。

8月17日，深圳市劳动就业工作会议召开，这是深圳市10年来第一次召开劳动就业工作会议。

9月16日，深圳市政府发布《关于严格禁止擅自以股票、债券等形式集资的通告》。

9月18日—10月8日，深圳市罗湖、南山、福田三个行政区先后召开首届人大首次会议，依法选举产生了区一级的政权机构。至此，深圳特区区一级国家政权建设宣告完成，进入建立市一级国家政权的新阶段。

10月8日，我国内地首家麦当劳餐厅，在深圳解放路光华楼西华宫正式开业。

11月20日，深圳市证券市场领导小组决定，即日起股票日涨幅从10%调至5%，对购买股票方也开征6%的印花税。深圳市委发文规定，党政干部、证券管理人员和从业人员不准买卖股票。

12月23—29日，深圳市人大一届一次会议召开。

1991年

2月6日，深圳市金融工作会议召开。会议提出深圳特区第二个十年金融发展新目标：进一步深化改革，扩大开放，发展金融市场，强化金融和信贷管理，完善金融宏观调控手段，大力推动深圳金融的国际化进程，把深圳建成一个外向型的区域性的金融中心，为保持“深圳速度”、创造“深圳效益”，为支持特区经济持续、稳定、协调地发展提供良好的金融环境。

4月11日，深圳证券交易所正式成立。

5月28日，国务院正式批准设立深圳市福田和沙头角保税区，并就两个保税区的地理位置做了具体的划定，福田保税区面积为 1.35 平方公里，沙头角保税区面积为 0.2 平方公里。

6 月 14 日，深圳市政府颁布《深圳经济特区不动产拍卖管理暂行规定》。

6 月 15 日，经务院委托中国人民银行总行、国家体改委、国家国有资产管理局审定，授权中国人民银行总行批准深圳市政府公布的《深圳市股票发行与交易管理暂行办法》，这标志着深圳股票市场迈向法制化、规范化管理的新时期。

6 月 26 日，我国第一家动产拍卖行——深圳市动产拍卖行开业。

7 月 17 日，深圳市证券市场领导小组召开会议，做出两项决定：第一，1991—1992 年逐步推出新股上市；第二，允许机构投资者入市。

10 月 21—23 日，由中国人民银行、国务院研究室、深圳市政府和中国证券协会联合举办，旨在探讨新形势下中国证券市场发展重大方针政策的“证券市场发展政策研讨会”在深圳举行。

11 月 26 日，深圳市中级人民法院成立全国首家立案处，专门负责立案工作，在全国首先实行“立审分离”。最高法院肯定并在全国各地法院推广“立审分离”制度。

12 月 6 日，深圳市专业作家体制改革方案出台，废除终身制，实行聘任制。

12 月 15 日，中国人民银行、深圳市政府联合颁布《深圳市人民币特种股票管理暂行办法》及《深圳市人民币特种股票管理暂行办法实施细则》。

12 月 16 日，深圳经济特区企业所得税改革研讨会召开。会议就特区企业所得税改革的必要性和可能性，特区企业所得税改革的指导思想和原则以及《深圳经济特区企业所得税施行办法》等问题进行讨论。

1992 年

1 月 18 日—2 月 21 日，邓小平视察深圳，发表南方谈话，为建设中国特色社会主义指明正确方向。

3 月 17 日，深圳市政府颁布《深圳市股份有限公司暂行规定》，这一法规被认为是深圳市股份经济法制化、规范化的标志。

6 月 26 日，深圳市动产拍卖行举行的周年拍卖庆典暨新闻发布会上公布：深圳市首家由法院裁定的破产企业——市广昌彩印器材有限公司的整体财产，将进行整体公开拍卖。通过法制程序公开拍卖一家依法破产的国营企业整体财产，这在我国尚属首次。

7 月 1 日，七届全国人大常委会第 26 次会议通过《关于授权深圳市人大及其常委会和深圳市人民政府分别制定法规和规章在深圳经济特区实施的决定》，授予深圳立法权。这是我国最高权力机关对经济特区首次授予立法权，是属于特别授权。

8 月 11 日，《国务院关于深圳市要求扩大特区范围改变宝安县体制问题的批复》下发，同意深圳市撤销宝安县建制，将其设立宝安、龙岗两区，标志着深圳农村向城市化、工业化、现代化又迈出了历史性的一步。

9 月 1 日，深圳正式实施职工医疗保险制度，成为全国首座全面推行社会医疗保险的城市。

10 月 15 日，深圳市一届人大常委会第十二次会议通过《深圳市人民代表大会常务委员会制定深圳经济特区法规规定（草案）》，这是全国人大常委会授予深圳“立法权”后，深圳市人大常委会通过的首部法规文件。

同日，国内首家专业性基金管理公司——深圳投资基金管理公司在深圳成立。

11月3日，深圳平安保险公司由区域性公司变为全国性公司，并更名为“中国平安保险公司”。

11月11日，深圳盐田港口岸正式对外开放。

12月11日，民政部、广东省民政厅分别发文撤销宝安县建制，设立深圳市宝安区、龙岗区两个市辖区。深圳市委、市政府决定：两个新建区将于1993年1月1日正式成立，并挂牌办公。

1993年

1月18日，深圳市人大常委会公布《深圳经济特区房地产登记条例》《深圳经济特区房屋租赁条例》，这是全国人大授予深圳市立法权以来通过的首批法规。

2月8日，我国首家跨地区的产权交易所--深圳产权交易所在工会大厦挂牌成立，标志着深圳企业产权转让正式步入市场。

4月21日，深圳市一届人大五次会议召开，中心议题是“发挥优势，再造优势”。

同日，深圳市第一家外商独资贸易公司——三井物产（深圳）贸易有限公司正式开业。

4月26日，深圳市一届人大五次会议通过《深圳经济特区股份有限公司条例》和《深圳经济特区有限责任公司条例》。5月2日，深圳市人大正式颁布，为理顺产权关系，加快公司化步伐提供了法律依据。

4月29日，深圳市第五十一次常务会议审议通过《深圳市国家公务员管理办法》，成为中国内地首部公务员管理的地方规章。

5月5日，经务院批准，深圳机场对外开放，成为我国第一个海空联运的对外航空口岸。

6月1日，深圳市政府布颁布《关于企业取消干部、工人身份界限实行全员劳动合同制若干问题的意见》。

6月3日，我国首家向全国资金市场开放、试行资金公开买卖的融资中心在深成立。深圳融资中心主要代理发行和交易中国人民银行融资证券及其他有价证券，办理融资拆借和提供融资信息、咨询服务，受委托办理公开市场业务等。

6月4日，深圳市委、市政府召开全市取消企业人员中干部与工人身份界限、实行全员劳动合同制动员大会。

6月19日，深圳市政府做出决定：土地使用权有偿有期转让一律实行招标竞投。

6月25日，深圳市政府第五十六次常务会议通过《深圳经济特区房屋租赁条例实施细则》。

6月28日，我国第一个物业管理行业协会——深圳市物业管理协会成立。

9月2日，深圳市属国有企业分类定级方案正式出台。9月3日，深圳市政府常务会议通过《深圳市属国有企业分类定级实施方案》。深圳市企业转换经营机制实施两项重大改革：企业职工打破干部、工人界限，统称“企业员工”；取消市属国有企业行政级别，按规模分成3类，以效益定为9级。

10月1日，深圳市政府颁布《深圳经济特区财产拍卖条例》。这是我国首部拍卖法规，使深圳市拍卖活动走上法制化的轨道：要素市场进一步发育并向规范化、法制化迈进：人才市场发展迅速；科技市场向全国延伸。

12月24日，深圳市政府公布《深圳经济特区计量条例》，这是我国首部地方性计量法规。

1994 年

5 月 26 日，深圳市委、市政府召开现代企业制度试点工作会议，会上同时提交了 12 个为试点工作实施配套的细则文件并进行了讨论。深圳市建立现代企业制度的试点改革工作正式拉开序幕。

5 月 28 日，我国首家专业从事外汇买卖及相关金融服务的机构——深圳外汇经纪中心正式成立。

6 月 18 日，深圳市一届人大常委会第二十三次会议通过《深圳经济特区土地使用权出让条例》。

7 月 1 日，深圳市委常委会议原则通过深圳市实行企业无行政主管部门的改革方案。这是深圳市转变政府职能的一项重大改革，标志着深圳市政企分开、转变政府职能的改革进入新阶段。

7 月 9 日，深圳市政府颁布《深圳经济特区劳动合同条例》。

8 月 6 日，深圳市政府常务会议原则通过《深圳市人民政府关于加强政府法制工作的决定》和《深圳市宏观经济调控信息网络系统运行管理规定》。

9 月 17 日，深圳市政府常务会通过《深圳市水资源管理条例》和《深圳经济特区股份有限公司设立条件和设立程序规定》。

9 月 18 日，深圳市一届人大常委会第二十五次会议举行第二次全体会议，表决通过《深圳经济特区行政监察工作规定》《深圳经济特区社会治安综合治理条例》和《深圳经济特区环境保护条例》。

10 月 7 日，深圳特区促进深港经济发展基金会举行成立大会。

12 月 1 日，经国务院批准，深圳和北京、上海、天津、广州、西安、呼和浩特将作为试点城市，在全国率先组建新的仲裁机构，以适应社会主义市场经济发展需要，与国际上通行的仲裁制度接轨。

同日，深圳实施《深圳证券交易所席位管理暂行规则》及其实施细则。

1995年

1月4日，深圳市政府通过《深圳市“九五”及二〇一〇年工业主导产业发展规划纲要》，确定计算机及其软件、通信、微电子及其基础元器件、视听、机电一体化、重点轻工、能源七个重点产业为深圳市工业发展主导产业。

1月28日，深圳市政府常务会议审议并原则通过《深圳市龙岗大工业区招商引资若干办法》和《深圳市龙岗区大工业区管理条例》。

2月14日，深圳市政府常务会议原则通过《完善深圳经济特区职工养老保险制度的方案（草案）》。

2月19日，为适应深圳市建立社会主义市场经济体制需要的人口管理新机制，市户籍制度改革领导小组拟定《深圳市户籍制度改革试行办法》。

2月24日，深圳市一届人大常委会第二十八次会议第二次全体会议表决通过《深圳经济特区律师条例》和《深圳经济特区注册会计师管理条例》。

3月17日，深圳市政府常务会议讨论通过《〈深圳经济特区文化市场管理条例〉实施细则》《深圳市行政赔偿工作暂行办法》和《深圳市人民政府关于办理人大代表建议和政协提案的规定》。

4月22日，深圳市政府常务会议原则通过《深圳市人民政府关于加强“三来一补”管理的若干意见》。

5月30日，深圳市家地产交易市场开业，标志着深圳市房地产二、三级交易市场开始向专业化、规范化、集中化方向发展。

同日，深圳市高新技术园区开发工程和深圳市高新技术工业村奠基。

7月29—30日，国家体改委、国家经贸委联合召开深圳口岸改革试点工作会议，部署贯彻《深圳口岸管理体制改革试点方案》。

9月19日，深圳市“同富裕工程”领导小组办公室正式挂牌办公。

11月14—15日，深圳市委二届二次全会召开，传达党的十四届五中全会精神和省委七届四次全体（扩大）会议精神，并就《深圳市国民经济和社会发展“九五”计划（草案）》进行讨论；审议通过《中共深圳市委关于制定深圳市国民经济和社会发展“九五”计划的意见》。

12月29日，深圳市口岸管理委员会成立。

1996年

2月2日，深圳市委常委会议讨论并原则通过《深圳市1996年工作要点》，具体安排了1996年全市8个方面的55项工作，确定要搞好35个重大建设项目。强调切实实行“三个转变”，更好发挥“四个作用”。

4月18日，深圳信息化建设的重要工程——社会信息服务系统（S923工程）在全国率先开通。

6月7日，深圳市人大常委会公布施行《福田保税区条例》，标志着保税区走上了按国际惯例运作、依法运作的规范管理轨道。

7月25日，滨海新区领导小组第十一次会议召开，审议《天津滨海新区跨世纪发展基本思路》《滨海新区上半年经济发展情况》和《滨海新区上半年基础设施建设完成情况》。

8月21日，深圳市政府印发《关于对在深外商投资企业和在深外籍人员逐步实行国民待遇的通知》。

8月22日，中国人民保险公司深圳分公司实行重大改革，一分为二，改组为中保财产保险深圳分公司和中保人寿保险深圳分公司。中保深圳产险分公司与寿险分公司于9月25日分别成立。

9月18日，深圳市政府颁布《深圳市国有企业优化资本结构试点工作实施方案》，标志着国有优化资本结构试点改革工作在深圳全面启动。

9月27日，国务院批准成立深圳盐田港保税区，首期开发0.85平方公里，以发展国际贸易、转口运输和仓储功能为主。

10月3日，深圳市政府二届四十四次常务会议，原则通过市中心区首批土地招商开发项目，标志着深圳市城市建设的重点开始转向中心区，中心区的建设已进入由规划设计转向具体实施的阶段。

11月18日，深圳市正式颁布实施关于国有企业领导体制改革的5个“暂行规定”:《深圳经济特区董事会工作暂行规定》《深圳市公司经理工作暂行规定》《深圳市党组织工作暂行规定》《深圳市公司监事会工作暂行规定》和《深圳市公司工会工作暂行规定》。规范企业领导体制，以形成充满活力的决策体制、经营运行机制、监督约束和激励机制。这是深圳市国有企业领导体制改革的重大突破。

11月29日，我国第一家信息工程质检机构——深圳市信息工程质量监督检验总站在深圳成立。

12月2日，深圳市委、市政府颁布《深圳市市属国有企业领导人员管理暂行办法》。

12月10—11日，深圳市城市规划委员会第七次会议召开，审议并原则通过《深圳市1996—2010年总体规划》和《深圳城市规划标准与准则》。

1997年

1月1日，深圳市政府正式颁布实施《关于对在深外商投资企业和在深外籍人员逐步实现国民待遇的通知》。

1 月 3 日，深圳市政府出台《深圳市保险结构风险监管试行办法》。这是我国首次将保险风险监管引入法规。

2 月 15 日，深圳市政府颁布实施《深圳市居民按比例就业暂行办法》，强调对具有常住户口和蓝印户口的居民实行按比例就业办法，重申“先市内、后市外”原则。

3 月 1 日，《深圳经济特区失业保险条例》正式实施。

3 月 3 日，深圳市招商委员会成立并正式挂牌。

3 月 19 日，由中华全国总工会组织召开的全国工会研究室主任会议在深圳宝安区召开。中华全国总工会将宝安工会工作总结为新时期工会工作的“宝安模式”，并向全国推广。

3 月 31 日，根据深圳市政府《关于成立深圳市社会公共安全产品行业管理委员会的通知》，深圳市社会公共安全产品行业管理委员会正式成立。

6 月 12 日，深圳市政府常务会议原则通过《深圳市劳动模范先进人物有关待遇问题的意见》《深圳经济特区出租屋管理若干规定》《深圳经济特区预拌混凝土管理规定》《深圳经济特区社会团体管理规定》。

8 月 1 日，深圳市委、市政府决定市级机关实行人员编制与经费包干的管理办法。

10 月 20 日，国家外汇管理局深圳分局发布《关于实施“深圳市进出口企业贸易进口售付汇登记证制度”的通告》。

同日，经国务院批准，深圳被列为全国边检职业化改革的 4 个试点口岸城市之一。

12 月 17 日，深圳市委召开常委会，讨论并原则通过《深圳市政府审批制度改革实施方案》。

12 月 30 日，深圳出入境边防检查总站成立。

1998 年

1 月 9 日，深圳市委、市政府颁布《深圳全面建设比较完善的社会主义市场经济体制纲要》。

2 月 6 日，深圳市政府颁布实施《深圳经济特区土地使用权招标、拍卖规定》，在全国首创了经营性用地一律以市场化方式出让的基本原则，并首次确立深圳“招拍挂”出让土地使用权的规则和程序。

3 月 30 日，深圳市盐田区正式挂牌。

5 月 5 日，为减轻亚洲金融风波对加工贸易业的影响，深圳市发出《关于鼓励开展短期对外加工装配业务的通知》，鼓励开展短期对外加工装配业务。

5 月 8 日，深圳市建设工程交易服务中心成立。

5 月 21 日，深圳市委、市政府在市人大会堂召开全市国有企业下岗职工基本生活保障和再就业工作会议，提出用 3 年时间基本解决国企户籍下岗员工的分流和再就业问题，确保每年度再就业人数大于新下岗人数，100%解决户籍下岗、失业员工的基本生活保障问题。

6 月 8 日，深圳市政府出台《关于加快高新技术产业人才队伍建设和人才引进工作的若干规定》。同时，深圳市政府还成立“市高新技术人才队伍建设领导小组”，将定期召开高新技术企业人才工作座谈会，并确定每年的 6 月为“高新技术产业人才服务月”。

7 月 22 日，深圳市政府发布《深圳经济特区法律援助办法》。

9 月 14 日，深圳市政府发布《深圳经济特区技术成果入股管理办法》，是我国首部专门规范技术入股的规章。

11 月 13 日，中国工程院深圳市政府合作委员会成立，并召开第一次工作会议。

1999 年

3 月 2 日，深圳市政府审批制度改革正式实施，原有审批事项 723 项，改革后保留 305 项，比原来减少 418 项。原有核准事项 368 项，保留 323 项，比原来减少 45 项。

5 月 6 日，深圳市人大常委会通过并公布《深圳市经济特区国有独资有限公司条例》。

6 月 17 日，深圳市政府常务会议原则通过《关于规范建设市场，加强工程质量终身责任制的决定》。

7 月 1 日，深圳市推出 11 条优惠政策，放宽高新技术企业注册登记政策，包括非深圳籍人员在深圳申请设立高新技术企业，不受户口限制：高新技术成果作价金额可达企业注册资本的 35%等。

同日，《深圳经济特区国有独资有限公司条例》颁布实行。

8 月 26 日，深圳市首个创业投机机构“深圳市创新科技投资有限公司”正式成立。

10 月 5—10 日，首届中国国际高新技术成果交易会在深圳市举行。交易会主要包括高新技术成果交易、高新技术产品展览、招商引资、信息交流等内容。

10 月 28 日，深圳市政府商务会议通过《关于建立深圳市小企业信用担保中心工作方案》和《深圳市小企业信用担保中心章程》。会议还决定在龙岗大工业区设立高新技术出口加工区。

12 月 21 日，长城科技研发基地在深圳高新科技产业园区基，计划在 2001 年建成年产交互式多媒体计算机 100 万台。

2000 年

1 月 25 日，我国首个合伙试点证处——深圳市至信公证处成立。

3 月 18 日，深圳市政府确定 2000 年国企改革的重点是完善法人治理结构和建立有效的激励约束机制，三大资产经营公司将建期股（权）制的激励机制。

3 月 30 日，深圳市政府常务会议讨论并原则通过《深圳市 2000 年经济体制改革年度计划》，提出深圳 2000 年从 12 个方面深化经济体制改革，进一步增创体制创新优势。

6 月 19 日，“深圳数码港”正式揭牌，50 多个信息技术企业首批进港，国家高新科技成果转化基地亦同时在数码港挂牌。

同日，深圳市政府颁布《关于鼓励出国留学人员来深创业的若干规定》，吸引留学人员在深圳创业。

7 月 1 日，我国首部有关政府投资项目管理方面的专门法规——《深圳市政府投资项目管理条例》正式实施。

10 月 8 日，深圳市政府三届第十二次常务会议审议通过《深圳出口加工区若于规定》，赋予加工区管委会市一级的经济管理权限。

12 月 25—27 日，中共深圳市第三届委员会第二次全体（扩大）会议召开，审议通过《中共深圳市委关于制定全市国民经济和社会发展第十个五年计划的建议》，提出解放思想，努力开拓，抢抓机遇，加快发展，为率先基本实现社会主义现代化而奋斗。

2001 年

2 月 16 日，深圳市引进秀人才 6 大政策正式实施，主要有：取消人事计划单列、取消下达人才引进指标等。

3 月 23 日，我国首部关于土地交易的地方性规章——《深圳市土地交易市场管理规定》颁布实施。

4 月 29 日，深圳市委、市政府召开高新技术产业带办公会议，做出构建深圳高新技术产业带的重大决策。全市统一规划，6 个区共同开发，拓宽特区内各区发展空间，调动市、区、镇各级积极性，促进特区内外协调发展。

6 月 27 日，滨海新区工委扩大会议召开，审议通过《滨海新区城市总体规划修编》。

7 月 13 日，深圳市委、市政府在深圳会堂召开机构改革动员大会，对机构改革工作进行动员和全面部署。经中央和省批准，深圳市党政机关人员编制总体上按 10%的比例精简，市级机关人员编制精简 16.9%。

7 月 25 日，中共深圳市委颁布《关于加快发展高新技术产业的决定》，建设深圳高新技术产业带，扩大产业规模优势。

8 月 1 日，深圳高新技术产业带建设全面启动。产业带领导小组举行第一次会议，原则同意产业带实行三级管理体制，并对产业带的政策、规划、土地控制、投融资、项目落实等问题做出重要决定。

9 月 13 日，国家科技部发出《关于同意加快建设深圳国家高新区（带）的复函》，同意深圳根据全市经济和高新技术产业发展的需要，加快建设深圳国家高新技术产业区（带），标志着规划中的深圳高新技术产业带已正式跻身“国家级”行列。

11 月 3 日，全国国土资源信息化会议在深圳召开，提出以信息化带动国土资源事业现代化。

12 月 1 日，深圳市设立市、区两级城市管理行政执法局，分别作为市、区两级政府城市管理方面集中行使行政处罚权的工作机构，与市、区两级城管办合署办公。

2002 年

1 月 1 日，我国首部针对个人信用的立法——《深圳市个人信用征信及评级业务管理办法》正式实施。

8 月 16 日，国家信息产业部公布全国城市信息化基础设施、发展环境和应用水平测评结果深圳以 14 项测试指标中 9 项排名第一、总分 179.54 分名列第一。深圳城市信息化基础设施和信息化发展环境列全国第一，在城市信息技术应用水平方面居上海之后排名第二。

12 月 12 日，由深金融电子结算中心运行的深圳外币实时支付系统开通，并与港元实时支付系统联网，从而使两地的资金结算实现即时到账。

2004 年

1 月 2—3 日，深圳市委三届六次全会召开，确定深圳定位为现代化中心城市。

6 月 5 日，深圳发布《深圳市信息化白皮书》。

9 月 19 日，深圳市金融发展服务办公室正式对外挂牌，主要任务是通过协调与服务工作，加强深港两地银行业的合作。

10 月 14 日，招商银行金融电子研发中心落户深圳市高新技术产业园区中区。

2005 年

3 月 11 日，深圳罗湖法院首创刑案听证制度。

4 月 4 日，我国首次由政府部门向全社会公开的《深圳市标准化状况》白皮书正式发布。

6月26日，“第六届亚欧财长会议”在滨海新区举行。

7月28日，深召开经济工作会议，强调深圳要用“三个舍得”来推进“效益深圳”。

2005年10月8—11日，“加快滨海新区发展”列入国家“十一五”规划。

11月5日，《中国城市金融生态环境评价》公布，深圳市获评一级城市。

12月31日，深圳盐田港保税物流园区顺利通过了国家联合验收小组的正式验收，这意味着我国又一个具有“自由贸易港”雏形的“区港联动”试点正式启动。

2006年

1月5日，深圳市委、市政府发布《关于实施自主创新战略建设国家创新型城市的决定》《深圳市产业发展与创新人才奖暂行办法》。

3月14日，深圳市政府出台《改革创新促进条例》《循环经济促进条例》。

4月27日，深圳市福田区下沙社区被广东省政府授予首个“广东省生态环保型社区”称号。

4月30日，深圳市首次编制《深圳市海洋经济发展规划（2006—2010）》。

7月1日，《深圳经济特区改革创新促进条例》正式施行，明确国家机关是改革创新的主体，将改革创新作为行政机关的法定义务。

8月10日，深圳市出台《关于进一步加快民营经济发展的若干措施》。

12 月 24 日，深圳潮商大会召开，潮商工作委员会正式成立。

2007 年

1 月 18 日，深圳市政府出台《关于加强环境保护建设生态市的决定》。

1 月 29 日，由我国商务部部和美国商务部联合举办的首届“中美高技术与战略贸易”研讨会在深圳举行。

3 月 18 日，我国首个动态监控提案办理全过程的信息管理系统在深圳投入使用，深圳市政协提案将实现全程“网上办理”。

同日，深圳市政府出台《深圳市农民工技能培训补贴暂行办法》。

5 月 18 日，深圳市政府出台《深圳市标准化战略实施纲要》，确定标准化中、长期发展目标并做了战略部署。

7 月 9 日，深圳市国资源和房产管理局、国家外汇管理局深圳市分局联合发布《关于规范境外机构和个人在我市购买商品房的通知》。

9 月 13 日，深圳市盐田区社会工作者协会、社工服务中心挂牌成立。这是我国首个社工职业平台。

10 月 8 日，深圳市政府四届七十五次常务会议会议原则通过《深圳市对口合作与服务全国“十一五”规划》，是深圳市对口合作与服务全国工作中具有开创性的首部中长期规划。

11 月 1 日，深圳市开征城镇土地使用税。

2008 年

10 月 18 日，国务院正式批复同意设立深圳前海湾保税港区。

11 月 19 日，联合国教科文组织授予深圳“设计之都”称号，深圳成为全球第 6 个、中国首个获此殊荣的城市，同时也成为“全球创意城市网络”的第 16 个成员，是中国首个加入该网络的城市。

12 月 18 日，国家发改委制定的《珠江三角洲地区发展规划纲要（2008—2020）》正式公布。深圳正式被国家发改委确定为“国家综合配套改革试验区”，总体方案要求深圳在探索“深圳特色的自主创新模式”层面取得突破。

12 月 26 日，中国越南（深圳—海防）经济贸易合作区奠基。

2009 年

3 月 25 日，深圳市首个自主创业孵化示范基地揭牌。

4 月 14 日，《2009 年中国城市竞争力蓝皮书：中国城市竞争力报告》发布，深圳综合竞争力排名全国第二位。

6 月 18 日，深圳市政府出台《深圳市住房公积金制度改革方案》。

7 月 29 日，深圳首个国家工程实验室——电子信息产品协同互联国家工程实验室在高新园区揭牌。

12 月 2 日，深圳市政府出台《深圳市自主创业补贴办法》。

2010 年

1 月 13 日，深圳市政府公报正式公布《深圳互联网产业振兴发展规划（2009—2015 年）》和《深圳互联网产业振兴发展政策》。深圳在全国率先出台互联网产业发展规划和政策将互联网产业确定为深圳重点培育和发展的战略性新兴产业，连续 7 年每年安排 5 亿元的专项资金用于支持互联网产业发展，使深圳成为我国乃至东南亚地区互联网产业发展的领先城市。

3 月 25 日，深圳市政府公布 2010 年政府公共服务白皮书目标，计划将“大部制”改革后的 40 个单位全部纳入其中，公布近 500 项民生服务内容。

4 月 7 日，深圳市政府发布《关于全面提升深圳文化软实力的实施意见》，提出在未来 30 年内全面提升深圳市文化软实力，将深圳建设成为具有较大国际影响的智慧之城、关爱之城、设计之都和国际文化创意中心。

8 月 26 日，国务院批复同意《前海深港现代服务业合作区总体发展规划》，明确把前海建设成为粤港现代服务业创新合作示范区。

9 月 24 日，深圳市政府发布《深圳市设立海外创新创业人才引进中心管理办法（试行）》，深圳市将加大海外创新人才的引进力度，成功引才单位将获得政府奖励。

2011 年

1 月 10 日，前海深港现代服务业合作区管理局、前海湾保税港区管理局举行揭牌仪式。

5 月 8 日，国家发改委印发《关于深圳市城市轨道交通近期建设规划（2011—2016 年）的批复》，深圳轨道交通三期规划正式通过国家审批。

6 月 27 日，深圳市五届人大常委会第九次会议通过《深圳经济特区前海深港现代服务业合作区条例》。

8 月 3 日，深圳市政府发布《深圳市开展国家服务业综合改革试点实施方案（2011—2015 年）》，提出用 3～5 年时间初步建成体系健全、要素集聚、效率效益高、辐射带动作用强的现代服务业产业体系。

9 月 26 日，深圳市建设国家低碳生态示范市联系会议办公室发布《深圳创建国家低碳生态示范市白皮书》。

11 月 26 日，经中国证监会批准，《深圳证券交易所融资融券交易实施细则》开始施行。

2012 年

1 月 19 日，深圳市发改委公布《深圳新一代信息技术产业振兴发展规划（2011—2015 年）》和配套《深圳新一代信息技术产业振兴发展政策》，根据要求，深圳将连续 5 年、每年集中 5 亿元设立专项资金，加大力度支持新一代信息技术产业发展。

2 月 10 日，深圳市经济贸易和信息化委员会、深圳市科技创新委员会挂牌成立。

3 月 20 日，深圳市委、市政府召开会议，落实广东省委、省政府要求，全面部署在全市开展“三打两建”工作，并成立深圳市“三打两建”工作办公室。

10 月 30 日，深圳市人大常委会正式颁布《深圳经济特区碳排放的若干管理规定》，这是我国首部关于碳排放的地方性法规，自 2012 年 10 月 30 日起施行。

12 月 27 日，中国人民银行同意中国人民银行深圳市中心支行发布实施《前海跨境人民币贷款管理暂行办法》。

2013 年

2 月 4 日，深圳市政府印发《深圳市支持金融业发展若干规定实施细则的补充规定》，针对银行、证券、基金、期货、保险及其他创新型金融机构推出优惠政策，以吸引更多创新型功能性金融机构及总部落户。

11 月 21 日，深圳市政府发布首部《深圳市公共安全白皮书》，提出深圳城市公共安全的中期发展目标，即到 2020 年深圳市将完善城市公共安全六大体系。

12 月 20 日，深圳历史上第一块原农村集体用地上市，是继 1987

年深圳首创国有土地拍卖后的又一次历史性改革。

2014 年

1 月 22 日，国务院于正式批复同意深圳盐田综合保税区的申报方案。

4 月 1 日，《〈深圳市人民代表大会常务委员会关于农村城市化历史遗留违法建筑的处理决定〉试点实施办法》正式实施。

5 月 12 日，我国首笔“碳债券”——中广核风电附加碳收益中期票据在深圳宣布成功发行。

6 月 6 日，深圳完成了首次碳配额拍卖，成为继广东、湖北之后第三个开展配额拍卖的试点。

8 月 1 日，《深圳市基本农田保护区管理办法》正式施行。

8 月 28 日 深圳市五届人大常委会第三十一次会议通过《深圳经济特区审计监督条例》。

2015 年

4 月 29 日，市政府公报发布《深圳市 2015 年改革计划》，改革计划共计 7 大领域 44 个项目。

5 月 6 日，深圳市政府发布《深圳市养老服务设施用地供应暂行办法》《关于促进安居型商品房用地供应暂行规定》，“农地”入市可建安居房、养老院，土地拍卖收益由市国土基金、原农村集体经济组织继受单位按比例分成。

6 月 1 日，《深圳经济特区居住证条例》正式实施。

8 月 26 日，深圳市政府出台《深圳国家自主创新示范区建设实施方案》，提出增强自主创新能力、打造创新型产业集群、优化综合创新生态体系六大主要任务。

2016 年

1 月 1 日，《深圳市标准自我声明公开管理暂行办法》《深圳市团体标准管理暂行办法》正式实施，企业产品和服务标准自我声明公开全部在深圳市标准信息平台网上办理，不再受办公时间和地点的约束。

3 月 25 日，深圳市政府办公厅出台《关于完善住房保障体系促进房地产市场平稳健康发展的意见》。

4 月 27 日，中国（广东）自由贸易试验区深圳前海蛇口片区举行挂牌暨启动仪式。

12 月 30 日，国家海洋局深圳海洋综合管理示范区在深揭牌，成为我国首个海洋综合管理示范区。

2017 年

9 月 5 日，深圳市政府发布《深圳市人才住房和保障性住房配建管理办法》。

9 月 19—21 日，2017 深圳国际工业自动化及机器人展览会举行。

2018 年

1 月 9 日，深圳市政府公布并实施《深圳市绿色低碳港口建设补贴金管理暂行办法》。

2 月 1 日，《深圳市特困人员供养实施办法》正式实施，有效期 5 年。

同日，深圳市统计局发布，深圳 2017 全年生产总值 22438.39 亿元，同比增长 8.8%，GDP总量一举超过广州，仅次于北京、上海位居全国第三位；人均GDP达 2.71 万美元，位居全国第一。

2 月 24 日，国务院发布《关于同意深圳市建设国家可持续发展议程创新示范区的批复》，同意深圳市以创新引领超大型城市可持续发展为主题，建设国家可持续发展议程创新示范区。

10 月 24 日，习近平总书记在深圳考察。

同日，全国工商联发布由中央统战部全国工商联共同推荐宣传的“改革开放 40 年百名杰出民营企业家”名单，其中深圳 6 位企业家上榜。

12 月 26 日，习近平总书记对深圳工作作出重要批示，充分肯定深圳经济特区作为我国改革开放的重要窗口，各项事业发展取得显著成绩，再次强调深圳朝着建设中国特色社会主义先行示范区的方向前行，努力创建社会主义现代化强国的城市范例，要求深圳广大干部群众继续解放思想、真抓实干，改革开放再出发，不断推动深圳工作开创新局面、再创新优势、铸就新辉煌，在新时代走在前列、新征程勇当尖兵。

2019 年

8 月 18 日，中共中央、国务院发布《关于支持深圳建设中国特色社会主义先行示范区的意见》，明确深圳建设先行示范区的“五个战略定位”“三个阶段目标”和“五个方面率先”。

10 月 15 日，中国海洋经济博览会在深圳举行。

10 月 31 日，深圳市六届人大常委会第三十六次会议表决通过关于确定 11 月 1 日为深圳企业家日的决定，是全国各城市中的首个法定企业家日。

11 月 27 日，深圳技术大学成立。

12 月 18 日，深圳 2019 全球招商大会举办。

2020 年

3 月 3 日，科技部、发展改革委、教育部、中科院、自然科学基金委联合发出《加强“从0到1”基础研究工作方案》，提出北京、上海、粤港澳科技创新中心和北京怀柔、上海张江、合肥、深圳综合性国家科学中心应加大基础研究投入力度，加强基础研究能力建设。

4月27日，中央全面深化改革委员会第十三次会议审议通过《创业板改革并试点注册制总体实施方案》，正式启动创业板注册制改革。

8月17日，深圳市政府宣布深圳市已经实现5G独立组网全覆盖，率先进入5G时代。

10月11日，中共中央办公厅、国务院办公厅印发《深圳建设中国特色社会主义先行示范区综合改革试点实施方案（2020—2025年）》，支持深圳在更高起点、更高层次、更高目标上推进改革开放，率先完善各方面制度，构建高质量发展体制机制，推进治理体系和治理能力现代化。

10月14日，深圳经济特区建立40周年庆祝大会在深圳前海举行。习近平总书记出席大会并发表重要讲话，高度评价深圳等经济特区创造的辉煌成就，深刻总结经济特区40年改革开放、创新发展积累的宝贵经验，对新时代经济特区在更高起点上推进改革开放作出了重大战略部署，对推动经济特区工作开创新局面，为全面建设社会主义现代化国家、实现第二个百年奋斗目标作出新的更大的贡献具有重大指导意义。

2021年

8月1日，《深圳特区救助人权益保护规定》开始施行。

12月28日，广深沿江高速（S3）全线开通。

2022年

1月24日，国家发改委、商务部发布《关于深圳建设中国特色社会主义先行示范区放宽市场准入若干特别措施的意见》，通过健全市场准入制度，实施放宽市场准入 24 条特别措施，开放应用场景支持企业新技术、新产品、新业态先行先试，积极鼓励新兴产业发展。

6 月 6 日，《深圳市人民政府关于发展壮大战略性新兴产业集群和培育发展未来产业的意见》发布。深圳举全市之力提出系统化产业支撑体系，布局梳理 20 个战新产业集群和 8 个未来产业发展重点，形成促进深圳产业发展的系统化体系。

11 月 22 日，深圳A股上市公司数量正式迈入“5000 家时代”。其中，矩阵股份正式登陆创业板，标志着深圳A股上市公司总数达到 400 家。

珠海经济特区大事记

1979 年

4 月 5—28 日，习仲勋主持省委常委会，决定向中央提出允许广东在“四个现代化”建设中先走一步的意见，并要求将深圳、珠海、汕头三地划为对外加工贸易区，吸引外商来广东投资。

7 月 15 日，中共中央、国务院批转广东省委和福建省委《关于对外经济活动实行特殊政策和灵活措施的两个报告》。中央和国务院原则同意试行在中央统一领导下大包干的经济管理办法，两省在计划、物资供应、物价政策等方面也实行新的经济体制和灵活政策。并决定，先在深圳、珠海两市划出部分地区试办出口特区，取得经验后，再考虑在汕头、厦门设置。

11 月，香洲毛纺厂正式投产，它是珠海引进的第一家“三来一补”工业企业，也是国内第一家补偿贸易企业。

11 月，珠海市石景山旅游中心项目以“我方提供土地，外商负责资金”的合作经营方式，首先引进资金兴建涉外宾馆，这是广东省第一家中外合作的旅游项目。

1980 年

8 月 26 日，全国人大常委会审核批准《广东省经济特区条例》，正式宣布在广东省深圳、珠海、汕头设置经济特区。

1981 年

5 月，珠海市人民政府批转市建委《关于贯彻落实城市总体规划批复的报告》，该城市总体规划是 4 个特区最早的城市规划，也是珠海第一次城市总体规划。

1982 年

6 月，九洲港建成正式通航，打通了珠海至香港的海上通道，两地交通历史性地缩短至 1 个小时。

1983 年

7 月 27 日，经国务院批准，广东省对珠海经济特区区域范围作了调整和扩大，包括香洲、吉大、拱北、前山、南屏、湾仔地区。

1984 年

1 月 26—29 日，邓小平从深圳到达珠海市，进行了为期 4 天的视察。他充分肯定了珠海经济特区取得的成就，并为珠海经济特区题词："珠海经济特区好"。

1985 年

3 月，中国银行珠海市分行成立我国境内第一家信用卡经营公司——珠海市信用卡有限公司，并发行境内第一张信用卡——"中银卡"，成为我国金融创新的一个标志。

11 月 1 日，《珠海特区报》创刊。

1988 年

4 月 5 日，国务院批复《关于调整珠海经济特区范围》。珠海特区调整后的范围包括上涌、下栅两个边防公安检查站以南的陆地和珠海市北面的淇澳岛。这是珠海经济特区第二次扩大范围。

1990 年

11 月，板樟山隧道通车，板樟山隧道是当时我国最长的城市公路隧道，大大缩短了拱北与香洲之间的距离。

1991 年

6 月 3 日，珠海出台《珠海经济特区土地管理实行“五个统一”的规定》，在我国先实施土地管理制度改革“五个统一”，即统一规划、统一征用、统一开发、统一管理、统一有偿出让，推动土地资源管理和利用规范化、制度化、市场化，通过体制机制创新将土地资源盘活，以土地促发展。

10 月，珠海市委政策研究室主编的《中国珠海》出版，翔实记录了珠海在开放改革中，认真贯彻执行党的方针政策，探索建设具有社会主义特色的经济特区所取得的成就。

1992 年

1 月，邓小平再次视察珠海经济特区，并发表一系列重要讲话。

3 月 9 日，珠海市在全国首开先河召开了首届科技进步突出贡献奖励大会，对为推动科技进步作出贡献的 27 位科技人员给予汽车、住房、巨额奖金的重奖，这在全国引起了巨大的轰动效应。

4 月 18 日，珠海经济特区西区举行高栏港奠基暨 160 万吨大型水厂动工典礼。

10 月 6 日，珠海提出环境保护“八个不准”，这为珠海环境保护划定了不可逾越的政策底线，成为珠海生态文明建设不断进步的重要支点。

1996 年

11 月 5—10 日，首届中国国际航空航天博览会在珠海隆重举行。

2007 年

7 月，珠海市政府发出《关于推进教育现代化若干问题的实施意见》，决定试行“12 年免费教育”。这在我国成为“首创”。

2009 年

4 月 17 日，首次珠中江区域紧密合作会议在珠海举行。珠海、中山、江门三地共同签署《推进珠中江区域紧密合作框架协议》，重点在规划统领、交通先行、对接港澳、服务粤西、产业协作、环境共治、科技交流、应急协同等八个方面开展紧密合作。

8 月 14 日，国务院正式批复《横琴总体发展规划》，将横琴岛纳入珠海经济特区范围，实行更加开放的产业和信息化政策，立足促进粤港澳三地的紧密合作发展。

12 月 16 日，珠海横琴新区正式挂牌成立。横琴新区与澳门隔水相望，港珠澳大桥建成后，新区又将与香港一桥相连。

12 月 15 日，港珠澳大桥动工建设；2017 年 7 月 7 日实现主体工程全线贯通；2018 年 2 月 6 日完成主体工程验收；2018 年 10 月 24 日 9 时正式开通运营。

2010 年

8 月 26 日，经国务院批准，自 2010 年 10 月 1 日起，将珠海经济特区范围正式扩大到全市，覆盖金湾和斗门，加上海域面积，珠海特区总面积将达到 7653 平方公里，其中陆地面积约 1700 平方公里。

2012 年

12 月 29 日，广珠铁路正式剪彩通车，结束着珠海无铁路的历史。

2013 年

12 月 25 日，珠海港口当年货物吞吐量首次突破 1 亿吨，成为广东省继广州港、深圳港、湛江港、虎门港之后，第五个突破亿吨的大港。

2015 年

4 月 23 日，广东自由贸易试验区珠海横琴新区片区举行挂牌仪式，标志着备受关注的横琴自贸片区正式宣告成立。

2019 年

2 月 18 日，中共中央、国务院印发《粤港澳大湾区发展规划纲要》，粤港澳大湾区建设由精心布局的谋划阶段进入实施阶段。

汕头经济特区大事记

1979 年

4 月 5—28 日，习仲勋主持省委常委会，决定向中央提出允许广东在“四个现代化”建设中先走一步的意见，并要求将深圳、珠海、汕头三地划为对外加工贸易区，吸引外商来广东投资。

7 月 15 日，中共中央、国务院批转广东省委和福建省委《关于对外经济活动实行特殊政策和灵活措施的两个报告》，决定先在深圳、珠海两市划出部分地区试办出口特区，取得经验后，再考虑在汕头、厦门设置。

1980 年

1 月 24 日，汕头市第一艘航行于汕头—香港航线的“鼎湖”轮试航。

1 月 22 日，“汕头经济特区筹备工作组”成立，着手研究特区选址、勘探、规划等工作。

8 月 26 日，汕头经济特区成立。五届全国人大常委会批准《广东省经济特区条例》，确定在深圳、珠海、汕头三市分别划出一定的区域，设置经济特区。

1981 年

10 月 16 日，国务院批准在汕头市郊龙湖划出 22.6 平方公里土地，建立汕头经济特区。

11 月，广东省汕头经济特区管理委员会成立。

1982 年

3 月 18 日，汕头特区龙湖工业区基础设施工程启动。

1983 年

7 月 13 日，汕头地市合并，汕头市为省直辖市，下辖揭阳、饶平、澄海、南澳、潮阳、普宁、惠来、揭西、海丰、陆丰、潮州市等 10 县 1 市及安平等 5 区。

1984 年

11 月，国务院正式批复汕头经济特区区域范围调整为 52.6 平方公里，其中龙湖区（含妈屿）22.6 平方公里，广澳片区 30 平方公里，汕头经济特区第一次扩大范围。

1990 年

2 月 8 日，汕头大学举行落成典礼。

1991 年

4 月 6 日，国务院批准汕头经济特区的区域扩大到整个汕头市区，面积 234 平方公里，汕头经济特区第二次扩大范围。

12 月 7 日，国务院决定调整潮汕地区行政区划，设置汕头、潮州、揭阳 3 个地级市。

1992 年

4 月，汕头高新技术产业开发区开始筹办。

1993 年

1 月 1 日，国务院批复《关于设立汕头经济特区保税区的批复》，批准汕头经济特区设立保税区。

1995 年

12 月 28 日，广梅汕铁路通车暨海湾大桥通车典礼举行，海湾大桥通车。

1996 年

2 月 13 日，汕头经济特区报社正式挂牌成立，将《汕头日报》和《汕头特区晚报》合并，同时创办《都市报》，实行一社三报。

8 月 6 日，第一届国际华人物理学大会在汕头举行。杨振宁、李政道、李远哲、丁肇中、周光召等 400 多位华人物理学家与会。

12 月 28 日，深汕高速公路全线通车。

2011 年

5 月 1 日，汕头经济特区范围扩大到汕头全市，自 2003 年以来汕头行政区划范围为龙湖区、金平区、濠江区、潮阳区、潮南区、澄海区、南澳县“六区一县”。

2014 年

9 月 15 日，国务院下发《关于支持汕头经济特区建设华侨经济文化合作试验区有关政策的批复》，要求华侨试验区要积极开展先行先试，为新时期全面深化改革、扩大对外开放探索新路，建设 21 世纪海上丝绸之路的重要门户。

12月8日，华侨经济文化合作试验区管理机构在汕头市举行揭牌仪式。

2015年

1月1日，南澳大桥正式通车试运营。这是广东省内首座真正意义上的跨海大桥，是连接广东唯一海岛南澳县和大陆的跨海大桥。

2019年

1月25日，国务院发布《关于促进综合保税区高水平开放高质量发展的若干意见》，提出21项具体任务举措，着力打造具有国际竞争力和创新力的海关特殊监管区域。

2月18日，中共中央、国务院印发《粤港澳大湾区发展规划纲要》，提出建设粤港澳大湾区，既是新时代推动形成全面开放新格局的新尝试，也是推动“一国两制”事业发展的新实践。

2020年

3月，国务院正式批复，同意设立汕头综合保税区。

6月，广东省人民政府正式印发《关于支持华侨经济文化合作试验区高质量发展的若干意见》，汕头华侨试验区被赋予与广东自贸试验区同等省级权限。

厦门经济特区大事记

1980 年

12 月 1 日，国务院正式批准建设厦门经济特区。

1982 年

2 月 28 日— 3 月 10 日，福建省五届人大四次会议举行，审议通过《福建省厦门经济特区条例》和《福建省厦门经济特区劳动管理规定》《福建省厦门经济特区关于客商使用土地的规定》《福建省厦门经济特区企业登记规定》。

1983 年

10 月 18 日，中外记者招待会在厦门华侨大厦举行，宣布厦门经济特区联合发展有限公司正式成立。

1 月 10 日，厦门建设发展公司和厦门经济特区工程建设公司签订特区第一份外商投资合同，把原定在新加坡开办的玻璃厂迁到厦门，并定名为“印华地砖厂”。

1985 年

6 月，国务院批准三个特区扩大面积，厦门特区由原来的 2.5 平方公里扩大到厦门全岛，包括鼓浪屿在内，总面积为 131 平方公里。

1990 年

12 月 30 日，厦门火炬高新区动工。

1991 年

12 月 18 日，厦门庆祝经济特区建设十周年，党中央、国务院肯定了厦门经济特区建设的成效，并表示坚持对外开放是我国一项长期的根本政策，要把经济特区办得更好。

1997 年

4 月 30 日，厦门市同安县撤县设区，厦门经济特区面积扩大八倍多。

2008 年

4 月 5 日，厦门市人大常委会通过《厦门经济特区科学技术进步条例》。

2011 年

12 月 26 日，厦门经济特区建设 30 周年庆祝大会召开。

2012 年

8 月 21 日，厦金海底光缆建成，结束了海峡两岸通信经由香港等第三方中转的历史。

12 月 17 日，厦门市政府出台《厦门市深化两岸交流合作综合配套改革试验总体方案》，积极推进厦门市深化两岸交流合作综合配套改革试验，更好地发挥厦门市在海峡西岸经济区改革发展中的龙头作用，促进两岸关系和平发展，为全国贯彻落实科学发展观和完善社会主义市场经济体制提供经验与示范，并明确提出厦门要逐步形成对台离岸金融市场。

2013 年

12 月 28 日，厦深铁路通车，串联起厦门、汕头和深圳 3 个经济特区，进而把珠三角、海西、长三角连接起来，形成东部沿海“黄金走廊”。

2014 年

1 月 1 日，厦门在全省率先实施商事登记制度改革。

4 月 10 日，厦门两岸股权交易中心的首个运营中心揭牌。

2015 年

4 月 21 日，中国（福建）自由贸易试验区厦门片区揭牌。

2017 年

9 月 3—5 日，金砖国家领导人第九次会晤在厦门举行。习近平主席出席并主持金砖国家领导人第九次会晤和新兴市场国家与发展中国家对话会，出席金砖国家工商论坛开幕式。

2018 年

1 月 9 日，厦门市入选全国首批社会信用体系建设示范城市。

2020 年

4 月 22 日，厦门市被正式命名为“国家生态园林城市”。

海南经济特区大事记

1988 年

1988 年，国务院建议把海南岛建成我国最大经济特区。

4 月，七届全国人大一次会议审议国务院关于建立海南经济特区的议案，决定：一、划定海南岛为海南经济特区；二、授权海南省人大及其常委会，根据海南经济特区的具体情况和实际需要，遵循国家有关法律、全国人大及其常委会有关决定和国务院有关行政法规的原则制定法规，在海南经济特区实施，并报全国人大常委会和国务院备案。

6 月 11 日，根据《中华人民共和国海关法》和《国务院关于鼓励投资开发海南岛的规定》，海关总署颁布《中华人民共和国海关对海南经济特区进出境货物、运输工具、行李物品和邮递物品的管理规定》，自 1988 年 7 月 1 日起实行。

1989 年

12 月 9 日，海南特区开通直达香港及通过香港中转到世界各国的国际航空货运线。通过这条货运线，海南的货物一天可到香港，当天可转运世界各地，改变了海南岛长期以来航空货物出口经广州转口的局面。

1992 年

3 月，国务院批准海南省吸收外商投资开发建设洋浦经济开发区。

10 月 31 日，继国务院批准在海南建立洋浦经济开发区之后，海口保税区日前又获国务院正式批准，这是海南经济特区在探索建立“特别关税区”的道路上迈出的新步伐。

1999 年

2 月，海南省二届人大二次会议通过《关于建设生态省的决定》。

7 月，海南省人大批准《海南生态省建设规划纲要》。

2000 年

10 月 31 日，海南省允许 21 个国家实行免签入境。

11 月 18—19 日，博鳌亚洲论坛专家学者会议召开，会议选定博鳌为亚洲论坛永久性会址。

2001 年

2 月 27 日，“博鳌亚洲论坛”成立大会在海南博鳌举行。

2002 年

4 月 12—13 日，博鳌亚洲论坛首届年会召开。

2003 年

5 月 12 日，海南省最大的公路桥——琼州大桥正式通车。

2004 年

6 月 1—3 日，首届“泛珠三角区域合作与发展论坛”举行。

2005 年

3 月 30 日，三星（海南）光通信生产、研发基地项目在海口保税区正式竣工投产。

2006 年

2006 年，海南省GDP突破千亿元，地方财政收入突破百亿元，比原计划提前一年实现目标。

2007 年

10 月 11 日，海南省政府对外宣布：洋浦保税港区已获国务院批准设立。

2008 年

4 月 26 日，海南建省办经济特区 20 周年庆祝大会举行。

2013 年

4 月，习近平总书记视察海南经济特区。

2018 年

4 月 13 日，习近平总书记在庆祝海南建省办经济特区 30 周年大会上讲话。

2018 年

2018 年，海南省政府发布《海南经济特区企业法人登记管理条例》。

2019 年

11 月 5 日，习近平总书记在第二届中国国际进口博览会上发表题为《开放合作 命运与共》的主旨演讲。

2020 年

6 月 1 日，中共中央、国务院公布《海南自由贸易港建设总体方案》。

2021 年

1 月，国家发展改革委印发《重大区域发展战略建设（推进海南全面深化改革开放方向）中央预算内投资专项管理办法》。

2 月 26 日，财政部、交通运输部、商务部、海关总署、税务总局联合印发《关于海南自由贸易港内外贸同船运输境内船舶加注保税油和本地生产燃料油政策的通知》。

11 月 4 日，第四届中国国际进口博览会开幕式在上海举行，习近平主席以视频方式发表主旨演讲，两次提及海南。

上海浦东经济特区大事记

1990 年

4 月 19 日，中共中央国务院同意开发浦东、开放浦东，实行经济技术开发区和某些经济特区政策。

2005 年

6 月 21 日，国务院常务会议召开，批准上海浦东新区为综合配套改革试点。

2007 年

12 月 26 日，国务院印发《关于经济特区和上海浦东新区新设立高新技术企业实行过渡性税收优惠的通知》。

2008 年

6 月，上海 11 项事权下放浦东新区。

2010 年

4 月 15 日，浦东开发开放 20 周年纪念大会在上海展览中心友谊会堂举行。

2012 年

1 月 4—8 日，浦东新区新一届政权、政协机构组成人员选举产生。

9 月，上海市委、市政府正式发布《关于在临港地区建立特别机制和实行特殊政策的意见》。

2013年

9月29日，中国（上海）自由贸易试验区正式成立。

2014年

1月1日，上海浦东将工商、质监、食药监部门完成“三合一”整合。

3月26日，上海市浦东新区市场监督管理局、浦东商务委和浦东税务局公布《外商投资企业设立及变更一口受理试行办法》。

2015年

3月5日，十二届全国人大三次会议重点讨论中国（上海）自由贸易试验区建设。

2016年

10月26日，浦东新区被授予国家公共文化服务体系示范区。

12月，习近平总书记对上海自贸试验区建设作出重要指示，强调建设上海自贸试验区是党中央、国务院在新形势下全面深化改革和扩大开放的一项战略举措。

2017年

3月，国务院印发《全面深化中国（上海）自由贸易试验区改革开放方案》，上海自贸区进入3.0版。

7月25日，中国（浦东）知识产权保护中心揭牌仪式在浦东新区办公中心举行。

10月16日，上海市办公厅印发《浦东新区“证照分离”改革试点深化实施方案》。

2019 年

8 月 20 日，中国（上海）自由贸易试验区临港新片区揭牌。

2020 年

6 月 16 日，上海浦东新区金融局与国家开发银行等 10 家银行签署了银政战略合作协议

11 月 12 日，浦东开发开放 30 周年庆祝大会上，习近平总书记发表重要讲话，充分肯定 30 年来浦东创造性贯彻落实党中央决策部署所取得的举世瞩目成就。

天津滨海新区大事记

1994 年

2 月 16 日，滨海新区领导小组第一次全体会议召开。滨海新区领导小组办公室成立。会议对滨海新区有关规划编制任务作出部署。

1996 年

7 月 25 日，滨海新区领导小组第十一次会议召开，审议《天津滨海新区跨世纪发展基本思路》《滨海新区上半年经济发展情况》和《滨海新区上半年基础设施建设完成情况》。

2000 年

2 月 16 日，天津市政府印发《关于进一步加快滨海新区发展的通知》。

2001 年

6 月 27 日，滨海新区工委扩大会议召开，审议通过《滨海新区城市总体规划修编》。

2005 年

6 月 26 日，“第六届亚欧财长会议”在滨海新区举行。

10 月 8—11 日，“加快滨海新区发展”列入国家“十一五”规划。

11 月 9—10 日，天津市委八届八次全会审议通过《中共天津市委关于加快滨海新区开发开放的意见》。

2006 年

5 月 26 日，国务院印发《关于推进天津滨海新区开发开放有关问题的意见》。

2007 年

11 月 22 日，中国保监会、天津市人民政府联合发出《关于加快天津滨海新区保险改革试验区创新发展的意见》，滨海新区保险改革试验区创新发展的主要内容包括 4 个方面：优化市场主体结构，增强市场发展活力；推进保险业务创新，提升保险服务水平；拓宽资金运用领域，提高资金运用效益；完善政策支持体系，创造优良发展环境。

2008 年

3 月 10 日，国务院批准设立天津滨海新区综合保税区。

3 月 13 日，国务院批复《天津滨海新区综合配套改革试验总体方案》。

3 月 17 日，国务院正式批复《滨海新区综合配套改革试验方案》。

2009 年

10 月 26 日，国家发改委批复天津市上报的《天津滨海新区综合配套改革试验金融创新专项方案》，原则同意按照方案开展工作，要求加快推进金融体制改革和金融创新，力争取得积极成效。

11 月，国务院正式批复同意天津市调整滨海新区行政区划，标志着滨海新区管理体制改革全面启动。

2011 年

5 月 23 日，天津市九届九次会议通过《天津滨海新区综合配套改革试验第二个三年实施计划（2011—2013 年）》。

2013 年

5 月，习近平总书记前往天津调研，提出要谱写新时期社会主义现代化的京津“双城记”。

2019 年

1 月 17 日，习近平总书记考察天津滨海中关村协同创新展示中心，强调高质量发展要靠创新，国家再往前发展也要靠自主创新。

图书在版编目（CIP）数据

经济特区发展 / 陶一桃主编. — 北京 : 中国工人出版社，2024. 6. -- ISBN 978-7-5008-8018-9

Ⅰ. F127.9

中国国家版本馆CIP数据核字第2024P7R587号

经济特区发展

出 版 人	董 宽
责任编辑	左 鹏
责任校对	张 彦
责任印制	栾征宇
出版发行	中国工人出版社
地　　址	北京市东城区鼓楼外大街 45 号　邮编：100120
网　　址	http://www.wp-china.com
电　　话	（010）62005043（总编室） （010）62005039（印制管理中心） （010）62382916（工会与劳动关系分社）
发行热线	（010）82029051　62383056
经　　销	各地书店
印　　刷	北京印刷集团有限责任公司
开　　本	710 毫米 × 1000 毫米　1/16
印　　张	32
字　　数	342 千字
版　　次	2024 年 10 月第 1 版　2024 年 10 月第 1 次印刷
定　　价	88.00 元